國技院長
국기원장

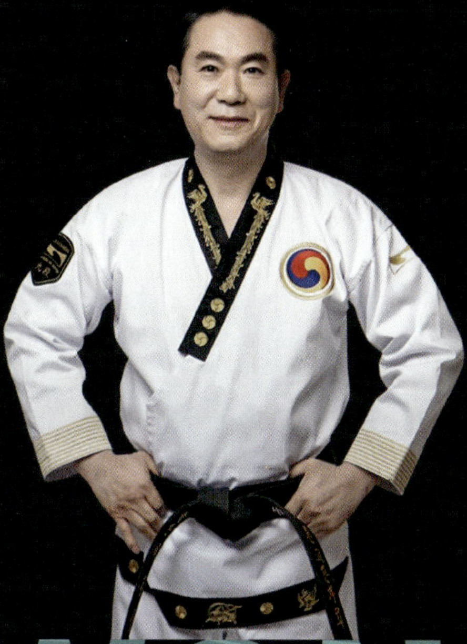

세계 태권도의 심장에서 리더십을 말하다
세계태권도본부 국기원 — 국기원장

이동섭 지음 | 박종미 엮음(국기원 공보관)

KUKKIWON
WORLD
TAEKWONDO
HEADQUARTERS
PRESIDENT

LEE DONG SUP

국 기 원 장
KUKKIWON WORLD TAEKWON HEAQUARTERS PRESIDENT

지 은 이 | 이동섭

엮 은 이 | 박종미(국기원 공보관)

초판발행 | 2025년 9월 13일

발 행 인 | 문상필

표지디자인 | 이태진

편집디자인 | 권태궁

펴 낸 곳 | 상아기획

출판등록번호 | 제318-1997-000041호

주   소 | 서울시 영등포구 경인로 82길 3-4 (문래동 1가 센터플러스 715호)

대표전화 | 02-2164-2700

팩   스 | 02-6499-8864

홈페이지 | www.tkdsanga.com

이 메 일 | 0221642700@daum.net

가   격 | 35,000원

ISBN   979-11-86196-51-9 13690

국기원
KUKKIWON

國技院長
국기원장

세계 태권도의 심장에서 리더십을 말하다
세계태권도본부 국기원 - 국기원장

이동섭 지음 | 박종미 엮음(국기원 공보관)

KUKKIWON
WORLD
TAEKWONDO
HEADQUARTERS
PRESIDENT

LEE DONG SUP

國跆(국태) 이동섭

[학력]

전공/정치

국민대학교 법학박사
고려대학교 정치학 석사
명지대학교 정치외교학과 학사
한양대학교 행정대학원 수료
동국대학교 APP 수료
서울대학교 행정대학원 최고위과정 수료
여의도 연구원 문화정책 기획위원장
미국 언더우드대학교 명예 철학 박사

전공/체육

인천 체육전문 대학교
용인대학교 체육학 학사
용인대학교 체육학 석사
용인대학교 명예 체육학 박사
한국체육대학교 명예 체육학 박사
우즈베키스탄 국립체육대학교 명예 체육학 박사

[경력]

-제20대 국회의원
-국회 교육문화체육관광위원회 간사
-국회 운영위원회 간사
-국회 문화체육관광위원회 예결산 소위원장
-국회의원 태권도 연맹 초대 총재
　(이사장 명재선/2대 홍문표 국회의원/3대 권
　성동 국회의원/국회의장 국회의원태권도연
　맹 명예총재 정세균 국무총리)
-제31대 유네스코 한국위원회 위원
-국회 평창동계올림픽 특위 간사

-명지대학교 특임교수
-용인대학교 객원교수
-국민대학교 법과대학 겸임교수
-미국 언더우드대학교 석좌교수

-서울시 체육회 부회장
-전남체육회 부회장
-대한장애인태권도협회 부회장
-김운용컵 국제 오픈대회 1.2.3대 조직위원장
-노원구 태권도협회 회장
-노원구 생활체육협의회장
-서울시 태권도 연합회장
-대한 태권도 협회 심사위원장
-세계 태권도 선교협회 회장
-TAFISA 세계 생활체육 세계태권도연맹 회장
-세계 태권도 연맹 자문위원
-처인성 김윤후장군 기념사업회 회장
-국기원 태권도 공인 9단
-1급 심판
-(현) 16, 17대 민선 국기원장

[주요 수상]

대한민국을 빛낸 한국인물 대상 우수 정치공로 부문
국회사무처 입법 및 정책개발 우수 국회의원(2016)
도전한국인운동협회 20대 국회의원 의정활동 종합 평가 1위(2017)
한국환경정보연구센터 국정감사 친환경 베스트의원(2017)
대한민국 모범국회의원 대상(2017)
글로벌 자랑스러운 세계인 대상 국제의정 공헌부문(2017)
대한민국 교육공헌 대상 의정교육부문(2018)
대한민국 국회 출입 기자클럽 공헌대상(2018)
고려대학교 자랑스러운 정책인상(2018)
제8회 올해의 사회공헌 대상(2019)
제6회 대한민국 무궁화 평화대상 국회 의정활동부문(2019)
US 태권도위원회 살아있는 전설상(2019)
희망한국 국민대상 정치부문 의정대상(2019)
아프리카 코트디부아르(알라산 와타라 대통령)에서 외교 훈장 수상(2021)
제7회 대한민국 자랑스러운 체육공헌대상(2023)
제6회 세계평화공헌대상 스포츠태권도부문 대상(2023)
몽골 정부(수훈오흐나 후렐수흐 몽골 대통령)에서 외교훈장 수상(2023)
캄보디아 국왕이 수여하는 외교훈장 수훈(니사라폰훈장 최고등급)(2025)

[저 서]

『이동섭의 열정』(2010)
『이동섭 박사의 희망정치』(2011)
『아름다운 동행』(2015)
『국기 태권도』(2019)
『태권V 이동섭』(2022)
『국기태권도의 위상과 비전』(2023)

25시를 달리는 인간기관차
국기원 영업사원 제1호 국기원장 이동섭

國技 跆拳道 歷史
태권도 국기의 역사

2000년

[김운용 전IOC수석부위원장 :
시드니 올림픽, 국기 태권도 올림픽 정식종목 채택]
 - 1961. 대한태권도협회 창립
 - 1972. 국기원 설립
 - 1973. 세계태권도연맹 창설
 - 1992. 국제올림픽위원회 부위원장
 - 2000. 국기 태권도 올림픽 종목 채택

國技院長

2018. 3. 30

국회의원 태권도연맹
이동섭 총재

국기태권도법 통과!
[참고문헌 제1부 태권도의 길 .53p]

1955.4.11
[이승만 전 대통령 '태권도' 휘호]

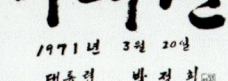

국기태권도
1971년 3월 20일
대통령 박정희

1971.3.20
[박정희 전 대통령 '국기태권도' 휘호]

跆拳道
雲庵

국기 지정의 의의

태권도가 법정 국기로 승격된 것은 당시 이동섭 국회의원
(현 국기원장)의 줄기찬 노력이 주효했다.
국회의원 225명이 전격 동의함으로서 마침내 국회에서
'대한민국의 국기는 태권도로 한다'라는 법적 근거가 확립됐다.
태권도는 1971년 대통령의 붓글씨에 의해 국기로 통용된 이래
47년 만에 법적 지위까지 확보하게 됐다.

Significance of the Designation as a National Sport

The 'Parliament Taekwondo Federation' became a key player and lee Dong sup as
chief author of the legislation, 225 members of
Parliament agreed to suggest together. Finally, the judicial basis for the recognition of
Taekwondo as the Republic of Korea's
national sports was established at the national parliament. 47years since its formal
designation as a national sports in calligraphy
writing by the president in 1971, Taekwondo has now finally secured legal standing.

국기원장 /
세계 태권도의 심장에서 리더십을 말하다.

『국기원장』은 단순한 회고록을 넘어, 하나의 문화기관을 이끌어온 리더가 후대에 남기는 전략서이자 철학서이다. 국기원장이자 전 국회의원으로 활동했던 이동섭 저자는 이 책을 통해 국기원이 단지 태권도 수련의 본산이 아닌, 대한민국의 정체성을 세계에 알리는 공공외교, 민간외교, 문화외교의 거점(據點)임을 설득력 있게 전한다.
책의 중심에는 한 명의 국기원장이 감당해야 했던 역사적 사명과 현실적 고민이 자리 잡고 있다.

국기원은 태권도의 상징이자, 전 세계 214개국에 한국의 정신과 문화를 전파하는 세계화의 전초기지다. 이 책에서 저자는 국기원장이란 단순한 행정책임자가 아니라, 〈철학자〉이며 〈외교관〉이자 〈전략가〉로서의 역할을 수행해야 함을 강조한다.
『국기원장』은 특히 다음 세대의 리더들에게 명확한 지침과 방향성을 제시하는 책으로 읽혀지길 바란다.

조직 개혁, 공정한 리더십, 외교적 협력, 전통 계승과 미래 지향의 균형 등 다양한 이슈들을 통해 독자는 태권도가 하나의 '무예'를 넘어 '문화'이자 '정신'임을 깊이 있게 느끼게 된다.

주목할 점은 저자의 진솔한 태도다. 그는 국기원장 재임 중 겪었던 내부 갈등과 구조적 한계를 숨기지 않는다. 그러나 그 속에서도 통합과 희망의 메시지를 놓지 않는다. 이 책은 과거를 반추하기 위한 기록이 아니라, 미래를 설계하고자 하는 선언문이자, 태권도의 100년 후를 준비하는 로드맵이다.

태권도의 심장
국기원 반세기

무엇보다 이 책은 리더십에 대해 질문을 던진다.

"한 조직을 넘어서, 한 국가의 문화 상징을 이끌어가는 지도자는 어떤 철학과 비전을 가져야 하는가?"

『국기원장』은 이러한 질문에 대해 치열한 고민 끝에 얻은 답을 조심스럽게 제시한다.

『국기원장』은 문화 리더십의 본질을 깊이 있게 탐구하는 책이다.

태권도를 사랑하는 이들뿐만 아니라, 조직을 이끄는 리더, 문화외교 전략에 관심 있는 독자들에게도 강력히 추천할 만한 책이다. 단지 직위를 지나는 사람이 아닌, 유산을 남기는 지도자가 되기 위한 진심어린 고백이자 실천의 기록이다.

머리말

"태권도는 정신이다"
국기원장, 그 이름의 무게를 마주하며...

태권도는 단지 기술을 익히는 무도가 아닙니다. 그것은 몸과 마음을 다스리는 수련이며, 한국인의 정신과 철학이 응축된 문화입니다. 그리고 그 중심에 국기원이 있습니다. 세계 214개국, 2억명 태권도인의 가슴 속에는 국기원이 하나의 신념의 상징으로 자리하고 있습니다. 그 상징의 최전선에서 저는 국기원장으로서의 길을 걸었습니다.

이 책 『국기원장』은 저의 개인적인 이야기를 담기 위한 회고록이 아닙니다. 저는 이 기록을 통해 '국기원장'이라는 자리가 단지 직위가 아니라 국가와 문화를 대표하는 리더십의 상징임을 세상에 다시 한번 강조하고자 합니다.

"태권도는 정신이다."
이 문장을 제 안에 처음 품었을 때, 저는 국기원장의 자리에 있었습니다. 수많은 공식 석상에서 태권도를 설명해야 할 때, 그 무엇보다 먼저 떠오른 말이 바로 이것이었습니다.

태권도는 기술이나 동작, 경기의 규칙으로만 설명될 수 없습니다. 그것은 예를 갖추고, 인내하며, 자신을 수련하는 삶의 태도이며, 나와 공동체를 하나로 이어주는 가치의 언어입니다.

그리고 그 정신의 중심에는 바로 '국기원'이 있습니다.
태권도의 본산, 세계태권도본부로서 국기원은 단순한 무도 기관을 넘어 대한민국의 철학과 정체성을 세계에 전하는 플랫폼이자, 태권도인의 신념과 문화가 집약된 성지입니다. 저는 그러한 국기원을 대표하는 국기원장으로서, 그 무게를 매일같이 마주하며 살아왔습니다.

국기원을 이끈다는 것은 단순히 행정을 책임지는 것이 아닙니다. 그것은 곧 정체성과 비전을 설계하는 일, 분열을 통합으로 이끄는 정치적 수완, 그리고 전통을 현대적 가치로 재창조하는 철학적 사유를 요구받는 자리였습니다. 그 안에서 저는 수많은 갈등과 위기를 마주했고, 동시에 변화를 향한 결단과 성장을 경험했습니다.

『국기원장』이라는 자리는 상징적인 권위를 넘어 실질적인 책임의 자리입니다.

갈등을 조율하고, 제도를 혁신하며, 전통을 계승하면서도 미래를 향해 과감히 전진해야 하는 곳.

그 길 위에서 저는 수많은 질문에 부딪혔습니다.

"국기원의 존재 이유는 무엇인가?"
"국제사회 속에서 태권도는 어떤 역할을 해야 하는가?"
"리더는 무엇을 지켜야 하고, 어떻게 이끌어야 하는가?"

이 책『국기원장』은 그 질문들에 대한 저의 진심 어린 고민과 해답을 담고 있습니다.

아울러, 저는 이 책을 통해, 국기원의 정신을 다음 세대에게 책임 있게 전달하고자 하며, 국기원장이란 자리를 맡게 될 미래의 리더들이 반드시 고민해야 할 철학과 기준을 기록하고자 합니다.

국기원장은 행정가를 넘어, 철학자이자 외교관이며 전략가여야 합니다. 그리고 CEO 기질을 발휘해야 합니다.

태권도의 본질을 지키되, 새로운 시대와 함께 호흡할 수 있어야 합니다. 저는 이 역할을 수행하며 수많은 도전과 마주했고, 때로는 외로움 속에서도 진심을 지키기 위해 고군분투했습니다. 다시 한번 이 책을 통해 태권도가 한국을 넘어 세계 속 평화와 인류 정신의 자산이 되도록 이끄는 '문화 리더십'의 기준을 제시하고자 합니다.

이 책의 주제, 『국기원장 – 세계 태권도의 심장에서 리더십을 말하다』는 태권도를 사랑하는 모든 이들과 국기원을 다시 세우고자 하는 이들에게 작은 나침반이 되기를 소망하며 세상에 내놓는 진심의 기록입니다.

그러나 저는 분명히 믿습니다.

태권도의 가치는 변하지 않으며, 국기원은 그 가치를 영원히 품고 세계와 호흡해야 합니다.

그리고 그 중심에는 사람, 즉 '정신을 품은 리더'가 있어야 합니다.

『국기원장』은 국기원의 과거를 돌아보는 회고록이 아닙니다.

그보다는 다음 백 년을 준비하는 교본이자, 태권도라는 정신을 어떻게 현대화하고 세계화할 것인가에 대한 미래를 설계하는 실천 전략서입니다.

이 책은 제가 국기원장으로서 걸어온 여정을 통해 얻은 통찰, 치열한 고민, 때로는 고독 속에서도 지키고자 했던 원칙들을 담고 있습니다.

무엇보다 이 책이 대한민국을 대표하는 문화 리더를 꿈꾸는 이들, 그리고 태권도를 통해 세상에 긍정의 에너지를 전하고자 하는 수많은 태권도인들에게 작은 나침반이 되기를 간절히 소망합니다.

태권도는 정신입니다.

그 정신이 흐르는 한, 국기원은 흔들리지 않을 것입니다.

그리고 그 정신을 지키는 리더의 이름으로, 저는 오늘 이 책을 세상에 내놓습니다.

「국기원장」을 기획 구상하며...

태권도의 본산, 세계태권도본부 국기원은 단순한 체육기관이 아닙니다. 그것은 곧 대한민국 정신의 상징이자, 세계 속에 한국을 알리는 문화외교와 교육의 중심축입니다. 그리고 그 중심에 '국기원장'이라는 자리가 존재합니다.

국기원장이라는 자리는 단지 태권도 기관의 수장이 아닌, 글로벌 리더로서 한 국가의 정체성과 문화를 세계에 전하는 대표 리더의 자리입니다. 저는 그 역할을 수행하는 동안 수많은 선택과 갈등, 변화의 순간을 마주하며 '한 사람의 길이 조직의 운명을 좌우할 수 있다'는 사실을 깊이 체감했습니다.

저는 이 무게 있는 자리를 마지막으로 떠나며, 마지막으로 단 한 가지 사명을 가슴 깊이 새겼습니다. 그것은 바로 국기원의 정체성과 비전을 다음 세대에 바르게 전하는 것, 그리고 앞으로 국기원의 리더가 반드시 고민해야 할 방향성을 기록으로 남기는 일이었습니다. 『국기원장』이라는 책은 이러한 사명감에서 비롯된 결실입니다.

국기원장은 단순한 행정가나 관리자의 역할만을 수행할 수는 없습니다. 즉, 태권도를 통해 국가의 브랜드를 키워가는 전략가이자, 문화를 매개로 세계와 소통하는 외교관이며, 무엇보다 한국 정신을 전 세계에 심는 철학자이어야 합니다. 저는 이 책에서, 그 무게감 있는 자리를 온몸으로 체험한 한 사람의 기록과 고민을 담고자 했습니다.

국기원의 정체성을 지키면서도 변화하는 세계와 소통해야 하는 시대. 그 안에서 통합과 도약, 전통과 혁신의 균형, 공정한 조직 운영과 글로벌 비전은 리더가 반드시 고민해야 할 핵심 과제입니다. 저는 국기원장으로서 이 고민을 온몸으로 부딪치며 실천해왔고, 그 여정을 기록으로 남기고자 합니다.

시대가 바뀌면 전략도 바뀌어야 하지만, 태권도의 본질과 철학은 지켜져야 합니다. 저는 국기원의 정신을 지키되, 그 위에 새로운 미래를 쌓아야 한다고 믿습니다.

『국기원장』은 제가 국기원장으로 재직하는 동안 얻은 통찰과 경험을 바탕으로, 수많은 결정과 갈등, 외부와의 협력 속에서 얻은 교훈을 담아낸 기록이자, 국기원의 다음 백 년을 준비하는 이정표입니다. 이 책을 통해 앞으로 국기원의 리더가 무엇을 고민하고, 어떤 가치를 지켜야 하는가에 대한 방향을 제시하고자 합니다.

국기원장의 리더십은 단순한 행정이 아닌 전략과 외교, 그리고 철학의 통합이어야 하며, 이는 태권도를 단지 '무예'가 아닌 '문화', '교육', '철학'으로 확장시키는 태도에서 비롯됩니다. 이 책이 미래의 국기원장들, 그리고 태권도를 사랑하는 모든 이들에게 작은 나침반이 되기를 바랍니다.

그리고 조직과 사회를 이끌어가는 모든 이들에게 『대한민국형 문화 리더십』에 대한 영감을 줄 수 있기를 진심으로 희망합니다.

추천하는 글

"대한민국의 국기(國技)는 태권도로 한다." 제가 국회의장으로 일하던 2018년 4월에 「태권도 진흥 등에 관한 법률」에 명시한 조항입니다. 당시 국회의원 태권도연맹 명예총재를 맡으며 국회의사당에 태권도장을 개관했고, 8천 명이 넘는 태권도인의 집단 품새 시연으로 태권도를 기네스북에 등재하는 뜻깊은 성과도 이루었습니다. 모두 이동섭 국기원장님의 기획과 추진으로 가능한 일이었습니다.

대한민국의 전통 무예인 태권도는 글로벌 스포츠로 성장하여 세계인이 사랑하는 하나의 문화로 자리매김했습니다. 태권도를 사랑하는 마음 하나로 태권도와 국기원을 이끌어 온 이동섭 국기원장님의 태권도에 대한 기록, 『국기원장』 출간을 축하드립니다. 원장님처럼 태권도에 대한 깊은 애정과 전문성, 그리고 미래를 향한 확고한 비전을 동시에 갖춘 분은 찾기 어려울 것입니다.

대한민국의 태권도는 스포츠를 넘어 매우 특별한 위상을 가지고 있습니다. 심신의 수련을 통해 얻은 능력을 정의롭게 쓰도록 하는 태권도 정신이 대한민국의 정신 그 자체였습니다. 태권도가 단순히 우리나라 고유의 무예로 머물지 않고, 세계 2억 명이 수련하는 글로벌 스포츠로 발전할 수 있기까지 이동섭 원장님의 리더십이 큰 역할을 했다고 생각합니다.

특히, 코로나19라는 전례 없는 위기 상황에서도 국기원이 흔들리지 않고 오히려 디지털 기술을 활용한 온라인 교육과 심사 시스템을 구축하여 세계 태권도인들과 연결고리를 더욱 공고히 한 것은 위기를 기회로 전환한 탁월한 지도력의 결과라고 할 수 있습니다.

이 책은 국기원장으로서의 경험뿐만 아니라, 태권도를 통해 얻은 인생의 지혜와 조직 운영의 철학을 담고 있습니다. 우리의 국기 태권도를 현대적으로 계승하고 발전시키려는 모든 이들에게 실질적인 지침서가 될 것입니다. 이동섭 국기원장님의 진솔하고 깊이 있는 이야기를 통해 태권도의 참된 가치를 재발견하는 기회가 되기를 바랍니다.

– 전 국무총리
– 국회의장/전 국기원 명예 이사장 정 세 균

"태권도의 새 지평을 여는, 신념의 태권도인 이동섭 원장에게"

　태권도인들의 오랜 숙원이던 '국기 태권도법'을 제정하여 태권도 역사의 큰 획을 그은 이동섭 국기원장이 그의 경험과 철학을 담은 귀한 저서, 『국기원장』을 펴낸다는 소식을 접하고 태권도 원로로서 참으로 기쁘고 감개무량한 마음입니다. 이동섭 원장은 국회의원 시절부터 남다른 태권도 사랑과 탁월한 정치력으로 태권도의 위상을 바로 세우는 데 혁혁한 공을 세웠습니다. 특히, 태권도를 법률로써 대한민국의 국기(國技)로 지정한 것은 그의 가장 빛나는 업적이라 할 수 있으며, 이는 전 세계 214개국 1억 5천만 태권도 가족 모두의 자긍심을 고취한 역사적인 사건으로 기억될 것입니다.

　국기원장으로서 그의 헌신은 더욱 빛을 발하고 있습니다. 세계태권도본부인 국기원의 정체성을 확립하고, 끊임없는 혁신과 소통으로 조직을 안정시키며 전 세계 태권도인의 구심점 역할을 훌륭히 수행하고 있습니다. 그의 지치지 않는 열정과 확고한 비전은 태권도의 미래를 밝히는 등불이 되고 있습니다. 저 또한 4선 국회의원과 장관을 지내며 대한민국 정치의 중심에 있었고, 평생을 태권도와 함께해 온 사람으로서, 정치와 태권도를 아우르며 큰 성과를 내고 있는 이 원장의 행보가 얼마나 값지고 어려운 길인지 잘 알고 있습니다. 그의 발자취 하나하나가 태권도의 새로운 역사가 되고 있음을 느끼며, 원로로서 든든하고 자랑스러운 마음을 금할 길이 없습니다.

　이 책『국기원장』에는 태권도에 대한 그의 뜨거운 열정과 국기원의 미래를 향한 깊은 고뇌, 그리고 세계 태권도 발전을 위한 청사진이 고스란히 담겨 있으리라 확신합니다. 부디 이 책이 널리 읽혀, 전 세계 모든 태권도 지도자와 수련생들에게 새로운 영감과 나아갈 길을 제시하는 지침서가 되기를 바랍니다. 태권도의 밝은 내일을 향해 쉼 없이 정진하는 이동섭 원장에게 아낌없는 박수와 격려를 보내며, 기쁜 마음으로 이 책을 추천합니다.

-전 건설부 장관
-전 국회의원
-대한태권도협회장
-국기원 원로 김　용　채

추천하는 글

태권도는 대한민국이 세계에 자랑할 수 있는 문화적 유산이자, 인류가 공유하는 평화와 화합의 정신을 담은 무예입니다. 그 중심에서 국기원은 지난 수십 년간 세계 태권도의 심장으로 자리매김해 왔습니다.

이동섭 원장께서는 정치와 체육, 그리고 문화의 교차점에서 늘 탁월한 리더십을 보여주셨습니다. 그는 태권도가 단순한 스포츠를 넘어 세계 청년들을 하나로 묶는 문화외교의 장이자, 평화를 향한 인류 공동의 언어가 될 수 있음을 실천으로 증명해 왔습니다.

『국기원장』은 이러한 그의 열정과 비전을 담아낸 귀중한 기록입니다. 책 속에는 태권도의 미래를 고민하는 사색과 국기원을 세계적인 문화 플랫폼으로 발전시키려는 실천적 구상이 녹아 있습니다.
이는 단순한 회고록을 넘어, 한국 문화정책과 국제 스포츠외교의 현장에서 얻은 깊은 통찰이자 후대에 전해줄 귀한 길잡이가 될 것입니다.

저는 이 책이 태권도를 사랑하는 모든 이들에게 큰 울림을 줄 것이라 확신합니다.
더 나아가, 한국의 문화와 정신을 세계와 나누려는 우리의 여정에 중요한 이정표가 되리라 믿습니다.

이동섭 원장의 땀과 사명감이 담긴 이 책을 자신 있게 추천합니다.

-전 국회의원
-전 문화체육관광부 장관 정 병 국

　이동섭 국기원장은 태권도를 통한 공공외교 및 민간외교의 지평을 넓히며, 세계 무대에서 태권도의 위상을 높이는 데 크게 기여했을 뿐만 아니라 태권도가 대한민국의 국기임을 명문화하는 법률안을 대표 발의하는 등 종주국 대한민국 내에서의 태권도의 위상확립에 지대한 공헌을 했습니다.

　『국기원장』은 그간의 헌신과 성과, 그리고 태권도의 미래를 향한 비전을 체계적으로 담아낸 귀중한 저술이라 할 것입니다.

　특히, 국기원의 국제적 위상 제고를 위한 원장님의 노력은 전 세계 태권도인들에게 깊은 감명을 주었으며, 태권도의 글로벌 브랜드화를 위한 여정에 있어 중대한 이정표로 자리매김하고 있습니다. 본 저서는 태권도계를 넘어 국제 스포츠 외교 분야에서도 의미 있는 사료로 평가받을 것입니다.

　태권도를 사랑하는 모든 이들이 이 책을 통해 새로운 시각을 얻고, 태권도의 미래에 대한 기대와 확신을 품을 수 있기를 기대합니다.

　다시 한번 『국기원장』의 출간을 축하드리며, 국기원의 지속적인 발전과 이동섭 원장님의 건승을 진심으로 기원합니다.

-세계태권도연맹 총재　조　정　원

추천하는 글

이승완 국기원 원로평의회 의장 추천사
태권도의 백년대계(百年大計)를 위 한 제언(提言)

태권도 현대사의 산증인이자 평생을 태권도와 함께에 온 원로로서 이동섭 국기원장이 태권도의 현재를 진단하고 미래를 설계하는 [국기원장]을 펴낸 것을 매우 뜻깊게 생각합니다.

둘이켜보면 국기원은 영광의 순간도 많았지만. 적지 않은 풍파를 겪으며 태권도인들의 마음을 아프게 한 시간도 있었습니다. 그때마다 우리 원로들은 태권도의 정체성을 바로 세우고 국기원이 세계 태권도의 굳건한 구실점이 되기을 염원하며 노심초사 해 왔습니다.

이동섭 원장은 국회의원 시절, 대권도인 모두의 숙원이던 '국기 태권도법'을 재정하여 누구도 해내지 못한 위업을 달성한 인물입니다. 정치인의 전문성과 태권도인의 열정을 겸비했기에 가능한 일이었습니다. 그의 이러한 강력한 추진력은 혼란스러웠던 국기원을 정상화하고 새로운 도약을 준비하는 데 반드시 필요한 동력이었습니다.

이제 국기원은 지난 과오를 반면교사 삼아, 개인의 역량이 아닌 흔들림 없는 '정책'과 '시스템'으로 움직이는 조직으로 거듭나야 합니다. 이것이아말로 우리 원로들이 진정으로 바라는 국기원의 미래상입니다.

그런 의미에서 이 책이 이동섭 원장 개인의 희고록을 넘어, 태권도의 백년대계클 위한 구체적인 청사진을 재시하는 정책 제안서가 되기를 기대합니다. 국기원의 위상을 어떻게 강화하고, 전 세계 태권도 가족을 하나로 묶으며 태권도의 철학적 가치를 어떻게 확산시킬 것인지에 대한 깊은 고뇌와 비전이 담겨 있기를 바랍니다.

원로평의회는 국기원의 성공직인 미래를 위에 언저나 쓴소리를 아끼지 않으면서도, 올바른 길을 갈 때는 가장 든든한 버팀목이 될 것입니다. 부디 이동섭 원장이 이 책을 통해 제시한 비전을 바탕으로 우리 원로들과 머리를 맞대고 소통하며 태권도의 위대한 역사를 함께 써 내려가기를 소망합니다.

이 책이 태권도의 미래를 고민하는 모든 지도자에게 통찰을 주는 지침서가 되기를 바라며, 이 책을 추천합니다.

-2025년 9월
-전 국기원장
- 국기원 원로평의회 의장 이 승 완

우리에게 태권도의 의미는 매우 각별합니다. 태권도는 단순한 무술을 넘어, 한국의 철학과 문화를 전세계에 전하는 소중한 외교자산입니다. 그런 의미에서 국기원은 태권도의 세계화를 이끄는 심장부이며, 그 수장인 국기원장의 역할은 어느 때보다 막중합니다.

이동섭 국기원장님의 저서 『국기원장』은 그 막중한 책무 속에서도 흔들림 없이 태권도 정신을 전 세계에 알리고, 국기원의 위상을 높이기 위해 걸어온 여정의 생생한 기록입니다. 특히 원장님께서는 공공외교와 민간외교를 통해 태권도를 하나의 '문화 외교 플랫폼'으로 자리매김하는 데 탁월한 지도력을 발휘해오셨습니다.

국제무대에서 각국 정상 및 주요 인사들과의 교류, 세계태권도본부로서 국기원의 위상을 재정립하려는 노력, 그리고 태권도를 통한 평화·화합의 메시지 확산은 모두 이동섭 원장님의 신념과 비전에서 비롯된 값진 성과입니다. 이 책은 그러한 노력의 궤적을 따라가며, 태권도가 지닌 무형의 가치와 국기원의 미래를 함께 성찰할 수 있게 합니다.

『국기원장』은 국기원장을 넘어 태권도인이자 외교관, 나아가 사명감 있는 한 인간으로서의 기록을 만날 수 있을 것입니다. 태권도의 본질을 되새기고 그 철학과 사명이 오늘날 어떤 의미를 가질 수 있는지를 보여주며, 많은 분들에게 깊은 울림과 영감을 안길 것입니다.

앞으로 태권도가 나아갈 방향을 알려주는 하나의 나침반이 될 『국기원장』을 통해 우리 체육인들은 이동섭 원장님의 헌신과 노고를 오래도록 기억하겠습니다.

-대한체육회장
-IOC위원 유 승 민

국기원장으로서 임기 동안 국기원의 발전과 특히 국기 태권도의 국제적 위상 강화와 문화 외교적 활동에 주력해 오신 이동섭 원장의 의지와 발자취, 그리고 노고가 이 책에 잘 담겨 있습니다.

국회의원으로서 의정 활동의 경험을 바탕으로 태권도가 국제 외교 분야에서 할 수 있는 일의 지평을 누구보다 잘 알고 있는 저자가 평소 태권도 세계화에 대한 소신과 철학을 그간의 활동상과 함께 상세하게 소개하고 있는 바, 태권도의 국제적 활약상과 문화 외교적 의미에 대하여 관심이 있는 우리 태권도인들과 체육인들에게 많은 정보와 시사점을 줄 수 있는 책이라 믿습니다.

태권도의 국제적 위상에 대한 자부심을 느끼게 해주는 이 책을 통해서 태권도를 통한 국제 봉사, 해외 진출, 국제 문화 외교 등의 분야에 대한 꿈을 키우고 싶은 젊은 태권도 인재들에게 좋은 정보를 전해주는 길잡이가 되길 기대합니다.

–대한태권도협회 회장 양 진 방

　이동섭 국기원장님께서 평소 강조하셨듯이 태권도는 단지 한국 전통 무예를 뛰어넘어 전 세계에서 가장 많이 수련하고 즐기는 올림픽 스포츠이자 문화생활의 하나로 자리매김하였고, 세계평화와 인류 화합을 향한 우리 조상님들이 물려준 귀중한 '인류의 문화유산'입니다. 그 중심에서 평생을 헌신하며 국기 태권도의 법 제정과 정책적 뒷받침을 통하여 태권도의 위상을 세계 속에 드높인 분이 바로 이동섭 국기원장님이십니다.

　'국기원장'은 원장님의 삶을 관통하는 열정과 신념, 그리고 국기원과 세계 태권도 발전을 위한 쉼 없는 도전의 여정을 담고 있습니다. 특히 국회의원으로서 입법 활동을 통해 태권도의 제도적 기반을 다졌던 과정, 태권도원의 세계태권도 성지로의 성장을 위한 상징지구 조성 지원, 국기원 수장으로서 개혁과 통합의 리더십을 발휘했던 순간들은 우리 모두에게 깊은 울림과 교훈을 줍니다.

　한 태권도인의 삶을 넘어, 한 시대의 태권도의 큰집 국기원의 역사와 철학을 담은 이 책은 태권도인분만 아니라 다양한 분야의 리더와 계층에게 소중한 지침서가 될 것입니다. 이 책을 통해 우리는 태권도와 국기원의 성장 과정과 현안을 바르게 이해하고, 미래를 향한 더 큰 비전을 함께 꿈꿀 수 있기를 바라마지 않습니다.

　태권도인으로서 이동섭 원장님의 뜨거운 삶과 기록이 세계 속 태권도인의 가슴에 긴 여운으로 남기를 진심으로 바랍니다.

－태권도진흥재단 이사장 김 중 헌

2025.8.28

Congratulatory Message

It is with great honor that I extend my heartfelt congratulations to President Dong Sup Lee, esteemed head of Kukkiwon, the World Taekwondo Headquarters and a living symbol of the Korea–U.S. alliance, on the publication of "The President of Kukkiwon."

As a Korean American who once had the privilege of serving in the United States Congress, I have witnessed firsthand how Taekwondo has transcended the borders of its homeland to become a source of pride and inspiration for people around the globe. With more than 200 million practitioners worldwide, Taekwondo is far more than a sport; it is a profound teacher of life. It instills perseverance and courage, cultivates courtesy and respect, and inspires love and mutual understanding through the cultivation of character.

Taekwondo uniquely stands as one of the most powerful and dynamic "cultural ambassadors" uniting Korea and the United States. Through his tireless dedication to the globalization of Taekwondo, President Dong Sup Lee has played a decisive role in strengthening the bonds of friendship between our nations, fostering grassroots people-to-people exchanges, and deepening the spirit and breadth of the Korea–U.S. alliance.

Under his visionary leadership, Kukkiwon has firmly established itself as the global center for Taekwondo practitioners, while also becoming a lasting emblem of goodwill and friendship between our two countries. Without his unwavering passion and steadfast devotion, such extraordinary achievements would not have been possible.

Jay C Kim
Former US Congressman

11402 RIDGELINE ROAD
FAIRFAX, VA 22030
USA

TEL: 571.214.4614

jkimfoundation@gmail.com

30 EUNHAENG-RO, #1001
YEONGDEUNGPO-KU, SEOUL
KOREA

TEL: 82.2.784.2800

JAY KIM
FORMER MEMBER OF U.S. CONGRESS

2025.8.28

축하의 글

한미동맹의 상징이며 세계 태권도본부의 수장이신 이동섭 원장님의 『국기원장』 출간을 진심으로 축하합니다.

미국 연방의회에서 활동했던 한국계 미국인으로서, 저는 태권도가 대한민국을 넘어 전 세계에 얼마나 큰 자부심과 긍정적인 영향을 미치고 있는지 잘 알고 있습니다. 태권도는 세계 2억명의 수련생에게 단순한 스포츠가 아닌 인내, 도전, 예의, 사랑의 실천과 인성교육을 통한 상호존중의 정신을 가르치는 위대한 스승입니다.

특히 태권도는 한국과 미국을 잇는 가장 강력하고 역동적인 '문화 외교관'입니다. 이동섭 원장님께서는 태권도의 세계화를 통해 양국의 우정을 증진하고, 풀뿌리 민간교류를 활성화하여 한미동맹을 더욱 폭넓고 깊이있게 만드는 데 결정적인 기여를 하고 계십니다. 이동섭 원장님의 리더십 아래 국기원은 전 세계 태권도인의 구심점이자 한미 우호 관계의 중요한 상징으로 자리매김했습니다. 그분의 열정과 헌신이 없었다면 불가능했을 일입니다.

이 책 『국기원장』은 태권도의 미래와 세계 평화 한미동맹과 세계 지도자들과 태권도인들에게 국기 태권도 위상을 보여준 책입니다. 이동섭 국기원장의 건승을 기원합니다.

김창준
前 미연방하원의원
現 (사)김창준한미연구원 이사장

11402 RIDGELINE ROAD
FAIRFAX, VA 22030
USA

TEL: 571.214.4614

30 EUNHAENG-RO, #1001
YEONGDEUNGPO-KU, SEOUL
KOREA

TEL: 82.2.784.2800

jkimfoundation@gmail.com

THOMAS R. SUOZZI
MEMBER OF CONGRESS
3RD DISTRICT, NEW YORK

**COMMITTEE ON
WAYS AND MEANS**

SUBCOMMITTEE ON TAX

SUBCOMMITTEE ON OVERSIGHT

House of Representatives
Washington, DC 20515

WASHINGTON, DC OFFICE
203 CANNON HOUSE OFFICE BUILDING
WASHINGTON, DC 20515
202–225–3335

GLEN COVE OFFICE
51 GLEN STREET, SECOND FLOOR
GLEN COVE, NY 11542
516–861–1070

DOUGLASTON OFFICE
242-09 NORTHERN BOULEVARD
DOUGLASTON, NY 11363
718–631–0400

August 22, 2025

Dear President Lee:

It is my great honor to extend my heartfelt congratulations on the publication of your book, *Kukkiwonjang*.

As a Member of the United States House of Representatives and a proud Taekwondo honorary black belt who began training later in life, I hold deep admiration for your leadership and for the invaluable work of Kukkiwon. Through Taekwondo, you have played a pivotal role in strengthening the alliance between the United States and the Republic of Korea.

Taekwondo is far more than just a sport—it is a discipline that instills courtesy, perseverance, self-control, and mutual respect. These values serve as a powerful cultural bridge, uniting the people of our two nations. Your tireless dedication has ensured that this treasured cultural heritage continues to enrich our bilateral relationship.

I believe *Kukkiwonjang* will reflect your profound philosophy and unwavering passion for advancing Taekwondo and promoting friendship between our countries. Please know that I will continue to support your efforts, and I am confident that our bond through Taekwondo will only grow stronger in the years ahead.

Once again, I warmly congratulate you on this significant publication. May *Kukkiwonjang* inspire Taekwondo practitioners worldwide and all who cherish the enduring alliance between the United States and the Republic of Korea.

Sincerely,

Thomas R. Suozzi

Thomas R. Suozzi
Member of Congress

2025년 8월 22일

이 원장님께,

　귀하의 저서『국기원장』출간을 진심으로 축하드리며, 이렇게 마음을 담아 축하 인사를 드리게 되어 매우 영광입니다.

　저는 미국 연방 하원의원이자, 다소 늦은 나이에 수련을 시작해 명예 태권도 블랙벨트를 받은 사람으로서, 귀하의 리더십과 국기원의 귀중한 업적에 깊은 존경을 표합니다. 태권도를 통해 귀하는 한미 동맹을 강화하는 데 중추적인 역할을 해오셨습니다.

　태권도는 단순한 스포츠가 아니라, 예의·인내·자제·상호 존중을 길러 주는 수련입니다. 이러한 가치는 두 나라 국민을 하나로 잇는 강력한 문화의 다리가 됩니다. 귀하의 지치지 않는 헌신 덕분에, 이 소중한 문화유산이 한미 양자 관계를 계속 풍요롭게 하고 있습니다.

　저는『국기원장』이 귀하의 깊은 철학과, 태권도 발전 및 양국 우호 증진을 향한 흔들림 없는 열정을 잘 담아낼 것이라 믿습니다. 앞으로도 귀하의 노력을 계속 지원할 것이며, 태권도를 통한 우리의 유대가 앞으로의 세월 속에서 더욱 굳건해지리라 확신합니다.

　다시 한 번 이 뜻깊은 출간을 진심으로 축하드립니다.『국기원장』이 전 세계 태권도 수련인들과, 오래 지속되는 한미 동맹을 소중히 여기는 모든 이들에게 영감을 주기를 바랍니다.

경의를 표하며,

Thomas R. Suozzi

토머스 R. 수오지 미국 연방하원의원

GRACE MENG
HOUSE OF REPRESENTATIVES
Washington, D.C. 20515

August 29, 2025

Dear President Dong- Seop Lee,

I am honored to extend my sincere congratulations on the publication of Kukkiwonjang.

As the esteemed head of the World Taekwondo Headquarters, you have played an important role in advancing Taekwondo to many individuals. It is a discipline that instills perseverance, respect, and self-control, uniting millions across cultures and generations.

Your leadership has reinforced Taekwondo's role as a bridge between cultures and a symbol of the lasting alliance between South Korea and the United States. Under your vision, Kukkiwon has become not only the spiritual home of practitioners worldwide but also a powerful reminder of the values of peace, friendship, and international understanding.

On behalf of the people of New York's Sixth Congressional District, I commend you for your lifelong dedication and for celebrating this significant milestone. I eagerly anticipate Kukkiwon's continued contributions to strengthening communities and deepening the ties between our two nations.

Sincerely yours,

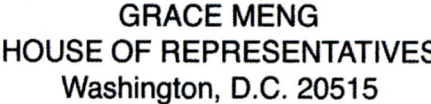

Grace Meng
Member of Congress

이동섭 원장님

원장님의 저서 『Kukkiwonjang』 출간을 진심으로 축하드립니다.

세계태권도본부의 존경받는 수장으로서, 원장님은 태권도의 발전을 이끌고 수많은 이들에게 보급하는 데 중요한 역할을 해 오셨습니다. 태권도는 인내, 존중, 자제력을 길러 주는 수련이며, 문화와 세대를 넘어 수백만 명을 하나로 잇습니다.

원장님의 리더십은 태권도가 서로 다른 문화를 잇는 다리이자 대한민국과 미합중국 간 지속적인 동맹을 상징하는 역할을 더욱 굳건히 했습니다. 원장님의 비전 아래, 국기원은 전 세계 수련인들의 정신적 보금자리에 그치지 않고 평화, 우정, 국제적 이해라는 가치를 강력히 일깨우는 기관이 되었습니다.

뉴욕 제6선거구 주민을 대표하여, 평생의 헌신과 이번 중대한 이정표를 기념하심을 치하드립니다. 국기원이 공동체를 더욱 견고히 하고 양국 간 유대를 한층 심화하는 데 앞으로도 계속 기여하리라 기대합니다.

경의를 표하며,

-미합중국 하원의원
그레이스 멩

Ref. No. PTT-25/049
Date: 23rd August, 2025

To: Kukkiwon President - Dong Sup Lee
Subject: Congratulation for new Book

Dear President Lee Dong-Seop,

I am honored to be able to send this short message to congratulate you on your new upcoming book. I know this book will contribute to the knowledge of all taekwondo practitioners around the world, and that will be a testimony of a life contribution to our below art, and your daily commitment to the excellency, the knowledge and to reach every part of the world with the values of Taekwondo and of course the challenge you have faced being a leader of a global institutions such as Kukkiwon. I would like to take this opportunity to personally thank you for all the commitment and contributions to the growth of Taekwondo in the Pan American region and for always have the time to talk about the future of the taekwondo and for all the knowledge you have share with me in the different changes we had had.

May this book another milestone in a very successful life.

Sincerely,

LAE. Juan Manuel López Delgado
PATU President

President

Lic. Juan Manuel Lopez Delgado

Contact

office@
panamericantaekwondounion.org

Look for us!

Website:
www.patutkd.org
Facebook:
@PanAmericanTaekwondoUnion
Instragram:
panamerican_taekwondo_union
Twitter:
@PanAm_Taekwondo

존경하는 이동섭 국기원장님께,

　다가올 신간 출간을 축하드리는 이 서신을 드릴 수 있어 영광입니다. 이번 책이 전 세계 태권도 수련인들의 지식을 넓히고, 우리의 소중한 무예에 일생을 바쳐 오신 헌신을 증언하는 이정표가 되리라 믿습니다.

　또한 국기원과 같은 글로벌 기관의 수장으로서 탁월성, 지식, 그리고 태권도의 가치를 세계 곳곳에 전하고자 매일같이 기울이신 헌신과, 그 과정에서 마주하신 여러 도전의 기록이 될 것입니다.

　이 기회를 빌려, 범미주 지역 태권도 발전을 위해 보여주신 변함없는 헌신과 기여에 깊이 감사드립니다. 더불어 태권도의 미래에 관해 언제나 시간을 내어 주시고, 우리가 여러 변화를 겪는 국면마다 베풀어 주신 고견과 지혜에 대해 개인적으로 감사의 뜻을 전합니다.

　이 책이 원장님의 성공적인 여정에 또 하나의 커다란 이정표가 되기를 기원합니다.
　진심을 담아,

후안 마누엘 로페스 델가도
범미주태권도연맹(PATU) 회장 (세계대륙 회장)

AFRICAN TAEKWONDO UNION

Ref. N°: 0018/2025/AFTU/PDT.   NIAMEY, 27 August 2025

To : *Martial Zouzouko,*

<u>Subject</u>: **Congratulations on the Publication of 『Kukgiwonjang』.**

Dear Martial Zouzouko,

On behalf of the African Taekwondo Union (AFTU) and in my capacity as President, I am honored to extend my warmest congratulations to President LEE Dong-Seop on the publication of his book 『Kukgiwonjang』.

This remarkable work, which chronicles his presidency of Kukkiwon and his visionary insights on Taekwondo diplomacy, will serve as a lasting testimony to his leadership and dedication. President LEE has consistently demonstrated wisdom, resilience, and passion in promoting Taekwondo not only as a martial art but also as a universal tool for peace, cultural exchange, and development.

Under his guidance, Kukkiwon has strengthened its global influence and inspired generations of practitioners and leaders across all continents. His achievements are a source of pride and motivation for the entire Taekwondo family, particularly here in Africa, where his commitment has opened doors for growth and deeper international cooperation.

I sincerely wish this publication the widest possible reach and impact, as it embodies the true spirit and legacy of Taekwondo.

Please find attached my official photograph to accompany this congratulatory message.

With my highest respect and warm regards.

Mr. IDE ISSAKA

President, African Taekwondo Union (PDT-AFTU)
Vice President, World Taekwondo (V-PDT WT)

　아프리카태권도연합(AFTU)을 대표하여, 그리고 회장 자격으로, 이동섭 국기원장님의 저서 『국기원장』 출간을 진심으로 축하드립니다.

　본서는 국기원장으로서의 리더십 여정과 태권도 외교에 관한 원장님의 선견지명을 담아낸 훌륭한 기록으로, 그분의 헌신과 지도력을 길이 기념비가 될 것입니다. 이 원장님은 태권도를 하나의 무예를 넘어 평화, 문화교류, 발전을 위한 보편적 도구로 확산하는 데 있어 지혜와 굳건함, 열정을 지속적으로 보여 주셨습니다.

　그의 지도 아래 국기원은 전 세계적 영향력을 한층 공고히 했을 뿐만 아니라, 모든 대륙의 수련인과 지도자 세대에 깊은 영감과 동기를 부여해 왔습니다. 특히 아프리카에서 그의 헌신은 성장의 문을 열고 보다 긴밀한 국제 협력의 토대를 마련하는 데 큰 역할을 했습니다.
태권도의 진정한 정신과 유산을 담고 있는 이 책이 가능한 한 널리 읽히고 큰 울림을 주기를 진심으로 바랍니다.

　본 축하 서한과 함께 사용할 저의 공식 사진을 동봉합니다.
　깊은 존경과 따뜻한 인사를 전합니다.

-아프리카 대륙연맹 태권도연합(AFTU) 회장
-세계태권도연맹(WT) 부회장Mr. IDE ISSAKA

Foreword
추천하는 글

Dear Grandmaster Lee Dong Sup,

It is with great honor and deep respect that I express my heartfelt gratitude to you, Grandmaster Lee Dong Sup, for your unwavering dedication and remarkable leadership during your presidency at Kukkiwon. Your tireless commitment to the preservation and growth of Taekwondo has left an indelible mark on this noble martial art, ensuring its continued legacy for future generations.

Under your visionary guidance, Taekwondo reached unprecedented heights, and the Kukkiwon became a global beacon for practitioners around the world. Your efforts not only elevated the spirit, discipline, and worldwide recognition of our art, but also laid a strong foundation for the growth of Taekwondo on an international scale.

I would also like to extend my sincere thanks to all past Presidents of Kukkiwon, whose collective efforts have consistently shaped the global impact of Taekwondo. Their dedication has nurtured the spirit and pride that we, as practitioners, hold in our hearts.

A moment that will forever be etched in my memory is when you presented the Honorary 9th Dan Certificate to the President of the United States, Donald Trump. This extraordinary gesture reflected your commitment to bridging cultures and promoting global unity through Taekwondo.

On behalf of the Morocco Royal Taekwondo Federation and the entire Taekwondo community in Morocco, I offer my deepest gratitude for your unparalleled leadership and the lasting legacy you have built.

As you move forward into new endeavors, I wish you continued health, happiness, and success. May your future be as bright as the path you have paved for Taekwondo worldwide.

With deepest respect and gratitude,
Driss El Hilali
President of Morocco Royal Taekwondo Federation

경하는 이동섭 국기원장님께,

국기원장 재임 기간 동안 보여 주신 굳건한 헌신과 탁월한 리더십에 깊은 존경과 함께 진심 어린 감사를 전합니다. 원장님의 지치지 않는 노력은 태권도의 보존과 발전에 지울 수 없는 흔적을 남겼고, 우리 후대에게 이 위대한 무예의 유산이 온전히 이어지도록 하는 든든한 토대가 되었습니다.

원장님의 선견지명 있는 지도 아래 태권도는 전례 없는 수준으로 도약했고, 국기원은 전 세계 수련인들에게 하나의 등불이 되었습니다. 원장님의 노력은 태권도의 정신과 규범, 그리고 세계적 인지도를 높였을 뿐 아니라, 태권도의 국제적 성장을 위한 견고한 기반을 마련했습니다.

아울러 역대 국기원장님들께도 깊은 감사의 뜻을 전합니다. 역대 원장들의 헌신은 태권도의 세계적 영향력을 꾸준히 일구어 왔으며, 우리 수련인들이 마음속에 간직한 자긍심과 정신을 길러 주었습니다.

제 기억에 영원히 남을 장면이 있습니다. 바로 원장님께서 미합중국 대통령 도널드 트럼프에게 국기원 명예 9단증을 수여하신 순간입니다. 그 비범한 행보는 태권도를 통해 문화를 잇고, 세계적 화합을 증진하려는 원장님의 의지를 분명히 보여주었습니다.

모로코 왕립태권도연맹과 모로코 태권도 공동체를 대표하여, 비할 데 없는 원장님의 리더십과 그가 남긴 영원한 유산에 가장 깊은 감사를 드립니다.

앞으로의 새로운 도정에도 건강과 행복, 큰 성공이 함께하길 기원합니다. 전 세계 태권도를 위해 원장님께서 닦아 놓으신 길처럼, 원장님의 앞날 또한 더욱 눈부시게 빛나기를 바랍니다.

깊은 존경과 감사의 마음을 담아
드리스 엘 힐랄리모로코 아랍연맹(왕립태권도) 회장

추천하는 글

이란의 중심에서, 태권도의 미래를 외치다

지구 반대편 이란의 8천만 국민과 함께 태권도 정신을 나누며 살아온 강신철입니다. 이동섭 국기원장님께서 태권도의 혼과 비전을 담은 귀서 『국기원장』을 출간한다는 소식에, 수십 년간 이국의 땅에서 태권도 보급에 힘써온 사범으로서 가슴 벅찬 감동과 기대를 느낍니다.

제가 처음 이 땅에 태권도의 씨앗을 뿌릴 때만 해도, 태권도는 낯선 동방의 무예에 불과했습니다. 그러나 수많은 지도자들의 땀과 헌신, 그리고 국기원이라는 든든한 버팀목이 있었기에 오늘날 이란에서만 3백만 명이 넘는 수련생이 태권도를 외치는 기적을 이룰 수 있었습니다.

이동섭 원장님은 국회의원 시절부터 '국기 태권도법'을 제정하시어, 저희와 같이 해외에서 활동하는 태권도인들에게 "우리가 가르치는 태권도가 대한민국의 국기"라는 무한한 자긍심을 심어주셨습니다. 이는 전 세계 태권도 가족의 위상을 한 단계 격상시킨 역사적인 업적입니다.

국기원장으로 취임하신 후에도, 그의 행보는 저희 해외 사범들에게 큰 힘이 되고 있습니다. 세계태권도 본부의 정체성을 바로 세우고, 흩어져 있던 세계 태권도인의 역량을 하나로 모으려는 원장님의 노력은 태권도의 새로운 백 년을 여는 초석이 될 것이라 확신합니다.

부디 이 책 『국기원장』이 이동섭 원장님의 리더십과 철학을 넘어, 척박한 땅에서 태권도의 역사를 일구어 온 전 세계 사범들의 노고를 조명하고, 세계 속의 태권도가 나아갈 방향을 제시하는 나침반이 되어주기를 소망합니다.

-국기원9단
-이란태권도 대부
-국기원 대사부 강 신 철

Contens
차 례

제4장 국기원장의 철학과 문화외교

제5장 다음 100년을 이끌 리더의 조건

특별 부록 & 참고문헌 및 출처(References and Sources)

태권도 역사와 미래,
그 중심에 국기원이 있습니다.

1972년 11월 30일, 태권도의 정신과 기술을 계승하고
인류 평화에 기여하기 위해 국기원이 문을 열었습니다.
'국기원(國技院)'의 명칭은 '대한민국의 자긍심인 국기로서의
태권도를 주도하는 집이자, 세계 태권도인의 본부입니다.
국기원은 전통 무예로서의 태권도, 세계적 스포츠로서의
태권도, 그리고 글로벌 문화콘텐츠로서의 태권도가
조화롭게 발전해 나가도록 그 중심에서 사명을
다하고 있습니다.

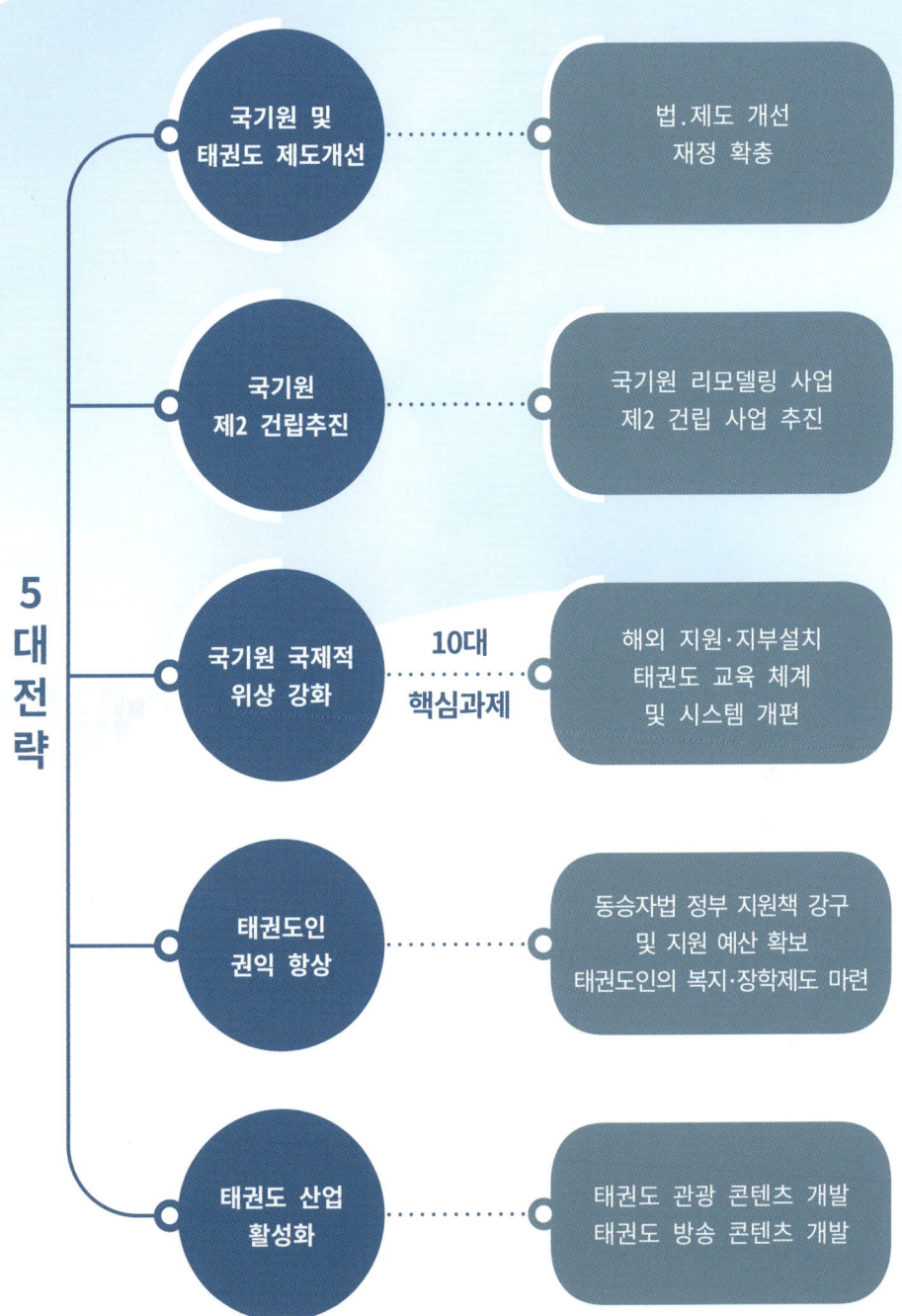

5대전략

10대
핵심과제

국기원 및
태권도 제도개선

법.제도 개선
재정 확충

국기원
제2 건립추진

국기원 리모델링 사업
제2 건립 사업 추진

국기원 국제적
위상 강화

해외 지원·지부설치
태권도 교육 체계
및 시스템 개편

태권도인
권익 향상

동승자법 정부 지원책 강구
및 지원 예산 확보
태권도인의 복지·장학제도 마련

태권도 산업
활성화

태권도 관광 콘텐츠 개발
태권도 방송 콘텐츠 개발

'세계태권도의
심장에서
리더십을 말하다'

KUKKIWON

WORLD TAEKWONDO HEADQUARTERS

국기원은 한 나라의 무예 본부 수준을 넘어 전 세계 210여 개국 이상이 공유하는 철학과 수련 체계를 연결하는 글로벌 플랫폼이자, 태권도의 정신적 중심지이다. 여기서 말하는 '심장'은 태권도의 생명력뿐 아니라 정통성과 정당성을 상징한다. 국기원은 세계 태권도계의 심장으로서 그 맥박을 뛰게 하는 존재다. 교육, 리더십, 상징적 권위, 문화외 교를 통해 국기원은 태권도의 과거와 현재, 미래를 살아 숨쉬게 하는 실천 기관으로 기능하고 있다.

Kukkiwon is not just an institution at the martial arts headquarters of a country. Connecting the philosophy and training system shared by more than 210 countries around the world It is a global platform and a mental center of Taekwondo. The 'heart' here is symbolized not only for vitality, but also for the legitimacy and legitimacy of Taekwondo, Kukkiwon means reducing the life of the world Taekwondo world. Through education, leadership, symbolic authority, and cultural diplomacy, Kukkiwon It functions as a practical organ that lives and breathes the past, present, and future.

01장

국기원, 태권도의 심장

"태권도의 중심에는 국기원이 있다."
그것은 단순한 건물이 아니라,
정신이자 세계화의 출발점이다.

"Kukkiwon is the core of Taekwondo."
It is not just a building—but the spirit and the foothold of globalization.

01 국기원, 태권도의 심장

1. 국기원의 설립과 역사적 배경

태권도는 20세기 중반, 대한민국의 전통 무예를 계승하고 현대적으로 체계화한 무도이자 스포츠로 자리매김하기 시작했다. 1950~60년대를 거치며 태권도는 국내에서 급속도로 확산되었으나, 수련 체계와 심사 제도, 기술 명칭 등이 유파별로 상이해 혼란이 지속되었다. 이러한 상황 속에서 태권도의 통합과 세계화를 위한 상징적 본부의 필요성이 제기되었다.

1971년 11월 19일은 태권도계에서 역사적인 날이다. 태권도인들의 오랜 숙원이었던 대한태권도협회 중앙도장이 서울 성동구 역삼동 산 79번지의 야트막한 언덕 위에서 기공했기 때문이다. 당시 태권도계는 대회나 심사를 치를 곳이 마땅하지 않아 한성여고체육관과 장충체육관, 서울운동장 옥외 배구장 등에서 김운용 총재가 대회와 심사를 개최했다.

국기원 건립은 1969년부터 추진되어 당시 대한태권도협회장이었던 김용채는 국회의원 신분을 활용, 1970년 국회 추경예산에서 2천8백여 만 원을 지원받아 중앙도장 건립재정을 확보했다.

국기원 건립은 1971년 김운용 총재가 제7대 대한태권도협회 회장에 취임하면서 본격화하였다. 당시 그는 '태권도센터' 건립에 대한 의지를 내비쳤다. 이것이 '대한태권도협회 중앙도장' 성격으로 1971년 기공했고, 1년이 지난 1972년 11월 준공됐다. 국기원 명칭은 1973년 봄 개칭되어 오늘날까지 이어지고 있다.

이러한 시대적 배경 속에서, 1972년 11월 30일, 김운용 대한태권도협회 회장의 주도로 '태권도 중앙도장'이 건립되었고, 이는 곧 재단법인 국기원으로 발전하였다. 국기원은 태권도의 교육, 심사, 지도자 양성, 국제 교류, 연구개발 기능을 집약한 태권도의 세계 본부로 자리 잡게 된다. 설립 초기부터 국기원은 단순한 도장이 아닌, 태권도의 기술을 정

〈국기원 준공〉
1971년 11월 30일 태권도인의 염원으로
국기원이 서울 강남의 황량한 구릉 위에 세워졌다.

립하고 표준화하며, 승품·승단 심사의 독립성과 공정성을 확보하는 기능을 수행했다.

국기원의 출범은 단순한 건물의 개관이 아니었다. 이는 대한민국이 국가 브랜드로서 태권도를 세계에 선포한 선언적 행위였으며, 태권도가 세계 스포츠로 발전할 수 있는 토대를 마련한 구조적 출발점이었다.

1973년에는 '세계태권도연맹(WT)'이 국기원을 중심으로 창립되었고, 국기원은 기술 주도 및 교육 시스템 운영을, WT는 국제 경기 운영과 외교적 확산을 담당하는 쌍두마차 체계를 구축하게 된다.

〈제1회 국제심판강습회〉
1974년 제1회 국제심판강습회가 11개국 46명이 참가한 가운데 국기원에서 열렸다. 전년도에 결성된 세계태권도연맹(WT)이 태권도 경기의 체계화와 심판원의 자질 향상을 위해 4일간 진행했다.

"태권도 경기의 기준을 세우다"-제1회 국제심판강습회

1974년, 국기원에서는 제1회 국제심판강습회가 개최되었다. 이번 강습회는 전년도 창립된 세계태권도연맹(WT)이 태권도 경기의 국제적 체계화와 심판원의 자질 향상을 목표로 마련한 교육 프로그램으로, 11개국에서 모인 46명의 참가자들이 국기원에 모여 4일간 집중적인 이론 및 실습 교육을 받았다.

이 강습회는 태권도가 세계 스포츠 무대에 진출하기 위한 경기 규칙과 심판 기준의 표준화 작업의 출발점이 되었으며, 국기원이 국제 태권도 심판 양성의 중심지로서 기능하기 시작한 역사적 계기가 되었다.

국제심판강습회의 정례화와 제도화는 이후 태권도의 올림픽 진입, 세계대회 운영, 기술 발전에 있어 필수적인 기반이 되었으며, 그 출발선에는 국기원에서 열린 제1회 국제심판강습회가 있었다.

〈태권도 정신을 담은 정자, 윤곡정(潤谷亭)〉

1975년 8월 20일, 국기원은 초대 원장 김운용 박사의 아호 '윤곡(潤谷)'을 따서 명명한 정자 '윤곡정'을 본관 외부에 건립하였다.윤곡정은 태권도의 철학과 정신을 기념하는 국기원의 대표적 상징물로, 정통 한국식 목조 건축 양식으로 조성되어 수련과 사색, 명상과 기념의 공간으로 기능해왔다.

한국 전통 목조 건축 양식을 따르고 있는 이 정자는, 태권도를 수련하는 이들에게 정신 수양과 사색의 공간, 그리고 역사의 흐름을 되새기는 기념 장소로 여겨지며 오늘날까지도 국기원을 방문하는 국내외 태권도인들의 방문과 사진 촬영 명소로도 사랑받아 왔다.

'윤곡정'은 태권도가 수양(修養)과 정신의 무예임을 시각적으로 상기시키는 장소이자, 김운용 초대 원장이 태권도에 심고자 했던 철학과 이상을 조형적으로 구현한 상징물이라 할 수 있다.

그러나 수십 년의 세월이 흐르며 시설 노후화가 진행되었고, '윤곡정'의 문화적 가치와 상징성에 비해 그에 걸맞은 관리와 활용이 부족하다는 지적이 제기되었다. 이에 이동섭 국기원장 취임 이후, '윤곡정'의 의미를 되살리고 그 위상을 회복하기 위한 전면 개보수 작업이 추진되었다. 이 원장은 "윤곡정은 단지 정자가 아닌, 태권도의 철학이 새겨진 문화유산"이라며 보존과 활용을 병행한 정비 방안을 마련하였고, 기초 보강과 지붕 및 구조물 정비, 주변 조경 개선, 야간 경관 조명 설치 등 상징성과 접근성을 동시에 고려한 개보수 공사가 진행되었다. 그 결과 '윤곡정'은 다시금 국기원을 찾는 내외빈, 해외 태권도 사범 및 수련생들에게 태권도의 뿌리와 정신을 상기시키는 공간으로 재탄생하게 되었다. 김운용 원장의 철학이 깃든 장소를 존중하고, 이를 현대적으로 재조명한 이 작업은 이동섭 리더십의 연결과 계승의 상징적 성과라 평가된다.

〈전통의 상징- 윤곡정〉
김운용 국기원 초대 원장의 아호를 따서 이름을 붙인 정자. 1975년 8월 20일 건립된 국기원 상징물.

〈현대 가치의 상징- 윤곡정〉
이동섭 원장 취임 이후 전면 개보수 추진, 태권도의 철학이 새겨진 문화유산 공간으로 재탄생 된

"제2의 도약을 위하여"-국기원 15주년 기념 서명식

1987년 12월 1일, 국기원은 건립 15주년을 맞아 서울 힐튼호텔 컨벤션센터에서 성대한 기념식을 개최하였다.

이날 행사는 태권도계 원로를 비롯해 정·재계, 학계, 문화계 등 각계 주요 인사 700여 명이 참석한 대규모 행사로, 국기원의 위상과 태권도의 국가적 자긍심을 상징적으로 드러낸 자리였다.

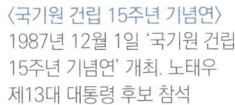
〈국기원 건립 15주년 기념연〉
1987년 12월 1일 '국기원 건립
15주년 기념연' 개최. 노태우
제13대 대통령 후보 참석

행사의 하이라이트는 '국기원 제2의 도약'을 기원하는 기념 서명서 행사였다. 참석자들은 국기원의 미래를 응원하는 의미로 서명에 동참하였으며, 이는 국기원이 대한민국을 대표하는 무도 기관을 넘어, 세계 태권도의 본부로 더욱 도약하기 위한 국민적 의지를 결집한 순간이었다.

이날 김운용 국기원장은 기념사를 통해 "국기원이 태권도 모국의 구심점이 되어, 태권도의 국기화와 세계화에 견인차 역할을 해야 한다"고 강조하며, 향후 국기원이 태권도 국제 행정의 본산으로서 갖추어야 할 비전과 책임을 명확히 세시했다.

특히 행사에는 노태우 당시 민정당 대통령 후보, 박세직 서울올림픽조직위원장 등 정계 주요 인사들도 서명에 참여함으로써, 태권도가 대한민국의 국가 브랜드로 인식되고 있었음을 단적으로 보여주었다. 이 서명식은 국기원이 단순한 무도기관이 아닌, 국가적 상징성과 외교적 가치를 지닌 문화기관으로 성장해 가고 있음을 대내외에 알리는 계기가 되었다.

국기원이 건립되자 태권도와 관련된 대회와 교육이 국기원에서 열렸다.

〈국기원 건립 15주년 기념 서명서〉
국기원 건립 15주년을 기념한 서명서는 현재 국기원 '태권도기념관'에 전시.

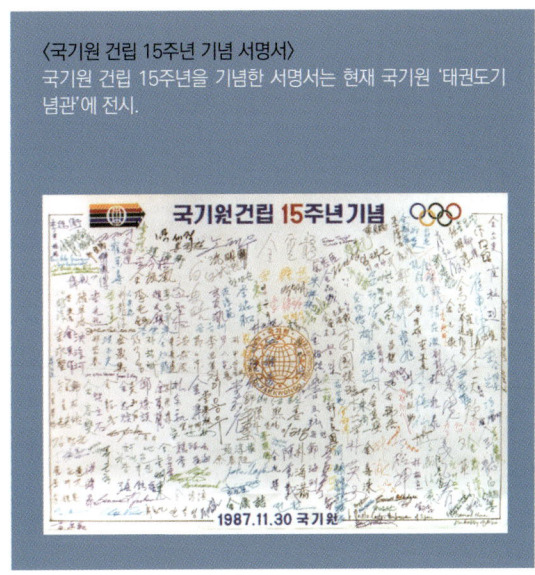

1973년 5월 25일부터 27일까지 '제1회 세계태권도선수권대회'가 국기원에서 개최되었다. 대한태권도협회가 주최한 이 대회에는 한국을 비롯해 미국, 자유중국, 필리핀, 싱가포

〈제1회 세계태권도선수권대회 포스터〉
16개국 161명의 선수단이 참가한 제1회
세계태권도선수권대회. 1973년 5월 25일
부터 3일 간 국기원에서 개최.

〈'축' 제1회 세계태권도선수권대회와 세계
태권도연맹 창립 기념비〉
1973년 5월 28일, 국기원 외부에 설치

르, 말레이시아, 홍콩, 일본, 오스트레일리아, 베트남,
크메르, 괌 등 19개국에서 200여 명의 선수들이 참가
했다. 이 대회 기간에 19개국 35명의 대표들이 모여
세계태권도연맹을 창설했다. 대회는 처음 열리는 대회
여서 한 국가에서 2팀이 참가하는 등 '오픈대회'로 열
렸다. 그 후 세계태권도선수권대회는 1985년 제7회
대회까지 남자 선수만 참가했다.

〈제1회 세계태권도선수권대회 – 태권도의 세계화를 선언하다〉

국기원의 역사에 길이 남을 전환점, 바로 '제1회 세
계태권도선수권대회'가 열린 시간이었다. 장소는 갓
문을 연 국기원의 본관 도장이었으며, 이 대회는 세계
태권도연맹(WTF, 現 WT)의 창립을 앞둔 상징적 무대
였다.

태권도가 한국에서 탄생한 무도이자 생활체육으로 발
전하고 있었던 그 시점에서, 국제적인 스포츠 종목으로
도약하기 위해서는 '공식적인 세계대회'가 반드시 필요
했다. 이에 국기원은 국가 차원의 지원과 태권도계의
총의를 모아 세계 최초의 태권도 세계선수권대회를 개
최했다.

대회에는 아시아, 유럽, 북미, 중남미 등 세계 각국에
서 태권도인들이 참가해 기량을 겨루었고, 이 자리에
서 태권도의 경기 규칙, 심판 기준, 도복 규정 등의 국
제 표준이 정립되기 시작했다. 무엇보다 의미 있는 사
실은, 대회 마지막 날인 1973년 5월 28일에 '세계태권
도연맹(WTF)'이 공식 창설되었다는 점이다. 이는 태
권도가 단지 한 국가의 무예를 넘어서 전 세계가 공감
하는 스포츠 문화로 성장하게 될 기반을 마련한 역사
적인 선언이었다.

1975년 8월 28일부터 8월 31일까지 국기원과 장충체육관에서 '제2회 세계태권도선수권대회'가 열렸다. 30개국 252명 선수들이 참가한 가운데, 8체급 토너먼트 경기 방식으로 진행되었다.

한국은 1회 대회에 이어 황용수(핀급)·한유근(플라이급)·손태환(밴텀급)·이계승(페더급)·유영합(라이트급)·허송(웰터급)·양영관(미들급)·최정도(헤비급) 〈제1회 세계태권도선수권대회〉 1973년 5월 25일 제1회 세계태권도선수권대회 개회식 모습 등 8체급을 모두 휩쓸며 종합우승을 했다. 자유중국은 은메달 2개, 동메달 4개를 획득해 종합 2위를 했다. 3위는 멕시코, 4위는 서독, 5위는 오스트레일리아가 각각 차지했다.

〈제2회 세계태권도선수권대회 개회식〉
1975년 8월 28일~31일, 국기원

〈제1회 세계태권도선수권대회 개회식〉
1973년 5월 25일, 국기원

〈제1회 세계태권도선수권대회〉
1973년 5월 25일 제1회 세계태권도선수권대회 개회식 모습

당시 초대 국기원장인 故 김운용 총재는 "태권도가 세계를 향해 나아가기 위해서는 단일화된 경기 규칙과 국제 기구가 필요하다"는 비전을 갖고, 치밀한 전략과 국제 네트워크를 통해 이번 대회를 성공적으로 이끌었다. 그는 대회 직후 세계태권도연맹 초대 총재로 추대되며, 태권도의 올림픽 정식 종목화를 위한 장도에 나서게 된다.

'제1회 세계태권도선수권대회'는 단순한

시합 이상의 의미를 지닌 사건이었다. 국기원에서 시작된 이 세계대회는 태권도가 '글로벌 스포츠'로서 본격적인 첫걸음을 내디딘 역사적인 시발점이었다. 또한 국기원은 이 대회를 계기로 명실상부한 세계 태권도 행정의 중심지로 자리매김하게 되었다.

〈제1회 아시아태권도선수권대회 개최-태권도 국제화의 첫 이정표〉

1974년 10월 18일부터 20일까지, 국기원은 역사적인 첫 아시아태권도선수권대회를 개최하였다. 이는 태권도가 한국을 넘어 아시

〈제1회 아시아태권도선수권대회 포스터〉
1974년 10월 18일 ~ 20일까지 3일간 국기원에서 개최. 11개국에서 85명의 선수 참가.

〈제1회 아시아태권도선수권대회〉
1974년 10월 18일~20일, 국기원

아 전역으로 뻗어나가는 기점이자, 국기원이 '세계 태권도 본부'로서의 위상을 갖추기 시작한 상징적 사건이었다.

입장권은 일반 600원, 군경과 학생 400원, 단체 300원이었다. 관중이 가득찬 국기원 경기장에서 개회식이 열렸다. 귀빈석에 있는 김종필 국무총리(명예대회장), 김운용 대한태권도협회 회장(대회장), 유기춘 교육부장관 등의

박수 속에 각 나라 참가 선수들이 경기장을 행진했다.

괌, 오스트레일리아, 일본 등 11개국에서 150여 명의 선수가 참가한 이 대회에서 한국 대표팀은 8체급 전 체급에서 금메달을 획득하며 종합우승을 거머쥐었다. 자유중국과 싱가포르 선수들이 선전했다. 1, 2차 선발전의 어려운 관문을 뚫고 선발된 한국대표팀 각 체급 선수는 핀급 윤창옥, 플라이급 하석광, 밴텀급 주상헌, 페더급 박원, 라이트급 이기형, 웰터급 김철환, 미들급 양영관, 헤비급 최정도였다. 윤창옥과 하석광, 주상헌, 박원 등 4명은 당시 대표팀 고의민 코치의 제자였다.

당시 국기원은 설립된 지 불과 2년밖에 되지 않은 시점이었지만, 태권도의 국제화와 경기화 전략은 놀라운 속도로 추진되고 있었다. 특히 초대 원장이자 태권도의 외교관으로 불렸던 故 김운용 총재의 지도 아래, 국기원은 단순한 수련 도장이 아닌, 국제 태권도 행정의 중심기관으로 자리매김하고 있었다.

아시아태권도선수권대회의 유치는 그러한 국기원의 전략적 비전의 연장선에 있었고, 대한민국 정부와 대한태권도협회, 나아가 전 아시아 국가들이 그 가능성에 주목하고 있었다. 대회는 국기원 본관 내 도장에서 개최되었으며, 당시에는 체계적인 국제경기 규정이나 심판 제도가 완비되지 않은 상황이었지만, 참가국 선수들과 지도자들은 태권도의 매력에 깊이 빠져들며 뜨거운 호응을 보냈다.

이 대회를 통해 아시아 국가들은 태권도의 기술 체계, 심사 기준, 경기 규정 등의 국가 간 기술 표준화 기반을 마련하게 되었고, 이후 아시아태권도연맹(ATU)의 창립 기반이 구축되었다. 국기원이 주최한 이 역사적인 첫 아시아선수권대회는 단순한 스포츠 이벤트를 넘어, 태권도가 아시아 공동체를 잇는 문화적 다리로 작동할 수 있음을 보여준 상징적 사건이었다.

이후 태권도는 아시아뿐 아니라 아프리카, 유럽, 미주 대륙까지 확장되며 세계적인 무도로 자리잡게 되었고, 국제대회 개최 경험을 축적한 국기원은 그 중심에서 태권도 글로벌 네트워크의 심장으로서 끊임없이 그 역할을 다해왔다.

1974년 국기원 태권도 시범단 창단을 통해 문화외교 전략이 본격화되었고, 세계 각국에 태권도 사범들이 파견되며 국기원의 국제적 위상은 더욱 강화되었다.

1982년에는 태권도지도자연수원이 개원되며, 국기원은 명실상부한 교육기관으로서의 역할까지 수행하게 된다.

이어 2000년대에는 세계 100개국 이상에서 국기원 시스템을 도입한 심사와 교육이 정례화되었고, 2010년 특수법인화를 통해 공공성과 독립성을 동시에 갖춘 제도적 기반이 마련되었다.

특히 최근 들어 국기원은 '국기 태권도'라는 철학적 선언을 통해 단순한 기술 중심 무예를 넘어, 정신성과 문화성, 교육성을 아우르는 글로벌 무도 교육기관으로 진화하고 있다. 국기원의 설립은 한국 무예사의 전환점이자, 대한민국이 태권도를 통해 세계와 만나는 첫 관문이었다. 이곳은 태권도의 중심지이자, 리더십과 철학이 축적되는 심장이며, 태권도의 과거와 현재, 그리고 미래가 교차하는 세계적 플랫폼이다.

1945년 8월 15일 광복 이후 현대적 의미의 태권도 모체관(母體館)이 태동했다. 모체관은 청도관(靑濤館)·무덕관(武德館)·조선연무관 권법부(朝鮮演武館 拳法部)·중앙기독교청년회(YMCA) 권법부(拳法部)·송무관(松武館) 등 5개로, 현대 태권도를 태동시킨 기간도장(基幹道場)이라고도 한다. 그 후 모체관이 분파해 9개 관이 되면서 태권도 발전의 초석을 다졌다.

하지만 각 관별도 수련 체계와 심사제도, 기술 명칭 등이 상이해 혼란이 지속되는 상황에서 '태권도 중앙도장' 역할을 할 수 있는 구심점이 필요했다. 이러한 시대적 배경 속에서 1972년 11월 30일, 기공한 지 1년 만에 국기원이 준공되었다. 지붕에 청기와로 얹고 건 물 정면에는 팔괘를 상징하는 여덟 개의 원추 기둥을 세웠다. 2천 평의 대지면적에 지하 1층, 지상 3층 건물을 건립했다.

1982년 개원한 국기원 세계태권도연수원(WTA)은 올바른 태권도 정신과 기술을 보급하기 위해 전문지식과 소양을 갖춘 유능한 태권도 지도자를 양성하고 있다. 국제태권도사범, 장애인태권도사범, 태권도 승품·단 심사위원, 세계태권도한마당 심판, 태권도 호신술 지도자 등의 자격과정 등 각 과정별, 분야별 전문 커리큘럼을 통해 태권도 지도자로서의 자질을 함양시키고 있다.

이렇게 출발한 국기원(國技院)은 태권도 백년대계의 포석으로 〈승품(단) 심사 단일화〉, 〈국내외 사범의 자질향상〉, 〈국제규모 대회와 국내 경기 대회 개최〉, 〈태권도 기술의 일원화〉, 〈태권도인의 긍지〉를 가다듬어 국위선양과 국민체육에 이바지 등을 목표로 내걸었다. 1973년 재단법인이 된 국기원은 설립 목적을 정관 첫 머리에서 다음과 같이 밝혔다.

"법인은 고유한 한국문화의 소산(所産)인 태권도를 범국민운동화 하여 국민의 체력 향상과 건전하고 명랑한 기풍을 진작시키고 범세계적으로는 태권도의 전통적인 정신과 기술을 올바르게 보급시켜 국위선양을 도모함으로써 민족문화 발전에 이바지함을 목적으로 한다."

〈세계의 무대에 태권도를 알리다-1988 서울올림픽 개회식 태권도 시범〉

1988년 9월 17일, 서울 잠실 주경기장에서 열린 제24회 서울올림픽 개회식은 '화합과 전진(Harmony and Progress)'이라는 슬로건 아래 160여 개국의 선수단이 참가한 가운데 전 세계의 이목을 집중시켰다.이날 7만여 명의 관중이 가득 메운 주경기장에서 펼쳐진 개회식은 식전 공연과 식후 공연으로 나뉘어 진행되었으며, 그 절정의 순간은 태권도 시범이었다.

'벽을 넘어서(Beyond the Wall)'라는 주제로 구성된 태권도 시범은 서울 미동초등학교 학생 200명과 비호태권도단 808명 등 총 1,008명이 참가한 대규모 퍼포먼스로, 전통과 역동성, 창의성과 화합의 메시지를 담아냈다.정교하게 안무된 발차기, 격파 시범, 단체 군무로 구성된 이 퍼포먼스는 무예를 예술로 승화한 순간이자, 태권도가 세계적 스포츠이자 문화콘텐츠로 도약하는 결정적 장면이었다.

당시 태권도는 아직 올림픽의 정식 종목이 아니었지만, 이 시범은 전 세계 관중과 방송을 통해 태권도의 기술적 완성도와 문화적 상징성을 강렬하게 각인시키는 데 성공했다.이는 향후 2000년 시드니올림픽에서 정식종목으로 채택되는 데 중요한 외교적, 문화적 기반이 되었으며, 태권도가 단지 무예를 넘어 올림픽 정신과도 조응하는 인류 공통 자산임을 입증한 역사적 순간이었다.

]

〈국기원, 1988년 서울올림픽 연습장으로 지정〉
서울올림픽 조직위원회(SLOOC)는 1988년 2월 1일, 국기원을 1988년
서울올림픽 연습장으로 지정.

〈김운용 총재 업적 기념비〉
1985년 6월 6일에 태권도연맹에서 국기원 외부에 설치

SEOUL
OLYMPIC GAMES
TAEKWONDO

서울올림픽 개회식을 화려하게 수놓은 시범단. 세계인들의 감탄 속에 갈채와 주목 받은 퍼포먼스.

〈태권도, 올림픽의 문을 확실히 열다 – 2004 아테네올림픽 정식 종목으로 채택〉

1994년 9월 4일, 프랑스 파리에서 열린 제103차 국제올림픽위원회(IOC) 총회에서 마침내 태권도가 2000년 시드니올림픽 정식 종목으로 채택되었다. 이 결정은 태권도가 세계적인 무예이자 스포츠로서의 위상을 공식적으로 인정받은 사건이자, 대한민국이 수출한 유일한 국제 올림픽 정식 종목이라는 상징적 의미를 지닌 역사적 쾌거였다.

〈제103차 국제올림픽위원회(IOC) 총회〉에서 발언하는 김운용 원장(1994년 9월 4일). 2000년 시드니올림픽 정식 종목으로 태권도 채택.

이 결정 이전까지 태권도는 1988년 서울올림픽과 1992년 바르셀로나올림픽에서 시범종목으로 채택되어 세계 무대에서 가능성을 입증해 왔으며, 태권도의 기술적 완성도와 전 세계적 확산 속도, 교육적 가치가 높은 평가를 받으며 IOC 회원국들의 압도적인 지지를 이끌어냈다.

이 순간은 김운용 초대 국기원장 겸 IOC 부위원장의 외교적 노력과 세계태권도연맹(WT)의 조직적 운영이 결실을 맺은 결과이기도 하다. 그는 수십 년간 각국 체육 지도자와 IOC 인사들을 설득하며, 태권도의 정식 채택을 위한 외교전을 이끌어왔다.

〈1988년 서울올림픽 개회식 태권도 시범〉

〈태권도 올림픽 정식종목 채택 기자회견〉 1994년 9월 8일 김운용 국기원 원장의 기자회견.

1994년 12월 10일부터 11일까지 이틀간, 서울 장충체육관에서는 태권도의 올림픽 정식종목 채택을 기념하는 '94 KBS배 국제태권도대회'가 성대하게 개최되었다. 이번 대회는 태권도가 2000년 시드니올림픽에서 정식 종목으로 채택된 것을 기념하고, 이를 국민과 함께 축하하며 세계화 기반을 다지기 위해 마련된 자리였다. 특히 대회 개회식에는 김영삼 대통령과 손명순 여사가 직접 참석해 태권도의 위상을 높였으며, 대통령은 "태권도는 세계 속의 한국

〈94 KBS배 국제태권도대회〉
개회식에 참석하여 축하해 주고 있는 김영삼 대통령 내외.

을 알리는 문화외교의 중심축"이라며 국가 차원의 지지를 공식화했다.

국내외 최정상급 선수들이 참가한 본 대회는 국제 규격의 경기 운영과 공정한 심판 시스템을 시범적으로 도입함으로써 향후 올림픽 무대를 대비하는 실전의 장이 되었고, 전 국민의 이목이 집중된 가운데 KBS의 전국 생중계는 태권도의 대중성과 공공성을 한층 강화하는 계기를 마련하였다.

이 대회는 국기원과 세계태권도연맹(WT), 대한태권도협회가 공동으로 추진한 글로벌 태권도 확산 전략의 핵심 사례 중 하나로 기록되며, 올림픽 이후를 준비하는 태권도계의 방향성과 정책 전환의 전환점이 되었다.

정식 종목 채택 이후, 태권도는 2000년 시드니올림픽을 기점으로 세계 청소년과 국가의 전략 종목으로 자리 잡았고, 대한민국은 문화강국이자 스포츠 외교 선도국가로서의 위상을 더욱 공고히 하게 되었다.

2000년 12월 11일부터 13일까지, 스위스 로잔에서 개최된 국제올림픽위원회(IOC) 이사회는 태권도 역사에 길이 남을 중대한 결정을 내렸다. '2004 아테네올림픽'에서 태권도를 정식종목으로 확정 채택한 것이다. 이 결정은 단순한 스포츠 채택 이상의 의미를 지니며, 대한민국의 전통 무예가 인류 보편의 스포츠로 공인되는 역사적 순간이었다.

당시 국기원 초대 원장이자 세계태권도연맹(WT) 총재였던 김운용 박사는 IOC 부위원장이자 위원으로서 20여 년간 태권도의 올림픽 정식종목 채택을 위해 국제사회에서 외교전을 펼쳐왔다.

〈IOC위원장이 보내온 서한을 김운용 초대 원장이 펼쳐보이며 발표〉 2000년 12월 11일~13일 스위스 로잔 IOC 이사회에서 '2004 아테네 올림픽' 정식종목으로 태권도가 채택된 언론보도 스크랩.

이미 1988년 서울올림픽과 1992년 바르셀로나올림픽에서 시범종목으로 선정되었던 태권도는, 그 정통성과 경기력, 세계화 가능성을 바탕으로 정식종목 등재를 위한 평가 과정을 거쳐 왔다.

결정적인 장면은 2000년 말, 김운용 원장이 국기원에서 IOC 사마란치 위원장으로부터 직접 받은 공식 서한을 전 세계 태권도인들 앞에서 엄숙히 펼쳐 보이며 낭독하던 순간이었다.

이 서한에는 "태권도가 2004년 아테네올림픽 정식종목으로 채택되었음"이 명확히 명시되어 있었고, 그 순간 국기원 강당은 환호와 눈물, 기립박수로 가득 찼다. 그 감격은 태권도를 수련한 모든 이들에게, 또 태권도를 국가 문화유산으로 지켜온 대한민국에게 깊은 자긍심을 안겨주었다.

태권도의 정식종목 채택은 단지 하나의 종목이 올림픽에 진입한 사건이 아니라, 한민족의 전통 무예가 인류 공통의 스포츠 언어로 인정받은 상징적 사건이었다.그리고 그 중심에는 김운용이라는 인물과 세계태권도본부 국기원이 있었다.

이후 아테네, 베이징, 런던, 리우, 도쿄에 이르기까지 태권도는 올림픽 무대에서 당당히 자리를 지켜왔으며, 이는 대한민국의 문화외교가 세계 스포츠 외교와 접점을 이루는 결정적 성공 사례로 기록되었다.

〈하나 된 순간, 세계가 감동한 '코리아' – 시드니올림픽 남북 공동입장의 비화〉

2000년 시드니올림픽은 태권도가 올림픽 역사상 최초로 남과 북의 선수단이 한반도기

〈2000년 시드니올림픽 정식종목 채택 기념비 제막식〉
1995년 9월 4일 김운용 원장, 엄운규 부원장, 이종우 WT부총재, 홍종수 KTA부회장, 김집 태권도 올림픽종목채택 추진위원장, 윤기선 제일기획사장 등이 참석

를 앞세워 함께 입장한 순간으로 전 세계인의 기억에 남아 있다. 이 역사적 장면 뒤에는 김운용 초대 국기원장, 그리고 스포츠 외교의 최전선에서 활약한 한 지도자의 치밀한 조율과 외교적 수완이 있었다.

공동입장의 기획은 2000년 5월 25일, 국제올림픽위원회(IOC) 위원장 후안 안토니오 사마란치 명의의 공식 서한이 김대중 대통령과 김정일 국방위원장에게 전달되며 시작되었다. 그러나 그 이전부터 김운용은 이미 리우데자네이루에서 열린 IOC 집행위원회 회의에서 사마란치에게 남북 공동입장 가능성을 타진하며 국제사회의 협조를 구해온 상태였다.

당시 김운용은 국회의원이자 집권 여당인 새천년민주당 소속 정치인이었으며, 동시에

IOC 부위원장이자 태권도의 세계화를 이끌어온 스포츠 외교관이었다. 그는 2000년 6월 15일 김대중 대통령의 평양 방문단 특별수행원 자격으로 김정일 국방위원장을 직접 만나, IOC의 공식 서한 내용을 상기시키며 시드니올림픽 개회식에서 남북이 함께 입장하자는 제안을 강력히 전달했다.

〈1995년 국기원 외부에 설치된 올림픽 기념비〉

이어 김운용은 북한의 IOC 위원 장웅을 만나 남북 공동입장의 구체적 방안을 협의했다. 그 결과, 6·15 남북공동선언문에 '스포츠 분야 교류 협력'이 명시되는 성과로 이어졌고, 이는 향후 공동입장의 발판이 되었다.

하지만 올림픽 개막이 임박할 때까지 북한의 공식 입장은 오리무중이었다. 김운용은 사마란치 위원장에게 남북 정상을 함께 시드니로 초청하자는 구상까지 제안했지만 실현되지는 못했다. 그러한 긴장 속에 9월 7일, 시드니 공항에 도착한 장웅 위원이 "공동입장 가능성이 있다"는 메시지를 내놓으며 상황은 전환점을 맞이했다.

그리고 마침내, 2000년 9월 15일 '시드니 스타디움'. 12만 명의 관중이 지켜보는 가운데, 'KOREA'라는 표지판 뒤로 남측 기수 '정은순'과 북측 기수 '박정철'이 한반도 기를 높이 들고 입장했다. 분단 55년 만에, 하나 된 코리아의 모습이 세계인 앞에 펼쳐졌고, 감동의 순간은 전 세계의 심장을 울렸다. '김운용'은 '장웅' 위원과 함께 손을 맞잡고 선수단 뒤를 함께 걸었다. 그날의 행진은 한 민족의 동질성을, 스포츠가 만든 기적의 언어로 다시

〈국기원 태권도시범단 IOC 본부 방문〉
1987년 10월 국기원 태권도시범단의
국제올림픽위원회(IOC) 본부 방문 기념촬영 모습.

〈OCA회장 국기원 방문〉 1986년 9월 29일 OCA(Olympic Council of Asia)회장 등 일행이 국기원 방문. 세이크 아메드 알 파하드 알 사바 회장과 김운용 원장이 국기원 태권도시범단의 공연을 보고 박수를 보내는 모습.

쓴 순간이었다.

이 장면은 태권도의 정식종목 채택과 함께 시드니올림픽을 더욱 특별하게 만든 사건이자, 스포츠를 통한 화해와 평화의 상징적 기록으로 남게 되었다. '김운용'에게도 이는 태권도를 넘어 민족의 통합과 세계 평화를 위한 사명감을 실현한 감격의 결실이었다.

2. 태권도 정신의 근원과 국기원 철학

태권도는 단순한 신체 단련이나 스포츠 기술을 넘어, 인간 내면의 인격 수양과 공동체적 책임을 강조하는 '철학 무도'이다. 태권도 정신의 뿌리는 '예의·염치·인내·극기·백절불굴'이라는 다섯 가지 핵심 가치에 기반하며, 이는 국기원의 존재 이유와 철학적 정체성과도 깊이 연결된다.

국기원은 이러한 정신을 실천하고 교육하는 기관으로서, 단순히 기술의 표준을 세우는 것을 넘어 태권도의 가치와 철학을 제도화하는 기능을 수행한다. 국기원은 태권도를 '국기(國技)'로 규정함으로써, 그것이 단지 무술이 아니라 국민의 인성과 철학, 대한민국의 문화 정체성을 담는 매개체임을 분명히 하고 있다.

국기태권도

1971년 3월 20일

대통령 박정희

"A NATIONAL SPORT, TAEKWONDO"
A scroll written and given by H.E. President Park Chung Hee

〈박정희 대통령 붓글씨〉
1971년 태권도 국기화의 서막

국기원 휘호에 담긴 '국기태권도(國技跆拳道)'라는 표현은, 태권도의 궁극적인 목표가 국가를 대표하는 문화자산이자 세계를 향한 대한민국의 언어로 기능해야 한다는 선언이다. 이 휘호는 단지 시각적 상징이 아닌, 국기원의 사명과 철학을 함축한 정신적 기준점이라 할 수 있다.

국기원의 교육 과정과 교본, 연수 시스템, 훈련 매뉴얼 등 모든 콘텐츠에는 태권도 정신을 체득하고 실천하는 구조가 내재되어 있다. 태권도는 단순한 '기술적 단련'을 넘어서, 자신과의 싸움을 통해 공동체와 조화를 이루는 인성 수련이라는 본질을 갖는다. 그리고 국기원은 그 본질을 세대와 대륙을 넘어 공유하고 전파하는 세계 본부로서의 역할을 수행하고 있다.

오늘날 세계 210개국 이상에서 태권도를 수련하는 이유는, 단순한 격투 기술 때문이 아니다. 그것은 '예절을 배우고, 절제하는 힘을 익히며, 스스로를 이기는 법을 배우기 위함'이다. 국기원은 바로 그 철학이 시작되는 곳이자, 미래까지 그 정신을 전달할 리더십의 근거지이다.

태권도는 신이 우리 민족에게 준 가장 위대한 문화유산이다. 한류의 원조인 태권도는 세계 213개국에서 약 1억 5천만 명이 수련하고 있으며, 단순한 스포츠가 아닌 우리 민족의 얼과 철학이 깃들어 있는 무도이다. 나아가 한국의 혼(魂)·충(忠)·효(孝)·예(禮) 등 홍익인간을 구현하고, 인내·극기·예의·염치·백절불굴의 정신을 함양하고 내면을 건강하게 다지는 삶의 모범적인 실천 무도이다. 이러한 태권도의 정신과 철학, 기품은 국기원의 정체성과 직결되어 있다.

국기원이 추구하고 있는 태권도 정신은 한국의 전통 사상에 뿌리를 두고 있는 극기와 홍익의 이념이다. 즉, 태권도의 정신은 '나를 이기고', '세상을 이롭게 하라'는 의미를 지닌 두 개의 가치로 이루어져 있다. 극기는 태권도인이 원하는 힘을 얻기 위해 수련하는 과정에서 지침으로 삼아야 할 원리이다. 수련자는 자신의 한계를 반복해서 넘어설 수 있어야, 힘을 기를 수 있고 자아를 성장시켜나갈 수 있다.

궁극적으로 태권도 정신은 자아를 실현하는 것을 목적으로 한다. 아울러 타인과 원만한 관계를 맺고 지역 사회, 국가, 나아가 세상에 이로운 결과를 가져다주는 활동을 실행해 나가는 것을 매우 중요하다. 이것이 '나를 이기고(극기) 세상을 이롭게(홍익)하라!'라는 태권도 정신의 의미이다.

〈태권도기념관 개관식〉
태권도기념관은 태권도 역사와 문화를 보존해 후세에 태권도의 정신과 얼을 전달하는 역사문화 공간으로 1991년 11월 30일 개관.

[태권도의 정신과 역사를 품은 공간, 국기원 태권도기념관]

1991년 11월 30일, 국기원 개원 19주년을 맞아 태권도의 역사와 문화를 보존·전시하기 위한 상설공간인 '태권도기념관'이 국기원 내에 조성되었다.

기념관의 개관식에는 김운용 국기원 원장, 엄운규 부원장, 김종열 대한체육회 회장, 최세창 대한태권도협회 회장, 안경원 미국태권도협회 회장을 비롯해 150여 명의 국내외 태권도계 인사들이 참석하며 큰 의미를 더했다.

개관 이후 태권도기념관은 명실상부한 국제 스포츠 인사의 필수 방문지로 자리 잡았다.후안 안토니오 사마란치 국제올림픽위원회(IOC) 위원장, GAISF 토마스 켈러 회장을 비롯한 IOC 위원들, 각국 체육회장 및 외교관들이 이곳을 방문하였고, 방명록에는 태권도에 대한 존경과 감동의 메시지가 빼곡히 남겨졌다. 국기원을 찾는 세계 태권도 지도자와 선수들에게도 이 기념관은 가장 오래 머무르는 공간으로, 태권도의 뿌리와 철학을 되새기는 정서적 중심지로 기능하고 있다.

특히 주목할 점은 이 기념관이 무주 태권도원 내 국립태권도박물관 건립에 영감을 주었을 정도로, 국내 스포츠 기념관의 선도적 모델로 기능했다는 사실이다. 기념관 설립 당시에는 대한민국 내에 유사한 스포츠 기념시설이 전무했기 때문에, 국기원 관계자들은 전시방향과 콘텐츠 구성을 위해 많은 고민과 실험을 거쳐야 했다. 그러나 세계 각국 태권도인들의 도움과 관심 속에, 각종 자료들이 수집되고 공유되며 태권도 모국의 위상에 걸맞은 역사문화 공간이 완성될 수 있었다.

약 64평(212㎡) 규모로 건립된 이 기념관은 태권도와 관련된 다양한 유물과 자료를 수집·보관하여, 태권도의 발전사를 한눈에 조망할 수 있는 공간으로 자리매김해왔다.

기념관의 설립안은 1990년 2월에 최초로 제시되었으며, 22개월 만에 완공, 전시물 설치 및 실내 장식에만 5,000만 원이 투입되었다. 이 공간에는 태권도 도복, 보호구, 우승컵, 상장, 공식 포스터, 기념품, 출판물, 단장 장부, 영상 자료 등 시청각 콘텐츠와 실물 자료 등 태권도 정신과 얼이 서린 역사 자료와 기념물 2,600여 점이 체계적으로 전시되고 있다.

태권도기념관의 전시 구성은 양적으로 방대할 뿐 아니라, 분야별로 세분화되어 태권도의 역사와 정신, 국제화를 입체적으로 조망할 수 있는 체계적인 구성을 갖추고 있다.우선, 기념관의 시각적 중심을 이루는 사진, 액자, 포스터류는 총 360점에 이르며, 태권도 역사의 주요 장면과 인물, 대회를 생생하게 전달하고 있다.트로피 40점, 메달 155점, 기념패 147점, 기념품 270점 등은 국내외 각종 대회 및 행사를 통해 국기원이 축적해 온 실물 자료로, 태권도의 위상과 성취를 물질적으로 증언하는 대표적 유산들이다.또한 디지털 및 영상 아카이브도 충실히 갖추고 있어, 태권도 시범, 경기 장면, 인터뷰 등으로 구성된 영상 자료 400여 점이 상영·보존되고 있다.

문헌자료로는 정기간행물 171점이 수록되어 태권도 관련 학술 및 홍보 활동의 흐름을 보여주며, 관계 신문기사철 28점, 일반 신문기사철 30점은 시기별 태권도 이슈와 사회적 반향을 입체적으로 조망할 수 있도록 한다.특히 태권도 관계 도서 355점은 이론서, 교본, 전기류 등으로 구성되어 기념관이 단순한 전시 공간을 넘어 태권도 전문 자료실로서의 기능도 함께 수행하고 있음을 보여준다.

이러한 체계적이고 다층적인 자료 구성은 태권도기념관이 국기원의 문화정체성을 상징하는 공간이자, 태권도 모국의 역사와 철학을 세계에 전달하는 지식기반의 허브임을 분명히 보여준다.

또한, 김운용 초대 국기원장이 IOC 위원으로 활동하며 수집한 올림픽 관련 사료들도 함께 보존되어 있어, 태권도의 올림픽 정식종목 채택 여정과 그 외교적 의미를 한눈에 볼 수 있다.

태권도기념관은 지금까지 수십만 명의 방문객을 기록하며, 태권도 문화의 중심지이자 대한민국이 세계에 자랑할 수 있는 문화적 자산으로 거듭났다. 전시관을 넘어, 이곳은 태권도의 철학과 가치를 기억하게 하는 공간, 그리고 국기원의 정신을 품은 '문화적 심장'으로 자리 잡고 있다.

이 공간은 태권도의 문화적 정체성과 정신을 후세에 전하는 역사문화교육의 장으로 기능하며, 국기원의 상징적 시설로서 자리매김했다.

〈태권도기념관 방문〉 태권도기념관 오픈 개관식을 마치고 김운용 원장이 행사 참석자들에게 태권도 역사를 소개를 하는 모습.

〈2022년 국기원 태권도기념관 내부 전경〉
트럼프 싸인 도복 전시

〈1991년 태권도기념관 개관 당시 내부 모습〉

3. 국기원의 기능과 세계적 위상

태권도는 세계 213개국에 보급되어 약 1억 5천만 명이 수련하고 있는 무도이자 스포츠이다. 그 중심에 국기원(國技院·World Taekwondo Headquarters)이 있다.

1972년에 건립된 국기원은 대한민국 태권도 중앙도장으로 출발해 현재 세계태권도본부로서 태권도 정신과 기술을 보급시키는 사명과 함께 목적사업을 추진하며 정통 태권도 보급과 태권도 저변확대에 심혈을 기울이고 있다.

국기원 정관을 보면, '국기원은 대한민국 문화유산인 태권도 정신과 기술을 계승·발전시켜 태권도 문화와 가치의 확산을 도모하고, 국제적 위상을 제고하며, 나아가 인류평화에 기여함을 그 목적'으로 하고 있다. 이와 같은 목적과 기능을 수행하기 위해 〈태권도 기술 및 이론 등의 연구 개발〉, 〈태권도 승품·승단 심사 및 보급 사업〉, 〈태권도 교육과정 개발 및 보급사업〉, 〈태권도 교재, 교구 개발 사업〉, 〈태권도 지도자 양성 및 연수 사업〉, 〈태권도 지도자 국외 파견 사업〉, 〈태권도 시범단 육성 및 국내외 파견〉, 〈태권도 해외보급 및 국제교류 사업〉, 〈태권도 대회 및 행사 개최 사업〉, 〈국기원 지원, 지부 등 운영 지원 사업〉, 〈태권도 문화 및 가치 확산 사업〉, 〈태권도 기록물 구축사업〉, 〈태권도인 복지향상 사업〉, 〈태권도 관련 단체 지원 사업〉 등을 추진하고 있다.

국기원은 2011년부터 2019년까지 국기원 해외 조직기반 구축사업을 추진한 결과, 유럽 14개국과 업무협약을 체결한 것을 비롯해 아프리카 16개국, 아시아 22개국, 팬암 10개국, 미국 12개국, 중국 3개 단체, 오세아니아 1개국과 업무협약을 체결했다. 해외 지원·지부 설립을 통해 회원 도장을 확대해 공개·특별심사를 시행하고, 현지 강사를 육성해 사범 교육과 세미나를 위탁하고 있다. 또 세계태권도한마당 행사 진행을 위탁하고 심사 운영을 위한 행정 인력을 지원하는데 주안점을 두고 있다.

국기원은 세계 태권도인의 정체성을 연결하는 심장이다. 국기원의 기능은 교육기관이며, 연구소이며, 외교 전략의 플랫폼으로 크게 다섯 가지로 요약할 수 있다. 기술 표준화, 지도자 양성, 승품·승단 심사, 국제 교류, 그리고 문화 외교이다.

첫째, 국기원은 태권도의 기술과 품새를 표준화하는 기능을 수행한다. 국기원 교본은 태권도 수련의 기본서로, 세계 어느 지역에서도 동일한 기준으로 수련과 교육이 이루어지도록 하는 기준점이다. 이를 통해 태권도의 일관성과 신뢰성이 유지되며, 세계화의 기반이 마련된다.

둘째, 국기원은 지도자를 양성하는 교육기관으로 기능한다. 태권도 사범 연수, 지도자 자격 심사, 온라인 연수 플랫폼 등은 태권도 교육의 질을 높이고 전 세계적으로 균형 잡힌 교육을 가능하게 한다. 이는 국기원이 단순한 기술 전수가 아니라, 가치와 철학을 가르치는 교육기관임을 의미한다.

셋째, 국기원은 세계 각국에서 시행되는 승품·승단 심사의 기준과 인증을 관장한다. 이 인증은 국제적인 신뢰와 권위를 지니며, 수많은 국가 태권도 협회와 기관들이 국기원의 심사 체계를 채택하고 있다. 이는 국기원이 세계 태권도 수련자의 '정통성'을 보증하는 핵심 축임을 뜻한다.

넷째, 국기원은 WT와의 협력 하에 전 세계 태권도 단체와 연계하여 국제 교류 활동을 주도한다. 세계태권도한마당, 태권도원과의 연계 행사, 국제 세미나 등을 통해 태권도 문화의 다양성과 연대감을 확산시키고 있다.

다섯째, 국기원은 태권도를 매개로 한 문화 외교의 주체이다. 국기원 시범단은 전 세계 수십여 개국을 순회하며, 태권도의 철학과 한국 문화를 알리는 데 기여해왔다. 이는 단순한 무예 시연이 아니라, 대한민국 문화의 정수를 세계에 소개하는 외교관이다.

이러한 기능들을 수행함으로써 국기원은 현재 세계 210개국 이상, 약 1억 명의 수련자들이 연결된 글로벌 태권도 생태계의 중심축으로 기능하고 있다. 국기원의 휘장은 기술뿐 아니라 철학과 문화의 국제적 표준이 되었고, 'K-TAEKWONDO'라는 이름 아래 대한민국의 국가 브랜드를 대표하는 기관으로 인정받고 있다.

국기원의 세계적 위상은 곧 태권도의 신뢰이며, 국기원의 리더십은 세계 태권도계의 미래를 이끄는 핵심 기준이 된다. 국기원이 지닌 위상은 단지 과거의 업적이 아니라, 앞으로 태권도 100년을 열어갈 철학과 전략의 중추로 기능해야 할 시대적 과제를 담고 있다.

〈태권도연구소 학술세미나〉
2013년 5월 18일, 국기원 태권도연구소가 주관한 '태권도인 상(像) 정립과 표준교육과정 개발의 과제' 학술세미나가 한국체육대학교 합동강의실에서 열렸다

〈제77기 외국인 태권도 사범연수〉
2019년 7월, 무주태권도원에서 열린 모습

〈WTA 실기강사 지도법 표준화 교육〉 2020년 9월, 국기원에서 열렸다

〈국기원 태권도시범단〉 2019년 3월, 미국 CBS 경연프로그램인'더 월드 베스트(The World's Best)'에 참가해 신기에 가까운 고난도 시범을 펼쳐 준우승을 차지

4. 국기원의 조직과 운영 체계

국기원은 단순한 수련기관이 아닌, 법적·제도적 구조를 갖춘 공공 특수법인으로서의 성격을 지닌다. 이러한 조직적 정체성은 국기원이 단순한 태권도 기술 전수 기관을 넘어, 세계 태권도계를 대표하는 핵심 기구로 기능할 수 있는 기반이 된다.

현재 국기원은 이사회 중심의 운영 체계를 갖추고 있다. 이사회는 국기원의 주요 정책 결정과 예산 집행, 원장 선출 등을 담당하는 최고 의사결정 기구로서 기능한다. 이사장은 이사회를 대표하며, 국기원 원장은 조직 전체의 경영과 운영을 책임지는 최고 책임자이다.

1) 조직 개편의 배경과 원칙

국기원의 조직개편과 인사 단행은 주로 원장 교체 시기나 내부 쇄신이 요구되는 시점에 이뤄졌다. 이러한 변화는 업무 효율성 제고, 위기 대응 체계 확립, 구조조정, 내부 비위 척결 등 다양한 필요에 따라 추진되어 왔다. 특히 조직 내 갈등 조정, 전문성 확보, 글로벌 사업 대응을 위한 기능 재정비가 핵심 배경이었다.

2) 시대별 조직 개편과 인사 흐름

〈2010년 특수법인 출범과 비상체제 가동〉

2010년 6월, 국기원이 특수법인으로 전환되면서 '국기원발전전략위원회' TF를 구성해 비상체제를 가동했다. 예·결산, 구조개혁, 정책개발 등 3개 전문위원회를 둬 조직 혁신에 돌입했으며, 특히 구조개혁위원회가 조직개편과 인사업무를 주도했다.7월 28일에는 기존 3국 7팀 1소 체제에서 2처 4팀 1소 체제로 직제 개편을 확정하고, 보직 대기자 재교육, 희망퇴직제, 임금피크제 등도 검토했다.

〈2011년 전략 중심 조직 이원화 시도〉

문화체육관광부의 승인을 받아 사무처를 전략기획처와 경영지원 중심의 사무처로 이원화하고, 연수처는 유지했다. 하지만 강원식 원장이 추진한 명예·희망퇴직 정책은 큰 성과 없이 무위에 그쳤다.

〈2012년 직제규정 개정과 전략기획실 신설〉

2012년 2월, 운영처·사무처·연수처 체제와 함께 원장 직속 전략기획실을 설치해 기획 기능을 강화했다. 외부 인사 영입보다는 내부 인력 중심의 인사로 조직 안정과 원장의 통솔력을 도모하였다.강원식 원장은 "연공서열을 탈피하고 역량 있는 내부 직원에게 기회를 부여했다"고 밝혀, 성과 중심 인사 원칙을 강조했다.

〈2014년 팀 중심 확대 개편〉

2년간의 조직 안정기를 거친 후, 2014년 3월 운영이사회에서 기존 1실 3처 6팀 구조를 2처 10팀 체제로 확대 개편했다. 전략기획실은 폐지됐으며, 시범단과 홍보 관련 업무는 각기 국제사업팀과 총무기획팀으로 이관됐다.

〈2017년 사무총장 중심 체제와 기획조정실 부활〉

2017년 1월, 사무총장직을 신설하고 1실 3국 1소 7부 체제로 개편했다. 폐지됐던 기획조정실을 부활시켜 신사업과 전략기능을 강화했고, 법률지원과도 신설되어 각종 사업의 법률적 대응을 맡았다.

〈2019년 본부 체제로의 전환〉

2019년 12월, 기존의 사무총장 중심 체제를 해체하고 1실 4본부 1소 10팀으로 직제를 재정비했다. 전략기획실 아래 기획팀과 홍보팀을 두고, 경영지원·사업·시범단운영·교육 등 기능별 본부 중심 체제로 운영됐다.

국기원의 하부 조직은 크게 3개 영역으로 구성된다. 즉, 행정본부, 교육연수본부, 시범단 및 국제협력부문이다.

행정본부는 인사, 예산, 기획, 총무 등 국기원의 전반적 운영을 관리하는 조직으로, 효율성과 투명성을 제고하는 데 중점을 둔다.

〈국기원 조직구조와 정관 개정을 위한 공청회〉
2019년 3월, 국기원에서 열렸다

교육연수본부는 지도자 교육, 연수 프로그램 개발, 교본 편찬, 온라인 학습 플랫폼 운영 등을 담당하며, 국기원의 교육적 기능을 구체화한다.

시범단 및 국제협력부문은 국내외 시범 공연, 외교 사절 역할 수행, 국제 세미나 및 대회 연계를 통해 문화외교의 실천적 기능을 담당한다.

〈국기원 조직구조와 정관 개정을 위한 공청회〉
2019년 3월 7일 국기원은 정관 개정을 위한 일선의 다양한 의견 수립 목적으로 진행.

또한 국기원은 세계태권도본부로서의 위상을 강화하기 위해 정관과 규정을 지속적으로 개정하고, 대외 협력기관 및 각국 협회와의 파트너십을 확대해 나가고 있다. 특히 최근에는 국기 태권도법 제정, 디지털 전환 기반의 교육 플랫폼 개발, 제도 혁신을 위한 개혁위원회 운영 등 조직의 미래지향적 운영 구조를 위한 전략이 강화되고 있다.

국기원의 조직은 단지 행정적 기구가 아니라, 태권도의 철학과 가치를 실천하고 전파하는 유기적 구조이다. 이 조직이 효과적으로 작동할 때, 국기원은 단순한 본부를 넘어 글로벌 거버넌스를 수행하는 문화기관이 된다.

3) 이동섭 원장 체제 이후의 조직 혁신

2021년 6월, 보궐선거를 통해 선출된 이동섭 원장은 국기원 조직의 글로벌 경쟁력 강화를 위해 대대적인 개편을 단행했다. 기존의 본부 체제를 해체하고, 2처 1단 5국 1소 1실 10팀 체제로 개편하였다.

국기원은 조직 개편을 통해 국제사업팀을 국제전략국으로 승격시켜 글로벌 사업의 기획력과 실행력의 역량 강화하였으며, 감사실을 신설함으로써 내부 운영의 투명성을 제고하고 자체 감시 기능을 체계화하였다. 또한 다양한 수익사업 발굴과 대외 문화협력 확대를 위해 문화사업협력단을 신설하였으며, 이후 해당 부서는 문화산업협력처로 명칭을 변경하여 보다 전문적인 문화산업 기반 구축에 나섰다. 이와 함께 사무처와 연수처를 분리하여 행정 기능과 교육 기능을 명확히 구분함으로써 각 기능의 전문성과 운영 효율성을 높이고자 하였다.

4) 국기원 조직의 전략적 재편성과 실용적 기능 분화

2021년 6월, 이동섭 원장은 국기원의 행정 체계와 기능 구조를 실용성과 전략성 중심으로 전면 개편하였다. 기존의 1실 4본부 1소 10팀 체제는 다소 비효율적인 기능 중복과 관행적 조직 운영 문제를 안고 있었으며, 변화하는 글로벌 태권도 환경과 정책 수요에 대응하기엔 구조적 한계를 갖고 있었다.

이에 그는 전문화된 업무 분담과 책임 구조 명확화를 목표로, 국기원 조직을 2처 1단 5국 1소 1실 10팀 체계로 재편함으로써 국기원이 정책 중심 기관이자 글로벌 태권도 허브로 기능할 수 있는 운영 기반을 마련하였다.

국기원의 조직 개편은 단순한 구조 변경을 넘어, 기능 중심의 재편을 통해 시대적 요구에 부응하는 조직 운영의 효율성, 전문성, 확장성과 글로벌 대응력을 확보하는 데 목적이 있다. 특히 이동섭 원장 체제 이후의 개편은 '혁신, 책임, 수익'이라는 조직 운영 원칙에 따라 기능 중심의 실용적 조직으로의 전환을 시도했다. 국제전략국과 문화사업협력단의 신설은 국기원이 '행정기관'에서 '글로벌 문화전략 본부'로 나아가는 전환점이 되었으며, 교육행정국과 연구소의 체계화는 태권도 정책과 교육의 품질 향상에 크게 기여하고 있다.

무엇보다 이동섭 원장은 각 조직이 독립적으로 운영되는 것이 아니라 전략적으로 연계되고, 책임과 성과가 분명한 구조를 구축함으로써 국기원이 공공기관에 준하는 전문조직으로서의 위상을 갖추도록 했다.
앞으로도 국기원은 세계 태권도 본부로서의 위상에 걸맞은 탄력적이고 전략적인 조직 체계를 구축해나가야 할 것이다.

〈개편 조직 체계 및 주요 기능 설명〉

2처는 사무처와 연수처로 나누고, 1단은 문화사업협력단, 5국은 기획전략국(기획팀, 홍보팀), 경영지원국(총무회계팀), 심사지원국(심사운영팀, 전산관리팀), 국제전략국(국제사업팀, 국제지원팀), 교육행정국(교육연수팀, 교육개발팀), 1소는 연구소, 1실은 감사실로 구성했다.

2처 (사무처, 연수처)

사무처: 국기원 운영의 전반적 행정 총괄 부서. 예산·인사·문서관리 등 실무 행정 운영의 컨트롤타워 역할을 수행.

연수처: 국내외 태권도 사범, 지도자 대상 교육과 연수 기획 및 실행 담당. 교육 커리큘럼, 자격연수, 연수생 관리 등을 체계화.

1단 (문화사업협력단)

문화사업협력단: 이동섭 원장이 새롭게 신설한 부서로, 태권도를 문화·콘텐츠 산업과 연계하여 수익 모델을 창출하고, 기업 및 외부기관과의 협력사업, 브랜드 확산 캠페인을 주도한다. 문화 콘텐츠 기반 태권도 상품 기획, 공공기관 및 기업 파트너십 구축, 각종 문화 이벤트 및 기념사업 운영이 주요 업무이다.

5국 (기획전략국, 경영지원국, 심사지원국, 국제전략국, 교육행정국)

1. 기획전략국

기획팀: 국기원의 중장기 발전전략, 정책 방향, 연간 사업계획 수립

홍보팀: 언론 대응, 대외 커뮤니케이션, 브랜드 관리 및 디지털 미디어 콘텐츠 운영

2. 경영지원국

총무회계팀: 예산편성, 회계·결산, 인사관리, 자산관리 등 경영 전반의 내부관리 기능 수행

3. 심사지원국

심사운영팀: 국내·국외 유단자 심사 기획 및 운영, 심사 절차 매뉴얼화

전산관리팀: DAN 관리시스템 운영, 데이터베이스 구축, 심사 행정의 디지털화

4. 국제전략국 (기존 국제사업팀을 승격)

국제사업팀: 해외 태권도 단체 및 협회와의 교류, 글로벌 정책사업 및 행사 기획

국제지원팀: 해외 파견 사범, 외교부·문화체육관광부 등과의 국제 협력 사업 실무 지원

5. 교육행정국

교육연수팀: 국내 사범·지도자 교육, 심판교육, 보수교육 등 커리큘럼 운영

교육개발팀: 태권도 교육 콘텐츠 및 온라인 교육 플랫폼 개발, 교재·교안 제작

1소 (연구소)

국기원 태권도 연구소로, 태권도 역사, 철학, 기술의 이론적 정립과 콘텐츠화 진행과 주요 기능은 연구보고서 발간, 제도 개선안 개발, 기술 분석 및 데이터 기반 정책 제안 등

1실 (감사실)

감사실은 이동섭 원장이 신설한 독립적 감시기관으로, 국기원 운영의 공정성과 투명성 확보를 위한 내부 감사 수행과 조직 내 부조리 예방, 운영 리스크 점검, 윤리경영 체계 수립의 핵심 축으로 기능

[국기원 조직개편 연표]

2010.07 : 2처(사무, 연수) 4팀(기획관리, 사업지원, 전략개발, 연수) 1소(연구소) 개편

2011.02 : 사무처, 행정부서와 사업부서로 분리, 연수처 존속

2012.02 : 원장 직속 전략기획실 신설

2014.03 : 2처 10팀으로 개편

2017.01 : 사무총장 중심 1실 3국 1소 7부로 개편

2019.12 : 1실 4본부 1소 10팀으로 개편

2021.06 : 2처 1단 5국 1소 1실 10팀으로 개편, 3처 5국 1소 1실 10팀

5. 국기원을 지탱하는 세 기둥: 지도자 양성의 메커니즘 〈교육〉, 〈심사〉, 〈국제 외교〉

국기원의 위상과 지속 가능성은 단지 하나의 기능에 국한되지 않는다. 국기원이 세계 태권도의 중심 기관으로 기능할 수 있었던 배경에는 〈교육(Education)〉, 〈심사 (Certification)〉, 〈국제 외교(Global Diplomacy)〉를 통한 지도자 양성 체계라는 세 가지 축이 단단히 버티고 있었다. 이 세 기둥은 독립적으로 작동하면서도 상호 유기적으로 연결되어 국기원의 정체성과 영향력을 형성하고 있다. 기능적 역할을 넘어, 태권도의 철학과 기술, 그리고 정신을 전 세계에 전파하고 현지화할 수 있는 글로벌 플랫폼의 역할을 수행해왔다.

첫 번째 기둥은 〈교육(Education)〉이다. 국기원은 태권도의 철학과 기술을 후속 세대에게 전수하기 위한 체계적인 교육 시스템을 구축해왔다. 사범 연수, 국제 지도자 과정, 온라인 교육 플랫폼, 연수원 중심 프로그램 등은 단순히 기술을 가르치는 것이 아닌, 태권도의 정신을 내면화한 인재를 양성하는 구조다. 국기원 교육은 '기술'과 '철학'을 통합한 인재양성 모델이라 할 수 있다.

두 번째 기둥은 〈심사(Certification)〉이다. 국기원의 승품·승단 심사는 세계 태권도인의 자격을 공인하는 국제 인증 시스템이다. 국기원 심사는 단지 단증을 발급하는 행정 절차가 아니라, 수련자의 정통성과 철학 내면화를 공식적으로 평가하는 문화적 검증 절차이다. 심사제도는 태권도 생태계 내에서 일관성과 질적 기준을 유지하게 하는 핵심 시스템이다.

세 번째 기둥은 〈국제 외교(Global Diplomacy)〉이다. 국기원 시범단 활동, 각국 태권도 협회와의 협력, 국제 포럼 및 한마당 행사는 국기원이 세계와 소통하는 문화외교 전략의 일환이다. 국기원은 태권도의 정신을 무대와 외교의 장에서 구현함으로써, 대한민국의 브랜드 가치를 상승시키는 역할을 수행해왔다.

이 세 기둥은 모두 지도자 양성의 메커니즘과 직결되어 있다. 교육은 철학을 전수하고, 심사는 자격을 검증하며, 국제 외교는 가치를 전파한다. 국기원에서 배출되는 지도자들은 이 세 시스템을 통과하며 단지 기술자가 아닌 문화전도자이자 철학적 리더로 양성된다.

국기원을 움직이는 이 세 기둥은 시대가 변해도 변하지 않는 핵심이자, 미래 100년을 지탱할 전략적 자산이다. 국기원의 리더십은 이 세 영역의 균형과 연계를 통해 더욱 공고히 구축될 수 있다.

국기원은 교육과 연수를 통해 사범과 심판 등 각 분야 태권도 지도자를 육성하고, 태권도 미래를 선도할 새로운 지도자들을 양성해 현재 약 8만 명의 지도자들이 세계에서 활동하고 있다.

국기원의 핵심 기능은 태권도 심사를 통해 품증과 단증을 발급하는 것이다. 심사는 태권도의 기술 수준과 수련 정도를 검증하는 과정으로, 정통성과 권위를 상징한다. 국기원은 1978년 8월 5일 관 통합 이후 심사 체계를 마련해 시행하고 있다. 2024년 12월 현재, 1,200만여 명의 유품·단자를 배출했고 이를 통해 국기원은 무예 태권도의 중심으로서 그 명성을 확고히 하고 있다.

특히 2022년 10월 11일, 국기원은 '2022 개발도상국 태권도 전문가 교육과정(Global Taekwondo Master Training Program)'의 수료식을 개최하며, 글로벌 태권도 지도자 양성의 새로운 기준을 제시하였다. 이 교육 프로그램은 개발도상국 출신의 태권도 사범들을 대상으로, 표준화된 태권도 이론 및 실기 교육을 제공하고, 국제 감각을 갖춘 전문 지도자로 성장할 수 있도록 설계된 고도화된 과정이다.

국기원의 이론과 실기의 표준화를 통한 전문성 강화 교육 시스템은 태권도를 기술 전수에서 벗어나, 철학·윤리·문화까지 포함한 통합적 수련 체계로 정립하고자 했다. 개발도상국 대상 교육은 이러한 철학을 바탕으로, 글로벌 표준에 부합하는 수련 콘텐츠와 강의 커리큘럼, 선진화된 교육방식을 통해 지도자들의 교육 역량을 체계적으로 향상시켰다.

〈2022 개발도상국 태권도 전문가 교육과정 수료식〉

지도자 교육과 병행되는 또 하나의 핵심인 승품·단 심사 제도의 국제적 정착의 본 과정을 통해 수료자들이 심사 실무를 이해하고, 자국 내에서 정통성과 공정성을 갖춘 국기원 심사 시스템을 도입·운영할 수 있도록 했다.이는 국기원이 추구하는 심사의 글로벌 일원화 및 기준 표준화 전략과 직결되며, 각국에서 국기원 브랜드의 신뢰를 구축하는 기반이 되었다.

교육은 단지 지식 전달에 그치지 않는다. 국기원이 강조하는 또 하나의 가치는 국제 태권도 외교다. 개발도상국 태권도 지도자들과의 지속적인 교류는 문화 외교와 체육 외교의 접점을 넓히는 실천적 통로가 된다.국기원은 본 프로그램을 통해 참가자들과 지속 가능한 글로벌 현지 지도자와의 휴민 네트워크 구축, 이들이 자국 내 태권도 발전은 물론 한국과의 우호 협력 관계 형성에 기여할 수 있도록 외교적 연계 기반을 다졌다. 지도자 양성은 국기원의 존재 이유이자 사명이다

이처럼 교육·심사·외교의 삼각축은 국기원이 세계 태권도를 선도하고 지탱하는 핵심 구조이며, 그 중심에는 항상 지도자 양성이라는 본질적 사명이 자리하고 있다.이동섭 원장 체제 하에서 강화된 이러한 시스템은 태권도가 전 세계에서 올바르게 수련되고, 정통성 있게 전수되며, 국제적 가치를 창출하는 무예로서 발전할 수 있는 토대가 되고 있다.

[글로벌 표준을 세우는 교육의 장, 국기원 WTA 사범 교육]

국기원은 전 세계 태권도 지도자의 양성과 전문성 강화를 위해 체계적이고 표준화된 교육 프로그램을 운영하고 있다. 특히 국기원 세계태권도연수원(WTA, World Taekwondo

국기원
KUKKIWON

국기원
국기원
KUKKIWON

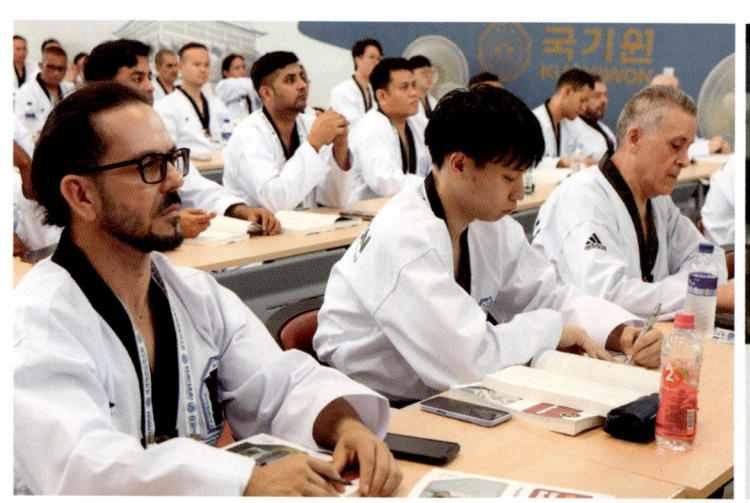

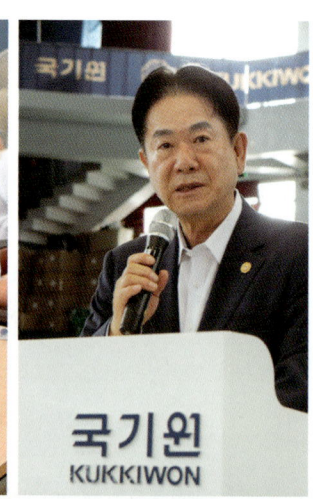

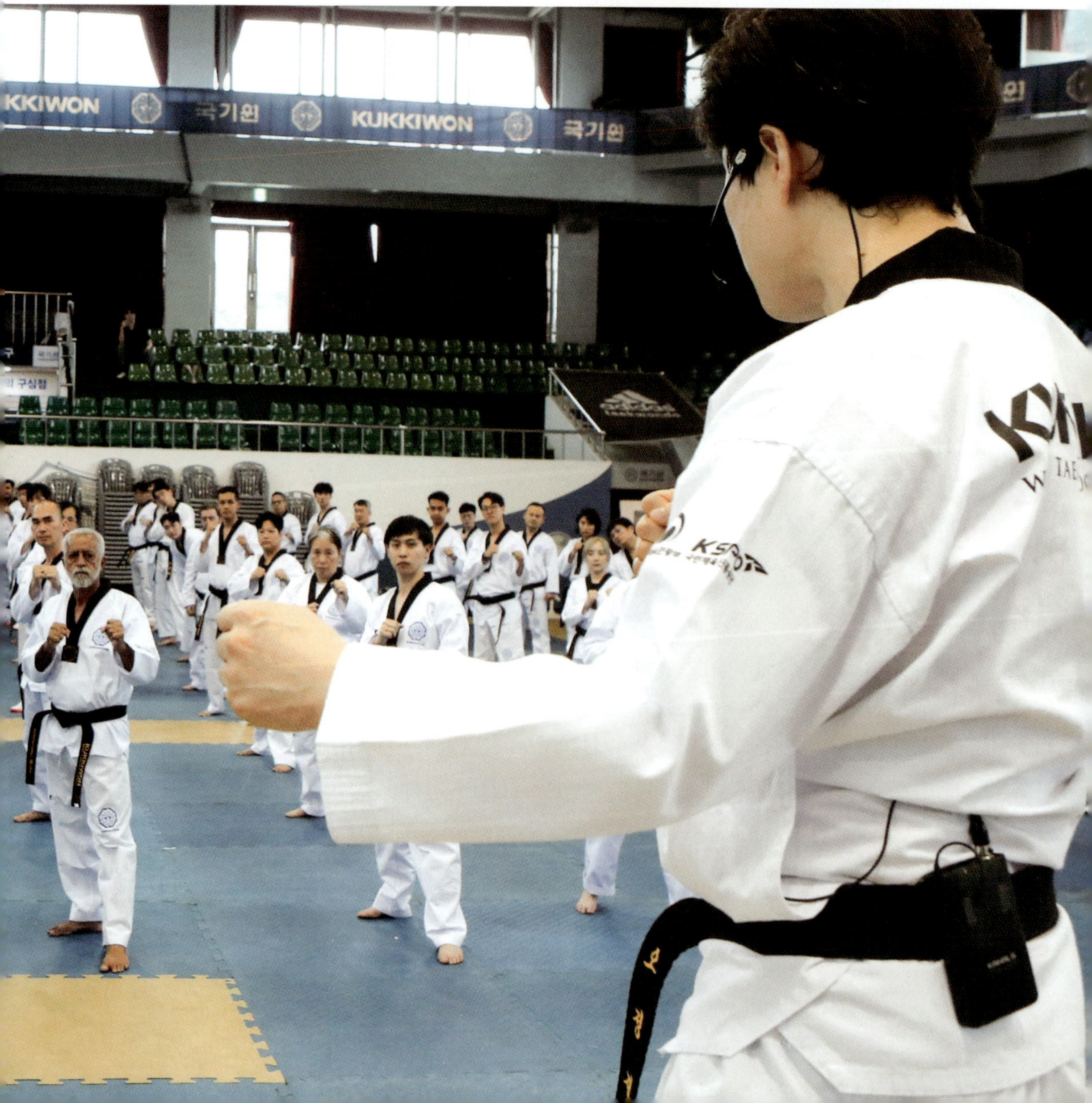
KKIWON
국기원
KUKKIWON
국기원

2025년 7월, 국기원 중앙 수련장에서는 아시아, 유럽, 팬암, 아프리카, 오세아니아 등 5개 대륙 25개국에서 모인 외국인 사범 117명을 대상으로 WTA 국제사범 교육이 성황리에 개최되었다. 이번 교육은 단순한 기술 전수가 아닌, 태권도의 정신과 철학, 그리고 올바른 지도자의 자세를 고루 갖춘 글로벌 리더를 양성하는 데 중점을 두었다.

〈국기원 세계태권도연수원(WTA) 주최 사범교육〉
태권도 지도자 양성을 위한 2025년 7월 4일~11일, 25개국 외국인 국제 사범 교육 개강, 급수별 맞춤 커리큘럼과 국가별 언어 자막으로 교육효과 극대화.

교육 과정은 1·2급과 3급으로 나뉘어 급수별 맞춤형 커리큘럼으로 구성되었다. 1·2급 교육에서는 태권도 교수법, 성인 대상 지도법, 품새, 겨루기, 호신술 등 고급 지도 역량을 중심으로 구성되었으며, 3급 교육은 태권도 역사와 인성 교육, 기본기, 심사 규정, 격파와 시범 등 지도자의 기초 소양과 기술을 균형 있게 다루었다. 특히 모든 이론 수업에는 참가 자의 언어에 맞는 자막이 제공되어 언어 장벽을 최소화하며 학습 효과를 극대화하였다.

이와 같은 교육은 국기원이 지향하는 '글로벌 기준의 태권도' 실현에 중요한 기반이 된다. 기술의 표준화와 함께 태권도 지도자로서 갖춰야 할 인격적 소양, 사명감, 공동체 정신 등이 교육 전반에 녹아 있으며, 참가자들은 단순한 수료를 넘어 '태권도를 세계에 전파할 사명'을 갖고 각국으로 돌아간다.

이동섭 국기원장은 "지금의 태권도 지도자들이 단순히 기술자가 아닌, 인격과 철학을 겸비한 교육자가 되어야 한다"고 강조하며, 이번 연수를 '지속가능한 태권도 정신의 세계화'라는 사명을 실현하는 첫걸음으로 평가했다.

또한 이번 교육은 일회성 프로그램에 그치지 않고, 추후 예정된 호신술 세미나와 다양한 연계 프로그램을 통해 교육의 연속성과 확산성을 확보할 계획이다. 이는 국기원이 단순한 수련기관을 넘어, 국제 태권도 교육의 표준을 제시하고 글로벌 리더를 양성하는 핵심 플랫폼으로 자리매김하고 있음을 보여주는 상징적 사례라 할 수 있다.

태권도의 국기화 과정

박정희 대통령의 '국기태권도' 휘호 (1971년)

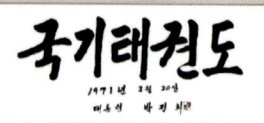

박정희 대통령이 김운용 회장에게 선사한 국기태권도 휘호
관습적 인식

이동섭 국기원장의 '국기태권도' 휘호 (2018년)

이동섭 국기원장 친필
"법"으로 지정

6. 국기 태권도 휘호 및 CI 의미와 변천사

국기원의 정체성과 철학은 단지 구조와 제도에 머무르지 않는다. 그것은 시각적으로도 구현되어야 하며, 이를 가장 상징적으로 표현한 것이 바로 '국기태권도' 휘호와 국기원의 로고, 심벌 시스템이다.

‘국기태권도(國技跆拳道)’라는 휘호는 태권도가 단지 스포츠나 무도가 아니라, 국가를 대표하는 문화유산이자 철학이라는 점을 시각적으로 명확히 선언하는 문구다. 이 휘호는 대한민국의 무예 전통을 계승하며, 이를 세계화하는 국기원의 중심 사명을 담고 있다.

초대 원장 김운용 총재의 주도로 정립된 이 휘호는 태권도의 본질을 "국가의 기(技)"로 정의하고, 대한민국을 대표하는 ‘정신적 상징’으로 태권도를 자리매김했다. 이후 각 시대별 국기원장들의 철학과 방향성에 따라 로고와 엠블럼 디자인도 시대에 맞게 변화해왔다.

1972년 설립 초기의 로고는 태극 문양과 태권도의 동작을 상징하는 도형으로 구성되었고, 이후 1980~90년대에는 심플하면서도 절제된 상징체계로 정리되었다. 2000년대 들어서는 글로벌화에 맞춘 ‘KUKKIWON’ 영문 CI 시스템이 도입되었고, 특히 50주년을 전후로 한 최근에는 전통과 현대를 아우르는 ‘국기태권도’ 서예 휘호가 중심 상징으로 재부상하고 있다.

[국기 태권도, 세계화와 법제화의 이정표]

태권도는 2000년 시드니올림픽에서 정식 종목으로 채택된 데 이어, 2018년 대한민국의 ‘법정 국기(國技)’로 지정됨으로써 역사적인 전환점을 맞이하였다.이는 단순한 무예의 성취를 넘어, 태권도가 국가 정체성을 대표하는 문화이자 제도적 자산으로서 위상을 확보한 결정적 사건이었다.

태권도가 ‘국기’로 법제화된 것은 당시 국회의원이자 현 국기원장인 이동섭 의원의 집요한 노력이 뒷받침되었기에 가능했다. 그는 ‘국회의원태권도연맹’을 결성하고, 직접 「국기 태권도 지정 법안」을 대표 발의하였으며, 무려 국회의원 225명의 동의를 이끌어내는 전례 없는 공감대를 형성했다.

그 결과, 국회 본회의에서 "대한민국의 국기는 태권도로 한다"는 조문이 포함된 태권도진흥법 개정안이 가결되었고, 마침내 태권도는 법률에 명시된 대한민국의 유일한 국기로 자리매김하게 되었다.

이로써 태권도는 1971년 박정희 대통령이 휘호로 ‘국기(國技) 태권도’를 쓴 이후, 47년 만에 상징적 지위에서 법적 지위로 도약하였다.이는 태권도가 단순히 한 스포

〈국회의원 225여 명이 동참한 서명부〉
이동섭 국회의원이 추진한 국기 태권도 법안은 2018년 3월 30일 국회 본회의를 통과하여 4월 17일 공포.

츠 종목이 아닌, 국민적 자긍심이 투영된 문화유산이며, 정부 차원의 공식 지원과 육성을 받게 되는 국가 전략 자산이 되었음을 의미한다.

태권도는 축구나 야구처럼 대중적 인기도가 높지는 않지만, 법적으로 대한민국을 대표하는 '기예(技藝)'라는 영예는 오직 태권도만이 지니고 있다.

외국인들이 '코리아(Korea)'라는 이름조차 생소하게 여기던 시절부터 태권도는 전 세계에 한국 문화를 전파한 원조 한류 콘텐츠이자, 국제 사회 속에서 가장 널리 알려진 대한민국의 상징으로 기능해왔다.

특히, 태권도는 한국의 언어, 정신, 예절, 철학이 전적으로 반영된 무예문화로서, 단순한 신체훈련을 넘어 정신교육, 인성수양, 글로벌 문화교류까지 아우를 수 있는 대한민국 고유의 교육 플랫폼이기도 하다.

'국기 태권도'의 법제화는 단순한 명칭의 변경이 아닌, 대한민국이 태권도를 국가의 뿌리이자 미래 성장 동력으로 인정하고, 세계를 향해 선언한 문화주권의 상징이 되었다.

현재의 국기원 로고는 태권도 도복의 깃을 형상화한 디자인으로, 단정함과 기상을 상징하며 '대한민국의 정신이 담긴 기술의 문(門)'을 상징한다. 이와 함께 사용되는 휘호는 태권도 수련장의 중심에 부착되며, 전 세계 도장에서 동일한 정신을 공유하도록 만든 글로벌 상징 언어다.

이러한 시각 상징물들은 국기원이 단순한 교육기관을 넘어, 문화적 상징성과 국가 브랜드의 시각적 확산 전략의 핵심 도구로 기능함을 보여준다. 휘호는 국기원의 철학을 문자로, 로고는 그것을 시각적으로 전달하는 매개체로 작동하며, 이는 곧 국기원 리더십의 철학적 정당성과 상징성을 세계에 각인시키는 수단이 된다.

앞으로의 100년은, 이러한 철학적 상징과 시각적 상징이 더욱 조화롭게 작동할 때 국기원이 문화 플랫폼으로서의 위상을 더욱 공고히 할 수 있는 시대가 될 것이다.

국기원은 1972년 11월, 통합 이미지(CI : Corporate Identity) 개념으로 첫 심벌마크를 제정한 후 1976년, 2005년, 2010년, 2021년에 각각 변경했다.

1972년 처음 개발한 로고타입 (logo type)의 심벌마크는 동그란 원형 한가운데에는 지구가 있고, 그 안에 '태권도-TAE KWON DO'를 새겨 놓았다. 그 양 옆에 주먹지르기와 발차기를 하는 두 사람의 동작을 형상화하고, 맨 위와 아래에 '국기원-KUK KI WON' 글자를 새겨 놓았다. 이 심벌은 '태권도 발전과 진흥을 장려하는 국기원'이라는 의미를 내포하며 1976년 1월까지 사용됐다.

그 후 국기원이 세계 태권도계의 구심점 역할을 하면서 그 위상이 공고해지자 세계 태권도인들에게 더 친근하게 다가가기 위한 세련되고 상징적인 통합 이미지가 대두됐다. 태권도의 얼과 정신, 그리고 철학을 담을 수 있는 CI가 필요했던 것이다.

이런 의지를 담아 1976년 2월 1일 새로운 국기원 CI가 제정됐다. 외부의 커다란 3개의 원은 넓은 의미로는 천지인(天地人)을 뜻하고, 좁은 의미로는 우주의 섭리를 터득한다는 뜻을 내포했다. 또 내부의 원들은 지구를 중심으로 사통팔달을 의미하는 팔방(八方)에서 산틀막기의 자세를 취하고 있는 다양한 인종과 언어의 인류 간의 평화와 단결로 국기원에서 한 가족이 된다는 의미를 표출했다. 1981년 8월에는 무단으로 로고와 CI를 사용하는 문제를 방지하기 위해 특허청에 등록해 국기원의 독점적인 사용권을 부여받은 후 2005년 10월, 백색 바탕에서 청색 바탕의 CI로 색상을 바꾸었다.

1976년 변경된 국기원 CI.

2005년 기존 CI에 파란색
바탕으로 색상을 바꾼 국기원 CI.

2010년 특수법인 출범과
함께 사용한 국기원 CI.

2021년부터 사용하고 있는 국기원 CI.

국기원은 2010년 12월, 특수법인 출범식과 함께 새로운 CI를 발표했다. 새 CI에 대해 개발 업체는 국기원 역사와 전통을 승계하면서 혁신적으로 변화하는 국기원의 의지를 담아 글로벌 커뮤니케이션 환경과 일선 도장에서 적용성 및 확장성을 고려했고 지구 모양의 모티브로 개발된 외곽형태는 세계로 열린 창을 상징하며 중심의 태극라인은 세계 태권도 중심에서 힘차게 도약하는 국기원의 비전과 태권도인의 긍지와 자부심을 담았다고 설명했다.

"세계태권도본부 국기원의 새로운 CI, 정체성과 통합의 상징으로 거듭나다"

그로부터 11년이 지난 2021년 3월 23일, 이동섭 원장 주도로 CI 변경을 추진했다. 국기원은 제3차 임시이사회를 통해 '국기원 CI 변경안'을 심의·의결하며, 조직의 정체성과 상징 체계를 전면적으로 개편하기로 결정했다. 이번 CI 변경은 단순한 시각적 리뉴얼을 넘

2021년부터 사용하고 있는 국기원 CI

어, 국기원이 세계태권도본부로서 지닌 역사성과 철학을 시각언어로 구현하고자 한 상징적 선언이었다. 기존 CI는 디자인적으로 태권도 동작도 없고 추상적인 요소가 강해, 세계태권도본부로서의 정체성과 태권도의 문화적 가치를 직관적으로 전달하기에 한계가 있다는 게 주된 변경의 이유였다. 더욱이, 국기원, 세계태권도연수원(WTA), 국기원 태권도 시범단 등 산하 조직들이 각기 다른 CI를 사용하는 비일관적 브랜드 구조는 국기원의 대표 이미지 형성에 장애로 작용하여 국기원의 통합 이미지 구축에 한계가 있다고 판단했다.

이에 국기원은 2021년 3월 12일, 'CI 변경을 위한 온라인 공청회'를 열고 전직 국기원장, 태권도 원로, 시도태권도협회 회장단 등 각계 주요 인사의 의견을 수렴했다. 그 결과 약 94%에 이르는 압도적 찬성을 바탕으로 새로운 CI 도입이 최종 확정되었다.

새로운 CI는 태권도를 통해 세계 평화에 기여한다는 국기원의 사명을 시각화하고, 태권도 동작을 형상화한 인체 실루엣은 태권도인 자부심 고취, 효율적 마케팅 전개 등을 내걸고 '정신 무장과 세계 지향성'을 표현한 것이 특징이다.

특히 로고의 8각형 구조는 건곤감리(乾坤坎離) 4괘(四卦)를 포함하고 있어, 태권도의 정통성과 정신 및 문화를 계승하는 전 세계 태권도 가족의 이상을 담고 있다.

국기원은 새 CI의 이사회 의결 이후, 공식 매뉴얼 제작에 착수하고, 응용 디자인의 교체는 사회적 비용과 현장 혼란을 고려해 점진적으로 확대 적용하기로 하였다. 이는 기존 자산과의 연속성을 존중하면서도, 새로운 정체성 확립을 유연하게 추진하려는 전략적 선택이었다.

한편, 국기원은 1972년 개원 이후 1976년, 2005년, 2010년에 걸쳐 세 차례 CI를 변경한 바 있으며, 이번 네 번째 변경은 조직 통합, 글로벌 브랜딩, 태권도 문화 정립이라는 삼중 과제를 동시에 반영한 리더십의 상징적 결과물이라 할 수 있다.

"정체성의 재정립, 브랜드의 재탄생 – 이동섭 원장의 CI 개편과 50주년 기념 엠블럼 추진"

이동섭 원장은 국기원장으로 취임한 이후, 조직의 기능적 개편뿐만 아니라, 국기원이 세계 속에 어떻게 인식되고 소통할 것인가에 대한 브랜드 정체성 강화에도 중대한 리더십을 발휘했다. 특히 그는 조직의 얼굴인 CI(Corporate Identity)를 시대에 맞게 혁신하고, 국기원 50주년이라는 역사적 이정표를 기념할 엠블럼 제작을 동시에 추진하며 국기원의 상징 체계를 재정비하는 데 핵심적인 역할을 수행했다.

2021년, 그는 기존 CI가 세계태권도본부로서의 상징성과 직관성이 부족하다는 문제의식을 공유하고, 전문가 집단과 실무진, 태권도계 원로, 전국 시도협회장단까지 아우르는 폭넓은 공론화 과정을 이끌었다. 그 결과, CI 변경안은 단지 디자인 교체에 그치지 않고, 국기원의 철학, 태권도의 정통성, 세계태권도인의 정신을 담은 의미 체계로 완성되었다.

이와 함께, 국기원 개원 50주년을 맞이해 이동섭 원장은 기념 엠블럼 개발을 지시하고 직접 기획을 주도했다. 오방정색(흰색, 노란색, 파란색, 빨간색, 검은색)을 활용하여 태권도 띠를 상징적으로 표현한 숫자 '50'은 반세기의 역사와 미래를 잇는 디자인 언어로서 높은 평가를 받았으며, 한국어·영어 버전으로 동시 제작해 국제 커뮤니케이션의 실용성까지 고려하였다.

이 두 가지 결과물은 국기원이 더 이상 단순한 무도기관이 아니라, 문화외교의 전진기지이며 글로벌 스포츠 거버넌스 기관으로서 나아가야 할 방향을 상징적으로 보여주는 리더십의 성과였다.

2021년 12월 30일, 국기원은 개원 50주년을 기념하며 새로운 엠블럼을 공개하였다.

이 엠블럼은 태권도 유급자와 유단자의 띠 색상인 오방정색(흰색, 노란색, 파란색, 빨간색, 검은색)을 활용하여, 50주년을 의미하는 숫자 '50'을 태권도 유급자와 유단자 띠를 형상화한 것이 특징이다.

엠블럼은 한국어와 영어 두 가지 버전으로 디자인되었으며, 전용 매뉴얼을 통해 다양한 매체에의 활용도를 극대화하였다.이는 국기원이 걸어온 반세기의 발자취를 상징하는 동시에, 세계태권도본부로서의 정체성과 비전을 시각적으로 담아낸 상징물이라 할 수 있다.

국기원장은 태권도의 심장을 뛰게 하는 리더이며, 철학의 수호자이자 제도 설계자, 문화 외교가이자 브랜드 전략가이다. 시대별 국기원장의 리더십은 단순한 행정 관리가 아닌, 태권도의 글로벌 정체성과 대한민국 문화 전략의 중심축으로 기능해왔다. 국내외 태권도계와 정부, 국제기구를 잇는 정책적, 외교적 허브로서 실질적 기능을 지닌 자리임을 조명한다. 각 시대의 국기원장들이 어떻게 시대의 요구에 따라 리더십을 변화시켜 왔는지를 구조적으로 보여준다.

He is the guardian of philosophy, the architect of institutions, and a strategist in cultural diplomacy and national branding.The leadership of the Kukkiwon Directors across different eras has not merely been about administrative management—It has served as a central axis of Taekwondo's global identity and Korea's cultural strategy.As a policy and diplomatic hub linking domestic and international Taekwondo communities, governments, and global organizations,It illuminates Kukkiwon's role as a place of real function and influence.This structure reveals how each director has evolved their leadership in response to the demands of their respective eras.

02장

국기원장'이라는 자리
대한민국 브랜드와 국기원의 상징 전략

"국기원장은 상징을 넘어 행동하는 리더다."
국기원장의 이름은 곧 태권도의 브랜드다.

"The Kukkiwon Director is a leader who acts beyond symbols."
The name "Kukkiwon Director" is the very brand of Taekwondo.

02 '국기원장'이라는 자리
"대한민국 브랜드와 국기 태권도"

1. 국기원장의 탄생과 제도적 정립

1) 국기원장 제도의 도입 배경

1972년 국기원이 개원하기 전, 대한민국 태권도계는 수많은 분파와 도장, 단체들이 혼재된 상황이었다. 태권도의 체계화, 표준화, 세계화를 위한 중앙 통합조직의 필요성은 절박했다. 이를 위한 중심 기관으로 태권도 중앙도장(국기원)의 건립이 추진되었고, 자연스럽게 이를 총괄할 지도자, 대표자의 제도화가 함께 논의되었다. 그 자리가 바로 '국기원장'이었다.

당시 대한태권도협회(KTA) 회장이자 국회의원이었던 김용채는 국기원 부지 확보와 예산 집행의 정치적 기반을 닦았고, 이후 김운용 회장은 강력한 추진력을 발휘해 실제 국기원 건설을 성사시켰다. 국기원은 1972년 11월 30일 준공되었고, 이듬해인 1974년 8월 재단법인 국기원으로 공식 설립되면서 김운용 초대 국기원장이 취임했다.

〈자랑스러운 태권도인상 수상〉
태권도 발전과 국기원 건립에 기여한 공로로, 김용채 전 대한태권도협회(KTA) 회장이 2017년 '자랑스러운 태권도인상'을 수상

〈국기원장 제도 도입의 역사적 맥락- '원로회의'의 발족과 자문체계 확립〉

국기원이 독립성과 공공성을 갖춘 세계 태권도 본부로 기능하기 위해서는 역사성과 정통성을 반영한 내부 자문 시스템 구축이 필수적이었다. 이러한 시대적 요구 속에서, 2010년 9월 30일, 국기원 원장 직속 자문기구인 '원로회의'가 공식 출범하게 되었다. 원로회의의 발족은 단지 형식적 기구의 설립을 넘어서, 태권도의 정통성과 역사적 흐름을 계승하는 거버넌스 체계 마련이라는 상징적 의미를 지닌다. 이 기구는 그 직전인 2010년 9월 15일, 국기원 '제4차 운영이사회'에서 원로회의 규정이 제정된 후, 보름도 채 되지 않은 9월 30일 '제5차 운영이사회'에서 정식으로 출범하였다.

당시 회의에서는 태권도 초창기부터 활동해온 생존 원로들 가운데 이종우, 엄운규, 이교윤, 김순배, 김인석, 김용채 등 6인이 초대 위원으로 선임되었으며, 이는 국기원이 태권도계의 원로 지혜와 역사적 정통성을 제도적으로 수용한 첫 사례였다.

〈2010년 10월, 제1차 원로회의〉
초대 원로위원으로 선임된 이종우, 엄운규, 이교윤, 김순배, 김인석, 김용채 원로 등이 참석한 가운데, 국기원 운영과 태권도 발전을 위한 자문회의

원로회의의 주요 기능은 국기원장의 업무 수행에 대한 자문, 그리고 국기원의 정책·운영 전반에 대한 조언과 제언이었다. 원로 구성 방식은 국기원장이 추천하고, 운영이사회의 의결을 거쳐 확정하는 구조로 설계되었으며, 국기원장이 독단적으로 운영되지 않도록 견제와 균형의 철학을 담아낸 제도적 장치였다.

출범 직후인 2010년 10월 4일 낮 12시, 국기원 인근 식당 '대인가'에서 원로위원 전원이 참석한 가운데 첫 원로회의가 개최되었고, 이 자리에서 김용채 원로가 초대 의장으로 추대되었다.

이는 이후 국기원장 제도 정비와 선출 절차 마련, 운영 규범 확립 등 국기원 리더십 제도화의 기반이 되는 참조 모델로 기능하였으며, 태권도계 내부의 신뢰를 바탕으로 한 자문정치의 출발점이었다.

국기원장 제도의 제도적 기반 정비는 선거 절차 개선뿐 아니라, 국기원의 중요한 자문기구인 원로회의 개편으로도 이어졌다. 2010년 출범한 원로회의는 국기원 운영과 태권도 발전에 대한 자문을 목적으로 한 국기원장 직속의 자문기구였다.

그러나 시간이 흐르며 초대 원로위원 다수가 작고했고, 운영 규정상 후속 위원 선출이 불가능한 상황에 이르렀다. 기존 규정은 원로위원 2명 이상이 추천하고, 재적 위원 3분의 2 이상이 찬성해야만 새 위원이 선출되는 구조였으나, 위원이 대거 공석이 되면서 후속 선출이 제도적으로 불가능한 모순이 발생한 것이다.

이러한 제도적 한계를 타개하고자, 국기원은 2021년부터 원로회의 제도 개선에 착수했다. 먼저, 정관 개정을 통해 '원로회의'를 '원로평의회'로 명칭 변경하고, 자문기능을 유지하면서도 지속 가능한 운영 구조를 갖추는 방향으로 제도를 정비했다. 2022년 3월 7일 열린 '2022년도 제1차 운영이사회'에서는 원로평의회 규정을 새로 제정했고, 이에 따라 경과조치로 기존 원로회의 위원이었던 강원식, 김용채, 이규형, 이승완, 정만순 등 5인을 원로평의회 위원으로 승계하였다.

그리고 2022년 3월 23일 오전 11시, 국기원 연수원장실에서 역사적인 제1차 원로평의회 회의가 열렸다. 이 회의에서 이승완 위원이 초대 의장으로 선출되었으며, 이후 제2차 회의에서는 송봉섭, 조영기 전 국기원 부원장을, 제3차 회의에서는 박현섭, 임춘길 전 부원장을 추가 선임하면서, 원로평의회는 총 9인의 구성으로 본격적인 활동에 돌입하게 된다.

원로평의회의 개편은 단순한 명칭 변경을 넘어, 국기원의 지속 가능성과 대표성, 그리고 시대적 변화에 맞는 유연한 자문 구조를 확보하려는 국기원 운영 체계의 질적 전환이었다. 이는 곧 국기원장 제도의 제도화 흐름과 맞물려, 국기원 리더십의 투명성과 공정성을 제고하려는 일련의 제도적 개혁의 연장선에 자리한다.

'국기원장이라는 자리'는 단순한 시설 운영자가 아니라, '태권도'라는 무도, 스포츠, 문화 콘텐츠를 대한민국의 대표 브랜드로 성장시킬 총괄 리더로 설정되었다.

특히 태권도의 〈공인 심사제도〉, 〈지도자 연수〉, 〈세계선수권대회 주관〉, 〈시범단 파견〉 등 다양한 기능이 국기원에 집중되며, 이를 조정하고 대외적으로 대표할 국기원장의 역할이 절대적으로 필요해졌다.

이러한 구조 속에서 '국기원장'은 세 가지 상징적 의미를 동시에 갖게 되었다. 첫째, '정통성의 수호자'로서 태권도의 철학과 기준을 제시하고, 둘째, '대외 대표자'로서 전 세계 태권도인과 국제기구와의 교류를 총괄하며, 셋째, '비전 제시자'로서 국기원의 미래 전략과 대한민국 태권도 정책의 방향성을 설계하는 리더로 기능하게 된 것이다.

특히 1973년 세계태권도선수권대회 개최, 세계태권도연맹(WT) 창설, 단증의 국기원장 명의 발급 등 일련의 제도들이 국기원장 체제 하에 이뤄졌다는 점에서, '국기원장'은 단순한 행정 직위를 넘어 국기 태권도를 제도적으로 완성시킨 중심축이었다.

2) 국기원장 임명 방식의 변천사

[정부 임명 → 재단 선출 → 특수법인 선거제도 도입]

국기원장의 임명 방식은 국기원의 법적 지위 변화와 시대적 요구에 따라 '정부 중심 → 재단 자율 → 공적 절차 기반'으로 점진적 진화를 거듭해왔다. 이는 단순한 절차의 변화가 아니라, 국기원장의 정통성과 리더십의 공공성 확보를 위한 제도적 흐름이었다.

● 1단계: 정부·체육계 추천 중심 (1974~1990년대)

– 정치적 리더십과 국가 주도의 태권도 전략

국기원장의 임명은 국기원의 태동기와 함께 국가 주도형 체계 속에서 시작되었다. 1974년 2월 6일, 재단법인 국기원이 공식 설립되면서 김운용 초대 원장이 자연스럽게 추대되었는데, 이는 단지 한 개인의 지명 이상의 상징성을 지니고 있었다. 김운용은 당시 청와대 의전비서관 출신으로, 박정희 대통령으로부터 국기 태권도를 세계적 무대로 올릴 임무를 부여받은 인물이었다. 그는 정치, 외교, 체육을 아우르는 복합적 역량으로 국기원을 단순한 무도 본부가 아닌, 대한민국 문화외교의 중심으로 성장시킨 핵심 인물이었다.

〈김운용, 태권도의 미래를 말하다 & 박정희 대통령 친필 '국기태권도' 휘호〉
1971년 제7대 대한태권도협회 회장에 취임한 김운용 회장이 "태권도를 위해 무엇을 할 것인가"를 연설. 같은 해 3월 20일, 박정희 대통령으로부터 하사받은 '국기태권도(國技跆拳道)' 친필 휘호는 태권도가 대한민국의 국가 대표 무예로서 공인되었음을 상징하는 역사적 장면으로, 국기 태권도의 정체성과 위상을 공식적으로 천명한 순간으로 평가.

　초창기의 국기원장 임명은 실질적으로 정부 또는 체육계 고위 인사들의 추천과 영향력 속에서 이뤄졌으며, 대한태권도협회(KTA)의 입장 또한 국기원의 인사 구조에 깊이 개입되어 있었다. 따라서 국기원장의 자리는 공식적으로는 민간재단의 대표였지만, 실질적으로는 국가 전략의 일환으로 운영되는 '준공적 리더십'으로 볼 수 있었다.

　이러한 구조는 장점과 한계를 동시에 내포했다. 한편으로는 김운용 원장처럼 강력한 국제 정치력과 외교 감각을 갖춘 인물이 장기간 원장을 맡으며, 태권도를 올림픽 정식종목으로 올려놓는 등 세계화를 견인하는 데 큰 기여를 했다. 하지만 다른 한편으로는 국기원장이 정부 또는 체육계 권력의 의중에 따라 좌우되며, 제도적 정당성과 내부 합의 기반이 부족하다는 비판도 꾸준히 제기되었다.

〈김운용 국기원장, 사범연수 현장에서 핵심 인사들과 함께〉
1990년대 후반, 김운용 국기원장이 엄운규 부원장(오른쪽), 이승완 대한태권도협회 부회장(왼쪽)과 함께 사범연수 단체사진 촬영을 마치고 이동하고 있는 모습. 당시 국기원의 사범 연수는 태권도 지도자 양성의 핵심 과정으로, 주요 인사들의 참여는 태권도 교육의 제도화와 전문화를 상징하는 중요한 장면으로 평가.

　또한, 이 시기 국기원의 리더십은 개인 중심의 카리스마형 통치 구조에 가까웠다. 원장의 철학과 정치력이 곧 국기원의 방향을 좌우했고, 공식적인 공론 절차나 조직 내부의 의사결정 시스템은 상대적으로 약했다. 즉, 국기원의 발전이 원장 개인의 역량이 국기원 전체의 성격과 정책을 좌우하는 구조 속에 있었다는 점은 이후 제도 개선 논의의 중요한 배경이 되었다.

결과적으로 1970~90년대의 국기원장 임명 구조는 '정치적 위임형 리더십'의 시대라 할수 있으며, 이는 국기원이 세계화를 위한 도약을 이루는 데 결정적 역할을 한 동시에, 향후 제도화된 민주적 정통성을 확보해야 한다는 과제를 함께 남긴 시기이기도 했다.

● 2단계: 재단법인 내 이사회 중심 체제 (2000년대)

– 자율성과 투명성 사이의 과도기

2000년대에 접어들며 국기원은 점차 공공성과 제도적 투명성에 대한 사회적 요구와 내부 자정의 목소리를 동시에 마주하게 되었다. 초창기 정부와 체육계 중심으로 이뤄졌던 원장 임명 방식은 점차 변화의 흐름을 맞이했고, 그 결과 국기원 원장 선출 구조는 재단 이사회 중심의 자율적 체제로 전환되었다.

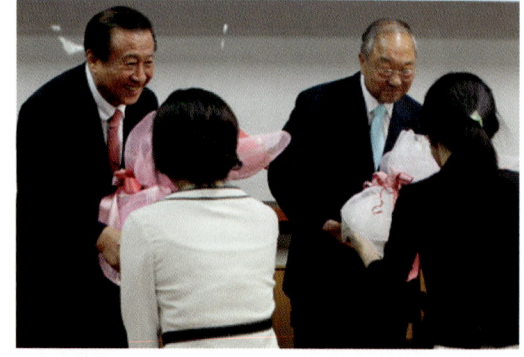

〈국기원 재단법인 체제 종료 및 특수법인 출범 이취임식〉
2010년 6월 11일, 재단법인 마지막 원장 이승완 원로(왼쪽)와 특수법인 초대 원장 강원식 원로(오른쪽)가 꽃다발을 받으며 서로의 공로를 기리는 자리. 이날 행사는 국기원이 제도적 기반 위에서 새 출발을 선언한 역사적 전환점으로 기록

이 시기는 국기원의 법적·제도적 정비가 본격적으로 추진된 시기이기도 하다. 특히 2010년 5월, 국기원이 '재단법인'에서 '특수법인'으로 공식 전환되면서, 원장 선임 방식에도 구조적 변화가 일어났다.이전까지는 외부 권위나 추천 중심이었다면, 이때부터는 재단 이사회의 내규와 절차에 따른 선임 또는 추대 방식이 적용되기 시작했다. 이사회 중심 체제의 도입은 표면적으로는 국기원의 독립성과 자율성 강화라는 긍정적 신호로 받아들여졌다.그러나 그 이면에는 여전히 다양한 갈등의 잠재 요소가 남아 있었다. 정치권, 체육계, 특정 관계 단체 간의 이해관계가 이사회 구성과 의사결정에 영향을 미쳤고, 이는 국기원장 선임 과정에서 갈등, 파벌, 비공개 회의 등의 형태로 표출되곤 했다.

특히 이 시기의 국기원장 후보자들은 이사회 인사들과의 관계, 외부 지지 기반, 단체 간 연합 구성 등 비공식적 정치력에 상당 부분 의존해야 했고, 그 과정에서 투명성과 공정성에 대한 의문이 제기되는 일이 반복되었다.원장 선임 자체가 국기원 내부 갈등의 불씨가 되거나, 선거 이후까지도 혼란을 야기하는 사례도 발생했다.

이러한 문제들은 결국 국기원의 정통성 확보에 있어 '과도기적 체계'로서의 한계를 드러내는 단서가 되었다. 재단 이사회 중심의 구조는 완전한 개방형도, 정부 책임형도 아닌 어정쩡한 위치에 놓여 있었고, 이사회 구성의 투명성, 절차의 명문화 부족, 외부 정치적 개입의 여지 등으로 인해 제도적 개혁에 대한 요구는 오히려 더 커져갔다.

그 결과, 2010년대 중후반부터는 "국기원장은 국민적 정당성과 공공 리더십을 갖춘 인물이어야 하며, 선출 역시 개방성과 공정성을 확보해야 한다"는 공론이 태권도계 안팎에서 본격적으로 제기되었고, 이는 곧 '선거제도 도입'이라는 제3단계의 제도적 전환으로 이어지게 된다.

● 3단계: 특수법인 전환 후 선거제도 정착 (2019~)
– 역사상 첫 국민적 정당성을 갖춘 '선출형 국기원장'의 시대

〈국기원 개원 이래 첫 원장 선거〉 2019년 10월 11일, 국기원 개원 사상 처음으로 원장 선거가 실시

2019년, 국기원은 조직의 리더십 구조에 있어 중대한 전환점을 맞이했다. 그 해, 국기원은 '국기원장 선출 방식'에 있어 전면적인 제도 개혁을 단행했고, 이는 단순한 선출 방식의 변화가 아닌, 국기원이라는 공공기관의 정통성과 민주적 정당성을 회복하기 위한 혁신적 조치였다.

핵심은 크게 두 가지였다. 첫째는 이사 후보자 공개모집 제도 도입, 둘째는 국기원장 선거제도(직선제) 도입이다. 이로써 기존까지는 이사회의 내부 추천 또는 추대 형식으로 결정되던 원장직이, 국기원 정관 개정을 통해 공개적·경쟁적 선거 절차로 변화하게 되었다.그리고 2019년 10월 11일, 국기원 역사상 처음으로 공식적인 선거관리위원회 위탁 선거가 치러졌고,그 결과 '국기원장'이라는 자리는 최초로 민주적 절차를 거쳐 선출된 공공 리더십의 상징으로 탈바꿈하게 되었다.

이러한 변화는 국기원이 '특수법인'으로서 부여받은 공공성, 투명성, 책임성의 원칙을 조직 운영 전반에 실현하기 위한 결정적 계기였다.이는 단지 외형적 절차의 정비에 그치지 않고, 국기원이 "국가 태권도의 최고 기관"이라는 위상에 걸맞은 시민사회적 신뢰 회복과 글로벌 스포츠 거버넌스 수준의 투명성 확보를 지향한 결과였다.

선거제도 시행은 그 이후 더욱 정교해졌다. 2021년과 2022년에 진행된 국기원장 선거에서는 후보자 정책 공청회, 공개토론, 선거관리위원회 운영, 전자투표 등 제도적 정당성과 기술적 공정성을 갖춘 선거 방식이 전면 도입되었다.

후보자들은 태권도계와 사회 전반의 다양한 공론장에 자신들의 정책과 비전을 공개하며, 국기원장이라는 자리가 더 이상 '비공개 인선'이 아닌, 시민의 눈높이에서 검증받는 공적 리더의 자리로 인식되기 시작했다.

이처럼 국기원은 이제 단순한 체육기관이 아니라, 국민적 정당성과 제도적 투명성을 바탕으로 운영되는 공공조직으로 체질을 전환해나가고 있다.

그 중심에는 '선거로 선출된 국기원장'이라는 제도 개혁의 결실이 있다. 이는 태권도계 내부의 정치적 갈등 구조를 해소하고, 국기원의 거버넌스를 시대의 기준에 맞춰 개편하려는 장기적 과제의 출발점이기도 했다.

국기원장 선임 방식의 3단계 제도 변화

주요 시기	선임 방식	특징	평가
1974~1990년대	정부 및 체육계 추천·임명	- 정부 및 KTA 주도 - 정치적 영향력 반영	강력한 리더십 기반이었으나 내부 의견 수렴 절차 부재
2000년대~2018	재단 이사회 중심 선출	- 이사 간 추대 또는 선거 - 특수법인 전환 이후 자율성 확보	공공성 강화 시도, 그러나 투명성 부족 및 갈등 노출
2019~현재	공개 모집 및 선거제도	- 후보자 등록·공개 토론 - 선거관리위원회 주관- 전자투표 도입	민주적 정당성과 투명성 확보 시민사회적 신뢰 회복 계기

● 변화의 의의

- 국기원장, 단순한 자리를 넘어 '국가 대표 문화 리더'로

국기원장 임명 방식의 변화는 단순한 조직 운영 절차의 전환이 아니다. 그것은 곧 '국기원장'이라는 자리의 상징성과 책임을 제도적으로 구조화해나가는 과정이었다.

1970~80년대의 국기원장은 정치적 후광과 체육계 권위에 기반한 카리스마형 리더십이었다. 그 당시에는 이러한 리더십이 태권도의 세계화 추진과 제도화에 일정한 효과를 발휘했지만, 시대가 요구하는 리더의 조건은 달라지고 있었다. 특히 2000년대 이후, 태권도계 안팎에서 제기된 투명성·공정성·책임성 요구는 국기원이 더 이상 폐쇄형 인선 시스템

으로 운영되어서는 안 된다는 분명한 경고였다.

2019년 이후, 국기원장 선출에 공개 모집과 선거제도가 도입되면서 이제 국기원장은 단지 '전문가'나 '명망가'가 아닌, 정책 역량, 무도 철학, 국제 감각, 조직 통합력을 종합적으로 갖춘 국제 공공기관 수장으로서의 리더십 자격을 평가받는 자리로 변모하고 있다.

이는 국기원장이라는 자리가 국내 체육단체의 내부 대표를 넘어, 대한민국을 대표하는 문화 외교 리더십의 포지션으로 성장하고 있다는 증거이기도 하다. 국기원 50주년을 기점으로 이뤄진 제도 개혁은 국기원이 '내부 인맥'이나 '정치적 영향력'에 의존하던 시기를 지나, 정책 중심의 경쟁 시대로 진입했음을 선언한 것이었다.이제 국기원장은 전 세계 214개국 수련인들과 직접 연결되는 브랜드 대사이자, 국기 태권도의 공공성과 철학을 세계에 전달하는 문화전략 리더로서의 무게를 지닌다.

국기원장 선임 방식의 변화는 곧 국기원의 미래를 바꾸는 기반이며, 이러한 변화의 축적은 장기적으로 국기원이라는 조직의 정당성, 태권도의 지속가능성, 그리고 대한민국의 문화 자산으로서의 태권도 외교역량을 결정짓는 중대한 변수로 작용할 것이다.

2. 시대별 국기원장 리더십 스타일: 철학과 전략의 스펙트럼

국기원의 역사는 곧 리더십의 역사이다. 단순한 기관 운영을 넘어, 각 시대의 국기원장은 태권도의 철학을 해석하고, 정책을 설계하며, 국제 사회 속에서 태권도의 위상을 정의하는 시대적 설계자이자 전략적 상징이었다.

시대별로 각 원장은 자신이 처한 시대적 환경과 세계 태권도계의 과제를 바탕으로 독자적인 리더십 스타일과 성과를 만들어냈다.김운용 원장이 이끈 창립기와 세계화의 시기는 카리스마와 외교력을 기반으로 한 창조적 리더십의 시대였고, 그 이후 엄운규, 이승완, 강원식 원장 등은 제도 개편과 조직 정비, 통합의 과제를 안고 과도기적 리더십을 수행했다. 오현득 원장은 전략 중심의 경영형 리더십을 시도했으나 불통과 리스크 관리의 한계로 좌절을 맞았고, 이동섭 원장은 정치력과 문화외교, 제도 개혁을 유기적으로 결합한 실천형 복합 리더십으로 세계태권도 본부에 걸맞는 국기원의 새로운 방향을 제시하고 있다.

이처럼 국기원장의 리더십은 각 시대마다 권위형-통합형-정비형-전략형-브랜드형-외교형이라는 연속성과 변화를 오가며, 태권도의 정체성과 국기원의 진화를 이끌어왔다. 각 원장들의 리더십 스타일을 통해, 국기원이 어떻게 태권도의 중심이자 국가문화 전략 기관으로 변화해왔는지를 면밀히 살펴볼 필요가 있다.

1) 세계화를 이끈 창립자형 리더십, 김운용 원장(1972~2004) 제
   1대~8대/재단법인

태권도의 세계화, 올림픽 정식 종목 채택, 대한민국 국위선
양-이 모든 역사적 성과의 중심에는 김운용 원장이 있었다.
1974년 국기원 초대 원장에 취임한 이후 30년 가까운 시간 동
안, 그는 국기원은 물론 세계태권도연맹(WT), 대한태권도협회
(KTA), 국제올림픽위원회(IOC) 등에서 요직을 겸임하며 태권
도를 전 세계적인 무도로 확산시키는 데 결정적인 역할을 했다.

〈태권도 올림픽 정식종목 확정 통보〉
1994년 파리 IOC 총회에서 태권도가
올림픽 정식종목으로 채택된 후, 공식
통보문 확인

특히 2000년 시드니올림픽에서 태권도가 정식 종목으로 채
택되도록 만든 외교력과 조직력은 누구도 부정할 수 없는 업
적으로 남아 있으며, '태권도는 곧 김운용'이라는 공식이 무색
하지 않을 만큼 절대적인 영향력을 발휘해왔다.

그러나 "산이 높으면 그늘도 깊다"는 말처럼, 김운용 리더십
은 태권도계의 전례 없는 발전을 이끈 동시에, 권위의 절대화
와 구조적 폐쇄성이라는 그림자도 함께 만들어냈다.

2001년 4월 16일, 국기원에서 열린 국가대표선수 선발대
회에서 발생한 판정 시비는 그 체제의 균열을 상징적으로 드
러낸 사건이었다.

'4.16 학생시위'로 불리는 이 사태는 용인대와
경희대를 중심으로 한 대학 선수 및 교수진의
집단적 항의로 이어졌고, 대한태권도협회가 수
습에 나서며 일단락되는 듯했으나, 문제의 당사
자가 세계태권도연맹 사무차장으로 임명되자
태권도계는 다시금 분노했다.

〈2001년 11월 국기원에서 열린 태권도바로세우기운동〉

이 사건을 기점으로 태권도계 내부에서는 '태권도 바로세우기운동'이 본격적으로 일어
났다. 교수, 사범, 학생은 물론 현장 실무자들까지 참여한 이 운동은 김운용 체제의 절대
권력에 정면으로 문제를 제기한 최초의 조직적 저항이었다. 국기원 이사회에서 강원식 이
사가 공개적으로 용퇴를 촉구했으며, 10월에는 '범태권도바로세우기운동연합(범태련)'이
조직되어 국기원 농성 및 대규모 궐기대회까지 열게 되었다.

결국 이 운동은 김운용 원장과 엄운규 부원장의 사퇴라는 일정한 성과를 얻어내는 데 성
공했으나, 2002년 1월 국기원 이사회가 김운용 원장을 다시 재추대하면서 운동의 효과는

제한적 성과에 그치고 말았다. 그럼에도 불구하고, 누구도 반박할 수 없었던 절대 권력에 처음으로 실질적인 균열을 만든 사건이라는 점에서, '4.16 사태'와 '범태련 운동'은 태권도 내부 민주주의와 구조 개혁을 향한 첫걸음이 되었다.

당시 운동을 주도했던 양진방 용인대 교수는 기고문을 통해 "김운용 체제는 절대화되었고, 도덕성과 민주성이 결여된 권력 체계로 변질되었다"며 태권도 개혁의 정당성을 역설했다. 이 글은 태권도계 내부의 문제 인식과 미래 지향을 집약적으로 보여준 대표적 비판으로 남았다.

김운용 원장의 리더십은 분명 '창립자형 리더십', '외교형 리더십', '카리스마형 리더십'의 전형으로서 태권도의 국제화를 실현한 인물이다. 그러나 동시에 권한의 집중과 조직 내 비민주성, 후계자 부재 등의 구조적 문제를 해결하지 못한 채 체제를 떠났다는 점에서, 태권도계의 영광과 한계를 모두 체현한 인물로 평가된다.

그의 시대는 '태권도 세계화 1.0'의 시대였고, 그 리더십은 이후 국기원장들이 넘어야 할 산이자, 성찰의 거울로 남게 되었다.

2) 전환기의 리더십, 엄운규 원장(2004~2009) 제9대~10대/재단법인

김운용 초대 원장이 30년 장기 집권을 마감한 이후, 국기원은 리더십의 전환점에 직면했다. 이러한 역사적 전환기에 제9대, 10대 원장으로 취임한 엄운규 원장은 '태권도계의 원로'라는 상징성과 내부 경험을 바탕으로 추대되었지만, 이전과는 전혀 다른 시대정신과 조직문화를 마주해야 했다.

엄 원장의 리더십은 전임 김운용 원장의 카리스마형 리더십과는 확연히 구별된다. 김운용의 통치 스타일이 '중앙집권적'이고 '권위적'이었다면, 엄운규의 리더십은 '조정자'이자 '과

〈2005년 자랑스러운 태권도인 상 시상식〉
'태권도인의 밤' 행사에서 엄운규 국기원 원장(왼쪽)이 이종우 원로에게 자랑스러운 태권도인 상을 수여

도기적 관리자'로서의 성격을 띠고 있었다. 그는 태권도계 화합을 위한 대의 아래 주요 단체와의 소통을 시도했으며, '태권도인의 밤'과 '자랑스러운 태권도인 상' 제정을 통해 통합 메시지를 전달하고자 했다.

엄운규 원장 재임기의 또 다른 특징은 정보화와 제도화의 기틀을 마련한 정책형 리더로서 국기원의 행정·서비스 시스템 현대화를 본격적으

로 추진했다는 점이다. 특히 '정보화 사업'은 태권도 행정의 패러다임을 바꾼 핵심 정책으로 평가된다. 2005년부터 준비된 이 사업은 2006년부터 본격 시행되었으며, 태권도 유품(단)자 회원에 대한 서비스 혁신과 행정 효율화를 핵심 목표로 삼았다.

품·단증의 온라인 신청, 자격증 재발급, 자격 조회, 연수원 교육 신청 등은 더 이상 오프라인 창구에 의존하지 않아도 되는 구조로 전환되었고, 카드형 단증 발급을 통해 인증 가치를 높이는 한편, 디지털 기반 서비스를 중심으로 국기원의 행정체계를 정비해 나갔다. 이는 국기원이 단순한 수련 인증기관을 넘어, 현대적 행정 서비스를 제공하는 전문기구로 나아가려는 시도였다.

더불어 2006년에는 '국기원 태권도연구소'를 설립해 체계적인 학술 기반을 마련하고, 태권도의 정체성과 미래 전략을 동시에 모색했다. 이를 통해 국기원은 실기 중심의 조직에서 한발 더 나아가, 연구와 교육의 전문성을 갖춘 문화기관으로의 변모를 꾀했다.

〈2015 자랑스러운 태권도인상 시상식〉
2007년 이후 중단되었던 '자랑스러운 태권도인 상' 시상식이 2015년에 재개되었으며, 당시 시상식의 모습

또한 '태권도 대사 제도'를 도입해 해외 태권도 지도자들에게 명예와 책임을 부여하고, 글로벌 태권도 네트워크 내 국기원의 위상을 공고히 했다. 이는 태권도의 세계화를 정책적으로 뒷받침하는 제도적 장치였으며, 동시에 국기원 브랜드를 대외적으로 확장하는 실효성 있는 방안이기도 했다.

이와 함께 엄운규 원장은 태권도의 문화화를 위해 기술과 콘텐츠 개발을 장려했으며, 시대 흐름에 부합하는 도장 활성화 정책도 병행했다. 특히 정통 태권도의 권위를 훼손하는 유사단체의 난립에 대해 대한태권도협회(KTA)와 공동 대응책을 마련, 태권도계 질서 유지와 기준 정립에도 힘을 쏟았다.

결국 엄운규 원장의 리더십은 '화합과 정비', '개혁과 안정'이라는 이중 과제를 동시에 안고 있었던 과도기형 정책 리더십으로 정의할 수 있다. 비록 내부 분열과 외부 갈등 속에서 한계도 있었지만, 그가 남긴 정보화 기반과 제도화의 토대는 이후 국기원이 글로벌 조직으로 도약하는 데 있어 필수적 기반

〈'국기원 태권도연구소', 태권도 역사·정신 학술세미나 개최〉 2007년 9월 20일, 태권도의 근원적 지식체계 확립을 위한 '태권도 역사·정신 학술세미나'

이 되었다.

그러나 엄 원장의 시대는 다양한 목소리가 분출되던 '백가쟁명(百家爭鳴)'의 시대였다. 김운용 시대의 억눌린 의견들이 개방의 국면에서 터져 나오며, 계파 간 갈등과 단증 부정 발급, 예산 논란 등으로 이어졌다. 이러한 분열과 불신의 구조는 엄 원장의 통합 노력마저도 제한시켰고, 결국 그는 기대와 현실 사이에서 고군분투해야 했다.

엄운규 원장의 리더십은 국기원의 제도 기반을 다지고 국제 교류의 외연을 넓히는 데 초점을 맞추었다. 재임 기간 심사·연수·시범 운영의 표준을 재정비하고, 해외 사범단·협회와의 협력 채널을 확장하여 국기 태권도의 공신력과 가시성을 높였다.

2004년 3월 2일 시작해 2009년 9월 17일까지 이어진 임기 동안 그는 국기원의 정체성과 공공성을 강조하며, '절대 권위'에서 '조직 민주화'로 향하는 전환기의 방향성을 제시했다.

3) 체제 수호와 갈등의 리더십, 이승완 원장(2010) 제11대/재단법인

엄운규 원장 사임으로 혼란스러웠던 시기, 국기원 이사회는 2010년 1월 직무대행이던 이승완 이사를 제11대 원장으로 선출했다. 그는 행정과 현장을 두루 이해한 실무형 인물로 분류되었으며, 취임과 함께 국기원의 기본 질서를 재정비하고 운영의 연속성을 확보하는 일을 최우선 과제로 내세웠다. 임기는 길지 않았지만, 국기원의 정체성과 자율성, 그리고 태권도인의 자존을 지키겠다는 원칙을 분명히 밝히며 조직 내부에 안정의 기준선을 세웠다.

이승완 원장은 국기원의 사명과 핵심 가치-정통성, 공정성, 봉사-를 재확인하는 선언을 통해 구성원의 공감대를 모았다. 이사회와 함께 정관·내규의 용어와 절차를 정비하고, 위원회 기능을 재배치해 의사결정의 일관성을 높였다. 특히 심사·연수·시범 등 핵심 기능이 흔들림 없이 운영되도록 업무 캘린더를 표준화하고, 각 부서의 책임 범위를 명료화해 현장의 예측 가능성을 강화했다.

국내외 소통 창구도 체계화했다. 국내 도장과 시·도 협회에는 정례 공문과 온라인 공지를 통해 주요 사안을 투명하게 공유했고, 해외 사범·지도자들과는 서신과 간담을 통해 지속 협력 의지를 확인했다. 이러한 소통은 국기원의 메시지를 하나로 묶는 효과를 거두며, 변화의 시기에도 태권도의 대외 신뢰를 유지하는 데 기여했다.

표준의 유지와 기록의 보존 역시 그의 관심사였다. 승품·단 관리와 지도자 연수의 절차를 재점검해 서류·일정·평가 항목을 정리했고, 시범단 운영 지침과 안전 매뉴얼을 업데이트해 현장의 리스크를 낮췄다. 더불어 국기원 자료의 체계적 축적을 강조하여, 주요 결정과 사업

〈태권도진흥법 개정 공청회 개최〉
2010년 2월 10일, '태권도진흥법 개정에 따른 문제점과 해결방안을 위한 공청회'

〈국기원 통합을 위한 화합의 악수〉
특수법인 국기원의 강원식 원장(왼쪽)과 재단법인 국기원의 이승완 원장(오른쪽)이 국기원 발전을 위한 대승적 차원에서 화합의 뜻을 다지며 손을 맞잡고 있다.

의 기록이 다음 세대의 행정 자산으로 남을 수 있도록 기본 아카이브 구축을 추진했다.

국제 교류의 연속성도 놓치지 않았다. 해외 단체와의 협력 프로그램을 유지하고, 세미나·시범 교류를 지원해 국기원의 존재감을 꾸준히 알렸다. 각국 지도자들의 공적을 예우하고 네트워크를 다지는 활동은, 국기원이 세계 태권도 공동체의 구심이라는 인식을 견고히 하는 데 도움을 주었다.

결과적으로 이승완 원장의 재임기는 체제를 지키고 질서를 바로 세운 과도기 안정의 리더십으로 요약된다. 그는 국기원의 가치와 표준을 재확인하고, 행정과 현장의 연속성을 담보하며 다음 단계로의 인수·인계를 준비했다. 짧지만 선명한 임기를 통해 국기원이 나아갈 방향-정체성의 보존과 제도의 정비-을 분명히 제시했다는 점에서, 그의 리더십은 전환기의 버팀목으로 기록된다.

4) 제도 전환기, 통합과 개혁의 리더십, 강원식 원장(2010~2013) 제12대/특수법인 1대

2010년 6월, 국기원은 재단법인에서 특수법인으로의 전환이라는 역사적 전환점을 맞이했다. 이는 2009년 말 국회를 통과한 「태권도 진흥 및 태권도공원 조성 등에 관한 법률」 개정안의 시행에 따른 것으로, 국기원은 2010년 3월 17일자로 법적으로 특수법인으로 전환되었고, 이에 따라 새로운 이사진 구성이 완료되며 국기원의 체제가 근본적으로 바뀌게 되었다.

이 대전환의 시기에 초대 특수법인 국기원장으로 선출된 인물이 바로 강원식 원장이었다. 그는 대한태권도협회 전무이사, 국기원 부원장, 세계태권도연맹 기술위원장 등을 역임한 태권도계 원로이자, 강직한 성품과 개혁적 소신으로 오랫동안 신망을 받아온 인물이었다.

강원식 원장이 직면한 첫 번째 과제는 전환기 태권도계의 분열된 민심을 하나로 묶는 일이었다. 재단법인 국기원과 특수법인 체제로 나뉘며 벌어졌던 갈등과 혼란은 여전히 진정되지 않았고, 강 원장은 이러한 분열 상황을 수습하고 화합을 이끄는 통합형 리더십을 내세웠다.

〈저개발국 태권도연수프로그램 진행〉
2011년 10월, 문화동반자사업의 일환으로 저개발국 태권도연수프로그램이 국기원에서 진행

그는 취임사를 통해 "이승완 전 원장을 비롯한 재단법인 집행부와 특수법인 국기원은 태권도 발전을 위한 목표가 다르지 않다"며 대승적 협력을 호소했고, 실제로 이승완 전 원장과의 공개적 화해를 이끌어내며 국기원 조직의 안정을 유도했다. 이는 단순한 정치적 수사에 그치지 않고, 국기원 구성원들에게 신뢰를 회복하는 계기가 되었다.

한편, 강원식 원장은 단지 조직의 안정을 도모하는 데 그치지 않고, 국기원 시스템의 개혁과 현대화에도 박차를 가했다. 그는 국내 심사비의 표준화, 조직 재정비, 태권도 성지화, 태권도복의 기능적 개선, 그리고 해외 태권도 인턴사범 파견 사업

등 다양한 개혁 과제를 실현해 나갔다. 특히 도장 활성화를 위한 정책은 일선 수련 현장과의 접점을 강화하는 데 기여하며, 국기원이 행정기관을 넘어 실질적 지원기관으로 나아가려는 의지를 보여주었다.

무엇보다 인상적인 것은, 강 원장이 연임이 가능한 구조 속에서도 스스로 물러났다는 점이다. 그는 "변화를 위해서는 새로운 리더십의 흐름이 필요하다"는 철학을 끝까지 견지하며, 국기원이 한 사람에 의해 고착되지 않고 지속적 변화와 개혁이 가능한 조직 구조로 나아가야 한다는 리더십 철학을 실천으로 남겼다.

강원식 원장의 리더십은 제도 전환기 국기원의 안정을 이끈 통합과 개혁의 중도적 리더십으로 평가된다. 혼란의 파고를 넘은 국기원은 그의 리더십 아래서 새로운 체제에 안착하였고, 향후 국기원이 공공성과 전문성을 갖춘 조직으로 재정립되는 기반을 마련하는 데 결정적인 역할을 했다. 이와 같은 통합과 안정 중심의 리더십을 기반으로, 강원식 원장은 국기원의 미래 비전을 구체화하기 위한 전략적 조직 개편과 정책 설계에도 본격 착수했다.

2010년 6월, 국기원의 법적 지위가 특수법인으로 전환되자마자 그는 '국기원 발전전략

〈국기원 특수법인 첫 이사회 개최〉
2010년 6월 4일, 서울 올림픽파크텔에서 열린 국기원 특수법인 첫 이사회에서 강원식 원로가 초대 원장으로 선임

위원회' TF를 출범시켰고, 산하에 〈예·결산전문위원회〉, 〈구조개혁전문위원회〉, 〈정책개발전문위원회〉를 각각 설치하여 전문가 중심의 개혁 구도를 구성했다. 이는 단순한 명칭 변경이나 체제 전환이 아닌, 실질적 정책 전환과 조직 혁신으로 연결되기 위한 의지의 표현이었다.

이러한 준비의 연장선에서 2011년 5월, 강 원장은 국기원 특수법인 출범 1주년을 기념하여 'TKK Win-Win-Win 2020 중장기 비전과 전략 선포식'을 개최했다. 여기서 'TKK'는 각각 Taekwondo, Kukkiwon, Korea를 뜻하며, 태권도와 국기원, 그리고 대한민국이라는 세 개의 정체성을 브랜드 관점에서 통합하고 연계하고자 한 전략 구상이었다.

당시 강 원장은 태권도, 국기원, 한국이 각각 단절적으로 인식되고 있어 글로벌 커뮤니케이션 측면에서 브랜드 파워가 약화되고 있다는 점을 지적하며, "태권도 하면 국기원이 떠오르고, 국기원 하면 코리아가 자연스럽게 연상될 수 있도록 해야 한다"는 일관된 브랜드 연쇄 구조의 필요성을 역설했다.

〈국기원 중장기 비전 선포식〉
2011년 5월 26일, 'TKK WIN-WIN-WIN 2020 국기원 중장기 비전과 전략 선포식'이 개최

이는 단순히 슬로건에 그치지 않고, 국기원을 중심으로 한 세계 태권도 문화의 주도권 회복과 한국의 태권도 원류성 강조를 위한 중장기 전략 수립의 신호탄이 되었다. TKK 전략은 이후 국기원의 국제 브랜딩 및 글로벌 파트너십 정책의 기반으로도 작용하며, 태권도를 세계 속의 문화자산으로 재정의하는 데 중요한 전환점이 되었다.

5) 원칙주의자의 고뇌, 이규형 원장(2013) 제13대/특수법인 2대

2013년 10월, 국기원은 또 한 명의 태권도 원로를 제13대 원장으로 맞이했다. 이규형 원장은 국내외 태권도계에서 실천형 사범의 표상으로 손꼽히는 인물이었다. 국기원 태권도시범단 감독, 국가대표시범단 단장, 계명대학교 교수 등으로 오랜 세월 현장에서 활동

하며, 태권도의 교육성과 시범문화, 대중적 인지도 확대에 큰 역할을 해온 그는 많은 태권도인들로부터 신망을 받아왔다.

그의 국기원장 선임은 2013년 10월 28일 열린 '제2기 제7차 임시이사회'에서 만장일치로 결정되었으며, 앞서 8월부터 원장직무대행을 맡아왔기에 자연스러운 흐름으로 받아들여졌다. 태권도계 내부에서는 "국기원장이라는 자리에 가장 어울리는 인물 중 하나"라는 기대 어린 평가도 뒤따랐다.

그러나 '현장 사범 이규형'과 '국기원장 이규형'은 결코 같을 수 없었다. 국기원은 원장의 철학과 의지만으로 움직일 수 있는 단순한 수련기관이 아니었다. 국기원장이라는 자리는 태권도계 다양한 이해관계 속에서 정치력, 조율력, 추진력까지 요구되는 자리였고, 이규형 원장은 그 현실의 벽 앞에서 빠르게 회의를 느끼게 되었다.

결정적 사건은 행정부원장 임명 과정에서 발생한 이사회의 저지였다. 원장으로서의 인사권이 존중받지 못하고, 내부 조율도 어려운 상황이 반복되며 그는 결국 두 달 만인 2013년 12월 31일, 자진 사퇴를 발표했다. 이후 공개된 입장문에서는 국기원의 구조적 문제와 원장 직위의 실질적 한계에 대한 실망감이 드러났고, 이는 국기원장직 자체에 대한 신뢰도에 적지 않은 영향을 미쳤다.

이규형 원장의 리더십은 '원칙과 이상'이 '현실의 구조'에 부딪혔을 때 발생하는 리더십의 한계를 보여주는 대표적 사례였다. 단기간이었지만, 그의 사임은 국기원의 내부 체계와 권한 구조에 대한 근본적인 고민을 불러일으켰고, 국기원장직의 위상과 리더십 권위에 균열이 생기는 계기가 되었다.

6) 조용한 실무형 리더십, 정만순 원장(2014~2016) 제14대/ 특수법인 3대

이규형 원장의 갑작스러운 사퇴 이후 공석이 된 국기원장 자리는 2014년 2월 6일 열린 이사회를 통해 정만순 이사가 제14대 국기원 원장으로 선출되면서 다시 채워졌다. 정만순 원장은 청주대학교 사범대학장을 비롯해 대한태권도협회 운영이사, 아시아태권도연맹 기술위원장, 충북체육회 상임이사 등 다채로운 경력을 지닌 실무형 태권도 리더로, 특히 충청권

을 기반으로 신망과 덕망을 고루 갖춘 인물로 평가받았다.

그는 국가대표팀 코치 및 단장으로도 활동하며 엘리트 태권도와 행정 현장을 두루 경험한 보기 드문 인사였으며, 이러한 경륜을 바탕으로 '현장형 국기원장'이라는 기대 속에 임기를 시작했다.

〈태권도 4품·4단 전환 보수교육 첫 시행〉
2016년 4월 30일, 태권도 4품·4단 전환 보수교육이 처음으로 실시

정 원장의 리더십은 전임자들과는 결이 달랐다. 정치적 갈등보다는 행정 실무의 안정을 중심으로, 외부에 드러내기보다는 '조용히 그러나 단단하게' 국기원을 정비하는 방식을 취했다. 그는 태권도 승품·단 심사의 공정성 확보와 활성화를 중심으로, 〈심사 감독관 및 평가위원 교육〉, 〈4품·4단 전환 보수교육〉 등의 제도 정비를 추진했다. 이는 곧 사범 자질 향상과 공정한 평가체계 구축이라는 국기원의 핵심 기능 강화로 이어졌다.

또한 그는 태권도 교육의 체계화와 학술연구 활성화, 해외 태권도 네트워크 기반 확충, 시범단 육성과 문화 콘텐츠 개발 등 국기원의 정체성과 문화적 자산을 확장하는 사업에도 소리 없이 주력했다. 이를 통해 국기원은 한동안 내부 갈등과 구조 전환의 소용돌이에서 벗어나, 실질적 기능 회복과 내실화라는 방향성을 찾기 시작했다.

〈국기원-세종학당재단 업무협약 체결〉
2014년 4월, 국기원과 세종학당재단이 태권도와 한국어 발전을 위한 업무협약을 체결하고 정만순 원장(오른쪽)과 송향근 이사장이 기념촬영

정만순 원장은 임기 말까지 별다른 정치적 노이즈 없이 국기원을 이끌었으며, 연임 도전 없이 묵묵히 임기를 마무리하면서 '조용한 성품처럼 조용히 떠난 원장'으로 기록되었다.

그의 리더십은 국기원이 더 이상 갈등의 장이 아니라, 전문성과 공공성을 회복하는 기반 기관으로 나아가야 한다는 점을 실천으로 보여준 실무 중심 리더십의 한 전형이라 할 수 있다.

정만순 원장의 리더십은 이후 오현득 원장의 전략 중심 리더십과 대비되며, '내실-브랜드' '정비-확장'이라는 리더십 전환 축을 형성했다.

7) 전략 중심 추진형 리더십, 오현득 원장(2016~2019) 제15대/특수법인 4대
2016년 6월 3일, 국기원 이사회는 오현득 이사를 제15대 국기원 원장으로 선출했다.

그는 이전까지 행정부원장으로 재직하며 국기원 실무 전반을 깊이 파악해 온 인물로, 취임과 함께 행정 조직 정비와 정책 실행력 강화를 핵심 과제로 제시했다. 특히 국기원의 기능을 '사람 중심의 관행'에서 '표준과 데이터 기반의 시스템'으로 전환하는 데 방점을 두었고, 중장기 로드맵과 성과지표를 통해 사업의 우선순위를 재배치했다.

가장 먼저 내부 행정 시스템을 고도화했다. 승품·단 관리 체계를 일원화하고, 심사·연수·인증·상훈까지 이어지는 절차를 표준화하여 처리 속도와 신뢰도를 끌어올렸다. 전산 기반의 통합 관리로 민원·행정의 예측 가능성을 높였고, 심사·연수 현장의 매뉴얼과 평가 체계를 했다. 현장형 연수, 안전·아동보호 가이드라인 보급, 경영·홍보 컨설팅 등 실무 패키지를 제공해 도장이 지역사회 신뢰 거점으로 기능하도록 돕고자 했다.

해외 교류도 적극 넓혔다. 각 대륙 협회와의 파트너십을 통해 사범 세미나와 표준 커리큘럼 보급을 추진하고, 해외 승품·단 관리의 일관성을 강화했다. 시범단 해외 순회와 대사관·도시 축제 연계를 지원해 태권도의 공공외교 역할을 확장했으며, 국제 학술·행정 교류의 장을 마련해 국기원의 목소리를 제도권 네트워크 속에 안정적으로 올려놓았다. 더불어 국기원 브랜드 자산의 보호와 활용을 위해 CI 가이드와 사용 규범을 정비하고, 기록·자료의 체계적 보존을 위한 아카이브 구축을 추진해 지식관리의 토대를 다졌다.

이와 같은 전략형 운영은 "표준화 – 교육 – 세계화"로 이어지는 선순환을 목표로 했다. 행정의 디지털 전환, 절차의 간소화, 현장 지원의 실효성 제고, 국제 협력의 제도화가 맞물리며 국기원의 기반 체질을 바꾸려는 노력이 지속되었다. 요컨대 오현득 원장의 재임기는 실행력을 앞세워 국기원의 핵심 기능을 시스템화하고, 도장과 세계 현장을 잇는 정책 플랫폼을 정비한 시기로 평가된다. 이는 이후 국기원 운영의 구조적 개선과 글로벌 표준 확산을 위한 토대가 되었다.

8) 정치력과 추진력을 겸비한 브랜드 전략·외교형 리더십, 이동섭 원장(2021~현재) 제16~17대/특수법인 5대, 6대

2021년 1월 29일, 국기원은 역사상 처음으로 선거인단 직선제를 통해 국기원장을 선출했다. 그 주인공은 이동섭 전 국회의원이었다. 그는 75명의 선거인단 가운데 55표라는 압도적 지지로 당선되었고, 태권도계는 '정치력과 추진력을 겸비한 국기원 리더십'이라는 새로운 장을 맞이하게 되었다.

〈국기원 원로회 및 9단회 사무실 현판식〉 2021년 11월 25일, 국기원 개원 49주년을 기념하여 '원로회 및 9단회 사무실 현판식'이 개최

이동섭 원장은 국회의원 시절 '국기 태권도법' 발의를 주도해 통과시키며 '미스터 태권도'라는 별칭을 얻을 만큼, 오랜 시간 태권도 외교와 입법 활동에 매진해온 인물이었다. 그의 국기원장 취임은 단순한 인사 차원이 아니라, 국기원 개혁의 강력한 신호탄으로 받아들여졌다.

취임과 함께 2021년 5월, 세계태권도본부 국기원의 재도약이라는 '제2 국기원 건립 원년'을 선포하며 3대 추진전략과 6대 핵심과제를 내놓았다. 〈CI 변경〉, 〈원로회·9단회 사무실 설치〉, 〈국기 태권도 지정의 날 기념식 개최〉 등 상징성과 제도개선을 동시에 추구했고, 9단 수여식에 예복을 도입하거나 도널드 트럼프 전 미국 대통령에게 명예 9단증을 수여하는 글로벌 외교적 퍼포먼스도 선보였다. 이는 국기원의 위상을 단순한 수련기관이 아닌 국가 브랜드 외교의 거점으로 확장시키려는 전략적 시도였다.

이동섭 원장은 취임 이후 국기원의 글로벌 전략을 과감히 실행에 옮기며, 국기원 해외지부의 외연 확장에 박차를 가했다. 그 결과, 전 세계 70여 개국에 155개 지부 사무소(2025년 기준)를 설치하여 국기원의 위상을 지역 기반으로 넓히는 성과를 이뤄냈다. 이 지부들은 단증 발급, 교육 프로그램, 사범 연수 등 실질적인 운영 기능을 수행하며, 국기원 중심의 일원화된 글로벌 태권도 행정 체계를 구축하는 데 기여하고 있다.

또한 그는 태권도의 실전성과 공공성을 강화하기 위해 실전 태권도 및 호신술 콘텐츠의 세계화를 추진했다. 기존의 경기 위주 태권도에서 나아가 '생활 속 무도'로서 태권도의 정체성을 확장하고자, 세계 각국의 사범과 수련생을 대상으로 한 실전형 태권도 교육과 시범을 활발히 전개하였다. 이는 태권도를 단순한 스포츠가 아닌, 자기방어와 인성교육을 아우르는 전인교육 콘텐츠로 자리매김하게 하였다.

특히 그는 국기원의 가장 큰 숙원인 제2 국기원 건립과 해외 지부·사무소 설립을 주요 정책 목표로 설정하고, 이를 실현하기 위한 법적·재정적 기반을 다지는 데 집중했다. 정치인의 조직 장악력과 외교적 감각, 입법 실무 경험이 국기원 운영에 접목되며, 이전까지의 원장들과는 차별화된 '전략+실행' 중심 리더십을 펼쳤다.

〈국기원 제2건립 원년 선포 및 국기 계양식〉 2021년 5월 1일, '국기원 제2건립 원년 선포 및 국기 계양식'에서 3대 추진전략과 6대 핵심과제 발표

　이동섭 원장의 리더십은 2022년 10월 6일, 제17대 국기원장 선거에서의 재선으로 다시 한 번 태권도계의 신뢰를 입증받았다. 연임 성공은 그가 추진한 개혁 드라이브의 정당성과 실현 가능성을 인정받은 결과였으며, 이후 더욱 가속화된 개혁 행보로 이어졌다.

　그의 리더십은 국기원을 단순한 행정기관에서 문화·외교·브랜드 기관으로의 확장을 추구하는 비전을 중심에 두고 있으며, 국기원의 제도적 정비와 글로벌 네트워크 구축, 행정의 투명성과 리더십의 공공성 확보를 동시에 실현해가고 있다.

　이동섭 원장은 '정무형 개혁 리더십'의 전형으로, 국기원 역사에서 전략성과 대중성, 추진력과 외교력을 균형 있게 구현한 인물로 기록될 것이다.

　국기원 역사상 처음으로 선거인단 직선제에 의해 선출된 원장, 국회의원 출신이자 '미스터 태권도'로 불리는 인물-이동섭 원장은 국기원 리더십의 전환점을 상징하는 인물이다.

태권도계 안팎에서 정치력, 외교력, 제도개혁 추진력을 두루 갖춘 인물로 기대를 모았다.

단순히 행정 운영이나 대내적 조정에 머물지 않은 이동섭 원장 리더십은 국기원을 '제도적으로 법제화하고, 국제적으로 브랜드화하며, 전략적으로 외교화한 인물'로 기록될 것이다.

이동섭 원장은 국기원의 법적 구조 정비, 제도 개혁, 그리고 국내외 태권도 단체 간 통합을 주도하며 정치력·문화외교·브랜드 전략을 아우른 실천 중심의 통합 리더십을 발휘했다.

더불어 정치적 영향력, 문화외교, 전략적 브랜딩을 유기적으로 연결하는 특징을 지니며, 국기원의 법적 지위를 확립한 「국기원 특수법」의 제정을 통해 국기원의 법적 지위를 확립하고, 브랜드화를 통해 국기원의 공공성과 정체성을 강화하였다.

이 법은 국기원을 공공기관으로 명문화하며, 국기원의 권위와 안정성, 국가 정책과의 정합성을 확보하는 기반이 되었다. 동시에, 브랜드 전략을 강조하여 국기원의 정체성과 국제적 위상을 강화했다. 국기원을 단순한 무예 본부가 아닌, 대한민국을 대표하는 정신문화 상징이자 태권도를 통한 글로벌 외교 플랫폼으로 재정립했다.

3. 시대별 국기원장의 역할 변화와 미래 기대

1) 초대 원장 김운용의 상징성과 세계화 전략

국기원의 초대 원장인 김운용은 단순히 조직을 관리하는 행정가가 아닌, 태권도의 세계화를 설계한 문화외교 전략가이자 브랜드 설계자였다. 그의 취임은 국기원이 단지 도장이나 훈련장이 아니라, "세계 태권도 본부"로서의 정체성을 갖는 전환점이 되었다.

1974년 김운용이 재단법인 국기원의 초대 원장으로 공식 취임하면서 국기원장은 곧 대한민국이 세계에 내놓은 대표 리더십 모델로 부상했다. 그는 국기원의 기능을 단순히 국내 수련과 심사에 머무르게 하지 않고, 〈세계선수권대회 개최〉, 〈세계태권도연맹(WT) 창설〉, 〈단증 국제 표준화〉, 〈사범 해외 파견〉 등의 전략을 통해 태권도를 국제 스포츠 브랜드로 격상시켰다.

김운용 원장의 재임 중 이뤄진 1973년 〈제1회 세계태권도선수권대회〉 개최와, 곧이어 〈WT(세계태권도연맹)〉의 창립은 태권도의 세계화 초석을 다진 사건이었다. 그는 이 대회와 기구 창설을 통해 태권도를 "올림픽을 지향하는 국제 스포츠"로 재정의하였으며, 그 중심에 '국기원'이 존재함을 명확히 했다. 이후 〈WT〉는 〈아시아 경기대회〉와 올림픽 종목 채택을 추진하며, 태권도를 세계적 위상의 무예로 끌어올리는 데 결정적 역할을 했다.

김운용 원장의 리더십은 특히 국가 브랜드와 국기원의 결합에서 빛났다. 그는 태권도를 대한민국의 정신과 품격을 전달하는 문화 외교 수단으로 활용했고, 이를 통해 '국기원장'이라는 자리를 단순한 운영직이 아닌, 글로벌 무대의 외교 사령탑으로 확립했다.

당시 국기원은 〈단증〉을 발급하고 교육을 주관하며 각국 사범들을 훈련시키는 기능뿐 아니라, 국가 대표단의 해외 파견과 문화 행사도 기획하는 다기능 복합 플랫폼으로 진화했고, 그 중심에 '김운용'이 있었다. 그의 카리스마와 글로벌 네트워크는 곧 국기원의 권위이자 태권도의 공신력으로 작동했고, 이 시기부터 '국기원장=세계 태권도계 수장'이라는 이미지가 국제사회에 각인되기 시작했다.

또한 김운용은 태권도의 철학적 기준과 상징도 구축했다. 국기원 CI(심벌마크) 제정, 태권도 교본 발간, 품·단 체계 정비, 시범단 창설 등은 모두 국기원의 정체성과 위상을 명문화하는 상징적 전략이었다. 그의 업적은 단지 사업의 성과가 아니라, '태권도를 국가 아이덴티티로 체계화'한 리더십의 결정체였다.

결과적으로, 김운용의 리더십 아래 태권도는 스포츠와 외교, 문화의 융합 브랜드로 자리 잡았고, '국기원장'은 대한민국을 대표하는 글로벌 리더십 포지션으로 정립되었다.

특히 김운용 초대 국기원장의 활동은 국기원장이라는 자리가 어떠한 글로벌 정치력과 외교 감각, 문화적 통찰을 요구하는지 여실히 보여주는 사례이다.

김운용 원장은 세계태권도연맹 총재이자 IOC 부위원장, 대한체육회 회장, GAISF 회장 등을 역임하며 세계 스포츠 외교의 중심에서 활동해왔다. 그가 1994년 파리 IOC 총회에서 태권도를 하계올림픽 정식종목으로 끌어올린 것은, 단순한 개인 업적을 넘어 '국기 태권도'를 세계 스포츠의 제도적 질서 속에 정착시킨 역사적 사건이었다. 이 결정은 당시 수많은 해외 태권도 사범과 지도자들의 노력 위에 있었지만, 결정적으로는 김 총재의 스포츠 외교 전략과 국제적 신망 없이는 불가능했을 것이다.

그는 정치적 감각과 문화적 외교 전략을 겸비한 스포츠 외교가였다. 1994년, 히로시마 아시안게임에서 태권도 종목 제외 위기를 맞았을 때, 그는 아시아올림픽평의회(OCA) 셰이크 아마드 위원장을 직접 한국으로 초청해 국기원을 방문케 했다. '국기원 기념관'에서 아마드 위원장은 생전 부친의 사진과 1986년 서울 아시안게임 개막식 영상이 소중히 보관되어 있는 모습을 보고 깊은 감명을 받았다. 이 감동은 태권도가 아시안게임 정식종목으로 다시 채택되는 결정적 전환점이 되었고, 이처럼 국기원장의 리더십은 스포츠 외교를 넘어 문화유산 보존과 감성적 설득의 전략까지 포괄한다.

　김운용 총재는 말년에 '국기 태권도의 법제화'를 숙원 과제로 남겼다. 2017년 9월 국회의원 태권도연맹 발대식에서 그는 "이제는 태권도를 명문화하고 제도화해야 한다"며 국기원장으로서의 공적 책임과 정치적 연계를 강조했다.그의 유지를 실현하기 위해 '국기원 특수법 제정'과 '법적 지위 확보'는 이동섭 원장이 이뤄낸 또 하나의 제도적 진전이었다.

〈김운용 초대원장 기념 제막식 기념사〉
'태권도 9개관 통합 및 김운용 초대원장 기념 제막식' 행사에서 김운용 원장의 업적을 기리며 기념사를 전하고 있는 이동섭 국기원장.

　김운용 총재는 2017년 타계했으나, 그의 철학과 외교력을 이어 받은 이동섭 원장은 글로벌 태권도 외연 확대의 비전을 품고, 2022년 6월 고(故) 김운용 원장의 업적과 정신을 기리기 위해 제작한 흉상 제막식, 3대 기념비, '김운용컵 국제오픈태권도대회' 등 다양한 형식으로 현재까지 계승되어 실행하고 있다.특히 국기원에 조성된 흉상과 기념비는 태권도인의 자긍심을 일깨우는 동시에, 국기원장이 갖는 역사적 사명과 글로벌 리더십의 실체를 상징적으로 보여주는 공간이 되고 있다.

　국기원장, 그 자리는 단순한 행정 책임을 넘어, 국기 태권도의 정체성과 명예, 그리고 국제사회의 공적 외교를 대표하는 국가 리더십의 정점에 서 있는 자리임을 우리는 김운용 원장의 생애를 통해 다시 한번 확인할 수 있다.

[국기원 정신의 공간화:기념비와 흉상으로 이어지는 태권도 세계화의 기억]

2022년 6월 16일, 국기원의 남측 광장에 하나의 '정신적 구조물'이 세워졌다.

'태권도 9개관 통합 기념비'와 '김운용 초대 국기원장 흉상'이 동시에 제막된 이 날은, 국기원이 걸어온 50년의 여정을 집약한 공간이자, 태권도 세계화의 정신을 시각적으로 형상화한 상징 공간이 태어난 것이다.

이날 제막식은 국기원 중앙수련장에서 1부와 2부로 나뉘어 성대하게 진행되었다. 조정원 세계태권도연맹 총재, 이규석 아시아태권도연맹 회장, 윤상현 국회의원을 비롯해, 태권도 원로, 국내 시도협회 및 국제 연맹체 대표, 국기원 전현직 인사 등 500여 명이 참석하며, 국기원의 역사와 정신이 어떻게 하나의 공동 기억으로 이어지고 있는지를 상징적으로 보여주었다.

1부 행사에서는 전갑길 국기원 이사장의 환영사와 조정원 총재, 대한태권도협회를 대표한 김세혁 부회장의 축사에 이어, 이동섭 원장이 기념사를 낭독했다.이어 상영된 헌정 영상은 김운용 원장이 이끈 태권도 세계화의 여정을 되새기게 했고, 국기원 시범단은 고난도 기술과 창작 퍼포먼스를 통해 전통과 창조의 결합을 생생히 보여주었다.

〈'태권도 관 통합 및 김운용 초대 원장 기념 제막식' 기념식 전경〉
국기원 중앙 도장에서 개최된 '태권도 관 통합 및 김운용 초대 원장 기념 제막식' 행사

〈김운용 초대 원장 배우자 박동숙 여사에게 감사패 전달〉
2022년 6월 16일, 국기원 남측 광장에서 열린 '태권도 관 통합 기념비 및 김운용 초대 국기원장 흉상 제막식'에서 이동섭 국기원장이 태권도 세계화를 위한 헌신적 내조에 대한 감사의 뜻을 담아 감사패를 전달. 이 장면은 국기원과 태권도인의 마음속에 남아 있는 존경과 기억의 순간을 상징적으로 보여준다.

2부에서는 국기원 남측 현관 앞에서 '관 통합 기념비'가 공개되었다. 1978년, 태권도의 9개 관파-송무관, 한무관, 창무관, 무덕관, 오도관, 강덕원, 정도관, 지도관, 청도관-의 통합은 국기원이 세계태권도본부로 도약하는 결정적 계기였다.

이 기념비는 그 역사적 순간을 시각적으로 정리한 작품이다. '태권도의 역사를 전하다'

라는 작품명 아래, 태권도 띠를 형상화한 조형물에는 각 관의 명칭, 관훈, 엠블럼이 정리되어 있으며, 이는 단순한 조형물이 아닌 태권도 정통성과 통합의 철학이 공존하는 '기억의 조각'이다.

뒤이어 공개된 김운용 초대 국기원장의 흉상은, 태권도를 세계무대로 끌어올린 위대한 리더의 흔적을 기리는 조형물로 자리 잡았다.

이동섭 국기원장은 제막에 앞서 김운용 원장의 배우자인 박동숙 여사에게 감사패를 전

〈김운용 초대 국기원장 흉상과 태권도 올림픽 정식종목 채택 기념비〉 국기원 내 조성된 이 공간은 김운용 초대 국기원장의 흉상과 함께, 태권도가 아시안게임과 올림픽 정식종목으로 채택된 역사적 순간을 기념하는 3개의 비석으로 구성. 세계 태권도 외교의 상징인 이 기념 공간은 태권도의 세계화와 김운용 총재의 공적을 기억하는 대표적인 역사 유산으로 자리매김

달하며, "국기원 부흥과 태권도의 세계화를 이끈 김운용 초대 원장의 도전정신과 헌신을 잊지 않겠다"고 말했다. 이 짧은 말은 태권도 외교의 역사, 제도화를 위한 정치적 노고, 그리고 문화로서의 태권도 정신을 하나의 문장에 담은 선언과 같았다.

특히 이 흉상을 중심으로 배치된 3개의 기념비는 태권도 세계화의 3대 이정표를 상징한다. 1973년 세계태권도연맹 창립 및 제1회 세계태권도선수권대회 개최, 1980년대 서울올림픽 시범종목 및 아시아경기대회 정식종목 채택, 2000년 시드니올림픽 정식종목 채택 1주년을 기념하는 비석들이다. 이 3개의 기념비는 김운용 리더십의 결정적 성과를 연대기적으로 기록한 공간이자, 태권도가 한 국가의 무예를 넘어 전 세계인이 공유하는 문화 자산으로 발전해 온 여정을 보여주는 공간이다. 기념비와 흉상이 상징하는 것은 과거의 위업만이 아닌, 앞으로의 태권도 정신이 어떤 방향으로 계승되고 확장되어야 하는가에 대한 '비전의 시각화'다. 관 통합의 이상, 김운용 리더십의 철학, 그리고 세계를 향한 태권도 정신은 이제 국기원의 이 공간에서 실체를 얻었다. 이곳은 방문객에게 하나의 '역사 수업'이자, 후대 태권도인에게는 도전과 책임의 출발점이 될 것이다.

〈국기원 '태권도 9개 관 통합 기념비' 전경〉 송무관, 한무관, 창무관, 무덕관, 오도관, 강덕원, 정도관, 지도관, 청도관의 9개 관은 역사적 통합을 기념하기 위해 세워진 '태권도 관 통합 기념비'. 각 관의 이름과 상징이 새겨진 9개의 기둥은 국기원이 하나된 태권도의 상징적 중심임을 보여주며, 세계태권도본부로서 국기원의 정체성과 통합의 정신을 알리는 대표적인 상징 공간으로 기능.

김운용 원장이 국기원의 철학과 정체성을 구축하며 초기 상징 자산(CI, 교본, 단증 체계, 시범단 등)을 제정하고 고도화했다면, 이동섭 원장은 이를 현대적 관점에서 디지털화·국제화·제도화하는 방향으로 리뉴얼하고 확장하였다.

즉, 이동섭 원장은 김운용 원장이 구축한 철학적 기반과 상징 자산 위에, 제도적 정비와 정책 중심의 브랜드 리더십을 더함으로써 국기원의 현대적 전환을 주도했다.

이동섭 원장은 국회의원 시절부터 꾸준히 추진해온 「국기원 특수법」을 제정하여, 국기원의 공공기관 법적 지위를 확립하였고, 이를 통해 태권도의 국가 브랜드로서의 위상을 제도적으로 완성시켰다.

또한 제2건립 비전 선포, 글로벌 플랫폼 '티콘(TCON)' 구축, 사범 연수제도 개편, 고단자 심사 혁신, 디지털 기반 교육 콘텐츠 개발 등 다각도의 정책을 통해 국기원을 단순한 무도 기관이 아닌 디지털 문화 전략 기관으로 전환시켰다.

이동섭 원장의 리더십은 김운용이 창출한 상징 자산을 현대적 정책과 시스템으로 재해석하고, '태권도는 정신이다'라는 철학을 제도와 기술, 국제협력으로 구현한 실천형 리더십이라

평가할 수 있다. 그 결과, 국기원장은 전통을 계승하면서도 미래를 설계하는 정책가형 글로벌 브랜드 리더로서의 위상을 더욱 공고히 하게 되었다.

김운용 원장이 '창조'했다면, 이동섭 원장은 이를 '재정의하고 재활성화'한 리더다. 그는 전통적 상징 자산을 단순히 계승하는 데 그치지 않고, 디지털 전환, 제도 혁신, 국제 홍보, 공공 플랫폼화를 통해 국기원의 상징성을 현대 글로벌 브랜드로 진화시켰다.

김운용 vs 이동섭: 전략적 상징 자산

상징 자산	김운용 원장 (창조기)	이동섭 원장 (리뉴얼기)
국기원 CI 및 시각 아이덴티티	초기 CI 제정 및 국기원 상징 체계 구축	디지털 시대에 맞춘 CI 활용 가이드 정비, 50주년 엠블럼 도입
태권도 교본 및 콘텐츠	국제 표준 태권도 교본 초판 발간	디지털 교본, TCON 영상 플랫폼 구축, 메타버스 콘텐츠 확장
품·단 체계 및 심사제도	품·단 체계 정립 및 고단자 심사 창설	심사 디지털화, 고단자 심사 기준 정비 및 부정방지 체계 도입
시범단 운영 및 홍보	국기원 시범단 창설 및 세계대회 시범	글로벌 시범 외교사절단 운영, 영상 및 콘텐츠 마케팅 강화
국기원 상징 자산의 브랜드화	태권도를 국가 브랜드로 인식시킨 초석 마련	상징 자산 브랜드화 및 철학 메시지 일관성 부여

2) 초창기(1970~80년대): 정통성 구축과 세계화 개척기

1970년대부터 1980년대까지는 국기원이 '태권도 세계화의 출발점'이자 '정통성의 본부'로서 자리를 잡아가던 시기였다. 국기원의 조직적 위상은 물론, 태권도의 국제적 정체성과 문화 자산으로서의 상징성을 확립해 나가야 했던 이 시기의 국기원장에게는 두 가지 역할이 동시에 요구되었다. 하나는 국내 태권도의 통합을 이끄는 정통성의 상징으로서의 권위이고, 다른 하나는 세계 태권도 커뮤니티와의 연결을 설계하는 개척자로서의 비전이다.

그 대표적인 인물이 바로 초대 국기원장 김운용이었다. 김운용 원장은 IOC와의 외교를 통해 2000년 시드니 올림픽 정식 종목 채택이라는 쾌거를 일궈냈고, 세계태권도연맹(WT) 창립, 세계선수권대회 개최, 단증 발급의 글로벌 표준화 등 국기원의 세계화 기틀을 설계한 역사적 리더로 평가받는다. 그는 또한 국기원 CI와 태권도 교본, 단증 체계, 시범단 구성 등 국가 브랜드 자산으로서 태권도의 틀을 만든 설계자이자 전략가였다.

김운용의 리더십이 '정립'과 '개척'에 집중되어 있었다면, 이동섭 원장의 리더십은 재정립과 확장에 방점이 찍힌다. 이동섭 원장은 국기원의 법적 위상을 재정립하고, 정체성에 기반한 외교적 확장을 주도함으로써 "제도적 재건과 문화외교 기반 확장"이라는 측면에서 새로운 리더십의 패러다임을 제시했다.

김운용이 태권도의 세계화를 위한 구조적 기반을 처음 설계한 인물이라면, 이동섭은 그 기반 위에서 국기원의 공공성, 문화외교, 법제화, 디지털 인프라까지 아우르는 현대적 기능을 체계화한 리더다. 김운용의 시대가 태권도의 '하드웨어'를 구축한 시기였다면, 이동섭의 시대는 그 하드웨어에 '정신적 의미'와 '국가전략'이라는 소프트웨어를 탑재한 시기라 할 수 있다.

예컨대, 김운용이 IOC를 상대로 태권도의 위상을 설득했다면, 이동섭은 대한민국 국회에서 '국기 태권도법'을 직접 발의·통과시키며 법적 지위를 명문화하였다. 김운용이 태권도 시범단을 조직해 국가 이미지를 알리는 데 집중했다면, 이동섭은 미국 의회와 외교 무대에서 명예단 수여 및 외교행사를 통해 태권도를 국가 브랜드 외교 콘텐츠로 구체화하였다.

이처럼 두 리더는 각기 다른 시대, 다른 전략적 환경 속에서 태권도의 세계화라는 공통 목표를 추구했지만, 김운용이 '길을 낸 사람'이라면, 이동섭은 그 길을 '공공의 도로'로 확장하고 제도화한 사람이라고 평가할 수 있다. 국기원장이라는 자리가 단순한 행정관리자가 아닌, 시대의 전략을 설계하는 브랜드 리더이자 외교 설계자임을 이 두 인물은 뚜렷하게 증명해주고 있다.

3) 과도기(1990~2000년대): 제도화와 내부 갈등의 균형기

1990년대부터 2000년대 초반까지는 태권도의 세계적 보급이 양적으로 확장되던 시기였다. 그러나 외형적 성장은 내부 구조의 혼란과 충돌을 동반했다. 국기원은 각국에서 쏟아지는 심사 요청, 지도자 교육 수요, 다양한 외부 협회와의 관계 변화 속에서 정체성의 혼란과 시스템 부재라는 이중 과제에 직면했다.

이 시기의 국기원장은 단순한 행정 집행자를 넘어, '제도화의 정비자'이자 '갈등의 조정자'로서의 리더십이 절실히 요구되었다. 무엇보다 태권도 지도자 자격 기준에 대한 불신과 단증 발급의 일관성 결여는, 국기원이 공인 기관으로서 갖추어야 할 신뢰의 기반을 뒤흔드는 문제로 부상했다. 동시에 세계태권도연맹(WT)과의 역할 조율, ITF(국제태권도연맹)와의 관계 설정 역시 외교적 긴장의 주요 과제로 등장했다.

이에 따라 이 시기의 주요 원장들은 '시스템의 수립'에 방점을 두었다. 그중 대표적인 인물이 엄운규 원장이다. 그는 국기원의 보수적 권위를 수호하며, 심사제도와 연수 시스템의 정비를 이끌었다. 태권도 교본 재정비, 지도자연수원의 제도적 기반 강화, 시범단 활동의 체계화 등 국기원의 기능을 조직적으로 통합하는 데 집중했다. 당시의 리더십은 강한 통제력과 보수적 품위를 기반으로 한 정통성 중심의 운영방식이었다.

이 시기는 또한 정치권과 국기원의 연결 가능성이 본격적으로 제기되기 시작한 시점이기도 하다. 당시 국회의원이었던 이동섭 의원(현 국기원장)은 이 시기를 전후하여 국기원의 법적 위상에 대해 강하게 문제를 제기했다. 그는 태권도가 대한민국의 국기로서 국가법체계 내에서 제대로 된 제도적 위치를 확보하지 못한 현실을 지적하며, 국기원 특수법 제정의 필요성을 가장 먼저 공론화한 정치인이었다.

비록 그가 국기원장으로 직접 활동한 시기는 아니었지만, 이 시기의 그의 정책적 문제의식은 이후 그의 리더십의 중요한 전조이자 단초가 되었다. 엄운규 원장이 제도화의 기초를 쌓은 '정비자'였다면, 이동섭은 그 제도를 법적 체계 속에 정착시킬 '입법가적 관점의 전략가'로서 이 시기에 자신의 입지를 다져갔다고 볼 수 있다.

국기원은 이 과도기적 시기를 통해 조직의 내부 질서를 재편하고, 외부 세계와의 연결성을 조율하면서 보다 명확한 정체성과 기능을 모색해나갔다. 이후의 국기원장들은 이 기반 위에서 보다 정교한 정책 설계와 글로벌 외교 전략을 전개하게 된다.

4) 현대기(2010년대~): 특수법인화와 브랜드 체계 전환기

2010년, 국기원은 재단법인에서 '특수법인'으로 전환되며 역사상 가장 큰 정체성의 전환점을 맞이하게 된다. 이는 국기원이 단순한 무도 단체를 넘어, 국가적 정책과 문화 외교를 연결하는 준공공기관으로서의 지위를 획득했음을 의미한다. 이 시기부터 국기원장은 정책 설계자이자 외교 수행자, 동시에 조직 혁신가이자 브랜드 전략가로서, 한층 더 복합적인 리더십 역량을 요구받게 된다.

특수법인화는 내부적으로는 민주적 거버넌스 시스템 도입, 외부적으로는 국가 간 외교와 글로벌 정책 파트너십 수행을 가능하게 했다. 특히 국기원장 선출 방식의 변화는 주목할 만하다. 2019년, 중앙선거관리위원회에 위탁하여 국기원 역사상 최초의 직선제 선거가 실시되었고, 이후 후보들은 단순한 인지도를 넘어서 정책 경쟁력과 비전 제시 능력을 핵심 역량으로 요구받게 되었다. 이는 국기원장이 더 이상 관례적 추대의 대상이 아니라, 정책과 전략을 담은 '선택 가능한 리더십'의 상징으로 자리매김했음을 보여주는 변화였다.

이러한 전환기의 중심에는 이동섭 원장이 있다. 그는 국회의원 시절부터 일관되게 주장해온 '국기원 특수법 제정'을 현실화시킨 정치인이자, 국기원장으로서 제2건립 추진과 공공외교 전략, 온라인 시스템 전환 등 다층적 개혁을 실현한 브랜드형 정책 리더다.

그의 리더십은 크게 세 가지 방향에서 평가받을 수 있다.

정책 설계자: 「국기 태권도법」 제정과 「국기원 특수법」의 기획과 입법, 그리고 국회-정부 예산 협조 체계 구축은 국기원의 법적 위상을 제도화시킨 중대한 성과였다.

브랜드 전략가: 태권도의 외교적 정체성을 명확히 하고, 워싱턴 D.C. 등지에서의 외교 행사 및 명예단 수여 등으로 국기원을 공공문화외교 브랜드로 확장시켰다.

디지털 혁신가: 온라인 심사와 교육을 통합한 'TCON(Taekwondo Connected)' 플랫폼을 개설하여, 포스트 코로나 시대의 글로벌 수련자 생태계를 위한 디지털 기반을 조성하였다.

또한 그는 '제2건립 추진 원년'을 선포하며 국기원의 공간적 리브랜딩까지 시도하였다. 이는 단순한 물리적 확장을 넘어, 국기원을 세계 태권도 문화의 상징 공간으로 재구성하려는 비전의 일환이었다.

이동섭 원장 이후 선거제 도입으로 등장한 후보자들은 점점 정책 중심의 공약, 디지털 비전, 도장 연계 프로그램 등을 주요 경쟁 요소로 내세우며, 국기원장이라는 자리가 갖는 시대적 무게감을 더욱 확장시켰다.

이처럼 현대기의 국기원장은 단순히 조직을 '관리'하는 수준을 넘어, 국가 브랜드를 설계하고, 세계 전략을 기획하며, 미래 플랫폼을 구축하는 리더십을 요구받는 자리로 진화하고 있다.그 어느 때보다 국기원장이라는 직책은, 태권도계의 정점이자 대한민국의 문화전략 핵심 요인으로서 기능하고 있다.

5) 미래 리더십의 방향: 초국가적 문화전략가

다가올 시대의 국기원장은 '초국가적 문화전략가(Transnational Cultural Strategist)'이자 '국가브랜딩 문화외교가(Global Brand Envoy)'로의 전환이 필연적으로 요구된다. 국기원의 위상이 세계적 플랫폼으로 확장되고 있는 만큼, 국기원장의 리더십은 국경·언어·문화권을 넘나드는 외교적 감각과 통합 전략을 갖춰야 한다. 브랜드, 플랫폼, 외교라는 세 축을 통합할 수 있는 새로운 유형의 리더십이 요청되는 시점이다.

무엇보다 브랜드 전략가로서의 국기원장은 태권도가 지닌 고유한 정신성과 현대적 문화 가치를 전 세계인에게 설득력 있게 전달해야 한다. 태권도의 '예(禮)와 인(仁)'을 토대로 한 수련의 의미, 정신적 균형과 자기 수양이라는 동양적 가치, 그리고 공동체적 품새 문화는 세계적으로도 희소한 무형자산이다. 국기원장은 이 가치를 국가문화 콘텐츠로 해석하고 포지셔닝할 수 있는 철학적 언어와 스토리텔링 능력을 갖추어야 한다.

또한 플랫폼 전략가로서의 국기원장은 디지털 시대에 부응하는 교육·심사·지도자 인증 시스템을 갖추고, 이를 글로벌 네트워크와 연계하는 온라인 생태계 구축의 책임자가 되어야 한다. 국기원은 세계태권도연맹(WT), 국제태권도연맹(ITF), 각국 협회 및 사범 조직과의 관계 재정립을 통해 지구촌 태권도 커뮤니티의 연결 허브로 기능해야 하며, 그 중심에 국기원장의 조정력과 신뢰 리더십이 있어야 한다.

디지털 전환(Digital Transformation)이 중요한 키워드다. 'TCON' 플랫폼은 그 시작일 뿐이며, 기존의 오프라인 중심 교육·심사 시스템은 AI 기반 품새 분석, 다국어 온라인 도장 등록 시스템, 블록체인 인증(NFT 단증)과 같은 기술 융합도 적극 검토되어야 할 과제다. 이는 태권도의 교육 콘텐츠를 디지털 자산화하고, 국기원의 플랫폼화를 이끄는 기술 기반 리더십을 요구한다.

마지막으로 외교 리더로서의 국기원장은 대한민국의 문화외교 거점으로 국기원을 재정의해야 한다.미국 의회, 유럽의회, 유네스코, IOC 등과 연계한 글로벌 프로그램, 다문화 청소년 대상의 평화 프로젝트, 난민 지역 대상 태권도 희망교실 등의 공공외교는 국기원이 수행할 수 있는 미래형 사명이 될 수 있다.

이 세 축은 분리된 것이 아니다. 플랫폼은 브랜드의 실현 수단이고, 브랜드는 외교의 정당성을 부여하며, 외교는 다시 국기원의 공공성을 확대시킨다. 이 모든 것을 설계하고 통합할 수 있는 인물, '미래형 국기원장'은 설계자이자 리더, 그리고 전달자가 되어야 한다.

이동섭 원장은 이러한 전환기를 선도한 첫 인물로 평가받을 수 있다. 그는 태권도의 법적 지위를 '국기'로 명문화하고, 국기원 특수법을 제정했으며, 선거제도와 공모제를 도입하고, TCON이라는 온라인 기반을 출범시켰다. 또한, 국회와 정부, 외교부, 주한미군, 미국 의회 등과 협력하며 국기원의 외교 역량을 실질적 콘텐츠로 변환시켰다.

그는 국기원장을 단순한 '운영자'에서 '대한민국 브랜드 전략가'로, 태권도를 단순한 무도에서 '글로벌 평화외교 콘텐츠'로 전환시킨 전략적 리더십의 상징적 인물로 기억될 것이다.

앞으로의 국기원장은 이 모델을 기반으로 더 확장된 세계 전략을 고민해야 한다. '대한민국을 상징하는 글로벌 문화 리더이자, 전통과 미래를 잇는 전략적 브릿지'로서 기능해야 한다. 그는 태권도를 통해 대한민국의 철학과 가치를 세계와 소통시키는 21세기형 공공브랜드 리더가 되어야 한다.국기원의 다음 100년을 준비하는 리더는, 철학을 품은 행정가이자 미래를 설계하는 기술자이며, 무엇보다 세계인에게 '태권도 정신'을 이야기할 수 있는 스토리텔러여야 한다.

'국기원장'은 더 이상 태권도계 내부의 권력자가 아니라, 글로벌 시대의 문화외교가, 제도 설계자, 브랜드 전략가, 디지털 커뮤니케이터로서의 다중 정체성을 요구받는 자리다.

이는 곧 '태권도'를 넘어, '대한민국'을 말하는 방식의 진화된 상징 리더십이기도 하다.

6) 국기원의 대표 브랜드는 어떻게 선출되는가

(1) 선거제도의 진화: 선거인단 확대와 제도 개편의 역사적 전환

국기원은 보다 민주적이고 대표성 있는 원장 선거제도 구축을 목표로 정관 개정을 추진해, 2022년 역사적인 변화를 이끌어냈다. 기존의 75명에 불과했던 선거인단 수를 약 1,300명 규모로 확대하고, 구성 방식 또한 폭넓은 참여와 다양성을 반영하도록 개선한 것이다.

2021년 12월 28일 열린 '정기이사회'에서 선거인단 확대 추진 방향에 대한 공감대는 형성되었으나, 구체적 범위와 구성 방식에 대한 이견으로 인해 국기원은 공청회를 개최 (2022.1.14)한 뒤, 논의를 거듭하며 정관 개정안을 재정비했다. 그리고 2022년 3월 17일 임시이사회에서 최종 수정안을 의결하고, 문화체육관광부는 같은 해 3월 24일 이를 인가함으로써 국기원 선거제도는 전면적인 개편을 맞이했다.

〈국기원장 선거 정관 개정 온라인 공청회〉
국기원, 선거제도 개혁 위한 온라인 공청회 개최 (2022.1.14)

개정된 정관은 선거인단 구성 방식을 크게 변경했다. WT, KTA, TPF 등 주요 기관 외에도, 국내외 심사추천권자 중 2년간 실적이 있는 인원에서 무작위로 선출된 10% 비율의 선거인까지 포함하며, 총 선거인단 규모는 약 1,300명에 달하게 되있다. 특히 이는 이전 인원 대비 약 17배 이상 확대된 규모로, 국기원 역사상 가장 대규모 참여 기반의 선거 구조가 마련된 셈이다.

당선인 결정 방식 또한 간결화되었다. 기존에는 전체 선거인단 과반수 투표로 개표 유효성을 판단하고, 그중 과반 득표자가 당선되는 방식이었으나, 개정 이후에는 "유효투표 중 최다 득표자 당선"으로 변경되어 불필요한 논란을 줄이고 선거 효율성을 높였다. 또한 온라인 투표도 천재지변이나 팬데믹 상황이 아닌 경우에도 정식으로 허용되며, 디지털 전환 기반도 공식화되었다.

이후 국기원은 2022년 5월 27일 열린 임시이사회를 통해 선거관리 규정, 온라인투표 규정 등 관련 후속 제도도 정비했다. 특

〈정관 개정 의결 현장〉
국기원, 선거인단 확대를 담은 정관 개정안 최종 확정
(2022.3.17. 제2차 임시이사회)

히 후보자 선거운동 방식을 확장하고, 선거사무소 설치와 선거사무원 지정, 정책토론회 검토 등을 추가하며 선거문화의 성숙을 꾀했다.

이러한 일련의 정관 개정과 규정 재정비는 국기원이 '공정성, 대표성, 디지털 기반'을 갖춘 선거 체계를 갖추는 데 있어 중대한 전환점이 되었으며, 향후 글로벌 문화기관으로서의 위상 제고에도 핵심 기반이 될 것이다.

(2) 공정성과 디지털화의 전환점

[2021, 국기원 원장 보궐선거]

2021년 1월 28일, 국기원은 역사적으로 중요한 전환점을 맞이했다. 바로 원장 보궐선거가 자체 선거관리위원회 주관으로 처음 치러진 것이다. 기존의 중앙선거관리위원회 위탁 방식에서 벗어나, 국기원 스스로 선거를 조직하고 운영하는 독립적 선거 체계의 시도였다.

〈국기원장선거 입후보 안내 설명회〉
2019년 9월 18일, 국기원 강의실에서 '국기원장선거 입후보 안내 설명회'가 개최. 이번 설명회는 국기원장 선거에 관심 있는 예비 후보자들을 대상으로 선거 절차, 자격 요건, 제출 서류 등에 대해 안내하기 위해 마련.

국기원은 2020년 10월 5일 열린 제10차 임시이사회에서 9인 구성의 '국기원 선거관리위원회'를 설치하기로 의결했다. 이후 선관위는 2020년 12월 31일 선거일과 관련 일정을 공식 공고하며 선거 준비에 들어갔다. 이번 선거는 특히 투명성, 공정성, 비대면 방식이라는 키워드 아래 철저한 관리가 이루어졌다.

후보자 등록은 2021년 1월 17일과 18일 양일간에 걸쳐 진행되었고, 임춘길 전 국기원 부원장과 이동섭 제20대 국회의원(전 국회 문화체육관광위원회 간사)이 공식 출마를 선언했다. 선거운동은 1월 19일부터 27일까지 9일간 가능했으며, 오직 본인만이 유권자에게 연락할 수 있었고, 방법 역시 전화 및 문자, 이메일, 명함 배포, 그리고 국기원이 제작한 영상 소견발표로 제한되었다. 모든 영상은 국기원 공식 홈페이지와 SNS 채널을 통해 공개되었으며, 영상 제작과 게시 또한 선관위가 주관했다.

또한 선관위는 '공정선거지원단'을 운영하여 불공정 행위나 제한 위반 사항을 집중적으로 감시했으며, 후보자들을 위한 입후보 안내 자료도 전자문서 형태로 제공했다.

이번 보궐선거의 또 다른 중요한 특징은 코로나19 팬데믹 상황 속에서의 온라인 투표 도입이다. 해외 체류 선거인의 투표권 보장을 위해 온라인 시스템을 마련하였고, 1월 27일 낮 12시부터 28일 낮 12시까지 24시간 동안 온라인 투표가 진행되었다. 국내 선거인

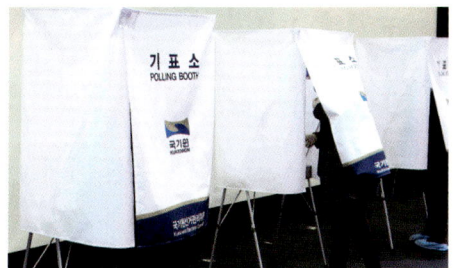

〈2021 국기원 새 리더 선출〉
보궐선거 통해 제16대(특수법인 제5대) 원장으로 당선된 이동
섭 후보(2021.1.28.)

들은 1월 28일 오전 11시부터 정오까지 국기원 중앙수련장 내 온라인투표소에서 동일 시스템을 통해 참여했다.

총 75명의 선거인이 모두 투표에 참여한 가운데, 기호 1번 임춘길 후보는 19표, 기호 2번 이동섭 후보는 55표를 얻었고, 무효표는 1표였다. 이동섭 후보가 과반수 이상의 압도적 지지를 받아 제16대 국기원장으로 최종 당선되었다.

당선자는 다음 날인 1월 29일 오전 11시, 국기원 선거관리위원회로부터 공식 당선증을 수령하고 즉시 임기를 개시하였다.

이번 원장 보궐선거는 국기원의 선거 제도 독립화, 디지털화의 전환점이 되었다. 그리고 투명한 후보 검증 절차라는 공정성 측면에서 중대한 이정표로 평가된다. 무엇보다 국기원이 자율적으로 선거를 운영하며 조직 역량을 증명하고, 시대 변화에 대응한 디지털 투표 시스템을 성공적으로 안착시켰다는 점에서 그 상징성은 더욱 크다.

[2022, 디지털 행정 혁신 리더의 재선]

2022년 10월 6일, 국기원 중앙수련장에서 치러진 제17대 국기원장 선거에서 이동섭 원장은 총 투표자 944명 중 385표(득표율 40.78%)를 획득하며 당당히 재선에 성공했다. 온라인 투표가 전격 도입된 본 선거는 무기명 URL 인증 방식을 기반으로 진행되었으며, 국기원 역사상 가장 높은 참여율을 기록했다.

이튿날인 10월 7일 오전 11시, 국기원 중앙 수련장에서 열린 당선증 교부식에서 이동섭 원장은 선거관리위원회 위원장으로부터 공식 당선증을 전달받고, 새로운 3년의 임기를 시작했다.

이 자리에서 이동섭 원장은 "개원 50주년을 맞은 국기원을 세계태권도본부로서의 위상을 다시 세우고, 태권도 개혁을 위해 강한 추진력으로 나아가겠다"고 취임 소감을 밝혔다.

이 재선 성공은 단순한 재임 확의를 넘어, 디지털 기반 행정 혁신과 리더십의 지속 의지를 대내외에 확고히 알린 상징적 사건이었다. 또한, 온라인 투표 시스템의 성공적 정착과 높은 유권자 참여는 이동섭 원장의 공정성과 신뢰를 기반으로 한 조직 경영이 광범위한 공감대를 얻었음을 보여주는 중요한 지표이기도 했다.

〈2022 국기원장 재선 성공/제17대(특수법인 제6대) 원장〉 국기원 중앙 수련장에서 열린 '국기원장 선거 당선증 교부식'에서 당선증을 전달받은 후 기념촬영 모습(2022.10.7.)

공식 당선증을 수여받고 선거관리위원회 위원장과 기념 촬영

이동섭 원장은 국기원의 미래 행정을 보다 투명하고 효율적으로 운영하기 위해 '디지털 안전성 강화'를 핵심 공약으로 제시하였다. 재선임 과정에서 밝힌 이 계획은 단순한 공약에 그치지 않고 실제 행정 시스템에 반영되어, 국기원의 디지털 전환을 실질적으로 이끌어내는 계기가 되었다.

특히 국기원 최초로 온라인 투표 시스템을 도입하고, 영상 소견 발표 방식 등을 통해 선거 과정의 공정성과 접근성을 크게 향상시켰다. 이는 선거뿐만 아니라 대내외 의사소통 방식에도 변화의 바람을 일으켰으며, 결과적으로 디지털 기반의 개방형 행정 체계를 국기원 행정에 성공적으로 정착시켰다는 평가를 받는다.

이러한 변화는 주요 언론에서도 주목되었으며, 국기원이 미래지향적 글로벌 문화기관으로서 나아가는 데 있어 중요한 디딤돌이 되었다.

디지털 기술을 통한 행정 투명성 제고와 소통 구조 개선은 국기원의 혁신적 운영 모델로 자리잡았고, 향후 글로벌 태권도 허브로서의 경쟁력을 더욱 공고히 하는 기반이 되고 있다.

(1) 디지털 전환, 국기원 행정의 새 기준을 만들다

국기원의 미래지향적 운영을 위해 이동섭 원장은 재선임 과정에서 "디지털 안전성 강화"를 핵심 과제로 내세웠다. 이 공약은 단순한 기술 도입이 아닌, 국기원의 거버넌스를 보다 투명하고 신뢰 가능한 구조로 재편하는 조직적 실천이었다.

2025년, 국기원은 온라인 선거 시스템을 도입하며 역사상 처음으로 온라인 투표를 기반으로 한 운영 방식을 실현하였다. 후보자들은 영상 소견 발표를 통해 전 세계 태권도인들과 직접적인 의사소통을 시도했고, 이는 선거의 개방성과 접근성을 획기적으로 확대시켰다. 이러한 변화는 선거 과정을 넘어 국기원 전체 운영 방식에 영향을 주었고, 디지털 행정의 모범 사례로 평가받았다.

(2) 플랫폼 기반 소통, 신뢰받는 문화기관으로

국기원은 이번 행정 시스템 혁신을 통해 단지 디지털화된 조직이 아닌, '열린 플랫폼형 문화기관'으로 도약하고 있다. 전통적으로 서면과 오프라인 중심이었던 회의, 공지, 의사결정 과정은 점차 실시간 피드백과 온라인 협업 시스템을 활용하는 방식으로 전환되었고, 내부 구성원은 물론 해외 지부와의 업무 소통도 보다 효율적이고 신속하게 이루어지고 있다.

이러한 디지털 행정 정착은 다양한 무예 전문 언론에서도 "국기원의 혁신적 도전"으로 조명되었으며, 전통과 미래를 연결하는 문화외교 거점으로서 국기원의 정체성을 더욱 분명히 하는 계기가 되었다.

(3) 기술이 아닌 철학으로 이룬 개혁

이동섭 원장은 기술의 도입을 단지 '편리함'이나 '속도'의 문제가 아닌, 조직 철학의 진화로 보고 있다. 그는 "디지털화는 기술의 문제가 아니라 신뢰의 문제"라고 강조하며, 시스템보다 먼저 조직 구성원 간의 소통 문화와 투명성을 구축하는 데 힘썼다. 그 결과, 디지털 행정 시스템은 국기원의 정체성과 가치, 그리고 시대적 요구를 담아내는 실질적 변화의 도구로 기능하고 있다.

4. '국기원장'과 대한민국 국가 브랜드: 상징성과 역할

국기원장은 국기 태권도를 이끄는 최고 리더로서, 단순한 행정 기관장이 아닌 세 가지 브랜드 정체성을 갖는다. 첫째, '정통성의 수호자'로서 태권도의 역사적 유산과 철학을 지키는 책임자이며, 둘째, '세계 태권도 대표자'로서 각국의 사범·도장·지도자들과 교류하는 외교적 수장이고, 셋째, '비전 제시자'로서 조직의 방향성과 미래 전략을 설계하고 실행하는 설계자다.

1973년 세계태권도선수권대회 개최, 1980년대 단증의 세계화 추진, 2000년대 글로벌 연수 체계 구축, 2020년대 국기원은 태권도 승품단 심사 신청, 품·단증 발급서비스 등을 제공하는 온라인 플랫폼(https://www.tkdcon.net) '티콘(Tcon)' 개설 등 국기원의 핵심 정책은 항상 원장의 의지와 결합되어 추진되어 왔다.

[디지털 전환을 통한 국가 브랜드 플랫폼 구축 – '티콘(TCON)'의 출범]

이동섭 원장 재임기 중 국기원은 국가 태권도 행정의 혁신을 도모하며, 디지털 기반의 브랜드 자산을 확장하는 상징적 성과로 태권도 온라인 플랫폼 '티콘(TCON, Taekwondo Connected)'을 출범시켰다.

2019년부터 문화체육관광부의 지원을 받아 시작된 이 사업은 약 3년간의 기획 및 개발 과정을 거쳐 2022년 6월 20일, 마침내 운영을 시작하였다. 티콘은 단순한 IT 시스템을 넘어, 태권도로 연결된 글로벌 생태계 조성을 지향하며 국기원의 디지털 플랫폼 전략의 중핵으로 자리 잡았다.

기존 2006년부터 운영되던 노후 시스템을 전면 교체하고, 최신 소프트웨어 및 보안 강화 장비를 도입하여 주요 시스템 이중화 구성, 위·변조 방지 기술, 개인정보 보호 강화를 위한 가입 체계 등을 마련하였다. 특히 심사추천권자가 간소화된 절차를 통해 응시자의 최소 정보만으로도 심사신청이 가능해지면서, 개인정보 취급 리스크가 획기적으로 줄어들었다.

'티콘(Tcon)' 웹사이트(https://www.tkdcon.net) 메인페이지 이미지

또한, 〈품단·무력·자격 확인서 실시간 발급〉, 〈사범 구인·구직 플랫폼〉, 〈태권도 영상·사진 아카이브〉 등 맞춤형 서비스를 제공하며, 태권도 수련자와 종사자 간의 정보접근성을 크게 향상시켰다.

이 플랫폼은 향후 〈수련생 관리용 앱〉, 〈태권도 관련 쇼핑몰〉 등 다양한 부가 서비스를 통해 지속적인 고도화가 예고되어 있다. 이는 국기원이 단순한 심사기관을 넘어, 대한민국의 문화 브랜드를 디지털로 연결하고 확장해 나가는 '플랫폼 허브'로 도약하고 있다는 것을 의미한다.

티콘의 출범은 국기원이 디지털 시대에 걸맞은 공공성과 글로벌 확장성을 동시에 갖춘 기관으로서 국가 브랜드 가치를 어떻게 실천할 수 있는지를 보여주는 대표 사례로 평가된다.

1) 국기원장의 대외 이미지와 '문화 외교' 역할

국기원장은 '문화 외교관'이라는 비공식 타이틀을 가지고 있다. 그는 각종 국제 대회와 태권도 보급 행사, 국가 간 문화 교류 현장에서 태권도를 매개로 한 대한민국의 얼굴로 등장한다. 단순한 체육인의 역할을 넘어, 외교적 연설과 글로벌 리더와의 교류, 해외 언론 인터뷰 등을 통해 대한민국이 추구하는 가치, 품격, 평화 정신을 전달하는 상징적 역할을 수행한다.

태권도가 정신 수양과 도덕 교육의 수단으로 발전해온 만큼, 국기원장은 태권도 정신의 계승자이자 국가 브랜드로서 전 세계에 이를 전파하는 외교의 중심 인물이다.

국기원장은 세계 214여 개국에 퍼져 있는 태권도 수련인과 협회, 그리고 정부기관과의 관계에서 공식 외교사절단장의 역할을 수행한다. 각종 국제 대회 개회식, 심포지엄, 단증 수여식, 해외 연수 프로그램, 국제 포럼에서의 인사말과 연설은 "대한민국"이라는 이름을 직접 대변하며, 태권도 철학의 전달 매개이자 한국 문화와 정신을 전파하는 대표자가 된다.

국기원장은 국경을 초월해 활동하는 태권도 외교의 최고 책임자다. 미국, 유럽, 아시아, 아프리카 등 해외에서 활동 중인 태권도 사범들과의 관계, 각국 태권도협회와의 파트너십, WT 및 ITF 등 국제기구와의 협력은 모두 원장의 리더십 아래 진행된다.

특히 〈해외 단증 발급 제도 정비〉, 〈개발도상국 사범 양성 프로그램〉, 〈세계태권도지도자포럼 개최〉 등은 국기원장이 '외교가'로서 갖춰야 할 국제 감각과 소통 능력의 중요성을 보여준다.

〈IOC 사마란치 위원장과 김운용 국기원장의 역사적 악수〉
태권도의 올림픽 정식 종목 채택 과정에서 결정적인 역할을 한 사마란치 IOC 위원장(우측)과 악수를 나누는 이 순간은 태권도의 세계화 여정에서 상징적인 장면으로 기록

예컨대 1982년 IOC 사마란치 위원장의 국기원 방문, 1995년 시드니 올림픽 종목 채택 기념비 제막, 2000년대 아시아태권도한마당 개최, 2021년 이후 글로벌 온라인 플랫폼 구축까지- 이 모든 장면에 국기원장은 '대한민국 대표 문화외교가'로 서 있었다.

이동섭 원장은 "태권도는 정신이다"라는 키 메시지를 내걸며 국기원의 재정비와 태권도장 교육 체계 강화에 나섰고, 김운용 원장은 "세계 속의 태권도"를 외치며 태권도를 국제 브랜드로 끌어올렸다. 이처럼 원장의 언어와 철학은 곧 국기원의 브랜드가 된다.

2) 국기원 = 대한민국 브랜드 자산: 국가 아이덴티티와의 연계

'태권도'는 이제 명실상부한 대한민국을 대표하는 '국기'이며 '문화브랜드'이다. 국기원은 그 중심 허브이며, 국기원장은 곧 "국가의 철학을 말하는 존재"로 기능한다. '국기원 단증'에 새겨진 '대한민국의 국새', 전통 서체의 국기원 현판, 각국 정상 앞에서 선 '원장'의 연설은 대한민국 국가 아이덴티티의 물리적, 상징적 확산을 보여주는 사례다.

'한국' 하면 '태권도'를, '태권도' 하면 '국기원'을, '국기원' 하면 '그 원장을 떠올리게 만드는 인식 구조' – 이것이 곧 국가 브랜드의 입체적 작동 방식이다. 따라서 국기원장의 행보는 곧 대한민국 브랜드의 확장 경로이자 문화적 권위의 전달 수단이다.

국기원은 태권도의 정체성을 넘어서, 대한민국의 국가 브랜드 가치를 드러내는 대표 기관으로 기능해왔다.

이러한 맥락에서 2011년 9월 21일, 국기원은 대통령 직속 국가브랜드위원회와 '태권도의 명품화를 통한 국가대표 브랜드로의 가치 향상'을 위한 업무협약을 체결하며 태권도 브랜드 고도화에 대한 본격적인 국가 차원의 협력에 나섰다.

〈대통령직속 국가브랜드위원회와 업무협약을 체결〉 2011년 9월 21일 국기원

이 업무협약은 태권도 정신성과 문화적 가치가 결합된 국가 정체성의 매개체로 인식하고, 이를 세계적 브랜드로 육성하고자 하는 공감대 위에서 이뤄졌다. 양 기관은 태권도 문화산업 발전을 위한 공동 사업 추진, 태권도 명품화를 위한 대내외 홍보, 글로벌 태권도 네트워크 구축을 통한 국제사회 공헌, 그리고 태권도 시범공연과 문화관광자원 개발 협력에 중점을 두고 긴밀한 협력 체계를 갖추기로 했다.

이배용 국가브랜드위원회 위원장은 "태권도는 단순한 스포츠를 넘어, 고귀한 정신성과 인성 교육의 수단으로서 대한민국 문화의 핵심 자산"이라며, 국기원과의 협력을 통해 태권도의 위상을 세계적으로 확장시키겠다는 의지를 밝혔다.

강원식 당시 국기원 원장 또한 "이번 협약이 국기원 사업 추진에 있어 결정적인 동력이 될 것이며, 양 기관의 협력 체제가 태권도의 브랜드 가치를 높이는 핵심적 기반이 되기를 바란다"고 전했다.

이러한 협약은 국기원이 대한민국을 대표하는

〈2023년 2월 24일, 프랑스대사관 방문〉
이동섭 국기원장이 주한 프랑스대사관을 방문하여 태권도를 통한 한–불 문화교류 협력 방안에 대해 연설

문화적 상징으로 자리매김하는 데 있어 제도적·상징적 뒷받침이 되었으며, 태권도를 통한 국가 이미지 고양이라는 국기원의 사명과 전략을 강화하는 계기가 되었다.

이동섭 원장은 국기원을 '대한민국의 정체성을 대표하는 문화 브랜드'로 정의하며, 그의 태권도 철학이자 정치인, 그리고 국기원장으로서 일관되게 실천한 중심축이었다.

국회의원 시절, 그는 "태권도는 대한민국을 상징하는 문화이자 정신이다"라는 신념 아래, '태권도 국기화 법안'을 직접 발의하며 문화정책의 입법화를 선도했다. 이는 태권도를 대한민국의 국가 아이덴티티로 승격시킨 최초의 입법 사례였다.

국기원장에 취임한 이후, 그는 이 법적 토대를 실행력으로 전환했다. 특히, 국기원이 대한민국의 철학·역사·미래가 집약된 브랜드 자산이 되어야 한다는 관점에서 기관의 전략적 역할을 재정의했다.

그는 자주 이렇게 말했다.

"국기원은 국기 태권도의 '본산'이자, 대한민국이라는 브랜드의 가장 앞선 메시지 전달자다."

〈2023. 03. 24. 프랑스 태권도 선수팀 방문〉

이동섭 원장은 국기원의 브랜드 가치를 대한민국 국가 브랜드의 전략적 자산으로 전환하는 데 집중했다.그에게 국기원장은 단지 조직의 수장이 아니라, 국가 아이덴티티를 설계하고 세계에 연결하는 브랜드 총감독자였다.

그의 브랜드 전략은 단순한 상징이 아닌 실질적 외교와 문화 콘텐츠로 이어졌다. 각국 대사관과의 교류, 해외 방문 및 단증 수여식, 유엔 한국협회 주최의 '세계평화태권도대회' 등은 국기원이 대한민국을 상징하는 글로벌 리더 기관임을 보여주는 사례다.

특히 이동섭 원장은 국기원을 대한민국의 '브랜드 총본부'로 정의하고, 그 상징성과 실천적 전략을 강화하는 데 집중했다. 그의 리더십 아래, 국기원은 대한민국의 국기 태권도를 통해 정신적 상징성과 실천적 브랜드 전략이 결합된 대표 문화기관으로 새롭게 거듭났다.

그 결과, 국기원은 오늘날 대한민국의 국가정체성과 직결되는 상징 기관으로서, '태권도 = 대한민국'이라는 등식을 전 세계에 인식시키는 브랜드 자산이 되었다. 국기원은 대한민국의 철학과 품격을 세계에 전하는 상징 플랫폼으로 기능하고 있다. 이는 곧 국기원이 국가 아이덴티티의 정수를 담은 실천적 기관으로 진화하고 있음을 의미한다.

3) 국가대표급 기관장으로서의 공적 위상과 글로벌 책임

국기원장은 실질적으로 문화체육관광부 장관, 대한체육회장, 유네스코한국위원회 위원장급의 대한민국 체육·문화 브랜드를 글로벌 현장에서 수행하는 최고위 인물 중 하나다.

국기원장은 명실상부 '국기(國技) 태권도'의 수장이자, 전 세계 214여 개국에 태권도를 전파한 조직의 대표로서 공적 권위와 무게를 지닌 자리다.

그의 말과 행동, 정책과 미디어 노출, 메시지의 톤과 철학은 태권도계에만 국한되지 않고, 국제사회에서 발언하는 메시지는

곧 '대한민국의 입장'으로 해석되기도 한다. 이는 국제 행사에서 대한민국 정부를 대신하여 외교적 메시지를 전달하고, 글로벌 정책 네트워크와 협약을 맺는 등 공적 권위의 외연을 실질적으로 수행하고 있기 때문이다.

최근에는 도장 인증제, 사범 교육 개편, 심사 기준 표준화, 개발도상국 태권도 사범 양성, 국제사범 자격 발급, 세계태권도지도자포럼 개최, 국제 연맹 WT 및 ITF와의 협약 체결 등 직접 협상과 협약을 주도하는 사례의 굵직한 변화는 원장의 리더십 아래 추진되었

으며, 이는 곧 국기원장의 공공외교 전략으로 국기원이 단순 문화기관이 아니라 국가 브랜드 전략의 핵심 실천 주체임을 보여준다.

그 메시지 하나하나가 현장 도장들의 실천 지침으로 기능한다. 태권도계는 국기원장의 말을 조직의 '공식 입장'으로 받아들이며, 국기원장의 존재 자체가 태권도계의 구심력으로 작동한다.

국기원은 국내에서는 전국 1만여 개 태권도장과 수백만 명 수련생을 연결하는 중심 조직이다. 따라서 국기원장은 국내 태권도계의 이슈에 대한 최종 조정자이자 방향 제시자로서, 제도 개선, 정책 발표, 갈등 조정 등 다층적 역할을 맡는다.

결국, 국기원장은 정치 외교 영역을 보완하는 문화 지도자로 기능하고 있으며, 이는 곧 대한민국의 전략적 자산으로 이어진다.

5. 선출된 권위, 브랜드를 이끌다: 국기원장의 권한과 책임

국기원장의 직무는 단순한 운영의 차원을 넘어, 태권도의 세계화를 견인하는 전략적 리더십의 집약체이다. 국기원장은 국가기관에 준하는 문화외교 플랫폼의 수장으로서 다음과 같은 명확한 권한과 책임을 부여받는다.

국기원장의 리더십 스타일은 곧 태권도의 글로벌 방향성을 결정짓는 핵심 변수이자, 문화외교 자산으로서 대한민국 브랜드를 상징하는 리트머스이기도 하다.

첫째, 정관과 규정에 근거한 법적 권한을 갖는다. 이사회 의결을 주관하고, 국기원의 전반적인 운영과 전략적 방향을 수립·집행할 수 있는 권한을 지닌다. 특히 원장은 국기원의 인사권, 예산 승인, 국제 파트너십 체결 등 핵심 행정 권한을 실질적으로 행사한다.

둘째, 태권도 정신을 대표하는 윤리적 책무를 지닌다. 원장의 언행은 태권도계 전체의 품격을 상징하며, 국내외 지도자와 사범들에게 기준이 된다. 따라서 원장은 정직성, 공정성, 포용성을 기반으로 하는 도덕적 리더십을 요구받는다.

셋째, 국내외 정책 조율자이자 문화외교 리더로서의 책임이 있다. 국기원장은 정부, 지자체, 체육계, 국제 태권도 단체와의 협력을 통해 정책적 방향성과 실행력을 조율하며, 국기원의 위상을 제고해야 한다. 해외 주요 행사나 국제 협약 체결 시 국기원의 대표로 나서 한국 문화의 상징으로서 발언하는 외교적 역할을 수행한다.

넷째, 태권도 생태계의 통합 조정자로서의 권한을 갖는다. 국기원장은 품새·겨루기·심사·교육 등 분야 간의 이해관계를 조정하며, 다양한 협회와 단체, 지역 기반 조직들과의 협력을 이끌어야 한다. 갈등을 해소하고 통합적 거버넌스를 구축하는 것은 원장의 중요한 정치적 책무이기도 하다.

이처럼 국기원장의 권한은 '상징성과 실무력'이라는 두 축을 기반으로 하며, 책임은 '도덕성과 제도 운영력'을 포괄한다. 이 균형이 제대로 작동할 때 국기원은 세계 무대에서 지속가능한 글로벌 플랫폼으로 성장할 수 있다.

첫째, 국기원장은 태권도 리더십의 정신적 중심으로서 정통성과 국가 정체성, 철학적 뿌리를 상징한다. 그의 말과 행동, 국제무대에서의 존재는 단순한 개인의 표현이 아니라, 한국의 무형문화유산을 대표하는 상징이다.

둘째, 그는 동시에 전략적 행정가로서 국기원의 조직 개편, 법적 책임, 제도 현대화, 국제협력을 실현하는 실무 리더이다. 국기원이 국가 브랜드이자 세계 플랫폼으로 진화하는 시대, 원장의 리더십은 전통과 혁신, 상징성과 전략을 연결하는 가교가 된다.

21세기의 국기원장은 무도 지도자를 넘어, 철학의 수호자이자 정책의 실행자, 브랜드 전략가이자 문화외교관, 개혁 중심의 CEO라는 복합적 정체성을 요구받는다.

국기원의 미래는 제도적 시스템만으로 결정되지 않는다. 국기원장의 리더십 비전이야 말로 다음 100년의 태권도를 결정짓는 핵심이다.

1) 행정·조직 운영의 총괄 책임자

국기원장은 국기원의 법적 대표자이자 최고 운영 책임자로서, 기관의 전략 수립, 예산 집행, 조직 인사, 정책 방향성 설정까지 총괄하는 포지션이다. 국기원은 단순한 수련기관이 아닌, 〈심사〉, 〈연수〉, 〈교육〉, 〈연구〉, 〈시범단〉, 〈국제협력〉, 〈홍보〉 등 다층적인 기능을 수행하는 종합기구이기 때문에, 원장은 복합 기능 조직을 조정·운영할 수 있는 거버넌스 능력이 필수다.

실제 2010년 특수법인으로 전환된 이후, 국기원장의 권한은 더 명확해졌다. 연간 수백억 원에 달하는 예산 편성과 집행, 공모제 이사 임명, 조직개편, 정책사업 추진 등은 모두 원장의 재량과 책임 아래 운영된다. 따라서 국기원장은 실질적으로 국기원의 CEO이자 총지휘관인 셈이다.

국기원은 태권도의 제도화를 주도하는 본산이며, 그 중심에 국기원장이 있다. 국기원장은 〈심사 기준 개편〉, 〈단증 발급체계 표준화〉, 〈사범 연수 프로그램 개발〉, 〈국제사범 인증제도 도입〉, 〈태권도 온라인 플랫폼 구축〉 등 다양한 정책들을 설계하고 주도한다. 이는 단순한 사업 집행이 아니라, 태권도 생태계를 움직이는 기준을 만드는 일이며, 국내외 도장과 사범, 단체들의 질서를 규정짓는 제도 리더십이라 할 수 있다.

국기원장은 행정 조직을 관리·운영하는 자리를 기반으로 국기원의 철학과 비전, 정책 방향을 설정하고 시대에 맞는 제도적 구조를 설계하는 정책 기획, 제도 설계의 총책임자다. 이는 태권도계 전반의 미래를 설계하는 전략가로서의 역할을 요구받는다는 뜻이다.

특히 이동섭 원장 재임 이후 국기원은 디지털 전환과 제도 혁신을 중심으로 여러 획기적인 정책을 추진해왔다. 이는 단순한 행정 편의 시스템이 아니라, 고단자 심사, 사범 자격 관리, 연수 프로그램 등을 비대면 기반의 표준화된 플랫폼으로 통합 운영함으로써 국기원의 행정력과 공공성을 동시에 강화하는 정책이었다. 특히 코로나19 팬데믹 이후에도 지속 가능한 태권도 심사 및 교육 인프라로 기능하며, 글로벌 서비스로 확장할 수 있는 기반을 마련했다.

또한 고단자 심사 기준 재정비 역시 국기원장의 리더십이 발현된 대표적 제도 개편 사례다. 오랫동안 관행적으로 운영되어온 심사 제도를 시대 흐름에 맞춰 투명하고 공정하게 재설계함으로써, 국내외 수련인들에게 신뢰받는 평가 시스템을 확립하였다. 이는 국기원의 공적 권위를 제도적으로 뒷받침하는 기획으로 평가받는다.

여기에 더해, 국기원의 태권도 교본 발간과 시범단 운영에 대한 국제 기준 수립 등은 모두 국기원장의 기획 아래 추진되었다. 기존의 교재는 시대 흐름에 비해 이론적·시각적 접근이 다소 한계가 있었으나, 새롭게 기획된 교본은 최신 이론과 실기 지침을 포함하여 글로벌 수련 기준을 반영한 콘텐츠로 자리잡았다.또한 시범단의 구성, 운영, 퍼포먼스 기준까지도 국제화 표준에 따라 체계적으로 정비함으로써, 세계 무대에서 태권도를 대표하는 시범 콘텐츠로 자리매김하게 되었다.

이러한 일련의 정책들은 국기원장이 단순한 기관 운영자가 아닌, 태권도의 철학과 시스템을 재정립하는 제도적 창조자이자 비전 설계자임을 분명히 보여준다. 그리고 그것이야말로 국기원의 지속 가능성을 보장하는 리더십의 본질이기도 하다.

2) 정책 기획과 제도 설계의 주체

[태권도 교본 개정과 국기 태권도 철학 정립: 기술을 넘어 철학으로]

태권도는 오랜 세월 동안 수많은 사범과 지도자들에 의해 전수되어 왔지만, 그 핵심 철학과 수련 체계는 시대에 맞는 언어와 기준으로 정리되어 있지 않았다. 기존 교본은 기술 중심의 설명에 치우쳐 있었고, 철학적 정체성, 수련의 목적, 글로벌 시대에 부합하는 문화적 해석은 부족했다. 특히 국기원 주도의 일관된 기준과 언어 정립의 부재는 지도자 양성, 심사 기준, 국제 교육 확산에서의 혼선을 초래하곤 했다.

이러한 한계를 인식한 이동섭 국기원장은 태권도의 '기술서' 수준에 머물던 기존 교본을 과감히 재구성하여, '철학과 기술, 가치와 규범이 공존하는 국기 태권도 교본'으로 탈바꿈시키는 프로젝트를 주도했다. 그는 태권도의 본질이 단순한 무술이 아닌 대한민국의 철학과 정신을 담은 문화 콘텐츠임을 강조하며, 교본의 패러다임 자체를 바꾸는 개정을 추진했다.

그 결과, 국기원은 2020년부터 태권도 교본 편찬을 본격화하기 위해 2006년 태권도연구소 개소 이후 시행했던 태권도 역사, 정신, 기술 등 각종 연구자료 70여 편을 기반으로 '태권도 교본 착수연구'를 추진했고, 20221년 대대적인 '국기 태권도 교본 개정 작업'을 실시, 국내 최고 사범과 학계 전문가, 국제 태권도 교육자 등으로 구성된 위원회를 운영하며 철저한 검토와 의견 수렴 과정을 거쳤다. 개정된 교본은 기술, 품새, 호신술뿐 아니라 태권도의 역사, 인성 교육, 철학적 가치, 국제 사회에서의 태권도 역할 등을 통합적으로 담아내었다.

특히 "국기 태권도는 대한민국의 얼과 정신을 담은 수련 문화이며, 세계인을 연결하는 평화의 언어"라는 핵심 정의는, 단순한 무도 차원을 넘어선 문화철학적 프레임을 확립한 선언으로 평가받는다. 또한 시각 자료와 스토리텔링을 도입한 교본 구성 방식은 글로벌 교육 현장에서도 유효한 표준으로 자리잡을 가능성을 열어주었다.

(1) 김운용 원장의 교본 발간: 태권도 표준화의 시작

김운용 초대 국기원장은 태권도의 세계화와 제도화를 주도한 인물로서, 그 핵심 기반 중 하나로 태권도 교본의 제정을 적극 추진하였다. 특히 1975년 『태권도 교본』 초판 발간은 국기원이 심사, 교육, 시범 등 모든 영역에서 통일된 기준을 갖추는 결정적 이정표가 되었다. 이 교본은 국기원이 발간한 최초의 공식 교육 자료로, 단체 품새 및 태권도 기술을 체계적으로 정리한 것이 특징이었다. 1975년에는 제2회 세계태권도선수권대회를 맞아 영문 교본이 출판되었다. 이후 교본 발간 사업이 국기원으로 이관되어 1987년, 2005년, 2021년 국기원 공식 교본이 3차례 편찬되었다.

김운용 원장 재임 중 1987년 교본 이후 약 18년 만에 이루어진 개정판은 국기원 편찬위원회를 중심으로 기술 해설, 응용 동작, 교육 활용성을 강화하여 구성되었으며, 총 4회에 걸쳐 개정되었다. 이후 수많은 국가의 사범 연수 및 지도자 교육에서 기술 체계화와 심사 표준화를 위한 이론·실기 통합 기준서로 핵심 교재가 되었다. 이는 태권도를 올림픽 종목으로 정착시키는 데 있어서도 기술 표준화의 기준점 역할을 했으며, WT의 공인 규정에도 직접적인 영향을 미쳤다.

(2) 이동섭 원장의 교본 발간: 태권도 실천 메뉴얼의 재정립, 세계 표준화에 나선 국기원

이동섭 원장 재임기에는 시대 변화에 발맞춘 전면적 교본 개정 및 콘텐츠 현대화가 이루어졌다. 기존 교본이 아날로그 기반의 해설 중심이었다면, 이동섭 원장은 디지털 환경에서도 활용 가능한 영상 콘텐츠 연계 교본, 다국어 번역, 시범단 기준 수록 등 글로벌 수련 표준을 제시하였다.

특히 국기원 교본의 국제 표준화 작업을 통해, 수련 기준을 제공하는 것을 넘어 세계 태권도인의 통합된 수련 기준서로 확장되었다. 또한 시범단 운영 매뉴얼, 국제 심사 가이드북 등과 연계되어 교본이 단일 자료를 넘어, 정책의 실천 도구로 기능하게 되었다. 이러한 교본 개정은 고단자 심사 기준 정립, 시범단 훈련 체계화, 해외 지부 수련 프로그램 통일화 등과 유기적으로 연결되며, 국기원의 정책 일관성을 뒷받침하는 제도 기반이 되었다.

2022년부터 국기원은 태권도의 기술과 철학을 정리한 표준 교재, 이른바 태권도 교본의 전면 개정 작업에 착수했다. 이는 16년 만의 대대적인 개정 작업으로, 단순한 기술 지침서를 넘어 태권도의 학술적 체계와 글로벌 교육 기준을 정립하려는 의도에서 비롯되었다.

이러한 개정 작업은 단순한 교재 개신이 아니라, 태권도를 왜 배우고 어떻게 가르쳐야 하는가에 대한 철학적 해답을 제시한 사건이다. 이는 국기 태권도의 공적 가치와 대한민국의 정신문화적 위상을 드러내며, 향후 국제 무대에서의 '태권도 표준 교육'의 방향성을 제시하는 이정표가 되었다.

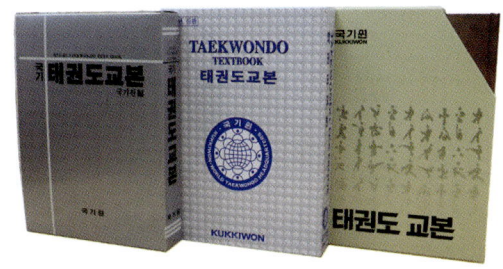

〈시대별 국기원 태권도 교본 3종〉
국기태권도 교본, 왼쪽부터 1987년 11월 처음 발간된 교본(김운용 원장), 2021년 개정판(이동섭 원장), 2005년 9월 국영문 혼용된 수정·증보판(김운용 원장),. 2021년 12월 발간된 교본(이동섭 원장): 각 교본은 태권도의 시대적 흐름의 변화와 태권도 기술의 표준화, 교육 체계화, 글로벌 확산을 위한 국기원의 제도 설계 리더십을 반영

〈2022.1.18. TAEKWONDO TEXTBOOK 태권도교본 발간〉
이동섭 원장 재임 중 기획 발간된 최신 교본 전집

　새로 개정된 교본은 국기원 개원 50주년을 맞아 2005년 증보판 발간이후 16년 만인 2021년 12월에 5권의 전집 형태로 발간했으며, 2022년에는 교본의 핵심 내용을 요약, 정리하고, 기술 및 수련영역 체계도를 수록하는 등 태권도 지도자와 수련생이 교본을 쉽게 이해하고, 현장에서 활용하는 데 도움을 주기 위한 취지로 축약본을 국·영문 단행본으로 발간했다.

　이동섭 원장은 "태권도는 기술 이전에 철학이며, 교본은 그 철학의 언어적 형상화"라고 강조하며, 교본 편찬을 단순한 출판 사업이 아닌 문화유산 보존과 글로벌 전략의 일환으로 추진했다.

　2023년 7월 7일, 서울 삼정호텔에서 열린 『태권도 교본 출판기념회』는 한글판과 더불어 영어판 교본 발간을 공식적으로 알리는 자리였다. 이 자리는 국기원 이동섭 원장을 비롯해 집필진, 자문위원, 전국 태권도 지도자 등 200여 명이 참석한 가운데 진행되었으며,

특히 태권도장의 일선 지도자 150여 명이 함께해 현장 실무와의 긴밀한 연결을 상징했다.
　"한글판에 이어 영어판까지 태권도 교본을 내놓게 되어 감회가 새롭습니다. 이번 교본이 국내외 태권도 현장에서 널리 활용되기를 바라며, 국기원은 앞으로도 태권도의 학문적 가치를 높이는 연구를 지속하겠습니다." 이 원장은 기념사에서 소감을 밝혔다.

　이어 손민기 강남구의회 의원은 축사를 통해 국기원의 국제적 위상 강화를 지원하겠다는 뜻을 전했으며, 박종범 연구소장의 경과 보고에서는 교본 편찬의 취지와 향후 다국어 확장 계획이 소개되었다.

　한글판과 동일한 체제로 구성된 영어판은 제1권/태권도의 이해, 제2권/기본, 제3권/품새, 제4권/겨루기, 제5권/격파 및 시범의 5권으로 나뉘어 제작되었다.

특히 영어판은 해외 지도자들이 실용적으로 활용할 수 있도록 로마자 병기, 전문 용어 정리, 기술 설명의 간결화에 중점을 두었으며, 겨루기·격파 파트는 전술 설명이 많은 만큼 영어 해설의 비중이 더욱 높아졌다. 또한, 번역 후 전문 감수진 4인의 검토를 통해 용어 일관성과 표현의 정확성이 확보되었다.

⟨이동섭 원장과 주요 내빈들의 태권도 교본 출판기념회 축하 케이크 커팅식⟩ 2023년 7월 7일, 서울 삼정호텔 아도니스홀에서 열린 '태권도 교본 출판기념회'에서 이동섭 국기원장을 비롯한 주요 참석자들이 교본 출간을 기념하며 축하 케이크 커팅식을 진행

이 출판은 단지 인쇄물의 생산을 넘어, 국기원이 태권도의 교육 콘텐츠를 글로벌 표준화하고 문화외교 자산으로 정착시키려는 전략적 시도였으며, 콘텐츠 사업의 새로운 가능성을 열었다.

이동섭 원장 재임기 동안 국기원은 태권도 교육 콘텐츠의 접근성과 실용성을 대폭 강화하기 위한 일환으로, 기존의 전면 개정 교본 및 영어판 발간에 이어 '태권도 교본 국·영문 축약본'을 추가로 출간했다.

이번 축약본은 전문 지도자뿐 아니라 수련생, 일반 독자들도 누구나 손쉽게 핵심 내용을 이해하고, 일선 도장에서 직접 활용할 수 있도록 실전 중심 교재의 실용서다.

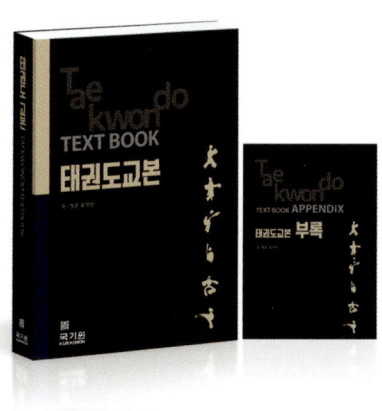

특히 이 축약본은 ⟨교본의 핵심 내용을 선별·요약한 단행본⟩, ⟨기술 및 수련영역 체계도⟩, ⟨품새의 진행 방향⟩을 색상으로 구분한 도해, ⟨동작별 설명과 회전축 안내⟩ 등의 시각 자료가 함께 포함되어 가독성과 실전 활용성을 모두 고려한 편집 방식이 돋보인다.

또한, 부록으로 제공된 소책자에 수록된 QR코드를 통해, 모바일에서도 고화질의 태권도 시연 영상을 바로 확인할 수 있도록 구성되어 있어, 디지털 환경에 익숙한 현대 수련자들에게도 친숙하게 다가갈 수 있는 콘텐츠로 완성되었다.

이동섭 원장은 "태권도는 머리로 배우고, 몸으로 익히며, 가슴으로 전하는 무도"라며, "교본이 책장에서 끝나는 것이 아니라 도장에서 살아 숨 쉬는 실전 교재가 되어야 한다는 철학 아래, 누구나 쉽게 이해하고 활용할 수 있도록 축약본 발간을 기획했다"고 밝혔다.

이러한 축약본 출간은 국기원의 교육 콘텐츠가 학문적 깊이와 더불어 국제화·현장성·실용성이라는 세 가지 기준을 아우르는 체계적 지침서로 진화하고 있음을 상징하는 성과로 평가받고 있다.

3) 대외 협력과 예산 유치의 외교 리더

국기원장은 중앙정부, 국회, 지방자치단체, 국제기구, 해외 태권도 협회 등과의 외교 협상과 전략 제휴를 주도하는 인물이다. 국기원의 운영 안정성과 정책 실행을 위해 필수적인 예산 확보, 공동 협약, 문화사업 추진 등은 국기원장의 정치·외교력에 달려 있다.

국기원장의 역할은 내부 경영과 대외 대표성을 아우르는, 매우 복합적이고 전략적인 자리이다. 특히 국기원이 태권도의 세계 본부이자 국가문화정책과 연계된 상징기관으로 자리매김하면서, 원장의 행정적·외교적 책무는 더욱 막중해지고 있다.

'국기 태권도 지정의 날' 기념 메타버스 개최, 세계태권도지도자포럼의 정책화는 국기원장의 전략적 외교 능력이 뒷받침된 대표 사례다.

〈2022 국기 태권도 지정의 날 기념 포스터〉
2018년 3월 30일 태권도가 대한민국의 국기로 지정된 것을 기념하기 위한 행사 포스터. "대한민국의 국기는 태권도로 한다"는 문구와 함께, 2022년 3월 30일 오후 2시 국기원 홈페이지에서 온라인 개최됨을 알리고 있다.

[메타버스로 확장된 국기 태권도의 외교적 상징성]

이동섭 원장은 전통과 미래가 공존하는 국기원의 외연 확장을 위해, 첨단 디지털 기술과 문화 콘텐츠를 결합한 새로운 형식의 외교·홍보 전략을 적극 도입했다. 그 대표적인 사례가 바로 2022년 '국기 태권도 지정의 날 기념식'을 메타버스 공간에서 개최한 것이다.

2018년 3월 30일, 태권도가 대한민국의 '국기로 법제화된 날'을 기념하기 위해 마련된 이번 행사는, 국기원의 전통적 권위를 유지하면서도 디지털 세대와의 접점을 확장하고자 '국기런(KUKKI-Learn)'이라는 자체 메타버스 플랫폼을 통해 진행되었다. 국기런은 '국기 태권도의 의미를 배운다'는 취지를 담은 가상공간으로, 국기원 건물을 구현한 디지털 환경 속에서 누구나 자유롭게 콘텐츠를 체험할 수 있도록 설계되었다.

2022년 3월 30일부터 4월 1일까지 사흘간 이어진 기념식은 〈태권도 시범 공연 영상〉, 〈품새

〈국기원-핏펀즈 업무협약 체결식〉 2022년 2월 15일, 국기원과 핏펀즈가 태권도 기반 참여형 플랫폼 기획 및 메타버스 콘텐츠 생태계 활성화를 위한 업무협약을 체결. 이동섭 국기원장(왼쪽)과 핏펀즈 김민수 대표(오른쪽)가 협약서 서명 후 악수

와 호신술 등 실전 태권도 시연〉, 〈태권도 교본 및 해외 지부 홍보 콘텐츠〉, 〈퀴즈와 게임〉 등을 통해 세계인이 참여하는 상호작용형 이벤트로 구성되었다. 특히, 퀴즈와 게임을 통해 캐릭터를 성장시키는 메커니즘을 도입함으로써, 청소년과 일반인의 자연스러운 참여를 유도하며 태권도를 통한 국격 제고 및 브랜드 홍보라는 다층적 효과를 거두었다.

이 행사는 단순한 비대면 대체 행사를 넘어, 국기원이 보수적인 이미지에서 탈피하여 디지털 기반의 소통형 문화기관으로 진화하고 있음을 대내외에 선언하는 상징적 계기가 되었다. 또한, 대중의 자발적 참여를 이끌어내기 위해 SNS 응원 영상 이벤트를 동시에 운영하며, 태권도 정신을 일상 속에서 체험하고 공유할 수 있도록 설계된 참여형 콘텐츠로 확장되었다. 국기원은 2022년 1월 12일 메타버스 전문 기업 '핏펀즈(fitfuns):과학기술정보

〈국기원 메타버스 공간 '국기런(KUKKI-Learn)' 메인 게이트〉 국기원이 실물 게이트를 본떠 태권도복을 입은 아바타 캐릭터들이 환영하는 모습

〈메타버스 내 가상 국기원 행사장 전경〉 다양한 콘텐츠가 구현된 메타버스 행사장 전경. 국기원 시범단 공연, 태권도 퀴즈, 게임, 조형물 등이 배치되어 있으며, 참여자들이 자유롭게 탐색하고 체험할 수 있는 구조로 구성

통신부에서 운영하는 메타버스 얼라이언스 회원사'와 함께 태권도를 활용한 참여형 플랫폼 '국기런'을 개발, 콘텐츠 제작을 위해 업무협약을 체결했고, 4차 산업혁명 시대를 맞아 미래 기술을 활용해 태권도 활성화 방안을 지속적으로 모색하고 있다.

이처럼 이동섭 원장은 기념일, 행사, 교육 플랫폼을 외교 전략 자산으로 승화시키는 기획력과 미래 지향적 리더십을 통해, 국기원이 디지털 시대 문화외교의 전진 기지로서 자리매김하는 데 큰 역할을 했다. 특히, 메타버스를 활용한 국기 기념식은 대한민국 고유문화인 태권도의 위상을 세계적 수준으로 끌어올리는 창의적 외교 사례로 평가받는다.

무엇보다 문화체육관광부의 예산 지원을 확보하는 것은 국기원 운영의 기반을 다지는 중요한 역할이다. 이는 단순한 행정처리가 아니라, 국기원의 공공성과 정책적 가치를 대내외적으로 설득해야 가능한 일이다. 이동섭 원장은 국회의원 시절부터 다져온 정책 경험과 인적 네트워크를 바탕으로 매년 정부 예산을 안정적으로 확보하며 국기원 재정의 지속 가능성을 높였다.

또한 국회와의 지속적인 예산 간담회 개최를 통해, 여야 의원들에게 태권도의 문화외교적 가치와 국기원의 세계적 위상을 설명하고 협조를 요청하는 일은 원장의 중요한 대외 전략 중 하나이다. 이는 단순한 예산 확보를 넘어서, 국기원을 '국회와 소통하는 공공기관'으로 인식시키는 데 기여하고 있다.

이동섭 국기원장은 국기원의 노후화된 시설 개선과 재건축을 위한 예산 확보와 정책적 지원을 이끌어내기 위해, 주요 국정 책임자들과의 외교적 협력 행보를 지속적으로 전개했다.

이동섭 원장은 취임 직후부터 국기원과 태권도계의 현안 해결을 위한 광폭 행보에 나섰다. 2021년 2월 15일, 그는 삼청동 총리공관에서 정세균 국무총리와 오찬을 겸한 면담을 갖고 약 1시간 30분간 국기원의 중장기 과제와 현안에 대해 심도 있는 논의를 진행했다.

〈정세균 국무총리에게 국기원 제안서 전달〉
이동섭 국기원장이 국무총리 공관에서 정세균 국무총리에게 국기원의 발전 방안을 담은 제안서를 전달하며 정부 차원의 지원을 요청

이 자리에서 이 원장은 국기 태권도의 본부인 국기원의 노후화된 시설 개선과 재건축의 시급성을 강조하며, 정부 차원의 재정적·정책적 지원을 강력히 요청했다.

아울러 코로나19 팬데믹으로 직격탄을 맞은 전국 일선 태권도장들의 현실을 설명하고, 생존을 위한 실질적 지원책 마련의 필요성을 피력하였다.

정세균 총리는 이 원장의 건의에 깊이 공감하며, 대한민국의 국기인 태권도가 다시 도약할 수 있도록 정부도 관심과 노력을 기울이겠다는 뜻을 밝혔다. 이 면담은 국기원장의 외교적 리더십과 정책 설득력, 그리고 정부 고위층과의 신뢰 기반을 보여주는 대표적인 사례로 기록된다.

〈이동섭 국기원장, 정세균 총리에게 국기원 현안 설명〉
2021년 2월 15일, 삼청동 총리공관에서 열린 환담에서 이동섭 국기원장이 정세균 국무총리와 마주한 자리에서 국기원의 노후시설 개선과 일선 태권도장 지원 방안에 대해 설명

2021년 2월 26일, 그는 박병석 당시 국회의장을 국회의사당 내 의장 집무실에서 면담하고, 국기 태권도의 본부인 국기원이 국가를 대표하는 문화시설로 기능할 수 있도록 적극적인 국회 차원의 지원을 요청했다. 이 원장은 "세계 태권도의 심장인 국기원이 현재는 시설적으로 매우 초라한 모습으로 남아 있다"며 "국기원 재건축을 통해 미래 세대가 자부심을 가질 수 있는 상징적 공간으로 탈바꿈해야 한다"고 강조했다.

이에 박 의장은 "태권도가 국기로 지정되는 데 큰 역할을 한 이동섭 전 의원이 국기원장을 맡게 된 것을 기쁘게 생각한다"며, 국기원과 태권도 발전을 위해 국회에서도 최대한 협조하겠다는 의지를 표명했다. 이 자리에는 국회의원 태권도연맹 총재인 홍문표 의원과 김지숙 국기원 이사 등이 함께 배석해 논의에 무게를 더했다.

이동섭 원장은 이날 회동을 마친 뒤, 박병석 의장에게 태권도복을 직접 전달하며 국기 태권도의 정신과 문화적 상징성을 공유했다. 이는 정세균 국무총리(2월 15일), 정순균 강남구청장(2월 24일)과의 연쇄 회동에 이은 일정으로, 국기원의 위상 제고를 위한 그의 '광폭 외교'의 일환이었다.

국제적 차원에서는 각국 대사관과의 협력 MOU 체결 및 실질적 교류 프로그램 추진이 이어지고 있다. 국기원장은 각국 외교사절단과의 긴밀한 소통을 통해 태권도 사범 파견,

〈박병석 국회의장과 국기원 현안 간담회〉
2021년 2월 26일, 이동섭 국기원장이 국회의사당 내 의장실을 방문, 박병석 국회의장과 국기원의 노후시설 개선 및 재건축 관련 현안을 논의하고 국회의 협조를 요청. 이 자리에는 김지숙 국기원 이사와 홍문표 국회의원도 배석해 태권도 발전을 위한 협력 방안을 함께 모색

〈국회의장에게 태권도복 전달 및 기념촬영〉
간담회를 마친 뒤 태권도복 입은 박병석 국회의장과 기념촬영. 도복과 띠에는 각각 'KUKKIWON'과 '국회의장'이라는 자수를 새겨 국기 태권도의 가치를 공유하고 국회 차원의 지속적 지원을 요청하는 상징적 의미 전달

문화 교류 행사, 현지 지부 설립 등 다양한 글로벌 사업을 이끌고 있으며, 이는 국기원이 국제 문화 외교의 교두보로 기능하고 있음을 보여주는 실천적 사례다.

특히 국제태권도연맹(WT, ITF)과의 관계 조율은 국기원장의 고도의 전략과 외교 감각을 요구하는 영역이다. 과거에는 이해관계의 충돌로 갈등을 빚기도 했지만, 최근에는 상호 협력적 관계 구축을 통해 세계 태권도계의 통합과 발전을 도모하고 있다. 이동섭 원장은 국기원장으로서 이러한 국제 협력 구도를 제도화하고 실천하는 데 있어 중요한 가교 역할을 수행하고 있다.

이렇듯 국기원장은 태권도라는 콘텐츠를 기반으로, 행정, 정책, 외교, 문화 등 다방면에서 조율과 실천을 동시에 수행하는 고도의 '복합형 리더십'을 요구받는다. 이는 곧 국기원장이 단순한 기관장이 아닌, '대한민국 문화외교의 최전선'을 대표하는 국가급 리더임을 방증하는 것이다.

4) 갈등 조정자이자 위기관리 리더

국기원은 단일한 행정기구를 넘어 수많은 이해관계자들이 얽혀 있는 거대한 생태계다. 국내에는 도장과 시도지부, 대한태권도협회와 세계태권도연맹이 존재하고, 국외에는 각국 협회와 교육기관, 국제기구가 얽혀 있다. 태권도라는 하나의 무예를 중심으로 다양한 집단이 엇갈린 관점과 입장을 내세우는 현실 속에서, 국기원장은 그 자체로 '갈등 조정자'이자 '위기관리자'로서의 중책을 감당해야 한다.

이 직책은 단순한 기관 운영자의 역할을 넘어선다. 국기원장은 도장을 대표하는 지도자와 협회 간의 긴장 상태를 중재하고, 때로는 중앙정부 및 지방정부와의 정책 간극을 해소하는 조정자 역할을 수행해야 한다. 동시에 국기원 내부에서 발생하는 부정 의혹, 국제사회에서 제기되는 비판, 언론의 집중 조명을 받는 미디어 리스크 등 복합적 위기 상황에도 침착하게 대응해야 한다. 국기원장의 한마디 한마디, 한 번의 메시지 발표가 태권도 전체의 신뢰와 존속 가능성을 좌우하게 되는 것이다.

실제로 국기원은 지난 수십 년 동안 다양한 위기 상황을 겪었다. 국기원 단증의 위조 문제가 거론된 것은 태권도 공인의 권위 자체를 흔드는 사건이었고, 원장직 공백 사태는 국기원의 통치 리더십에 대한 근본적인 회의를 불러일으켰다. 일각에서는 국기원의 정치적 편향성 논란까지 불거지며, 국기원의 정체성과 방향성에 대해 다시금 질문을 던지는 계기가 되기도 했다.

이러한 상황에서 이동섭 국기원장이 보여준 위기관리 리더십은 다층적이고 전략적이었다. 그는 국회의원으로서 쌓아온 정치적 감각을 기반으로 갈등을 조율하고, 제도적 개편을 단행하며, 외부 사회와의 소통을 강화하는 방식으로 국기원의 신뢰를 회복해 나갔다.

가장 먼저 그가 시도한 것은 국기원장 선출과 이사 선임 방식의 개혁이었다. 원장직을 두고 벌어졌던 정치적 분열과 불신을 근본적으로 해결하기 위해, 2019년 중앙선거관리위원회에 위탁하여 국기원 역사상 최초의 '직선제 원장 선거'를 시행하였다. 아울러 이사 공모제를 도입함으로써 기존의 폐쇄적 인사 구조를 탈피하고, 국기원의 민주적 운영 기반을 제도화했다.

내부의 신뢰 회복과 더불어 그는 '공공외교 사령탑'으로서 국기원의 대외 위상 제고에도 적극 나섰다. 워싱턴 D.C.에서 개최된 한미 태권도 외교 행사에서는 미국 의회와 한국 외교부, 주미대사관이 모두 협력 파트너로 참여했고, 이는 태권도가 단순한 스포츠를 넘어 문화외교의 핵심 콘텐츠로 인정받은 상징적 사건으로 남았다. 특히 이 자리에서 미국 연방 하원의원 스티브 스워지가 태권도 동아리를 설립하고, 국기원 명예단을 수여받은 사례는 태권도가 정치와 외교의 연결 고리로 작동할 수 있음을 보여준 상징적인 장면이었다.

이동섭 원장은 이와 같은 외교 무대에서 "한미동맹의 정신과 태권도의 가치는 통한다. 이것이 바로 평화와 공존의 외교 코드다"라는 메시지를 던졌다. 이 발언은 단순한 구호를 넘어서, 국기원이 수행해야 할 국제적 책무와 정체성을 명확히 제시한 선언이었다. 실제로 이 메시지는 20여 개국 이상의 언론을 통해 전 세계에 전파되었고, 국기원의 글로벌 이미지 제고에 기여했다.

무엇보다도 중요한 것은, 그가 위기 상황에서 보여준 일관된 자세였다. 민감한 사안이 불거질 때마다 서둘러 언론과의 접촉을 피하거나 내부 탓으로 돌리는 대신, 그는 외부와의 신뢰 구축을 위한 적극적인 메시지 전략을 구사하고, 내부 개편을 통해 실질적인 변화를 유도했다. 국기원의 감사 기능을 강화하고, 국제사업부서를 전략국으로 승격시킨 것도 이 같은 개혁의 일환이었다.

이동섭 원장의 위기관리 리더십은 결국 한 가지 문장으로 요약될 수 있다. "국기원장은 철학을 말하고, 제도를 설계하며, 조직을 운영하고, 외교를 수행하는 다중 역할의 수장이다." 그는 단지 국기원의 운영자가 아닌, 대한민국의 브랜드 전략가이자 세계 태권도 질서의 설계자로서 기능했다. 위기 속에서 진가를 드러낸 그의 리더십은, 앞으로의 국기원이 나아가야 할 리더십의 표준을 제시한 사례로 기록될 것이다.

6. '국기 태권도'와 국가 브랜드의 의미

1) 국기 태권도의 선언과 상징성

수천 년 한국인의 정체성과 철학, 문화가 집약된 이 무도는 오랜 시간 동안 한국을 대표하는 상징이자 세계와의 대화 수단으로 발전해왔다. 그리고 2018년, 대한민국은 태권도를 공식적으로 '국기(國技)'로 지정하며 그 상징성과 위상을 법적으로 천명하였다. 이는 단지 명칭 하나를 부여한 사건이 아니라, 태권도를 대한민국의 국가 브랜드이자 철학적 유산으로 승인한 국가적 선언이었다.

'국기 태권도'의 지정은 태권도의 존재 의미를 한 단계 끌어올렸다. 이제 태권도는 단지 체육관의 수련 콘텐츠가 아닌, 대한민국의 얼과 정신을 전 세계에 전파하는 국가대표 문화 콘텐츠가 되었다. 그것은 무대를 통해 말 없이 전달되는 한국의 품격이며, 평화를 지향하는 대한민국의 외교적 메시지다.

국기 지정은 또한 법률적으로 큰 전환점을 의미한다. 「태권도 진흥 및 태권도공원 조성 등에 관한 법률」 개정에 따라, 국기 태권도는 국가가 보호하고 진흥해야 할 법적 자산이자 공공 자원으로 규정되었다. 이로써 태권도는 문화, 교육, 외교, 관광 등의 국가정책 전반과 긴밀하게 연결되는 기반을 확보했다.

그 중심에는 국기원이 있다. 국기원은 태권도의 정신과 기술, 교육 체계와 심사 시스템을 관리하는 중심기관으로, '국기 태권도'의 위상을 구체화하고 실천하는 실질적 플랫폼

〈태권도의 날 기념행사 개최〉
2008년 서울 올림픽공원 평화의 광장에서 태권도법 발효를 기념하며 첫 법정기념일 '태권도의 날'(매년 9월 4일) 행사

역할을 수행하고 있다. 국기원은 태권도가 단순한 스포츠 종목이 아닌, 국민의 정체성과 세계 속 한국의 브랜드를 상징하는 가치임을 행동으로 증명하는 현장이다.

태권도가 국기로 지정된 이 선언은 결국, 한국이라는 나라가 무엇을 믿고 어떤 문화를 세계에 전하고 싶은지를 말해주는 철학적 고백이자 전략적 포지셔닝이었다. 그리고 그 철학을 현실로 만드는 공간이자 제도적 주체가 바로 국기원과 그 리더, 국기원장이다.

2) 국기원장과 국가 브랜드 리더십

'국기 태권도'의 지정은 단지 명예로운 타이틀 부여에 그치지 않았다. 태권도를 통해 대한민국을 세계에 어떻게 알릴 것인가, 어떤 문화적 정체성과 미래 전략을 전파할 것인가를 고민하게 만들었다.

국기원의 책임자에 의한 태권도 브랜딩 리더십, 그 중심에서 이를 실행하고 설계하는 인물이 바로 국기원장이다.

국기원장은 단순한 무도 단체장, 행정 책임자가 아니다. 그는 태권도의 철학을 수호하고, 그 가치를 국내외에 전달하는 전파자로서의 역할을 수행하는 상징적 리더이자 실천적 전략가이다. 특히 '국기 태권도'의 위상이 높아질수록, 국기원장은 대한민국을 대표하는 문화 외교 사절이자 국가 브랜드 매니저로서의 역할을 요구받는다.

이들은 국기원의 로고, 슬로건, 국제 행사, 교육 및 심사 제도 등 브랜드의 언어와 시각을 정비하고, 이를 세계 210여 개국의 태권도 커뮤니티와 일관되게 공유함으로써, '태권도 = 한국'이라는 글로벌 브랜드 등식을 강화해왔다.

무엇보다 국기원장의 역할은 태권도를 정신문화와 공공 외교의 전략 자산으로 재정립하는 데 있다. 각국 정부, 유엔, 해외 대사관 등과의 외교 현장에서 태권도 시범과 문화 콘텐츠는 단순한 퍼포먼스가 아니라, 한국의 가치와 철학을 직관적으로 전달하는 도구로 활용된다. 이는 단순한 스포츠 외교를 넘어, 국가 이미지 형성과 정체성 전달을 위한 공공외교 브랜딩의 일환이다.

결국 국기원장은 태권도를 매개로 대한민국의 얼굴과 철학을 전 세계에 설계하고 운영하는 국가 전략의 핵심 리더인 것이다.

3) 국가 브랜드 전략과의 연계

'국기 태권도'의 지정은 태권도의 의미를 국내적 상징에서 국제적 브랜드로 확장시킨 중대한 계기였다. 대한민국이라는 국가의 철학·가치·문화를 세계에 전달하는 국가 브랜드 전략의 핵심 도구로 태권도를 재정의한 것이다. 그리고 이 전략을 설계하고 실행하는 중심축이 바로 국기원이며, 그 리더인 국기원장이 핵심 실천자 역할을 수행한다.

오늘날 많은 국가들은 자국의 문화적 자산을 기반으로 브랜드 이미지를 설계하고 있다. 대한민국은 한류(K-Culture) 열풍 속에서 태권도를 대한민국 정체성을 상징하는 대표 브랜드 콘텐츠로 포지셔닝하고 있다. 이 과정에서 국기원은 문화체육관광부, 외교부, 한국관광공사 등 정부기관과의 협업을 통해, 공공 외교, 관광 진흥, 글로벌 캠페인 등 다양한 분야에서 태권도의 역할을 확대해 나가고 있다.

예컨대 국기원 주도의 해외 파견 시범단 활동은 단순한 시범을 넘어, 한국이라는 국가 브랜드를 비언어적 메시지로 전달하는 역할을 수행한다. 백악관 초청 행사, 유엔 시범공연, 각국 대통령 초청 행사 등은 태권도를 통해 '대한민국'이라는 국가의 이미지를 긍정적으로 구축하는 대표적 사례들이다.

뿐만 아니라 국기원은 해외 유소년 교육, 다문화 프로그램, 유네스코 등재 추진 등의 사업을 통해 지속가능한 브랜드 자산으로서의 태권도를 제도화해왔다. 이는 일회성 퍼포먼스를 넘어 정책 기반의 글로벌 브랜드 아키텍처 전략으로 발전하고 있음을 보여준다.

결국 태권도는 단지 기술과 동작의 콘텐츠가 아니라, 대한민국의 철학과 문화, 나아가 국가 전략의 정체성을 세계에 각인시키는 브랜드 자산이며, 국기원장은 이를 주도하는 총괄 브랜딩 디렉터의 역할을 수행하고 있는 것이다.

4) 글로벌 거버넌스와 문화 정통성 확보

태권도가 세계 214여 개국에서 수련되고 있는 오늘날, 단순한 스포츠 종목이나 무예로서의 태권도를 넘어 세계적인 문화 자산으로서의 정통성과 운영 주체의 공신력은 점점 더 중요해지고 있다. 이 시대적 과제를 책임지는 기관이 바로 국기원이자, 그 수장을 맡은 국기원장이다.

국기원은 태권도의 정신적 중심이자, 제도적 기준을 설정하는 국제 표준의 플랫폼이다. 기술 체계, 단·품·고단자 심사 기준, 사범 인증, 지도자 교육 시스템 등 세계 태권도 커뮤니티의 룰과 기준을 통합·조율하는 기능을 수행하고 있다. 이와 같은 글로벌 거버넌스의 중심에서 국기원장이 수행하는 역할은, 단순한 기관 운영자를 넘어 세계 태권도 정체성과 문화 유산의 수호자에 가깝다.

세계 각국에는 다양한 태권도 단체와 협회가 존재하며, 때로는 이념·이해관계의 차이로 인한 갈등도 발생한다. 이러한 상황 속에서 국기원은 태권도의 원형과 철학을 보존하면서도, 국제 협력과 조정의 중심축으로 기능해야 한다. 이는 곧, '누가 태권도를 대표하는가', '누가 정통성을 보증하는가'라는 질문에 대한 실질적인 답변을 요구하는 것이며, 그에 대한 책임과 권한은 국기원장에게 귀속된다.

특히 최근에는 태권도의 유네스코 문화유산 등재 추진, 글로벌 평화 캠페인 연계, 국제기구 협력(UNESCO, IOC 등)을 통한 문화정책 기반의 외교 전략 구축이 중요해지고 있다. 국기원은 이러한 흐름 속에서 국가적 자산으로서의 태권도의 정체성을 세계적으로 인정받도록 만드는 브레인 허브 역할을 맡고 있다.

국기 태권도의 지정은 세계태권도연맹(WT) 및 해외 사범단체들과의 협력 시에 대한민국의 브랜드 주도권을 공고히 하는 계기이며, 이 모든 것은 태권도를 수련하는 사람들이 기술을 넘어서 정신과 가치를 공유하고, 국가 간, 문화 간 소통의 다리로 태권도가 기능하게 만들기 위한 실천 전략이다. 국기원장에게 요구되는 리더십은 곧 문화유산 수호자, 국제 규범 설계자, 평화외교 촉진자로서의 복합적 정체성이다.

7. 대중에게 다가가는 콘텐츠화 전략

이동섭 원장은 국기원을 더 이상 내부 중심의 행정 기관으로 머물게 하지 않았다. 그는 태권도가 국민에게 더욱 가까이 다가갈 수 있는 방향으로 콘텐츠화 전략을 선도하며, 태권도를 대한민국의 생활 속 문화로 안착시키는 데 핵심적 역할을 했다. 특히 그는 태권도를 철학이 있는 콘텐츠, 메시지를 가진 문화 언어로 전환시키고자 했고, 국기원은 그 브랜드와 플랫폼의 중심이 되었다.

1) 시각 언어와 브랜드 콘텐츠로 태권도를 알리는 전략

[정보화부터 방송 캠페인까지, 브랜드 국기원의 홍보 정책과 콘텐츠 확산]

2000년대 중반, 국기원은 태권도의 가치를 대내외적으로 알리고, 브랜드 이미지를 체계적으로 정립하기 위한 다각적 홍보 정책을 수립·추진하였다. 이 시기의 홍보 정책은 크게 세 가지 축으로 진행되었다: 정보화 기반의 디지털 전환, 언론 매체 연계 콘텐츠 제작, 그리고 지속가능한 대중 캠페인 운영이다.

우선 국기원은 2005년 10월부터 '정보화 사업'을 본격화하였다. 2006년 4월부터는 온라인 기반의 유품·단자 관리 시스템을 강화하고, 국내외 품·단증 신청 절차의 전산화를 추진하였다. 이 시스템은 해외 승품·단 심사 신청 역시 온라인으로 처리할 수 있게 하여, 전 세계 태권도 수련인에게 편의를 제공하며 국기원의 디지털 행정 신뢰도를 높이는 계기가 되었다.

이와 함께, 국기원 누리집(홈페이지)을 새롭게 개편하고 메인화면 디자인을 개선하는 한편, 태권도 관련 자료와 정보 콘텐츠를 보완하여 국기원의 기능을 알리고 사회적 이미지 제고를 꾀했다.

2005년 7월에는 격월간 정기간행물 『태권도 피플(Taekwondo People)』을 창간하였다. 이 매체는 국기원의 정책 방향, 국내외 태권도계의 흐름, 우수 도장 및 사범 사례 등을 정기적으로 소개하며 태권도계 소통과 기록의 통로 역할을 수행하였다.

방송을 통한 홍보도 적극적으로 추진되었다. 2006년 6월 19일, 국기원은 대한태권도협회(KTA), KBS N과 함께 '태권도 방송홍보 협약'을 체결하고, 공익 캠페인 및 고정 프로그램을 공동 제작·방송하기로 하였다. 이 협약은 태권도의 사회적 가치를 알리고, 전국 도장 활성화를 유도하는 데 실질적 기여를 하였다.

이후 2007년 8월에는 Q채널과 협력하여 홍보 동영상 『세계인의 문화, 태권도』를 제작하였다. 이 영상은 〈태권도의 역사와 철학〉, 〈수련을 통한 정신 수양〉, 〈과학성과 인성교육 효과〉 등을 담았고, 한국어·영어·아랍어·일본어·중국어·불어·스페인어 등 7개 언어로 제작

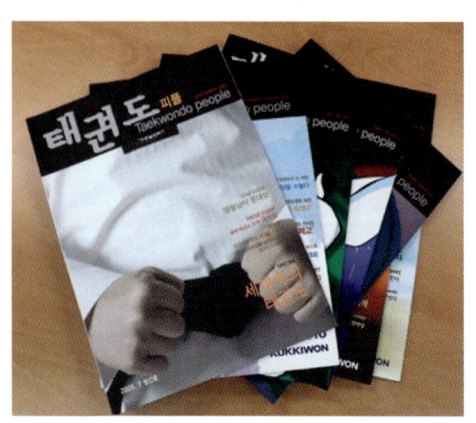

〈태권도 피플 격월간지〉 2005년 7월 매거진 창간

되어 한국관광공사와 세계태권도연맹(WT) 회원국에 배포되었다. 이는 태권도의 글로벌 문화콘텐츠로서의 역할을 강화한 상징적 사례였다.

같은 해 9월에는 KTA와 공동으로 기획한 어린이 프로그램 『달려라! 태권돌이』가 KBS N Sports를 통해 방송되었으며, 이는 청소년 세대에게 태권도를 친근하게 알리고 도장 활동 참여를 유도하는 세대맞춤형 콘텐츠 전략으로 주목받았다.

이어 2007년 10월부터는 KBS N 채널에서 '태권도 캠페인'을 정기 편성하여 방영했다. 1년간 매주 4회, 각기 다른 주제를 중심으로 구성된 이 캠페인은 태권도 수련의 교육적 효과, 인성 함양, 건강 증진 등 사회적 가치 중심의 메시지를 담아냈다. 국기원은 해당 사업에 1억 4천만 원, KTA는 5천만 원을 투입하며 공동 기획·운영했다.

이 일련의 홍보정책은 국기원이 태권도의 심사기관을 넘어, 전문 커뮤니케이션 주체이자 문화 콘텐츠 생산기관으로서 위상을 갖추는 기반이 되었다. 정보화, 출판, 방송, 영상 등 매체의 다양화와 메시지 전략의 입체화는 이후 국기원의 브랜드 전략과 세계화 정책의 핵심 도구로 이어지게 된다.

["디지털로 확장된 태권도의 목소리", 국기원의 홍보 전략과 커뮤니케이션 진화]

2008년, 국기원은 홍보 영상 콘텐츠의 전문성과 품질 향상을 위해 언론 전문 단체와의 협업에 나섰다. 6월에는 한국방송기자클럽과 업무협약(MOU)을 체결하고, 태권도와 국기원의 이미지 제고 및 문화콘텐츠 개발을 위한 기반을 마련하였다. 이는 단순 홍보를 넘어 태권도 가치의 시각적 메시지화 전략으로 전환되던 시기의 상징적 시도였다.

2010년 1월, 이승완 원장 체제 출범과 함께 국기원의 디지털 플랫폼 정비가 본격화되었다. 이미 2001년에 개설된 국기원 누리집은 시대 흐름에 맞춘 대대적 리뉴얼 작업을 통해, 보다 밝고 세련된 사용자 인터페이스로 개편되었으며, 기존의 온라인 단증 신청 기능 외에 장애인 이용자를 위한 IPIN 시스템과 동영상 기능 강화 등 접근성과 편의성을 모두 향상시켰다. 이를 통해 국기원 주요 업무 정보와 소식을 한눈에 확인할 수 있는 정보 투명성과 대중 친화성이 크게 제고되었다.

이와 함께, 미디어 환경에 적극 대응하는 전략도 병행되었다. 2011년 1월 정기이사회에서는 '언론대책특별위원회' 설치를 결의하고, 국기원 관련 허위보도 및 왜곡 정보에 대한 법적·제도적 대응 체계 구축을 선언했다. 홍보부는 "정확한 정보 전달 체계를 체계화하고, 필요시 언론중재위 제소 및 민형사상 대응도 고려할 수 있다"고 발표하며, 공적 기관으로서 국기원의 이미지 보호에 나섰다.

국기원의 홍보정책은 디지털 기반의 쌍방향 커뮤니케이션 플랫폼으로 확장되었다.

2011년 8월, '세계태권도한마당 글로벌 커뮤니티' 구축 프로젝트가 출범하면서 국기원은 본격적으로 SNS를 활용한 글로벌 네트워킹에 착수했다. '2011 세계태권도한마당'이 열린 남양주체육문화센터에서 페이스북과 트위터 계정이 공식 오픈되었으며, 유튜브를 통한 영상 서비스 제공, 국기원 공식 블로그 개설 등을 통해 전 세계 태권도 가족들과의 온라인 연결을 강화하였다.

이 커뮤니티 플랫폼은 단순 소셜 홍보를 넘어, 태권도 대회 실황·뉴스·대진표·규칙 안내 등 실용적 정보가 통합 제공되는 정보 포털로 발전했다. 이는 이후 국기원이 글로벌 콘텐츠 기반 기관으로 기능 전환해 가는 흐름에 결정적 기반이 되었다.

이와 같은 디지털 전환 흐름은 2012년 모바일 애플리케이션 개발로 이어졌다. 국기원은 스마트폰 기반 '태권도 모바일 정보 서비스'를 구축하고, 12개 카테고리로 구성된 앱을 통해 태권도 관련 전방위 콘텐츠를 제공하였다. 이 앱은 〈국기원 소개〉, 〈승품·단 심사〉, 〈태권도장 정보〉, 〈세계태권도한마당〉, 〈시범단〉, 〈세계태권도아카데미〉, 〈뉴스·자료실〉 등 다양한 기능을 탑재하였으며, 국기원 홈페이지의 주요 정보를 대부분 모바일에서 접근할 수 있도록 설계되었다.

특히 각 콘텐츠는 스토리텔링 기법을 적용하여, 사용자들이 단순 정보 수집을 넘어서 태권도의 역사와 철학, 인물과 기관에 대한 이해를 자연스럽게 높일 수 있도록 구성되었다. 이는 국기원의 정보를 단순 나열식에서 콘텐츠 중심의 브랜드 내러티브로 재구성하는 전략으로 해석된다.

["다큐멘터리를 통해 세계와 소통하다", 국기원의 영상 캠페인 전략]

2012년 9월, 국기원은 대중매체를 활용한 고품질 홍보 전략의 일환으로 SBS와 손잡고 태권도 다큐멘터리 〈세계, 태권도로 通하다!〉를 제작·방송하였다. 이 다큐멘터리는 한국뿐 아니라 미국, 인도 등 글로벌 현장을 배경으로 촬영되었으며, 〈인도의 카스트 제도 극복을 도운 태권도〉, 〈미국 내 비만 퇴치 운동으로 활용되는 태권도〉, 〈글로벌 사범 파견의 우수성〉, 〈성인 도장의 부활〉 등 태권도가 단순 무도에서 삶의 변화 수단이 된 구체적 사례들을 조명했다. 이는 태권도가 세계인의 삶 속에서 실질적인 철학과 실천의 콘텐츠로 기능하고 있음을 보여준 사례였다.

["태권도 앱, 콘텐츠 플랫폼으로 진화하다", 디지털 기반 글로벌 행정 서비스의 전환점]

2012년 11월, 국기원은 글로벌 사용자들과의 실시간 정보 소통을 목표로 영문판 스마트폰 애플리케이션 개발을 완료하고 정식 서비스를 개시했다. 이 프로젝트는 이승완 원장 체제에서 추진된 디지털 행정 혁신 정책의 일환으로, 단순한 정보 전달을 넘어, 태권도의 철학과 수련 체계를 전 세계 사용자에게 직접 전달할 수 있는 모바일 플랫폼 구축을 목표로 진행되었다.

이번 영문 앱 개발은 기존 국문 애플리케이션을 단순히 번역한 수준에 그치지 않았다. 국기원은 사용자 인터페이스(UI)와 사용자 경험(UX)을 전면적으로 재설계하였으며, 국문·영문 간 양방향 언어 호환 인터페이스를 통해 사용자 언어 선택 기능을 제공하였다. 이는 글로벌 단증 수련자와 사범, 해외 태권도장 관리자들이 실시간으로 국기원 정보를 접하고 활용할 수 있도록 만든 실질적인 접근성 개선이었다.

특히 LTE 기반의 안드로이드 환경에서도 안정적인 구동이 가능하도록 호환성을 확보하였고, 이미지 콘텐츠를 보다 직관적으로 전달하기 위해 슬라이딩 방식의 갤러리 UI를 도입하여 가독성과 몰입도를 향상시켰다.

애플리케이션에는 〈태권도 품새 동영상〉, 〈태권도 용어 해설〉, 〈심사 안내〉, 〈도장 정보〉, 〈세계태권도한마당 콘텐츠〉 등 다양한 교육 및 행정 정보가 포함되었고, 학습 도구로서의 활용 가능성도 함께 고려되었다. 이외에도 메뉴 구조는 메인과 서브 카테고리를 체계적으로 구성하여, 사용자가 정보 접근에 혼란 없이 활용할 수 있도록 했다.

이승완 원장의 집행력 아래 진행된 앱 개발은, 단순한 모바일 기술 도입이 아닌 '태권도 디지털 행정의 글로벌화'라는 전환점으로 평가된다. 이는 국기원이 디지털 시대에 맞춰 기술적 수단을 통해 국제적 공공성과 행정 투명성, 교육 콘텐츠의 접근성을 동시에 강화한 대표적 사례다.

이승완 원장 재임기 동안 시작된 스마트폰 애플리케이션 기반의 모바일 행정 플랫폼 구축은, 이동섭 원장 체제에 들어서면서 더욱 체계적이고 전략적인 방향으로 디벨롭(Develop)되었다. 그는 단순 기능 제공에서 벗어나, 태권도의 교육 콘텐츠와 행정 서비스, 커뮤니티 기능을 통합한 '종합 플랫폼' 구축을 목표로 삼았다.

이동섭 원장은 모바일 애플리케이션을 단순한 조회 시스템이나 보조 서비스가 아닌, 국기원의 핵심 디지털 자산이자 글로벌 공공 플랫폼으로 재정의했다. 이를 위해 다음과 같은 구체적 조치를 실행에 옮겼다.

① 실시간 행정서비스 확대

품·단증 신청 현황, 자격 검증, 수련 이력 등 기존 PC 기반에서만 가능하던 행정기능을 모바일에서 실시간 처리할 수 있도록 기능을 보완하였다. 또한 사용자 요청에 따라 앱 내에서 직접 국기원 소식 수신, 심사 일정 확인, 공지 알림 구독 기능도 탑재함으로써, 사용자 접근성과 편의성을 한층 끌어올렸다.

② 교육 중심 콘텐츠 강화

태권도 품새, 용어 해설, 사범 교육 콘텐츠 등은 단편적 정보 제공에서 스토리텔링 중심의 교육 콘텐츠로 진화했다. 특히 국기원이 자체 제작한 영상 콘텐츠와 태권도한마당 자료, 시범단 활동 영상 등이 앱 내에서 통합 제공되며, 태권도를 체계적으로 배우는 글로벌 학습 플랫폼으로의 기능이 강화되었다.

③ 다국어 서비스 정비 및 글로벌 커뮤니케이션 강화

초기 앱의 국문-영문 2중 구조를 개선하여, 사용자 언어 기반 자동 적용 시스템을 적용하고, 앱 내 모든 정보와 콘텐츠를 10개 언어 누리집과의 호환성을 고려하여 일관되게 정비했다. 이를 통해 해외 도장 지도자들과 사범, 수련생들의 국기원 콘텐츠 접근성이 획기적으로 향상되었다.

④ 태권도장과 연동된 지역 기반 시스템 구축

이동섭 원장은 앱이 각 지역 도장과 연계된 홍보 및 인증 도구로 작동할 수 있도록 개편 방향을 제시했다. '도장 인증제'와 연계된 지도 기반 도장 검색 기능, 지역별 심사 일정 안내, 공인 지도자 소개 등 지역 태권도장과의 연결성 강화를 통해 모바일 플랫폼이 현장 중심의 실질적 도구가 되도록 방향을 정립하였다.

이와 같은 발전은 단지 기술적 업그레이드에 그치지 않는다. 이동섭 원장은 "국기원은 세계 3억 태권도인과 연결되는 디지털 본부가 되어야 한다"는 철학을 바탕으로, 태권도 앱을 행정-교육-외교가 융합된 세계 태권도 거버넌스의 기초 플랫폼으로 키워가고 있다.

이동섭 체제에서의 앱 전략은 단순한 디지털 전환을 넘어, 대한민국의 국기 태권도를 세계와 연결하는 손 안의 외교관, 교육자, 행정가로 기능하게 한 대표적 성과라 할 수 있다.

이동섭 원장의 가장 큰 핵심 전략 중 고심했던 부분은 태권도가 오랜 시간 동안 지켜온 전통과 정체성을 훼손하지 않으면서도, 대중과 보다 직관적이고 감성적으로 연결되기 위한 브랜드 커뮤니케이션 방식의 전환이었다. 그는 "태권도를 보여주는 것에서 전달하는 것으로 바꿔야 한다"고 강조하며, 국기원과 태권도의 가치가 언어적·시각적 콘텐츠로 일상에 스며들 수 있도록 하는 전략을 본격 추진하였다.

우선, 그는 국기원의 브랜드 정체성을 시대와 글로벌 기준에 맞게 재정비하고자 했다. 이를 위해 추진된 첫 단계가 바로 국기원 CI(Corporate Identity)의 리디자인이었다. 새로 설계된 CI는 태권도의 권위성과 공공성을 균형 있게 반영하면서도, 국제적 감각에 부합하는 디자인 체계로 구축되었다. 단순한 로고 변경을 넘어서, 국기원이 글로벌 브랜드로 자리매김하기 위한 '시각 언어의 재정의'였다.

국기원을 단지 행정기관이나 심사 기관으로 한정 짓지 않고, 정신문화의 중심 플랫폼이자 글로벌 브랜드로 재정립하는 전략을 추진하였다. 이를 위해 그는 국기원의 시각 정체성(CI)과 언어 메시지(슬로건)를 총체적으로 정비하고, 글로벌 커뮤니케이션에 적합한 CI(Corporate Identity), 슬로건, 컬러 가이드를 재정의하면서 전문화된 브랜드 체계로 구축하는 데 착수하였다.

먼저, 국기원 CI 리디자인은 단순한 로고 개선을 넘어, 국기원의 역사성과 철학을 현대적으로 재해석하는 작업이었다. 전통적인 태극의 이미지를 간결한 기하학적 구성으로 정리하면서도, '권위와 공공성', '글로벌 조화', '정신성과 기품'이라는 키워드를 담아낸 새로운 CI는 국기원이 국내외 기관과 소통할 수 있는 공식적인 정체성 수단으로 자리 잡았다.

이와 함께 제시된 공공형 슬로건은 단순한 수사적 구호를 넘어, 브랜드 메시지를 대중에게 보다 친근하고 철학적으로 전달하기 위해 도입되었다.

"Taekwondo, The Way of Life"
이 슬로건은 태권도를 단순한 무예 기술의 습득이나 체력 단련의 수단이 아닌, 인간의 삶과 태도를 바꾸는 인격 수련의 길로 정의, 철학으로 확장시키고자 하는 전략적 메시지다. 해당 슬로건은 국기원의 공식 문서, 영상, 행사 포스터 등에 반복적으로 활용되며, 일관된 언어 아이덴티티 구축에 기여했다.
나아가 국제 세미나, 해외 대사관, 공공 캠페인 등 다수의 글로벌 현장에서 국기원의 브랜딩 전략의 핵심 언어로 기능하고 있다.

또한, 컬러 가이드 재정의는 국기원의 시각 커뮤니케이션에 일관성을 부여하는 중요한 작업이었다. 태권도의 중심성과 국기원의 권위성을 표현하기 위해 청색(안정과 평화), 백색(정결함과 투명성), 금색(권위와 존엄)을 기본 톤으로 설정하였으며, 각 색상은 인쇄물, 영상 콘텐츠, 공식 문서 등 다양한 매체에 적용되어 브랜드 연출의 통합성을 높였다.

특히 컬러 가이드는 시범단 유니폼, 포스터, 홈페이지 디자인, 교육 교재 등의 모든 국기원 콘텐츠에 동일하게 적용될 수 있도록 표준화되었으며, 이는 국기원의 브랜드 일관성과 대외 신뢰도 향상에 핵심적 역할을 수행했다.

이와 같은 CI 및 시각 커뮤니케이션 체계의 정비는, 단순한 디자인 개선을 넘어 국기원이 세계와 통하는 언어와 시각을 갖춘 공공 브랜드로 전환되었음을 상징적으로 보여주는 이정표였다. 이는 곧 국기원의 철학, 정책, 외교 활동의 메시지를 시각적 상징과 언어로 정리한 것이며, 21세기 글로벌 문화기관으로서의 국기원의 존재 가치를 강화하는 전략적 기반이 되었다.

결과적으로, 이동섭 원장의 브랜드 콘텐츠 전략은 국기원이 지닌 권위성과 상징성을 유지하면서도, 현대 대중이 공감하고 기억할 수 있는 태권도 언어를 창조해냈다는 점에서 주목할 만하다. 이는 국기원이 문화기관으로 기능하기 위한 브랜드 전략의 기초이자, 태권도의 세계화 속에서 일관된 정체성과 메시지를 유지할 수 있는 커뮤니케이션 토대가 되었다.

2) 미디어 콘텐츠 플랫폼화 전략

이동섭 원장은 국기원의 콘텐츠를 더 이상 공공기관의 일방적 보도자료나 행사 중심의 기록에 머물게 해서는 안 된다고 판단했다. 그는 국기원이 보유한 수많은 자산-태권도의 역사, 사범들의 이야기, 품새와 시범 기술, 국제 활동의 현장 등-을 대중과 쌍방향으로 연결하고 스토리텔링 가능한 콘텐츠 자원으로 탈바꿈시키기 위한 미디어 플랫폼 전략을 본격화하였다.

[디지털 국기원의 실현, 10개 언어로 소통하는 글로벌 플랫폼 구축]
- 이동섭 원장 취임 이후, 7년 만의 누리집 전면 개편과 사용자 중심 혁신

이동섭 국기원장은 국기원의 디지털 플랫폼을 세계 태권도인과의 소통을 위한 글로벌 통합 플랫폼으로 전환하는 데 앞장섰다. 그 상징적 성과 중 하나가 바로 2021년 12월에 단행된 국기원 누리집(공식 홈페이지) 전면 개편이다. 이 개편은 지난 2014년 자격증 조회 시스템 개선 이후 무려 7년 만에 이루어진 대대적인 디지털 혁신 사업으로, 정보 접근성, 사용 편의성, 다국어 커뮤니케이션 기능을 동시에 강화한 전략적 행보였다.

우선, 기존에 제공되던 한국어, 영어, 중국어 등 3개 언어 서비스에서 무려 10개 언

〈2021년, 사용자 편의성 강화를 목표로 전면 개편된 국기원 대표 누리집 메인 화면〉 모바일 최적화, 10개 언어 지원, 접근성 향상을 통해 글로벌 태권도 수련인을 위한 디지털 플랫폼으로 새롭게 단장

어로 다국어 서비스를 확대하였다. 새롭게 추가된 언어는 일어, 독일어, 러시아어, 베트남어, 프랑스어, 아랍어, 스페인어 등이며, 이는 국기원의 단증 발급국 및 태권도 공인도장의 지리적 확장과 직접 연계되는 사용자 기반을 고려한 결정이었다. 비록 기계 번역 기반이었으나, 각국 사용자들이 국기원 정책과 수련, 심사, 교육에 관한 핵심 정보를 이해하는데 실질적인 도움을 주었다는 점에서 국기원의 국제적 신뢰도와 접근성 향상에 기여하였다. 특히 이동섭 원장 체제에서 진행된 대표 누리집 개편은 단증 소지자뿐 아니라 일반 사용자, 해외 수련생, 정보 소외계층 등 다양한 이용자 환경을 고려한 설계로 구현되었다. 기존에는 모바일 접속 시 브라우저 환경에 따라 글자가 깨지거나 화면 비율이 맞지 않는 등 사용성에 제약이 있었지만, 반응형 웹 기술 도입을 통해 이러한 문제를 근본적으로 해결하였다. 그 결과, 스마트폰, 태블릿 등 어떤 기기에서도 국기원의 정보를 손쉽게 열람할 수 있게 되었다.

또한, 누리집은 반응형 웹 기술을 적용하여 스마트폰, 태블릿 등 다양한 디지털 기기에서도 최적화된 이용 환경을 제공할 수 있도록 설계되었다. 이는 디지털 기기를 통한 태권도 정보 접근이 보편화된 현실을 반영한 것으로, 특히 젊은 세대와 해외 수련생의 사용성을 크게 향상시켰다.

〈2025년, 국기원 대표 누리집 메인 웹 화면〉
웹 접근성이 좋은 인증 마크 이미지, 반응형 웹 디자인으로 전면 개편된 디자인

또한 사용자 편의를 고려해 글자 크기, 색상 대비, 메뉴 구성의 단순화, 정보 접근 경로의 직관화 등 다양한 측면에서 UI·UX를 개선하고, 더불어 '카카오톡 친구 추가' 기능을 메인화면에 배치함으로써, 사용자들이 SNS를 통해 국기원 소식을 빠르게 받아보고 정보를 실시간으로 확인할 수 있도록 하였다. 이는 디지털 포용성과 문화 친화성을 갖춘 세계적인 공공 플랫폼으로서 나아가 디지털 커뮤니케이션 기반의 사용자 접점 확대 전략이었다.

이러한 누리집 개편은 단순한 홈페이지 개정이 아니라, 이동섭 원장의 디지털 행정 철학과 글로벌 소통의 비전을 구체화한 실천 사례였다. 그 결과, 국기원은 이러한 기준을 충실히 반영하며, 단순한 기술적 요건 충족이 아닌, 국기원이 모든 사용자와 연결되는 열린 디지털 플랫폼으로 기능하고자 했던 노력으로 누리집은 5회 연속 '웹 접근성 품질 인증'을 획득하며, 국내 공공기관 중에서도 손꼽히는 수준의 정보접근성과 편의성을 인정받게 되었다. '웹 접근성 품질 인증'은 장애인, 고령자, 외국인을 포함한 모든 사용자가 신체적 제약이나 기술 환경에 상관없이 웹사이트의 모든 콘텐츠에 접근할 수 있도록 보장하는 제도다. 해당 인증은 단발성이 아닌, 매년 갱신을 통해 유지되어야 하며, 정보 접근의 보편성과 포용성에 대한 기관의 지속적 노력을 전제로 한다.

이처럼 국기원은 웹 기술의 혁신을 통해 정보의 평등한 접근권을 보장하고 있으며, 이는 곧 태권도의 가치를 기술·문화·교육·행정이 통합된 디지털 경험으로 확장시키는 실질적인 발판이 되고 있다.

이동섭 원장의 이 같은 노력은 태권도의 행정 서비스가 단순 문서 처리에 그치지 않고, 세계 태권도 수련인들과 연결되는 디지털 외교 공간이자 문화 플랫폼으로 기능할 수 있음을 보여주는 의미 있는 변화였다. 국기원은 이제 누리집을 통해 세계를 연결하고, 태권도의 정신을 디지털로 공유하는 글로벌 창구로 성장하고 있다.

[태권도 캐릭터, 애니메이션으로 태어난 국기 브랜드]
- 문화콘텐츠로 확장된 태권도의 가치

국기원은 2000년대 후반부터 태권도를 콘텐츠 자산이자 브랜드 플랫폼으로 확장하고자 하는 전략을 본격적으로 추진했다. 그 대표적인 사례가 바로 태권도 공식 캐릭터 개발과 애니메이션 제작 사업이다.

2009년, 국기원은 온라인게임 전문기업 엠게임(Mgame)과 '태권도 문화콘텐츠 개발을 위한 업무협약(MOU)'을 체결하고, 캐릭터·게임·애니메이션 분야로의 콘텐츠 확장을 시도했다. 이 사업은 당시 대통령 직속 국가브랜드위원회가 기획한 '태권도 명품화 프로젝트'의 일환이었으며, 국기원이 제공하는 태권도 관련 데이터와 철학적 키워드를 기반으로 캐릭터 기획이 이루어졌다.

공인 캐릭터는 한국 정신문화의 핵심 가치인 충(忠), 효(孝), 인(仁), 예(禮)의 네 가지 방향성을 중심으로 개발되었다. 이는 단순한 아동용 캐릭터가 아닌, 인성교육과 문화철학이 반영된 세계관 기반의 브랜디드 캐릭터로 설계되었으며, 국기 태권도의 이미지를 널리 알리는 목적을 담고 있었다.

이 프로젝트는 단순히 캐릭터 개발에 그치지 않고, 애니메이션과 게임, 관련 IP(지식재산권) 확장을 통해 태권도의 세계화와 저변 확대를 도모하는 문화 전략으로 이어졌다. 국기원은 이 콘텐츠를 통해 〈한국형 문화콘텐츠의 세계화〉, 〈국가 브랜드로서 태권도의 이미지 강화〉, 〈유소년 세대에게 친숙한 글로벌 태권도 이미지 확산〉을 추진하고자 했다.

결과적으로, 2012년 일부 캐릭터 개발을 완료하고, 관련 애니메이션이 EBS 등 공중파 채널을 통해 방영되기에 이르렀다. 이는 국기원이 처음으로 국가기관 차원에서 문화 IP를 개발하고 대중 콘텐츠 시장에 진입한 사례로서 상징성을 지닌다.

이동섭 원장은 이후 국기원의 철학적 자산과 문화 콘텐츠를 접목하여, K-정신을 담은 브랜디드 콘텐츠 플랫폼으로서 국기원의 새로운 정체성을 재정의하고 있다. 태권도는 이제 단지 수련의 대상이 아니라, 세계인의 일상에 침투할 수 있는 문화적 언어이자 교육 콘텐츠로 거듭나고 있다.

〈태권도 히어로즈 캐릭터〉 국기원과 주식회사 엠게임이 공동으로 저작권을 등록한 홍보용 캐릭터

이와 함께, 국기원의 '캐릭터 및 감성형 콘텐츠 개발 프로젝트'도 본격화되었다. 어린이와 청소년을 대상으로 한 '태권이', '품새몬' 등의 마스코트 및 웹툰형 캐릭터는 단순한 홍보물에 그치지 않고, SNS 콘텐츠, 교육용 애니메이션, 팬시상품 등 다양한 접점에서 대중과의 유대감을 형성하는 도구로 활용되었다. 이는 전통적 이미지에 머물던 태권도의 이미지를 유연하고 감성적으로 재구성하여, MZ세대를 포함한 젊은 세대의 관심을 유도하는 데 기여했다.

특히 SNS 채널과의 연계는 핵심 전략 중 하나였다. 슬로건과 캐릭터 중심 콘텐츠는 인스타그램 릴스, 유튜브 숏츠, 카카오톡 이모티콘 등 일상 생활에 자연스럽게 녹아들 수 있는 디지털 접점을 기반으로 운영되었다. 이는 태권도를 '배우는 대상'에서 '즐기고 소통하는 문화'로 전환시키는 중요한 전환점이었다.

이와 함께 국기원은 SNS 기반의 글로벌 캠페인을 통해 새로운 세대와의 소통을 강화하였다. '#태권도는평화다', '#내일상의태권도' 등 해시태그 중심의 챌린지 캠페인은 인스타그램, 틱톡, 유튜브 숏츠 등 다양한 플랫폼을 통해 확산되었으며, 특히 MZ세대 및 해외 사용자들의 참여를 유도하며 자연스러운 글로벌 홍보 효과를 이끌어냈다. 캠페인은 태권도를 단지 경기 장면이나 시범 장면으로 소비하는 것을 넘어, 일상 속에서 '행동하는 철학'으로 체험하게 만드는 전략적 콘텐츠 전개였다.

또한 숏폼 콘텐츠(Short-form content) 중심의 영상 전략은 태권도의 기술성과 시각적 강점을 극대화하는 데 기여하였다. 특히 품새, 격파, 시범 등의 장면은 고속촬영과 드론뷰 등 현대 영상 기법과 결합되어 유튜브·틱톡 등에서 짧지만 강렬한 인상을 남겼다. 국기원은 이러한 영상 콘텐츠를 통해 해외 시청자의 유입을 확대하고, 태권도에 대한 호기심과 관심을 유도함으로써 실질적 도장 유치 및 국제 수련생 유입과도 연결되는 선순환 구조를 설계했다.

이처럼 이동섭 원장의 미디어 콘텐츠 플랫폼화 전략은 국기원을 단순한 기능 기관이 아니라, 세계와 소통하는 콘텐츠 미디어 허브로 탈바꿈시킨 사례로 평가된다. 콘텐츠를 통한 브랜드 메시지 확산과 플랫폼 중심의 소통 방식은 향후 국기원의 글로벌 전략에 있어 필수적인 자산이 되었으며, 이는 '국기 태권도'의 위상 제고는 물론, 대한민국 문화 외교의 실질적 툴로서 태권도의 역할을 심화시키는 데 중요한 기초가 되었다.

〈2025 K-POP 월드 페스티벌 & 국기원 태권도 시범단 공연〉
2025년 6월 12일, 우즈베키스탄 Universal Sport Palace에서 열린 '2025 K-POP 월드 페스티벌'에서 국기원 태권도 시범단이 특별 공연을 펼치며 한류와 태권도의 만남을 선보였다.

3) 융복합 공연과 전통 콘텐츠의 리브랜딩

태권도 시범은 오랫동안 국기원의 대표적인 콘텐츠로 활용되어 왔다. 그러나 기술 중심의 전통적 시범 방식은 점차 공연 예술로서의 확장성 한계에 부딪혔으며, 특히 현대의 디지털 감성에 익숙한 청소년 및 해외 관객에게는 다소 고루한 이미지로 인식되기도 했다. 이에 이동섭 원장은 국기원의 공연 콘텐츠를 현대 미디어 예술 및 문화산업 콘텐츠와 융합하는 전략을 도입했다.

우선 추진된 방향은 '태권도×미디어아트 퍼포먼스'의 기획과 상용화였다. 이는 국악, 전통 무용 등 한국 고유의 문화 요소와 태권도 시범을 결합하고, LED 미디어쇼, 홀로그램, 모션그래픽 등의 기술을 접목해 공연예술로서의 태권도를 탈바꿈시키는 시도였다. 기존의 시범 구성에서 벗어나, 서사적 구성과 시청각 연출을 강화한 태권도 공연은 청소년 관객과 외국인 관광객에게 깊은 인상을 남기며 국기원의 대중 콘텐츠로 자리매김하게 되었다.

대표적인 사례 중 하나는 우즈베키스탄 K-POP 페스티벌과의 연계 공연이다. 이 행사는 태권도 시범단이 K-POP 콘서트의 오프닝 무대로 배치되어, 한류 팬들에게 태권도의 역동성과 예술성을 각인시키는 장치로 활용되었다. 국기원의 문화외교와 브랜드 노출 전략이 현실에서 실현된 사례로, 국기원장의 문화기획적 안목이 반영된 실질적인 브랜드 협업 프로젝트였다.

또한 국내 전통문화 행사와의 연계도 병행되었다. '국악한마당', '전통공연예술제', 지역 축제 등과의 협업 무대를 통해 태권도의 원형성과 한국 문화의 정체성을 함께 전달하는 공동 콘텐츠가 제작되었으며, 이를 통해 국기원은 '문화원형의 보존'과 '콘텐츠의 현대화'라는 이중 목표를 동시에 실현하였다.

이러한 융복합 콘텐츠 전략은 단지 공연의 재미를 넘어, 태권도의 예술적 가치와 문화적 상징성을 재해석하고 상품화하는 전략적 시도였다. 이는 국기원의 외연을 넓히는 한편, 전통문화가 대중과 만나는 방식을 새롭게 정의하는 문화 리더십의 표현이기도 하다.

결과적으로 이동섭 원장은 국기원의 공연 콘텐

〈국기원 태권도 시범단, 우즈베키스탄 공연 중〉 2025년 6월 12일, 우즈베키스탄에서 국기원 태권도 시범단이 품새 시연

츠를 미디어 플랫폼, 대중공연, 국제문화교류의 장으로 확장시키며 '태권도=콘텐츠'라는 등식을 현실화했고, 이는 태권도의 브랜드 재정의이자 문화외교 자산으로서의 태권도 위상을 한 단계 끌어올리는 데 기여하였다.

4)지역 기반 및 학교 교육 콘텐츠 확산

국기원은 태권도를 국민 모두가 접할 수 있는 공공문화로 확산시키기 위해 전국 각지의 지자체, 교육청, 공공기관과 긴밀히 협력해왔다. 이동섭 원장 시기에는 이러한 협력의 틀을 더욱 공고히 하여, 태권도를 '일상 속 체험형 교육 콘텐츠'로 자리 잡게 하는 전략이 본격화되었다. 이 전략은 단순한 일회성 시범 행사에 그치는 것이 아니라, 정기적이고 체계적인 교육 모델로 진화함으로써 태권도의 생활화, 지역화, 교육화를 실현하는 데 목적이 있다.

그 대표적인 프로젝트는 '찾아가는 국기원' 프로그램이다. 이 사업은 문화 소외 지역의 학교, 사회복지시설, 청소년 기관 등을 직접 방문하여 국기원 시범단의 공연과 태권도 교육을 제공하는 방식으로 운영되었다. 특히 농어촌 지역과 저소득층 아동·청소년 대상 프로그램은 문화 격차 해소에 기여하였으며, 태권도에 대한 긍정적 인식 개선, 예절 교육 및 자기 수양의 기회 제공이라는 사회적 공공성을 확보하였다.

또한 국기원은 '국기 태권도 교육 주간' 프로그램을 통해 학교와 교육현장에서의 태권도 경험을 제도화하였다. 이 프로그램은 전국 초·중·고등학교에서 체험 중심으로 운영되며, 태권도 수업, 전시 콘텐츠, 역사 영상 상영, 도복 체험 등으로 구성된 통합 교육 패키지 형태를 지닌다. 특히 이는 단순한 체육 수업을 넘어, 도덕·역사·예술 과목과 연계 가능한 융합형 교육 콘텐츠로 확장 가능성이 높아, 교육청 단위의 채택이 점차 확대되고 있다.

한편, 국기원은 지역 축제 및 문화행사와의 결합 콘텐츠도 활발히 추진하였다. 서울, 전주, 광주, 청주 등 주요 도시의 전통 문화재, 지방축제, 청소년 행사 등과 연계된 태권도 무대는 지역 문화 활성화와 국기원 브랜드의 지역 확산이라는 두 가지 목적을 동시에 달성하였다. 특히 '전주 전통문화축제'와 연계한 태권도 퍼포먼스는 전통 문화와 무예의 융합 사례로 큰 반향을 일으켰다.

이처럼 이동섭 원장은 태권도를 중심으로 한 지역 교육 생태계 확산에 주력하며, 국기원의 정체성을 국가 단위에서 지역 단위로 자연스럽게 스며들게 하는 구조적 전략을 완성해 나갔다. 이러한 활동은 국기원을 단순한 본부 조직에서 벗어나, 태권도 공공정책 플랫폼이자 지역 문화 교육 파트너로서의 역할을 확장시킨 중요한 이정표로 기록될 것이다.

5) 태권도, 문화예술로 확장되다

- 문화 콘텐츠로서의 태권도 철학과 전략

이동섭 국기원장은 평생을 무도인으로 살아오며, 태권도의 본질적 가치가 단지 스포츠나 기술에 머물지 않는다는 점을 깊이 인식해왔다. 그는 태권도를 대한민국 고유의 정신문화로 바라보며, 이를 현대 문화와 예술의 언어로 풀어내는 데 주력해 왔다.

"태권도는 하나의 문화 콘텐츠이며, 세계인이 공감할 수 있는 예술적 메시지를 품고 있다." 이동섭 원장은 그렇게 말하며, 국기원의 역할을 단순한 수련기관이 아닌, 문화예술 플랫폼이자 창조산업의 기지로 확장시키고자 했다.

그는 한류 콘텐츠의 핵심축으로서 태권도의 문화예술화를 강조하며, 다양한 콘텐츠 사업을 통해 태권도의 브랜드 가치를 제고하고 있다. 전통 시범과 품새뿐 아니라, 음악·미디어·디지털 기술과 결합된 퍼포먼스, 전시, 다큐멘터리, 웹콘텐츠 등 다양한 문화예술 프로젝트를 기획하고 추진하였다.

이러한 전략은 태권도의 문화적 위상과 경제적 잠재력을 동시에 확장시키는 이중 효과를 낳았다. 국내 언론(인간신문, FN뉴스, 주간 HK)은 이동섭 원장의 이러한 접근을 "무예를 넘어선 문화외교"이자 "콘텐츠 산업과 연결된 국가브랜드 전략"으로 평가했다.

국기원이 주도하는 태권도 문화 콘텐츠 사업은 세계 태권도 수련인들에게 새로운 감동과 동기를 제공하고 있으며, K-컬처의 글로벌 확산과 함께 태권도 역시 창조직 콘텐츠 산업의 중심축으로 자리매김하고 있다.

이동섭 원장은 태권도에 국가적 법적 지위를 부여한 실천형 리더로서,혼란 속에서도 국기원의 정통성과 공공성을 다시 세웠다.그의 리더십은 갈등을 통합으로, 위기를 기반 구축의 기회로 전환시킨태권도 제도화의 역사적 전환점이었다.

Lee Dong-seop is a results-driven leader who granted Taekwondo its legal and public status.Amidst internal disarray, he reaffirmed the legitimacy and public value of Kukkiwon.His leadership marked a historic turning point, transforming crisis into opportunity andlaying the institutional groundwork for Taekwondo's future as a national heritage.

03장

김운용 리더십
위기극복과 제도적 기반 구축

"분열을 넘어 제도화로-
법은 권위를 만들고, 제도는 정체성을 지킨다."

"From division to institutionalization.
Law establishes authority, and institutions protect identity."

"법이 있어야 권위가 선다.
"태권도가 제도로 남을 때, 역사가 된다."

"Without law, there is no authority.
"When Taekwondo becomes institutionalized, it becomes history."

'국기원장 이동섭의
핵심 성공 전략 '

"법이 정통성을 만든다" ——— 제도화 전략

Taekwondo must not remain as tradition it must be protected as a legal system.
「국기원 특수법」 제정을 통해 국기원의 법적 지위를 공고히 하고, 국가 공공기관으로서의
입지를 제도화함. 법이 곧 권위이며 법제화가 정통성과 미래 지속 가능성을 담보한다는 전략적 관점.

"분열을 통합으로" ——— 거버넌스 통합 전략

Unification is not a result, but a process of leadership.
대한태권도협회(KTA), 세계태권도연맹(WT), 해외사범단체 등과의 협력 구조를 회복하고,
갈등을 협치로 전환. 조직 내 신뢰 회복과 국제 네트워크 복원은 리더십의 본질이라는 메시지.

"무도는 문화다" ——— 태권도의 문화브랜딩 전략

Taekwondo is not just a martial art—it's a language of Korea's cultural identity.
태권도를 국기(국기)로 공식화하고, 시각 커뮤니케이션 재정비(CI), 슬로건 개발, 콘텐츠
전략 실행, 무형문화유산으로서 태권도를 대중과 세계에 각인시키는 문화전략 실행.

"현장에 답이 있다" ——— 실천 중심 리더십

A leader should walk into the field before stepping into the office.
수시로 시범단, 사범, 지도자, 어린이 도장 현장을 방문하며 리얼타임 소통.
정책이 현장을 향하고, 리더는 실천을 통해 신뢰를 얻는다는 철학 기반.

"세계 속 태권도, 국가전략으로" ——— 외교 연계 전략

From the Dojang to the White House: Taekwondo as cultural diplomacy.
미국 백악관 방문, 우즈베키스탄 K-POP 페스티벌 등과 연계해 문화외교 플랫폼으로
발전. 태권도를 한류와 연계한 국가 브랜드 전략의 중심으로 활용.

03 국기원장 리더십:
위기극복과 제도적 기반 구축

1. '태권도법' 제정, 법적 지위 확립 : 무도에서 법제화로 제도 기반 리더십의 수립

태권도는 오랫동안 '국기(國技)'로 불려왔지만, 그 상징성과 위상에 걸맞은 법적 지위는 명확히 규정되지 않은 채 오랜 시간 민간 중심의 자율적 운영 체계를 유지해왔다. 이러한 현실은 태권도 정책의 일관성 부재, 조직 간 분열, 공공성과 책임성 약화 등 다양한 문제를 야기했다. 특히 국기원은 세계 태권도의 상징 기관임에도 불구하고 법적 기반 없이 민간법인으로 등록되어 있어 행정적 권위와 제도적 안정성이 결여되어 있었다.

이러한 한계를 극복하기 위해, 이동섭 원장은 정치적 경험과 입법 역량을 바탕으로 「태권도 진흥 및 태권도공원 조성 등에 관한 법률(일명 '태권도법')」 개정을 주도했다. 그는 국회의원 재직 시절부터 태권도법 제정을 위한 초석을 다졌고, 국기원장에 취임한 이후에는 입법 실현을 위한 전략적 로비, 여야 간 협의, 공청회 및 정책 토론회 등을 통해 제도화의 명분과 필요성을 지속적으로 설득해나갔다.

2023년, 마침내 「국기원 특수법」이 국회를 통과함으로써 국기원은 민간 단체의 틀을 벗고 법률에 명시된 국가 공직유관기관으로의 위상을 공식적으로 확보하게 되었다. 이로 인해 국기원은 단순한 무도 교육기관을 넘어, 정책과 예산이 연계되는 공직유관기관으로 기능할 수 있게 되었으며, 정부의 문화·교육·외교 전략과도 체계적으로 연동될 수 있는 법적 기반이 마련되었다.

2018년 3월 30일 태권도가 우리나라 국기(國技)로 지정됐다. 이날 국회 제358회 제1차 본회의에서 '대한민국의 국기는 태권도로 한다'는 내용이 담긴 〈태권도 진흥 및 태권도공원 조성 등에 관한 법률(태권도법) 일부 개정 법률안〉이 통과되었다.

태권도는 그동안 관습적으로 우리나라 국기로 인식됐지만 법률로 제정되지 않아 법적인 지위를 인정받지 못했다. 하지만 이날 국회 본회의를 통과함에 따라 국가 차원의 체계적인 지원과 보전 및 육성을 기대할 수 있었다.

이동섭 원장은 '태권도법' 개정 법률안을 제안하는 이유에 대해 "태권도는 우리 민족 고유 무도로써 국민들에게 우리나라를 대표하는 국기(國技)로 세계적으로도 사랑받는 스포츠로 자리매김했고, 국기에 관한 법적 근거를 마련하여 태권도를 우리나라와 민족문화를 상징하는 상징물로서 국민에게는 국가의 존엄과 자긍심을 심어주고, 다른 나라에는 우리

나라 무도를 알리는 수단으로 지정하려는 것이다."라고 밝혔다.

이 제도화는 단지 조직 하나의 법적 지위를 확립하는 데 그치지 않는다. 태권도가 대한민국의 이름으로 보호되고, 미래 세대에 이어질 수 있는 '국기(國技)로서의 국가적 제도'로 승화된 결정적 계기였다. 이동섭 원장은 "법이 있어야 권위가 선다"는 철학 아래, 태권도의 정신성과 세계적 확산을 뒷받침할 수 있는 제도적 기반을 구축함으로써, 태권도의 과거를 정비하고 미래를 준비하는 실질적 리더십을 증명하였다.

1) 내부 제도 개혁의 정점, 「국기원 특수법」 제정

이동섭 원장이 남긴 가장 상징적 성과는 단연 「국기원 특수법」의 제정이다. 그는 국회의원 재임 시절부터 이 법의 필요성을 꾸준히 강조하며 직접 발의하고, 법안 통과에 결정적 역할을 수행했다. 이 법은 국기원을 단순한 민간단체가 아닌, 법률상 공공기관으로 명문화함으로써 국기원의 권위와 행정적 안정성, 국가 정책과의 연계성을 제도적으로 확립하는 전환점이 되었다.

이를 통해 국기원은 외부 정치·행정적 변수로부터 독립된 운영 기반을 마련하고, 정책 수행 기관으로서의 명확한 법적 책임과 권한을 확보하게 되었다. 동시에 국기원의 공공성 및 투명성에 대한 국민적 신뢰가 제도적으로 인정받는 계기가 되었으며, 문체부·외교부 등 정부 부처와의 협력 체계 속에서 정책 지원과 예산 확보가 가능한 제도적·재정적 기반을 마련하였다. 이 특수법은 국기원을 무도기관을 넘어 국가 전략 수행의 플랫폼으로 격상시키는 데 결정적인 제도적 토대가 되었다.

2) 국가 무도정책화의 시발점, 「태권도 진흥 및 태권도공원 조성 등에 관한 법률」 개정

이동섭 원장은 국기원 특수법과 더불어 '태권도 진흥 및 태권도공원 조성 등에 관한 법률(약칭 태권도법)'의 입법을 주도하며, 태권도를 단순한 수련 활동이나 스포츠의 범주를 넘어 국가 문화자산이자 공공정책의 영역으로 격상시키는 데 결정적 기여를 했다.

그는 국회의원 재임 중 태권도의 제도적 위상에 대해 꾸준히 문제를 제기하며, 태권도 진흥을 위한 국가의 책무를 명시한 법안을 발의했다. 이 법은 태권도 교육의 체계화, 공공기관의 태권도 프로그램 운영 근거 마련, 지자체의 진흥 사업 지원, 국기원의 책무 확대, 세계화를 위한 국가 차원의 지원을 법률로 명문화함으로써, 태권도를 국가 정책 수준으로 끌어올린 결정적 전환점이었다.

이동섭 원장은 "태권도는 단순한 무도가 아니라 대한민국 정신문화의 핵심"이라는 철학 아래, 태권도를 국정 철학 및 대중 교육 시스템 속에 통합시키는 법적 틀을 완성했다.

특히 이 법의 통과는 〈태권도장 활성화〉, 〈지도자 지원 체계 구축〉, 〈문화외교 자산으로서의 태권도 활용〉 등 태권도 생태계 전반에 걸쳐 장기적 비전과 제도 기반을 마련하는 데 큰 역할을 했으며, 국민 누구나 태권도를 생활문화로 접할 수 있는 사회적 기반 형성에도 기여했다.

「태권도법」은 대한민국의 국기(國技)로서 태권도의 위상을 제도적으로 보장하며, 전 세계 태권도 네트워크 속에서 대한민국이 문화 주권을 확보하는 외교·문화 전략의 법적 근거가 되었다.

3) 서울특별시 태권도 진흥 및 지원 조례안 제정

2021년 9월 10일 지방자치단체 최초로 서울시에 태권도 진흥 및 지원 조례안이 제정됐다. 이는 2007년 '태권도 진흥법'이 제정된 지 14년 만으로, 1972년 국기원 개원 이후 50년 만에 서울시에서 지원을 받을 수 있는 법적 근거가 마련된 괄목할 만한 성과다.

상위법으로 2007년 제정된 '태권도 진흥 및 태권도공원 조성 등에 관한 법률' 제8조(태권도단체 및 태권도시설의 지원 등)에 의하면, 국가 및 '지방자치단체'는 태권도 진흥을 위하여 필요하다고 인정하는 경우 태권도 단체와 태권도 시설에 대하여 행정적, 재정적 지원을 할 수 있다고 명시하고 있지만 지방자치단체에 관련 조례안이 뒷받침되어야 지원이 가능하다.

이는 이동섭 원장이 정치적 경험을 바탕으로 서울시 국회의원 및 서울시장, 강남구청장, 서울시의원 등과의 소통을 통해 입법화의 명분과 필요성을 지속적으로 강조하며 설득한 결과이다.

이 조례안에서 규정하는 태권도 진흥사업은
- 태권도 우수 선수·지도자 및 태권도 팀의 육성·지원
- 태권도 관련 문화·교육 콘텐츠 개발·보급
- 시민 맞춤형 태권도 교육·보급 활성화
- 태권도 국제 조직 기반 구축 및 국제교류 지원
- 태권도 관련 기관·단체들과의 협력체계 구축
- 태권도 국내외 위상 제고를 위한 관내 태권도시설 명소화 등이다.

이는 서울시가 태권도 진흥을 위한 사업을 실시하는 자치구, 태권도 단체는 물론 국기원 등에 예산의 범위에서 보조금을 지급할 수 있도록 하는 규정이다. 이로써 국기원을 비롯한 태권도 단체 및 태권도시설에 대한 행정적, 재정적 지원 근거 마련되었다. 국기원과 대

한태권도협회, 세계태권도연맹 등 태권도 대표 기구 본부와 사무국이 있는 수도 서울시에 이 조례안이 제정된 것은 태권도진흥법 제정만큼 중요한 성과이다.

4) 법적 지위에 기반한 실천 개혁, 국기원 정관 개정과 조직 혁신

태권도 진흥 및 태권도공원 조성 등에 관한 법률(일명 '태권도법')제정 이후, 전환된 법적 지위를 바탕으로 이동섭 원장은 법률적 지위를 실질적 운영 혁신으로 연결시키기 위한 내부 제도 정비와 조직 재설계에 착수했다. 이 과정에서 가장 두드러진 추진 성과는 국기원 정관의 전면 개정이었다.

그는 국기원의 공공기관적 성격을 반영하여 정관 상의 조직 구조, 이사회 구성, 예산 집행 기준 등 전반적인 운영 규정을 국가 수준의 투명성과 책무성 기준에 맞게 정비하였다. 특히, 공모제를 통한 이사 선임, 외부 전문가의 참여 확대, 감사 기능 강화 등은 내부 권력 집중을 방지하고 민주적 운영 기반을 마련하는 데 큰 역할을 했다.

아울러 국기원의 정체성과 기능에 맞는 조직 개편을 단행하여, 국제전략국 신설로 해외 지부 설립 및 글로벌 사업을 전담케 하고, 감사실을 신설해 내부 감시 체계를 확립했으며, 문화산업협력처를 출범시켜 수익사업 및 대외 협력 기반을 강화했다. 이는 국기원이 단순히 수련기관을 넘어 문화외교·국제스포츠·지식산업 플랫폼으로 확장해가는 데 실질적 동력을 제공한 변화였다.

또한 그는 정부 부처와의 유기적 협력 체계를 바탕으로 예산 확보의 공공 루트를 열었으며, 이를 통해 국기원 리모델링, 글로벌 행사 개최, 해외 태권도 지도자 교육 프로그램 등 다양한 전략사업을 실행에 옮길 수 있었다.

이러한 실천 개혁은 '법률로 확보한 지위'를 '현장에서 실현 가능한 정책'으로 전환시킨 모범 사례이며, 리더십의 제도화와 실행력의 결합이라는 측면에서 국기원 역사상 중요한 전환점으로 기록된다.

2. 정치와 태권도: 국기원의 외부 파트너십

"정치적 자산은 태권도의 외연을 확장시키는 힘이다"

국기원의 원장은 시대에 따라 그 역할은 확장되어야 하고, 그 무게는 점점 더 복합적으로 작용한다. 특히 글로벌 문화 경쟁이 치열한 오늘날, 국기원의 리더는 태권도의 정신을 지키는 수호자이자, 그것을 세계에 전파할 전략가여야 한다.

이동섭 원장은 바로 그런 리더였다. 그는 태권도를 사랑하는 무도인이자 동시에 국가 정책을 설계하고 실행해온 입법가였다. 그는 국회의원이자 문화체육관광위원회의 핵심 간사였고, 국정감사에서 날카로운 질의로 주목받은 정책 전문가였다. 정치는 그의 무기였고, 태권도는 그의 철학이었다. 두 영역이 하나로 이어졌을 때, 국기원은 그동안 경험하지 못했던 새로운 변화를 맞이할 수 있었다.

이동섭 원장은 태권도계의 내부 안정뿐 아니라, 국기원을 국가 전략과 사회 시스템과의 유기적 연계를 통해 외연을 확장시키는 데 중점을 두었다. 특히 이동섭 원장 재임 기간에는 정치권, 지방행정, 국회, 각 중앙정부 부처 등 외부 파트너십을 체계적으로 구축하면서, 국기원의 공공성과 정책 협력 기반을 강화하는 데 기여하였다. 이러한 접근은 단순한 정부 예산 확보를 넘어 정책 공동기획 및 법제화 논의의 파트너로서 기능하게 되면서 국기원의 법적 위상, 문화외교, 지역연계 콘텐츠 확장 등에서 실질적인 성과를 창출했다.

1) '우수 국회의원' 이동섭, 국회에서의 입법과 외교 리더십
〈국회와 국기원: 입법으로 세운 태권도의 울타리〉

이동섭 원장은 20대 국회의원으로 재임하며 태권도를 비롯한 문화체육 정책의 제도화에 깊은 애정을 가지고 집중적으로 활동했다. 그는 체육계의 현안을 누구보다 현장 중심에서 파악하고, 이를 입법과 정책 설계로 전환시키는 실무형 정치인이었다.

그가 대표 발의한 약 90건의 법률안 중, 실제로 24건이 본회의를 통과해 법률로 공포되었다는 사실은 그가 단순한 법안 제안자가 아닌 입법 성과 중심의 실천형 의원이었음을 방증한다. 특히 문화체육관광위원회 간사로서 그는 대한체육회, 국기원, 각 종목 단체 등과 긴밀히 협력하여 태권도 정책과 체육 행정 전반의 현실적인 문제들을 입법적 해결로 유도해냈다.

대표적인 사례로는 다음과 같은 입법들이 있다.

① 「국민체육진흥법」 개정안: 생활체육과 엘리트 체육 간의 연계를 강화하고, 체육계의 구조적 투명성을 높이기 위한 조항이 신설되었다. 이는 향후 국기원이 추진한 '생활태권도' 활성화 정책의 법적 기반이 되었다.

② 「학교체육진흥법」 개정안: 학교 스포츠클럽 활성화 조항을 강화하여, 초·중·고교 태권도 교육 보급 확대에 결정적인 발판이 되었다. 이는 미래 세대 태권도 저변 확대라는 국기원의 핵심 전략과도 직결된다.

③ 태권도진흥법 관련 논의 주도: 국기원이 태권도 정책의 중심기구로서 기능할 수 있도

록 법적 권한의 명확화 및 예산 확보 근거 마련에 기여하였다.

이동섭 의원은 또한 체육계의 비리 및 구조적 문제 개선을 위한 법안들도 적극적으로 추진했다. 그는 "태권도의 국제화는 투명한 행정과 신뢰 기반에서 시작되어야 한다"고 강조하며, 공공기관으로서의 국기원의 정체성 강화에 필요한 법적 기반도 마련했다.

이러한 입법활동은 그가 국기원장으로 부임한 이후, 실질적인 전략 자산으로 작용했다. 예산 당국과의 협의, 정부 부처와의 협업, 국회와의 예산 지원 요청 등에 있어서 그는 입법부와 행정부 양측의 메커니즘을 모두 이해하는 리더로서 강점을 발휘할 수 있었다. 특히 그는 "입법은 국기원의 울타리를 세우는 일이자, 전 세계 태권도 가족을 위한 제도적 보장"이라는 신념 아래, 국기원을 단순한 교육기관이 아닌 글로벌 문화외교 기지로 재정립하기 위한 기반 마련에 헌신했다.

'국회 속 태권도'는 그에게 있어 단지 구호나 비전이 아니었다. 그것은 그가 발로 뛴 현장과 입법기관을 잇는 실행 가능한 정치 플랫폼이었으며, 국기원을 세계화하는 데 필요한 정책 동력의 출발점이었다.

2) 스포츠 외교 현장, 태권도의 국격을 높이다.

이동섭 원장은 국회의원 재임 시절, 국내 체육 정책의 입법을 넘어 '스포츠 외교'의 최전선에서 활약한 실천형 정치인이었다. 그는 스포츠를 단지 경기로만 보지 않고, 국가의 위상을 높이는 문화외교의 전략 도구로 인식하며, 실제 외교무대에서도 그 역량을 유감없이 발휘했다.

2016년 브라질 리우 하계올림픽과 패럴림픽 당시, 그는 대한민국 국회 대표단 자격으로 파견되어, 각국의 IOC 위원들과 직접 교류했다. 이 자리에서 이동섭 의원은 태권도가 올림픽 정식 종목으로서의 위상을 안정적으로 유지하고, 나아가 유소년, 여성, 장애인 태권도 분야까지의 확장성을 논의하는 등 정책적 담론을 이끌어내는 외교형 정치인으로 평가받았다. 당시 그는 한국 선수단을 직접 격려하고, 선수촌에서의 격려 연설 및 체육인들과의 비공식 미팅 등을 통해 선수단의 사기를 높이는 한편, 국회 차원의 스포츠 외교 창구로서의 역할도 수행하였다.

이어 2018년 평창 동계올림픽 및 패럴림픽에서는 조직위원회 집행위원 및 국회 특별위원회 간사로 참여하였다. 그는 중앙정부, 지방자치단체, 체육계, 기업 후원단 간의 조율자 역할을 자처하며, 정치-행정-체육의 협업 모델을 성공적으로 구축했다.

평창올림픽이 단순한 체육행사를 넘어 전 세계가 주목한 외교무대로 거듭날 수 있었던 데에는, 현장형 국회의원 이동섭의 민첩한 기획력과 설득력 있는 대외협상이 큰 역할을 했다.

이러한 경험은 그가 국기원장에 취임한 이후, 태권도의 외교적 활용과도 직접 연결되었다. 그는 국기원을 단순한 수련기관이나 심사기구가 아닌, '태권도 외교의 본진'이자 세계인을 연결하는 글로벌 문화플랫폼으로 재정의하고자 했다.

실제로 그는 다수의 외국 대사 및 체육부 장관과의 면담을 통해, 태권도 단증 발급과 국기원 연수 프로그램의 외교 활용, 국제태권도사관학교 설립, 세계 각국의 태권도 명예단 수여식 등 다양한 실천 전략을 추진하였다.

특히 그는 태권도를 "국경과 인종, 종교를 초월한 공공외교의 언어"라고 정의하며, 외교 사절단 방문 시 특별한 예우를 위한 태권도 시범단 운영, UN 및 외교부와의 협업 행사 기획, 다문화 가정 및 이민자 태권도 교육 프로그램 등 실질적인 '태권도 외교 콘텐츠화'에 주력하였다.

스포츠 외교의 무대는 국가 간 이해관계를 조율하는 외교관들의 전유물이 아니라, 스포츠인과 문화인이 만들어내는 정서적 공감의 공간이다. 이동섭 원장은 바로 그 공간에서, 태권도를 통해 대한민국의 품격과 정체성을 세계에 전달하고자 한 정치인이자 문화외교가였다.

그의 경험은 국기원이 향후 추구해야 할 '태권도 외교의 전략화'와 '외부 파트너십 확장'에 있어 매우 중요한 리더십 자산이며, 국기원이 전통 무예 기관을 넘어 문화외교 플랫폼으로 성장할 수 있는 전환점이 되었다.

"참전국 예우와 세계화, 이동섭 원장의 캐나다 스포츠외교"

이동섭 원장은 2023년 6월 15일부터 22일까지 캐나다 밴쿠버 일대를 방문하여 국기 태권도의 위상을 알리고, 현지 태권도계와의 협력을 강화하는 활발한 스포츠외교 활동을 펼쳤다. 이번 방문은 단순한 교류를 넘어, 한국전 참전국에 대한 예우와 국기원의 해외 네트워크 확장을 함께 이룬 의미 있는 일정이었다.

　방문 기간 동안 이동섭 원장은 캐나다태권도협회 하기승 회장, 세계연맹 김송철 기술위원장, 민형근 대사범, 이창우 사무총장 등과 만나 국기원 지원지부 설치와 사무소 개설의 필요성, 협력 방안을 논의했다. 이를 통해 캐나다 내 태권도 보급 확대와 국기원의 행정·교육 지원 체계 구축을 위한 실질적 토대를 마련했다.

　특히 이번 일정은 한국전 참전용사에 대한 깊은 감사와 존경을 표하는 자리이기도 했다. 캐나다는 한국전쟁 당시 26,791명의 병력을 파병하고, 그중 516명이 전사했으며, 이후 평화유지 임무에도 7,000여 명을 파견한 혈맹 국가다. 이 원장은 6월 18일 버나비시 센트럴 파크의 '평화의 사도' 기념비에 헌화하며 참전용사들의 희생을 기리고, 참전용사들을 초청해 국기원 태권도시범단의 공연을 함께 관람하며 감사의 마음을 전했다.

　국기원 태권도시범단은 한인회문화협회가 주최한 대규모 문화행사에서 절도와 힘이 넘치는 태권도 시범을 선보였다. 견종호 총영사, 마틴 연아 연방상원의원, 테코 벤퍼프타 연방하원의원, 캐나다태권도협회 관계자, 교포 등 20,000여 명이 모인 스타디움은 시범이 진행되는 동안 우레와 같은 박수와 환호로 가득 찼다. 또한 한국전 참전용사와 시민들에게 태권도가 단순한 무도가 아니라 평화와 우정을 전하는 문화외교의 매개체임을 각인시켰다.

　이동섭 원장의 이번 캐나다 방문은 국기 태권도의 세계화를 위한 발걸음이자, 참전국 예우와 문화외교의 새로운 모델을 제시한 사례로 평가된다.

3) 남북을 잇는 태권도, 평화의 메신저가 되다

이동섭 원장은 20대 국회 남북경제협력특별위원회 위원으로 활동하며, 수차례 북한을 방문하여 남북 간 문화·체육 교류의 실질적 교두보를 마련한 정치인이었다. 그는 단순한 정치적 퍼포먼스나 일회성 교류를 넘어서, '태권도'라는 민족 공동의 문화유산을 통한 지속가능한 평화 모델을 고민했고, 실제로 정치 현장에서 이를 구체화하기 위해 적극적으로 실천에 나섰다.

그는 방북 당시 개성공단, 금강산 관광지구, 평양 체육시설 등 여러 현장을 둘러보며 남북 간 태권도 교류의 가능성과 인프라를 직접 점검했다. 특히 그는 북한 '체육성' 인사들과의 비공식 대화를 통해 "태권도는 남북이 함께 세계에 내놓을 수 있는 문화 콘텐츠"라는 공감대를 확보한 바 있으며, 이를 계기로 남북 공동 태권도 시범단 구성, 공동 심사제 도입, 남북 단일기 사용 태권도 국제무대 출전 등 실질적 협력 구상을 주도했다.

이동섭 원장은 당시 국회 연설과 각종 기고문을 통해, 태권도를 다음과 같이 정의했다. "태권도는 분단 이전에 함께 수련하던 우리의 정체성이며, 남과 북이 말이 아닌 기술로 소통할 수 있는 유일한 언어다." 이는 단순한 상징을 넘어서, 태권도를 남북 대화와 신뢰 구축의 플랫폼으로 삼고자 한 구체적인 평화전략이었다.

이러한 정치적·외교적 경험은 이동섭 원장이 국기원장으로 취임한 이후 더욱 구체화되었다. 그는 국기원을 남북 태권도 교류의 중심기구로 재정립하기 위해 다음과 같은 실천 전략을 마련했다.

"태권도로 여는 남북의 문 – 평화의 마중물이 된 무도 외교"

〈WT-ITF 남북 태권도 화합의 만찬〉 2018년 2월 13일, 국회의장 공관에서 열린 WT-ITF 총재 초청 만찬장에서 이동섭 국회의원(현 국기원장)은 정세균 국회의장, 조정원 WT 총재, 리용선 ITF 총재 등 주요 인사들과 함께 태권도를 통한 남북 교류 확대에 대한 의지를 다졌다.

정치와 이념이 아무리 날카롭게 대립하더라도, 문화와 스포츠는 사람과 사람을 잇는 다리를 놓을 수 있다. 이동섭 원장은 이 단순한 진리를 실천으로 증명한 인물이다. 그에게 태권도가 남북 간의 얼어붙은 관계를 녹이는 '평화의 대화' 수단으로서 큰 무기가 되었다.

2017년 6월, 전라북도 무주 태권도원에서 세계태권도선수권대회가 열렸다. 이 대회는 단순한 국제 스포츠 이벤트를 넘어, 태권도가 세계화의 경로에

서 겪어온 분열의 역사를 다시 잇
는 중요한 순간이었다. 이 자리
에서 '이동섭' 원장은 북한의 '장
웅' IOC 위원을 직접 만나 말했다.
"태권도는 같은 뿌리에서 나왔습
니다. 비록 갈라져 서로 다른 길을
걸었지만, 다시 하나로 연결할 수
있습니다. 이념을 넘어, 동질성을
회복해야 합니다."

〈평양 태권도전당 앞, 남북 태권도 리더의 만남〉
2018년 10월 30일, 북한 평양 태권도전당 앞에서 안민석 문화체육관광위원장,
조정원 WT 총재, 리용선 ITF 총재 등 남북 태권도 관계자들과 함께 손을 맞잡고
화합의 메시지를 전하고 있다.

그의 이 제안은 곧 현실로 이어
졌다. 대회 기간 동안 북한 주도의
국제태권도연맹(ITF)은 무려 10년
만에 시범단을 파견했다. 이들은 개회식과 폐회식은 물론 전북도청과 국기원에서도 시범
공연을 펼쳤다. 이동섭 원장은 모든 시범 공연을 직접 참관하며, ITF와 WT가 함께 무대에
설 수 있는 가능성을 확인했다.

그리고 역사적인 제안이 이어졌다. 그는 장웅 위원에게 "평창 동계올림픽 무대에서 남
북 단일 태권도 시범단을 구성해 세계인 앞에 서자"고 제안했고, 상웅 위원도 이에 긍정적
으로 호응했다.

〈2017년 전북 무주에서 열린 제23회 세계태권도선수권대회 개막식
에서 ITF(국제태권도연맹) 시범단이 정교한 동작으로 공연〉
남북 태권도 교류의 신호탄이 된 역사적 순간

그 제안은 이듬해 평창에서 실현되었다.
2018년 1월 9일, 2년여 만에 열린 남북
고위급 회담에서 북한은 전격적으로 평창
올림픽 참가 의사를 밝혔고, 합의문 속에
는 '북측 태권도 시범단 파견과 남북 합동
공연'이 명시되었다. 이로써 태권도는 다
시 한 번 남북 화해의 상징이 되었다.

2018년 2월 9일, 강원도 평창. 올림픽
스타디움 개회식 무대 위에는 마침내 WT
소속 한국 시범단과 ITF 소속 북한 시범단
이 함께 올랐다. 이는 태권도 역사상, 아니

세계 올림픽 역사상 최초의 일이었다. 국제올림픽위원회(IOC)가 인정하는 유일한 국제경기연맹은 WT였기에, ITF는 그간 올림픽 무대에 오를 수 없었다. 하지만 이 날, 두 조직은 각 6분씩 단독 시범을 펼친 후, 마침내 하나의 무대를 공유하며 12분간의 '남북 합동 시범'을 완성했다.

ITF 시범단은 육로로, 리용선 총재를 비롯한 임원진은 항공편으로 입국하며, 이 상징적인 시범 공연에 동참했다. 이 장면은 세계 수많은 언론의 카메라에 포착되었고, 태권도가 이념을 넘어 '하나의 문화로 이어질 수 있음을 보여준 감동의 무대'로 기록되었다.

이동섭 원장은 늘 강조했다. "태권도는 무술이지만, 동시에 평화의 언어입니다. 그 언어로 남북은 다시 대화할 수 있습니다."

이 한 명의 정치인이 이끌어낸 단일 시범 무대는, 무도의 본질이 무엇인지 그리고 태권도가 어떻게 세계 외교의 도구가 될 수 있는지를 분명하게 증명한 사례였다. 평화를 이끄는 외교는, 군사도 아닌 정치도 아닌, 문화로 시작되어야 한다는 것을 그는 행동으로 보여주었다.

"北 ITF 초청으로 북녘 땅을 밟다"

〈한반도 평화를 잇는 태권도의 여정〉

2018년 10월 30일, 이동섭 원장은 국회의원으로 북한이 주도하는 국제태권도연맹(ITF)의 공식 초청을 받아 북녘땅을 밟았다. 당시 국회 문화체육관광위원장이었던 안민석 위원장, 세계태권도연맹(WT)의 조정원 총재와 함께 베이징을 경유해 평양으로 향한 이 여정은, 정치나 외교를 넘어 하나의 민족이 다시 연결되는 상징적 걸음이었다.

평양에 머무는 동안 평양 태권도전당에서 WT 시범단의 단독 공연(10월 31일)과 남북 합동 시범 공연(11월 2일)을 참관했다. 그날 무대 위에서 펼쳐진 시범은 단순한 기술의 경

Angelo CITO (안젤로 치토) 이탈리아 태권도연맹 회장과 참관 후 함께 포즈를 취하고 있는 이동섭 국회의원(현 국기원 원장)

연이 아니었다. 한 핏줄, 한 뿌리를 가진 민족이 태권도를 통해 다시 연결되는 순간이었다. 남과 북, 두 갈래로 나뉜 태권도의 모습이 하나의 흐름으로 어우러지는 광경은 보는 이로 하여금 묵직한 감동을 자아냈다.

공식 일정 외에도 북한 체육성 관계자들과의 면담, 태권도성지관, 만경대 학생소년궁전 참관 등을 통해 북측의 태권도에 대한 존중과 진정성 있는 태도를 직접 확인할 수 있었다. 북한 측이 국회의원 이동섭을 방북 인사로 포함한 배경에는, 오랜 기간 이어온 체육 외교 활동과 그가 '국기원 공인 9단'이라는 상징적 위상도 있었을 것이다.

이후 2019년 4월, WT와 ITF의 태권도 합동 시범은 스위스 로잔과 제네바 UN 본부에서도 이어졌다. 이 자리에서 리용선 ITF 총재에게 남북 태권도 교류의 정례화를 제안했다. 합동 시범뿐 아니라 유네스코 등재를 위한 공동 연구, 민간 태권도 단체 간의 협력 등이 포함된 제안이었다. 리 총재도 긍정적으로 검토하겠다는 뜻을 밝혔다.

그의 의견에 대해 "아주 훌륭한 제안"이라고 힘을 실어주었다. 정치는 엇갈려도, 군사적 대치가 지속되어도, 체육 교류는 그 자체로 남북 관계의 마중물이 될 수 있다는 사실을, 그리고 그 중심에는 언제나 태권도가 있어야 한다는 점을 더욱 더 확신했다.

〈국기원장 재임 이후의 실천 구상〉

이동섭 원장은 국기원장 재임 이후에도 '태권도를 통한 남북 화해와 평화의 길'을 실천적으로 이어가기 위한 중장기 구상을 세워왔다. 무엇보다 분단의 상징을 넘어, 태권도를 통해 다시 하나 되는 한민족의 정신을 구현하고자 하는 의지가 뚜렷했다.

〈2019년 4월 11일, 스위스 로잔 올림픽 박물관에서 남북 합동공연을 개최〉
세계태권도연맹(WT, 총재 조정원)과 국제태권도연맹(ITF, 총재 리용선) 태권도 시범단이 태권도 올림픽 정식 종목 확정 25주년을 기념(출처:무예신문)

2019년 스위스 로잔에 위치한 국제올림픽위원회(IOC) 본부에서 진행된 WT-ITF 합동 태권도 시범을 관람하고, 토마스 바흐 IOC(국제올림픽위원회)위원장, ITF 리용선 총재와 함께 기념촬영

2019년 4월 스위스 로잔에서 열린 WT-ITF 합동시범 행사 직후, 이동섭 당시 국회의원이 리용선 ITF(국제태권도연맹) 총재(오른쪽), 조정원 WT(세계태권도연맹) 총재와 토마스 바흐 IOC 위원장(가운데)과 함께 태권도의 남북 교류와 올림픽 정신에 대해 논의한 뒤 기념 촬영

① 남북 태권도 역사 통합 백서 발간 계획

서로 다른 계보로 분리된 남북 태권도의 기술 체계를 역사적으로 정리하고, 공통 분모를 찾기 위한 학술 프로젝트

그는 남북 태권도 역사 통합 백서 발간을 추진하고자 했다. 오랜 시간 단절된 채 서로 다른 품새와 기술 계보로 발전해온 남북의 태권도 체계를 역사적으로 조망하고, 그 공통된 뿌리와 철학을 재정립하는 작업이다. 이를 위해 국기원을 중심으로 WT와 ITF, 태권도진흥재단 등 관련 기관들과 협력 체계를 구축하고, 통일교육원 및 역사학계와의 공동 연구를 통해 남북 태권도의 변천사를 학술적으로 정리하고자 했다. 이 프로젝트는 단지 과거를 기록하는 것을 넘어, 미래 통합을 위한 정신적 기반을 마련하는 중요한 작업이기도 하다.

② 남북 태권도 상호 교류 시범행사 제안

서울과 평양을 오가는 교차 시범단 운영 구상 (국제태권도연맹 ITF와의 접촉도 고려)

그는 남북 태권도 상호 교류 시범행사를 제안했다. 서울 국기원과 평양 태권도전당을 무대로 하는 교차 시범단 운영을 구상했으며, 단순한 무도 시연을 넘어, 태권도에 담긴 철학과 예절, 그리고 평화 메시지를 전달하는 문화공연 형식으로 기획했다. 이러한 상호 방문은 UN, IOC 등 국제기구의 후원 아래 세계인을 대상으로 한 순회공연으로 확대될 수 있으며, 이를 통해 태권도는 스포츠를 넘어서는 외교적 콘텐츠로 자리매김할 수 있다.

③ 태권도 평화포럼 및 통일 체육포럼 창설 추진

태권도 중심의 민간외교 채널 마련, 학계·체육계·외교 전문가 참여 유도

그는 '태권도 평화포럼'과 '통일 체육포럼'의 창설을 준비했다. 민간 중심의 외교 채널을 제도화하고자 하는 취지로, 이 포럼은 태권도인뿐만 아니라 학계, 체육계, 외교 분야 전문가들이 함께 참여하는 공론의 장이다. 포럼에서는 남북 태권도 공동교육과정, 통일 태권도 교재 개발, 스포츠 외교 전략 등을 주제로 정기적인 토론과 연구 결과 발표가 이루어질 예정이다. 이는 남북 문화 교류를 실질적으로 뒷받침할 수 있는 정책 기반으로 기능하게 된다.

④ 국제 대회에서 남북 공동 단일팀 출전 추진

평화올림픽 구상과 연계한 태권도 공동 출전 로드맵 구상

그는 국제대회에서의 남북 단일팀 공동 출전을 구체적으로 구상했다. 태권도가 남북 모두에게 뿌리 깊은 민족 무예라는 점에서, 단일팀 구성이 가장 자연스러운 종목이라는 판단이었다. 그는 2026년 동계청소년올림픽, 2028년 LA올림픽 등을 목표로 WT와 ITF 간 공동 태권도단 출전 체계를 마련하고, 남북이 함께 도복을 입고, 함께 훈련하고, 함께 입장하는 '태권도 평화 상징' 프로젝트를 추진하고자 했다. 공동 유니폼 제작, 훈련 캠프 운영, 단일 품새 시연 등 구체적 방안을 담은 로드맵을 통해, 태권도는 다시금 세계 스포츠 외교의 중심에 설 수 있을 것이다.

이러한 실천 구상은 모두 '태권도는 평화다'라는 철학을 기반으로 하며, 국기원이 단순한 무도 기관이 아닌 한반도 평화의 문화 교두보가 될 수 있음을 보여주는 비전이기도 하다. 그는 태권도를 민족 정체성 회복의 매개로 삼아, 다음 100년을 향한 통일 시대의 준비를 조용히, 그러나 단단히 다져가고 있었다.

특히 그는 2018년 평양에서 열린 제2차 남북정상회담 당시 ITF와의 문화교류 확대에

대한 논의가 있었던 점에 주목하며, 국기원이 실질적인 연결고리가 되어야 한다는 입장을 공개적으로 밝혀왔다. 그는 국기원이 "심사 기구를 넘어서 민족 화해의 도장(道場)이 되어야 한다"는 철학 아래, 태권도를 분단 극복의 문화 콘텐츠로 재해석하고자 했다.

이동섭 원장은 단순히 '정치인 출신의 국기원장'이 아니라, 정치와 외교 현장에서 태권도의 가능성을 입증한 평화 실천형 리더다. 그의 경험은 향후 남북 태권도 공동체 구축, 한민족 문화 외교 확장, 그리고 국기원의 평화 사절 역할 강화에 있어 중요한 토대가 될 것이다.

4) 신뢰받는 정치, 존경받는 리더

"헌정대상 1위 의원, 태권도 외교를 현실로 만든 입법가"

국회의원 시절, 이동섭은 정책 추진력과 윤리적 리더십, 대중 공감 능력을 모두 갖춘 보

〈조국 법무부장관 관련 국회 대정부질문〉
2019. 09. 26. 국회 본회의장에서 이동섭 국회의원이 정치 분야 대정부질문에 나서 조국 법무부장관의 검찰 수사와 관련해 질의하고 있다. 날카롭고 품격 있는 질의는 국민적 공감을 얻었으며, 해당 영상은 유튜브에서 40만 회 이상 조회되며 전국적인 화제를 모았다.

기 드문 정치인으로 '태권도를 위한 정치'가 무엇인지 몸소 보여주었다. 그는 국회에 등원한 뒤 약 90건의 법률안을 대표 발의했고, 그중 24건이 실제로 본회의를 통과해 법률로 제정되었다. 그는 단순히 법안을 많이 발의한 의원이 아닌, 국민이 체감하는 실제 변화를 입법과 정치로 실현한 실천형 입법가로 평가받았다.

입법 과정은 말처럼 쉽지 않았다.

수많은 논의와 조율, 이해관계의 충돌 속에서 그는 타협이 아닌 설득과 신념으로 길을 열어갔다. 특히 그는 국회 문화체육관광위원회 간사로 활동하며 체육, 문화, 관광 전반의 법안을 이끌었고, 예결산소위원장, 청원심사소위원장으로서 현장의 목소리를 정책으로 연결하는 역할을 했다.

정치인이면서도 그는 정치에 갇히지 않았다. 2016년에는 리우올림픽과 패럴림픽 국회 대표로 파견되어 각국 IOC 위원들과 스포츠 외교의 가능성을 논의했고, 국가대표 선수들과 함께 국위선양의 현장을 지켰다. 이후 2018년 평창동계올림픽 조직위원과 특별위원회 간사를 맡아 대회의 성공적 운영을 뒷받침했으며, 남북경제협력특별위원으로 활동하면서는 북한을 수차례 방문하며 남북 스포츠 교류의 물꼬를 텄다.

이러한 활동은 단순한 외유성 방문이 아니었다. 태권도를 비롯한 스포츠가 남북 관계와 국제 관계에서 어떤 문화외교적 가치를 지닐 수 있는지를 실천으로 보여준 여정이었다.

20대 등원이후 3년 연속 국정감사 우수의원상, 헌정대상 수상

등원이후 3년 연속 국정감사 우수의원상 수상!!
헌정대상 3회(전/ 후반기) 연속 수장)

또한 그의 의정활동은 외부에서도 높은 평가를 받았다. 2017년, 그는 국회의원 300명 중 의정활동 평가 1위에 올랐다. 2016년과 2018년에는 당이 수여한 '입법 및 정책개발 우수의원'에 선정되었고, 300여 개 이상의 NGO가 참여한 '국정감사 모니터단'으로부터는 '국정감사 우수의원'으로 3년 연속 수상하는 영예를 안았다. 특히 2017년에는 전체 국회의원 296명 중에서 의정활동 종합평가 1위를 기록하며 국회로부터 '헌정대상'을 수상, 3년 연속 '헌정대상'이라는 기록을 세웠다.

제20대 국회 1차년도 의정활동 종합평가 "1등"

제20대 국회 1차년도 의정활동 종합평가 상위의원 20명의 성적

의원명	순위	평점 (평균을 100점 만점으로 환산)	선거구	국감출석 (3) 출석률 (%)	국감성적 국감평가	통과법안대표발의 (20) 대표발의건수 (개)	통과법안공동발의 (20) 공동발의수 (개)	본회의재석 (15) 재석률 (%)	상임위출석 (18) 출석률 (%)	법안투표 (20) 투표율 (%)	개별평가항목
이동섭 "1위"	1	97.73	비례대표	3 / 100.00	17 / 우수	20 / 12	20 / 99	12.70 / 84.67	16.80 / 93.33	17.93 / 89.66	비상설특위 (3점)
박남춘	2	97.58	인천 남동구갑	3 / 100.00	17 / 우수	20 / 12	20 / 97	12.30 / 82.00	18.00 / 100.00	19.96 / 99.82	
위성곤	3	95.90	제주 서귀포시	3 / 100.00	17 / 우수	20 / 12	20 / 68	11.70 / 78.00	17.45 / 96.97	19.22 / 96.08	
주승용	4	92.57	전남 여수시을	3 / 100.00	17 / 우수	20 / 31	20 / 114	11.10 / 74.00	17.22 / 95.65	17.29 / 86.45	상임위 소위 (-1)
김도읍	5	92.28	부산 북구강서구을	2 / 71.43	17 / 우수	20 / 18	20 / 41	12.20 / 81.33	16.00 / 88.89	19.07 / 95.37	상임위 소위 (-2)
민홍철	6	92.19	경남 김해시갑	3 / 100.00	17 / 우수	20 / 12	20 / 50	11.70 / 78.00	17.00 / 94.44	16.47 / 82.35	상임위 소위 (-1)
정인화	7	90.68	전남 광양시곡성군구례군	3 / 100.00	17 / 우수	20 / 18	20 / 100	10.80 / 72.00	16.91 / 93.94	14.76 / 73.80	
윤관석	8	90.05	인천 남동구을	3 / 100.00	17 / 우수	20 / 9	20 / 109	10.50 / 70.00	18.00 / 100.00	13.26 / 66.31	
최도자	9	89.41	비례대표	3 / 100.00	12 / 준우수	20 / 13	20 / 130	12.20 / 81.33	18.00 / 100.00	15.83 / 79.14	
김삼화	10	88.47	비례대표	3 / 100.00	17 / 우수	20 / 14	20 / 84	11.00 / 73.33	16.00 / 88.89	12.98 / 64.88	대정부질문 (3) 상임위 소위 (-3)
장정숙	11	87.91	비례대표	3 / 100.00	17 / 우수	14 / 7	20 / 70	11.50 / 76.67	16.94 / 94.12	17.90 / 89.48	상임위 소위 (-1)
박정	12	87.43	경기 파주시을	3 / 100.00	12 / 준우수	20 / 11	17.5 / 35	13.00 / 86.67	17.25 / 95.83	17.04 / 85.20	상임위 소위 (-1)
이명수	13	87.27	충남 아산시갑	3 / 100.00	17 / 우수	20 / 5	20 / 45	8.90 / 59.33	16.14 / 89.66	19.57 / 97.86	비상설특위 (2)
이개호	14	86.77	전남 담양군함평군영광군장성군	3 / 100.00	12 / 준우수	18 / 8	20 / 67	10.30 / 68.67	18.00 / 100.00	17.75 / 88.77	상임위 소위 (-1)
염동열	15	86.14	강원 태백시횡성군영월군평창군정선군	2 / 58.33	12 / 준우수	20 / 9	14.5 / 29	12.20 / 81.33	15.60 / 86.67	19.04 / 95.19	비상설특위 (3)
백재현	16	85.47	경기 광명시갑	3 / 100.00	17 / 우수	14 / 6	20 / 43	12.20 / 81.33	17.38 / 96.55	16.01 / 80.04	윤리특위 (-3)
이찬열	17	85.25	경기 수원시갑	3 / 100.00	17 / 우수	20 / 28	20 / 176	9.50 / 63.33	15.00 / 83.33	11.84 / 59.18	비상설특위 (1) 상임위 소위 (-1)
도종환	18	85.21	충북 청주시흥덕구	2 / 75.00	17 / 우수	16 / 7	20 / 45	9.70 / 64.67	18.00 / 100.00	13.58 / 67.91	
김현권	19	84.62	비례대표	3 / 100.00	17 / 우수	14 / 2	20 / 40	11.10 / 74.00	16.91 / 93.94	18.61 / 93.05	대정부질문
김민기	20	83.06	경기 용인시을	3 / 100.00	12 / 준우수	16 / 6	14.5 / 29	14.00 / 93.33	18.00 / 100.00	19.36 / 96.79	윤리특위 제소 (-3)

이 수상은 국회의원 개개인의 법안 발의, 본회의 출석률, 질의 내용, 상임위 활동, 지역구 민원 처리 등 종합 평가 기준에 따라 엄정하게 심사되는 것으로, 이 수상 자체가 그의 의정 성실성과 정책 추진력에 대한 제도권의 신뢰를 의미했다.

그의 이름이 널리 회자된 또 하나의 계기는 2019년 9월 국회 대정부 질문이었다. 국민적 관심이 집중됐던 조국 법무부 장관 관련 검찰수사에 대해 그는 정치 분야 질문자로 나서, 품격을 갖춘 동시에 핵심을 찌르는 날카로운 질의로 많은 국민들의 지지를 받았다. 당시 그의 발언은 유튜브에서 40만 회가 넘는 조회 수를 기록하며 전국적인 반향을 일으켰다.

이러한 정치적 자산과 경험은 국기원장으로서의 행보에 그대로 녹아들었다. 단지 정치적 후광이 아니라, 법을 만들고, 사람을 설득하며, 국가기관을 움직여본 경험은 국기원이 맞이한 외부 파트너십의 시대에 강력한 동력이 되었다. 그는 외교무대에서 태권도의 가치를 말하고, 국회에서 태권도의 법적 지위를 설계하며, 현장에서 예산을 이끌어내는 정책형 리더였다. 그것이 바로, 태권도계가 오랜 세월 기다려온 '정치적 태권도인'의 모습이었다.

"국회를 움직인 무도인, 국기원의 법적 위상을 세우다"

이동섭 원장은 '정치'라는 공간에서 태권도의 제도화를 현실로 만든 인물이다. 그는 국회의원 시절, 태권도를 단순한 민간 수련문화가 아닌, 국가가 책임지고 보호해야 할 공공적 자산으로 만들어야 한다는 사명감으로 움직였다. 이러한 철학은 곧 입법 행보로 이어졌다.

그가 대표 발의한 「국기원 특수법」은 오랫동안 민간법인 신분에 머물렀던 국기원을 특수법인, 즉 국가가 인가한 공공기관으로 전환시키는 역사적 계기를 만들었다. 이는 국기원이 향후 안정적인 예산 확보와 제도적 정책 수행의 기반을 갖추게 된 결정적인 전환점이었다. 단순한 법률의 통과를 넘어, 태권도계 전체의 공적 책임성과 권위를 회복하는 계기였다.

국기원 특수법 제정은 하루아침에 이루어진 일이 아니었다. 이동섭 원장은 문화체육관광위원회 활동을 하며 법적 구조 개선의 필요성을 지속적으로 강조해왔고, 제도개선안과 실무 전략을 함께 준비해 국회 안팎의 공감을 끌어냈다. 실제로 그는 국회 예산결산소위와 청원심사소위 활동을 통해 태권도와 국기원을 위한 정책과 예산이 반영되도록 물밑에서 수차례 조정과 협상을 주도했다.

특히 문화체육관광부, 서울시, 강남구 등과의 협의 과정에서도 그는 국기원을 단순한 체육시설로 바라보지 않고, '세계 태권도 본부'로서의 국가 자산이라는 인식을 강하게 심어

주었다. 그 결과, 법률 제정 이후 국기원은 서울시와 강남구로부터 실질적인 예산지원을 처음으로 확보하게 되었고, 기관의 위상과 운영 안정성은 이전과는 확연히 달라졌다.

태권도계는 수십 년간 법적 보호 없이 민간의 자생력에만 의존해 왔다. 이동섭 원장은 이 구조적 문제를 정확히 꿰뚫었고, 국회의원의 법적 권한을 통해 이를 실질적으로 해결한 첫 사례가 되었다. 정치라는 무대에서 그는 단지 '태권도를 아는 정치인'이 아니라, '태권도를 위한 정치'를 구현한 제도 설계자였다.

이동섭 원장은 국회의원 시절, 태권도의 법적 위상을 정립하고 문화체육 정책 내에서 태권도의 독립성과 자율성을 보장하기 위한 제도적 기반 마련에 주력했다. 특히 그는 문화체육관광부 내에 '태권도국(跆拳道局)' 신설을 강력히 주장하며, 정부 조직 내 태권도 전담 기구의 필요성을 일관되게 제기해왔다.

2018년 2월 7일, 그는 국회 대정부질문을 통해 당시 이낙연 국무총리에게 직접 질의했다. 일본 아베 정부가 체육청을 신설하고 예산을 4배 증액하며 자국 무도인 가라테를 적극 육성하는 데 비해, 대한민국 정부는 태권도 정책을 담당하는 인력이 고작 사무관 1명에 불과하다는 현실을 날카롭게 지적한 것이다. 이 질의는 태권도계의 현실을 정치권과 정부 차원에서 공론화시키는 계기가 되었으며, 태권도의 정책적 독립성과 조직적 위상을 위한 논의에 불씨를 당겼다.

그는 "국기 태권도의 정체성과 국제경쟁력을 유지하려면, 정부 조직 내에 태권도를 책임지고 육성할 조직이 있어야 한다"고 역설하며, 문체부 산하에 체계적인 태권도 전담 부서 설립을 제안했다. 당시 총리는 "의원님의 절박한 말씀에 감동했다"며 "손자를 꼭 태권도에 보내야겠다"고 응답함으로써, 국회 내 태권도 정책 의제를 확산시키는 데 기여하였다.

이러한 일련의 입법·행정 활동은 이후 '태권도진흥법' 개정으로 이어졌고, 태권도가 법률상 국기의 지위를 인정받는 결정적 계기를 마련했다. 이는 국기원이 단지 기술 교육기관이 아닌, 법적·정책적 정체성을 지닌 문화외교의 핵심 거점으로 자리잡는 데 결정적인 기반이 되었다.

〈문화체육관광부 내부의 태권도 전담 조직 신설 제안〉
2018년 2월 7일, 이동섭 의원이 국회 대정부질문에서 이낙연 국무총리에게 '태권도국(跆拳道局)' 설치의 필요성을 질의하고 있다.

"국회의 중심에서 태권도를 외치다: 국회의원 태권도연맹의 창립과 역할"

김운용 총재는 생전(生前) 나에게 국회 내에서 태권도의 위상을 높여줄 수 있는 단체 설립을 간절히 당부했다. 그 유지를 받들어 이동섭 원장은 2017년 6월, 많은 시간과 노력을 기울여 '국회의원 태권도연맹'을 창립했다. 단순한 연구단체가 아닌 국회 소속 특별법인으로 출범시킨 이유는, 국민적 관심을 꾸준히 유도하고 국기 태권도의 저변을 지속적으로 확장해 나가기 위해서였다.

법인 설립은 결코 간단한 일이 아니었다. 국회의장과 사무총장을 포함한 사무처 구성원들을 하나하나 설득하는 과정을 거쳐야 했고, 준비 기간만 6개월 이상 소요됐다. 그러나 그 끈질긴 설득 끝에 마침내 창립 당시 40명의 국회의원과 60여 명의 태권도 인사들이 국회의원 태권도연맹의 임원으로 합류했다.

연맹의 창립 목적은 태권도를 대한민국의 대표 문화유산이자 세계인이 함께 즐기는 글로벌 한류 콘텐츠로 발전시켜, 국위를 선양하는 데 기여하는 데 있다. 명예총재에는 당시 국회의장 정세균, 총재는 필자인 이동섭 의원, 수석부회장은 최재춘, 이사장에는 명재선 등 태권도계와 정계의 대표 인물들이 참여하며 조직이 갖춰졌다.

국회의사당 본관 1층에는 국회태권도장이 설치되어, 국회의원, 보좌진, 국회 직원들을 대상으로 정기적인 수련이 이뤄졌다.

국회 태권도연맹은 이와 함께 '국회의장배 전국태권도대회'를 비롯한 각종 행사와 정책 세미나를 주최하며, 정책·입법·문화 활동을 통한 태권도 진흥의 구심점 역할을 수행해왔다.

연맹의 활동은 국기 태권도법의 제정 과정에서도 결정적 역할을 했다. 당시 국회의원 300명 중 114명이 등록되어 있는 조직적 영향력은 법률 통과의 기반이 되었으며, 이는 국기 태권도의 법제화를 뒷받침하는 핵심 동력이 되었다.

〈2017년 9월 1일, 국회의원 태권도연맹 발대식〉
정세균 국회의장을 비롯한 주승용·이주영 국회부의장, 안민석 문화체육관광위원장, 김영우 국방위원장 등 주요 인사들이 참석한 가운데, 명재선 이사장에게 임원 추대패를 전달하고 기념촬영을 하고 있다.

〈2018년 7월, 오스트리아를 출발해 모터사이클로 실크로드를 거쳐 서울에 도착한 노베르트 모쉬-강유송 박사〉
'태권도 부부'가 국기 태권도 법제화를 축하하기 위해 이동섭 국회의원(왼쪽)을 예방했다.

국회의원 태권도연맹 소속
40명의 국회의원들이 단체로 태권도복을 착용하고 국회 내 태권도장에서 수련에 참여한 모습.

2017년 12월에는 국기원에서 국회의원 태권도연맹과 태권도 진흥재단 공동 주최로 '제1회 국회의장배 전국 태권도대회'가 열렸고, 전국에서 2,000여 명의 선수들이 참가해 공인품새, 태권체조, 시범, 격파 등으로 경연을 펼쳤다. 2회 대회에는 문희상 국회의장이 참석해 국기원으로부터 '태권도 명예 8단증'을 수여받는 뜻깊은 자리도 마련됐다.

코로나19로 인해 이후 대회는 잠시 중단되었으나, 2021년에는 품새·체조·시범 부문을 영상으로 제출하는 온택트 방식으로 진행되어 시대적 유연함을 보여주었다.

이동섭 원장은 오늘날 국회의원 태권도연맹 총재로서, 국회에 등록된 단체 중 가장 많은 국회의원이 참여한 특별법인을 이끌고 있다는 자부심을 갖고 있다. 김영삼·김대중 대통령 이후 국회에서 '총재' 직함을 가진 국회의원은 그밖에 없다. 그것은 그가 단지 의원이 아닌, 태권도의 미래를 국회 중심에서 전략적으로 지키고 확장해가는 브랜드 외교형 리더라는 것을 의미한다.

국회 도장에서 국회의원 태권도연맹 소속 국회의원들에게 태권도 교육을 시키고 있는 이동섭 원장(이동섭 전 국회의원)

"국기 태권도, 법률로 지정되다"

2017년, 국기원의 초대 원장이자 세계 태권도계의 거목이었던 고(故) 김운용 총재는 세상을 떠나기 전, 당시 국회의원이었던 이동섭에게 마지막 유언과도 같은 당부를 남겼다.

"이 의원님이 꼭 이 일을 성사시켜주십시오. 국기 태권도를 법제화시킬 분은 이 의원님밖에 없습니다."

고(故) 김운용 총재는 태권도의 세계화를 이끈 전설적인 지도자였지만, 국회와 정부의 무관심 속에 태권도를 법적 지위로 격상시키지 못한 채 생을 마감했다. 이러한 유지를 받은 이동섭 의원은 오랫동안 마음에 품고 있던 소망, 즉 태권도의 국기(國技) 법제화를 실현하기 위해 전면에 나섰다.

〈국회 본회의장에서 발언하고 있는 이동섭 전 국회의원〉
2018. 03. 30. 「태권도 국기 지정법」 국회 본회의 제안 설명 및 통과 당시 모습. 이날 본회의장에서 태권도를 대한민국의 국기로 법적으로 명문화하는 법안의 필요성과 상징적 의미를 "이웃 나라의 「태권도 문화공정」에 대응하고 올림픽 정식종목을 유지하기 위해 태권도의 국기 지정은 꼭 필요하다"고 직접 설명하며 통과를 이끌어냈다.

태권도는 이미 국민 다수가 대한민국을 대표하는 무도이자 스포츠로 인식하고 있었다. 1971년, 박정희 대통령이 '국기 태권도'라는 휘호를 내린 이래로 관습적 국기로 여겨져 왔지만, 이는 어디까지나 사회적 합의에 머물렀을 뿐, 법률로 명문화된 지위는 아니었다. 이 점에서 이동섭 의원은 큰 문제의식을 느꼈다.

그가 가장 우려한 점은 태권도의 법적 공백을 외국이 먼저 악용할 수 있다는 점이었다. 중국은 동북공정의 일환으로 태권도를 자신들의 전통무술로 주장하고 있었고, 일본은 가라테의 올림픽 정식 종목 채택을 계기로 태권도의 위상을 낮추려는 움직임을 보이고 있었다. 심지어 태권도를 한국에서 도입한 네팔조차, 자국의 국기로 태권도를 지정하려는 계획을 추진하고 있었다.

만약 대한민국이 태권도의 국기 지위를 법으로 먼저 확립하지 못한다면, 종주국으로서의 위상은 국제사회에서 흔들릴 수밖에 없었다. 이동섭 의원은 '태권도 법제화'가 더 이상 미룰 수 없는 국가 과제라고 확신했다.

이에 따라 그는 태권도의 법적 지위를 명문화하기 위한 작업에 돌입했다. '태권도 진흥 및 태권도공원 조성 등에 관한 법률'(약칭, 태권도법)을 개정하는 방식으로 추진했고, 법 안을 성안한 이후에는 전문가 간담회와 토론회를 연달아 개최하여 국민적 공감대를 모았 다. 반대 의견도 수렴하면서 보다 정제된 입법안을 만드는 데 심혈을 기울였다.

무엇보다 국회의원들의 협조를 끌어내는 것이 가장 중요했다. 이동섭 의원은 여야를 막 론하고 수백 명의 국회의원들을 일일이 찾아다니며 국기태권도의 필요성과 절박함을 설 명했다. 본회의가 열리는 날이면 의원들을 직접 찾아가 설득했고, 회의가 없는 날에는 의 원실 문을 일일이 두드리며 지지를 호소했다.

그의 설득에 응답한 국회의원들은 정당을 초월해 한 뜻으로 뜻을 모았다. 문희상 국회의 장을 비롯하여 이해찬·추미애 대표, 이인영 원내대표 등 더불어민주당 지도부, 그리고 이 주영 국회부의장, 나경원·정우택 원내대표 등 자유한국당 주요 인사들도 공동 발의에 참 여했다.

결과는 놀라웠다. 총 225명의 국회의원이 법안 공동발의자로 이름을 올렸고, 이는 20대 국회 전체 의원의 약 75%에 해당하는 숫자였다. 이는 20대 국회 출범 이후 발의된 모든 법률안 중 가장 많은 공동발의자를 기록한 사례였다. 특정 정당에 쏠리지 않고, 모든 정당 의 의원들이 고르게 참여한 점에서도 역사적인 의미를 지닌 법안이었다.

이와 동시에 이동섭 의원은 국회 내 제도적 기반 마련을 위해 '국회의원 태권도연맹'의 창립도 병행 추진했다. 국회 소속 법인을 설립하는 데에는 국회의장, 사무총장, 사무처 등 다양한 주체의 허가와 협조가 필요했고, 준비에만 6개월이 넘는 시간이 소요되었다. 하지 만 그의 집요한 설득과 전략적 접근으로, 2017년 6월 마침내 국회 소속 공식 법인 단체인 '국회의원 태권도연맹'이 창립되었다.

이 연맹은 정세균 국회의장을 명예총재로, 이동섭 의원을 총재로 하여 출범했고, 총 114명의 국회의원이 정식 등록했다. 이는 국회에 등록된 단체 중 가장 많은 회원 수를 기 록한 조직이 되었으며, 국회 본청 1층에는 실제 태권도장을 운영하며 국회의원과 보좌진, 사무처 직원들에게 직접 태권도를 수련할 수 있도록 환경을 마련했다.

그는 2018년 3월 5일, 자신이 대표 발의한 '태권도 진흥법 일부개정안'을 국회 의안과 에 제출했고, 이후 국회 소관 상임위와 본회의를 모두 통과하며 마침내 법안은 본회의에 상정되었다.

2018년 3월 30일, 대한민국 국회 제358회 제1차 본회의. 역사적인 순간이 찾아왔다. 이동섭 의원은 본회의장 발언에서 이렇게 말했다.

"중국의 문화공정, 일본의 문화 패권주의에 대응하고, 태권도의 올림픽 정식종목 유지를 위해 태권도를 국기로 지정하는 일은 국가적 과제입니다."

그리고 그날, 태권도는 대한민국의 '국기(國技)'로 법률상 확정되었다. 기존의 태권도법에 단 한 문장이 추가되었을 뿐이지만, 그 문장은 국가 정체성과 태권도의 세계적 위상을 수호하는 결정적인 법적 장치가 되었다.

"대한민국의 국기(國技)는 태권도로 한다."

법안이 통과된 후, 이동섭 의원은 감격에 찬 목소리로 다음과 같이 말했다.

"세계적으로 체육을 국기로 법제화한 나라는 대한민국이 처음입니다. 태권도의 법적 지위를 확립함으로써 정부 예산 지원의 법적 근거도 마련되었고, 동북공정 등 외세의 문화 왜곡에도 당당히 맞설 수 있는 근거가 생겼습니다. 이제 태권도는 명실상부하게 우리의 것입니다."

이날은 그의 정치 인생에 있어 가장 의미 있는 순간이었고, 대한민국 태권도사에 길이 남을 역사적 전환점이 되었다. 태권도가 대한민국 법률상 국기로서 인정받은 그 순간, 대한민국은 전 세계 1억 명 이상의 태권도 수련생들에게 "태권도는 대한민국의 것"이라고 선언할 수 있는 권위를 부여받은 것이다.

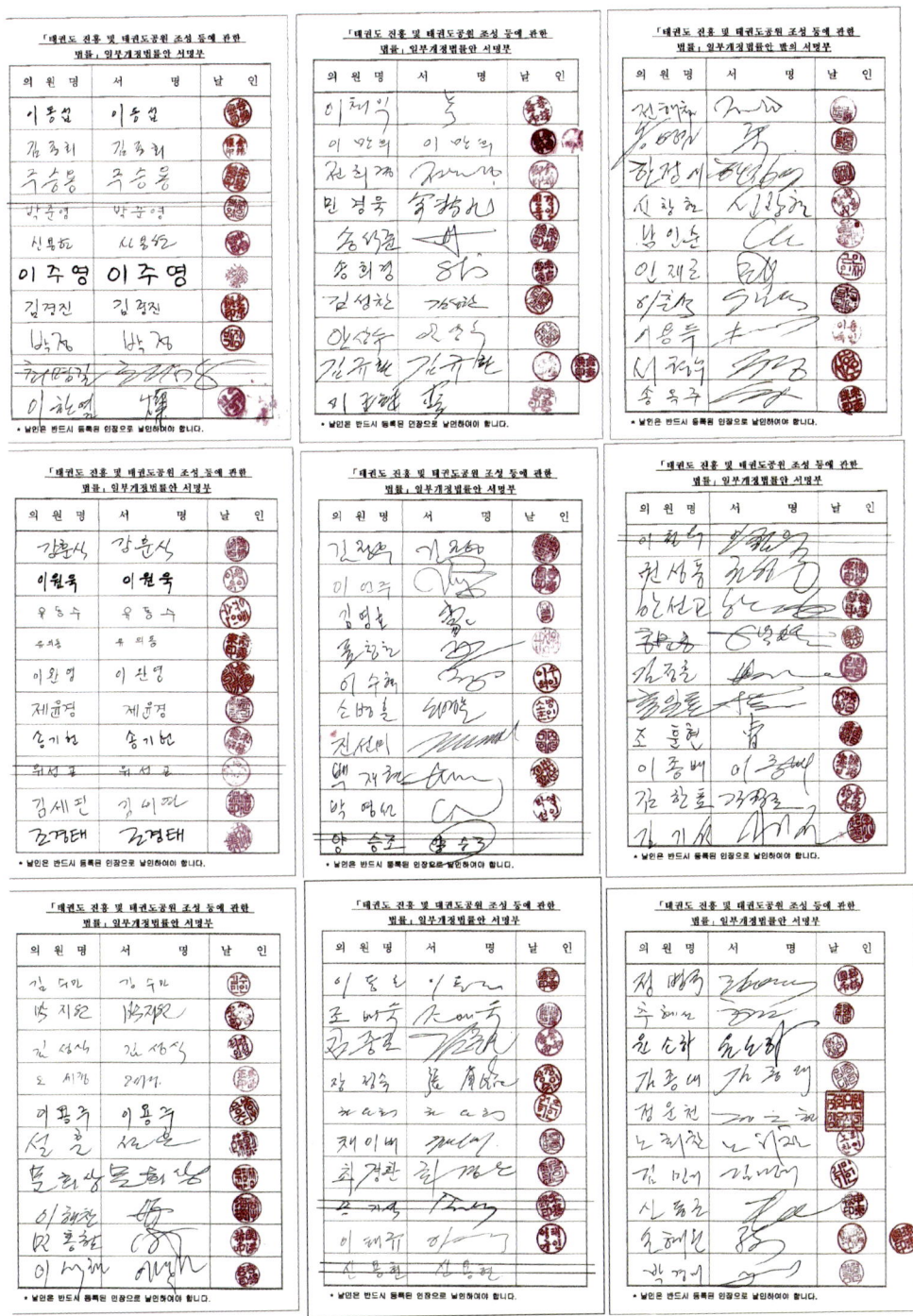

「태권도 국기 지정법」 법안 국회의원 서명부

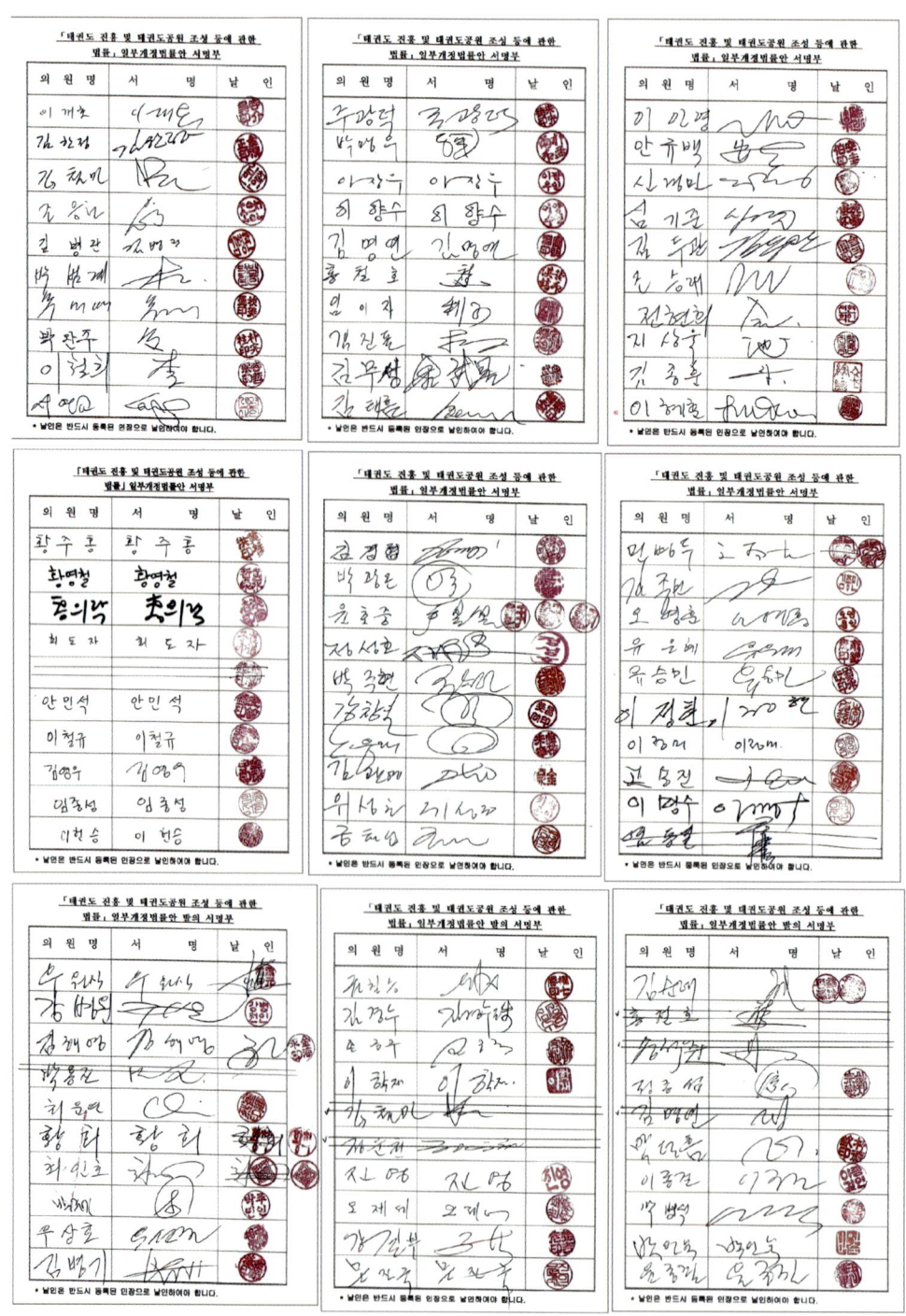

「태권도 국기 지정법」 법안 국회의원 서명부

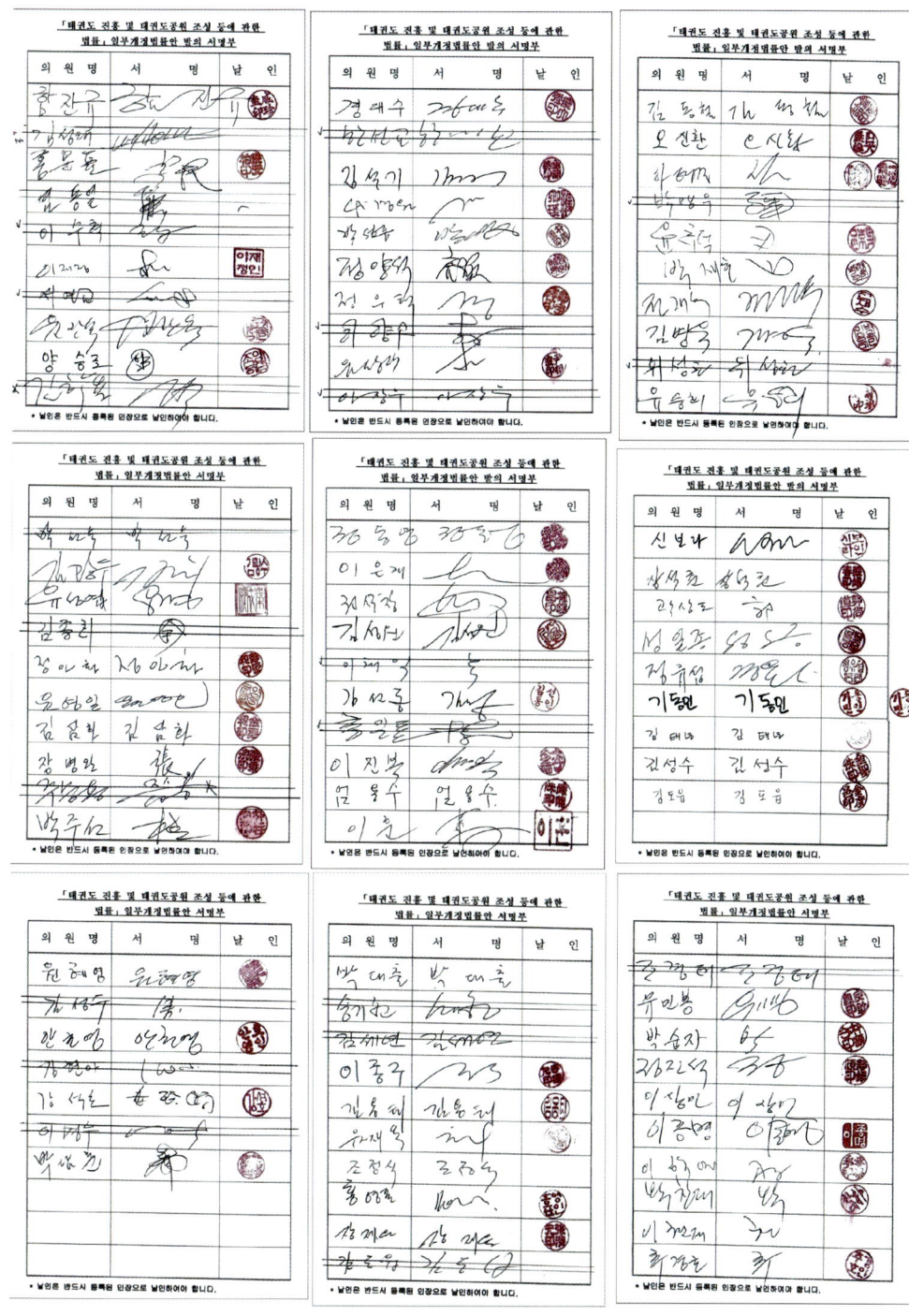

「태권도 국기 지정법」법안 국회의원 서명부

〈대한민국의 '국기(國技)' 태권도, 기네스 도전을 향한 평화의 함성〉
"국회 잔디광장에서 울려 퍼지다: 8,000명의 품새 시연, 세계 기록에 도전"

2018년 4월 21일 서울 여의도 국회의사당 잔디광장에 8천여명이 넘는 태권도인들이 모인 '태권도 평화의 함성'

2018년 4월 21일, 서울 여의도 국회의사당 잔디광장은 그 어느 때보다 뜨거운 열기로 태권도의 기운과 평화의 메시지로 가득 찼다. '태권도로 하나 되는 세상'을 주제로 열린 '태권도 평화의 함성'이라는 행사에는 국내외 태권도인 8,000여 명이 한자리에 모여 단일 종목 최다 인원 '품새 시연'이라는 대규모 시범과 퍼포먼스로 기네스북 등재를 노리는 세계 기록에 도전했다.

'태권도 평화의 함성'은 사실상 21일 오전 8시에 시작되었다. '평화의 종'이 위치한 임진각과 화천에서 '평화의 불꽃' 성화가 출발하여 오후 12시 30분 국회에 도착, 성화대에 성화를 점화하는 것으로 포문을 열었다.

이 역사적인 장면은 '태권도'가 법률상 대한민국의 '국기'로 지정된 것을 기념하고, 그 우수성과 가치를 전 세계에 알리기 위해 마련된 특별한 무대였다.

오후 1시, 국회의사당 앞 광장은 태권도복을 입은 수련인들로 빼곡히 채워졌다. 전문 태권도인은 물론, 육·해·공군 장병, 경찰, 청소년, 일반 시민까지 함께 어우러져 하나의 호흡으로 품새를 펼쳤다. 기네스북이 요구하는 기준에 맞추기 위해 모든 참가자들은 한 치의 흐트러짐 없이 정교한 동작을 이어갔다. 그 장면은 마치 수천 명이 한 몸처럼 움직이는 거대한 파도와 같았다.

이번 행사는 국회가 주최하는 행사 중에서도 이례적인 규모와 참여 열기를 자랑했으며, 국기 태권도의 위상과 매력을 세계에 알리는 중요한 장이 됐다.

국회의사당 잔디광장에서 열린 '태권도 평화의 함성' 행사에서 축사를 전하는 정세균 국회의장

행사의 주최자 중 한 명은 정세균 국회의장이었다. 그는 태권도 발전에 기여한 공로를 인정받아 국기원으로부터 '태권도 명예 8단증'을 수여받았다. 정 의장은 축사에서 "1975년 국회의사당 신축 이후 이렇게 많은 시민이 국회 잔디광장을 찾은 것은 처음"이라며, 국회에서 국기 태권도를 알리는 뜻깊은 자리가 마련된 것에 깊은 기쁨을 표했다.

또한 그는 태권도가 2000년 시드니올림픽에서 정식 종목으로 채택된 이후 전 세계인의 사랑을 받는 글로벌 무예로 자리 잡았음을 강조하며, "오늘의 기네스 도전이 태권도의 강인함과 아름다움을 세계에 알리고, 나아가 한반도 평화와 통일의 디딤돌이 되기를 바란다"고 전했다.

정 의장은 이날 행사에 앞서 강원도 화천과 파주 임진각에서 출발한 성화가 국회에 도착한 의미를 되새기며, "이 불꽃이 오늘의 행사에만 머무르지 않고, 남북정상회담과 북미정상회담까지 이어져 한반도의 평화를 밝히는 횃불로 타오르길 기대한다"고 말했다.

이날 행사에는 국회의원태권도연맹이 주최하고, '태권도 국기 지정 법제화'를 기념하며 마련되었기 때문에 문화체육관광부, 국기원, 국민체육진흥공단, 한국관광공사, 세계태권도연맹(WT), 태권도진흥재단, 대한태권도협회, 대한장애인태권도협회 등 태권도의 모든 중심 기관이 힘을 모았다.

특히 국회의원태권도연맹 총재이자 당시 국회 교육문화체육관광위원회 소속이었던 이동섭 의원은 행사의 기획과 준비를 이끌며, 태권도의 법적 위상 확립과 국제적 위상 제고를 위한 상징적 프로젝트로 만들었다.

그 자리에는 영국 기네스 본부 관계자들이 참석해 행사를 지켜보았고 공중에서는 드론이 이 벅찬 순간을 기록으로 남겼다. 이윽고 신호가 울리자 참가자 8,212명은 우렁찬 기합소리와 함께 한 점 흐트러짐 없는 태권도 품새 시연을 보여주었다. 나도 도복을 갖춰 입고 태권도 품새 시연에 참가했다.

시연 직후, 국회 관계자는 "참가자들이 흐트러짐 없이 품새를 완벽하게 마쳐 기네스북 등재 조건을 충족했다"며 자부심을 드러냈다. 영국 기네스본부의 공식 인증 발표만을 남겨둔 상황에서, 이날의 기록은 이미 수많은 태권도인들의 마음속에 세계 최고라는 확신을 새겼다.

행사의 하이라이트는 품새 시연에 앞서 펼쳐진 공군 특수비행팀 블랙이글스의 에어쇼였다. 국회 상공을 가르며 그린 태극 문양은 하늘 위에서 태권도의 정신을 형상화한 듯 장관을 이루었다. 이어진 태권도 시범단의 릴레이 송판 격파와 축하 공연은 대한민국을 대표하는 문화 콘텐츠이자 세계를 연결하는 평화의 메신저임을 다시 한 번 증명했다.

그 날 국회 잔디광장에 울려 퍼진 함성은 단지 세계 기록을 향한 도전의 외침이 아니었다. 그것은 한반도의 평화와 통일을 향한 염원, 그리고 국기를 세계 무대에 우뚝 세우겠다는 의지의 발현이었다.

단순한 기네스 도전이 아닌, 태권도의 우수성과 대한민국의 평화 메시지를 국내외에 확산시키는 역사적인 순간이었다.

3. 정치력, 그 이상의 전략 : 국기원의 외연을 확장한 리더십

이동섭 원장의 정치력은 단순히 법안을 통과시키는 능력에 머물지 않았다. 그는 입법을 추진하는 정치가였고, 예산을 확보하는 설득가였으며, 행정 체계를 설계하는 실행가였고, 세계 각국과 소통하며 태권도의 위상을 높이는 외교가였다. 그가 보여준 정치는 협상과 권한을 넘어, 문화를 정책으로 만들고, 정신을 제도화하는 창조적 정치였다.

그가 국기원장이 되었다는 사실은 단지 '정치인이 기관장이 되었다'는 의미를 넘어서, 국기원의 체계가 확장되었다는 상징이다. 이제 국기원은 더 이상 고립된 무도 기관이 아니다. 국내외 정부, 국제기구, 문화·종교·예술계 등 다양한 주체들과의 연대 속에서 '대한민국 정신을 연결하는 브랜드 허브'로 성장하고 있다.

1) 정책과 사업으로 말하는 리더십 – 분열을 넘어 통합으로

태권도계는 오랜 시간 동안 내부의 갈등과 분열로 몸살을 앓아왔다. 국내의 대한태권도협회(KTA), 세계태권도연맹(WT), 국기원 간의 이권과 정체성 충돌, 해외 태권도 단체들과의 불협화음, 사범 중심의 조직 간 대립은 태권도 발전의 저해 요소로 지목되어 왔다. 특히 국기원은 정권 변화와 외부 정치적 입김, 이사회의 기능 마비, 심사제도에 대한 불신 등으로 조직 운영의 신뢰성마저 흔들리는 위기에 직면했었다.

이러한 상황 속에서 이동섭 원장이 2022년 국기원장에 취임하며 가장 먼저 꺼낸 키워드는 '통합'과 '정상화'였다. 그는 다년간의 국회의원 경험과 정책 기획력, 그리고 태권도계 내부의 네트워크를 바탕으로 분열된 조직을 하나로 묶는 갈등관리형 리더십을 실현했다.

우선 그는 대한태권도협회(KTA), 세계태권도연맹(WT), 국기원 간의 관계 정상화 회의를 주도, 공통의 목표와 상호 존중의 원칙 아래 실무협의체를 구성해 중복 업무 조정, 심사 제도 연계, 글로벌 행사 공동 개최 등의 협력 기반을 마련했다. 과거에는 서로 독립적으로 움직이며 마찰을 빚던 세 주체가, 이동섭 원장의 조율로 상생의 구조를 수립하게 된 것이다.

또한 해외 태권도 단체와의 협력 재정립에도 주력했다. 그는 국외 주요 사범단체 대표자들과의 비대면 간담회 및 순방 일정을 통해 "국기원은 독점기관이 아닌 조율기관"임을 강조하며 해외 사범들의 자율성과 기여를 인정하는 방향으로 접근했다. 이로써 장기간 국기원과 거리감을 두었던 북미·유럽 태권도 커뮤니티와의 관계가 점차 회복되었고, 국기원 중심의 글로벌 태권도 네트워크 강화에도 긍정적인 전환점이 마련되었다.

내부적으로는 이사회 구조 개선과 감사 시스템 도입 등 제도 개편을 통해, 이전까지 정치적 논란에 휘말리기 쉬웠던 국기원의 운영 투명성을 제고했다. 그는 "국기원은 정치의 도구가 아닌, 태권도인의 집"이라는 슬로건 아래 임직원들과의 신뢰 회복을 가장 중요한 과제로 설정하고, 실행 중심의 소통 리더십을 실현하였다.

이처럼 이동섭 원장의 리더십은 단순한 갈등 해소를 넘어서, 분열된 조직의 구조를 재정비하고 '하나의 태권도'라는 브랜드 아래 공통된 비전을 그리도록 이끈 점에서 의미가 깊다. 이는 단기적 화해를 넘어 지속 가능한 거버넌스의 기반을 만든 성과로, 향후 국기원이 정책 실행기관으로 성장하는 데 필수적인 토대가 되었다.

2) 국회와의 협력 채널 확보 – 중앙정부 부처와의 연계 사업

이동섭 원장은 국회의원 출신이라는 강점을 바탕으로, 국기원이 국회와의 정책적 연계를 보다 체계적으로 구축할 수 있도록 다각적인 노력을 기울여왔다. 단순히 예산과 입법을 요청하는 수동적 기관이 아닌, 정책 기획과 법 제정의 능동적 파트너로서 국기원의 위상을 정립하려는 전략적 접근이었다.

우선 그는 국회 내 '태권도포럼'의 활성화를 통해 국회의원들과의 협력 구조를 공식화했다. 과거 간헐적으로 운영되던 포럼을 정례화하고, 여야 의원들을 초청해 태권도 진흥 및 국기원의 발전을 위한 정책 간담회, 입법 토론회, 국정감사 브리핑 등을 수차례 개최했다. 이를 통해 태권도계의 현안을 정치권이 직접 듣고 대응할 수 있는 가교 역할을 국기원이 수행하게 되었으며, 이는 국기원이 '정책 생산의 주체'로 발돋움하는 계기가 되었다.

또한, '태권도법' 제정 과정에서의 국회 협의는 이동섭 원장의 정치적 역량이 가장 빛난 순간 중 하나였다. 그는 국기원의 법적 지위를 공공기관으로 격상시키기 위한 「국기원 특수법」제정안을 직접 발의하고, 문화체육관광위원회와 법제사법위원회 등 관련 상임위와의 유기적인 소통을 이끌어냈다. 특히 당파를 초월한 설득과 조율을 통해 여야 의원들의 폭넓은 공감대를 이끌어냈고, 이는 법안 통과로 이어졌다. 그 결과 국기원은 법률상 명문화된 정체성을 갖춘 기관으로 거듭나게 되었으며, 그동안 불안정했던 제도적 지위 역시 견고해졌다.

무엇보다 주목할 만한 성과는, 국기원이 정책 입안의 자문기관이자 협력 주체로서의 지위를 확보했다는 점이다. 기존에는 '청원서'나 '요청 공문'을 통해 국회에 요구를 전달하던 방식에서 벗어나, 정책 형성 초기 단계부터 국회와 공동으로 방향을 설계하는 '협업 파트너'로 기능하게 되었다. 이는 이동섭 원장이 국회에서 쌓아온 정치적 신뢰와 전문성이 있었기에 가능했던 일이며, 국기원이 대한민국의 스포츠·문화·외교 정책 속에서 전략적으로 자리 잡을 수 있도록 한 제도적 토대가 되었다.

이와 같은 협력 구조의 제도화는 단기적 예산 확보나 특정 사안의 해결을 넘어서, 국기원의 장기적인 발전과 정책 지속성을 확보하는 기반이 되었다. 특히 이는 향후 국기원이 다른 중앙정부 부처와의 연계 사업을 추진하는 데 있어서도 강력한 정치적 지렛대 역할을 하게 된다. 이동섭 원장의 리더십은 '정치'가 아닌 '정책'으로 태권도를 성장시키는 본보기라 할 수 있다.

국기원은 중앙정부와의 전략적 연계를 통해 국가 차원의 정책 아젠다에 적극적으로 참여하는 기관으로 변모해왔다. 특히 문화체육관광부를 중심으로 외교부, 교육부 등 주요 부처와의 협업을 확대하며, 태권도를 단순한 무도에서 한류 콘텐츠, 공공외교 자산, 인성교육 플랫폼으로 확장시키는 데 핵심 역할을 수행했다.

먼저 문화체육관광부와의 협업은 국기원을 콘텐츠 산업의 일원으로 끌어올리는 데 큰 전환점이 되었다. 이동섭 원장은 국기원 시범단의 공연을 단순한 시범이 아닌 '브랜드 공연 콘텐츠'로 재정의하고, 이를 한류 확산 전략과 접목시켰다. 그 결과 국기원은 'K-콘텐츠 해외 페스티벌'이나 한국문화원 주최의 국제 문화교류 프로그램 등에 문화체육관광부의 고정 파트너로 참여하며, 태권도를 매개로 한 국가이미지 제고 사업의 중심축이 되었다. 이는 단순한 공연이 아니라, 문화외교의 전략적 무대에서 태권도가 대표 콘텐츠로 자리매김한 사례였다.

외교부와의 협력은 '공공외교'라는 키워드 아래 더욱 실질적인 외연 확장을 이끌었다. 국기원은 각국의 대사관, 재외문화원, 유엔 및 국제기구가 주최하는 공식 행사에 시범단을 파견하며, 한국 정부의 외교적 메시지를 전하는 문화 사절단 역할을 수행했다. 이는 태권도의 무예적 가치뿐만 아니라 예(禮)와 인내, 평화의 정신을 바탕으로 한 대한민국 문화의 상징성을 전달하는 상징적 도구로서의 위상을 보여준 것이며, 국기원이 대한민국의 공공외교 자산으로 기능하는 기반이 되었다.

한편, 교육부와의 연계 사업은 태권도의 교육적 가능성을 제도권 교육 현장에 접목시키는 중요한 실험이었다. 이동섭 원장은 태권도의 인성교육적 가치에 주목하여, 교육청 및 지역 학교와 협력해 '인성·호신술 프로그램'을 시범적으로 운영하였다. 이는 교과 외 교육과정 속에서 국기원 인증 프로그램이 실제로 채택되는 최초의 사례였으며, 장기적으로는 국기원이 학교 기반 인성교육 콘텐츠 공급기관으로 자리잡을 수 있는 토대를 마련한 것이다.

이와 같은 정부 부처와의 협업은 단순한 공동 행사나 일회성 프로그램이 아니라, 국기원이 '대한민국의 브랜드 기관'으로 성장하는 전략적 경로였다. 국기원의 위상이 법률적·제도적으로 강화되는 동시에, 실제 운영에서도 외교·문화·교육 분야의 국정 과제와 접점을 갖게 된 것은 이동섭 원장이 추구한 '전략적 연결'의 성과라 할 수 있다.

"태권도 대사범 지정법, 정치적 설득의 결과로 꽃피우다"

2019년 10월 31일, 대한민국 국기 태권도의 계승과 진흥을 위한 상징적 입법이 국회 본회의를 통과했다. 바로 태권도 지도자 가운데 전 세계 태권도인의 귀감이 되고, 헌신과 공적이 뚜렷한 인물을 '태권도 대사범'으로 지정하는 이른바 「태권도 명인 지정법」이다. 이 법은 태권도계에 있어 또 하나의 경사이자, 국기 태권도의 법적·문화적 위상을 제고하는 계기가 되었다.

해당 법안은 2017년부터 추진되었으며, 태권도 명인을 법적으로 지정하고 명예를 부여하는 법제화의 첫 사례였다. 기존 무예 중 택견이나 씨름 등은 국가무형문화재로 지정되어 있었고, 태권도 중에서도 겨루기 종목이 전라북도 무형문화재로 등록된 사례가 있었지만, 태권도 전반에 걸쳐 체계적으로 '명인'을 인정하고 공적을 기리는 제도는 부재했다.

법안 발의 당시 문화체육관광부는 유사 제도와의 형평성을 이유로 반대 입장을 보였다. 그러나 입법 제안자는 2년에 걸쳐 문체부 및 국회 문화체육관광위원회 소속 여야 의원들과 지속적으로 정책 협의를 이어갔으며, 마침내 본회의 통과라는 결실을 맺었다. 태권도 명인 지정의 필요성은 기술의 고유성, 전수의 희소성, 문화적 자산으로서의 가치를 중심으로 설득되었으며, 이는 전통무예 보호 및 진흥이라는 국가적 책무와도 맞닿아 있었다.

최종 통과된 법안은 정부가 태권도 대사범을 지정할 수 있도록 하고, 명예 증서 수여 등 상징적 예우를 부여하는 것으로 확정되었다. 실질적 재정 지원 조항은 제외되었지만, 태권도 지도자에 대한 예우와 사회적 위상 제고 측면에서 중요한 전환점이 되었다는 평가를 받는다. 특히 '태권도 대사범'이라는 명칭은 국기 태권도의 정통성과 독자성을 고려해 정해진 것으로, 총 20명 내외 규모로 운영될 예정이다.

이 법안의 입법은 태권도를 향한 정치권의 이해와 공감, 그리고 지속적인 설득과 조율이 만들어낸 결과였다. 명실상부하게 태권도가 대한민국의 국기(國技)로서 대접받는 구조를 정착시켜 나가고 있으며, 법과 제도를 통해 그 문화적 위상을 더욱 단단히 다지는 실천의 사례로 기록된다.

〈태권도국기지정법 본회의 통과〉

2018. 03. 30. 국회 본회의장에서 이동섭 국회의원이 「태권도 국기 지정법」 제안 설명을 하고 있다. 이날 본회의를 통해 태권도가 대한민국의 '국기(國技)'로 공식 지정되는 역사적인 순간이 마련되었다.

3) e스포츠와 게임산업 진흥을 위한 입법 리더십

2019년 3월 23일, 카트라이더 리그 시즌1 결승전 현장에서 문호준 선수(왼쪽)와 박인수 선수(오른쪽)와 함께 기념촬영 중인 이동섭 국회의원.

2018년 8월 21일, 우리나라 e스포츠 전설들이 참석한 'e스포츠 명예의 전당 개관식'에서 테이프 커팅을 진행 중인 홍진호 선수, 임요환 선수, 이동섭 국회의원.

이동섭 원장은 20대 국회 재임 시절, 문화체육계 전반에 대한 이해와 실무적 감각을 바탕으로 게임 및 e스포츠 분야에서도 탁월한 입법 성과를 거두었다. 당시 그는 '20대 국회 최다 게임·e스포츠 법안 발의 의원'으로 주목받으며, 대한민국 게임산업이 처한 구조적 문제에 대해 실효성 있는 법·제도 개선을 이끌었다.

2018년 7월, 후반기 의정활동 계획 발표에서 그는 명확한 정책 목표와 입법 방향을 제시했다. 특히 e스포츠 선수와 구단이 안정적으로 활동할 수 있는 기반 조성을 핵심 목표로 삼았다. 이를 위해 'e스포츠 인큐베이터 센터' 구축을 추진하며, 선수들의 훈련과 합숙, 연습 경기를 체계적으로 지원하는 공간 마련에 대한 정부 협력을 유도했다. 또한, 불공정 계약 문제를 해결하기 위한 '계약 대리인 제도' 도입 등 선수 보호 시스템 확립에도 집중했다.

입법 측면에서는 세 가지 핵심 법안을 중심으로 실질적인 변화를 추구했다.

첫째는 「e스포츠 진흥법 전부개정안」이다. 기존의 법률이 선언적이고 포괄적인 수준에 머물러 있었던 점을 보완하기 위해, 선수·구단·방송 등 실제 산업 생태계를 담아낸 전면 개정안을 대표발의했다. 이를 위해 그는 일반 이용자, 프로게이머, 업계 전문가들의 의견을 직접 수렴하고, 법률적 검토를 병행하며 법안 완성도를 높였다.

둘째는 「게임산업진흥법 전부개정안」이었다. 이 법은 과거 '바다이야기' 사태 이후 규제 위주의 법체계로 고착된 현실을 개선하기 위한 입법 시도로, 급변하는 디지털 게임 환경에 맞춰 법적 틀을 전면 재구성해야 한다는 판단 아래 진행되었다. 동료 의원들과 함께 업계 및 학계, 게이머 집단과의 연속 토론을 통해 실질적 개정안을 마련했다.

셋째는 이른바 '대리게임 처벌법'이다. 일부 게임 내 랭킹과 점수 시스템을 악용해 영리 목적의 대리게임을 행하는 행위에 대해 형사처벌 조항을 명시한 이 법안은, 오랜 논의 끝에 2018년 12월 7일 국회 본회의를 통과했다. 이는 국내 게임 이용자 보호와 공정한 게임 문화 조성을 위한 전환점이 되었다.

이동섭 원장은 이같은 입법 활동을 통해 단순한 '게임 정책가'를 넘어, 문화 콘텐츠 산업 전반을 이해하고 실질적인 제도 개선을 이끌어내는 정책가로서의 입지를 굳혔다. 그는 국민들과 국회에 이렇게 다짐했다.

"저는 수박 겉핥기식 포퓰리즘이 아닌, 실질적으로 게이머들과 산업 종사자들에게 도움이 될 수 있도록 노력해왔습니다. 앞으로도 문화산업의 미래를 책임지는 정책가로서 끝까지 공부하고 실천하겠습니다."

이러한 태도와 성과는 국기원의 수장으로서, 국내외 태권도 생태계를 이해하고 제도적으로 지원할 수 있는 리더로서의 자질을 입증하는 대목이다. 특히 디지털 기반의 스포츠·문화 콘텐츠에 대한 이해와 정책 설계 능력은, 국기원이 앞으로 펼쳐나갈 글로벌 전략과도 깊은 접점을 이루고 있다.

"e스포츠 선수 보호를 위한 제도화 노력 – '표준계약서법' 발의"

이동섭 원장은 20대 국회 재임 시절, 게임과 e스포츠 산업의 건전한 성장 기반 마련을 위해 가장 많은 관련 법안을 대표 발의한 의원으로 평가받았다. 특히 그는 'e스포츠 선수 보호'라는 시급한 과제를 해결하기 위한 입법적 접근을 시도했으며, 이는 한국 게임산업의 제도화를 향한 실질적 발걸음이었다.

2019년 10월, 그는 국회 본청 제218호에서 열린 제60차 원내정책회의에서 바른미래당 원내수석부대표 자격으로 참석하여 「e스포츠 선수 표준계약서법」 개정안을 대표발의했다. 이 개정안은 e스포츠 선수와 구단 간의 계약 시, 문화체육관광부가 제시한 표준계약서를 사용하도록 하는 내용을 담고 있었다. 당시 e스포츠계는 불공정 계약의 구조적 문제에 시달리고 있었으며, 이를 제도적으로 차단하고자 하는 목적이었다.

법 안 발의의 배경에는, '그리핀 사태'로 알려진 서진혁(게임 아이디: 카나비) 선수의 계약 논란이 있었다. 국민일보 등 주요 언론을 통해 보도된 이 사건은, 서 선수가 미성년자였던 시절 구단으로부터 중국 프로게임단과의 4년 이상 장기 이적 계약을 강요받았다는 충격적인 내용이었다. 이후 해당 계약서의 불공정 조항이 공개되며, 선수 보호에 대한 제도적 장치의 부재가 큰 사회적 이슈로 떠올랐다. 국민청원 게시 하루 만에 11만 명 이상의 동의를 얻을 정도로, 국민적 공분도 컸다.

이 사건은 단순히 하나의 구단과 선수 간의 갈등을 넘어, 한국 e스포츠 시스템 전반에 내재된 구조적 문제를 드러내는 상징적인 사례가 되었다. 특히 미성년 선수들이 법적 판단 능력이 부족한 상황에서 불공정한 계약에 노출되거나, 부당한 조건을 강요당하는 현실은 게임 종주국으로서의 대한민국의 위상과도 어울리지 않는 일이었다.

이동섭 원장은 선수 보호를 위해 선수 대리인 제도 도입과 표준계약서 의무화를 제안했다. 이는 단순한 권고 수준을 넘어서, 구체적이고 실질적인 보호 장치로 기능하도록 하는 것이었다. 그는 "e스포츠 강국이라면 최소한의 제도적 안전망은 갖추어야 한다"는 입장을 견지하며 문체부와 협의를 이어갔다.

표준계약서 제도는 궁극적으로 선수의 권익 보호와 산업의 신뢰도 제고라는 두 가지 목표를 아우르는 장치로 기획되었다. 이동섭 원장은 게임·e스포츠 분야의 정책 수립과 입법 활동을 단기적 대중영합형 정책이 아니라, 현장에 실질적으로 작용하는 제도 구축이라는 관점에서 접근했다.

이러한 활동은 태권도계가 앞으로 추구해야 할 공공정책 및 콘텐츠 산업과의 연계 전략과도 맞닿아 있다. 특히 문화산업 종사자의 권익 보호, 산업 구조 정비, 글로벌 표준 구축 등의 의제는 향후 국기원이 글로벌 스포츠 및 문화기관으로 나아가기 위해 반드시 참고해야 할 사례로 평가된다.

4. 국기원의 미래를 설계하다: 세계태권도본부 제2 건립, 문화외교의 새로운 플랫폼

1) 국기(國技) 태권도의 법제화, 역사 위에 세운 첫 기념비

2021년 3월 30일, 국기원 중앙수련장은 특별한 의미로 가득했다. 바로 태권도가 대한민국의 국기(國技)로 법률에 의해 지정된 날을 기념하는 첫 공식 기념식이 국기원에서 열린 것이다. 이날 행사는 단순한 기념을 넘어, 태권도의 역사와 국가적 위상을 새롭게 각인하는 자리였다.

이날 기념식에는 기념식에는 조정원 세계태권도연맹 총재, 양진방 대한태권도협회 회장, 장용갑 태권도진흥재단 이사장 직무대행, 명재선 국회의원 태권도연맹 이사장을 비롯한 단체장과 원로, 국기원 이사, 전국 시도태권도협회 회장 등 태권도계와 황희 문화체육관광부 장관, 안민석 국회의원(제20대 국회 문화체육관광위원회 위원장), 김경협 국회의원(제21대 국회 정보위원회 위원장), 홍문표 국회의원(국회의원 태권도연맹 총재), 이명수 국회의원, 정운천 국회의원, 곽영훈 세계시민기구 총재 등 주요 인사 50여 명의 귀빈이 참석했다.

코로나19 상황 속에서도 방역 지침을 철저히 지키며, 의미 있는 순간을 함께하기 위해 한 자리에 모였다.

태권도의 국기 지정은 2018년 3월 30일, '태권도 진흥 및 태권도공원 조성 등에 관한 법률' 일부 개정안이 국회를 통과하면서 법적으로 확립되었다. 그러나 그동안 국회 앞 잔디광장에서의 기념식수나 기네스 도전과 같은 행사들은 있었어도, 국기원에서 날짜를 맞춰 공식 기념식을 거행한 것은 이번이 처음이었다.

이동섭 원장은 기념사에서 "태권도가 우리나라를 대표하는 국기라는 법적 근거가 마련된 지 3주년이 되는 뜻깊은 날"이라며, 이 법 제정 과정에 힘을 보탠 모든 이들에게 감사를 전했다. 그는 국기원을 '아름다운 성지'로 만들겠다는 의지를 밝히며, 태권도의 밝은 미래를 위해 한 치의 흔들림 없이 노력하겠다고 다짐했다.

기념식의 하이라이트는 기념비 제막이었다. 가로 260cm, 세로 230cm 크기의 기념비에는 '국기태권도' 다섯 글자가 굳건히 새겨졌다. 전면에는 "태권도 대한민국 국기 지정 기념 – 2018년 3월 30일 태권도가 대한민국의 국기로 지정되어 이를 기념하기 위해 이 기념비를 세웁니다"라는 문구가, 후면에는 법률안 발의에 참여한 국회의원들의 이름이 기록되었다. 내빈들이 함께 덮개를 걷어내는 순간, 국기 태권도의 위상이 눈앞에 실체로 서 있었다.

이 기념비는 국기원 공원에 자리한 또 하나의 역사적 표식이 되었다. 제1회 세계태권도 선수권대회와 세계태권도연맹 창립 기념비, '88 서울올림픽 시범종목 채택 기념비, 그리고 2000년 시드니올림픽 정식종목 채택 기념비와 나란히, 이제 태권도가 대한민국의 국기로 지정된 날의 자부심을 영원히 전하고 있다.

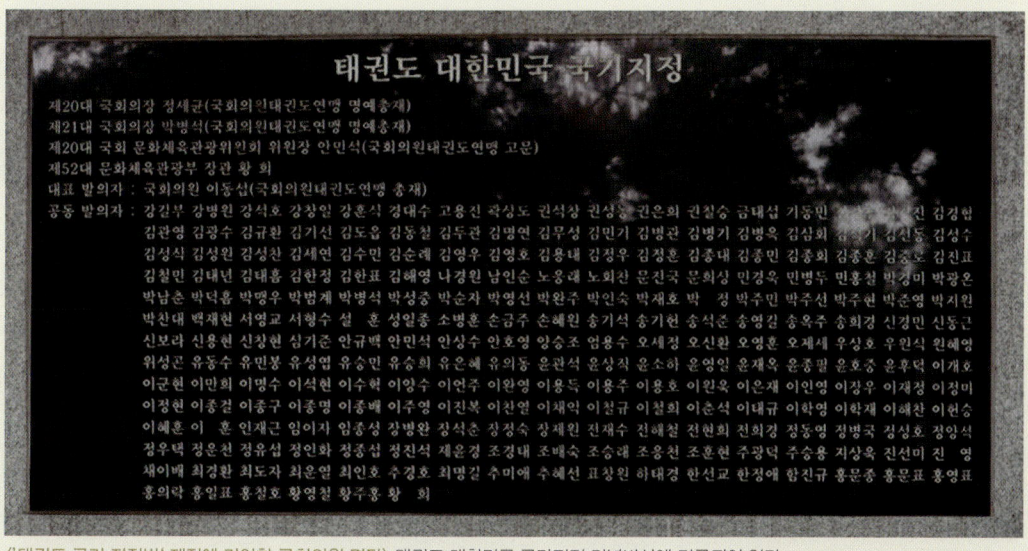

⟨'태권도 국기 지정법' 제정에 기여한 국회의원 명단⟩ 태권도 대한민국 국가지정 기념비석에 기록되어 있다.

2) 실천으로 답한 리더, 국기원 개혁의 첫걸음 – '제2건립 TF 추진단' 출범

국기원장 이동섭은 탁상 위 문서로만 일을 처리하는 '행정형 리더'가 아니었다. 그의 리더십은 언제나 현장 중심이었고, 사람을 직접 만나 설득하는 데서 시작되었다. 정치인이 지닌 가장 강력한 무기는 법안도, 권한도 아닌, '설득의 기술'이라는 것을 그는 누구보다 잘 알고 있었다.

이동섭 원장은 국기원을 세계 태권도인이 방문하고 존경하는 '문화의 성지'로 발전시켜야 한다는 철학을 바탕으로 명소화 전략을 국기원의 장기 비전과 연계해 추진하였다.

"강남에 위치한 현재 국기원은 50년 된 노후 건물로, 미래 50년을 준비하는 세계 문화

상징으로 리뉴얼이 필요하다"고 강조하며, 로마 바티칸과 같은 문화외교의 중심지로 국기원을 설계하겠다는 구상을 내비쳤다. 그에 따라 CI(심벌) 변경, 공간 리디자인, 디지털 행정 혁신, K-태권도 문화콘텐츠 확장 등 다층적인 국기원 리뉴얼 작업이 진행되었다.

이 모든 계획은 태권도 인프라를 관광·상업·외교가 융합된 대한민국 브랜드 자산으로 전환하기 위한 움직임이었다. 이동섭 원장은 "세계 태권도 인구 1억 5천만 명과 대한민국 국민 5천만 명을 연결하는 글로벌 플랫폼이 곧 국기원의 미래"라고 언급하며, 국기원장의 역할은 '단증 발급 관리자'가 아닌, '초국가적 문화전략가'로의 전환이 필요하다고 강조했다.

서울시장, 강남구청장, 문화체육관광부 실무자들까지. 그는 기관장이 된 이후에도 수시로 관련 인사들과 직접 대면하며 국기원의 현안을 설명하고, 예산과 정책의 필요성을 조율했다. 보통의 기관장이 서신으로 전달하거나 차후 회의에 미루었을 사안도, 그는 그 자리에서 풀고 실행으로 옮겼다.

〈'제2국기원 건립'을 위한 국기 태권도 한마음 대축제〉
2023년 3월, '제2국기원 건립'의 염원을 담은 태권도 법률제정 5주년 기념 현수막

그 결과 국기원 제2건립 부지 논의는 물꼬를 틔울 수 있었고, 리모델링 예산 확보도 현실화되었다. 브랜드 마케팅을 강화하기 위한 외부 협력도 일회성으로 그치지 않고 체계적인 전략사업으로 정착되기 시작했다.

이러한 실천력은 단순히 외부 파트너십에 그치지 않았다. 그는 내부 조직문화 개선에도 과감히 손을 대기 시작했다. 오랜 기간 누적된 관료적 의사결정과 책임회피 관행은 기관의 역동성을 떨어뜨리고 있었고, 이에 대한 개선이 시급했다. 이동섭 원장은 이를 '조직 체질 개선'으로 보고, 전담 태스크포스(TFT)를 구성해 구조조정과 업무 시스템 재정비에 착수했다. 이를 통해 사무처와 연수처 기능 분리, 감사실과 문화산업협력처 신설 등 전문화된 행정 체계와 투명한 조직 문화가 자리 잡기 시작했다.

정치와 행정, 문화외교를 모두 경험한 그의 입체적인 시야는 국기원의 조직 DNA를 '보신주의'에서 '전략 실행 중심 조직'으로 바꾸는 원동력이 되었다. 이처럼 관료주의에 물들지 않고 전략을 설계하고, 이를 조직 내·외부와 소통하며 현실화하는 그의 실천력은 단순한 행정 관리자가 아닌 실행형 리더였음을 분명히 보여준 것이다.

2021년 1월 28일, 이동섭 원장은 보궐선거에서 당선된 직후 취임 일성으로 "세계 태권도계의 구심점으로서 국기원의 재도약을 반드시 이뤄내겠다"며 개혁의 기치를 높이 들었다.

국기원의 기능과 역할을 근본부터 재설계하는 중장기 전략을 수립하기 위해 제시한 핵심 방향은 두 가지였다. 첫째, 전 세계 태권도 조직을 아우르는 '세계 총회' 구성, 둘째, 코로나19로 침체된 '태권도장 살리기' 프로젝트였다.

국기원 제2건립 TF 추진단 단장 안용규 위촉장 수여

이러한 비전 실현을 위해 국기원은 개혁 작업의 본격화를 알리는 신호탄으로 '국기원 제2건립 TF 추진단'을 구성했다. 추진단은 개원 50주년을 맞이하는 국기원의 새로운 50년을 설계하는 청사진을 그리는 동시에, 제2건립이라는 물리적·상징적 도약을 준비하는 한시적 상설기구였다. 그 출범 배경에는 급변하는 포스트 코로나 시대의 환경 변화에 선제적으로 대응하고, 국제기구로서 국기원의 위상을 높이는 전략적 필요성이 자리하고 있었다.

추진단의 주요 임무는 명확했다. 세계 각국에 국기원의 지부를 설치해 글로벌 네트워크를 구축하고, 이를 뒷받침할 정관과 규정을 정비하며, 세계 총회 조직과 운영 로드맵을 단계별로 설계하는 것이다. 여기에 더해, 팬데믹으로 위기에 직면한 국내외 태권도장 지원 전략 수립도 중요한 과제로 포함됐다. 추진 과정에서 세계태권도연맹(WT), 대한태권도협회(KTA) 등 유관단체와의 긴밀한 연계를 통해 시너지 효과를 극대화하겠다는 의지도 분명히 했다.

2021년 2월 18일, 이동섭 원장은 추진단을 이끌 단장에 안용규 한국체육대학교 총장을 공식 위촉했다. 최만식 전 세계태권도연맹 총괄 사무차장과 김중헌 아시아태권도연맹 사무총장이 공동위원장을 맡았고, 내외부 인사들이 위원으로 참여했다. 추진단은 향후 100일 동안 매주 회의를 열어 실행 가능한 정책과 계획을 도출하기로 했다.

이동섭 원장은 추진단 출범식에서 "개원 50주년을 맞이하는 중요한 시점에서 국기원 개혁을 본격화하기 위해 추진단을 구성했다"며 "각종 계획을 수립해 국기원이 글로벌 조직으로 탈바꿈하고 한 단계 도약할 수 있는 튼튼한 기틀을 마련해야 한다. 국기원의 개혁은 여러분 손에 달렸다. 저 또한 여러분과 함께 열심히 노력하겠다"고 역설했다.

국기원 제2건립 TF 추진단의 출범은 단순한 조직 개편이 아니라, 국기원을 세계 태권도의 상징적 본부이자 미래지향적 글로벌 기관으로 재정립하려는 전략적 프로젝트였다. 이는 이후 국기원의 국제 네트워크 확장, 국내외 태권도장 지원 정책, 그리고 제2건립 계획의 기반이 되는 핵심 동력이 되었다.

3) 체질을 바꾸는 전략, 국기원의 제도 혁신 – '제2건립 제도정비 TF' 출범

국기원의 제2건립 비전이 구체적인 실행단계로 옮겨가던 2021년 3월, 이동섭 원장은 또 하나의 중대한 개혁 도구를 가동했다. '국기원 제2건립 제도정비 TF'의 출범이었다. 앞서 2월에 구성된 '국기원 제2건립 TF 추진단'이 세계 총회 조직 구성과 국제 네트워크 확장을 중심으로 국기원의 미래 전략을 설계하는 역할을 맡았다면, 제도정비 TF는 그 전략을 뒷받침할 조직 내부의 구조적·제도적 기반을 다지는 데 초점을 맞췄다.

〈2021년 3월 19일, 국기원 강의실에서 열린 '국기원 제2건립 제도정비 TF' 위촉식에서 이동섭 원장 인사말〉 제도정비 TF는 조직 구조 진단과 정관 개정, 조직 개편 등 국기원의 경쟁력 강화를 위한 핵심 과제를 수행하게 된다.

3월 19일 오후, 국기원 강의실에서 열린 위촉식에서 TF 위원들이 공식 임명됐다. 이선장 계명대학교 교수가 위원장에, 전영만 호원대학교 교수와 정문교 전 송파구태권도협회 회장이 부위원장에 위촉됐다. 여기에 김우현 홍익노무법인 노무사(대법원 전문심리위원), 최호진 한국행정연구원 재난안전

연구실 실장(행정안전부 혁신자문단), 윤종인 한국인터넷윤리학회 이사, 문동욱 계명대학교 교수, 최치선 육군사관학교 교수 등이 위원으로 참여했다. 간사는 이용희 국기원 인사팀 팀장이 맡아 TF 운영의 실무를 총괄했다.

제도정비 TF의 과제는 명확하고도 방대했다. 먼저 국기원의 현 조직 구조를 면밀하게 진단해 비효율과 중복을 제거하고, 변화하는 환경에 부합하는 효율적 개편안을 마련하는 것. 이어 국기원의 정관과 각종 규정을 재정비해 국제기구로서의 위상과 법적 안정성을 강화하는 것이었다. 이를 위해 TF는 추진단과 병행해 활동하며, 각각의 결과물을 최종 보고서에 통합해 국기원 개혁의 청사진을 완성할 계획이었다.

이동섭 원장은 위촉식에서 "세계태권도본부인 국기원이 다시 태어나려면, 그 무엇보다 조직 경쟁력 강화가 우선"이라며 "정관을 비롯한 제도정비와 조직 개편을 통해 국기원이 시대를 선도하는 글로벌 조직으로 거듭나야 한다"고 강조했다. 그의 발언은 개혁의 속도가 외부 확장과 내부 정비라는 두 축에서 동시에 가속화되고 있음을 보여주었다.

국기원 제2건립 제도정비 TF 위원장 이선장

위촉식 직후 열린 첫 회의에서 TF 위원들은 운영방안과 우선과제에 대한 의견을 활발히 교환했다. 논의는 단순한 규정 개정에 그치지 않고, 국기원의 조직문화와 거버넌스 전반을 재설계하는 방향으로 확장됐다. 이 과정은 곧 국기원이 제2건립이라는 물리적 확장뿐 아니라, 내적 체질 개선을 통해 진정한 '글로벌 태권도 본부'로 재도약하기 위한 필수 절차임을 분명히 했다.

제도정비 TF의 출범은 이동섭 원장 재임기의 개혁 의지가 단발성 정책이 아니라, 구조와 시스템을 함께 혁신하려는 종합 프로젝트임을 상징하는 이정표였다.

4) 강남구와의 동행, 국기원 경쟁력 강화의 발판 – '제2건립'을 통한 재도약

이동섭 원장은 2021년 2월 24일 오후, 서울 강남구청을 찾아 정순균 구청장과 면담을 갖고 국기원의 노후시설 개선을 비롯한 주요 현안 사업에 대한 협력 방안을 논의했다. 이 자리에서 이 원장은 국기원과 강남구가 지리적·상징적으로 긴밀한 관계를 맺고 있음을 강조하며, 세계 210개국 국기 게양대 설치, 국기(國技) 지정 기념비 건립, 노후시설 전면 보

〈이동섭 원장, 정순균 강남구청장과 국기원 발전 방안 논의〉
2021년 2월 24일, 이동섭 원장이 강남구청을 방문해 정순균 강남구청장과 함께 국기원의 주요 현안사업에 대해 논의하고 협력 방안을 모색

수 등 중점 과제를 설명했다. 특히 국기원이 세계태권도본부로서의 위상과 기능을 온전히 수행하기 위해서는 지방자치단체의 적극적인 행정·재정 지원이 필요하다는 점을 역설했다.

정 구청장은 국기원 지원 방안을 다각적으로 검토하겠다고 약속하며, 직접 국기원을 방문해 현장을 점검하겠다는 의지를 밝혔다. 이날 면담에는 강남구청 김하성 문화체육과장과 김현경 공원녹지과장을 비롯해, 국기원 이종갑 전략기획실장, 김민태 경영지원본부장이 배석해 세부 논의가 이어졌다.

이번 면담은 이동섭 원장이 같은 해 2월 15일 정세균 국무총리를 만나 일선 태권도장 지원과 국기원 발전을 위한 정부 차원의 지원을 요청한 데 이어, 지방자치단체와의 전략적 협력망을 강화하는 행보의 일환이었다. 이를 통해 국기원은 중앙정부와 지방정부 모두와의 연계 속에서 시설 개선과 기반 확충에 박차를 가할 수 있는 토대를 마련했다.

5. 국기원의 미래 50년을 설립하다: 제2건립 원년 선포식

2021년 5월 1일, 국기원 중앙수련장은 마치 새 시대의 문을 열기 전의 전초기지처럼 긴장감과 기대감이 교차했다. 개원 50주년을 단 1년 앞둔 이 날, 국기원은 '제2건립 원년'을 선포하며, 세계태권도본부로서 다시 태어나기 위한 대전환의 비전과 전략을 온 세상에 알렸다.

행사에는 이동섭 원장과 전갑길 국기원 이사장을 비롯해, 조정원 세계

〈강남구청과 국기원, 현안사업 협력 논의〉
2021년 2월 24일, 강남구청에서 국기원의 노후시설 개선, 세계 210개국 국기게양대 설치, 국가 지정 기념비 건립 등 협력 방안을 심도 있게 논의

태권도연맹 총재, 장용갑 태권도진흥재단 이사장 직무대행, 명재선 국회의원, 유승민 IOC 선수위원 등 국내외 태권도계 지도자들이 대거 자리했다. 여기에 정세균 전 국무총리, 김도식 서울시 정무부시장, 정순균 강남구청장, 곽영훈 세계시민기구 총재, 파벨 레사코프 주한 러시아대사관 참사관 등 정계·외교계 주요 인사까지 함께하며, 국기원이 가진 국제적 위상을 여실히 보여주었다. 70여 명의 내빈이 한 자리에 모인 이 풍경은, 국기원의 미래를 논하는 일이 더 이상 태권도계만의 문제가 아니라는 사실을 상징했다.

〈국기원 제2건립 원년 선포 및 국기 게양식 개최〉
국기원이 제2건립 원년을 선포하고, 3대 추진전략과 6대 핵심과제를 제시하는 등 세계를 아우르는 세계태권도본부로 거듭날 것을 다짐

　행사는 두 개의 장으로 나뉘어 진행됐다. 1부는 기념영상 상영으로 시작해 기념사와 축사, 비전 보고, 제2건립 원년 선포 퍼포먼스, 국기원 시범단 공연이 이어졌다. 2부에서는 기부금 전달과 감사패·공로패 수여, 그리고 국기 게양식이 진행되었다.

　전갑길 이사장은 기념사에서 "백년대계를 세울 정책과 비전 없이는 세계태권도본부의 위상을 지켜낼 수 없다"며, 이번 제2건립 전략이 단순한 계획이 아니라 국기원의 새로운 탄생을 위한 역사적 과업임을 강조했다. 그는 임직원 모두가 책임감을 가지고 세계를 아우르는 본부로 거듭날 것을 다짐했다.

　정세균 전 국무총리는 축사에서 "국기 태권도의 위상에 비해 국기원의 시설은 너무 낡고 협소하다"며 현실적 문제를 지적하고, 개선을 위해 힘을 보태겠다고 약속했다. 그리고 50주년이 될 내년, 전갑길 이사장과 이동섭 원장의 리더십 위에 태권도의 연대와 협력이 더해진다면 '빛나는 결실'이 맺힐 것이라며 참석자들에게 힘을 모을 것을 당부했다.

　이어서 조정원 세계태권도연맹 총재, 김도식 서울특별시 정무부시장, 장용갑 태권도진흥재단 이사장 직무대행이 축사를 이어가며, 국기원의 변화를 향한 기대감을 한층 고조시켰다.

　이날의 핵심은 이동섭 원장의 비전 보고였다. 그는 '제2건립을 통한 세계태권도본부 국기원의 재도약'이라는 제목 아래, 세 가지 추진목표를 제시했다. 바로 국기원 위상 강화,

전문성 강화, 정체성 확립이었다. 이를 뒷받침하기 위해 세계 속의 국기원, 변화하는 국기원, 함께하는 국기원이라는 3대 추진전략과, 그에 따른 6대 핵심과제를 공개했다.

그는 솔직하게 현재의 한계를 짚었다. "세계태권도본부를 지향하면서도 세계 각국에 거점 조직 하나 없었고, 내부 혁신도 미흡했다. 태권도장 중심의 수련체계와 제도개선은 여전히 부족하며, 시설은 낡고 초라하다." 그러나 곧 단호한 의지로 이어갔다. "기본에 더욱 충실하면서도 새로운 정책과 사업을 적극 추진하겠다. 시행착오가 있더라도 멈추지 않겠다. 국기원의 독립성을 회복하고, 생존력을 확보하겠다."

이동섭 원장은 취임 직후부터 '100일 프로젝트'를 가동하여 제2건립 TF 추진단, 제도정비 TF, 도장살리기 TF 등 특별팀을 구성했고, 이들의 제안이 이날 발표된 전략과 과제로 집약되었다. 핵심과제에는 국기원 글로벌 위원회 설립, 해외 지부 설치, 국기원 명소화, 글로벌 조직에 걸맞은 내부 혁신, 표준 수련과정과 교재 개발, 대면·비대면 심사제도 구축, 4차 산업 기반 도장 지원 등이 포함됐다.

〈2021년 5월 1일, 국기원 제2건립 원년 선포식과 국기 게양식에서 국기원 태권도시범단 공연〉
2019년 미국 CBS 방송 프로그램 '더 월드 베스트(The World's Best)'에서 선보였던 준우승 공연을 재현하는 모습

2021년 5월 1일,
국기원 제2건립 원년 선포식과 국기 게양식에서
국기원 태권도시범단이 격파 공연을 선보이고 있다.

비전 보고가 끝나자, 내빈 16명이 단상에 올라 준비된 버튼을 동시에 누르는 원년 선포 퍼포먼스가 펼쳐졌다. 화려한 조명이 행사장을 물들이며 새로운 출발을 알렸고, 세계를 놀라게 했던 국기원 태권도시범단이 2019년 미국 CBS 방송 '더 월드 베스트(The World's Best)'에서 선보였던 준우승 공연을 재현 '더 월드 베스트' 준우승 프로그램을 재현해 관객의 환호를 받았다.

이어진 2부의 하이라이트는 국기 게양식이었다. 이는 세계 202개국 태권도 가족의 마음을 하나로 묶고, 5대양 6대주로 본격 진출하겠다는 의지를 상징하는 의식이었다. 시각 장애를 극복하고 9단에 오른 김명관 사범과 영국·멕시코의 태권도 꿈나무, 국기원 시범단원들이 깃발을 주요 내빈에게 전달했고, 태극기·오륜기·국기원기·세계태권도연맹기·대한태권도협회기가 동시에 게양되었다. 내빈들과 참석자들은 게양대를 돌며 기념촬영을 하며 그 의미를 되새겼다.

행사 말미에는 기부자 대표의 기부금 전달과 태권도 발전에 기여한 인사들에 대한 감사패·공로패 수여가 진행됐다. 코로나19 상황 속에서도 방역 수칙을 철저히 준수하며 열린 이날의 행사는, 단순한 기념이 아니라 국기원의 철학과 전략, 그리고 미래 50년을 향한 결의를 공식화한 역사적 선언이었다.

1) 세계를 품은 상징 프로젝트, 214개국 국기 게양

본관 서쪽에는 국기원이 품은 '세계'가 시각적으로 구현된 공간이 있다. 2021년 5월 1일, '국기원 제2건립 원년 선포식'과 함께 열린 국기 게양식에서 214개국의 국기가 게양되었다. 이 설치는 국기원 원장 취임과 더불어 이동섭 원장의 숙원사업으로 태권도를 통해 전 세계인이 하나로 연결된다는 상징을 담고 있으며, 국기원을 방문하는 내·외국인 모두에게 깊은 울림을 준다. 특히, 214개국 국기가 게양된 곳은 전 세계에서 단 세 곳 – UN, IOC, 그리고 국기원뿐이다. 이는 국기원이 태권도인들에게 종교적 성지와도 같은 의미를 지닌다는 사실을 잘 보여준다.

2021년 5월 1일, 국기원 제2건립 원년 선포식과 국기 게양식에서 전통 취타대가 행사의 격을 높여주는 전통 음악 퍼포먼스로 대취타 행진을 펼치며 식전 분위기를 고조시켰다.

이날 2부 국기원 외부 행사의 하이라이트인 세계 국기 게양식에는 전통 취타대의 대취타 행진이 이어지며 국기원의 세계화 의지를 알리고, 5대양 6대주로 뻗어나갈 태권도의 미래를 상징하는 자리였다.

2) 세계 속에 뿌리내리는 국기원: 해외 지원·지부 설립의 첫걸음

세계 태권도본부 국기원은 1972년 개원해 태권도의 표준화된 심사, 기술, 철학, 역사 정신 등을 연구하고 태권도 지도자를 양성하는 등 태권도의 가치를 더욱 높이고 있다. 또한 정통 태권도 전파와 보급으로 세계 204개국에 품·단증을 발급하는 등 태권도 세계화에 선도적인 역할을 하고 있다.

국기원은 해외 네트워크 구축을 위해 다양한 사업들을 펼치고 있지만, 해외에 거점 조직 하나 없어 해외 사업을 펼치는데 한계점이 늘 존재했다.

국기원에서 운영하는 KMS(KUKKIWON MEMBERSHIP SYSTEM) 등록 도장은 약 3,500개로 세계 도장 중 약 10% 정도 점유하고 있다. 또한 미국, 중국, 인도 등 국가협회 조직력이 미비한 국가는 국기원 품·단증을 사용하지 않고 있다.

[해외 지부 설립 추진과 국제 태권도 수요 대응]

이동섭 원장은 취임 이후, 국기원이 전 세계 태권도 수련인과 사범들에게 더욱 가깝게 다가갈 수 있도록 '해외 지부 설립'을 핵심 과제로 설정하였다. 이는 단순한 외연 확장을 넘어, 글로벌 무대에서 국기원의 공신력과 접근성을 높이고, 지역별 태권도 생태계를 지원하기 위한 실질적 조치였다.

〈2007.4.24. 서울 올림픽파크텔에서 열린 국기원과 KTA 실무진 회의〉
국기원과 대한태권도협회(KTA)는 2000년대 후반에 들어서면서 태권도 심사의 공정성 확보 등 논의, 심사위임계약을 구체화하는데 노력

〈2019년 국기원 고단자 심사〉

특히 국기원의 해외 지부 설립 구상은 국제 태권도 커뮤니티로부터도 긍정적인 반응을 이끌어냈다. 글로벌 커뮤니티 플랫폼인 레딧(Reddit)의 태권도 포럼에서는 "Overseas branch offices should be a priority imo … high dan tests are literally nowhere"

("해외 지부 설립은 최우선 과제이며, 고단자 심사를 받을 수 있는 곳이 거의 없다")라는 의견이 게시되며, 해외 수련인들이 실제로 고단자 승단 심사나 국기원 공식 서비스에 접근하기 어려운 현실을 지적하였다.

이는 국기원의 글로벌 운영체계 강화가 단순한 기관의 확장이 아닌, 국제 수련자들의 실질적 수요에 대한 응답이자 제도적 정당성을 확보하는 과정임을 보여주는 의미 있는 반응이었다.

이는 곧 국기원의 글로벌 조직 체계 개편 필요성과 실효성을 시사하는 증거이자, 실무 차원에서의 수요를 확인할 수 있는 여론의 단면이었다. 특히, 고단자 심사나 자격 승급 심사 등 주요 제도들이 여전히 본원 중심으로 운영되고 있는 현실에서, 국기원의 분산형 거점 운영 전략은 국제적 신뢰도를 높이는 동시에, 태권도 세계화의 지속가능성을 확보하는 전략으로 평가된다.

이동섭 원장은 이러한 여론과 현장 요구를 바탕으로, 지역별 국기원 인증 지부 및 파견 사범 확대, 해외 거점 도장과의 제휴 프로그램, 언어권별 온라인 심사 플랫폼 연동 등의 계획을 추진 중이며, 이는 국기원이 단지 서울 본원의 기능에 머무르지 않고 21세기형 글로벌 문화 플랫폼으로 도약하는 출발점이 될 것이다.

2021년, 국기원장 보궐선거를 통해 취임한 이동섭 원장은 '글로벌 국기원'으로의 비전을 명확히 제시하며, 해외 지부 설립과 거버넌스 강화에 본격적으로 착수했다.이는 단순한 해외 진출이 아닌, 국기원의 글로벌 정체성과 위상을 정책적으로 구체화하는 '제도화 전략'이었다.

추진단은 국기원의 중장기 청사진을 설계하며, 해외 조직 체계 및 디지털 기반 행정의 토대를 다지는 데 초점을 맞췄다.

그는 2021년 5월 서울일보와의 인터뷰에서 다음과 같이 밝혔다.

"국기원은 214개국의 태권도인을 연결하는 문화외교의 거점입니다. 세계적으로 가장 많은 국가를 아우르는 올림픽 종목으로서, 태권도의 본산 국기원은 그 상징성과 기능을 재정의해야 합니다."

이동섭 원장은 앞서 국회의원 재직 시절, 대한민국 국기를 태권도로 명문화하는 법안을 대표 발의하여 228명의 국회의원 서명을 이끌어낸 바 있다. 국기원장으로서의 임무 또한 그 연장선에서, 태권도와 국기원을 대한민국 국가 브랜드로 격상시키는 데 초점이 맞춰졌다.

이 원장은 취임 직후 '국기원 제2건립 TF 추진단'을 발족시키고, 국기원의 미래 비전 설계를 병행하면서 세계 각국에 국기원 지원·지부 설치 정책을 추진했다. 2021년 8월에는 '해외 지원·지부 설립을 위한 사업설명회'를 온라인으로 개최하였고, 9월 운영이사회에서 관련 규정 개정을 시도했으나 부결되자, 이를 재검토하기 위한 TF 체제를 새롭게 구성했다.

[국제 경쟁력 강화를 위한 제도 혁신: 해외지부 설립의 배경]

2009년 2월, 국기원은 태권도의 세계화와 공인단증 체계 정비를 목적으로 미국태권도협회(USAT) 산하 무도위원회(MAC)와 함께 '해외특별심사'를 기획했다. 이 프로젝트는 미국 라스베이거스에서 개최되는 'US 오픈 태권도대회'와 연계하여 진행되었으며, 기존에 국가협회 단증을 보유했거나 유사 단체에서 단증을 발급받은 수련자들을 대상으로 정식 심사 절차를 거쳐 국기원 공인단증을 부여하는 방식으로 계획되었다.

〈2010년 2월 9일 열린 국기원 해외 지원(지부)
프로그램 설명회〉

그러나 이 계획은 곧 국내외에서 뜨거운 논쟁에 휩싸였다. 단증의 공정성과 권위를 저해할 수 있다는 지적, 특히 형평성 문제와 단증 가치 하락 우려가 제기되면서, 기존의 관행처럼 유지되던 특별심사와 '월단(越段)' 제도에 대해 근본적인 제도 개선이 필요하다는 목소리가 높아졌다. 이는 단순한 시행 방식의 문제가 아니라, 국기원이 보유한 '공인 인증기관'으로서의 신뢰성과 국제적 기준 마련의 중요성을 환기시키는 계기가 되었다.

이 같은 비판과 성찰 속에서, 국기원은 2009년 12월 '국제처'를 신설하였다. 기존의 국제팀을 확대 개편한 이 조직은, 태권도의 세계화를 위한 전략적 전진기지로서 역할을 수행하고자 했으며, 특히 해외지부 설립을 통해 국기원의 행정 및 교육 시스템을 글로벌 네트워크로 확장하려는 명확한 의지를 보였다.

국제처의 주요 업무는 해외 도장 등록, 지도자 교육 및 연수 프로그램 운영, 그리고 각 대륙별로 설립될 해외지부의 설계 및 평가 체계 수립이었다. 당시 국기원 이사장이었던 이승완은 2010년부터 본격적으로 실행할 5대 역점과제와 중점사업을 선포하며 다음과 같이 강조했다.

"국기원은 국제 경쟁력 강화를 위해 내년부터 해외지부 설립을 본격 추진할 것이며, 각국의 태권도 도장들은 국기원 해외지부에 등록하고, 그 지부를 통해 교육 및 연수 관리가 이뤄질 것이다."

이러한 계획은 선언에 머물지 않았다. 2010년 초부터 국기원은 해외지부 설립에 박차를 가했으며, '해외지부 선정평가위원회'를 구성해 각국의 신청 단체를 심의하고, 2월 9일에는 해외 태권도계 주요 인사들과 간담회를 열어 지부 설립의 취지와 목적을 직접 설명하고 의견을 청취하는 등 소통 중심의 전략을 전개했다.

이 과정은 국기원이 단순한 공인 기관을 넘어, 전 세계 태권도 네트워크를 조율하고 관리하는 리더십 허브로 성장해 나가는 데 중요한 이정표가 되었다.

세계태권도본부 국기원은 무예 태권도 본산으로 명성을 확고히 하고 권역별(관, 단체, 연합회) 등 소규모 태권도 단체들에게 정통태권도 보급과 KMS에 등록할 수 있게 방안이 필요한 상황이다. 국기원은 이동섭 원장 취임 후 2021년 5월 1일 '국기원 제2건립 원년 선포 및 국기게양식'을 개최하고 '3대 추진 전략 6대 핵심과제'를 발표했다.

'3대 추진 전략 6대 핵심과제' 중 하나는 '세계 속의 국기원'으로 해외거점조직을 구축해 국기원 목적사업을 수행하는 것이다. 국기원은 해외 거점 조직 구축을 위해 해외 지부, 사무소 설치사업을 실시하고 있다.

2021년 8월 23일, 국기원은 새로운 도전을 위해 '해외 지원·지부 설립 사업설명회'를 열었다. 코로나19의 장기화로 대규모 대면 행사가 어려운 상황이었지만, 국기원은 발걸음을 멈추지 않았다. 유튜브 채널과 SNS를 활용해 사전에 제작한 영상을 공개하고, 전 세계 태권도 가족들에게 이 계획을 알리는 방식이었다.

이 설명회는 단순한 사업 안내가 아니었다. 세계 202개국에 뿌리내린 태권도의 네트워크를 한 단계 더 확장하고, 국기원을 중심으로 하는 글로벌 거점 체계를 구축하기 위한 첫걸음이었다. 같은 해 5월, 이동섭 원장은 '제2건립을 통한 세계태권도본부 국기원의 재도약'이라는 비전을 발표하며, 세계 곳곳에 국기원의 거점을 세우겠다는 계획을 천명했다. 이번 설명회는 그 비전을 구체적인 실행 계획으로 옮기는 자리였다.

해외 지원·지부의 역할은 명확했다. 국기원 KMS 회원도장을 확대하고, 태권도 지도자 연수와 교육을 주관하며, 승품·단 심사를 시행해야 한다. 또한 태권도 대회와 행사를 개최하고, 심사와 관련된 민원과 행정 업무를 책임지는 것이었다. 이 다섯 가지 핵심 기능은 단순한 운영 지침이 아니라, 각 지부가 국기원의 철학과 시스템을 온전히 구현하는 기준이었다.

국기원은 국가별 상황과 특성을 고려해 협력 단체를 선정하기로 했다. 조직력과 확장성, 재정적 안정성을 기준으로, 현지에 뿌리내릴 수 있는 국가태권도협회나 법인을 우선 대상으로 삼았다. 이것은 단순히 '해외에 지부를 하나 세운다'는 의미가 아니었다. 그 나라의 문화와 교육 시스템 속에 태권도를 녹여내고, 지속 가능한 성장 구조를 만드는 장기 전략이었다.

당시의 이 계획은 이후 국기원의 국제 네트워크가 한층 견고해지는 토대가 되었고, '세계 태권도의 본부'라는 국기원의 위상을 실질적으로 강화하는 계기가 되었다.

이후 2022년 4월, '해외지원·지부·사무소 규정'이 정식 개정되었으며, 같은 해 5월에는 〈해외지원 설립 및 운영 규칙〉, 〈해외지부 승인 규칙〉, 〈해외사무소 운영 규칙〉 등 총 3종의 규칙을 제정하며 규정 정비를 마무리했다.

해외 정책을 본격화하기 위해 2022년 3월 10일, 국기원은 세계태권도연맹(WT)과 '글로벌 태권도 발전을 위한 합의서'를 체결하며 동반자 관계를 공고히 했다.

국기원이 서울시 중구 WT 사무국에서 이동섭 원장과 조정원 WT 총재를 비롯한 양 단체 관계자들이 참석한 가운데 '글로벌 태권도 발전을 위한 국기원-세계태권도연맹 합의서 체결식'을 갖고, 태권도 발전을 위해 협력하기로 합의했다.

WT는 국기원을 전 세계 승품·단 심사 및 교육의 협력기관으로 공식 명시하고, 국기원 단증의 권위를 보장하기 위해 WT 규약상 "단증 미소지 선수의 출전 불허" 조항을 반영했다.

이는 국제 경기 질서 속에서 국기원의 지위와 단증의 공신력을 제도화한 쾌거였다.

또한 국기원은 국가협회와의 협력 강화를 위해 '국기원 글로벌위원회'를 설립하고, 대륙별 연맹 및 각국 지도자들과 정책·심사·교육에 대한 협의를 본격화했다. 이를 통해 국기원은 각국 협회 내 '무도위원회(Kukkiwon Commission)'를 조직하도록 하였으며, 해외 사업 실행의 책임과 실효성을 공유하는 분산형 운영 모델로 전환했다.

3) 세계로 뻗어가는 국기원 사무소: 북미, 중앙아시아 등 전략거점 확보

2022년 6월, 국기원은 드디어 14개 국가 태권도협회와 사무소 설치를 위한 기본합의서에 서명했다. 이 합의는 단순히 명의만 올린 외교적 절차가 아니라, 해외에서 국기원의 목적사업을 보다 원활하고 깊이 있게 수행하기 위해, 그리고 품·단의 권위와 가치를 세계 속에 더욱 확실히 세우기 위해 추진된 실질적인 발걸음이었다.

이 과정은 2022년 2월부터 시작되었다. 국기원은 먼저 각국의 태권도 보급 현황과 정책을 면밀히 조사했고, 그 결과를 바탕으로 사무소 설치 의향이 높고 실행 가능성이 큰 국가들을 우선 선정하여 국가 협회와 함께 기본원칙, 합의사항, 법적 효력 등을 담은 기본합의서를 마련했다.

이에, 아시아 7개국(이란, 요르단, 쿠웨이트, 필리핀, 캄보디아, 키르기스스탄, 대만), 유럽 3개국(영국, 사이프러스, 프랑스), 팬암 3개국(니카라과, 베네수엘라, 도미니카공화국), 오세아니아 1개국(뉴질랜드)과 협의를 이끌어냈다. 이와 더불어 국기원은 같은 해 말까지 28개 국가 협회와도 추가 합의를 목표로 협의를 이어갔다.

기본합의서 체결 후, 해당 국가 협회는 1년 안에 '국기원 무도위원회(Kukkiwon Commission)'를 구성해야 하고, 국기원과 무도위원회가 사업의 구체적 위임 범위를 정하면, 이를 토대로 세부 업무협약을 체결하면서 사무소 설치는 최종적으로 완성된다.

이 사무소는 단증 발급과 교육 지원 등의 단순한 행정 거점이 아니라, 국기원과 긴밀히 협력하여 심사의 공정성과 질적 가치를 높이고, 현장 중심의 수련 프로그램과 지도자 세미나를 열어 교육사업을 확대한다. 또한 태권도 수련생들의 동기와 소통을 위한 경연대회와 다양한 문화 행사를 개최해, 태권도 정신이 세계 곳곳에서 살아 숨 쉬게 하는 현장형 거점으로 중심을 잡아 자리매김 한다.

이는 이동섭 원장이 구상한 '전 지구적 태권도 네트워크'의 시금석이자, 대한민국 브랜드로서의 국기원이 세계 무대에서 제도적·문화적으로 작동하는 가장 전략적인 리더십 실현 사례라 할 수 있다.

이동섭 원장 재임 기간 중 국기원은 '글로벌 거버넌스 체계 강화'를 목표로 해외 지부 설립과 사무소 운영 등에 전략적 전환을 시도하였다. 이는 단순한 외연 확대가 아니라, 각 국가와의 지속 가능한 파트너십 구축 및 국기 태권도 정신의 현지화를 위한 기반 마련이라는 점에서 중요한 의의를 지닌다.

우선, 국기원은 아시아, 미주, 유럽, 아프리카 등 주요 대륙별 전략 거점을 선정하여 '권역별 거점 사무소 설립 계획'을 구체화하였다. 그 결과로 2023년에는 미국 워싱턴 D.C.에 '국기원 북미사무소'가 공식 개소되었으며, 이는 미국 내 태권도 사범 커뮤니티와의 교류 확대, WT 및 KTA와의 3자 협력 기반 구축, 교육 콘텐츠 및 자격 심사의 품질 관리 중심 기구로 작동하고 있다.

또한 해외 지부에 대한 단순 명칭 부여에서 벗어나, 정기적 행정 점검 및 성과 관리 체계를 도입함에 따라, 각 지부는 연 1회 이상 국기원 본부와의 화상 회의, 실적 보고, 운영 감사 등을 수행하며, 브랜드 일관성과 국기 태권도 철학의 유지 여부를 평가받고 있다.

미국 워싱턴 D.C.와 로스앤젤레스(LA)를 포함한 북 미권 사무소 설치를 통해, 국기원은 세계 최대 태권도 시장 내 브랜드 영향력을 강화하였다.

〈2022년 6월, 국기원과 14개 국가태권도협회가 사무소 설치를 위한 기본합의서를 체결한 뒤 각국에서 합의서 서명본을 들고 기념 촬영〉 이번 합의에는 아시아, 유럽, 팬암, 오세아니아 등 4개 대륙의 국가협회가 참여해 국기원의 글로벌 거점 확대에 속도를 더했다.

우즈베키스탄을 포함한 중앙아시아권 및 중동 일부 지역에 사무소 또는 지부 설립 협약을 체결하며, 기존 비활성화 지역들과의 관계를 재구축하였다.

이는 단순한 국기원 인증이나 시범 파견을 넘어, 현지 운영 체계에 국기원의 철학과 제도를 이식하는 구조적 확장 전략이다.

4) 세계태권도본부 국기원, 해외 거점 조직 구축

이동섭 원장은 '해외 지부를 단순한 상징이 아닌 기능적 실행기관으로 변화'시키며, 국기원이 전 세계 태권도 외교와 교육의 허브가 되도록 실질적인 구조를 마련하였다. 이는 향후 국기원의 글로벌 플랫폼화 전략에 있어 결정적인 교두보이자, '브랜드로서의 국기원'을 세계에 각인시키는 데 기여한 중요한 이정표라 할 수 있다.

"국기원이 세계로 뻗어나갈 수 있는 길은, 태권도 지도자들이 발 딛고 있는 현장에 있다."이러한 철학 아래, 이동섭 원장은 해외 사무소 설치 및 공식 지부화 정책을 적극적으로 추진하며, 국기원의 글로벌 위상을 확장해 나갔다.

"국기원 해외사무소 추진 현황
[2024년 9월 기준] - 총 95개국"

아메리카 15개국 / 유럽 20개국 / 아시아 19개국 / 중동아시아 12개국 / 오세아니아 3개국 / 아프리카 26개국

세계태권도본부 국기원, 해외 거점 조직 구축 한창!

[2024년 9월 기준]
국기원 해외 사무소 추진 현황

■ 기본합의서(LOI) 체결 국가
38 개국

■ 양해각서(MOU) 체결 국가
57 개국

총 95 개국

■ 멕시코, 파라과이, 도미니카공화국, 코스타리카, 페루
■ 베네수엘라, 푸에르토리코, 브라질, 콜롬비아, 엘살바도르,
　니카라과, 아이티, 아르헨티나, 쿠바, 팬암연맹(PATU)

아메리카
15

<기본합의서(LOI) 체결 국가 - 38개국>
■ 아메리카 [멕시코, 파라과이, 도미니카공화국, 코스타리카, 페루]
■ 유럽 [폴란드, 사이프러스, 오스트리아, 세르비아, 보스니아-헤르체고비나, 크로아티아, 알바니아, 헝가리, 에스토니아]
■ 아시아 [태국, 미얀마, 동티모르, 싱가포르, 말레이시아, 투르크메니스탄, 몰디브, 우즈베키스탄]
■ 중동아시아 [오만, 아랍에미리트]
■ 오세아니아 [호주, 오세아니아연맹(OTU)]
■ 아프리카 [튀니지, 알제리, 콩고, 세네갈, 레소토, 가봉, 말리, 우간다, 남아프리카공화국, 말라위, 나이지리아, 수단]

<양해각서(MOU) 체결 국가 – 57개국>
■ 아메리카 [베네수엘라, 푸에르토리코, 브라질, 콜롬비아, 엘살바도르, 니카라과, 아이티, 아르헨티나, 쿠바, 팬암연맹(PATU)]
■ 유럽 [영국, 프랑스, 스페인, 스위스, 아제르바이잔, 터키, 라트비아, 체코, 핀란드 러시아 유럽연맹(ETU)]
■ 아시아 [키르기스스탄, 캄보디아, 라오스, 대만, 네팔, 스리랑카, 필리핀, 인도네시아, 베트남 몽골 방글라데시]
■ 중동아시아 [이란, 쿠웨이트, 요르단, 아프가니스탄, 시리아, 팔레스타인, 레바논, 바레인, 파키스탄, 예맨]
■ 오세아니아 [뉴질랜드]
■ 아프리카 [모잠비크, 르완다, 마다가스카르, 짐바브웨, 코트디부아르, 이집트, 니제르, 에스와티니, 부르키나파소,
　기니, 모로코, 카메룬, 보츠와나, 토고

- 폴란드, 사이프러스, 오스트리아, 세르비아, 보스니아-헤르체고비나, 크로아티아, 알바니아, 헝가리, 에스토니아
- 영국, 프랑스, 스페인, 스위스, 아제르바이잔, 터키, 라트비아, 체코, 핀란드, 러시아, 유럽연맹(ETU)

유럽 20

- 태국, 미얀마, 동티모르, 싱가포르, 말레이시아, 투르크메니스탄, 몰디브, 우즈베키스탄
- 키르기스스탄, 캄보디아, 라오스, 대만, 네팔, 스리랑카, 필리핀, 인도네시아, 베트남, 몽골, 방글라데시

아시아 19

중동아시아 12

- 오만, 아랍에미리트
- 이란, 쿠웨이트, 요르단, 아프가니스탄, 시리아, 팔레스타인, 레바논, 바레인, 파키스탄, 예맨

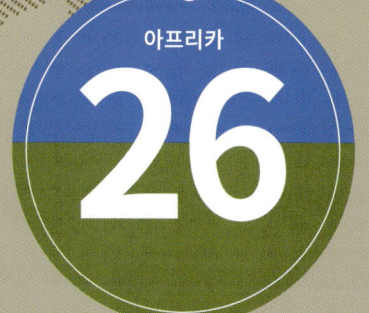

아프리카 26

- 튀니지, 알제리, 콩고, 세네갈, 레소토, 가봉, 말리, 우간다, 남아프리카공화국, 말라위, 나이지리아, 수단
- 모잠비크, 르완다, 마다가스카르, 짐바브웨, 코트디부아르, 이집트, 니제르, 에스와티니, 부르키나파소, 기니, 모로코, 카메룬, 보츠와나, 토고

오세아니아 3

- 호주, 오세아니아연맹(OTU)
- 뉴질랜드

글·사진| 박영준(편집위원회 간사)

국기원장실에 설치되어 있음

[국기원 원장실에 설치된 세계 태권도 지부]
국기원의 단증을 받는 국가가 세계 214개 국가이고 수련인구가 약 2억 명

2024년 9월 기준으로 지부 및 사무소 설치 관련 기본합의서와 양해각서를 체결한 국가는 유럽 20개(폴란드, 사이프러스, 오스트리아, 세르비아, 보스니아헤르체고비나, 크로아티아, 알바니아, 헝가리, 에스토니아, 영국, 프랑스, 스페인, 스위스, 아제르바이잔, 터키, 라트비아, 체코, 핀란드, 러시아, 유럽연맹), 아시아 19개(태국, 미얀마, 동티모르, 싱가포르, 말레이시아, 투르크메니스탄, 몰디브, 우즈베키스탄, 키르기스스탄, 캄보디아, 라오스, 대만, 네팔, 스리랑카, 필리핀, 인도네시아, 베트남, 몽골, 방글라데시), 중동아시아 12개(오만, 아랍에미리트, 이란, 쿠웨이트, 요르단, 아프가니스탄, 시리아, 팔레스타인, 레바논, 바레인, 파키스탄, 예맨), 아메리카 15개(멕시코, 파라과이, 도미니카공화국, 코스타리카, 페루, 베네수엘라, 푸에르토리코, 브라질, 콜롬비아, 엘살바도르, 니카라과, 아이티, 아르헨티나, 쿠바, 팬암연맹), 아프리카 26개(튀니지, 알제리, 콩고, 세네갈, 레소토, 가봉, 말리, 우간다. 남아프리카공화국, 말라위, 나이지리아, 수단, 모잠비크, 르완다, 마다가스카르, 짐바브웨, 코트디부아르, 이집트, 니제르, 에스와티니, 부르키나파소, 기니, 모로코, 카메룬, 보츠와나, 토고), 오세아니아 3개(호주, 뉴질랜드, 오세아니아 연맹) 총 95개국이다. 세계태권도본부 국기원은 글로벌 조직으로 성장해 세계 태권도 가족의 구심점으로 역할을 다 할 수 있게 노력하고 있다.

이 외에도, 현지 사범 및 교육기관과의 협약을 통해 '국기원 인증도장 제도'를 확대하고, 국제 지도자 연수 프로그램 및 공로 포상 제도를 운영함으로써 해외 태권도 네트워크와의 신뢰를 공고히 하였다. 특히 중남미, 중앙아시아, 중동 등 태권도 인프라가 상대적으로 약한 지역에서는 도장 운영 매뉴얼 번역 지원, 교본 수출, 장비 후원 사업 등을 통해 국기원 브랜드의 영향력을 현지에 정착시키는 성과를 거두었다.

각 해외 지부의 역할과 권한, 교육 운영 방식 등을 정리한 운영 매뉴얼과 인증 규정을 제정하여 배포하였다. 이를 통해 지부 간 운영의 일관성과 공공성, 그리고 브랜드 이미지 통일성을 확보하였다.

특히 WT 및 KTA와의 중복·경합 이슈를 조율하고, 국기원 고유의 정체성을 유지하면서 글로벌 파트너십을 안정적으로 구축했다.

이러한 해외 지부 지원 전략은 단기 성과에 그치지 않고, 장기적으로 국기원을 '글로벌 태권도 거버넌스 플랫폼'으로 전환시키는 기반이 되며, 나아가 태권도의 문화외교적 가치와 대한민국 브랜드의 확산에도 기여하고 있다.

〈2022년 12월 11일, 사우디아라비아 체육부장관에 명예 7단증 수여〉 사우디 왕자인 압둘아지즈 빈 투르키 알파이잘 체육부장관 겸 사우디올림픽위원회 위원장에게 긴밀한 협조를 당부하며 특별히 단증 수여

"세계 태권도를 하나로, 이동섭 원장의 해외 네트워크 확장 여정"

이동섭 원장은 제17대 국기원장 취임 직후부터 세계 태권도의 거대한 네트워크를 재정비하고 확장하는 일에 심혈을 기울였다. 그의 목표는 단순한 교류를 넘어, 전 세계 200여 개국에 '국기 태권도'의 정체성을 뿌리내리는 것이었다. 이를 위해 그는 '국기원 해외 사무소' 설치를 핵심 전략으로 삼았다.

그동안 국기원은 세계 태권도의 중심기관임에도 불구하고, 일부 국가에서는 국기원과의 공식 교류가 부족하거나 단절된 경우가 있었다. 심지어 일부 지역에서는 국기원의 이름이 아닌 현지 대사범 개인의 이름으로 단증이 발급되는 일도 있었다. 이는 태권도의 정통성과 국기원의 위상을 약화시키는 문제로 인식되었다. 이동섭 원장은 이러한 상황을 바로잡기 위해, 직접 각국을 찾아가 관계자들과 얼굴을 맞대고 설득하는 '현장 행보'를 이어갔다.

2022년 11월, 그는 멕시코 과달라하라에서 열린 세계태권도선수권대회를 방문해 남미 7개국 태권도협회장과 연이어 회동했다. 멕시코의 문대원 원로 대사범, 브라질의 알베르토 마시엘 회장, 코스타리카·푸에르토리코·에콰도르·엘살바도르·쿠바 등 각국 지도자들은 한목소리로 국기원의 세계화 전략에 공감했고, 적극 협력 의지를 표명했다.

〈문대원 대사범 – '태권도 영웅' 선정 기록〉

'세계태권도 영웅' 멕시코 문대원 대사범

태권도 영웅 선정은 태권도문화원이 주관하고 오노균태권도TV, 세계태권도연합신문, 국제무예올림피아드가 공동 후원하는, 태권도인의 공적과 품격을 공식 예우하는 명예 선양 사업이다. 본 사업에서 문대원 대사범이 세계태권도 영웅으로 선정되었다.

"태권도는 단군 이래 한민족에게 주어진 가장 큰 선물이며, 이제 태권도는 한국만의 것이 아니라 세계의 것입니다."
– 문대원 대사범

문대원 대사범은 44년간 약 30만 명의 제자를 길러 냈고, 이 가운데 유단자는 4만 명을 넘는다. 현재 멕시코 전역에서 약 450개의 도장을 직접 운영하며, 현지에서는 '태권도의 전설', '멕시코 태권도 대통령', '그랑 마에스트로(대사부)'로 불린다. 그의 지도 철학은 기술 이전에 예의와 품성을 세우는 데에 무게를 둔다.

충남 홍성 출신인 그는 대전중학교 시절 태권도를 처음 접했다. 1962년 경희대학교 정치외교학과 재학 중 유학길에 올라 텍사스주립대 건축학과에 입학했으며, 당시 공인 2단이었다. 이듬해 오클라호마에서 열린 무술대회에 우연히 출전해 우승을 거두었고, 호구 없이 맞붙는 대련 방식으로 체급 구분 없이 3년 연속 통합 우승을 차지했다. 거구의 상대를 제압하고 맨손 격파를 선보이던 그의 기량은 미국 무술계의 주목을 받았고, 각지의 대회 초청이 이어졌다.

그 흐름은 멕시코로 향했다. 1960년대 중반 초청을 받아 멕시코를 처음 방문한 그는 이듬해 정식 태권도 사범으로 정착했다. 당시 현지에서는 태권도를 '코리안 가라테'로 혼동하던 분위기가 강했다. 문 대사범은 '무덕관' 간판을 걸고 일본 가라테 상징물을 내리고 태극기를 걸며 태권도의 정체성을 분명히 했다. 1969~1975년 사이 그의 제자들이 멕시코 전 무도대회에서 연속 우승을 거두자 태권도는 급속히 대중적 인지와 신뢰를 확보했다.

1973·1975년 제1·2회 세계태권도선수권대회에서 멕시코가 단체 3위를 기록하며 열풍은 국가적 수준으로 확산됐다. 문 대사범은 1976년 멕시코태권도협회 창립을 주도했고, 문대원컵 전국태권도대회를 통해 선수 저변과 지도자 네트워크를 체계화했다. 동시에 소녀 기숙학교와 사회복지 기관을 방문해 태권도 수련을 지원하며, 스포츠가 공동체를 변화시키는 공공선의 도구임을 실천했다. 이후 멕시코의 프로 태권도 도입은 제2의 붐을 일으키는 촉매가 되었다.

문 대사범의 공로는 멕시코 정부의 훈장과 다수의 표창, 대한민국 정부의 초청 포상으로 이어졌다. 그는 "경기의 금메달보다 삶의 매 순간 자신을 이기는 사람이 진정한 승자"라 강조하며, 무도로서의 태권도 정신을 통해 수련생의 삶을 변화시키는 교육을 일관되게 펼쳐 왔다. 문대원 대사범의 여정은 기술의 전수에 그치지 않았다. 브랜드화가 되었고 경기력과 제도의 확립, 지역사회 공헌으로 이어지는 선순환을 멕시코에서 완성했다.

이는 국기 태권도의 보급이 한 개인의 카리스마를 넘어, 국가 브랜드와 시민 교육, 사회 통합의 언어로 확장될 수 있음을 보여 준 모범 사례다. '태권도 영웅' 선정은 이러한 업적과 정신을 공식 기록으로 남기고, 다음 세대에 계승하기 위한 공적의 자리매김이다.

이어 12월에는 중동으로 발걸음을 옮겼다. 사우디아라비아 리야드에서 열린 '월드태권도 그랑프리 파이널' 현장에서 발라 디에예 아프리카태권도연맹 사무총장을 비롯한 주요 인사들과 회동했으며, 압둘아지즈 빈 투르키 알파이잘 사우디 체육부장관 겸 올림픽위원회 위원장에게 명예 7단증을 수여했다. 이 자리에서 양측은 태권도 발전과 협력 방안에 대해 깊이 있는 대화를 나눴다.

〈2022년 12월, 사우디아라비아 리야드에서 열린 '2022 월드태권도 그랑프리 파이널' 시상식에 국기원 이동섭 원장이 입상 선수들과 기념 촬영〉 이번 대회는 국기원의 중동 네트워크 확장과 사무소 설치 협력 논의를 위한 현지 방문 일정과 맞물려 진행

이동섭 원장은 각국의 사범 도장을 방문해 승단심사 현장을 참관하고, 현지 수련생들과 직접 대화를 나누며 그들의 의견을 경청했다. 단순한 업무 협의가 아니라, 태권도의 미래를 함께 설계하는 진정성 있는 소통이었다.

그 결과, 2022년 말까지 국기원은 18개 국가협회와 해외 사무소 설치를 위한 기본합의서를 체결했고, 50여 개국과의 논의를 진행 중이었다. 그의 목표는 2023년까지 200개국과 협력을 위한 MOU를 체결하고, 국기 태권도의 글로벌 네트워크를 완성하는 것이었다.

이동섭 원장은 이렇게 말했다. "현장을 직접 찾아가 목적과 필요성을 설명하면, 상대방의 눈빛이 달라진다. 그들이 안고 있는 어려움을 직접 듣고, 그 나라 상황에 맞는 태권도 보급 계획을 함께 만들어 가는 것이 진정한 세계화의 길이다."

"국기원이 세계로 뻗어나갈 수 있는 길은, 태권도 지도자들이 발 딛고 있는 현장에 있다."
이러한 철학 아래, 이동섭 원장은 해외 사무소 설치 및 공식 지부화 정책을 적극적으로 추진하며, 국기원의 글로벌 위상을 확장해 나갔다.

"제도적 리더십과 글로벌 소통의 균형"

국기원장의 위상은 곧 대한민국의 위상이다. 이동섭 원장은 국내 태권도 사범 교육의 표준화 및 국제사범 자격제도의 정비를 통해 '글로벌 기준'을 마련했고, 개발도상국 태권도 지도자 양성 프로그램을 확장해 '태권도 인재 외교'의 기반을 다졌다. 또한 '세계태권도지도자포럼'을 통해 국제 태권도 거버넌스의 소통창구를 만들고, 각국 지도자 간의 신뢰를 구축했다.

국기원은 '태권도의 심장'임과 동시에 대한민국이 세계에 내세울 수 있는 가장 강력한 문화 자산이다. 따라서 국기원장의 역할은 국가대표 스포츠 단체장 이상의 의미를 지닌다.

이동섭 원장은 정치인, 무도인, 교육자라는 다층적 정체성을 바탕으로 이 중대한 역할을 수행하고 있다. 그의 리더십은 국기원의 공공성과 전문성, 세계성을 하나의 전략으로 통합시킨 사례이며, 국기원장이 갖춰야 할 국가대표급 기관장의 위상과 글로벌 책임의 전형을 보여준다.

〈2012 세계태권도지도자포럼〉
2009년 서울에서 처음 개최 2012년 9월 1일부터 4일까지 개최

〈제1회 세계태권도지도자포럼〉 2009년 서울에서 처음 개최

〈2018 서울 글로벌태권도지도자포럼〉 개회식 축하행사 모습

[세계(글로벌)태권도지도자포럼 개최 현황]

회차	개최 연도	행사명	개최일자	장소
제1회	2009	2009 서울 세계태권도지도자포럼	2009. 9. 1. ~ 3.	신라호텔, 경희궁
제2회	2012	2012 서울 세계태권도지도자포럼	2012. 9. 1. ~ 4.	그랜드힐튼호텔
제3회	2013	2013 서울 세계태권도지도자포럼	2013. 7. 21.	서울특별시청 본관, 서울광장
제4회	2014	2014 서울 세계태권도지도자포럼	2014. 8. 18. ~ 20.	세종문화회관 세종홀, 광화문광장
제5회	2015	2015 서울 세계태권도지도자포럼	2015. 10. 30. ~ 31.	노보텔, 광화문광장
제6회	2016	2016 서울 세계태권도지도자포럼	2016. 8. 6. ~ 7.	인터콘티넨탈 서울 코엑스, 잠실 한강시민공원
제7회	2017	2017 서울 글로벌태권도지도자포럼	2017. 8. 1. ~ 2.	인터컨티넨탈 서울 코엑스
제8회	2018	2018 서울 글로벌태권도지도자포럼	2018. 11. 25. ~ 26.	르 메르디앙 호텔 서울
제9회	2019	2019 서울 글로벌태권도지도자포럼	2019. 12. 8. ~ 9.	인터컨티넨탈 서울 코엑스

위기 속의 전통을 계승,
미래를 준비하는 리더

"혼란 속에서도
본질을
지켜내는 힘"

1. 표준화·교육 리더십

1) 실전 태권도의 부활과 호신술 보급에 앞장선 리더

이동섭 원장은 태권도의 본질을 지켜내기 위해 줄곧 "태권도의 실전성 강화"를 강조해 왔다. 그는 과거 검·경찰 특수부 수사관으로서 조직폭력배 소탕 등 실제 위험 상황을 경험하면서, 생존과 자기방어를 위한 무도의 가치를 절실히 체득하였다. 이러한 경험은 그가 국기원장으로서 태권도의 실전적 측면을 되살리고자 하는 원동력이 되었다.

실제로 미국 방문 중 현직 경찰청장이 "태권도는 실전성이 부족하다"는 취지의 발언을 했을 때 큰 충격을 받은 그는, 태권도가 단순한 스포츠 종목을 넘어 위기 상황에서 국민의 몸과 생명을 지킬 수 있는 무도로 발전해야 한다는 확신을 더욱 굳혔다.

이에 따라 이동섭 원장은 국기원 세계태권도연수원(WTA)과 함께 2022년부터 '실전 태권도 호신술 세미나'를 개최하여, 방어·공격 기술과 상황별 대처 능력을 지도자들이 체계적으로 익히도록 했다. 이 과정은 이론교육과 실기교육을 병행하여 지도자들의 이해도를 높이고 현장 적용성을 강화했다. 또한 지도자 연수과정과 시범단 활동에 실전 호신술을 포함시켜, 실제 활용 가능한 태권도 기술 보급에 박차를 가했다.

'실전 태권도 호신술'은 맨손뿐 아니라 무기 상황에서도 즉각 대응할 수 있도록 체계화된 기술을 정립하고자 개발된 것으로, 국기원이 정체성을 회복하고 태권도의 무도적 가치를 다시 세계에 알리는 전환점이 되었다.

이동섭 원장은 현재의 태권도는 무도의 기능인 강인함과 실전적 효용성이 퇴보되어 대다수의 성인들이 외면하고 있는 것이 현실이라며 재임 시기 국기원은 태권도의 본질적 가치를 회복하고, 시대 변화에 걸맞은 교육 콘텐츠를 확장하기 위한 핵심 전략의 일환으로 태권도 호신술 지도자 자격제도와 승·품단 심사 호신술 과목 시행 등 태권도 호신술을 본격적으로 보급하였다. 이는 단순한 기술 평가를 넘어, 태권도의 정체성 중 '실천적 무예'로서의 기능을 되살리는 작업이자, 무도성을 강화하고 국기원의 콘텐츠 확장성과 직결되는 획기적인 제도 개편이었다.

태권도는 그 본래의 정신 속에 '호신(護身)'의 철학이 내재되어 있다. 그러나 실기와 경기 중심의 제도 안에서는 그 철학이 오랜 시간 부차적 개념으로만 다루어져 왔고, 일반 수련자와 대중들에게 호신술은 체계적 교육 없이 단편적으로 접근되어왔다. 이동섭 원장은 이 점을 지적하며, "태권도는 누군가를 이기는 기술이 아니라, 나를 지키는 철학"임을 강조했다. 그에 따라 '호신술 자격제도'를 국기원 정규 프로그램으로 제도화하는 데에 착수했다.

〈태권도 교본 호신술 재정립〉

2021년에 개정 발간된 태권도 교본의 호신술을 재정립하였다. 1988년에 발간된 교본과 2005년 개정 발간된 교본의 호신술은 태권도 겨루기에서 실전 호신술로서 기본동작 기술을 활동하여 세 번 및 한번 겨루기, 의자, 막대, 칼, 권총 등 12개 항으로 구성되었는데, 2021년에 발간한 교본의 호신술은 겨루기를 경기겨루기와 호신겨루기로 분류하고, 호신겨루기 하위에 호신준비, 기본기술, 맞춰겨루기, 특수겨루기로 소 분류하였다. 새로운 교본의 호신술은 형식적인 기술이 아닌 기본부터 여러 가지 상황별로 세부 내용을 구성하여 실용적 가치를 높였다.

〈국기원 공식 자격제도 시행 본격화〉

국기원에서는 2018년에 호신술 지도자 교육 과정이 만들어지고 2019년에 민간자격으로 등록이 되어 있었지만, 제대로 홍보가 되지 않아 대부분 태권도인은 인지하지 못했고 활성화되지 못하고 있었다. 이동섭 원장은 태권도 무도성 회복을 위한 국기원 주관의 호신술 자격 과정을 본격화하기 위해 시도협회를 통해 적극적으로 호신술 교육과정을 홍보하고 찾아가는 태권도 호신술 지도자 연수 및 기술 세미나를 시행하여, 기존의 단(段) 중심 자격체계 외에 '실용 기술 중심의 서브 자격체계'를 활성화하였다. 이를 통해 태권도의 다양성과 교육 콘텐츠의 폭이 넓어졌으며, 수련자의 니즈에 따라 맞춤형 교육이 가능해졌다.

〈태권도 호신술 교재 개발〉

국기원 산하 전문가들과 함께 표준화된 호신술 커리큘럼과 교재를 개발하고, 국제사범 교육, 호신술 지도자 지도자 자격 과정, 호신술 기술세미나 등에서 활용할 수 있도록 하였다. 교재 내용은 끼워 맞추기식의 단순한 격투 기술이 아닌, 생활 속 위기 대응과 인권 중심 교육을 반영하였고, 맨손, 무기(몽둥이, 칼, 총) 등 국내뿐 아니라 해외의 다양한 상황에서도 대처할 수 있는 실용적 커리큘럼으로 구성하였다.

실전 태권도 호신술 교재(출처: 국기원)

〈여성·청소년·고령자 대상 특화 교육 콘텐츠 확장〉

호신술 자격제도는 여성 및 청소년, 고령자 등 상대적으로 방어 역량이 취약한 계층에게 실질적인 효과를 줄 수 있는 콘텐츠로 개발되었으며, 생활 체육 및 공공 안전 교육과의 연계도 고려되었다.

〈승·품단 심사 호신술 과목 시행〉

그동안 국기원에서는 태권도 관련 정책이나 연구가 꾸준히 지속되었고 연구 결과물(보고서 또는 서적)이 발간되었지만 활용하지 않는 사례가 많았다. 호신술 교재를 만들고 자격 과정을 만들었지만, 저변확대를 위해서는 제도화가 필요하다. 이동섭 원장은 일선 태권도장에서 수련생이 지속적으로 태권도 호신술을 수련할 수 있도록 호신술을 승·품단 심사 과목으로 시행하도록 하였다. 2025년 9월 고단자 심사부터 시범 시행을 거쳐 2026년 중에는 모든 승·품단 심사에서 정식 심사 과목으로 시행된다. '쓸모없는 연구나 정책이 아닌 쓸모있는 연구나 정책이 되어야 한다'는 게 이동섭 원장의 모토이다.

〈'국기원=실전 무예 콘텐츠 플랫폼'이라는 브랜드 정체성 강화〉

국기원이 단지 심사만을 담당하는 행정 기관이 아닌, 실용적·철학적 콘텐츠를 지속적으로 창출하는 지식 플랫폼으로서의 위상을 확보하게 되었다. 특히 호신술 자격제도는 기존 수련자 외 일반인, 경찰, 보안요원, 교육 현장 등 다양한 분야와의 접점을 열어주는 브랜드 확장 전략으로도 평가된다.

이러한 제도는 단순한 기능적 자격증을 넘어, 태권도 수련자들에게 '태권도를 어떻게 삶 속에 적용할 것인가'에 대한 실천적 지침을 제공하는 방향으로 이어졌다. 이동섭 원장의 철학은 단순한 실기 중심의 수련을 넘어, 국민의 안전, 자존감, 인권 의식을 함께 세우는 무예로서 태권도를 되돌아보게 했으며, 국기원은 그 중심 기관으로서의 정체성을 재확립하게 되었다.

실전 태권도 호신술 보급을 위한 교육 및 활동

– 실전 태권도 호신술 교재 개발

　교육과 연수를 위해서는 교재 개발이 우선이 되어야 한다. 따라서 국기원 50주년을 맞이하여 개정 발간된 태권도 교본의 겨루기에 태권도 호신술 개념과 원리, 기술 체계를 새롭게 정립하여 수록하였고, 경험과 지식이 풍부한 호신술 전문가가 기술 자문으로 참여하여 5명의 집필자가 기본부터 단계별, 상황별 활용이 가능하도록 실용성과 효용성을 높인 실전 태권도 호신술 교재를 개발하였다. 이로 인해 국제사범 연수 및 호신술 지도자 자격 연수 등에서 효율적인 교육이 이루어질 수 있게 되었다. 대부분 교육과 연수에서 대다수 사람이 교육 당시에는 동작을 습득하고 이해하지만, 시간이 지나면 차츰 기억이 흐려져 동작과 원리를 잊어버리고 점점 흥미를 잃어간다. 이에 동영상을 볼 수 있도록 큐알 코드를 삽입하여 교육의 지속성을 높였다.

2021년 12월에 개정 발간된 태권도 교본과 2022년에 발간된 태권도 교본 축약본

실전 태권도 호신술 교재 통합본과 1, 2, 3급 실전 태권도 호신술 교재

실전 태권도 호신술 교재 집필진, 기술자문, 보조자

실전 태권도 호신술 발표회 / 2021.11.25.

– 실전 태권도 호신술 기술 소개 및 홍보

태권도 호신술이 보급되기 위해서 첫 번째 단계는 태권도 호신술을 태권도인들과 대중에게 알리는 것이다. 이에 이동섭 원장은 국기원 비상근 시범단원 중 호신술을 특기로 하는 단원들을 선발하고 호신술 코치를 임명하여 전체 시범단원에게 호신술 교육을 시행하도록 하였고, 기술심의회 위촉식과 청와대 태권도 상설 공연, 태권도시범단 창단 50주년 행사 등에서 실전을 방불케 하는 실감 나는 태권도 호신술 시범으로 이목을 끌었다.

2022 기술심의회 위촉식에서의 실전 태권도 호신술 시범 / 2022년 4월 4일

국기원 태권도 시범단 청와대 상설 태권도 시범 중 호신술 시범 / 2024.07.16.~2024.08.28.

국기원 태권도시범단 창단 50주년 기념 행사 호신술 시범 / 2024.09.09.

– 찾아가는 교육·연수 프로그램

이동섭 원장의 공약사항 중 하나가 찾아가는 교육·연수 프로그램 운영이었다. 태권도장을 운영하는 태권도 지도자들이 원거리 교육을 받느라 시간과 경제적 손실이 크고 불편하다는 의견을 적극적으로 반영하여 도장 경영에 힘쓸 수 있도록 각 시·도 협회와 협의하여 찾아가는 교육·연수 프로그램을 운영하였다. 특히 실전 태권도 호신술의 원리와 핵심 기술을 소개하는 기술 세미나는 평일 수업이 있는 도장 운영에 지장을 주지 않도록 평일이 아닌 주말 교육을 진행하였다. 이처럼 찾아가는 교육·연수를 실시한 결과, 접근성과 시간 효율성이 높아져 많은 일선 관장지도자들의 교육 참여율도 함께 상승하였다.

제1회 실전 태권도 호신술 기술 세미나 / 2022.05.14.

제8기 실전 태권도 호신술 기술 세미나 / 2022.09.24.

2022년 국기원 실전 태권도 호신술 기술세미나 / 주관: 전주시 태권도 협회 2022.09.30. 전주대학교

제17기 3급 태권도 호신술 지도자 자격연수 경상북도 태권도협회 주관 / 2023.8.12.~8.14. 영천실내체육관

제20기 3급 태권도 호신술 지도자 자격연수 경상남도 태권도협회 주관 / 2023.11.18. ~ 11.20. 마산실내체육관

제24기 3급 태권도 호신술 지도자 자격연수 – 제주특별자치도 태권도협회 / 2024.11.09. ~ 11.11.

국기원 태권도 호신술 기술세미나 – 경민대학교 / 2024.11.16.

찾아가는 기술세미나 - 중랑구 태권도협회 / 2024.11.30.

2025년 지도자 직무교육(전남태권도협회) / 2025.02.01. ~ 02.02.

2025 찾아가는 태권도 호신술 세미나_나사렛대학교 / 2025.04.25.

– 자격연수 과정

제12기 3급 호신술 지도자 자격 연수 / 2022.11.12. – 11.14.

제18기 3급 태권도 호신술 지도자 자격연수 / 2023.10.28. ~ 10.30.

제21기 3급 태권도 호신술 지도자 자격연수 / 2024.04.06. ~ 04.08.

제232기 3급 국제태권도사범 자격 과정 / 2024.09.24.~27.

– 국기원 기술심의회 임원, 심사평가위원 교육

2025 국기원 기술심의회 임원 호신술 교육 / 2025.06.28.   2025년도 평가위원 호신술 강습회 / 2025.08.17.

– 해외 실전 태권도 호신술 보급

태권도의 무도성 상실은 해외에서 더 체감하고 있다. 비교적 사회적 범죄가 많은 국가에서는 자기 보호를 위해 호신 기술을 필요로 하지만 현재의 태권도가 어린이들에게 초점이 맞춰지거나 경기 위주의 교육을 하게 되어 태권도는 실제 위험한 상황에서 자신을 보호하기 힘든 무술이고 스포츠라고 인식되어 있다. 이 때문에 많은 태권도 지도자들은 호신술을 가르치기 위해 별도로 합기도나 다른 해외 무술을 찾고 있는 것이 현실이다. 이동섭 원장은 이 점을 매우 안타깝게 생각하며 실제 사용 가능한 효용성에 중점을 두고 태권도 호신술 기술 및 활용 방법을 해외에 보급하고 있다.

미국 워싱턴 국제 사범 교육 / 2022.06.22.

2022 개발도상국 태권도 전문가 교육과정 / 2022.9.16.~10.11.

호주 멜버른 – 국제태권도 사범 자격연수 / 2023.09.25.~30

콜롬비아 – 국제태권도사범 및 승품단 심사위원 자격 연수 / 2023.11.06. ~ 11.11.

2023 국기원 파견사범 보수교육 / 2023.11.10. ~ 11.21.

미국 시카고 – 국제태권도사범 및 승품단 심사위원 자격 연수 / 2023.11.14.~23.

중국 천진 – 국제태권도사범 자격 연수 / 2024.03.01.

제107기 국제사범 교육 및 제 57기 심사위원 자격연수 – 요르만 암만 / 2024.05.27. ~ 05.31.

제108기 국제사범 교육 및 제 58기 심사위원 자격연수 – 중국 광동성 / 2024.06.17.. ~ 06.24.

2024 개발도상국 태권도 전문가 교육과정 / 2024.09.27. ~10.22.

2024년 국기원 파견사범 보수교육 / 2024.11.04. ~ 11.15.

제25기 3급 외국인 태권도 지도자 / 2024.12.02. ~ 12.04.

캄보디아 경찰아카데미, / 2025.06.01. ~ 06.02

왕립 헌병대 실전 태권도 호신술 교육 / 2025.06.03. ~06.04.

2025 외국인 국제태권도사범 교육 / 2924.07.04. ~ 07.11.

기관(군인, 경찰 등) 실전 태권도 보급

2022년부터 새롭게 교육을 시작한 실전 태권도 호신술은 군인과 경찰 등 특수한 직업이나 상황을 고려한 기술도 포함되어 있다. 경찰은 칼, 몽둥이 등 흉기에 대응하고 상대를 제압하는 기술이 필요하고 군은 주로 총을 사용하기 때문에 총기 탈취법.등의 기술이 필요하다. 국기원에서는 각 기관에 단계적으로 실전 태권도 교육을 실시하였고, 실전성을 높인 태권도 호신술은 국군의 날 행사에서 시연하기도 했다.

육군3사관학교 기술세미나 / 2024.11.21.

국방부, 경찰청, 대통령경호처 등 기관 심사평가위원 강습회 / 2024.03.26.

국군 태권도 지도심사위원 대상 워크샵 / 2025.07.29.

태권도 대회 종목 채택

태권도 호신술 활성화를 위한 또 다른 방법은 태권도대회 종목으로 채택하여 수련생들에게 동기 부여를 하는 것이다. 이동섭 원장은 전 세계 태권도인들의 축제인 태권도 한마당에서 새로운 종목으로 호신술을 경연하는 것을 단계적으로 추진하였다. 2023년 성남 태권도 한마당에서는 시연 종목으로서 태권도 호신술 세부 종목과 기술을 선보였고, 2024년 문경 태권도 한마당에서는 호신술이 시범 종목으로 채택되어 호신겨루기 품새(단체전)와 상황별 호신술(개인전)로 세부 종목을 나누고 주니어와 시니어 부문으로 진행하였다. 이 대회에서 배우 이유리씨가 2종목 시니어 부문에서 모두 금에달을 획득하여 2관왕의 쾌거를 이루었고 매체를 통해 화제가 됐다. 2025년 미국에서 열린 태권도 한마당에서는 호신술이 정식종목으로 채택되어 20여 팀이 참가하였고, 참가자들의 뛰어난 기량으로 깊은 인상을 남겨 태권도인들의 호신술에 대한 관심도를 높였다. 이처럼 호신술에 대한 관심도가 높아지면서 2025년 8월에 개최된 서울특별시 한마음 생활체육 태권도대회에서도 호신술이 시범 종목으로 채택되어 80여명의 선수들이 참가하였고 태권도인들로부터 호응을 얻었다.

2023 성남 태권도 한마당 개막식 호신술 종목 시연

2024 문경 태권도 한마당 호신술 경연(시범종목)

2025 USA 태권도 한마당 호신술 종목 시연 및 시상(정식종목)

서울특별시 한마음 생활체육 태권도대회 호신술 경연(시범종목) / 2025.08.23.

호신품새

이동섭 원장은 무도성 회복과 도장 활성화를 위해 호신 품새를 개발하여 보급하고 있다.

호신품새란, 공인품새의 길을 바탕으로 겨루기 방식의 움직임과 실전 상황에 적용 가능한 동작을 접목하여 구성한 수련법이다. 이는 태권도의 품새가 지닌 전통성과 체계 위에, 실제 호신에 필요한 공격·방어 기술을 효과적으로 적용할 수 있도록 개발된 것으로, 수련자는 이를 통해 단순한 동작의 반복을 넘어 실질적인 활용 능력과 응용력을 기를 수 있다. 따라서 호신품새는 공인품새와는 그 목적과 구성에서 차별성을 보인다. 공인품새가 전통과 기본기 습득에 초점을 맞춘다면, 호신품새는 실전 활용과 응용력 배양에 중점을 둔다. 이러한 관점에서 두 품새의 동작과 품에는 다음과 같은 차이점이 나타난다.

1. 공방 시 보조 손의 위치

호신 품새	공인 품새

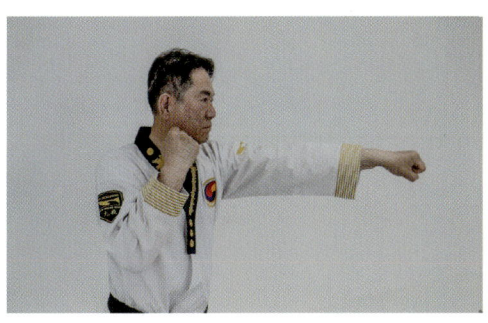

보조 손이 턱 옆에 위치 　　　　　　　　보조 손이 허리선에 위치

2. 막기 및 지르기 시 주 손의 마지막 위치

공인 품새

단일 동작인 막기와 지르기는 마지막 지점에서 동작을 마친다.

호신 품새

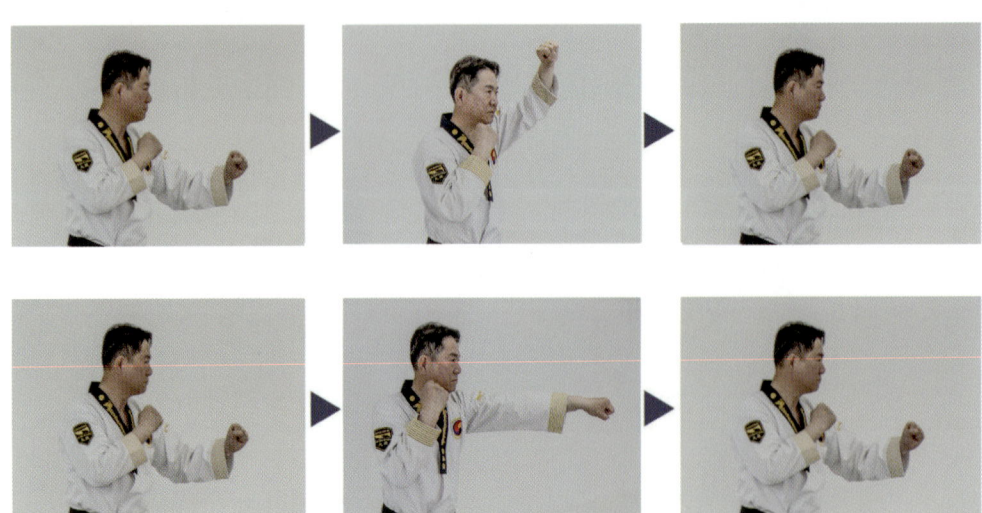

준비자세에서 막기 및 지르기 후 멈춰있는 것이 아니라 다시 원위치로 당겨온다.

3. 호신품새 (태극 1장)

차렷

오른발 물러디뎌 준비자세

왼발 내디디며 왼 앞서기 왼 아래막기

이어서 오른 지르기

제자리에서 왼발 내디며 왼 앞굽이 왼 아래막기

이어서 오른 지르기

제자리에서 왼발 뒤로 끌어 겨눔자세

오른발 앞으로 끌어 왼 앞서기 오른 안막기

오른발 내디디며 오른 모 앞서기 왼 지르기

오른발 물러디디며 왼 앞서기 왼 얼굴막기

아래 오른 앞차기

찾 발 앞으로 내려디디며 오른 앞서기 오른 지르기

오른발 물러디디며 왼 앞굽이 왼 아래막기

오른발 내디디며 오른 앞굽이 오른 지르기

오른발 물러디디며 바로자세

2. 지역협력·공공외교 리더십

1) 국기 태권도 한마음 대축제

'국기(國技) 태권도 한마음 대축제'는 대한민국의 국기 태권도의 세계적 위상을 공고히 하고, 전 세계 수련인과 시민이 함께 어우러지는 글로벌 문화교류의 장을 만들기 위해 국기원이 주최하는 대표 참여형 행사다. 특정 국가나 연령과 실력에 제한을 두지 않고, 동일한 규범(예의·안전·질서) 아래 누구나 함께 서는 무대를 통해 태권도의 보편적 가치를 눈으로 확인하는 것이다.

이 축제의 핵심 취지는 첫째, 국기의 정신-절제·존중·연대-을 시민의 언어로 번역해 세계가 공감할 수 있는 공적 표준으로 제시하는 것. 둘째, 도장과 학교, 가정 그리고 도시를 연결하는 해외지부가 한 네트워크로 연결되는 문화외교 플랫폼을 구축하는 것이다. 현장 시연과 퍼포먼스, 교류 프로그램이 결합되면서 태권도는 '경기'를 넘어 생활문화이자 지역과 국가 간 협력의 매개로 확장된다.

이렇듯이 기대효과는 분명하다. 국제 미디어와 현지 커뮤니티를 통한 협업과 인지도 제고, 도장과 교육기관과의 장기 파트너십 확대, 도시 브랜드를 관광과 연계한 경제, 문화적 파급, 그리고 차세대 수련 인구의 저변 확대라고 볼 수 있다. 축제의 표준 운영 모델(참가·안전·동선·의전·미디어)은 국내외 어디서든 재현 가능하며, 이후 세계태권도한마당 등 글로벌 행사로 자연스럽게 이어지는 가교 역할을 한다.

여기서 국기원의 역할은 명확하다. 국기원은 국기의 철학을 지키는 표준의 총괄 디렉터이면서 다양한 주체를 연결하는 현장 프로듀서, 성과를 기록하고 확산하는 문화외교 허브다. 한마음 대축제는 국기원이 세계와 소통하는 방식의 모델이며, "태권도로 하나 되는 세상"을 실천 가능한 시스템으로 구현하는 출발점이다.

국기원장은 국기의 철학을 '품단·시연·안전' 기준으로 표준화하고, 메인 행사인 '한마음 대축제' 등 현장 운영의 기획을 실행하는 디렉터이자 총괄 감독이다. 따라서 정부·지자체·대사관·도장 네트워크 협업을 지휘해 의전·안전·동선·미디어를 아우르는 재현 가능한 운영 모델을 완성한다.

대외적으로는 문화외교 사절로서 연설·미디어·파트너십을 통해 '예·절제·연대'의 메시지를 세계에 확산하며, 국기원의 브랜드 정체성을 구축·관리한다.동시에 성과를 데이터로 관리(참가·안전·도달·재참여율)하고 이를 제2국기원 등 미래 어젠다로 연결해 기관의 공공성과 지속가능성을 높인다.

결국 국기원장은 철학을 표준으로 만들고, 그 표준을 현장에서 실천해 브랜드 가치를 증명하는 자리다.

"태극1장, 2만 명의 숨결로 쓰다 – '2023 국기 태권도 한마음 대축제' 서울 광화문광장 기네스 대기록

2023년 3월 25일, 서울의 심장부인 광화문광장이 순백의 태권도복 물결로 뒤덮였다. '국기 태권도 한마음 대축제'라는 이름으로 열린 이번 행사는 태권도의 '국기(國技)' 지정 5주년을 기념하는 거대한 시민 무대로 바뀌었다.

경복궁에서 종로 방향으로 약 550m, 총 31,000㎡에 이르는 광화문 일대와 주변 도로를 거대한 시연장으로 변모시켰다. 비상차선 2개를 제외한 광화문 차로 전체가 태권도의 위용을 세계에 알리는 장으로 쓰였다. 이 날 현장에는 약 2만여 명의 태권도인이 운집했으며, 이 중 12,533명이 기네스 세계기록에 도전해 12,263명이 성공, 새로운 '태극1장' 단체 시연 세계 기록을 수립했다. 이는 2018년 국회 잔디광장에서 세운 8,212명 기록을 크게 뛰어넘는 수치였다.

이번 대축제는 국기원(원장 이동섭), 대한태권도협회(회장 양진방), 태권도진흥재단(이사장 오응환)이 공동 주최했으며, 광화문광장은 하얀 도복 물결이 파도처럼 출렁이는 장관을 연출했다. 특히 해외에서도 국기원 회원도장(KMS) 수련인 약 1만 명이 같은 시각 각자의 도장에서 동일한 시연에 참여하며 지구촌이 하나 되는 진풍경을 만들어냈다. 행사 무대에서는 독일과 프랑스 등에서 50여 차례 초대 개인전을 가진 이성근 화백이 기네스 도전 중 실시간으로 태권도 관련 그림을 완성해 현장의 감동을 더했다.

행사에는 태권도계를 대표하는 인사들이 대거 참석했다. 이동섭 원장, 전갑길 국기원 이사장, 조정원 세계태권도연맹 총재, 이규석 아시아태권도연맹 회장, 양진방 대한태권도협회 회장, 오응환 태권도진흥재단 이사장이 한자리에 모였다. 정치권에서는 오세훈 서울시장, 정문헌 종로구청장, 홍익표 국회 문화체육관광위원장, 권성동 국회의원, 홍문표 국회의원태권도연맹 총재, 최재형 국회의원, 장상 전 국무총리, 김영진 전 농림부 장관, 염동열 전 국회의원 등이 참석해 태권도의 위상과 저력을 몸소 확인했다.

참가자 구성은 전국 각지에서 올라온 어린 태권도 꿈나무부터 80대 원로 사범까지 세대를 초월했다. 주한 외국인 약 300명과 다문화 가정도 함께 참여해, 태권도가 민족·국적·세대를 넘어 하나로 통합되는 순간을 연출했다. 이번 행사는 2018년 태권도가 국기로 법제화된 것을 기념하고, 노후화된 현 국기원의 이전 및 제2국기원 건립 염원을 널리 알리기 위해 기획되어 행사장에서는 건립 기금 모금 운동도 함께 전개되었다.

전체 참가자의 70% 이상이 어린이였기에 국기원 기술심의회, 태권도시범단동지회 등 1,300여 명의 안전·질서 요원이 곳곳에서 배치되어 안전 관리에도 만전을 기해 특별한 행사를 이끌었다. 오전 11시부터 시작된 식전행사에는 서울 미동초등학교 태권도시범단의 역동적인 공연을 비롯해 월드케이팝센터 소속 그룹 '뉴스타', '파이브 배디스', '더블유케이씨'가 무대에 올라 흥을 돋웠다. 김현식의 모창가수 양경진, 트로트 가수 이수호의 무대도 관객들의 박수를 받았다. 2,000여 명 규모의 '태권쉽영웅단'의 초대형 시범은 행사장의 열기를 최고조로 끌어올렸다.

특히 트롯 신동 김태연 양은 미동초 태권도부원들과 깜찍한 토끼 캐릭터로 등장해 '아름다운 나라' 등을 열창하며 축제 분위기를 한층 고조시켰다. 국기원 시범단의 격파 시연은 강신철 대사범, 홍성무 9단, 김혜리 단원의 힘과 기술이 어우러져 관람객의 감탄을 자아냈고, 고수회의 무력격파는 30년 이상 수련한 고단자들의 품격과 기량을 보여줬다.

행사장은 볼거리와 즐길 거리로 가득했다. 국기원은 창립 이후 50년의 역사를 165장의 사진으로 정리해 전시했고, 포토월을 설치해 참가자들이 추억을 남길 수 있도록 했다. 태권도복을 입은 토끼, 강아지, 원숭이, 돼지 등 귀여운 캐릭터 인형들이 행사장 곳곳을 누비며 참가자들과 기념사진을 찍어주는 장면은 아이들과 가족들에게 큰 인기를 끌었다. 국기원은 또한 해시태그 이벤트를 진행해 #

국기원 #국기태권도 #태권도한마음대축제 태그를 달아 SNS에 인증한 참가자 중 추첨을 통해 경품을 제공했다.

폐회 직전에는 오세훈 서울시장에게 국기원 명예 8단증이 수여되었다. 이동섭 원장은 "이번 행사를 통해 자랑스러운 대한민국과 위대한 태권도의 가치를 다시금 느낄 수 있었다"며 "전 국민과 세계 태권도인이 하나 되는 장면을 만들기 위해

2023년 '국기태권도 한마음대축제' 폐막식 전에 오세훈 서울시장에게 국기원 명예 8단증 수여

준비 과정에서 많은 고민과 노력이 있었지만, 그만큼 가슴 벅찬 순간이었다"고 소감을 전했다.

이날 광화문을 가득 메운 2만 명의 하얀 물결은 태권도가 대한민국을 넘어 세계를 잇는 문화 외교의 상징임을 웅변했고, 제2국기원 건립을 향한 국민적 공감과 지지를 끌어내는 역사적인 장면으로 기록된 순간이다.

"국기원, '2023 국기 태권도 한마음 대축제' 성과보고회 – 광화문에서 확인한 표준과 품격"

국기원이 주최한 '태권도 한마음 대축제'에서 12,263명이 동시에 태극 1장을 시연해 세계기네스협회 기준 단체 최다 시연 신기록을 세웠다. 참여한 태권도인의 총 집객은 2만여 명에 달했다. 숫자는 화려한 기록을 넘어, 태권도가 생활문화이자 시민축제로 작동할 수 있음을 보여 준 실증이었다.

이날 퍼포먼스는 누구나 따라 할 수 있는 기본 품새를 선택해 유소년부터 시니어까지, 국적과 성별을 불문하고 태권도인이라면 모두 함께하길 희망하며 참여의 문턱을 낮췄다. 이동섭 원장은 "사고 없이, 불미스러움 없이" 행사를 마무리한 운영팀과 현장 스태프, 자원봉사자, 도장 네트워크에 감사의 뜻을 전하며, 태권도의 예(禮)와 질서가 대규모 행사에서도 그대로 구현될 수 있음을 확인했다고 평가했다.

4월 21일 국기원 수련장에서 열린 성과보고회는 이 기록을 제도화하는 절차였다. 국기원은 행사 성과를 공유하고 유공자에게 감사패와 표창장을 전달했다. 보고회의 핵심은 '기록 관리'에 있지 않았다. 안전·의전·동선·미디어 대응 등 운영 매뉴얼을 표준화해 후속 행사와 국제 무대에 적용할 수 있도록 만드는 것이었다. 브랜드 관점에서 보면, 이날의 성공은 국기원이 '기술의 표준(품새)-시민 참여(축제)-도시 브랜드(광화문)'를 한 체계 안에 결속시켰다는 의미를 갖는다.

전략적 함의도 분명하다. 첫째, 국격과 신뢰의 증대다. 기존 최다 기록(8,212명)을 넘어선 광화문의 '국기 태권도 한마음 대축제' 대규모 동시 시연은 태권도의 질서와 협업 문화가 세계적 기준에서도 통한다는 신호였다. 둘째, 참여 플랫폼의 구축이다. 한마음 대축제는 도장·학교·가족이 함께하는 참여형 포맷을 증명해 이후 지역 축제와 국제 행사로 확장 가능한 운영 모델을 마련했다. 셋째, 제2국기원 건립 공감대의 촉발이다. 현장의 규모와 안전 운영은 국기원의 인프라 확충 필요성과 공공성 강화를 설득력 있게 보여 주었다.

이 성과는 '재개-확장-세계화'로 이어지는 임기 내 한마당 서사의 출발선이 되었다. 광화문에서 확인한 참여와 질서, 안전의 표준은 국기원의 '세계태권도한마당'이 공공외교의 산실로서 팬데믹으로 인한 문화교류의 단절을 2023 성남 재개, 2024 문경 확장, 2025 애너하임 세계화로 자연스럽게 연결되었다.

'2023 한마음 대축제' 의미는 결국 기록을 세운 하루가 아니라, 태권도의 미래를 위한 운영 표준과 브랜드 메시지를 남긴 사건이다. 이 경험은 이후 '세계태권도한마당'으로 이어지는 무대들에서 "태권도로 하나 되는 세상"이라는 국기원의 약속을 실천 가능한 시스템으로 완성해 갈 것이다.

2) 세계태권도한마당

세계태권도한마당은 국기원이 설계한 태권도 문화의 살아 있는 무대다. 기술과 예의, 교육과 축제, 지역과 세계를 하나의 규범 위에서 연결해 온 30여 년의 역사 자체가 국기원 브랜드의 신뢰이자, 태권도가 세계 공통의 언어로 기능한다는 증거다.

세계태권도한마당은 국기원이 1992년에 시작한 글로벌 태권도 축제다.

겨루기 일변도의 경기 중심 구조를 넘어, 격파·품새(공인·창작)·호신술·태권체조 등 태권도의 본질과 미학을 한 무대에서 체계적으로 보여 주기 위해 기획되었으며, 국기원 품·단증 소지자라면 연령과 국적에 관계없이 누구나 참가할 수 있다. 태권도가 생활문화·가족문화로 확장되는 창구로 기능한다. 공식 슬로건은 '태권도로 하나되는 세상'이다.

1990년대 초 서울의 체육관을 거점으로 시작한 한마당의 역사는 2000년대 들어 전국·해외로 무대를 넓혔다. 2008년 미국 애너하임 개최를 통해 처음으로 북미 현장과 직접 접점을 만들었고, 2019년 강원도 용평돔을 끝으로 팬데믹 기간(2020~2022년)에는 대회를 멈추었으나, 2023년 성남에서 재개, 2024년 문경에서 규모를 확대했고, 2025년에는 30회를 맞아 다시 미국 애너하임으로 무대를 옮기며 국경과 세대를 잇는 축제로서의 위상을 북미 현장에서 재확인했다.

대회 프로그램 구성은 시대 변화에 맞춰 정교해졌다. 개인전 위력격파·기록경연·종합격파·공인품새·창작품새·호신술, 단체전 공인품새·창작품새·호신술·태권체조·팀 대항 종합경연 등으로 체계를 갖추며, 기술의 정확성뿐 아니라 표현력·연출력까지 평가한다.

이번 30회 애너하임 대회는 32개국 약 2,000명이 15개 종목 153개 부문에서 경연을 치르며 이 체계를 북미 무대에 완전히 이식했다.

의미 측면에서, 한마당은 세 가지 축으로 이해할 수 있다. 첫째, 태권도 본질의 복원과 표준화다. 무예로서의 정확·절제·예의를 기술 규정과 심사 체계에 연결해 도장 교육의 방향성을 제시한다. 둘째, 세계적 교류의 장이다. 연령·언어·국적을 넘어 같은 규정으로 한 무대에 서게 함으로써 수련 공동체 정체성을 강화한다. 셋째, 문화외교 플랫폼이다. 개최 도시와 결합해 지역 브랜드를 높이고, 국기원 브랜드의 국제적 신뢰를 현장에서 체감하게 한다. 이러한 지향은 한마당 소개 자료가 강조해 온 '무예 진흥·기량 향상·세계인의 화합'이라는 목표와 정확히 맞닿아 있다.

이동섭 원장은 2021년 1월 29일 보궐선거로 취임하여 2022년 10월 6일 재선 이후 3년 임기 중, 코로나19 여파로 2021년, 2022년에는 세계태권도한마당을 개최하지 못하였지만 최근 3개년의 흐름은 한마당의 현재 좌표를 보여 준다. 2023년 성남은 팬데믹 이후 재가동의 이정표였고, 2024년 문경은 55개국 4,446명, 15개 종목 94개 부문 규모로 참여 열기를 회복했으며, 2025년 애너하임은 17년 만의 미국 개최로 북미 커뮤니티와 재결합 하며 글로벌 접점을 확장했다. 이 궤적은 한마당이 기록과 순위를 넘어 사람과 도시, 세대 를 잇는 보편적 축제로 자리 잡았음을 확인시킨다.

(1) 재개의 서막, '도시와 무대가 숨 쉬다' – "2023 성남 세계태권도한마당"

2023년 7월 21일부터 24일까지, 성 남실내체육관 일대에서 열린 성남 세계 태권도한마당은 팬데믹 이후 멈추었던 축제의 시간을 다시 가동한 재개의 무 대였다. 개회식은 22일 오후 4시에 치 러졌고, 세계태권도연맹과 아시아태권 도연맹, 대한태권도협회, 태권도진흥재 단 관계자와 성남시 주요 인사, 국회의원 등 국내외 귀빈이 대거 참석해 한마당의 위상과 기대감을 한껏 끌어올렸다. 도시는 축제를 품고, 무대는 도시의 호흡을 담아냈다.

이번 대회에는 57개국 4,298명이 참가해 13개 종목, 71개 부문에서 기량을 겨뤘다. 전 야제는 과감히 생략하고 본 경연에 집중함으로써, 성남은 '실력과 다양성'이라는 한마당 의 본령을 숫자와 장면으로 증명했다. 멈춰 있던 바퀴를 다시 굴리기 시작한 첫 해답이자, 이후 문경·해외 개최로 이어질 확장의 징검다리였다.

한마당은 전통과 현대의 접점을 정교하게 설계한 무예의 본질과 연출의 언어였다. 격파 종목은 주먹, 손날, 옆차기, 뒤차기 등 기술별 특성을 살려 위력과 정확도를 겨뤘고, 기록 경연은 높이와 거리라는 객관 지표로 성취의 순간을 재단했다. 품새·호신술·태권체조는 동작의 정확성, 표현력, 연출성까지 평가해 무도와 퍼포먼스의 경계를 확장했다. 개인·단 체전이 유기적으로 배치되어 관객은 기술의 미학과 팀워크의 에너지를 교차 체험했다.

이동섭 원장은 개회사에서 한마당의 정체성을 "태권도의 다양한 가치를 나누고 각 종목 의 균형 있는 발전을 도모하는 축제"로 규정했다. 경쟁을 넘어, 인종과 종교, 국경을 초월 한 교류의 장으로서 태권도의 사회적·문화적 의미를 재확인하자는 환영의 메시지였다. 이 는 재개의 첫 해를 맞은 성남 무대에 정확히 들어맞는 방향이기도 했다.

주최 도시 성남은 시민과의 소통, 혁신도시 비전 등 도시 정체성을 환영사에 담아냈다. 한마당을 통해 도시 인프라와 문화 자산을 연결하고, 글로벌 참가자와 시민이 함께 체감 하는 '성남이 빚어낸 현장 브랜드'를 구축했다. 경기장을 중심으로 한 축제 동선은 관람과

참여의 밀도를 높였고, 태권도는 도시의 언어로 새롭게 번역되었다.

주요 인사들의 대거 참석과 더불어, 불가리아 전 국왕 시메온 2세의 외손자 시메온 하산 무뇨즈가 출전하며 국제적 관심을 모았다. 중국 소림사 관계자의 방문은 무술 간 네트워크를 탐색하는 상징적 장면을 더했다. 한마당은 '태권도 생태계'에 머무르지 않고, 동아시아 무예 문화권과 유럽의 왕실 문화까지 포괄하는 입체적 교류의 플랫폼임을 은연중에 보여주었다.

성남 한마당은 기록과 연출, 기술과 감동이 균형을 이룬 '정상화의 이정표'였다. 숫자는 재개의 규모를 말했고, 무대는 태권도의 본질을 현재의 언어로 번역했다. 도시와 축제가 서로를 비추는 이 구조는 이후 한마당의 확장 전략-참가 스펙트럼의 다변화, 개최지의 브랜드화, 국제 교류의 다층화-를 선명하게 예고했다. 성남에서 시작된 이 호흡은 다음 무대에서 더 크게, 더 깊게 이어질 준비를 마쳤다.

2023 성남 세계태권도한마당 폐회식

(2) 국기원 시범단 50주년과 한마당의 메시지, '태권도로 잇다' – **"2024 문경 세계태권도한마당"**

2024년 7월 26일부터 30일까지, 긍정의 도시 경북 문경 국군체육부대 선승관에서 열린 "세계태권도한마당"은 기록·격파·품새·겨루기부터 창작과 종합경연에 이르기까지 15개 종목 94개 부문이 촘촘히 구성된 '대동(大同)' 축제의 장이었다.

〈2024 문경 세계태권도한마당〉
세계 55개국 4,446명의 지구촌 태권도 가족들이 참가

안에 태권도가 있다"는 참가자의 소감처럼, 각자의 수련이 무대 위에서 호흡이 되고 동작이 되어 서로에게 전염되었다.

개인전은 위력격파·기록격파·종합격파·공인품새와 겨루기 부문으로, 단체전은 공인품새·창작품새·태권체조·팀 대항 종합경연으로 운영되었고, 실전태권도 상황별 호신술(개인)과 호신겨루기·호신품새(단체)의 시범종목이 더해져 현장의 밀도를 높였다. 위력격파에서는 기합과 호흡, 타격의 순간속도가 만드는 집중감이 관중을 사로잡았고, 태권체조에서는 음악적 구성과 군무의 완성도가 빛났다. 공인품새 무대는 기본기의 정밀함과 완급조절의 미학을 재확인하는 시간이었으며, 한마당의 백미인 팀 대항 종합경연에서는 연출·격파·군무가 결합된 '종합 예술'로서의 태권도가 구현되었다.

〈2024 문경 세계태권도한마당〉
개회사를 하고 있는 이동섭 원장

이동섭 원장은 개회사를 통해 "승패를 넘어 우정과 태권도의 가치를 체감하는 시간"을 당부했고, 폐회에서는 "끝까지 최선을 다한 모든 이들의 땀에 감사한다"며 다음 만남을 기약했다. 리더의 메시지는 경쟁 너머의 축제 정신, 즉 연대와 예의라는 태권도의 본령을 분명히 했다.

개회식의 하이라이트는 창단 50주년을 맞은 국기원 태권도시범단의 축하시범이었다. 올해의 주제는 '연(聯)'. 반세기 동안 성별·인종·언어를 넘어 태권도로 이어온 연결의 의미를 무대 언어로 번역했다. 첫 창작품새 '연'에서는 여성 단원의 발차기와 남성 단원의 손기술이 음양의 기운처럼 상호보완을 이루며, 다양한 에너지가 하나의 태권도로 수렴되는 과정을 그렸다. 이어진 '무혼(武魂)'은 김상명 코치의 연출로 수련의 공방과 호신술을 극화했다. 검은 도복의 단원들이 가상의 적으로 등장하고, 이를 넘어서는 과정이 고난도 격파와 유기적으로 연결되며 수련의 정수-자기극복-를 무대 위에서 체화했다.

연속 격파가 절정에 이르자 김혜리 단원이 대리석과 벽돌을 차례로 격파하며 긴장감을 끌어올렸고, 사방으로 쌓은 인간탑과 '딛고 감아 돌며 차기'의 연속 동작으로 피날레를 장식했다. 마지막 창작품새 '화(花)'는 꽃의 개화와 낙화를 형상화하여, 태권도로 화합할 때 비로소 세상이 아름답게 피어난다는 메시지를 전달했다. 배경 영상에는 시범단 50년의 발자취와 국기원의 슬로건이 응축되어, 화려함보다 무예의 진중함을 중시한 연출 의도를 뚜

〈2024 문경 세계태권도한마당〉 개회식에서 선보인 국기원 태권도시범단의 시범 공연

렷이 했다. 성시훈 감독은 소품 사용을 최소화하고 과거 기술을 현대 감각으로 재구성해 "사람만으로 작품의 무게와 무예적 가치를 높였다"는 제작 철학을 밝혔다.

경연의 피날레인 '팀 대항 종합경연 시니어 I·II 통합(국내)'은 극적인 반전을 남겼다. 경민대학교 'Masterpiece' 팀이 제헌절을 모티프로 갈등과 화합을 풀어내 69.2점을 받으

〈2024 문경 세계태권도한마당〉 해외 태권체조 시니어 통합 부문 결선에 참가한 선수들의 경연

〈2024 문경 세계태권도한마당〉 한마당 팀 대항 종합경연 시니어 I, II 통합 부문에서 정상에 오른 경민대학교 야인팀 경연 모습

며 우승을 예감케 했으나, 같은 학교 '야인' 팀이 일제 강점기 말 조선인의 저항 서사를 태권도로 풀어낸 무대로 동일 점수 69.2점을 받아 승부가 규정상 표현성·연출성 우위 판정으로 넘어갔다. 전광판 맨

위에 '야인'이 표시되는 순간 우승이 확정되었고, 문준호 주장은 "대학 4학년의 마지막 무대라는 부담을 현장 경험으로 극복했다"고 소감을 전했다. 점수 이상의 의미는 분명했다. 팀워크와 스토리텔링, 기술과 연출의 균형을 통해 태권도가 오늘의 언어로 말할 수 있음을 증명한 순간이었다.

문경의 한마당은 이렇게 승부의 기록과 더불어, 태권도의 본질과 공동체적 가치를 재확인한 장이었다. 세계 각지에서 모인 수련인들이 서로의 수련을 존중하고 기술을 나누며,

태권도의 현재와 미래가 같은 무대에서 호흡했다. 이것이 바로 한마당이 세계인의 축제로 불리는 이유이며, 국기원이 지향하는 태권도 문화의 좌표다.

(3) 30회, 북미에서 다시 뛰다 – "2025 미국 애너하임 세계태권도한마당"

2025년 7월 17일부터 19일까지, 미국 캘리포니아 애너하임 컨벤션센터. 세계 32개국

에서 모인 약 2,000여 명의 태권도 가족이 15개 종목 153개 부문에 출전하며, 세계태권도한마당 30회를 함께 만들었다. 2008년 이후 17년 만의 미국 개최라는 상징성은 북미 현지의 열기와 만나 새로운 확장 축을 열었다. 국기원이 오래 붙들어온 기치, '태권도로 하나되는 세상'은 그 문장 그대로 무대 위에서 재현되었다.

개막식은 7월 18일 오후 6시(현지시간). 공중 회전과 연속 발차기가 이어지는 고난도 격파 장면으로 시작된 서사, 순간의 정적을 깨는 기합, 그리고 관객의 기립 박수. 국기원 태권도시범단의 축하시범이 분위기를 끌어올리자 경기장은 기술을 넘어 감동을 나누는 축제의 광장으로 바뀌었다. 이동섭 원장은 "태권도의 세계적 기반을 더 굳건히 하기 위해 미국에서 한마당을 연다"고 밝혔고, 현장은 그 선언에 호응하듯 세대와 국경을 넘는 호흡으로 응답했다.

올림픽이 순위를 향한 경쟁의 무대라면, 한마당은 누구나 참여해 태권도를 즐기는 열린 축제의 철학이다. 가족과 친구가 팀을 이루어 함께 무대를 완성하고, 다양한 연령대가 같은 규정 위에서 각자의 방식으로 태권도를 말한다. 한 참가자는 "여기서는 팀을 넘어 또 다른 가족을 만난다"고 했고, 81세의 최고령 사범은 도복을 입고 서는 그 자체로 한 세대의 시간을 증언했다. 한마당이 지향해온 포용의 가치가 현장에서 또렷해진 장면들이었다.

경연 프로그램과 구성은 개인과 단체를 아우르며 촘촘히 설계되었다. 개인전 위력격파와 기록경연, 종합격파, 공인·창작품새, 호신술, 개인 겨루기가 이어졌고, 단체전 공인품새·창작품새·호신술·태권체조·팀 대항 종합경연이 무대의 밀도를 높였다. 평가 기준은

〈2025 미국 캘리포니아 애너하임 컨벤션센터에서 국기원 시범단 공연〉

정확성과 표현력, 연출의 완성도를 균형 있게 반영했다. 기술의 미학과 팀워크의 에너지가 교차하며, 무도와 퍼포먼스의 경계는 한층 확장되었다.

애너하임 개최는 국기원 브랜드가 북미 현지 커뮤니티와 직접 만나는 접점을 넓혔다는 점에서 전략적 의미가 컸다. 한마당은 선수 중심의 경기 대회를 넘어 도장과 지역사회, 가족과 관객을 묶어내는 참여형 플랫폼으로 작동했고, 이는 국기원이 추구하는 국제 태권도의 목적 사업을 현장에서 구현하는 모델이 되었다. 이동섭 원장이 강조한 태권도의 글로벌 공동체는 미국이라는 대형 문화 시장에서 실천적 언어를 얻었다.

"성남의 재개, 문경의 확장을 지나 애너하임의 세계화로 닿은 3개년의 호흡은 한마당의 본령을 다시 정의하며 완성했다. 성남에서 축제의 바퀴를 다시 굴렸고, 문경에서 규모와 스펙트럼을 넓혔으며, 애너하임에서 국경과 세대를 넘어서는 보편적 언어를 증명했다. 이동섭 원장 임기 동안의 세계태권도한마당은 이렇게 하나의 완결된 서사로 귀결되었다. 숫자와 기록을 넘어, 태권도가 사람을 잇고, 도시를 잇고, 세대를 잇는 방식 자체를 보여준 무대였다. 다음 무대를 향한 약속은 이미 현장에서 체결되었다. '태권도로 하나되는 세상'이라는 약속이다."

(4) 애너하임 한마당을 향한 약속 – **국기원 태권도시범단 미국 파견 결단식**

2025년 7월 14일 오전, 국기원 귀빈실에서 미국 캘리포니아 애너하임에서 열리는 세계태권도한마당 시범단 공연 파견에 앞서 사기 진작과 안전·운영 점검과 더불어 운영 원칙을 재확인하는 시간을 가졌다.

이동섭 원장은 시범단과 마주 앉아 한마당의 의미를 "태권도로 하나 되는 세상"의 실천으로 규정하며, 국기원 대표팀으로서 품격과 책임을 당부했다. 이번 결단식은 단순한 출정이

귀빈실 브리핑 전경: 이동섭 원장이 시범단과 해외파견 운영 원칙을 공유

아니라, 국기원의 철학을 현장에서 구현하기 위한 마지막 점검 절차로서 마련되었다.

핵심 당부사항은 다음과 같이 시범단은 결단식에서 다진 원칙과 태도는 공연의 완성도를 높이는 동시에, 국기원의 신뢰와 위상을 국제 무대에서 재확인하게 될 것이다.

품격과 표준: 동작의 정확성, 예절과 안전 매뉴얼을 국기원 표준대로 준수할 것
메시지 일관성: 시범 레퍼토리가 '연대와 포용'이라는 한마당의 취지와 연결되도록 연출
　　　　　의도를 명료화할 것
팀워크와 리더십: 단원 간 커뮤니케이션 체계를 고도화하고, 돌발 상황 시 역할·대응 지
　　　　　휘체계를 유지할 것

현지 협업: 주최 측·도장 커뮤니티·자원봉사자와의 협업을 통해 관람 동선, 무대 전환, 안전 동선을 사전 합의할 것

기록과 확산: 공연 하이라이트의 공식 기록·아카이브를 남기고, 차기 교육·연수 콘텐츠로 환류할 것 의의

3) 국기원, 전쟁 속 '우크라이나 태권도 가족' 지원 나서다 – **위기 속에서 발휘된 공공외교적 리더십**

2022년 4월, 국기원은 전쟁으로 고통 받는 우크라이나 태권도 가족을 위해 위로와 격려를 하며 지원에 대한 약속을 하였다.

2022년 러시아의 침공으로 전쟁이 장기화되자, 우크라이나 태권도 가족들은 전쟁의 고통과 생존과 수련의 터전을 잃었다. 국기원은 국제 태권도 공동체의 일원으로서 이들의 고통을 외면하지 않고, 우크라이나 태권도 가족을 위해 약 2만 달러의 상당의 자금 및 물품을 지원하면서 심사수수료 면제 등도 즉각 결정했다.

첫째, 태권도 승품·단 심사에 합격한 우크라이나 국적 수련생 35명에게 약 2천 달러에 해당하는 심사수수료를 전액 면제했다. 이는 단순한 행정 조치가 아니라, 전쟁으로 신분과 기록을 잃은 수련생들에게 국기원과 세

계 태권도 공동체가 여전히 그들의 정체성과 수련을 인정한다는 상징적 선언이었다.

둘째, 국기원은 문화체육관광부와 협력해 우크라이나태권도협회에 직접 5천 달러를 지원했고, 피란지인 폴란드에서 개최된 '우크라이나오픈 국제태권도대회'의 숙박·체재비에 추가 5천 달러를 지원했다. 더불어 태권도복 200벌, 티셔츠 200벌, 위생·방역 물품 등 8천 달러 상당의 물품도 전달했다.

이 지원은 단순한 일회성 구호가 아니라, 태권도가 전쟁 속에서도 사람들에게 희망과 연대를 전할 수 있다는 사실을 보여주는 대표적 사례였다. 이동섭 원장은 "이번 지원이 모든 문제를 해결해주지는 못하지만, 태권도 가족들이 희망을 잃지 않고 위기를 극복하길 바란다"고 강조하며, 태권도를 통한 국제적 연대와 평화의 메시지를 전했다.

3. 안전·포용 리더십

1) "코로나 위기 속, 국기원의 존재 이유를 다시 묻다" – 위기 속에서 시작된 리더십

(1) 코로나19로 연기된 국기원 9단 수여식 재개

코로나19라는 세계적 위기 속에서 국기원은 전통의 끈을 놓지 않았다. 국제 대회와 각종 심사, 행사들이 멈추는 초유의 상황에서도, 국기원은 태권도의 정체성을 지키기 위한 상징적 행위들을 지속해왔다. 2021년 2월, 약 8개월간 미뤄졌던 9단 수여식이 방역지침 속에서 다시 열렸을 때, 그것은 단순한 의식이 아니라 "태권도의 정통성과 위상은 흔들리지 않는다"는 강력한 선언이었다.

이동섭 원장은 이 자리에서 단증을 수여하며 "여러분은 태권도의 가장 높은 경지라 일컬어지는 9단에 올랐다"며, 지도자로서의 책임과 모범을 강조했다. 이는 위기 속에서 전통을 이어가는 것이 곧 미래를 준비하는 길임을 보여준 발언이었다. 단순히 승단식을 거행하는 것이 아니라, 국기원장 스스로가 전통의 무게를 지탱하는 상징적 리더십을 보여준 것이다.

또한 국기원은 특수전사령부와 손잡고 실전태권도 강화를 위한 협력을 선언했다. 스포츠 중심의 태권도에 머무르지 않고, 무도의 본질을 되찾는 움직임이었다. 이는 위기 시대에 태권도의 정체성을 재확인하고, 실전적 가치와 철학을 강조함으로써 태권도의 본령을 회복하려는 시도로 평가된다.

이와 같은 노력은 단순히 전통을 과거의 관습으로 지키는 것이 아니었다. 위기 속에서 국기원은 전통을 제도와 상징으로 고착화하며 미래로 연결했다. 국기 계양식과 개원 기념식 같은 행사는 물론, 명예단증과 원로회·9단회 운영을 통해 권위를 제도화했다. 동시에 웹 접근성 품질인증을 연속 획득하며 디지털 기반을 강화해, 전통을 시대와 소통할 수 있는 언어로 번역해냈다.

결국 위기 속의 전통 계승은 이동섭 원장의 리더십을 집약적으로 보여준다. 위기를 넘어 전통을 계승한다는 것은 단순히 과거를 지키는 것이 아니라, 제도적 기반과 상징적 행위를 통해 태권도의 정체성을 확립하고, 그것을 미래로 이어가는 힘이었다. 바로 이러한 리더십이 국기원의 권위를 다시 세우고, 태권도의 세계적 위상을 공고히 하는 밑거름이 되었다.

2021년 2월 23일, 국기원 중앙수련장에서 코로나19로 미뤄졌던 9단 수여식이 열렸다. 이날 행사는 방역지침을 철저히 준수한 가운데 진행되었으며, 승단자들에게 태권도의 최고 경지라 불리는 9단 단증이 수여되었다.

이번 수여식은 2020년도 제2차와 제3차 고단자 심사 합격자를 대상으로 이루어졌다. 김도영, 김시경, 박경식, 손용옥, 신현무, 전종열, 박성수 등 7명과 손용원, 김성호, 한성원, 추해광, 정우수, 최점현, 김석균, 정현도, 정환군 등 9명, 총 16명이 영예롭게 9단의 반열에 올랐다. 국기원은 코로나19 확산세로 인해 전년도 6월 이후 약 8개월간 수여식을 열지 못한 채 개최 여부를 신중히 검토해 왔다.

이날은 이동섭 원장이 취임 후 처음으로 참석한 9단 수여식이기도 했다. 그는 단증을 직접 수여하며 "여러분은 태권도의 가장 높은 경지인 9단에 오르신 분들이다. 앞으로 타의 모범이 되고 솔선수범하는 자세로 지구촌 태권도 가족뿐 아니라 모든 이들로부터 존경과 신망을 받는 지도자가 되어 주시기를 바란다"고 당부했다.

국기원 이동섭 원장이 2021년 열린 9단 수여식에서 박성수 사범에게 단증과 꽃다발을 전달

9단 수여식의 재개는 단순한 의식의 회복을 넘어, 코로나19 상황 속에서도 태권도의 정신과 전통이 이어지고 있음을 보여주는 상징적인 장면이었다.

(2) '태권도장 살리기' 프로젝트 추진

2021년 2월, 코로나19의 장기화로 태권도장이 전례 없는 경영난에 직면한 상황에서 이동섭 원장은 '태권도장 살리기 프로젝트'를 최우선 과제로 설정했다. 그는 단순한 행정적 대응을 넘어, 직접 현장을 찾아 사범들과 눈을 맞추고 고충을 들으며 실질적인 대책을 모색하며 실행에 옮겼다.

2월 4일, 인천광역시 인천태권도협회를 방문한 그는 이화현 회장을 비롯한 협회 관계자들과 간담회를 열고, 태권도장의 현실과 필요한 지원책에 대해 심도 깊게 논의했다. 회의 내내 메모를 하며 경청한 그는 "힘든 여건 속에서도 꿋꿋하게 버티는 사범님들께 위로와 존경을 표한다"며, 국기원의 모든 역량을 동원해 지원책을 마련하겠다고 약속했다.

간담회 직후, 그는 인천 지역 태권도장 두 곳을 직접 방문해 사범들의 생생한 목소리를 들었다. "코로나19라는 거대한 파도 앞에서도 물러서지 않고 맞서 싸우는 여러분이야말로 태권도의 진정한 주역"이라며, 상호 격려와 연대를 통한 위기 극복을 강조했다.

이동섭 원장은 이후에도 경기도를 비롯한 각 지역을 순회하며 현장을 찾았고, 태권도장 활성화를 위한 특별팀(TF)을 구성해 제도적·재정적 지원 방안을 구체화했다. 그의 이러한 노력은 단순한 방문이 아니라, 위기 속에서 태권도계가 하나로 뭉쳐 나아갈 수 있도록 만든 결속의 계기가 되었다.

국기원장은 전 세계 태권도장 지도자들과 수련생들의 생존과 연결된 자리이자, '실행 리더십'이 필요한 자리였다. 그래서 그는 취임과 동시에 다음과 같은 메시지를 공표했다.

코로나19 확산으로 어려움을 겪는 태권도장을 살리기 위해 원장 직속으로 '도장살리기

특별위원회'를 구성하고, 무도 태권도 정신을 바탕으로 연수·교육·심사 등에 주력하겠다는 이동섭 원장은 선언이 아니라 곧바로 행동으로 이어졌다.

2021년 2월 16일, 이동섭 원장은 경기도태권도협회와 경기도 내 일선 태권도장을 찾아 사범들을 직접 만나 격려, '도장살리기 프로젝트'의 첫걸음이었다. 이번 방문은 '태권도장 살리기 프로젝트'의 일환으로, 코로나19 장기화로 경영난에 시달리는 사범들의 목소리를

〈2021년 2월 4일, 이동섭 원장이 인천광역시 인천태권도협회를 방문해 간담회〉 코로나19로 어려움을 겪고 있는 일선 태권도 사범들과 태권도장 활성화 방안에 대해 의견 공유

2021년 2월 16일, 이동섭 원장이 경기도 소재 일선 태권도장을 방문해 "힘내십시오!" 라는 응원의 메시지로 이태훈 관장을 격려

듣고 실질적인 지원 방안을 모색하기 위해 마련되었다. 이 자리에서 그는 "최근 국무총리를 만나 일선 태권도장 지원책을 정부에 적극 요청했다.

정말 견디기 어려운 시기이지만, 국기원이 여러분 곁에 있으니 함께 이겨내자" 위로의 뜻을 전했다. 이는 단순한 격려를 넘어, 중앙정부와의 직접적인 협의를 통해 태권도 현장의 목소리를 정책으로 연결하려는 리더십의 실천이었다.

2021년 2월, 김경덕 경기도태권도협회 회장과 일선 태권도장을 방문해 지도자들을 격려

앞서 2월 4일에는 인천 지역 태권도장을 방문해 실태를 직접 확인하고 사범들과 의견을 나누었으며, 2월 18일에는 비대면(영상) 간담회를 통해 전국 일선 지도자들의 의견을 폭넓게 수렴할 계획을 세웠다.

이 일련의 행보는 이동섭 원장이 위기 상황에서 태권도 현장을 직접 찾아가 듣고, 정책 채널과 외교 채널을 동시에 가동해 해결책을 모색한 대표적인 사례로 기록된다. "태권도를 멈추고 싶지 않다. 그러나 현실은 벽과 같다는 것."

이 절박한 목소리를 단순한 민원으로만 들을 수 없어서 국기원 내부에 '도장살리기특별

위원회'를 원장 직속 기구로 설치하고, 예산·정책·교육 시스템 전반을 재검토하기 시작했다.

또한, 공적 기관으로서 국기원이 할 수 있는 가장 효과적인 대중적 실천은 '신뢰 회복'이라 판단했다.

2021년 9월, 국기원은 공익 캠페인 '태권도를 멈추지 마세요. (Don't Stop Taekwondo)'를 전개하고 "태권도, 안심하고 수련하세요!"라는 슬로건의 홍보영상을 공개했다.

6분 분량의 영상은 실제 태권도장에서 이뤄지는 방역 조치와 사범들의 노력, 수련 환경의 안전성을 담아냈고 태권도 지도자들의 인터뷰를 통해 수련의 의미를 전달하는 데 중점을 두었다. 이는 단순한 홍보를 넘어, 태권도장을 지키기 위한 문화적 실천이자 공적 메시지였다.

2021년 2월 18일
태권도장 지도자들과 화상으로 비대면 간담회를 하는 이동섭 원장

'태권도를 멈추지 마세요.
(Don't Stop Taekwondo)' 캠페인 포스터.

국기원의 존재 이유는 태권도의 이상을 지키는 데만 있지 않다. 그 이상을 현실 속에서 지켜내고, 위기 속에서도 도장과 지도자 곁을 지키는 책임 있는 실천의 기관이어야 한다. 국기원 공식 유튜브 채널로 공개된 이 영상은 학부모와 대중에게 "태권도장은 안전하다"는 신뢰를 회복시키는 중요한 계기가 되었다. 그는 언론 인터뷰를 통해 분명히 말했다.

"일선 태권도장 지도자들이 정부 방침에 따라 빈틈없는 방역 조치에 나서고 있고 현장에서 실천 중인 조치들을 적극 알리고, 수련생과 학부모들의 불안을 해소하는 것이 국기원이 지금 반드시 해야 할 역할" 이것이 국기원장으로서 가장 먼저 실천한 태도였으며, 이동섭 원장이 보여준 위기 속 리더십의 본질이기도 했다.

나아가 위기의 시기에 국기원이 보여줘야 할 리더십은 바로 '행동하는 공공성'이었다.

2) 전통을 넘어 미래로 새로운 도약 – **국기원 49주년 기념과 원로회·9단회 사무실 개소**

2021년 11월 25일 오전 10시, 국기원 중앙수련장에서 개원 49주년을 기념하는 대규모 행사가 열렸다. 이번 행사는 단순한 기념일을 넘어 국기원의 전통을 계승하고 미래의 도약을 준비하는 자리로 마련되었으며, 이동섭 원장과 전갑길 이사장을 비롯해 전·현직 임원, 태권도 원로, 9단 고단자, 해외 파견사범 등 250여 명이 함께했다. 행사는 코로나19 방역수칙을 철저히 준수한 가운데 엄숙하면서도 뜻깊게 진행되었다.

이날 일정은 개회식을 시작으로 훈장 및 공로패 수여식, 실전 태권도 호신술 개발 발표회, 국기원 원로회·태권도 9단회 사무실 현판식, '태권도 유네스코(UNESCO) 인류무형문화유산 등재 위원회' 출범의 현판식 순으로 이어졌다.

환영사와 기념사는 전통과 미래를 잇는 메시지로 시작되었다. 전갑길 이사장은 환영사에서 "1972년 개원한 국기원은 지난 49년간 전 세계 태권도 가족을 대표하며 태권도의 발전을 선도해왔다. 이는 원로와 사범들의 헌신과 용기 덕분이었다"고 강조하며, 앞으로도 국기원이 세계 무예와 스포츠의 중심으로 성장해갈 수 있도록 노력하겠다고 다짐했다.

이어 이동섭 원장은 기념사를 통해 이번 행사의 의미를 되짚었다. 그는 "오늘은 국기원 원로회와 9단회, 그리고 태권도 유네스코 인류무형문화유산 등재 위원회의 사무실 현판식을 함께하는 날"이라며, 국기원의 뿌리와 미래를 동시에 확인하는 자리임을 강조했다. 또한 "국기원과 태권도에 대한 지속적인 관심과 성원을 부탁드린다"고 당부하며, 참석자들에게 감사의 마음을 전했다.

이날 행사에는 태권도 원로와 9단 대표, 그리고 UNESCO 등재 위원회를 대표하는 인사들이 차례로 축사를 전했다.

김용채 전 대한태권도협회 회장은 "국기원 건립에 기초를 닦았던 사람으로서, 49주년을 맞은 오늘을 진심으로 축하드린다"며 국기원의 발전을 계속 응원하겠다고 말했다.

김경덕 대한태권도협회 고문은 "원로회와 9단회, UNESCO 등재 위원회가 함께 출발하는 뜻깊은 날을 축하한다"며 국기원의 책무 수행을 위해 적극적으로 협력하겠다고 약속했다.

최재춘 위원장은 "태권도 유네스코 인류무형문화유산 등재 위원회가 국기원에서 공식 출범하게 된 것은 역사적 의미가 크다"며, 남북 공동 태권도 문화 창출을 위해 끝까지 힘을 모아 달라고 호소했다.

태권도 보급 공로로 코트디부아르 '알라산 와타라 대통령 훈장'을 수훈받은 국기원 이동섭 원장

기념식에서는 이동섭 원장이 코트디부아르 알라산 와타라 대통령으로부터 태권도 보급에 기여한 공로로 훈장을 전달받았다. 이 훈장은 김영태 국기원 기술고문이 직접 전수했으며, 이동섭 원장은 다시 김 기술고문에게 아프리카 대륙에서 태권도 확산을 주도한 공로를 기려 공로패를 수여했다.

또한 이동섭 원장은 며칠 전, 11월 19일 미국 현지에서 도널드 트럼프 전 대통령에게 명예 9단증을 수여한 배경과 의미에 대해 참석자들에게 설명하는 시간을 가졌다. 이 과정은 태권도가 단순한 무예를 넘어 국제 사회와의 교류, 문화외교의 매개체로 자리매김하고 있음을 보여주는 사례였다.

2022년 5월 국기원 세계태권도연수원(WTA)이 실전 태권도 호신술의 보급과 활성화를 위한 기술 세미나 개최

이어진 순서로 새로운 무도적 가치를 제시하는 '실전 태권도 호신술 개발 발표회'가 열렸다. 국기원은 지난 6월부터 위기상황에 즉각 대응할 수 있는 실전 기술체계를 연구해왔다. 단순한 스포츠 경기 차원이 아니라 맨손뿐 아니라 무기 위협 상황에서도 스스로를 보

호할 수 있도록, 기존 태권도 기술에서 불필요한 예비동작을 배제하고 효율성을 극대화한 호신술을 개발해 이날 그 성과를 공개했다. 이는 태권도의 무도적 본질을 강화하는 새로운 시도이자, 군·경찰 등 실무 영역에서도 활용 가능성을 넓히는 전략적 프로젝트였다.

행사의 마지막 순서로 국기원 기념관 휴게공간에서 원로회, 태권도 9단회, 태권도 유네스코 인류무형문화유산 등재 위원회 사무실 현판식이 진행되며 새로운 출발, 이는 태권도의 뿌리를 지켜온 세대와 최고 수련자들, 그리고 세계문화유산 등재라는 미래 과제를 함께하는 상징적인 자리였다. 현판식은 국기원의 역사와 전통, 그리고 세계화를 향한 비전을 하나로 묶는 의식으로 기록되는 순간이었다.

이번 국기원 49주년 기념행사는 단순한 기념식을 넘어, 국기원의 전통을 계승하면서도 국제적 위상과 무도적 본질을 동시에 강화하려는 리더십의 방향성을 보여주었다. 원로와 고단자, 해외 지도자, 그리고 UNESCO 등재 추진위원회가 함께한 이 자리는 국기원이 세계 태권도의 본부이자 문화외교의 전진기지임을 다시 한번 확인시킨 역사적인 증명의 시간이었다.

3) 헌신과 태권도 정신의 버팀목 – 국기원 공식 자문 기구 '원로평의회'

국기원에는 정관에 명시된 공식 자문 기구인 원로평의회가 있다. 원로평의회는 태권도 원로들의 풍부한 경험과 성과를 바탕으로 국기원이 올바른 길로 나아가도록 조언하며, 세계 태권도 가족의 구심점 역할을 수행해왔다. 단순한 형식적 기구를 넘어 국기원의 역사와 정신을 지탱하는 상징적 존재라 할 수 있다.

2022년 8월, 이동섭 원장이 재임하던 시기에 열린 원로평의회 회의에는 이승완 의장을 비롯해 김용채, 강원식, 조영기, 송봉섭, 박현섭, 정만순, 이규형, 임춘길 위원들이 참석했다. 이 회의에서는 국기원의 주요 현안이 논의되었으며, 의장의 임기를 기존 1년에서 3년으로 연장하는 개정안이 제안되어 원로평의회가 보다 안정적이고 지속적인 역할을 할 수 있는 기반이 마련되었다.

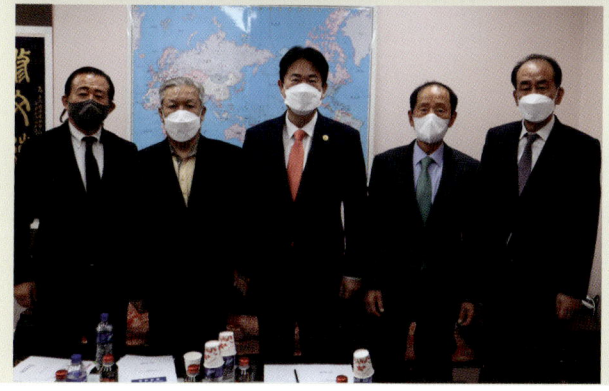

2025년 4월 11일 '제4차 원로평의회'에서 이승완 원로평의회 의장 (오른쪽)에게 선임장을 수여하고 기념촬영

그로부터 3년 뒤인 2025년 4월, 국기원은 '제4차 원로평의회'를 개최하고 위원들에게 선임장을 수여했다. 이승완 의장과 조영기 부의장을 비롯해 김용채, 정만순, 송봉섭, 이규형, 박현섭, 임춘길 위원에게 임명장이 전달되었으며, 이는 국기원의 역사적 의미와 원로들의 헌신을 기리는 자리였다. 국기원 규정에 따르면 위원의 임기는 3년이며, 1회에 한해 연임이 가능하다. 이에 따라 제3차 회의에서는 만장일치로 전원 연임이 결정되었다.

이 자리에서 이동섭 원장은 원로들에게 "이 자리에 계신 원로님들 덕분에 국기원이 존재할 수 있었다. 앞으로도 풍부한 경험을 바탕으로 국기원과 태권도가 올바른 길로 나아갈 수 있도록 고견을 부탁드린다"고 말했다.

특히 이날 원로평의회는 개인의 명예를 지키는 차원을 넘어, 태권도 정신을 실현하고 그 가치를 발전시키기 위해 솔선수범하겠다는 결의를 다졌다. 원로들의 다짐은 국기원이 미래를 향해 나아가는 데 든든한 버팀목이자, 태권도의 정통성과 정체성을 지켜내는 정신적 지주로 남게 되었다.

4) 장애인 태권도 활성화를 위한 국기원의 노력과 심사제도 도입

2009년 대한장애인체육회가 대한장애인태권도협회를 정식 가맹단체로 승인하면서 장애인 태권도에 대한 관심은 급격히 높아졌다. 이 흐름 속에서 국기원은 2017년 대한장애인체육회의 지원을 받아 본격적으로 장애인 품새 개발 사업에 착수하게 되었다. 같은 해 7월 13일, 국기원 수련장에서 열린 '장애인 태권도 품새개발 중간보고회'에서는 지체(상지·하지), 시각, 지적장애인 등 다양한 유형의 장애에 맞춰 변형된 유급자 및 유단자 품새, 그리고 공방 품새가 처음으로 공개되었다. 특히 공방 품새는 가라테 가타나 우슈 투로와 같이 공방을 포함하는 유사 무도 종목과의 경쟁력을 고려해 새롭게 추가한 것이었다.

이 사업의 목적은 기존 국기원 공인 품새를 단순히 변경하는 수준이 아니라, 장애 유형별로 수련이 가능한 형태로 재창조하여 장애인들도 태권도의 기본 정신과 기술을 체계적으로 습득할 수 있도록 하는 데 있었다.

이후 시간이 흐르며 장애인 태권도 수련 인구가 점차 증가하자, 단순한 경기나 품새 개발을 넘어 공식적인 심사제도 마련이 필요하다는 요구가 커졌다. 이에 이동섭 원장은 2023년, 장애인 태권도 심사제도 제정을 위한 TF를 발족하게 되면서 이 TF 구성은 심사제도 마련의 필요성으로 장애인 태권도 지도자, 현장 전문가들의 의견을 폭넓게 수렴하며 제도적 틀을 마련하는 작업에 착수했다. 그동안 국기원은 이미 장애인 전문 지도자 양성을 위해 2008년부터 장애인 사범 교육을 운영해왔고, 2017년에는 지체·시각·지적 장애인을 위한 경기용 품새를 공식적으로 개발했다. 또한 2022년에는 이를 수정·보완하여 일선 도장에 보급하기도 했다. 이러한 축적된 경험을 바탕으로 심사제도의 체계적 구성이 가능해졌다. 이 과정에서 "우리의 소중한 문화유산인 태권도를 장애인들도 동등하게 누리며, 심사에서 배제되지 않고 공정한 기회를 갖도록 해달라"고 이동섭 원장은 TF 위원들에게 특별히 당부했다.

국기원은 2023년 7월부터 본격적으로 제도 설계에 들어가 2024년 7월 '장애인 태권도 심사규칙'을 제정했다. 이로써 심사제도의 제정과 시행 준비를 위한 제도적 기반을 갖추게 되었다.

심사 대상은 정신적(지적·자폐·정신) 장애인, 지체(상지·하지) 장애인, 청각(언어) 장애인, 시각 장애인으로 구분되며, 장애인등록증(복지카드)을 보유한 이들에 한해 응시 자격이 주어진다. 심사는 우선 1품·단에서 3품·단까지 시행하며, 대상과 횟수는 점진적으로 확대해 나가기로 했다.

드디어 2025년 6월부터 국기원은 심사 시행과 지원 체계를 구축하며 국내에서 장애인 태권도 심사를 공식 시행하기로 결정했다. 심사추천권은 태권도 4단 이상이면서 세계태권도연수원(WTA)에서 발급한 장애인 사범 자격을 보유한 지도자에게 부여된다. 또한 국기원은 지도자와 수련생에게 실질적 도움을 주기 위해 심사 과목별 영상을 제작, TCON 플랫폼을 통해 보급하고 있다. 영상은 정신적(지적·자폐·정신), 상지 지체, 하지 지체, 시각, 청각·언어 등 5개 유형별로 나뉘며, 각 품·단에 해당하는 기본 동작, 품새, 겨루기, 격파 등 실기심사 과목의 세부 내용을 담았다. 이를 통해 수련생들이 자신에게 맞는 심사 준비를 체계적으로 할 수 있도록 지원한다.

"태권도 심사에서 장애인들이 소외받지 않는 것은 물론이고, 태권도를 통해 더 큰 희망과 꿈을 가질 수 있도록 국기원이 최선을 다하겠다."
2년간의 준비 끝에 맞이한 장애인 태권도 심사 첫 시행을 앞두고 가진 이동섭 원장의 인터뷰는 간결하면서 단호했다.

리더십은 계승된다. 태권도의 미래는 어떤 국기원장을 만나는가에 달려 있다.
새로운 시대, 새로운 인문학적 감각과 국제 전략이 필요한 때이다.
태권도의 중심이 세계의 중심이 되기 위해,
국기원은 태권도를 잇는 사람들과 또 한 번의 도약을 준비한다.

Kukkiwon can no longer remain in the glory of the past.Now is the time
for leadership fit for a new era. Leadership must be passed on.The future
of Taekwondo depends on who leads Kukkiwon next.A new era demands
a leader with deeper insight and global strategy.To make Taekwondo the
heart of global dialogue, Kukkiwon must take its next leap.

"국기원은 더 이상 과거의 영광에 머물 수 없다.
지금은 새 시대를 위한 리더십이 필요한 때다."

04장

국기원장의
철학과 문화외교

"다음 국기원장은 문화 외교관이어야 한다.
태권도는 세계를 연결하는 언어이기 때문이다."

The Next President of Kukkiwon Must Be a Cultural Diplomat.
Because Taekwondo is the Language that Connects the World.

[세계 태권도 공동체의 대표 리더십]

3억 명의 태권도인을 잇는 글로벌 대통령

국기원장, 문화 외교로
태권도의 글러벌 시대를 이끌다.

"태권도는 더 이상 한국만의 무예가 아닙니다. 전 세계 3억 수련인이 함께하는 인류문화입니다. 저는 그들의 대통령이라는 사명감으로 일하고 있습니다." 이동섭 국기원장이 수차례 강조한 이 말은 단순한 비유가 아니다. 현재 국기원은 214개국에 단증을 발급하고 있으며, 실제 태권도 수련 인구는 2억~3억 명으로 추산된다. 세계 어디서든 국기원의 이름이 곧 태권도의 권위와 철학을 대변하는 오늘날, 국기원장의 위치는 단지 행정 책임자에 그치지 않는다. 지구촌 태권도 공동체를 대표하는 상징적 지도자로서의 위상이 요구된다.

이동섭 원장은 이러한 시대적 요구에 부응하며, 정치와 제도, 교육과 문화, 외교와 협력의 전방위 리더십을 통해 국기원의 외연을 획기적으로 확장시켜 왔다. 국회에서의 입법 경험과 전국 지자체 및 교육기관, 해외 태권도 단체들과의 연계를 바탕으로, 국기원을 단증 발급 중심의 기술기관에서 철학과 정체성, 외교와 가치가 살아있는 플랫폼으로 탈바꿈시키는 데 기여하고 있다.

무엇보다 상징적인 업적은 태권도의 법적 지위 확보였다. 이동섭 원장은 제20대 국회의원 시절 태권도진흥법 일부개정안을 대표 발의하고, 2018년 3월 30일 태권도를 대한민국의 국기(國技, National Martial Art)로 지정하는 법적 근거를 마련하였다. 이 법안은 여야를 초월한 228명의 국회의원 공동발의로 국회를 통과하며, 태권도가 대한민국의 국가 브랜드이자 정신적 상징임을 법적으로 천명하는 계기를 만들었다.

이는 단순한 명칭 부여를 넘어, 태권도가 한국인의 정체성과 국가 아이덴티티에 내재된 핵심 문화유산임을 공인한 사건이었다. 국기 지정 이후 국기원의 위상은 제도적으로 공고해졌고, 문화체육관광부를 비롯한 관계기관 및 지자체의 정책적 협력도 본격화되었다. 나아가 국기원은 이 법적 근거를 토대로 문화외교, 글로벌 교육, 공공 플랫폼 등 다차원적 활동 반경을 형성할 수 있는 기반을 마련했다.

이동섭 원장이 국기원장으로 재선되며 강조한 핵심 메시지는 "국기원의 세계화와 철학의 콘텐츠화"였다. 그는 단증 기관의 기능을 넘어, 태권도의 철학(충·효·예)을 내면화하고, 그것을 학교 교육, AI 기술, 세계 태권도 네트워크와 결합시키는 종합 문화외교 전략을 추진하고 있다. 이러한 노력은 단지 국기원의 위상을 높이는 데 그치지 않는다. 그것은 곧 대한민국이 세계와 소통하는 가장 실천적인 문화외교의 확장선이 된다.

태권도가 더 이상 한국의 무예로 머무르지 않고, 세계가 공유하는 인류의 정신문화로 자리하기까지, 그 중심에는 '법으로 태권도의 위상을 세운 입법가'이자 '문화외교의 전략가'로서의 이동섭 원장이 있다. 그는 오늘도, 세계의 3억 명 태권도인을 잇는 대통령이라는 자부심과 책임감으로 국기원을 이끌고 있다.

Leading the Global
Era of **Taekwondo**
Through Cultural Diplomacy

1. 국기원장에게 요구되는 리더십 조건

〈세계시대, 태권도의 미래를 짊어진 리더의 자격〉

오늘날 국기원은 단순한 무도 행정 기관을 넘어, 대한민국의 대표 문화외교 플랫폼이자 글로벌 태권도 전략의 중심 기구로 자리매김하고 있다. 이러한 시대적 요구 속에서, 국기원장을 단순한 조직 운영가나 명예직으로 한정하는 인식은 이미 유효하지 않다. 이제 국기원장에게는 정치적 감각, 문화외교적 통찰, 국제 네트워크, 정책 기획력, 브랜드 전략 역량을 두루 갖춘 '복합형 리더십'이 요구된다.

무엇보다 중요한 것은 태권도의 정체성을 지키는 철학적 기반과 미래 전략을 동시에 설계할 수 있는 인문학적 깊이와 통합적 사고 능력이다. 이 리더는 국기원을 단순한 심사·교육 기관에서 벗어나, 세계와 소통하는 문화창조 플랫폼으로 확장시킬 수 있는 '비전 리더'여야 한다. 국기원장에게 요구되는 리더십은 다음의 5가지 핵심 역량으로 정리할 수 있다.

정책·제도적 리더십: 태권도 특수법, 국기원 규정 등 제도 정비와 법적 기반 구축을 주도할 수 있는 실행력.

외교·문화 감각: 대통령 순방, K-콘텐츠와의 연계 등 국가 문화외교 일정과 태권도를 결합시킬 수 있는 공공외교 전략 역량.

디지털·콘텐츠 전략 능력: AI, 메타버스, 글로벌 OTT 등 기술환경 변화에 발맞춘 '디지털 무도' 전환과 콘텐츠 산업화.

브랜드 스토리텔링 역량: 국기원 로고·슬로건·정신철학 등 상징 체계에 대한 이해와 글로벌 공감 콘텐츠 기획 능력.

국제 감각과 언어·현장 소통 역량: 각국 태권도 지도자 및 조직과의 협상, 연설, 파트너십 체결을 위한 글로벌 커뮤니케이션 능력.

결론적으로, 다음 국기원장은 단지 국내 태권도계의 수장이 아니라, '국기 태권도'라는 국가 브랜드를 대표하고 미래를 설계하는 글로벌 전략가여야 한다. '세계 속 태권도'라는 비전을 현실화하기 위해선, 위기 속에서 기회를 설계할 줄 아는 변화 중심의 리더십이 그 어느 때보다 절실하다. 이는 이동섭 원장이 강조했던 "과거의 영광에 머물지 않고, 새로운 시대의 국기원을 세워야 한다"는 철학과도 맞닿아 있다.

1) 국기원장, 상징에서 실천으로: 정신적 상징성과 실천적 행정의 교차점

국기원장은 단순한 조직의 수장이 아니다. 그는 태권도의 정신을 대표하는 얼굴이며, 국기원의 철학과 행정 시스템을 함께 이끄는 이중적 리더다.

그는 두 가지 핵심 사명을 부여받는다. 하나는 태권도의 상징적 가치를 보존하는 일이고, 또 하나는 실질적 시스템과 전략을 실행하는 일이다.

한편으로, 국기원장은 태권도의 〈정신적 중심(Core of Spirit)〉으로서의 상징적 존재다. 그의 말, 행동, 국제적 발언과 외교 활동은 단순한 개인의 행위가 아니라, 대한민국의 무형문화유산인 태권도의 가치를 세계에 전파하는 역할을 한다. 그는 정통성과 국가 정체성, 태권도의 철학적 뿌리를 대표한다.

또한 다른 한편으로, 국기원장은 제도 개혁가이자 행정 전략가로 기능해야 한다. 그는 조직 개편, 법적 책무성, 시스템 현대화, 국제 네트워크 구축 등 국기원을 미래지향적 플랫폼으로 이끌 책임이 있다. 국기원이 국가 브랜드이자 세계 플랫폼으로 진화하는 오늘날, 원장의 리더십은 전통과 혁신, 상징성과 실천 전략을 잇는 가교가 되어야 한다.

21세기 국기원장은 철학의 수호자이자 정책의 실행자라는 이중의 사명을 안고 있다. 창립정신을 계승함과 동시에, 이를 대한민국의 문화외교 자산으로 전환시키는 비전을 지녀야 한다. 오늘날 국기원장은 무도 지도자를 넘어, 브랜드 전략가, 문화외교관, 개혁 지향형 CEO로서의 복합적 역량이 요구된다.

국기원의 미래는 제도적 시스템뿐 아니라 국기원장의 리더십 비전에 달려 있다. 다음 100년의 태권도를 설계하는 데 있어, 그 역할은 그 어느 때보다 결정적이다.

(1)미국 대통령에게 수여된 태권도의 상징

- 국기원의 브랜드 외교가 만들어낸 역사적 순간:

제45대 미국 대통령 도널드 트럼프, 태권도 명예 9단 수여 및 한·미 문화외교 확장 사례

2021년 11월 19일, 미국 플로리다주 팜비치에 위치한 트럼프 대통령의 별장 '마러라고(Mar-a-Lago)'에서 국기원 이동섭 원장은 제45대 미국 대통령 도널드 J. 트럼프(Donald J. Trump)에게 태권도 명예 9단증과 도복을 공식 수여하며, 태권도가 전 세

〈태권도 명예 9단증 수여〉
명예 단증은 국기원의 전통성과 국제적 상징성을 함께 담고 있으며, 국기원 이동섭 원장이 미국 제45대 대통령 도널드 트럼프에게 태권도 명예 9단증을 공식 수여

계인에게 사랑받는 평화의 무도임을 상징적으로 알렸다. 이번 수여는 단순한 예우를 넘어, 대한민국을 대표하는 태권도가 세계 지도자에게 전달된 미국 정계·문화외교의 정점으로 기록되었다.

이 자리에서 트럼프 전 대통령은 "전 세계 모든 무술 중 태권도가 가장 우수하다"며 극찬을 아끼지 않았다. 그는 "위대한 대한민국 국민으로부터 태권도 명예단증을 받게 되어 무한한 영광"이라며, "차기 재선에 성공할 경우 의회 연설 시 태권도복을 착용하고, 정상회담 시 국기원 태권도시범단의 공연을 정식 요청하겠다"는 의지를 밝히기도 했다.

〈태권도 정신으로 하나 되는 순간〉 2021년 11월 19일(현지시간), 미국 플로리다 팜비치 '마러라고' 집무실에서 국기원 이동섭 원장이 태권도 도복을 수여한 후 두손을 맞잡고 기념촬영

특히 트럼프 전 대통령은 이날 수여받은 명예 9단증을 자신의 집무실 내 진열 공간에 전시하겠다고 밝혔으며, 실제로 자신이 가장 아끼는 6장의 사진 중 하나인 김정은 위원장과의 회담 사진 옆에 전시하라는 구체적 지시를 보좌진에게 내렸다. 이는 태권도가 국제 정세와 외교의 상징적 소재로까지 확장되고 있음을

〈트럼프 대통령과 국기원장 파이팅 대련 포즈〉 2021년 11월 19일, 도널드 트럼프 미국 대통령이 국기원 이동섭 원장과 함께 태권도 파이팅 대련 포즈를 취하며 환하게 웃는 모습

〈태권도 도복에 친필 서명하고 있는 트럼프 대통령과 국기원장〉 "태권도는 평화를 잇는 가교입니다"라는 말과 함께 국기원은 태권도를 통한 문화외교와 글로벌 연대를 실천

보여주는 일면이다.

이날 그는 감사의 뜻으로 자신의 정치적 슬로건이자 트레이드마크인 "MAGA (Make America Great Again)" 문구가 새겨진 모자에 자필 서명을 남기고 국기원 이동섭 원장에게 직접 전달하였다.

또한, 수여식 당시 트럼프 전 대통령이 착용한 태극기와 국기원 로고가 새겨진 도복은, 도복의 색상인 흰색이 상징하는 '백의민족' 정신과 함께, 태권도의 국기(國技)적 정체성을 전 세계에 알리는 강렬한 장면으로 남았다. 해당 도복은 트럼프 전 대통령의 친필 서명이

더해진 뒤, 현재 국기원박물관에 공식 전시되어 있다.

이번 명예 9단 수여는 국기원이 단순한 무도 교육기관을 넘어, 대한민국의 국가브랜드를 세계에 전파하는 문화외교의 주체로 자리매김했음을 보여주는 역사적 사례로 평가된다. 국기원의 외연이 외교, 안보, 문화 등 다층적인 외교 영역까지 확장된 상징적 장면으로, 향후 태권도가 글로벌 공공외교 자산으로 더욱 활용될 가능성을 보여주었다.

이를 계기로 국기원은 백악관 앞 태권도 퍼포먼스 행사, 미 하원 및 상원 의원 대상 '태권도 명예단증 수여 행사', 미국 텍사스, 매릴랜드, 노스캐롤라이나 주지사 등 태권도 시범단 초청 문화행사 등 후속적인 대미 문화외교 계획을 수립했다. 이는 태권도가 대한민국 문화외교의 핵심 콘텐츠로 기능할 수 있다는 것을 보여준 대표적인 사례였다.

〈미국 플로리다 방문 관계자들과 국기원 이동섭 원장〉
트럼프 대통령과 다함께 "태권"을 외치며 기념촬영
(좌로부터 최선우(6단), 리차드 사우책 리스버그버지니아
최응길 사범(9단), 조영배 비서실장)

이 행사는 국내외 주요 언론에 보도되며, 대중적으로 알려졌고, 해외 태권도 커뮤니티 및 미국 내 한국 문화 관심 계층에서도 큰 주목을 받았다. 특히, 트럼프 대통령이 수여 받은 명예 9단증은 이명박 전 대통령(2011년)에 이어 국기원이 외국 정상급 인사에게 수여한 드문 사례 중 하나로 기록되며, 국기원의 글로벌 위상을 재확인하는 계기가 되었다.

〈'상징에서 실천으로'의 의미〉

구분	이동섭 원장의 실행 내용
상징성	국가대표 문화 브랜드인 태권도의 얼굴로 글로벌 인사들과 연결 (트럼프, 미국 의회 등) 국기원장은 대한민국 브랜드의 대변자임을 실천으로 보여줌. 이동섭 원장은 미국 플로리다에서 트럼프 전 대통령에게 태권도 명예 9단증을 수여하며 국기원의 위상을 세계 정치무대와 연결했고, 미 의회 의원들과의 연속적 교류를 통해 태권도를 통한 문화외교 네트워크를 확장함. 이는 국기원장이 갖는 상징성이 단순한 국내 무도 지도자 차원이 아닌, 글로벌 브랜드 앰버서더 역할임을 확인시킨 사례임.
실천 전략	해외 지부 설립, 디지털 행정 도입, 지역경제 및 문화 전략과 연계한 콘텐츠 확산 '상징'에 머무르지 않고 실질적 결과물로 연결되도록 정책을 실행함. ① 해외 지부 설립 추진으로 각국 현지 태권도 사범들과의 연결망 구축 ② 온라인 선거·행정 시스템 도입을 통해 코로나19 이후 디지털 운영 기반을 마련함. ③ '세계태권도한마당' 등 국제행사를 지역경제·관광과 연결된 문화행사로 확장하며, 태권도를 중심으로 한 문화콘텐츠 산업화의 발판 마련. 특히 전통무예를 K-콘텐츠화하려는 구상은 실천적 브랜드 전략으로 평가받음.
구조적 리더십	정치, 무도, 문화 영역을 아우르는 다면적 역량 → 정책과 실천으로 이어지는 실행력 이동섭 원장은 무도 현장뿐 아니라 국회(전 국회의원), 교육계(박사급 연구자), 행정부(문화체육관광부 정책 연계) 경험을 가진 복합형 리더로서, 태권도 브랜드를 세노화하고 예산화하는 실행력을 발휘함. 대표적으로 원장 선거의 온라인 전환, 선거인단 구조 개편, 공정선거 시스템 설계, 기탁금 조정, 정책토론회 도입 등은 제도 설계자이자 실행자로서의 입지를 보여줌. 이는 브랜드를 단순 홍보하는 리더가 아닌, 브랜드 시스템을 만들고 유지하는 전략가형 국기원장의 모델을 제시함.

일시/장소: 2021년 11월 19일 / 미국 플로리다 '팜비치 마러라고' 별장
수여 대상: 도널드 트럼프 미국 대통령 (제45대)
수여 품목: 태권도 명예 9단증 + 공식 도복

주요 메시지: "태권도는 최고의 무도이며, 의회 연설 시 도복을 입고 싶다"
후속 활동: 백악관 앞 태권도 퍼포먼스 추진 / 美 상·하원 대상 문화행사 기획
언론보도: 매일경제, 디지틀조선일보, 채널A, 주간HK, 태권도 전문 채널 등 국내 주요 언론 집중 조명

(2)태권도, 미국 정계와 문화외교 채널을 열다

- 워싱턴 D.C. 방문과 미 의회 협력 외교의 시작

2021년, 미국 제45대 대통령 도널드 트럼프의 취임을 계기로, 국기원은 태권도를 통한 문화외교의 실질적 행보를 본격화했다.

당시 트럼프 당선인의 워싱턴 D.C. 취임식에 공식 초청을 받은 국기원 이동섭 원장은, 이 기회를 전환점 삼아 미국 연방 상·하원 의원들과의 연쇄 회동을 진행하며 태권도의 외교적 가치와 국기원의 역할을 강조하였다.

특히 이번 워싱턴 방문은 단순한 의례 방문이 아니라, 국기원과 미국 정치계 간 협력 MOU 체결을 위한 사전 교섭, 그리고 '태권도 명예단증 수여'를 매개로 한 외교적 네트워크 확대라는 실질적 전략이 동반되었다.

〈미국 제47대 대통령 도널드 트럼프 취임식 공식 초청장〉
국기원 원장 이동섭 명의로 발행됨 (2025.01.20)

이후 이동섭 원장은 2025년 1월 20일, 미국 제47대 대통령 도널드 트럼프의 두 번째 취임식에도 다시 공식 초청을 받았다. 미국 연방 의회 산하 '대통령 취임식 공동위원회'(Joint Congressional Committee on Inaugural Ceremonies)가 발행한 공식 초청장과 프로그램은, 국기원장이 문화외교 사절단으로서 얼마나 주목받고 있는지를 입증하는 상징적 기록이 되었다.

태권도를 중심으로 한 이 같은 외교 활동은, 대한민국 국가 브랜드를 전달하는 외교 콘텐츠로 기능하고 있으며, 국기원이 외교 현장에서 문화 교류의 대표 기관으로 자리매김하고 '문화외교 플랫폼' 역할을 하고 있다는 가능성을 실질적으로 보여준 사례로 남았다.취임식은 워싱턴 D.C. 국회의사당 앞에서 개최되었고, 이동섭 원장은 국기 태권도를 기반으로 한 한미 문화외교 채널의 정례화와 정계 인사들과의 교류를 통해 '문화 외교 기관으로서의 국기원'의 가능성을 구체화해 나갔다.

2) 글로벌 리더로서의 책임과 실천 – '한미 태권도 외교' 현장 기록

이동섭 원장은 국기원장으로서 국제 외교무대에서도 활발히 활동하며 국기원의 공적

위상을 전 세계에 확산시키고 있다.

더불어 국기원은 기술의 표준을 세우는 기관이자, 대한민국을 대표해 세계와 소통하는 문화외교의 전진기지다. 이동섭 원장은 국기원장으로서 이 두 축을 결합해 태권도를 국가 브랜드와 공공외교의 언어로 소통해 왔다. 태권도를 통해 국가 간 신뢰와 공감을 확장할 수 있다는 메시지가, 정책과 시민사회를 잇는 실천으로 각인되었다.

이 흐름은 이후 꾸준한 교류와 협력으로 이어졌다. 국기원 시범단의 해외 활동, 미 전역 도장·학교·커뮤니티와의 네트워크 구축, 현지 파트너와의 공동 기획은 태권도를 스포츠를 넘어 생활문화이자 공동체의 언어로 자리매김하게 했다. 외교는 회담장에서만 완성되지 않는다. 현장에서 사람과 사람이 연결될 때 비로소 힘을 가진다.

2021년, 미국 플로리다에서 도널드 트럼프 전 미국 대통령에게 국기원 명예 9단을 수여하며 태권도를 국가 브랜드로 활용한 외교적 메시지를 전 세계에 각인시켰다. 이는 태권도를 '스포츠 외교'의 대표적 사례로 끌어올리는 상징적 장면이었다.

그 연장선에서 2025년 5월 18일, 워싱턴 D.C. 백악관 앞마당에서 열린 한미동맹 72주년 기념 '태권도 한마음 축제'는 국기원이 지향해 온 가치가 현실이 되는 순간이었다. 2천여 명이 넘는 태권도 가족이 국적과 세대를 넘어 한 자리에 서서, 예의와 절제, 연대의 정신을 몸으로 증명했다. 다음 장에서는 그날의 장면과 의미를 기록한다. 한미동맹의 시간 위에, 태권도가 어떻게 시민의 축제로 피어났는지, 그리고 그것이 국기원이 책임져야 할 글로벌 리더십의 실천과 어떻게 맞닿아 있는지를 보여줄 것이다.

〈한미동맹 72주년 기념 '태권도 한마음 축제' – 백악관 앞마당에서 확인한 연대의 힘〉

'2025년 5월 18일, 워싱턴 D.C. 백악관 앞 '프레지던츠 파크(President's Park,

이동섭 국기원장(왼쪽)과 톰 수오지 미국 하원의원(오른쪽, 민주·뉴욕)이 나란히 태극기와 성조기를 들고 양국의 동맹과 우정을 기념

Ellipse)' 잔디광장은 태권도인의 함성과 박수로 가득했다. '한국과 미국의 한마음', '태권도인의 한마음'을 기치로 열린 이번 축제는 한미동맹 72주년을 기념하는 동시에, 태권도가 국가와 세대, 언어의 경계를 넘어선 보편 가치임을 현장에서 증명한 사건이었다. 고국에서 함께한 이동섭 국기원장과 내외빈, 국기원 태권도시범단, 그리고 미국 전역에서 모인 원로·사범·수련생과 가족, 자원봉사자까지 2천여 명이 넘는 인파가 한 자리에 섰다. 숫자는 단순한 규모를 넘어, 태권도 정신의 현재성을 입증하는 지표가 되었다.

또한 이동섭 국기원장은 미국 워싱턴 D.C. 백악관 앞에서 개최된 '제72주년 한미동맹 태권도 페스티벌'을 통해 글로벌 리더로서의 역할을 실천했다. 본 행사는 국기원이 주최하고 워싱턴 D.C.·버지니아 지부가 주관한 공동의 대규모 문화외교 프로젝트로, 백악관 앞에서 문화외교의 상징으로 태권도 시범을 선보이며 한국 문화의 위상을 널리 알렸다. 약 2,000여 명의 태권도 수련생들이 한자리에 모여 태극기와 성조기를 나란히 들고 '태극 1장'을 단체 시연하는 장관을 연출했다.

이동섭 국기원장은 이날 축제에 앞서 "태권도는 우리의 민족 문화유산이며, 지금 K-팝 등의 융성만큼 태권도도 세계를 이끄는 문화 자산이 되어야 한다"며, "한미 동맹의 군건함과 양국 간 우의를 다지기 위해 이 행사를 기획했다"고 강조했다. 그의 이 말은 단순 기념 행사가 아닌, 태권도를 통한 국가 브랜드 외교의 의지를 명확히 드러낸 선언이었다.

태권도가 한국과 미국 간의 문화적·정신적 유대를 상징하는 매개체로 자리매김했음을 보여주는 결정적 사례였다. 연령, 성별, 인종을 넘어선 참가자들은 태권도를 통해 하나 된

2025년 5월 18일(현지시간), 미국 워싱턴 D.C. 백악관 앞 '프레지던츠 파크(President's Park)'에서 열린 '제72주년 한미동맹 태권도 페스티벌'에 참가한 태권도 수련자들과 주요 인사들이 단체 기념촬영(가운데 우측은 국기원 이동섭 원장, 왼쪽은 미국 하원의원 톰 수오지, 맨 앞줄은 국기원 태권도 시범단)

〈이동섭 국기원장과 국기원 시범단이 단체 기념 촬영〉 국기원 시범단은 고난도 격파와 기술 시연을 통해 한미 간 문화 외교의 상징적 역할을 수행

공동체의 가치를 체현했으며, 국기원 시범단의 격파와 고난도 기술 시연은 미국 관객들의 큰 환호를 받았다.

특히 이동섭 원장은 "미국 내 태권도 수련 인구가 약 3천만 명에 달한다"며, "태권도는 한미 간 신뢰와 협력을 더욱 공고히 하는 문화적 가교 역할을 한다"고 강조했다. 그는 앞서 2021년 11월 도널드 트럼프 전 대통령에게 태권도 명예 9단증과 도복을 전달한 바 있으며, 당시 트럼프 전 대통령의 요청으로 이번 시범단 방미가 성사되었다고 밝히기도 했다.

행사에는 미국 민주당 하원의원인 톰 수오지(Tom Suozzi) 의원도 참석해 "태권도는 단순한 무도가 아니라 미국인이 한국 문화를 이해하고 자신을 단련하는 길"이라며 국기원의 활동에 깊은 관심을 표명했다.

국기원은 본 페스티벌에 이어 5월 19일, 미국 국방부 산하 제대군인 요양원을 방문해 태권도 시범 공연을 선보이며 문화외교의 연속성을 이어갔다. 이는 이동섭 원장이 추구한 '세계태권도본부'로서의 국기원의 위상 정립과, 국기원을 중심으로 한 태권도 외교 전략의 실질적 실행이자 성과로 기록될 수 있다.

이번 워싱턴 행사는 국기원이 단순한 무도기관을 넘어선, 세계인의 정신과 가치를 잇는 '문화 외교 플랫폼'으로 도약했음을 상징적으로 보여주는 순간이었다.

이동섭 원장은 태권도를 통해 국경을 넘는 평화의 메시지를 전파하는 글로벌 리더로서의 책무를 성공적으로 수행하고 있음을 다시 한 번 증명해 보였다.

백악관 앞에서 성공적인 행사를 마친 후의 일정으로 미국 정부 인사 및 세계 각국 대사들과의 연쇄 면담을 통해 국기원의 해외 지부 설립, 국제 협력 프로그램 확대 등을 약속받으며 '글로벌 국기원' 전략을 실행에 옮겼다.

이날 행사는 단순한 문화 이벤트가 아니었다.

–정책 외교의 정점: 국기원이 워싱턴 D.C. 중심부에서 직접 주최하고, 주미 한국대사관 및 미국태권도협회(USAT)와 공동으로 주관한 이번 행사는, 태권도를 단순한 민간 외교 수단을 넘어 국가 외교 시스템의 공공문화 콘텐츠로 공식 편입시킨 역사적 사례다. 이는 국기원이 정부 및 공공기관과의 전략적 공조 체계를 통해 정책·공공·문화 외교가 융합된 협력 모델을 실현한 것으로, 태권도 외교의 새로운 이정표를 세운 의미 있는 전환점이 되었다.

–문화 정체성과 다문화 외교 콘텐츠로서의 태권도: 이번 행사는 미국 의회, 각 주정부, 현지 태권도 커뮤니티가 대거 참여한 가운데, 태권도가 미국 내 다문화 간 평화와 교육의 상징으로 자리잡고 있음을 보여주었다. 특히 한국계는 물론 다양한 인종과 국적의 수련생들이 함께 참여함으로써, 태권도가 문화 정체성을 넘어선 글로벌 보편 콘텐츠로 기능하고 있음을 입증했다. 이는 태권도의 다문화 포용력과 함께, 미국 내에서 태권도가 공공외교의 실질적 콘텐츠로 정착되고 있음을 확인시켜 준 사례다.

–정치적 연대와 문화외교 사령탑으로서의 국기원 위상 강화: 스티브 스워지 미국 연방 하원의원이 직접 태권도 동아리를 설립하고, 국기원으로부터 명예단을 수여받은 사례는 태권도가 단순한 스포츠를 넘어 정치·사회적 유대를 상징하는 상징적 콘텐츠로 기능하고 있음을 보여준다. 이러한 사례를 통해 국기원은 기존의 교육 및 심사기관을 넘어, 공공외교의 사령탑 역할이라는 새로운 위상을 정립했다. 특히 이동섭 국기원장은 "한미동맹의 정신과 태권도의 가치는 통한다. 이것이 바로 평화와 공존의 외교 코드"라고 천명하며, 태권도의 외교적 정체성을 명확히 규정하였다. 이 메시지는 주요 언론 보도를 통해 전 세계 20여 개국에 확산되었고, 국기원의 글로벌 문화 외교 브랜드로서의 위상 강화에 실질적인 기여를 했다. 이러한 활동은 문화체육관광부, 외교부 등 중앙정부와의 정책 연계 기반을 강화하는 계기가 되었으며, 이후 유사한 외교 사절단 협업 요청이 국기원에 다수 들어오게 되는 긍정적 외교 파급 효과로 이어졌다.

태권도 문화외교로 글로벌 네트워크를 만들어내는 국기원장의 행보가 단지 '국기'로서의 법적 상징을 넘어서, 실질적 외교의 핵심 콘텐츠로 기능하는 전략적 전환점이었다는 점에서, 국기원의 외연 확장과 국제 브랜드 위상 제고에 있어 결정적 전환점으로 평가된다.

이처럼 "백악관 앞 태권도 축제"는 국기원이 '문화 외교사령탑'으로 도약하기 위한 실질적 사례로 기록되어야 한다. 태권도는 이제 단순한 무도에서 벗어나 국가 이미지와 동맹 강화의 외교 수단이 되었으며, 국기원장의 리더십은 전 세계적 문화 플랫폼으로의 전환을 향한 강력한 메시지를 던졌다.

이 축제의 감동은 도약을 예고하는 신호였으며 2025년 7월 17일부터 19일까지 열리는 LA 애너하임 '세계태권도한마당'으로 이어진다. 백악관 앞마당에서 확인한 참여와 연대, 품격과 질서의 경험은 한마당 무대에서 더 넓고 더 깊게 확장될 것이다. 국기원은 이 여정에서 태권도의 표준과 예의, 교육과 축제를 하나의 규범 위에 견고히 세우고, 세계 어디서나 동일하게 체감되는 신뢰 인프라로 완성해 갈 것이다.

끝으로, 이번 행사를 함께 만든 모든 태권도 가족과 워싱턴 D.C.·버지니아 지부 관계자들의 헌신은 기록되어야 할 소중한 자산이다. 그들의 수고가 있었기에 동맹의 시간과 태권도의 정신이 같은 무대에서 호흡할 수 있었다. 이것이 한마음 축제가 남긴 가장 큰 유산이다.

〈최응길 사범 스토리 – 워싱턴에서 시작된 연대의 운영 리더십〉

최응길 워싱턴 D.C.-버지니아 지부장은 한미동맹 72주년 기념 '태권도 한마음 대축제'를 주관하며, 행사 총감독으로서 국기원 본부와 현지 지부, 도장 네트워크, 공공기관·협력 단체를 잇는 허브 역할을 수행했다. 특히 백악관 앞마당이라는 상징성과 높은 난도의 의전·안전 기준 속에서 2천여 명 규모의 참여를 안정적으로 수용했고, 국기원의 철학과 현장 운영 표준을 미국 중심 무대에 세웠다. 더불어 전직 미국 대통령 도널드 트럼프의 국기원 명예 9단증 수여 절차가 원만히 진행되도록 외교·네트워크를 조율해 상징성과 파급효과를 극대화했다.

〈한미동맹 72주년 기념 '태권도 한마음 대축제' 행사 후 귀빈들과 기념촬영〉 좌로부터 탐 수오지 미연방 하원의원, 국기원 이동섭 원장, 최응길 워싱턴 D.C., 버지니아 지부장

트럼프 전 대통령에 대한 국기원 명예 9단증 수여는, 국기원의 브랜드와 태권도 외교의 상징적 모멘트였다. 최응길 지부장은 일정·의전·보안·미디어 노출 범위를 긴밀하게 사전 조율하여 수여식의 품격과 안전을 담보했다. 이 절차는 특정 인물에 대한 예우를 넘어, 미국 주류 사회에서 태권도의 문화적 위상과 국기원 브랜드의 공신력을 재확인시키는 계기가

되었다.

최응길 지부장의 강점은 디테일을 놓치지 않는 운영 감각과 품격 있는 대외 커뮤니케이션에 있다. 그는 현장의 리스크를 정확히 관리하면서도, 국기원의 메시지를 일관된 톤으로 전달했다.

한미동맹 72주년 기념 축제를 성공적 문화외교 모델로 끌어올린 최응길 워싱턴 지부장의 공로는 '2025 애너하임 세계태권도한마당'과 이후 북미 전략의 든든한 기반이 될 것이다.

2.태권도 역사와 함께한 글로벌 사범 – '국기 태권도' 브랜드 자산

태권도의 세계화는 제도와 경기만으로 이뤄지지 않았다. 국경을 넘어 낯선 땅에 첫 현판을 걸고, 언어와 문화의 장벽을 깨며 제자를 길러낸 수많은 한국 사범들의 땀과 시간, 그리고 품격 있는 행동이 대한민국의 국격을 끌어올리고 국기 태권도의 브랜드를 일상 속으로 스며들게 했다. 그들의 역할은 '국가 브랜드 자산'을 만들고, 태권도 역사를 빛낸 가치 창출이다.

태권도 사범들은 도장에서 예의와 실력을 가르치는 동시에 그들의 태도와 행동은 현지 사람들에게 한국의 이미지를 직접 경험하게 했으며 사범은 스승이자 일상의 민간외교관이었다.

국기원장의 역할은 이 개인의 헌신을 제도로 바꾸는 일이며 개인의 노력에만 기대지 않고, 누구나 따라 할 수 있고 오래 지속되는 시스템으로 만드는 것이 글로벌 사범들의 바램일 것이다.

국기원은 각 나라 현장에서 묵묵히 헌신해 온 사범들을 먼저 찾아 나선다. 정기 공모, 협회 추천, 현장 인터뷰를 통해 사례를 수집하고, 누구의 공로도 누락되지 않도록 발굴 기준을 투명하게 공개하는 단계를 만든 것은 모든 정책의 출발점이자 데이터베이스의 첫 기록을 하기 위함이다.

따라서 사범들의 발견된 공로는 표준 형식으로 체계화해서 보관한다. 이름과 연혁, 역할과 성과, 지역사회 기여, 제자 네트워크, 사진과 언론 증빙을 하나의 카드로 정리하고, 이를 디지털 아카이브와 연감으로 축적한다. 기록이 쌓일수록 정책은 직관에서 증거 기반으로 전환된다.

그리고 공적은 공식적으로 예우한다. 국기원은 연례 상훈과 도장 인증을 통해 공로를 가시화하고, 교육 바우처·장비 지원·홍보 패키지 등 실질적 혜택을 연계한다. 명예가 실익으로 이어질 때 현장의 동기와 기준이 함께 높아진다.

교육을 통한 사범의 전문성은 최신화되어야 한다. 국기원은 다국어 온라인 강좌와 오프라인 연수를 병행해 품새·심사·아동보호·안전·도장 경영 등을 정기적으로 업데이트한다. 누구나 일정 주기로 리프레셔 과정을 이수하도록 설계해, 세계 어디서든 동일한 품질의 수련 경험을 보장한다.

사범은 지역사회를 촘촘히 잇는 연결자이기도 하다. 대사관·학교·군·경찰·지자체·기업 CSR과의 파트너십을 통해 도장이 교육·문화·안전의 거점이 되도록 지원하고, 공동 프로그램과 캠페인을 운영하기 때문에 연결이 확장될수록 태권도는 일상의 신뢰 자산이 된다.

이렇듯이 글로벌 사범들의 빛나는 노력과 역할들의 좋은 사례는 널리 퍼져야 한다. 국기원은 다큐멘터리·인터뷰·지도 시각화·데이터 대시보드로 우수 사례를 꾸준히 소개하고, 도장에서 바로 활용할 수 있는 홍보·교육 키트를 배포한다. 축적된 이야기가 세계의 표준이 될 때, 사범의 외교는 국기원의 제도가 된다.

1) 태권도, 사범으로부터 세계 확산의 시기

대한민국 사범들이 세계적으로 국기태권도의 역사를 만들었던 확산의 시기를 말하지 않을 수 없다.

그 개척의 시대, 1960~70년대. 태권도는 유럽과 미주, 중남미의 낯선 도시들에 조용히 첫 간판을 걸었다. 독일에서 시작된 보급은 영국·이탈리아·프랑스 등으로 퍼졌고, 멕시코와 콜롬비아에서도 씨앗이 틔었다.

언어와 문화가 다른 현장에서 사범들은 기술보다 먼저 예의를 가르치며 신뢰를 쌓았다. 그 작은 도장이 지역사회의 호기심을 끌어내고, 태권도라는 이름을 현지 일상으로 끌어들이는 출발점이 되었다.

제도화의 시대, 1980~90년대. 도장들의 성장이 국가협회 설립과 심판·교육 체계의 도입으로 이어졌다. 국기원의 표준이 각국의 제도와 접속하면서 심사 기준과 지도 방법이 통일성을 갖추었고, 국가대표팀 코칭과 기술위원회 운영이 자리 잡았다. 개인의 열정이 제도로 연결되자 태권도는 종목을 넘어 하나의 시스템으로 기능하기 시작했다.

스포츠·미디어의 시대, 올림픽 정식 종목화 이후. 선수와 심판, 행정가, 미디어 스타가 한 무대에서 만나면서 대중 인지도는 폭발적으로 상승했다. 국제대회가 생중계되고, 시범과 다큐멘터리가 제작되며, 태권도는 경기장 밖에서도 이야기되는 문화가 되었다. 경쟁의 긴장감과 예절의 품격이 함께 전달되면서, 태권도는 국가 이미지를 전하는 효과적인 매개가 되었다.

지역사회·다양성의 시대, 2000년대 이후 태권도는 학교 체육, 커뮤니티 봉사, 안전·인성 교육으로 생활권 속에 깊숙이 들어왔다. 여성 리더십이 두드러지고, 디아스포라 네트워크가 서로의 경험을 공유하며 확산을 가속했다. 도장은 더 이상 기술을 가르치는 공간에 머물지 않는다. 지역사회가 믿고 찾는 교육·문화 거점이자, 국기 태권도 브랜드를 일상에서 체감하게 하는 플랫폼이 되었다.

이 네 단계의 시대적 흐름은 한 가지 사실을 확인시킨다. 사범의 헌신이 시대마다 다른 방식으로 결실을 맺을 때, 국기원은 그 경험을 표준과 제도로 승화시켜 다음 단계의 성장을 준비해야 한다. 그렇게 태권도의 세계화는 역사의 기억을 넘어, 오늘의 시스템과 내일의 비전으로 이어진다.

2) 글로벌 사범의 핵심 역할 7가지

낯선 도시에서 첫 도장 간판을 올리고 지역의 오해와 경계를 설득으로 넘어선 개척자 세대다.

독일의 권재화, 영국의 신동완, 이탈리아의 박영길·박선재, 프랑스의 이관영, 멕시코의 문대원, 콜롬비아의 이경득, 스페인의 이영우가 그 흐름을 이끌었다. 이들은 기술보다 먼저 예의를 보여 주며 신뢰를 쌓았고, 태권도의 씨앗을 지역 일상으로 옮겨 심었다.

표준 커리큘럼과 심사 체계, 품새 지도를 정착시켜 현지 사범을 길러 낸 지도자들의 교육이다. 프랑스의 김종원, 유럽연맹 초대 기술위원장을 맡은 오스트리아의 이경명 등이 각국의 교육 기준을 세우며 자립 가능한 생태계를 만들었다. 개인 도장의 노하우를 공용 규범으로 끌어올린 점이 특징이다.

경기력과 제도를 함께 구축해 국가 브랜드의 신뢰도를 끌어올린 축이다. 이란을 세계 강호로 올려세운 강신철, 독일과 오스트리아 대표팀을 이끈 박수남, 미국에서 국가대표 코칭과 연맹 운영을 맡은 여러 사범들이 여기에 속한다. 국제무대의 성과가 각국의 태권도 정책과 교육 표준을 견인했던 국가대표 코치·행정가다.

도장을 넘어 공공영역에 태권도를 이식해 상징 자산을 축적했다. 미국의 공립학교와 연방의회, 경찰 조직에서 프로그램을 운영하거나 전직 대통령에게 태권도를 지도한 사례가 대표적이다. ATA를 창립한 이행웅, 다수의 정치 지도자를 지도한 이준구, 프랑스 경찰청의 경호교관으로 활동한 이관영의 행보는 문화외교가의 확장성을 보여 준다.

세계 최초 여성 9단인 김영숙, 미국의 남궁명석 등은 지도자·심판·행정 영역에서 새로운 기준을 세웠다. 이들의 존재는 도장 안팎에서 여성과 청소년 참여를 넓히는 신뢰의 근거가 되었다. 유리천장을 깨고 태권도의 포용성과 다양성을 증명한 여성 선구자이자 리더들이다.

미디어·엔터테인먼트 전도사로서 방송, 시범, 영화 등 콘텐츠를 통해 태권도의 가치를 대중문화의 언어로 번역했다. 미국에서 방송과 시범으로 인지도를 높인 김진영, 공군사관학교 지도를 병행하며 영화 활동으로 스토리를 만든 바비 김의 사례가 대표적이다. 화면 속 장면들이 도장 방문과 수련 참여로 이어지는 선순환을 만들었다.

도장 네트워크와 장학·봉사 활동으로 지역의 신뢰 자본을 축적했다. 캐나다의 이태은·하기승, 미국의 최응길 등은 교육 지원과 지역 협력으로 태권도를 공동체의 자산으로 자리매김시켰다. 지역사회 리더·후원가 활동을 적극적으로 지원하면서 도장은 기술을 가르치는 곳을 넘어 안전·인성·교류의 거점이 되었다.

이 일곱 가지 역할은 따로 존재하지 않는다. 한 사람의 생애 안에서 겹치고 확장되며, 한 도시의 경험이 다른 대륙으로 옮겨 간다. 국기원은 이 역할들을 제도와 기준으로 묶어 주고, 다음 세대가 더 수월하게 이어 갈 수 있도록 길을 다져야 한다. 그렇게 글로벌 사범의 이야기는 개인의 헌신을 넘어, 국기 태권도의 지속 가능한 브랜드 자산으로 남게 된다.

그곳에서 사범은 기술보다 먼저 인사를 가르쳤고, 격파보다 먼저 내면의 질서를 세웠다. 세계 곳곳의 사범들은 그렇게 한국의 예의를 '경험된 가치'로 바꾸었고, 국기 태권도는 국가 브랜드의 일상적 얼굴이 되었다. 이란의 강신철이 국가대표의 패러다임을 바꾸고, 독일의 개척자들이 첫 교본을 만들며, 멕시코와 콜롬비아의 사범들이 현지 문화를 존중하는 방식으로 도장을 설계했다. 미국과 캐나다의 수많은 지도자들이 학교·군·경찰·정치권과 손을 잡자 태권도는 공공영역의 신뢰 도구가 되었고, 여성 선구자들은 포용의 가치를 눈앞의 성취로 바꾸었다. 이 모든 이야기는 국기원이 만들어낸 규범과 품격을 세계의 일상 속에 번역한, 사범이라는 이름의 외교였다.

3) 글로벌 사범 파견

사업 개요

국기원은 사범 5단 이상의 고단자들을 선발하여 전 세계 5개 권역(아시아, 오세아니아, 아프리카, 아메리카, 유럽) 에 파견하고 있다.

파견 대상 국가

자료에 따르면 캄보디아, 스리랑카, 키르기스스탄, 네팔, 방글라데시, 미얀마, 인도, 인도네시아, 우즈베키스탄, 라오스, 몽골, 요르단, 아랍에미리트, 파키스탄, 동티모르, 일본, 튀니지, 레바논, 중국, 투르크메니스탄, 에티오피아, 라오스, 에티오피아, 르완다, 마다가스카르, 이집트, 코트디부아르, 우간다, 온두라스, 멕시코, 볼리비아, 브라질, 페루, 과테말라, 칠레, 콜롬비아 등 수십 국가로 파견되어, 현지 군·경, 학교, 대표팀 중심의 교육과 지도자 육성을 수행 중이다.

주요 역할

각 파견 사범은 해당국 주요 기관(예: 군·경, 대표팀, 경찰청, 학교, 대사관 문화원 등)과 협력하여:

-태권도 보급 및 지도자 양성

-국가대표팀 및 군·경 태권도팀 감독

-현지 사회 구성원 대상 태권도 캠프 및 교육 실시등 다차원적 역할을 수행하며 현지 교육 문화교류의 '문화 사절단' 역할을 맡고 있다.

〈태권도 역사와 함께한 해외 태권도 사범〉

국가	프로필 사진	이름	역할 요약
이란		강신철	이란 태권도 국가대표 코치·감독, 이란을 세계 강국으로 도약시킨 핵심 리더.
독일		고의민	겨루기 지도자로 명성, 독일 태권도 보급 및 발전의 선구자.
덴마크		고태정	북유럽에 심신 수련 중심 태권도 철학을 바탕으로 교육, 조직, 문화적 교류 활동
독일		권재화	독일 최초 태권도 서적 출간, 생 벽돌 및 차돌 맨손 격파 시연의 개척자

미국		권호열	세계무술고수총연맹 총재, 태권도 사범들에게 특수 호신기술 보급.
미국		김민선	미주한인이민사박물관장, 연방의회 태권도 수업 개설, 명예 7단.
미국		김삼장	국기원 뉴욕 지부장, 세계선수권 미국팀 단장 역임, 미국내 태권도 전도
미국		김영숙	여성 9단, 세계 최초 여성 도장 개관·국제심판.
코트디부아르		김영태	아프리카에 태권도 최초 보급, 코트디부아르 최고 등급 훈장 수훈한 첫 한국인
미국		김용길	L.A 최초 도장 설립, 세계 26개 도장 운영.
브라질		김용민	실전 무예 이미지로 활성화, 브라질 만화 주인공으로 태권도의 대중문화 확산.
프랑스		김종원	프랑스태권도협회 기술위원장 역임, 프랑스 태권도 보급에 힘씀

미국		김태연	이민 초기 태권도를 지도하던 정신으로 실리콘밸리 성공을 일궈내며 큰 금액 기부.
미국		김진영	미국 학교 등 공공장소에서 태권도 시범, 43개주 순회 시범, 방송 출연 등
미국		남궁명석	여성 최초 9단·여성 태권도 챔피언, 미국태권도협회 여성위원장 NC 협회장 역임
멕시코		문대원	맥시코에 태권도 씨앗을 뿌림, 혹독한 수련 기반으로 현지화 성공
미국		박연환	미국태권도연맹 코치 및 사무총장, 88올림픽 미국 태권도팀 수석코치
이탈리아		박선재	이탈리아 태권도 협회 조직 및 40년 이상 회장 역임, 정치, 행정 이력, 유럽 개척
독일·오스트리아		박수남	독일, 오스트리아 양국 대표팀 지도, 행정가로도 태권도 발전에 기여.
이탈리아		박영길	가라테 텃세 극복, 이탈리아에 수백 개 도장 개원, 태권도 보급 및 발전에 기여

미국		박행순	뉴저지 대한체육회 9대 회장, 재미대한태권도협회장 역임, 미국내 한인 체육 복지
독일		서윤남	독일 태권도 국가대표 감독, 태권도를 통한 재활·예방·치료 운동 개발.
영국		신동완	영국 최초 전문 태권도 도장 개관, 영국 품새 국가대표 감독.
미국		양동자	AAU 전미태권도연맹 회장, 미국 77개 대학에 태권도 소개.
콜롬비아		이경득	보고타 최초 태권도 보급, 1세대 태권도 사범, 체계적인 활동으로 태권도 기반구축.
오스트리아		이경명	태권도 유럽 연맹 초대 기술위원장, 유럽의 태권도 성장 주도.
프랑스		이관영	프랑스 경찰청 경호교관, 도장 계승, 태권도 보급 50주년 이관영 기념우표 발행
미국		이상철	USAT 회장, 미국 태권도 국가대표팀 코치, 미국 전역에서 태권도 홍보에 헌신

스페인		이영우	스페인태권도협회 국제위원장, 스페인 '태권도 대부'.
미국		이준구	태권도 최초 도입 및 확산, 조 바이든 포함 350여명의 정치인에게 태권도 지도.
미국		이준혁	국기원 국제대변인, '블랙 벨트 월드' 창립, 미국 10대 무술가 중 한 명
캐나다		이태은	태권도 학교 개설 캐나다 동부 62개 도장·교실 운영, 온타리오주 '이태은의 날'
미국		이현곤	지역 봉사·재능기부로 존경받는 리더, 태권도 종주국 위상을 높인 한국인
미국		이행웅	미국태권도협회 ATA 창립·세계대회 기간 주청사에 태극기 게양
미국		정우진	대형 피트니스와 태권도 연계 사업, WTF-ITF 통합 노력.
브라질		조상민	브라질 최초 도장·현지 사범 정착, 백과사전에 '태권도인 조상민'등재

미국		최응길	버지니아 지부장, 사회공헌·교류로 영향 확대, 트럼프 대통령과의 만남
캐나다		하기승	캐나다태권도협회장, 케나다에 태권도 보급 및 국제대회 성과 견인.
미국		바비 김	미 공군사관학교 지도, 영화배우 활동하며 액션 스타로 태권도를 알림

〈국기원 8단, 이재구 사범〉

인도 태권도의 발전에 중추적인 역할을 해온 이재구 사범은 인도에서 30년 동안 활동하였고, 26년 전에 TFI (인도태권도연맹) 겨루기 감독 활동 등의 이력이 있다. 이 사범은 2025년 6월에 대한민국을 방문해, 국기원은 물론 한국스포츠마사지자격협회(협회장 김태영 박사)를 공식 방문한바 있다. 이재구 사범의 방문 목적은 인도의 주지사 및 태권도협회장에게 세계프로태권도본부연맹 WPT(World Pro Taekwondo Headquarters)에서 수여한 명예단증을 전달하기 위한 중요한 일정이 포함된 것으로 글로벌 외교 활동과 한국-인도 간 태권도 교류의 가교 역할을 수행하는데 있다. 또한 지금도 인도에서 언론홍보를 통해 끊임없이 태권도 가치를 알리고 국기원을 소개하며 문화외교에 중추적인 역할을 하고 있다.

〈2024년 6월 인도 미조람주 태권도세미나〉
왼쪽으로부터 국기원 연구소장 김희도, 미조람주 태권도협회 부회장 소마, 인도 뱅갈로 사범 이재구, 미조람주 태권도협회 사무총장 조섭의 태권도시범

THE AIZAWL POST · Inrinni, August 16, 2025 · P-7

MATA hruaitute'n taekwondo hmunpui an lut

Chawimawina an lo hlan!

India cun lama Ikholhnak MATA sawrkar vice president Master VI, sawm-na chief technical director leh general secretary Master Joseph Thatnanga chuan Seoul khawpuia World Taekwondo Headquarter, Kukkiwon dawhten president sawrkar mikawma hun an hmang a. Korea ram taekwondo chawimawina sang taekwondo khawpui, a Mizo Master paihulte hnenah hian an lo hlan hial a ni!

MATA hruaitute huan taekwondo-te himanaweina tura an hmalak dante sawrin, Mizoram sawrkar-in Vision Olympic 2036 an neih tha leh taekwondo atanga Olympian hruaina an neih berte zunga mi a rebi thu taekwon-do hotu lawk ber berte le an feilh hakah Mizo puanchei leh MATA sawrkar an hlan inghal hawk.

Kukkiwon president chuan Mizoram Taekwondo leng his Mizoram sawrkar tumnate chu fakin Master paihulte hnenah hian India leh Mizoram tana an hnathawh thui hian puina leh fakna 'ziakthachei (award) a hlan inghal hawk a ni.

Mizo Ikholhnak paihulte hian Mizoram sports minister Laltpinghlova Hmarin Mizoram Sawrkar ainina Taekwondo Ambassador lei Mizoram tehna a palwin lehkha chu Grand Master Prof Hau On Kon, Director of Research Institute Kukkiwon leh Grand Master Lee Jay Ku, vice president World Taekwondo Missionary Association-in hnenah an hlan inghal.

Taekwondo tana an hnathawh i hat feiratpuina, Korea rama taekwondo chawimawina sang 'ziakthachei' chu Woo Won Shik - Speaker of the National Assembly (Parliament) of South Korea (22nd National Assembly) & Honorary Chairman of member of the South Korea National Assembly Taekwondo Federation hnen atangin Master Joseph Thatnanga leh Master VI, Sawmate hian an dawng hawk a ni.

Khanveil van 209, mihring maktaduai 80 chuang mihlanamawina World Taekwondo Headquarter, Kukkiwon tlawhnaah hian Grand Master Prof Hau On Kon leh Grand Master Lee Jay Ku le Aukah Kukkiwon Technical Directorte'n an tawuawm a ni.

〈인도, 더 아이자울 포스트, 2025년 8월 16일자〉 사진 설명
수련장 방문 사진: 대표단이 수련생들과 함께 기념촬영 / 국기원 원장집무실 면담 사진: 이동섭 원장과 대표단이 기념패 교환, 국기원 협력 방안을 논의.

"MATA 지도부가 국기원(태권도 본부)을 방문, 영예로운 예우를 받다" 기사에는 이재구 선교사가 세계태권도선교협회 부회장으로 소개되었다.

기사 내용을 요약하면, "2025년 8월, 인도 미조람주 태권도협회(MATA) 지도부가 국기원을 방문하였다. 국기원장과의 면담에서 미조람 '비전 올림픽 2036'과 태권도 인재 양성 협력이 논의되었고, 한국 국회 명의의 '내셔널 어셈블리 어워드'가 방문단에 수여되었다. 아울러 국기원 연구소장 김희도와 세계태권도선교협회 부회장 이재구가 미조람주 '태권도 홍보대사'로 위촉되며 한-인도(미조람) 교류의 상징적 이정표가 세워졌다."는 뜻을 밝혔다.

기사 말미에서는 국기원이 전 세계 214개국에서 약 8천만 명이 수련하는 세계태권도본부임을 소개하며, 두 그랜드마스터와 국기원 기술이사들이 방문단을 환대했다고 전했다.

〈세계 태권도 네트워크의 전략적 확장과 현지화 기반 구축〉

국기원은 전 세계 214여 개국에 태권도가 보급된 현실을 반영하여, 글로벌 사범 파견 및 해외 지부 운영을 핵심 전략으로 삼고 있다. 단순한 파견을 넘어 국기원 공인 교육시스템을 세계화하고, 태권도 철학을 현지 사회와 조화롭게 연결하는 구조적 기반 마련이 이 전략의 핵심이다.

이동섭 원장 체제에서는 해외 사범 파견 체계의 공식화와 질적 고도화가 본격적으로 추진되었다. 특히 언어, 문화, 교육 역량을 겸비한 다기능 사범 양성 시스템을 구축하고, 이들을 개발도상국·비주류 문화권에 우선 배치함으로써, 단순한 수련 지도 이상의 역할을 수행하도록 했다. 이들은 현지 도장 설립 자문, 국가 단체와의 제휴 협상, 문화행사 기획 등 '태권도 외교관'으로서의 임무도 병행하였다.

국기원 해외 지부 운영 역시 큰 진전을 이루었다. 기존의 비공식 운영 방식을 탈피해, 국기원법에 의거한 공식 법인화 모델을 정립하고, 국가별 지부와의 MOU 체결을 통해 행정 및 브랜드 표준을 통합하였다. 특히 미국, 우즈베키스탄, 멕시코, 이탈리아, 남아프리카공화국 등지에서 공식 국기원 해외 지부 설립이 성과를 이루었으며, 해당 지역 내 태권도 공

교육 진입, 사범 양성소 운영, 국제행사 유치 등 실질적 파급 효과를 만들어냈다.

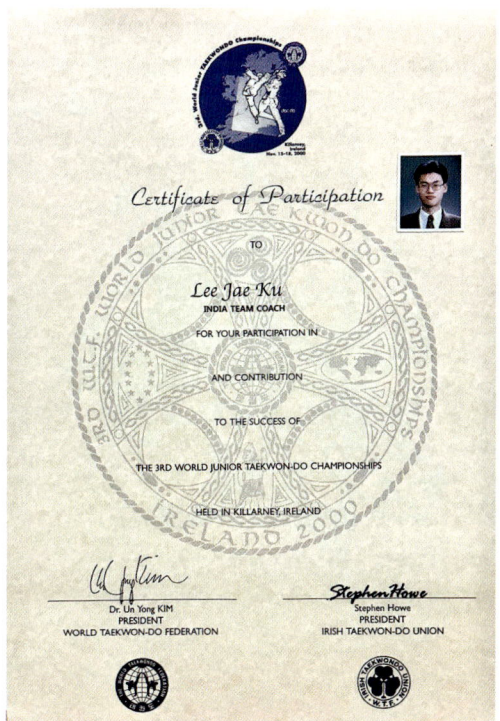

〈참가·공로 확인서(Certificate of Participation)/"India Team Coach"(인도 대표팀 코치) 이재구〉 행사명:제3회 세계 주니어 태권도 선수권대회(3rd World Junior Taekwondo Championships), 기간/장소: 2000년 11월 15-18일, 아일랜드 킬라니(Killarney, Ireland), 발급 주체: 당시 세계태권도연맹(WTF, 현 WT) & 아이리시 태권도 유니온(Irish Taekwondo Union), 서명: Dr. Un Yong Kim(당시 WTF 총재), Stephen Howe(아이리시 태권도 유니온 총재)

〈2008년 7월 10일, 국기원이 해외 보급 공로를 인정해 수여한 표창장〉 인도 지역에서 태권도 보급과 문화 확산에 기여한 이재구 사범 (발급:국기원 원장 엄운규)

 또한 정기 평가 및 재인증 시스템을 도입해, 해외 지부와 사범 활동의 질적 관리 및 브랜드 신뢰도 유지에도 힘을 쏟았다. 국기원은 이를 통해 단순한 해외 홍보가 아닌, "국가의 문화외교 거점"으로서의 태권도 네트워크를 형성해가고 있으며, 이는 향후 유네스코 등재 추진, IOC 협력 사업 확대, 글로벌 콘텐츠 진출의 토대가 되고 있다.

〈2006년 4월 인도 방갈로르 코라망갈라 실내체육관에서 열린 인도태권도연맹 주관 'Advance Fighting Technique Course' 단체 사진〉
전국 각 주 사범·선수·지도진이 참여해 고급 기술과 표준 교육을 이수

국기원 명예단증

"태권도에 헌신한 이들에게
바치는 최고의 예우"

공로를 기리고-
가치를 나누며-
세계와 함께하다-

"대중문화와 연결된 태권도 외교의 한 장면 – 코난 오브라이언 명예 3단 수여"

2016년 2월 17일, 미국의 방송인 코난 오브라이언이 TBS '코난(Conan)' 촬영을 위해 국기원을 찾았다. 국기원은 그가 대중매체를 통해 태권도를 소개하고 한국 문화에 대한 관심을 확산한 공로를 인정해 명예 3단증을 수여했다. 같은 날 국기원 태권도시범단과 함께한 체험·촬영 장면은 방송 클립으로 공개되어 글로벌 시청자에게 태권도의 미학과 에너지를 직접 전달했다.

이 수여는 명사에게 주는 예우를 넘어, 대중콘텐츠-현장시연-공식 인증이 하나의 서사로 결합된 사례였다. 국기원은 미디어와의 협업을 통해 태권도를 경기장 밖 일상의 언어로 번역했고, 코난의 국기원 방문은 "태권도로 하나 되는 세상"이라는 메시지가 세계 대중문화의 무대에서도 작동할 수 있음을 증명했다.

"정순균 강남구청장, 국기원과 손잡고 태권도 세계화에 힘 보태다"
〈지역 협력으로 이어가는 세계태권도본부의 미래〉

2021년 3월 4일 오후, 국기원은 강남구청장 정순균에게 명예 7단증을 수여하며 태권도 발전과 국기원 지원에 기여한 공로를 기렸다. 이동섭 국기원장은 국기원을 방문한 정 구청장에게 명예단증과 함께 태권도복을 전달했고, 이는 국기원과 강남구 간의 지속적인 협력 관계를 상징하는 자리였다.

앞서 2월 24일, 이동섭 원장은 강남구청을 찾아 국기원의 노후시설 개선, 세계 210개국 국기

〈이동섭 국기원장이 정순균 강남구청장에게 명예 7단증을 수여하는 모습〉 2021년 3월 4일 국기원 강의실에서 열린 수여식에서, 국기원과 강남구가 태권도 발전과 지역 협력 강화를 위해 함께한 상징적인 장면.

게양대 설치, 국기(國技) 지정 기념비 조성 등 주요 현안을 설명하며 강남구의 지원을 요청했다. 당시 정 구청장은 현장을 직접 방문해 상황을 점검하겠다는 의지를 보였고, 그 약속이 이날 실현되었다.

수여식 자리에서 이동섭 원장은 "정순균 청장님과 강남구청 관계자 여러분의 방문에 깊이 감사드린다"며 "국기원이 세계태권도본부라는 이름에 걸맞게 변화하고 발전할 수 있도록 앞으로도 변함없는 지원과 협조를 부탁드린다"고 말했다.

정 구청장은 "강남구에 위치한 세계태권도본부 국기원에서 명예단증을 받게 되어 매우 영광스럽다"며, "가능한 범위 내에서 국기원이 세계적인 명소로 자리매김하는 데 기여하겠다"고 소감을 전했다.

수여식 후 이동섭 원장과 정 구청장은 함께 국기원 시설을 둘러보며 노후화된 부분을 점검하고, 향후 개선 방안을 논의했다. 이번 명예 7단증 수여는 지방자치단체장이 지역 사회와 태권도 발전을 위해 협력한 공로를 인정한 사례로, 국기원이 지역사회와 함께 성장하며 세계화를 향해 나아가는 과정 속에서 기록될 만한 의미 있는 순간이었다.

"한미동맹의 굳건한 우정, 태권도로 기리다"

〈로버트 브루스 에이브람스 한미연합군사령관, 국기원 명예 6단 수여〉

2021년 5월 13일 오전, 국기원은 로버트 브루스 에이브람스(Robert Bruce Abrams) 한미연합군사령관에게 명예 6단증을 수여했다. 수여식은 서울 중구 밀레니엄 힐튼 호텔에서 열린 '로버트 에이브람스 한미연합군사령관 환송 행사'에서 진행되었으며, 이동섭 국기원장이 직접 단증과 태권도복을 전달했다.

에이브람스 사령관은 약 30개월간 대한민국 안보와 한미동맹 강화를 위해 헌신하는 한편, 태권도의 보급과 저변 확대에도 꾸준히 관심과 성원을 보내왔다. 그는 각종 한미 친선 행사와 태권도 관련 프로그램에 적극 참여하며 태권도의 가치와 문화를 양국 장병들에게 알리는 데 기여했다.

국기원은 이러한 공로를 기리기 위해 최고 예우의 하나인 명예단증을 수여하며, 한미 간 군사적 신뢰뿐 아니라 문화적 유대 강화에 기여한 에이브람스 사령관의 업적을 높이 평가했다. 이번 수여는 태권도가 군사·외교 영역에서도 국가 간 우호와 협력의 매개체가 될 수 있음을 보여주는 대표적인 사례로 기록된다.

2021년 5월 13일 서울 밀레니엄 힐튼 호텔에서 열린 환송 행사에서 로버트 브루스 에이브람스 한미연합군사령관에게 명예 6단증을 수여하고 기념촬영
'로버트 브루스 에이브람스 한미연합군사령관 환송 행사'에서 에이브람스 사령관 부부, 이동섭 국기원장, 유운현 이사, 우문희 이사장이 함께 기념촬영

"한왕기 평창군수, 세계태권도한마당 성공 이끈 명예 5단"
〈태권도 보급과 발전을 향한 지속적인 지원〉

2021년 6월 1일,
국기원에서 한왕기 평창군수에게 명예 5단증 수여

2021년 6월 1일, 국기원은 한왕기 평창군수에게 명예 5단증을 수여하며 그간의 공로를 기렸다. 이날 오후 5시 국기원을 찾은 한 군수에게 이동섭 국기원장은 명예단증과 함께 태권도복을 전달하며, 평창군이 보여온 태권도 사랑과 지원에 대한 감사의 뜻을 전했다.

한왕기 군수는 2019년 '평창 세계태권도한마당'의 성공적인 개최를 위해 적극 협력했고, 2020년 대회가 코로나19로 연기되는 상황에서도 태권도 보급과 발전을 위한 관심과 지원을 꾸준히 이어왔다. 이러한 지속적인 노력은 평창군이 태권도 문화 확산의 중요한 거점으로 자리 잡는 데 큰 밑거름이 되었다.

수여식에서 이동섭 원장은 "세계태권도한마당을 성황리에 개최하고 태권도를 위해 애써주신 한왕기 군수님과 평창군 관계자 여러분의 방문에 깊이 감사드린다"며 "앞으로도 국기원과 태권도 발전에 적극 협조해 주시길 바란다"고 당부했다.

한 군수는 "명예단증을 소중히 여기며, 평창군도 국기원과 함께 태권도 발전에 적극 동참하겠다"며 "하루빨리 코로나19를 극복해 우리 평창군에서 세계태권도한마당이 다시 열리길 바란다"고 전했다. 이번 명예 5단증 수여는 지역사회와 국기원이 함께 태권도 세계화를 향해 나아가는 의미 있는 사례로 기록된다.

"이수성 전 국무총리, 국기원 명예 8단과 고문직 함께 맡다"
〈태권도 발전과 세계태권도본부의 미래를 위한 원로의 약속〉

2021년 6월 3일, 국기원은 이수성 전 국무총리에게 명예 8단증을 수여하고 고문으로 추대했다. 이날 오후 3시 국기원 이사장실에서 진행된 수여식에서 이동섭 국기원장은 이수성 고문에게 명예단증을 전달하며, 세계태권도본부의 발전을 위해 함께 나아가자는 뜻

을 전했다.

이수성 고문은 제29대 국무총리, 제20대 서울대학교 총장, 제1대 삼성언론재단 이사장, 백범 김구선생기념사업협회 회장 등 대한민국 사회 각 분야에서 중책을 맡아온 원로다. 현재는 한민족원로회 공동의장으로 활동하며, 국가와 사회 발전을 위한 조언과 지원을 이어가고 있다. 그는 지난 5월 12일 개최된 '2021년도 제4차 임시이사회'에서 이사회의 만장일치 동의를 얻어 국기원 고문직에 임명되었다.

수여식에서 이수성 고문은 "세계태권도본부인 국기원의 고문을 맡게 된 것도 큰 영광인데, 이렇게 명예 8단증까지 받게 되어 감사할 따름"이라며 "앞으로 태권도 발전에 기여할

수 있도록 힘을 보태겠다"는 소감을 밝혔다.

이 자리에서 전갑길 국기원 이사장은 이수성 고문에게 고문 추대패를 전달하며, 태권도의 미래 비전과 정책 방향에 대한 깊은 관심과 고견을 당부했다. 이번 수여와 추대는 국기원이 원로 인사의 지혜와 경험을 더해, 세계태권도본부로서의 위상을 강화하고 태권도의 세계화를 한층 가속화하기 위한 상징적인 행보로 기록된다.

〈2021년 6월 3일, 국기원 원장실에서 고문 추대패와 꽃다발 전달〉 이동섭 국기원장(왼쪽)과 전갑길 이사장(오른쪽)이 이수성 고문(가운데)
〈2021년 6월 3일, 국기원 원장실에서 열린 수여식〉 이수성 고문(가운데)이 이동섭 국기원장(오른쪽)으로부터 명예 8단증을 받고, 전갑길 이사장(왼쪽)과 함께 기념촬영

"태권도로 다진 전우애, 한미특수전 동맹의 상징"
〈오토 릴러 주한미특수전사령관과 스티븐 화이트 주임원사, 국기원 명예단증 수여〉

2021년 6월 8일, 국기원은 경기도 평택에 위치한 주한미군기지 내 주한미특수사령부에서 오토 K. 릴러 준장(Otto K. Liller, 주한미특수전사령관)에게 명예 5단증을 수여했다.

〈오토 릴러 주한미특수전사령관과 스티븐 화이트 주임원사에게 각각 명예 5단증과 명예 3단증을 수여〉 2021년 6월 8일 경기도 평택 주한미군 특수전사령부에서 열린 '한국이름 작명식'에서, 한미동맹 강화와 태권도 보급 확대를 위한 상징

이날 오전 10시 30분에 열린 '한국이름 작명식'에서 이동섭 국기원장은 릴러 사령관에게 단증과 태권도복을 전달하며, 한미동맹의 굳건한 우정과 상호 존중의 의미를 더했다. 이어 주한미특수전사령부의 스티븐 D. 화이트(Stephen D. White) 주임원사에게도 명예 3단증을 수여하며, 태권도 보급과 주한 미군 장병들의 수련 활동에 기여한 공로를 기렸다. 이번 명예단증 수여는 단순한 예우를 넘어, 한미 양국 간 동맹 관계를 강화하고 주한 미군의 태권도 수련을 장려하는 상징적인 자리였다.

수여식에서 이동섭 원장은 "오늘 행사가 한미동맹의 의지를 더욱 굳건히 다져 대한민국의 평화뿐 아니라 세계 평화에도 기여하는 계기가 되기를 바란다"며, "태권도는 세계적으로 인정받는 훌륭한 무도로, 군인들의 정신력과 체력을 함께 증진시키는 데 큰 도움이 될 것"이라고 강조했다.

이번 수여는 군사·안보 협력의 영역을 넘어 문화와 무도를 매개로 한 국제 우호 증진의

〈주한미군 특수전사령부에서 열린 '한국이름 작명식' 및 국기원 명예단증 수여식 전경〉
2021년 6월 8일 경기도 평택 주한미군 특수전사령부에서, 한미 양국 군인들이 함께한 문화 교류와 우정의 현장

사례로, 국기원이 태권도를 통해 세계 평화와 동맹의 가치를 확산하는 데 앞장서고 있음을 보여준다.

"태영호 국회의원, 국기원 명예 6단 수여, 제2건립 사업 의지 함께하다"
〈세계태권도본부 재도약을 위한 정치권의 동행〉

2021년 7월 26일 오전, 국기원 원장실에서 태영호 국회의원(서울 강남구갑)에게 명예 6단증이 수여되었다. 이날 수여식에는 이동섭 국기원장을 비롯해 김무천 행정부원장, 김수민 사무처장 등 국기원 주요 관계자와 성중기 서울시의회 의원, 전인수·허순임 강남구의회 의원이 함께해 의미를 더했다.

이동섭 원장은 태영호 의원에게 명예단증을 전달하며 국기원의 미래 비전인 '제2건립 사업'에 대한 적극적인 관심과 지원을 요청했다. 수여식 이후 두 사람은 건물 안팎을 둘러보며 노후 시설의 실태를 점검하고, 국기원의 국제적 위상과 재건축의 필요성에 대해 심도 깊게 의견을 나누었다.

〈태영호 국회의원에게 명예 6단증 수여 후 기념촬영〉
2021년 7월 26일, 국기원과 정치권이 제2건립 사업 추진을 위해 협력 의지를 표명

〈이동섭 국기원장이 태영호 국회의원에게 국기원 제2건립 사업 계획을 설명하는 모습〉2021년 7월 26일, 국기원에서 열린 명예단증 수여식 후 태권도 세계화와 국기원 재도약을 위한 비전을 공유

이동섭 원장은 "태영호 의원님과 시·구의원님들의 방문에 깊이 감사드린다"며 "제2건립을 통해 국기원이 세계태권도본부의 위상에 걸맞은 시설로 재탄생할 수 있도록 지속적인 관심과 지원을 부탁드린다"고 전했다. 이에 태 의원은 "국기원이 이렇게 낙후된 줄은 오늘 처음 알았다"며 "북한의 태권도 전당에 견줄 수 있는 국기원으로 거듭날 수 있도록 힘을 보태겠다"고 화답했다.

국기원은 이미 5월 1일 발표한 '제3대 추진전략과 6대 핵심과제'를 바탕으로, 협소하고 노후한 시설을 태권도의 대표 명소이자 지역과 연계된 관광자원으로 발전시키는 '국기원 명소화'와 태권도 테마공원 조성 사업을 추진 중이다. 이번 명예단증 수여와 현장 점검은, 국기원의 재도약을 위한 정치권과의 실질적 협력의 첫걸음으로 기록될 만한 순간이었다.

"탈린 시장 미하일 콜바트, 국기원 명예 7단으로 태권도 인연 강화"

〈에스토니아 태권도 보급과 국제 교류의 가교 역할〉

2022년 4월 21일 오전, 국기원은 에스토니아 수도 탈린시의 미하일 콜바트(Mihhail Kõlvart) 시장에게 명예 7단증을 수여하며 태권도 발전에 기여한 공로를 기렸다. 이날 오전 10시 국기원을 찾은 콜바트 시장에게 이동섭 국기원장은 단증과 함께 태권도복을 전달하며, 국제 교류와 태권도 보급 확대의 의미를 되새겼다.

〈탈린시 미하일 콜바트 에스토니아 시장에게 명예 7단증 수여〉2022년 4월 21일, 태권도 보급과 국제 교류 활성화를 위해 협력해온 인연을 기리는 상징적인 자리

이동섭 원장은 수여식에서 "평소 시장께서 태권도에 깊은 관심과 애정을 갖고 계신 것으로 알고 있다"며 "명예 유단자로서의 자부심과 함께 앞으로도 태권도 보급에 힘을 보태

〈국기원 태권도시범단의 공중격파 시범〉
2022년 4월 21일, 국기원을 방문한 에스토니아 대표단 환영 행사에서, 고난도 기술과 예술성을 결합한 화려한 태권도 시범

주시길 바란다"고 당부했다.

에스토니아 태권도협회 임시 회장을 맡고 있는 콜바트 시장은 이번이 세 번째 국기원 방문이었다. 그는 "태권도의 심장인 국기원을 협회 임원들에게 꼭 보여주고 싶어 함께 방문하게 됐다"며, 특히 2018년부터 에스토니아에서 활발히 활동하고 있는 국기원 해외 파견사범 정영훈 사범 덕분에 태권도 수련 인구가 증가하고 위상이 크게 높아졌음을 강조하며 감사의 뜻을 전했다.

이날 국기원 태권도시범단은 방문단을 환영하는 의미로 약 20분간 고도화된 기술과 예술성이 어우러진 화려한 시범을 선보였다. 이번 명예단증 수여와 시범 공연은, 에스토니아와 대한민국이 태권도를 매개로 문화적 교류와 우호 관계를 심화시키는 상징적인 장면으로 기록될 것이다.

"태권도 세계외교의 가교, 세르미앙 응과 국기원의 특별한 동행"

〈국기원의 오랜 동반자, 4년간의 동행에 담긴 의미〉

세르미앙 응(黃思綿·Ser Miang NG) 국제올림픽위원회(IOC) 부위원장은 국기원 역사 속에서 '국제 스포츠 외교의 가교'로 특별히 기억되어야 할 이름이다. 싱가포르 출신의 그는 30년 이상 국제 스포츠 무대에서 굵직한 발자취를 남겨온 외교가로, 국기원의 명예이사장으로 재임하며 태권도의 국제적 위상을 높이는 데 헌신했다.

또한 태권도와 국기원의 발전에 깊

〈세르미앙 응 IOC 부위원장에게 감사패 전달〉
2022년 10월 16일, 국기원 원장실에서 열린 수여식에서, 국기원과 태권도 발전을 위한 깊은 우정과 협력의 뜻을 나누는 장면

은 애정을 가진 인물로서 싱가포르자동차협회 회장 등 기업인으로 활동하던 그의 경력은 1990년 싱가포르 국가올림픽위원회 부위원장을 맡으며 스포츠계와 인연을 맺었고, 1998년 IOC 위원으로 선출된 이후 2009년부터 2013년까지 IOC 부위원장을 역임했으며, 2010 싱가포르 유스올림픽 조직위원회 위원장, 아시아올림픽평의회 집행위원 등 국제 스포츠계 핵심 직책을 아우른다. 종목 간 균형과 아시아 스포츠 외교 네트워크 강화, 그리고

IOC 내 문화·교육 프로젝트에서 보여준 리더십은 국기원에도 귀중한 자산이 되었다. 이러한 풍부한 경험과 국제 감각은 국기원의 외교 전략 수립과 글로벌 네트워크 확장에 직접적인 도움을 주었다.

그는 단순한 국제 스포츠 행정가가 아니라, 국기원의 명예이사장으로서 4년간 태권도와 국기원 발전을 위해 헌신한 귀한 인연이었다.

태권도와의 인연은 고 김운용 원장 시절로 거슬러 올라간다. 당시 김운용 원장은 IOC 부위원장이자 태권도의 올림픽 정식 종목 채택을 이끈 주역으로, 세르미앙 응과 여러 국제 회의와 행사에서 긴밀히 협력했다. 세르미앙 응은 김운용 원장을 "태권도의 세계화를 이끈 위대한 지도자"로 기억하며, 2022년 감사패 전달식에서도 김운용 원장의 흉상을 국기원에 세운 것에 대해 이동섭 국기원장에게 진심 어린 감사를 표했다. 이 모습은 그가 단순한 국제 스포츠 인사가 아니라 태권도의 역사와 정신을 존중하는 진정한 동반자임을 보여준다.

2018년 2월, 국제 스포츠 외교 분야에서 폭넓은 네트워크와 영향력을 지닌 세르미앙 응 부위원장은 명예이사장에 추대되어 2022년 10월까지 4년간 활동했다. 명예이사장 취임 당시 세르미앙 응 위원은 "세계적인 무예이자 스포츠로 발전을 거듭한 태권도, 그 중심에는 늘 국기원이 있었고, 국기원이

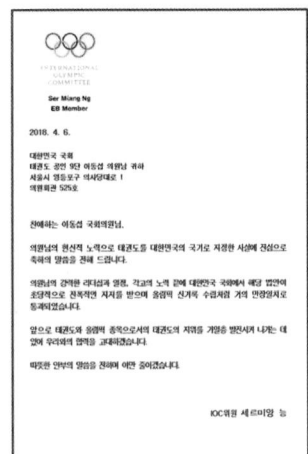

세르미앙 응 위원이 나에게 보낸 공식 서한

태권도의 발전을 선도하고 있음을 잘 알고 있다"며, "태권도가 세계 평화와 화합에 기여할 수 있는 중요한 일을 여러분과 함께하게 되어 기대가 크다"는 인사말을 전했다.

이동섭 국기원장과 세르미앙 응 위원의 인연은 각별했다. 2018년 4월 6일, 세르미앙 응 위원은 공식 서한을 통해 "태권도를 대한민국의 국기로 지정한 것을 진심으로 축하한다"는 메시지를 보냈다. 그는 "의원님의 강력한 리더십과 열정, 각고의 노력 끝에 대한민국 국회에서 해당 법안이 초당적으로 전폭적인 지지를 받아, 올림픽 신기록 수립처럼 거의 만장일치로 통과된 것은 놀라운 성과"라고 높이 평가하며, "앞으로 태권도와 올림픽 종목

으로서 태권도의 지위를 더욱 발전시키기 위해 협력을 기대한다"고 전했다.

이후 그는 2019년 7월 제4차 임시이사회를 거쳐, 2020년 12월 정기이사회에서 임기가 2022년 10월 16일까지 연장되며, 국기원의 주요 의사와 국제 활동에 지속적으로 힘을 보탰다.

그의 임기 동안, IOC 및 국제 스포츠 기구와의 연결망을 통해 국기원의 국제 위상을 높이고, 아시아와 유럽 각국의 스포츠 외교 라인과의 교류를 넓혔다. 또한 국기원 해외 주요 행사에 대한 국제적 주목도를 높이며, 국기원과 올림픽 무대 간 협력 가능성을 구체적으로 제시했다. 이러한 활동들은 단순한 명예직을 넘어, 실질적인 외교 자문이자 국제 전략 파트너로서의 역할을 증명했다. 세르미앙 응 부위원장은 태권도를 단순한 스포츠가 아닌 문화외교의 핵심 자산으로 바라보았고, 세계 무대에서 국기원의 위상을 높이는 데 꾸준히 의견과 조언을 아끼지 않았다.

2022년 10월 16일 오후 5시, 국기원 원장실에서 열린 감사패 전달식은 그의 헌신에 대한 진심 어린 예우였다. 이날 행사에는 지난 시간을 함께 돌아보며 감사와 존경의 마음과

〈세르미앙 응 IOC 부위원장과 이동섭 국기원장이 고(故) 김운용 총재 흉상 앞에서 기념촬영〉
김운용 총재의 업적을 기리고자 세워진 흉상 앞에서, 태권도의 역사와 미래 비전을 함께 되새기는 뜻깊은 순간

함께 이동섭 원장은 세르미앙 응 부위원장에게 "태권도의 세계화와 국기원의 외교적 기반

확립에 기여한 공로와 그동안 보여주신 애정과 지원에 깊이 감사드린다"며, 앞으로도 국기원의 발전과 태권도 보급을 위한 고견과 관심을 부탁했다.

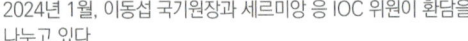
2024년 1월, 이동섭 국기원장과 세르미앙 응 IOC 위원이 환담을 나누고 있다

2024년 1월, 국기원을 방문한 세르미앙 응 IOC 부위원장과 이동섭 원장이 정문의 디지털 광고 현판앞에서 주요 인사들과 기념촬영

세르미앙 응 부위원장 역시 "고인이 되신 김운용 원장님의 흉상을 세워주신 데 대해 매우 감사하게 생각한다. 앞으로도 국기원과 태권도가 세계 무대에서 더욱 빛날 수 있도록 힘을 보태겠다"는 화답으로 이동섭 원장의 리더십 아래 국기원과 태권도의 미래를 더욱 기대한다고 소감을 밝혔다.

이 감사패는 단순한 의례가 아니었다. 그것은 세계 태권도 외교 무대에서 국기원과 세르미앙 응이 함께 걸어온 시간, 그리고 앞으로도 이어질 협력의 약속을 담은 상징이었다. 국기원의 국제적 위상은 이렇게 진정성 있는 파트너십 위에서 더욱 공고해지고 있었다.

2023년 5월, 국기원을 다시 찾은 세르미앙 응 위원은 이동섭 원장과 태권도의 미래와 발전 방향에 대해 깊이 있는 대화를 나눴다. 그는 서울 광화문광장에서 열린 '국기 태권도 한마음 대축제'를 언급하며 "2만여 명이 모여 펼친 태권도 퍼포먼스는 세계 스포츠계의 일대 사건으로 꼽을 수 있다. 태권도의 저력을 가장 잘 보여준 행사"라고 평가했다. 이어 "원장님의 재선을 진심으로 축하드린다. 이에 이동섭 원장은 "올림픽 태권도에서 품새가 메달 종목으로 채택될 수 있도록 적극 노력해서 앞으로 아시아를 대표하는 IOC 위원이 되시길 기원한다"고 화답했다.

2024년 1월, '2024 강원 동계청소년올림픽대회' 참석차 방한한 세르미앙 응 위원은 다시 국기원을 방문했다. 그는 "IOC는 젊은 세대의 관심을 이끌기 위해 신체 움직임이 포함된 버추얼 형태의 e스포츠 도입에 주목하고 있다. 지난해 싱가포르에서 열린 '제1회 올림

픽 e스포츠 워크(OEW)'에서 가상 태권도
(Virtual Taekwondo) 대회를 개최했는
데, 이 분야의 발전을 위해 국기원의 협력
을 바란다"고 요청했다. 이에 이동섭 원장
은 "국기원 명예이사장으로서 보여주신
태권도에 대한 열정과 헌신에 경의를 표
한다. 태권도가 무예의 본질을 지키면서
도 새로운 형태로 발전하는 과정에서 국
기원이 힘이 되겠다"고 약속했다.

2024년 1월, 이동섭 국기원장과 세르미앙 응 IOC 위원이 국기원의
2000년 시드니 올림픽 정식종목채택 기념비 앞에서 기념촬영

세르미앙 응과 국기원의 4년간의 동행은 단순한 직책 이상의 의미를 지녔다. 그것은 태권
도의 세계외교 네트워크를 확장하고, IOC와의 협력 기반을 강화하며, 태권도가 미래 세
대와 소통하는 새로운 길을 모색하는 여정이었다.

세르미앙 응의 재임 시기는 국기원이 '세계태권도본부'라는 명칭에 걸맞게 국제 무대에
서 발언권을 키운 시기였다. 그는 태권도를 통한 문화외교와 스포츠 외교를 접목해, 국기
원의 외교적 지평을 넓히는 교두보 역할을 했다. 그의 헌신과 파트너십은 국기원의 역사
속에서 '국제 외교 역량이 최고조에 달했던 시기'로 오랫동안 기억될 것이다.

"태권도의 심장에서 펼치는 민간외교, 세계가 모이는 국기원"

〈태권도의 성지에서 이어지는 세계와의 대화-케냐 외교장관 알프레드 무투아〉

제17대 이동섭 원장 취임 이후, 국기원은 세
계 각국의 외교부 장관, 체육부 장관, 해외 태권
도 수련생, 그리고 국내외 태권도 관계자들이
끊임없이 발길을 이어가는 국제적 교류의 장이
되었다. 방문객들은 국기원 내부를 둘러보고,
태권도시범단의 훈련과 공연을 지켜보며, 각국
의 국기가 게양된 국기광장에서 기념사진을 남
겼다. 이는 단순한 방문을 넘어, 태권도의 본산

〈케냐 외교장관 알프레드 무투아 국기원에서 명예 6단증을 수여〉

이자 세계 태권도의 심장인 국기원을 직접 경험하고자 하는 열망의 표현이었다.

2022년 12월 8일, 케냐(Kenya) 외교장관 알프레드 무투아(Alfred Nganga Mutua)가
케냐 대통령 윌리엄 루토(William Kipchirchir Samoei Arap Ruto)의 공식 방한 일정

중 국기원을 찾았다. 케냐의 무투아 장관은 태권도를 수련하는 아들의 부탁으로 방문하게 되었으며, 이동섭 원장으로부터 태권도복과 명예 6단증을 수여받았다. 그는 태권도시범단의 시범을 관람한 뒤 직접 격파와 발차기 동작을 배우며 태권도의 매력을 몸소 체험했다. 이 방문은 케냐와 한국의 문화·외교 협력에 중요한 의미를 더했으며, 박진 외교부 장관이 직접 전화로 케냐 대표단을 환대해 달라 부탁할 정도로 양국의 긴밀한 관계를 보여주었다.

〈대만국립농공고 태권도 수련생 국기원 방문〉 자매결연을 맺은 서울 IT고등학교 초청으로 방한한 대만국립농공고 태권도 수련생들

그보다 앞선 12월 1~2일에는 파키스탄 체육부 장관 에산 우르 레만 마자리(Ehsan Ur Rehman Mazari), 튀니지 청소년체육부장관 캐멜 데기슈(Kamel Deguiche), 그리고 주한 튀니지(Tunisia) 대사관 관계자들이 국기원을 찾아 태권도의 저변 확대와 발전을 위한 협력 의지를 다졌다. 11월 24일에는 자매결연을 맺은 서울 IT고등학교의 초청으로 방한한 대만국립농공고등학교 태권도 수련생들이 국기원을 방문해, 태권도의 정신과 기술을 더욱 깊이 이해하는 시간을 가졌다.

이외에도 싱가포르(Singapura) 태권도 수련생 20여 명, 막시모프 국제삼보연맹(FIAS:KOREA SAMBO FEDERATION) 스포츠이사와 문성천 대한삼보연맹 회장 일행 등 다양한 국제 스포츠 인사들이 잇따라 국기원을 찾았다. 심지어 국내 일반 방문객들조차 외국인들이 보여주는 뜨거운 관심과 존경심에 감탄하며, 태권도의 세계적 위상을 새삼 실감했다.

이동섭 원장은 이러한 일련의 방문에 대해 "국기원은 단순히 태권도의 중앙도장이 아니라, 태권도가 태어난 곳이며 지금도 그 역사를 써 내려가고 있는 곳"이라고 강조했다. 그는 원장 자신부터가 민간외교관이라는 사명으로 전 세계 손님들을 맞이하고 있으며, 이러한 외교적 교류가 태권도의 세계화와 대한민국의 국격 향상에 기여하고 있음을 자부심과 함께 밝혔다.

이처럼 국기원은 무도 태권도의 중심지이자, 세계인의 발걸음이 끊이지 않는 민간외교의 현장으로 자리매김하고 있다. 태권도를 매개로 한 이 생생한 만남과 교류는, 국기원이 앞으로도 세계 속에서 대한민국을 빛내는 문화외교의 최전선에 설 것임을 예고하고 있었다.

〈케냐 알프레드 무투아 외교장관과 환담〉 이동섭 국기원장이 알프레드 무투아 케냐 외교장관에게 태권도와 국기원 현황을 설명

〈케냐 외교장관의 태권도 체험〉 국기원 태권도시범단과 함께 격파 동작을 직접 체험하는 알프레드 무투아 케냐 외교장관

"특수전사령부와의 협력, 실전 태권도의 새로운 전환점"

2023년 6월, 국기원은 대한민국 특수전사령부와 손을 맞잡고 '실전 태권도' 강화를 위한 협력의 길을 열었다. 실전 태권도는 단순한 경기 중심의 태권도가 아니라, 실제 전투와 방어 상황에서 즉각 활용 가능한 무도적 기술 체계를 의미한다. 기본 동작을 응용하되 불필요한 예비 동작을 제거하고 효율성을 극대화한 실전 기술로, 생존과 방어를 최우선 목표로 한다.

〈'손식' 특전사령관에게 국기원 명예 6단증을 수여하고 기념 촬영〉

이동섭 원장은 경기도 이천에서 열린 '특수전사령관기 태권도경연대회'에 직접 참석해 손식 특전사령관과 만나 태권도의 실전성을 높이고 군의 전투력 강화를 위해 양 기관이 힘을 합치자는 데 뜻을 모았다. 이 자리에서 이동섭 원장은 '손식' 사령관에게 국기원 명예 6단증을 수여하며 태권도의 발전을 위해 특전사 차원의 협력과 관심을 당부했다.

당시 대회에는 특전사 남녀 전 장병이 개인전과 단체전 경기에 참여하여, 겨루기, 품새, 격파 등 다양한 종목에서 전투 상황을 가정한 태권도 실전 기술을 겨루며 태권도의 무도적 가치와 응용 가능성을 확인했다. 특히 특수전사령부는 군 내 실전 태권도 보급 확대에 힘쓰겠다는 의지를 천명하며, '국기' 태권도의 중흥을 위해 국기원과 발맞춰 나아갈 것임을 강조했다. 또한 같은 해 10월 1일 개최된 제75주년 국군의 날 행사에서 실전 태권도 시범을 선보이겠다고 발표해, 태권도의 위상을 군사적 차원에서도 더욱 높이겠다는 비전을 제시했다.

이동섭 원장은 대회 현장에서 "특전사와 함께 실전 태권도의 보급을 확대해 나가겠다"며 "스포츠 태권도에 머물지 않고 무도 태권도로 거듭날 수 있도록 최선을 다하겠다"고 밝혔다.

한편 실전 태권도는 태권도의 기본 동작을 응용하되 불필요한 예비 동작을 과감히 제거하고, 최대한 효율적으로 방어와 공격을 수행할 수 있도록 개발된 것이 특징이다. 이는 단순히 기술적 측면을 넘어 태권도의 무도적 가치를 회복하고, 국가 안보와 실전적 효용성을 강화하는 새로운 전환점이 되었다.

"평화와 연대의 목소리 – 국기원 홍보대사와 명예 7단의 사명"
〈소강석 목사, 국기원 홍보대사 위촉 및 태권도 명예 7단 수여〉

2023년 12월 26일, 소강석 목사는 세계태권도본부 국기원을 방문해 이동섭 원장으로부터 태권도 명예 7단증을 수여받고, 동시에 국기원 홍보대사로 위촉되었다. 국왕·총리·장관·대사 등 각국 인사들이 찾는 태권도의 성지, 국기원에서 진행된 이번 행사는 소 목사가 참전용사와 유가족, 외교 관계자들을 위한 공익 활동을 이어온 행보와 맞물려, 태권도의 품격과 공공성을 국내외에 확장하는 상징적 장면으로 기록되었다.

수여식에서 소강석 목사는 어린 시절 1단 심사에 합격하고도 단증 비용을 마련하지 못해 끝내 검은 띠를

두르지 못했던 기억을 회고하며, "민간인으로서 받을 수 있는 최고 등급의 명예 7단을 받게 되어 감사하다. 대한민국 목회자로서는 최초로 받은 것에 대한 영광과 감사를 하고 있다"고 소감을 밝혔다. 국기원 태권도시범단은 축하 시범으로 예와 절도의 미학을 선보였고, 이동섭 원장은 소 목사에게 "태권도의 저변 확대와 국제적 위상 제고에 힘을 보태 달라"고 당부했다.

소강석 목사는 그간 공인 7단 지도자인 장승찬 목사와 함께 여러 나라에서 태권도 시범

과 선교 활동을 지원해 왔으며, 앞으로도 태권도가 세계인의 삶 속에서 사랑받는 문화로 자리매김하도록 후원과 협력을 이어가겠다고 밝혔다. 국기원은 이번 위촉과 명예단 수여를 통해 세계 200여 개국으로 뻗은 태권도 네트워크 속에서 신뢰와 연대를 강화하고, 태권도가 K-컬처와 공공외교의 교차점에서 수행하는 역할을 한층 공고히 할 것으로 기대하고 있다.

〈참전용사와 세계를 향해−기억은 신앙이 되고, 감사는 유산이 된다〉

1950년 6월, 전쟁의 한복판에서 대한민국을 지켜낸 이름들. 74년이 지난 지금, 새에덴교회는 그들의 희생을 잊지 않기 위해 미국 텍사스에서 참전용사들을 직접 초청하며 감사의 여정을 이어갔다.

2007년 시작된 이 민간 보훈 사역은 18년째 이어지며 국경을 넘은 신앙의 실천이자 민간 외교의 모범이 되었다.

2024년 6월, 댈러스에서 열린 보은행사에는 참전용사와 유가족, 외교 관계자, 시민 등

300여 명이 참석했고 윤석열 대통령은 축전을 통해 국가 차원의 감사와 존경을 전했다.

미국 폼퍼이어 국무장관(좌측)과 소강석 목사(우측)

〈2024년 6월 14~15일, 새에덴교회(담임목사 소강석)가 6·25 전쟁 74주년을 맞아 미국 텍사스 댈러스에서 국군 참전용사 및 가족들을 초청해 나라사랑 보은행사 및 보훈 음악회〉 참전용사들이 좌석을 가득 메운 가운데, 참석자들이 무대 퍼포먼스에 박수로 화답

이튿날, 새에덴교회에서 열린 보훈음악회는 전쟁의 고통과 희생을 기억하는 눈물의 찬양으로 채워졌다.

소강석 목사는 말한다. "자유는 기억 위에 세워진다. 그 기억은 사랑과 복음으로 전해져야 한다."

새에덴교회의 보훈 사역은 단지 추모를 넘어 미래 세대에게 전하는 신앙의 유산이자, 역사를 품은 감사의 노래로 남았다.

"몽골과의 형제적 우정, 태권도로 이어지다"

〈명예 8단증 수여와 함께 시작된 국방·특수부대 태권도 교류, 몽골 총리가 찾은 국기원의 민간외교 현장〉

2024년 2월 14일, 서울 소공동 롯데호텔에서 국기원과 몽골이 태권도를 매개로 한 깊은 우정을 새롭게 다졌다. 제17대 이동섭 원장은 한국을 국빈 방문한 롭상남스라이 어용에르덴(Luvsannamsrai Oyun-Erdene) 몽골 총리를 만나 양국 간 태권도 교류와 협력 방안을 심도 있게 논의했다. 국기원 이동섭 원장과의 이번 만남은 몽골 총리의 방한 일정 중 유일한 스포츠 분야 공식 회동이었으며, 그 자리에는 에르덴척트 주한몽골대사, 김종구 주몽골 한국대사 등 양국의 주요 인사들이 함께 했다.몽골 총리는 이번 방한 일정 동안 수많은 만남이 예정되어 있었지만, 스포츠 관계자로는 오직 국기원장을 찾아 시간을 내주었다.

어용에르덴 총리는 "한국과 몽골은 형제국"이라며, 태권도가 양국의 관계를 더욱 긴밀하게 만드는 가교가 되기를 희망했다. 그는 몽골 내 약 1만 명의 태권도 수련생과 800여 명의 학생선수가 활발히 활동하고 있음을 언급하며, 태권도의 인기와 저변을 강조했다.이동섭 원장은 이야기를 들으며 태권도가 단순한 운동을 넘어 몽골 젊은 세대의 정신과 생활 속에 깊숙이 스며들고 있다는 사실을 실감했다.

양국은 이날 회동에서 태권도를 통한 실질적인 협력 방안을 논의했다.국기원은 오는 5월, 실전태권도 기술 전수를 위해 몽골 국방부, 정보기관, 특수부대 등에 태권도 전문 사범을 파견해 실전 기술을 전수하기로 합의했다. 또한 7월에는 이동섭 원장과 국기원 태권도시범단이 초청을 받아 몽골 최대의 전통 축제인 '나담 축제'에 참가해 태권도의 진수를 선보일 예정이다.

〈어용에르덴 몽골 총리에게 몽골 태권도 발전 공로를 기려 명예 8단증을 수여하며 기념 촬영〉

이동섭 원장은 "몽골은 나에게 다섯 차례나 방문했던 친숙한 나라"라며 이 나라의 풍경과 사람들, 그리고 그들이 보여준 우정을 잘 알고 있었다. 그래서 이번 만남은 의전 이상의 의미를 가졌다.태권도는 힘을 겨루는 무도가 아니라, '예'를 중시하고 자기관리를 통한 정신 수양의 길이라는 나의 신념을 다시 한 번 전할 기회였다.

이날 그는 몽골 태권도 발전에 기여한 어용에르덴 총리에게 명예 8단증을 수여하며, 국기원과 몽골이 태권도를 통해 맺어갈 새로운 역사를 예고했다.그 순간, 그는 환하게 웃으며 "이 증서는 몽골 태권도인 모두를 대표해 받겠다"고 말했다.그 표정 속에는 형제국의 우정과 무도를 통한 약속이 깊게 새겨져 있었다.

"몽골이 인정한 태권도 외교 리더십, 이동섭 국기원장 외교훈장 수훈"

몽골의 수도 울란바토르에 태권도의 깃발이 힘차게 휘날렸다. 2023년 8월 29일, 이동섭 국기원장은 몽골 정부로부터 외교훈장을 수훈하는 영예를 안았다. 수여식은 몽골 울란바토르 대통령궁에서 진행되었으며, 오흐나 후렐수흐 대통령이 직접 훈장을 전달했다. 이번 수상은 김종구 주몽골 대한민국대사의 추천으로 이루어진 것으로, 태권도를 통한 한·몽 양국의 외교적 교류와 우호 증진에 기여한 공로를 공식적으로 인정받은 순간이었다.

2023년 8월 29일, 이동섭 국기원장에게 몽골 정부가 수여한 외교훈장과 영문·몽골어로 작성된 공식 수여증서

몽골 정부로부터 국가훈장을 수훈한 이동섭 국기원장, 울란바토르 국회의사당에서 촬영

국기원은 이미 몽골 대통령경호실, 국정원, 특수사령부 등에 실전태권도 호신술을 보급하며 그 가치를 입증해왔다. 국기원 파견 사범들은 몽골 국가기관 관계자들에게 유도나 주짓수에서는 배울 수 없는 실전 중심의 기술을 전수했고, 이는 몽골 측으로부터 깊은 신뢰와 호응을 얻었다. 몽골 정부는 이러한 성과를 높이 평가하며, 향후에도 국가기관 교관 교육에 국기원의 지속적인 협조를 요청했다.

이동섭 원장의 몽골 방문은 단순한 수상에 그치지 않았다. 그는 8월 23일부터 29일까지 이어진 '2023 몽골한국주간' 기간 동안 쉼 없는 스포츠외교 활동을 펼쳤다. 8월 25일에는 몽골올림픽위원회를 찾아 바툴쉭 위원장과 몽골 태권도 발전 전략을 논의했고, 8월 28일에는 알탕게렐 특수경호실장에게 명예 6단을 수여하며 양국 간 태권도 우호를 한층 돈독히 했다.

특히 알탕게렐 실장은 이동섭 원장을 과거 몽골 왕이 사용하던 집무실로 안내하며 국빈급 예우를 아끼지 않았다. 이는 태권도가 단순한 무도가 아닌, 국가 간 신뢰를 잇는 강력한 문화외교 자산임을 보여준 장면이었다.

몽골에서의 외교훈장 수훈은 이동섭 원장의 리더십과 국기원의 국제적 위상을 다시금 각인시킨 사건이었다. 이는 태권도가 세계 속에서 국가 브랜드를 대표하며, 평화와 우정을 전하는 매개체로서 기능하고 있음을 웅변하는 상징적 장면으로 기록됐다.

"이동섭 원장, 미국 노스캐롤라이나에서 국기원 명예단증 수여 외교 펼치다"
〈노스캐롤라이나 주지사 로이 쿠퍼 명예 7단 수여, 태권도 교육의 새로운 거점과 가치 확산〉
이동섭 국기원장은 2023년 9월 27일부터 10월 6일까지 미국 워싱턴을 비롯한 여러 도

〈2023년 10월 1일, 미국 의회를 방문해 현지 인사들과 교류하며 태권도의 가치를 알리고 있는 이동섭 국기원장〉
① 와일리 니켈(Wiley Nickel) 미합중국 연방하원의원에게 명예 6단증 수여
② 로이 쿠퍼(Roy Asberry Cooper), 노스캐롤라이나 주지사에게 명예 7단증 수여
③ 이동섭 국기원장이 송판을 들고 미국 노스캐롤라이나 주하원의원 발레리 푸쉬(Valerie Jean Foushee)가 송판 격파 시범

시를 방문하며, '한미동맹 70주년'의 의미를 태권도 외교로 확장시켰다. 이번 방문은 태권도의 우수성과 교육적 가치를 미국 사회에 더욱 깊이 알리고, 세계화를 위한 협력 기반을 넓히는 데 목적이 있었다.

그는 미 의회, 주정부, 태권도계 지도자, 현지 사범 등 다양한 인사들과 만나 태권도의

〈노스캐롤라이나 주지사 로이 쿠퍼(Roy Asberry Cooper),
미국 현지 태권도 지도자 및 관계자들과 함께 '2023 글로벌오픈국기원컵 국제태권도대회' 행사 후 기념촬영〉

역할과 발전 방향에 대해 의견을 나눴다.

특히 노스캐롤라이나에서 열린 '2023 글로벌오픈국기원컵 국제태권도대회'는 이번 방문의 핵심 일정 중 하나였다. 39개국 1,700여 명의 선수를 포함해 총 5,000여 명이 참가한 이 대회에서, 이동섭 원장은 로이 쿠퍼 노스캐롤라이나 주지사에게 명예 7단증을 수여했다.

① 발래리 푸쉬(Valerie Jean Foushee), 노스캐롤라이나 주하원의원에게 명예 6단증 수여
② 와일리 니켈(Wiley Nickel), 노스캐롤라이나주 연방하원의원에게 명예 6단증 수여

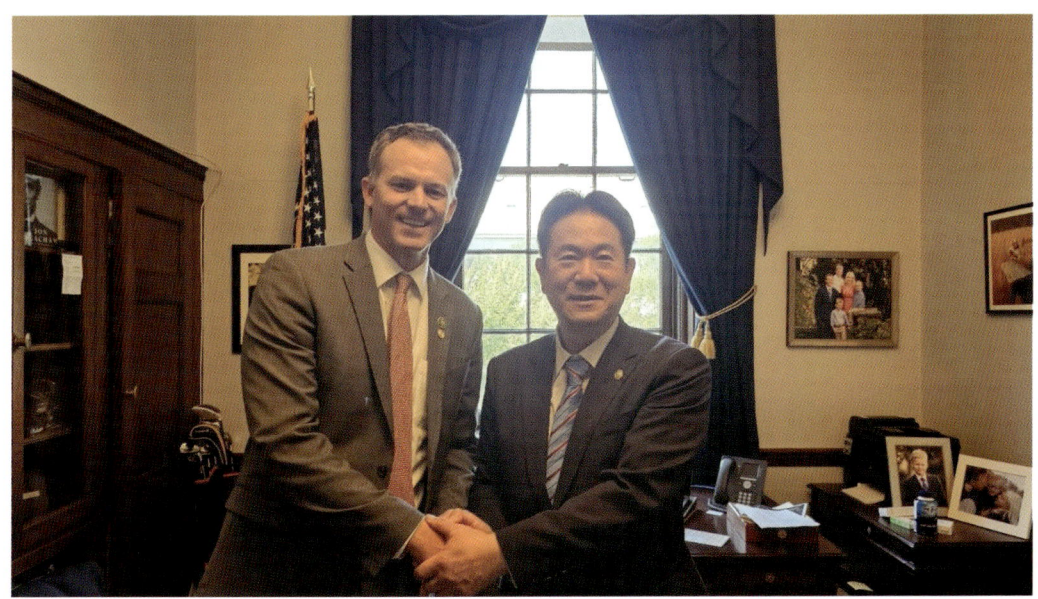

③ 이동섭 국기원장이 미국 노스캐롤라이나주 연방하원의원 와일리 니켈(Wiley Nickel)과 만나 태권도의 세계화와 한미 우호 증진 방안에 대해 환담하며 악수하는 모습.

　　로이 쿠퍼 주지사와 주정부 관계자들이 명예 단증을 수여받으면서 국기원과 노스캐롤라이나는 새로운 교육 협력 모델을 만들었다. 시범단은 이를 기념하는 행사에서 공연을 펼쳐, 주지사와 교육 관계자, 그리고 1,000여 명의 지역 주민 앞에서 태권도의 진수를 선보였다. 이 무대는 '태권도=미래세대를 위한 인성교육'이라는 인식을 심어주는 결정적 계기가 되었다.

　　준 리 국기원 국제대변인은 "발레리 푸쉬 연방의원을 비롯한 주요 관계자들이 태권도에 대해 매우 긍정적인 인식과 평가를 가지고 있다"며 "앞으로도 태권도의 글로벌화를 위해 최선을 다하겠다"고 밝혔다.

　　로이 쿠퍼 주지사를 포함한 이번 명예단증 수상자들은 국기원이 추구하는 홍익인간 정신과 교육이념이, 자신들이 지향하는 유소년·청소년의 심신 수련과 올바른 인성 함양을 위한 행정 방향과 맞닿아 있다고 높이 평가했다. 쿠퍼 주지사는 태권도의 신체 훈련뿐 아니라 정신 수양의 교육이념을 높이 평가하며, 이러한 공감대 속에서 지난해 12월, 미국 올림픽 태권도팀 훈련에 각별한 관심을 보이며 태권도 훈련센터를 기존 콜로라도주에서 노스캐롤라이나주로 이전하도록 결정하는 등 태권도에 각별한 애정을 보여왔다.특히 더럼 카운티 교육위원회는 학군 전체에 태권도를 정규 과목으로 편성하는 방안을 적극 검토 중이며, 이는 태권도의 교육적 가치가 미국 공교육 시스템에 본격적으로 자리 잡을 수 있는 중요한 전환점이 될 것으로 기대된다.

　　미 의회에서는 발레리 푸쉬 의원과 와일리 니켈 의원에게 명예 6단증을 전달했다. 두 의원은 이번 국기원컵 개최를 위해 물심양면으로 지원하며 대회의 성공적인 개최에 기여했다. 특히 발레리 푸쉬 의원은 "태권도는 미국에서 교육적 가치가 매우 큰 스포츠"라며, 감격의 눈물을 보여 현장의 분위기를 숙연하게 만들었다.

방문 기간 동안 이동섭 원장은 주미대사관에서 조현동 대사와 회동하여 미국 태권도의 현황과 향후 개최될 미국대사배태권도대회에 대해 논의했다. 조 대사는 1세대 원로 사범들을 대사관에 초청해 공로를 치하하고 감사장을 수여하겠다는 뜻을 전하며 태권도 사랑을 실천했다. 또한 미국 워싱턴평통 린다 한 회장, 이문형 간사와 만나 태권도 활성화와 한반도 평화통일을 주제로 폭넓은 대화를 나눴다.

미국문화원을 방문해 한류문화 확산과 태권도 세계화를 지원한 김정훈 문화원장에게 감사의 뜻을 전했으며, 미국 내 태권도 사범 및 단체장들과도 적극적으로 교류했다. 미국 고수회총연합회 권호열, 최응길, 박천재 총재를 비롯해 김유진 워싱턴체육회장, 엄일용 워싱턴태권도협회장 등과 만나 "도장의 활성화가 곧 국기원의 성장"이라는 점에 의견을 함께했고, 현지 도장을 직접 방문해 시설과 운영 상황을 살폈다.

이동섭 원장은 "미국은 자유와 평등, 인권의 가치를 대한민국에 전해주었고, 자유민주주의 수호를 위해 함께 싸운 혈맹"이라며, "인성교육과 예절 등 서구 사회에 부족한 부분을 채워줄 수 있는 태권도가 미국에서 더욱 활성화되기를 바란다"고 강조했다. 그의 이번 미국 방문은 국기원 명예단증을 통해 공로를 기리고, 태권도의 가치를 나누며, 세계와 함께하는 태권도 외교의 장을 넓힌 대표적인 사례로 기록된다.

"미 의회 속으로 들어간 태권도, '의회 태권도회'의 탄생"
〈조지메이슨대 교수 박천재〉

2025년 4월 10일, 톰 수오지(왼쪽) 미국 연방 하원의원이 워싱턴 D.C. 의원실에서 조지메이슨대학교 스포츠사회심리학 박천재 교수와 함께 도복을 입고 대련 포즈

미국 워싱턴 D.C.의 톰 수오지(Tom Suozzi/민주당·뉴욕) 하원의원은 국기원으로부터 명예 7단증을 받은 것을 계기로, 형식적인 명예를 넘어 진정한 태권도 수련을 시작하기로 결심했다. 그는 국기원 이사이자 조지메이슨대학교 교수인 박천재에게 직접 지도를 요청했고, 그 결과 미 의사당 안에 '의회 태권도회(Capitol Taekwondo Club)'가 창설되

었다.

이 동아리는 민주·공화 양당 소속 7명의 하원의원이 함께하는 초당적 모임으로, 매주 정기적인 수련이 이어지고 있다. 수오지 의원은 태권도를 통해 정신과 신체가 하나로 결합되는 경험을 나누며, 자신의 지역구에 거주하는 한국계 주민들과도 한층 가까워지는 계기가 되었다고 밝혔다.

2025년 1월, 미국 의회 사무실에서 조지메이슨대학교 박천재 교수와 민주당 조셉 D. 모렐리(Joseph D. Morelle) 하원의원이 함께 태권도 대련 포즈

박 교수는 정치인들의 바쁜 일정을 고려해 스트레스 해소와 호신술 교육을 병행하면서, 태권도의 예와 정신을 전하며 지도하고 있다. 이러한 활동은 자연스럽게 한미 동맹 강화에도 기여했다. 실제로 수오지 의원은 한미 동맹의 중요성을 강조하며 '한미 동맹 재확인' 결의안을 대표 발의했고, 박 교수 역시 '미국 태권도의 날' 제정을 추진하며 소외계층 청소년들에게 태권도를 보급하는 비전을 키워가고 있다.

미 의회의 한편에서 울려 퍼지는 기합 소리는, 명예단증이 단순한 상징이 아니라 새로운 태권도 외교의 장이 될 수 있음을 보여주는 생생한 증거였다.

〈미 의회 인사와의 회동: 태권도를 통한 실질적 문화외교 채널 구축〉
– 연방 상·하원의원과의 회동과 명예 단증 수여를 중심으로

이동섭 국기원장은 도널드 트럼프 대통령 취임식 참석 후, 미국 워싱턴 D.C.에서 미국 연방 상·하원 의원들과의 일련의 회동을 추진하며 태권도를 활용한 외교 네트워크를 구체화했다.

2025년 1월 초, 레이번 의원회관(Rayburn House Office Building)에서 11선의 공화당 하원의원 '팀 월버그(Tim Walberg, 미시간주)' 의원에게 명예 7단증을 수여하며 한국 전통 무예의 가치와 태권도의 세계적 보급 의의를 강조하였다.

〈'이동섭' 국기원장, 미국 하원의원 '팀 월버그'와의 문화외교 회동〉 국기원 '이동섭' 원장이 미국 하원의원 '팀 월버그(Tim Walberg)'에게 명예 7단증을 수여하고 기념촬영을 진행.

이어지는 일정으로 뉴욕주의 '그레이스 멩(Grace Meng)' 의원과 텍사스주의 '마크 베세이 (Marc Veasey)' 의원에게도 태권도 명예 7단증을 전달하면서, 태권도 교육 확대 등 현지 공립학교 프로그램 지원에 대한 논의를 함께 진행하였다.

또한 외교위원장을 역임한 '그레고리 믹스(Gregory Meeks)' 의원과 '토머스 수오지

〈좌〉이동섭 원장이 그레고리 믹스(Gregory Meeks) 하원의원에게 국기원 기념품을 전달하며 김민선 뉴욕 한인회장(고(故) 김운용 총재 며느리)과 함께 기념촬영을 하고 있다. / 〈우〉조 모렐(Joseph D. Morelle) 하원의원이 이동섭 원장과 "태권도 파이팅!"을 외치며 대련 포즈를 하고 있다.

(Thomas Richard Suozzi)' 연방 하원의원과의 면담을 통해, 과거 故 '이준구' 사범이 운영했던 '미 의회 태권도 교실'을 2월 1일부터 재개하기로 하는 성과를 이루었다. 특히 '믹스' 의원은 "태권도가 단순한 무예가 아닌, 한·미 양국 간 신뢰 구축의 상징"이라고 강조하였다.

미국 내 한인사회 및 한국전쟁 참전용사 가족 출신인 '조 모렐(Joe Morelle)' 의원과의 만남에서는 한미동맹의 역사적 의미를 깊이 되새기며, 참전용사 국내 초청 등의 문화외교 프로젝트 계획도 함께 언급되었다.

이러한 회동들은 단순한 외신 방문을 넘어서, 미국 정계에 태권도를 통한 문화외교 채널을 본격적으로 구축한 중요한 전환점이었다. 국기원장은 이를 통해 태권도가 직접적인 외

〈국기원 '이동섭'원장이 미국 하원의원들에게 명예 7단증을 수여하고 기념촬영〉 좌측부터 '그레이스 멩(Grace Meng) 하원의원, 중앙에는 '토머스 수오지(Thomas Richard Suozzi)' 하원의원, 우측에는 그레고리 믹스(Gregory Meeks)'가 환한 미소로 포즈를 취하고 있다. 이번 회동은 태권도를 매개로 미국 정계와의 외교 협력 관계를 넓히며, 한미 간 문화외교의 새로운 지평을 여는 계기가 되었다.

〈국기원 '이동섭' 원장과 텍사스주의 '마크 베세이(Marc Veasey)' 하원의원〉 명예 7단증을 들고 함께 기념 포즈

교적 매개체로 작동할 수 있음을 보여주며, 국가 브랜드 전략의 일환으로서의 태권도 활용 가능성을 확장했다.

미국 상원과 하원 의원들은 태권도의 철학과 문화적 상징성에 높은 관심을 보였고, 일부 의원들은 태권도를 "미국 청소년을 위한 인성 교육 수단"으로 적극 도입하고자 하는 의향도 드러냈다.

이 과정에서 국기원은 2025년까지 태권도 콘텐츠 확산 계획을 중심으로, 〈태권도 시범단의 미국 주요도시 투어〉, 〈미군 기지 대상 태권도 정신 교육〉, 〈태권도 기반 청소년 리더십 캠프 프로그램 공동 추진〉 등 구체적인 협력 모델을 제시하며 공감대를 확산시켰다.

이동섭 원장은 이 일련의 활동을 통해, "국기원을 국가 브랜드로 확장시키는 문화외교 플랫폼으로 기능해야 한다"는 철학을 직접 실행에 옮겼으며, 미국 정계와의 교류를 통해 태권도의 공공외교 자산화 가능성을 실질적으로 증명했다.

이와 같은 국기원의 대미 외교 전략은, 대한민국의 정신을 대표하는 태권도가 민간외교를 넘어 국가 간 협력의 중심 콘텐츠로 기능할 수 있음을 보여주는 상징적 사례로 평가된다.

– 전직 미국 연방 하원의원 방한단 국기원 방문 사례를 중심으로

2025년 5월 15일, 국기원은 전직 미국 연방 하원의원 방한단을 공식 초청하여 환영행사를 성대히 개최했다. 이는 단순한 의전 차원의 방문이 아닌, 태권도를 중심으로 한·미 간 문화외교의 실질적 접점을 넓힌 사례로 기록될 만한 상징적 순간이었다. 본 행사는 김창준 전 미 연방 하원의원이 이끄는 (사)김창준한미연구원이 주최한 제8차 FMC(Federal Members of Congress) 전직 미 연방 하원의원 방한 프로그램의 일환으로, 국기원을 첫 방문지로 선택한 것만으로도 그 외교적 의미가 컸다.

이날 국기원을 방문한 전직 의원들은 총 6명으로, 존 사베인스(9선), 존 캇코(4선), 비키 하츨러(6선), 콴자 홀(2선), 브렌다 로렌스(9선), 김창준(3선, 한국계 최초 미국 연방의원) 등이 부인들과 함께 참여했다. 국기원장으로서 이들을 직접 맞이했고, 국기원 임직원들과 함께 환대의 뜻을 전하며 국기원이 가진 정신적·문화적 가치를 소개했다.

〈전직 미국 연방 하원의원 방한단, 김운용 총재 흉상 앞에서 기념 촬영〉

이동섭 원장은 환영사를 통해 다음과 같이 강조했다. "태권도는 단지 스포츠가 아닙니다. 이는 한국인의 철학과 정신, 평화를 향한 메시지를 담은 문화 외교의 매개체입니다. 국기원은 세계 태권도 본부로서, 앞으로도 한·미 동맹의 새로운 교류 모델을 창출해 나갈 것입니다."

방문단은 국기원 박물관과 주요 시설을 둘러보며 태권도의 역사적 맥락과 문화적 위상을 직접 확인한 후, 태권도복 착용 서명, 명예 7단 수여식, 전 하원의원들의 이름이 새겨진 기념 띠 증정식을 통해 한국 전통 예우에 기초한 공식 절차를 체험했다. 이어 국기원 태권도 시범단의 공식적인 공연이 이어졌고, 절도 있는 품새와 격파, 창의적인 시범 연출은 의원들에게 강렬한 인상을 남겼다.

이날 행사에는 국내 주요 언론사들이 대거 취재에 나섰으며, 명예단증 수여 장면과 주요 인사의 인터뷰, 태권도 시범은 현장 생중계 및 온라인 보도를 통해 전국에 보도되었다.

행사 후 가진 대담에서 김창준 이사장은 "외교는 명함이 아닌 진정성에서 출발한다"며, 국기원에서의 경험이 의원들에게 '정서적 외교'의 강렬한 기억으로 남을 것이라고 평가했다. 존 사베인스 전 의원은 "태권도 시범을 통해 한국 문화를 피부로 느꼈다"고 소회를 밝혔고, 비키 하츨러 전 의원은 "태권도복을 입고 단증을 받은 이 경험은 평생 잊지 못할 것"이라고 환한 미소로 고조된 감정을 전했다.

이러한 문화 체험은 정치적 이해관계를 넘어 인간적인 신뢰를 쌓는 데 핵심적인 역할을

한다. 특히 미국은 세계 최대의 태권도 수련국으로, 국기원 공인 도장의 수와 사범 인구도

〈태권도복을 입은 전직 미국 연방 하원의원단〉 의원들의 이름이 새겨진 태권도복을 입고 명예 7단 단증 수여를 기념하며 포즈

압도적으로 많다. 이렇듯 양국 간 태권도 인프라를 기반으로 한 문화외교는 앞으로도 지속 가능한 한미 관계의 실질적 자산이 될 것이다.

　이 자리를 통해 '태권도 국기 지정'이라는 법적 토대를 바탕으로, 문화 외교의 전략적 도구로서 국기원의 사명을 재확인하였다. 특히 '명예단증 수여'는 단순한 기념행사가 아닌, 국기 태권도의 정신과 한국 문화의 정체성을 공식적으로 전달하는 외교 의식으로 자리매김하고 있다.

콴자 홀(Kwanza Hall) 전 미국 연방 하원의원이 명예 7단 단증을 들고 기념촬영

존 비키 하츨러(Vicky Jo Hartzler) 전 미국 연방 하원의원이 명예 7단 단증을 들고 기념촬영

브렌다 로렌스(Brenda Lawrence) 전 미국 연방 하원의원이 명예 7단 단증을 들고 기념촬영

존 캇코(John Katko) 전 미국 연방 하원의원이 명예 7단 단증을 들고 기념촬영

　이후 방문단은 한국전 참전지인 오산 죽미령과 충남 천안의 첨단산업 현장을 방문하며 군사·경제 분야에서도 대한민국과의 연결고리를 이어갔다. 국기원에서의 체험은 그 여정의 출발점이자, 문화로 연결된 한미 우호의 상징이었다.

"정세균 전 국무총리, 국기원 명예 9단에 오르다"

〈태권도의 국기 지정과 세계화를 이끈 헌신의 발자취〉

정세균 전 국무총리는 태권도 진흥과 국기원 발전을 위해 오랜 기간 헌신한 인물로, 2021년 6월에 국기원 명예 이사장 추대패를 받고 홍보 활동을 이어나갔으며, 2025년 2월 국기원의 최고 영예인 명예 9단에 올랐다. 그는 제46대 국무총리와 제20대 국회의장을 역임하며, 입법부와 행정부를 넘나드는 위치에서 태권도의 제도적 기반을 다지고 국제적 위상을 높이는 데 중심적인 역할을 수행했다.

존 사베인스(John Sarbanes) 전 미국 연방 하원의원이 명예 7단 단증을 들고 기념촬영

국회의원 시절에는 태권도 진흥을 위한 '태권도특별법'을 최초로 대표 발의하여 무주 태권도원의 조성에 법적·행정적 토대를 마련했다. 나아가 태권도를 대한민국 '국기(國技)'로 지정하는 입법을 주도함으로써, 태권도의 법적 지위와 국가적 상징성을 확고히 하는 전환점을 만들었다. 그는 또 국회 내 약 200평 규모의 전용 태권도장을 설립하고, '국회의원 태권도연맹'을 창설하여 입법부 차원의 수련과 교류, 정책 논의의 장을 열었다.

2025년 이동섭 국기원장이 정세균 전 국무총리에게 국기원 명예 9단증을 수여

〈감사패를 수여받은 정세균 전 국무총리〉 국기원 이동섭 원장(오른쪽)과 전갑길 이사장(왼쪽)이 감사패를 들고 함께 기념촬영

국기원 명예이사장으로 활동하며 국내외에서 태권도 외교 사절로서의 역할도 수행했다. 각국 정상과 지도자들을 만나 태권도의 가치와 철학을 알리고, 국제대회와 주요 행사에서 한국의 문화적 위상을 높이는 데 힘썼다. 2025년 7월 10일에 진행된 명예 9단 승단은 2018년 태권도 국기 제정 기념 행사에서 명예 8단을 받은 지 7년 만에 이룬 성취로, 국가 원수급 인사에게만 수여되는 최고 등급의 예우였다. 수여식에서 그는 "국가 원수에게 수여되는 명예 9단증을 받게 되어 더욱 큰 영광"이라며 앞으로도 태권도와 국기원의 발전을 위해 힘쓰겠다는 뜻을 밝혔다.

국기원에서 명예단증과 감사패를 수여받은 정세균 전 국무총리와 시범단과 함께 기념촬영

"유럽을 잇는 태권외교 – 불가리아 부통령 명예 8단 수여"

2022년 6월 6일, 불가리아 부통령 일리아나 이오토바(Ms. Iliana Iotova)는 소피아 대통령궁(대통령실)에서 국기원으로부터 명예 8단을 받았다. 명예단증 수여는 국기원장 이동섭이 직접 집전했으며, 유럽태권도연맹(ETU) 사키스 프라갈로스 회장과 불가리아태권도협회 슬라비 비네프 회장 등 국제 태권도 리더들이 함께

존 사베인스(John Sarbanes) 전 미국 연방 하원의원이 명예 7단 단증을 들고 기념촬영

"평택 캠프 험프리스, 한국이름 작명식 – 주한 미8군사령관 월러드 벌러슨, 명예 6단 수여"

2024년 3월 29일, 주한 미8군 사령관 월러드 M. 벌러슨(Willard McKenzie Burleson, 중장)은 경기도 평택 주한미군기지에서 열린 '한국이름 작명식'에 앞서, 국기원으로부터 명예 6단증을 수여받았다.

이동섭 원장은 작명식에 참석해 벌러슨 사령관에게 단증과 함께 도복을 전달하며, 주한미군의 태권도 수련 장려와 보급에 기여한 공로에 감사를 표했다.

이날 수여는 동맹의 의지와 생활 속 교류를 잇는 상징적 장면이었다. 이동섭 원장은 "태권도 수련은 군인의 정신력과 체력 증진에 필수적이며, 태권도를 통해 한미동맹의 결속을 더욱 굳건히 하고 나아가 세계 평화에도 기여하기를 바란다"고 밝혔다.

국기원은 이번 수여를 계기로 주둔군 내 태권도 정규 프로그램 참여 확대와 도장·부대 간 교류 활성화를 기대하고 있다.

벌러슨 사령관은 약 3년 7개월의 임기를 마치고 4월 말 전역을 앞두고 있다. 그의 재임 기간 동안 진행된 태권도 교류는 군 조직 내 체력·예절·연대의 가치를 확산시키는 촉매 역할을 했으며, 국기원은 이를 한미 군사·문화 협력의 모범 사례로 기록한다.

"한미 동맹의 태권도 보급 – 주한 미8군사령관 라니브(중장), 명예 6단 수여"

2025년 4월 16일, 국기원 이동섭 원장은 평택 주한미군 험프리스 기지에서 열린 '미 8군 지휘권 이임식'에 참석하여 태권도를 통해 한미 양국 간 상호 이해와 협력이 더욱 다져

지기를 바라며 크리스토퍼 C. 라니브(중장) 미8군사령관에게 명예 6단증을 수여하고, 태권도복과 띠를 전달했다.

〈4월 16일 오전 9시 명예 6단증 수여〉 '미 8군 지휘권 이임식'에서 이동섭 국기원장(왼쪽)과 미 8군사령관 크리스토퍼 C. 라니브 사령관

주한미군의 태권도 수련은 1960년대 동두천·평택·오산 등지의 부대에서 시작되었다. 1970년대 중반 주한미군으로 복무했던 버너드 케릭 전 뉴욕시 경찰청장은 자서전에서 "한국에서의 태권도 수련이 자아를 정립하는 데 큰 자산이 되었다"고 회고했다. 이처럼 태권도는 주둔 장병의 체력·정신력 훈련을 넘어, 한국 문화를 체득하는 통로로 자리 잡아 왔다.

2017년 4월에는 주한미군 장병 50명과 우리 군(육군 제3야전군사령부 태권도 선수단) 35명이 국방부의 '주한미군 한국문화 체험' 일환으로 국기원을 방문했다. 당시 주임원사 스티븐 페이튼은 "세계태권도본부 방문이 영광이며, 태권도를 통해 절제와 자기 단련의 가치를 체득했다"고 소감을 밝혔다.

이동섭 원장이 라니브 사령관에게 태권도복과 띠를 증정

이 흐름은 2025년 4월, 경기도 평택 험프리스 기지에서 열린 미8군 지휘권 이임식에서도 이어졌다. 미8군사령관에게 명예 6단증 수여는 주한미군의 태권도 수련 장려와 저변 확대에 기여한 공로를 인정한 조치로, 한미 동맹 강화의 의미도 담았다.

그는 "실전성이 강한 태권도 수련은 군인의 정신력과 체력 함양에 필수적이며, 태권도를 통해 양국의 상호 이해와 협력이 더욱 공고해지길 바란다"고 강조했다.

민간 차원의 지속적 보급도 눈에 띈다. 국기원 이사 김문옥 사범은 1980년부터 45년 간 미2사단 장병을 중심으로 주한미군에 태권도를 지도해 왔다. 그는 2000년 이후 교육을 본격화해 태권도를 주한미군 정규과목으로 정착시키는 데 힘썼고, 전역 후 미국으로 돌아간 일부 장병이 현지에서 도장을 운영하며 보급에 동참하도록 이끌었다.

기관 차원의 인프라도 강화되었고 국기원은 2014년부터(2020년 제외) '주한 외국인 태권도 보급 사업'을 시행하며 주한미군 21개소에 사범을 파견, 태권도의 정신과 기술을 체계적으로 전파하고 있다. 2023년 9월에는 강남구청·(사)주한외국인태권도문화협회와 함께 '외국인 태권도 경연 및 한국전통문화체험'을 개최해, 40개국 800여 명이 겨루기·품새·손날격파·스피드 발차기·높이차기 5개 종목에 참가했다. 참가자들은 전통문화 체험과 한식 시식으로 한국 문화를 폭넓게 경험했다. 이동섭 원장은 "태권도와 전통문화 체험이 한국에 대한 이해를 넓히는 계기"라며 유관 기관의 협력에 사의를 표했다.

국기원은 명예단증 수여-군사·민간 보급-문화행사-사범 파견을 유기적으로 연결해 주한미군과의 교류를 생활 속 협력으로 확장해 왔다. 라니브 사령관에 대한 명예단증 수여는 그 연속선상의 상징적 장면으로 기록되며, 태권도가 한미 동맹의 현장에서 작동하는 문화·교육·안보의 공통 언어임을 다시 확인시켰다. 앞으로도 국기원은 군(軍)과 지역사회, 외교 채널을 아우르는 협력 모델을 통해 태권도의 공공성과 국제적 신뢰를 한층 공고히 할 것이다.

명예단증은 해외 주요 인사뿐 아니라 국내 인사들에게도 폭넓게 수여되고 있는데 특히 국제대회를 유치하거나 태권도 발전에 기여한 지방자치단체장에게 주로 전달된다.2014년 서울 세계태권도지도자포럼을 적극적으로 지원한 당시 박원순 서울시장은 명예 7단증을 받았으며, 2022년 4월 세계태권도품새선수권대회를 성공적으로 개최한 이재준 고양시장은 명예 4단증을 수여받았다.또한 2007년 국기원은 역대 한국 애니메이션 흥행 1위를 기록한 '로보트 태권V'와 그 감독인 김청기에게 각각 명예 4단증과 명예 7단증을 수여하며, 태권도 대중문화 확산에 기여한 공로를 기렸다.

〈2007년 '로보트 태권V' 명예 4단 수여〉
국기원은 2007년 2월, 한국 애니메이션의 상징적 작품인 '로보트 태권V'에게 명예 4단증을 수여하며 대중문화 속 태권도의 위상을 기렸다.

세계 각국의 지도자와 정치인 중에는 태권도 수련 경험이 있는 이들이 많다. 미국 의회에는 약 360명의 상·하원의원이 태권도인 출신이며, 이 네트워크는 외교 현장에서 강력한 문화적 자산으로 작용해 왔다. 국기원은 이러한 인연과 역사를 바탕으로, 앞으로도 전 세계 태권도인들에게 자부심과 소속감을 주는 성지로 자리매김할 것이다.

[한미동맹 미연방의원 국기원 명예단증 수여자]

구분	이름	사진	설명
24년 5월 / 25년 5월	Jay ChangJoon Kim 김창준		정치 이력 이전엔 USC에서 환경공학을 전공했고, 이를 바탕으로 고속도로와 수자원 재생 플랜트를 설계하는 JAYKIM Engineers를 설립·운영했다. 정부 조달 사업을 중심으로 회사를 성장시켜 캘리포니아 500대 설계회사 중 하나로 도약시켰다. 이후 캘리포니아 다이아몬드바 시의원으로 정치에 입문해 시장을 거쳐, 단 2년 만에 연방 하원의원에 당선됐다. 한국인 최초의 시장이자 연방 국회의원으로서 하원 재임 시 교통건설위원회 분과위원장과 아시아·태평양 분과위원회 활동을 수행했다. 김영삼·김대중 대통령의 미 의회 연설 성사, 북한·대만 핵폐기물 처리 문제 해결 지원 등 한미 현안에도 기여했다. 현재는 사단법인 김창준한미연구원 이사장이며, FMC EX-DEL 방문단 의장으로서 한미 민간외교를 활발히 이어가고 있다.
24년 5월	Alan Lowenthal 앨런 로언솔		앨런 로웬털은 민주당 소속으로 캘리포니아주 상원의원과 연방 하원의원을 지냈다. 2015년 4월에는 일본 정부의 일본군 '위안부' 강제동원 인정 촉구 연판장에 서명했다. 정치 이력 이전에는 오하이오 주립대학교에서 석·박사를 취득하고 캘리포니아 주립대학교에서 심리학 교수로 활동했다. 이후 롱비치로 이주해 롱비치 시의원에 진출하며 정치를 시작했고, 총기 규제 법안을 발의했으며 초당파 코커스의 창립 멤버로서 캘리포니아 최초의 초당적 시민 선거구조정위원회 설치 법안도 발의했다. 주 상원의원 재임 중에는 항만 물류·운송 분야 위원회에서 활동하며 무역선의 디젤 배출을 줄이는 법안을 추진했고, 연방 하원의원 시기에는 천연자원위원회와 교통위원회 등에서 활동했다.
24년 5월	Andy Levin 앤디 레빈		앤디 레빈 의원은 아버지 샌더 레빈(Sander Levin)이 연방하원의원으로 재임하던 미시간주 지역구에서 부친의 뒤를 이어 연방하원의원에 당선됐다. 그는 하버드대학교 로스쿨에서 법무박사(J.D.) 학위를, 미시간대학교에서 아시아언어·문화 석사학위를 취득할 만큼 아시아에 대한 관심이 깊다. 2021년 연방하원 재임 시 민주당의 에드워드 마키 상원의원과 함께 대북 인도 지원을 원활히 하기 위해 제재 규정 개정을 추진하는 법안을 공동 발의했다. 미국의 대북 제재가 강화되는 가운데, 그는 제재가 북한 주민을 위한 인도주의 활동을 저해하지 않도록 조정되어야 하며, 제재의 표적이 되는 악의적 행위자들 때문에 일반 주민이 의도치 않은 피해를 보지 않도록 운용돼야 한다고 강하게 주장했다. 레빈 의원은 또한 2020년 바이든 행정부의 노동부 장관 후보군에 이름을 올렸고, 하원 재임 시 교육노동위원회(부위원장), 아시아·태평양 및 비확산 소위원회, 민간 안보 및 무역 소위원회 등에서 활동했다.
24년 5월	Dan Glickman 댄 글릭먼		글릭먼 장관은 미 연방하원의원 9선을 지냈고 제26대 미국 농무부 장관을 역임했다. 현재는 미국의 현안을 둘러싼 초당적 해법을 개발·확산하고 정부의 시민성을 증진하기 위해, 전 상원 원내대표인 하워드 베이커, 톰 대슐, 밥 돌, 조지 미첼 등이 설립한 워싱턴 D.C.의 초당적 정책센터(The Bipartisan Policy Center)에서 선임 연구원으로 활동하고 있다. 또한 시카고상품거래소, 미국 내 기아대책 비영리단체인 식품연구행동센터(Food Research & Action Center), 미국 글로벌 참여센터(Center for U.S. Global Engagement)에서 이사회 의장을 맡고 있다. 그는 2004년부터 2010년까지 미국영화협회(MPAA, Motion Picture Association of America) 회장으로 활동했으며, 하버드대학교 케네디스쿨(John F. Kennedy School of Government) 산하 정치연구소 소장을 역임했다.
24년 5월	John Shimkus 존 심커스		존 심커스 의원은 미 육군사관학교를 졸업하고 육군에 복무한 뒤 중령으로 예편한 일리노이 출신의 공화당 연방하원의원이다. 하원 재임 시 에너지·상업위원회와 그 산하 통신·기술, 에너지 및 전력, 환경·경제 소위원회 등에서 활동했다. 그는 상원의원 콘래드 번스(Conrad Burns)와 함께 무선 911(E-911) 관련 입법을 추진하며 이동통신의 위치정보 도입을 촉진하는 데 기여했고, 이로 인해 미국 전역의 휴대전화 위치정보 서비스 확산에 중요한 계기를 마련했다.
24년 5월	Tom Reed 톰 리드		톰 리드 의원은 하원 재임 시 코리아 코커스(한미의회연맹) 소속으로 활동했으며, 부친은 한국전쟁 참전용사다. 로스쿨 졸업 후 변호사로 일했고 2007년 코닝 시장 선거에 출마하며 정치 경력을 시작했다. 연방 하원 재임 중에는 하원 법사위원회, 교통·인프라위원회, 세입위원회에서 활동했다. 2015년 3선 의원 당시에는 박근혜 대통령의 방미를 환영하며 미 의회 기록(Congressional Record) 'Extension of Remarks'에서 "양국은 혈맹인 한미동맹을 통해 지난 65년 동안 한반도의 자유와 민주주의, 시장경제, 인권과 법치주의를 위해 함께 노력해 왔다"며 "한국은 동북아 평화와 안정의 핵심 축이며, 한미 양국은 한반도의 불안정을 야기할 수 있는 모든 위협에 대비해 확고한 자세를 견지해야 하고, 미 의회도 위대한 한미동맹을 지키기 위해 모든 노력을 다할 것"이라는 입장을 밝혔다. 그는 대표적인 친한파 의원 가운데 한 명으로 평가된다.

[한미동행 미연방의원 국기원 명예단증 수여자]

구분	이름	사진	설명
24년 6월	Dennis Ross 데니스 로스		데니스 로스(Dennis A. Ross, 1959)는 플로리다 출신 공화당 미 연방하원 의원(2011~2019)으로, 초선 당시 플로리다 12선거구, 이후 15선거구를 대표했다. 주하원은 2000~2008년 재임. 오번대학교 경영학 학사와 샘퍼드대학교 컴벌랜드 로스쿨 J.D.를 취득했으며, 홀랜드앤드나이트 변호사와 월트디즈니월드 사내변호사를 거쳐 근로자재해 보상 분야 로펌을 설립했다. 연방 하원에서는 금융서비스위원회와 정부감독개혁위원회에서 활동했고, 주택·보험 소위원회 부위원장으로서 민간 홍수보험 시장을 활성화하는 'Flood Insurance Market Parity and Modernization Act'를 추진하는 등 홍수보험 개혁에 주력했다. 2018년 불출마를 선언하고 의회를 떠난 뒤에는 사우스이스턴대학교에서 정치학 석좌교수로, ACPL(미국정치리더십센터) 디렉터로 활동 중이다.
24년 6월	Betsy Markey 베시 마키		베시 마키(Betsy Markey, 1956) - 콜로라도 4선거구를 대표한 민주당 연방하원의원(2009~2011). 하원 농업·교통인프라 위원회에서 활동했고, 이후 국토안보부 대정부협력 차관보(2011~2013)를 지냈다. 2016년 미 중소기업청(SBA) 8지구(덴버) 지역관리자로 임명되었으며, 2019년에는 콜로라도주 경제개발·국제통상국(OEDIT) 국장으로 주경제 회복과 중소기업 지원을 총괄했다. 최근에는 콜로라도주립대 시스템(CSU) 이사회에서 활동 중이다.
24년 6월 / 25년 5월	Brenda Lawrence 브렌다 로렌스		베시 마키(Betsy Markey, 1956) - 콜로라도 4선거구를 대표한 민주당 연방하원의원(2009~2011). 하원 농업·교통인프라 위원회에서 활동했고, 이후 국토안보부 대정부협력 차관보(2011~2013)를 지냈다. 2016년 미 중소기업청(SBA) 8지구(덴버) 지역관리자로 임명되었으며, 2019년에는 콜로라도주 경제개발·국제통상국(OEDIT) 국장으로 주경제 회복과 중소기업 지원을 총괄했다. 최근에는 콜로라도주립대 시스템(CSU) 이사회에서 활동 중이다.
24년 6월	Earl Pomeroy 얼 포메로이		얼 포메로이(Earl Pomeroy, 1952) - 민주당·노스다코타노스다코타 전체구 연방하원의원(1993~2011). 주 하원의원(1981~85)과 주 보험국장(1985~92)을 지냈고, 전미보험감독관협회(NAIC) 회장을 역임했다. 연방 하원에선 세입위원회(Ways & Means)에서 활동하며 사회보장 소위원회 위원장으로 제도개선 청문회를 이끌었다. 의회 후엔 알스턴앤드버드(Alston & Bird) 선임고문으로 일하며 맥크레리-포메로이 SSDI 솔루션 이니셔티브 공동의장으로 사회보장 장애보험 개혁 논의를 주도했다.
24년 6월	Greg Walden 그렉 월든		그레그 월든(Greg Walden, 1957) - 공화당·오리건오리건 2선거구 연방하원의원(1999~2021)으로, 115대 의회에서 하원 에너지·상업위원장(2017~2019), 이후 소속위 상임야당 간사로 활동했다. 지역 라디오 방송국을 20여 년 운영한 중소기업인 출신으로 통신·기술 정책에 강점이 있으며, FCC 재인가와 911 위치정보('디스패처블 로케이션') 요건 등을 담은 'RAY BAUM'S Act' 통과 과정에서 핵심 역할을 했다. 당내에선 2014 선거사이클 공화당 하원선거대책위원회(NRCC) 위원장을 맡았다.
24년 6월	Steve Stivers 스티브 스타이벌스		스티브 스타이버스(Steve Stivers, 1965) - 공화당·오하이오오하이오 15선거구 연방하원의원(2011~2021)으로, 공화당 하원선거대책위원회(NRCC) 위원장(2017~2019)을 맡았다. 하원 금융서비스위원회에서 활동하며 주택·지역개발·보험 소위원회 야당 간사로 일했다. 오하이오 주 상원의원(2003~2008)을 지냈고, 오하이오 주방위군 소속 예비군 장성(소장) 경력을 보유한다. 2021년 의회에서 사임해 오하이오 상공회의소 CEO로 취임했다.

25년 5월	Ann Buerkle 앤 버컬		Ann Marie Buerkle 앤 마리 버컬 - 前 미 연방하원의원·CPSC 위원장 대행뉴욕 25선거구 연방하원의원(2011~2013) 이후, 소비자제품안전위(CPSC) 위원(2013~2019) 및 위원장 대행(2017~2019)을 지냈다. 간호사(RN)와 변호사 출신으로, 뉴욕주 법무부 보조검사(Assistant Attorney General, 1997~2010)를 역임했다. 시러큐스 로스쿨 J.D., 르모인대·세인트조지프 간호학교 출신. 소비자 안전·공공보건 이슈에 주력했다.
25년 5월	Rep.John Katko 존 캇코		John Katko 존 캇코 - 前 미 연방하원의원(뉴욕 24)뉴욕 24선거구를 대표(2015~2023)했으며, 그 전엔 시러큐스 연방검사실에서 조직범죄 수사팀을 이끈 연방검사로 근무했다. 노트르담 정치학 B.A., 시러큐스 로스쿨 J.D. 공공안전·국토안보·사법 이슈에 강점을 보여 초당적 법안 협상을 주도했다.
25년 5월	Rep.John_ Sarbanes 존 사베인스		John Sarbanes 존 사베인스 - 前 미 연방하원의원(메릴랜드 3)메릴랜드 3선거구에서 2007~2025에 재임했으며, 2024 총선 불출마를 선언하고 임기를 마쳤다. 하원 민주개혁 태스크포스(2017~2025) 의장으로 정치자금·정부윤리·투명성 입법을 이끌었다. 2025년엔 존스홉킨스대 SNF 아고라 연구소 '명예 실무가'로 합류하는 등 민주주의 개혁 어젠다를 계속 확산 중이다.
25년 5월	Rep.Kwanza_ Hall 콴자 홀		Kwanza Hall 콴자 홀 - 前 미 연방하원의원(조지아 5)2020년 12월 3일~2021년 1월 3일, 故 존 루이스 의원의 잔여 임기를 채우는 보궐 당선으로 연방하원에 재직. 애틀랜타 시의원(2005~2017)으로 지역 주거·재개발 정책을 다뤘다. MIT에서 정치학을 수학(재학)했으며, 교육위원회·도시개발기관 등 지역 보드에서 활동했다.
25년 5월	Rep.Vicky Hartzler 비키 하츨러		Vicky Jo Hartzler 비키 조 하틀러 - 前 미 연방하원의원(미주리 4)2011년 1월 3일~2023년 1월 3일 재임. 미주리대(B.S. 교육학, 1983)·센트럴미주리대(M.S. 교육학, 1992) 졸업 후 교사·농장·중소기업 운영을 거쳐 주의회(1995~2001)와 연방하원에서 농업·국방·가정 정책에 주력했다. 2022년 상원의원 경선에 도전한 뒤 하원을 떠났다.

[명예단증 역대 주요 수상자]

일자	주요인사	직함 및 방문자 수	비고
2010. 7. 23.	유인촌	문화체육관광부 장관	기념관 관람
2012. 3. 26.	Nick Clegg(닉 클레그)	영국 부총리 외 12명	시범 관람, 명예 8단
2012. 4. 5.	Botir Rakhmatovich Parpiev (보티르 라흐마토비치 파르피예브)	우즈베키스탄 국세청장 겸 태권도협회장 외 2명	시범 관람, 방문패 및 감사장
2012. 8. 9.	Tulio mariano gonzales garcia (뚤리오 마리아노 곤잘레스 가르시아)	온두라스 문화체육부 장관	부원장 면담, 명예 7단
2012. 9. 12.	Kaman singh lama (카만 싱 라마)	주한네팔대사 외 6명	원장 면담, 명예 6단
2012. 10. 11.	Konstantin Vasilievich Vnukov (콘스탄틴 브누코프)	주한러시아대사 외 3명	원장 면담, 명예 6단
2012. 11. 28.	Artis Pabriks (아르티스 파브릭스)	라트비아 부총리 겸 국방부 장관 외 5명	시범 관람, 명예 7단
2013. 7. 26.	Kader ARIF (카데르 아리프)	프랑스 보훈담당 장관 외 10명	시범 관람, 명예 7단
2013. 11. 20.	Almazbek Atambaev (알마즈벡 아탐바예프)	키르기스스탄 대통령 외 20명	시범 관람, 명예 9단
2013. 12. 4.	임권택	2014 인천아시안게임 개막식 총감독 외 6명	시범 관람, 명예 6단
2014. 9. 30.	이상목	서울시의회 문화체육관광위원회 위원장 외 15명	시범 관람, 명예 4단
2014. 12. 17.	나경원	국제장애인올림픽위원회 집행위원	원장 면담, 명예 7단
2015. 10. 15.	이준	전 국방부 장관	원장 면담, 명예 6단
2016. 3. 9.	정태인	주투르크메니스탄 대한민국 대사	원장 면담, 명예 6단
2016. 3. 11.	Haidar Galucuma Ateem Jado (하이달 갈루쿠마 아팀 자도)	수단 청소년 체육부 장관 외 4명	원장 면담, 명예 7단
2016. 10. 20.	Carlos mario foradori (카를로스 마리오 포라도리)	아르헨티나 외교부 정무차관	태권도 체험, 감사장
2016. 11. 10.	Ruben Eloy Arosemena Valdes (루벤 엘로이 아로세메나 발데스)	주한파나마대사관 대사	원장 면담, 명예 6단
2016. 10. 24.	유승민	국제올림픽위원회(IOC) 위원	원장 면담, 명예 5단
2017. 1. 20.	Shaw Kgathi (쇼 크가티)	보츠와나 국방부장관 외 4명	원장 면담, 명예 7단
2017. 8. 24.	Dimitar Borisov Glavchev (디미타르 보리소프 글라브체프)	불가리아 국회의장 외 4명	시범 관람, 명예 7단
2017. 6. 28.	국제태권도연맹(ITF) 태권도시범단	리용선 총재, 장웅 IOC 명예 위원 외 20명	시범
2018. 1. 26.	John Horgan (존 호건)	캐나다 BC주 수상	시범 관람, 명예 7단
2019. 3. 27.	Philippe (필립)	벨기에 국왕 외 20명	시범 관람, 명예 8단
2019. 9. 25.	Boyko Borissov (보이코 보리소프)	불가리아 총리 외 40명	시범 관람, 명예 9단
2021. 6. 3.	이수성	전 국무총리	명예 8단, 고문 추대패
2021. 6. 16.	정세균	전 국무총리	명예이사장 추대패
2022.09.06.	JAIR MESSIAS BOLSONARO		
2022.10.27.	H.E. MAHMOUD ABBAS		
2022.12.09.	MOHAMMED BIN SALMAN BIN ABDULAZIZ BIN ABDUL RAHMAN		
2023.03.02.	H.E. MACKY SALL		
2024.01.31.	ANDREW PARSONS		
2022.06.07.	ILIANA IOTOVA		
2023.02.14.	LUVSANNAMSRAI OYUN-ERDENE		
2023.05.23.	H.E. MEHRIBAN ALIYEVA		
2024.06.04.	ANDREJ PLENKOVIC		
2024.10.23.	MIAN MUHAMMAD SHEHBAZ SHARIF		

[국기원 명예 9단 수여자]

Donald Trump
- 국가.　　미국
- 직위.　　미국 대통령
- 취득년도. 2021.11.19.

Ronald Reagan
- 국가.　　미국
- 직위.　　미국 대통령
- 취득년도. 1984.2.22.

William Jefferson Clinton
- 국가.　　미국
- 직위.　　미국 대통령
- 취득년도. 1998.6.20.

Dmitriy A. Medvedev
- 국가.　　러시아
- 직위.　　러시아 대통령
- 취득년도. 2009.2.5.

Ram Baran Yadav
- 국가.　　네팔
- 직위.　　네팔 대통령
- 취득년도. 2009.5.27.

Barack Obama
- 국가.　　미국
- 직위.　　미국 대통령
- 취득년도. 2009.11.13.

Juan Manuel Santos
- 국가.　　콜롬비아
- 직위.　　콜롬비아 대통령
- 취득년도. 2011.5.12.

Dr. Heinz Fi cher
- 국가.　　오스트리아
- 직위.　　오스트리아 대통령
- 취득년도. 2012.4.26.

Almazbek Atambaev
- 국가.　　키르기즈
- 직위.　　키르기즈 대통령
- 취득년도. 2013.11.15.

Ir. H. Joko Widodo
- 국가.　　인도네시아
- 직위.　　인도네시아 대통령
- 취득년도. 2015.11.11.

Juan Orlando Hernandez Alvarado
- 국가.　　온두라스
- 직위.　　온두라스 대통령
- 취득년도. 2015.7.15.

Kolinda Grabar-Kitarovic
- 국가.　　크로아티아
- 직위.　　크로아티아 대통령
- 취득년도. 2015.11.11.

Maithripala Sirisena
- 국가.　　스리랑카
- 직위.　　스리랑카 대통령
- 취득년도. 2015.12.10.

Recep Tayyip Erdogan
- 국가.　　터키
- 직위.　　터키 대통령
- 취득년도. 2016.1.13.

Bidhya Devi Bhandari
- 국가.　　네팔
- 직위.　　네팔 대통령
- 취득년도. 2016.1.15.

Pedro Pablo Kuczynski
- 국가.　　페루
- 직위.　　페루 대통령
- 취득년도. 2016.9.26.

Shavkat Mirziyoyev
- 국가.　　우즈베키스탄
- 직위.　　우즈베키스탄 대통령
- 취득년도. 2017.7.14.

Mohamed Beji Caid Essebsi
- 국가.　　튀니지
- 직위.　　튀니지 대통령
- 취득년도. 2018.4.7.

Rodrigo Roa Duterte
- 국가.　　필리핀
- 직위.　　필리핀 대통령
- 취득년도. 2018.6.5.

Carlos Alvarado Quesada
- 국가.　　코스타리카
- 직위.　　코스타리카 대통령
- 취득년도. 2020.3.11.

King Hamad Bin Isa Al Khalifa
- 국가.　　바레인
- 직위.　　바레인 국왕
- 취득년도. 2012.1.31.

Chen Shui Bian
- 국가.　　중화타이베이
- 직위.　　중화타이베이 지도자
- 취득년도. 2005.6.28.

국기원 홍보대사

"문화예술과
태권도의 만남"

국기원은 국기원은 국기원은 권위를 유지하는 동시에, 대중과의 거리를 좁히고 세계로 나아가는 길을 찾아야 했다. 김다현의 청아한 목소리, 정일우의 한류 파워, 조수미의 세계적 명성, 설운도의 대중적 울림, 진미령의 따뜻한 진정성은 모두 국기원과 태권도를 알리는 다섯 개의 빛나는 통로였다.

이들의 홍보대사 위촉은 단순한 명예가 아닌, 문화와 예술, 스포츠가 만나는 시너지의 선언이었다. 이는 국기원이 미래 100년을 향해 나아가며 반드시 필요한, '사람을 통한 세계화 전략' 의 한 축이기도 했다.

대중 속으로-
세계 속으로-
브랜드와 함께하다-

〈국기원 홍보대사 위촉의 의미 – 이동섭 리더십의 '사람을 통한 세계화'〉

제도와 기록으로 쌓아 올린 국기 태권도의 신뢰를, 사람의 얼굴과 목소리로 생활 속 경험으로 번역하려는 전략이다. 이동섭 원장이 홍보대사에 각별히 심혈을 기울인 이유는 바로 여기에 있다.

홍보대사는 명예 호칭이 아니라 메시지 '전달자·콘텐츠 공동제작자·문화외교 사절'이라는 실무적 역할을 가진다.

이 전략은 단순한 유명인 마케팅이 아니다. 황정리·왕호·바비김처럼 태권도 DNA를 지닌 영화·무대의 상징, 김태연·이영준처럼 제도와 재원을 연결하는 기업가 정신으로서의 후원·행정의 리더, 이유리·정일우처럼 한류 팬덤과 일상의 접점을 가진 배우, 조수미·설운도·진미령·김다현처럼 세대와 장르를 가로지르는 음악인의 포트폴리오가 한 팀을 이룬다. 각자의 고유한 신뢰자산이 국기원의 메시지-예의, 품격, 포용, 안전, 표준-와 결합될 때, 태권도는 "알려지는" 단계를 넘어 "경험되는" 국가 브랜드가 된다.

〈왜 국기원의 '홍보대사'인가 – 전략적 타당성〉

첫째, 도달(Reach)과 신뢰(Trust)의 곱하기(×)이다. 국기원이 직접 낼 수 있는 메시지의 도달에는 한계가 있다. 반면 홍보대사는 이미 검증된 팬덤과 신뢰를 품고 있으며, 그 네트워크에 국기원의 언어를 자연스럽게 이식한다.둘째, 세대·지역 포트폴리오 효과다. 국악·트로트·오페라·액션·드라마·스포츠 행정이 한 팀이 되면, 국내 전 세대와 해외 주요권역을 동시에 커버하는 다층 접점이 생긴다.셋째, 콘텐츠 전환 속도다. 시범·행사를 단발 홍보로 끝내지 않고, 홍보대사의 플랫폼(방송·SNS·투어·무대)에서 2차·3차 파생 콘텐츠로 확장하면 기억 지속시간이 길어진다.넷째, 문화외교 레버리지다. 해외 공연·촬영·행사 때 국기원과의 공동 프로그램을 끼워 넣어, 대사관·세종학당·현지 체육기관과의 삼각 협력으로 연결한다. 국기원의 제도적 신뢰와 홍보대사의 문화적 영향력이 상호 증폭된다.

〈이동섭 리더십의 설계 – 운영 원칙〉

이동섭 원장은 홍보대사를 '역할의 약속'으로 설계했다. 위촉장은 시작일 뿐, 사람과 이어지는 것은 역할과 성과에 대한 유·무형의 계약이라는 원칙을 기준으로 삼았다.

메시지의 일관성에 대한 "예의가 경쟁력", "안전과 포용", "표준이 품격" 같은 코어 메시지를 모든 홍보대사가 공통 언어로 사용하도록 이해를 위한 충분한 커뮤니케이션을 한다.

시범단·도장·학교 현장과 홍보대사(배우·가수·감독)의 협업, 인터뷰, 도복 체험, 리액션

영상 등을 국문/영문 동시에 공동 제작하여 국내외 채널에 배포하면서부터가 홍보 대사의 활동이 시작되는 것이기 때문에 매우 신중하고 의미있는 일이다.

따라서 홍보효과를 위한 지속 프로그램화를 만들기 위해 한 번의 위촉식이 아니라, 학교 방문, 지역 도장 데이, 해외 교류 세션, 온라인 라이브와 같이 다양한 활동을 만든다.

홍보대사의 선발 기준은 유명세가 아닌 '적합성'으로 국기원 미션과의 정합성에서 판단한다.

이러한 기준에 따라 위촉된 각 홍보대사는 자신의 강점 영역-무대·스크린·무술·행정·음악-에서 국기원의 전략 과제(교육·표준·안전·세계화)를 대변한다.

〈사람으로 세계를 잇다〉

국기원 홍보대사 위촉은 명예로운 사진 한 장이 아니라, 국기원의 제도·교육·외교를 사람의 이야기로 전달하기 위한 장치이기 때문에 이동섭 원장은 이 장치를 통해 정통성과 대중성, 제도와 감동 사이의 간극을 메우고자 하는 노력의 산실이다. 도복의 철학이 무대의 언어로, 광장의 호흡이 세계의 노래로 이어질 때, 태권도는 더 많은 이들의 삶 속으로 들어간다. 이것이 '대중 속으로, 세계 속으로'를 현실로 만드는, 이동섭 리더십의 이유이자 타당성이다.

배우 황정리 (2021년 3월 2일 위촉)

"전설의 발차기, 태권도의 상징"

세계 영화계를 뒤흔든 액션 배우 황정리는 태권도 영화의 아이콘이자 태권도 발차기 열풍의 주인공으로 '발차기의 교과서'로 불린다. 황정리 세계무술총연합회 총재로 활동 중인 그는 베트남전 파병 부대에서 태권도 교관을 맡기도 했고, 미국, 유럽, 중남미 등을 돌며 태권도 세미나를 실시하는 등 태권도를 세계에 널리 알리는데 기여한 전통 태권도인이다. 특히 1970년대부터 약 30년간 '취권', '사형도수' 등 340여 편의 영화에 출연해 태권도 발차기 열풍을 일으키며 홍콩과 한국 영화계의 액션 스타로 이름을 떨쳤다. 또한, 홍진바오(홍금보)와 량쯔충(양자경) 등 유명 배우들에게 태권도를 전수한 것으로도 알려져 있다.

국기원 홍보대사 위촉식에서 이동섭 원장은 "황정리 선생의 이름은 곧 태권도의 힘과 기술을 대변한다"고 강조했다. 황정리 홍보대사는 "해외에서 활동하면서 세계인에게 사랑받는 태권도가 우리나라 '국기'(國技)라는 것에 큰 자부심을 느꼈다. 내가 태권도를 통해 얻은 모든 명예를 다시 태권도에 돌려드리겠다"며, 태권도의 정신을 전 세계에 알리는 데 앞장서겠다고 다짐했다. 그의 위촉은 전통 무술 영화와 현대 태권도의 가교가 되는 순간이었다.

배우/ 무술 감독 왕호 (김왕호) (2021년 9월 10일 위촉)

"무대 위의 카리스마, 태권도의 혼을 담다"

왕호 홍보대사는 70년대 중국 액션영화의 다크호스로 급부상하며, 약 50여 편의 주연배우를 맡았으며, 무술 감독이자 태권도 연출가로 수많은 무대와 대회를 통해 태권도의 미학을 표현해온 인물이다.

前 한국영화배우협회 제작겸업배우분과위원장, 대구예술대학교 겸임교수, 서울지방경찰청 무술지도위원 등을 지냈고 현재 대한천지무예도협회 총재를 맡고 있다. 특히 영화라는 문화산업의 첨병을 통해 태권도를 전 세계에 알렸고, '중국에 이소룡이 있다면 한국에는 왕호가 있다'는 말과 함께 전 세계 영화계에 한 획을 그은 인물이기도 하다.

국기원에서 수여한 태권도 명예 9단자 이기도 한 그는 국기원 홍보대사 위촉식에서 "국기원 홍보대사가 되어 매우 영광스럽다. 태권도의 힘은 기술을 넘어 문화와 예술을 완성하는 에너지이니만큼 열정적으로 태권도인의 한 사람으로서 태권도가 더 많은 사랑을 받을 수 있도록 최선을 다하겠다는 소감을 밝혔다. 이동섭 원장은 "왕호 감독의 무대는 태권도의 숨결을 대중이 체험하는 장"이라며 그 의미를 설명했다. 김왕호의 위촉은 예술적 태권도와 세계 문화교류를 연결하는 신호탄이 되었다.

배우 바비김(김우경) (2023년 7월 25일 명예9단 선정)

"액션 연기로 태권도를 세계 곳곳에 알리다"

강렬한 외모와 액션연기로 수많은 영화를 히트시킨 액션스타 바비김이 그간의 공로를 인정받아 국기원으로부터 홍보대사 및 명예 9단에 선정되었다.

1970년대 박우상 감독의 '죽음의 승부'로 데뷔, 당시 인기를 끌던 태권도 영화의 주역으로 이름을 알린 바비김(본명 김우경)은 화려한 액션과 중후한 카리스마로 한용철과 더불어 쌍두마차로 대중의 사랑을 받았다. 바비김의 등장으로 태권영화는 전성기를 맞으면서 태창흥업은 독사, 국제경찰, 왕룡, 귀문의 왼발잡이, 사대독자 등 20편의 영화에 출연했다.

콧수염이 닮아 '한국의 챨스 브론슨'으로 불리는 그는 태권도 사범다운 화려한 기술로 스크린을 압도하면서 중후하면서도 믿음직스러운 정의의 사도 역을 맡아 인기를 끌었다. 미국으로 건너간 이후에도 덴버에서 태권도장을 운영하며 교민과 함께 호흡해왔다. 바비김 대사범은 미주 태권도 및 무예고수총연맹 명예총재이며 현재 덴버경찰국에서 공로를 인정받아 명예간부로 경위계급을 가지고 있기도 하다.

이동섭 원장은 바비김에게 태권도 명예 9단증을 수여하며 "한평생 태권도 보급에 헌신한 분으로, 9단에 걸맞은 삶을 살아오셨다. 앞으로도 태권도의 전도사로서 끝까지 헌신해 주실 것을 당부드린다"고 영예와 인정을 전했다. 태권도와 영화, 그리고 삶을 관통하는 그의 궤적은 국기원이 추구하는 정신과도 맞닿아 있다.

기업가 김태연 회장 (2021년 7월 6일 위촉)

"태권도로 정립한 기업가의 품격과 헌신"

미국 TYK재단 총재이자 실리콘밸리 라이트하우스 김태연 회장은 가장 성공한 미국 이민자 CEO로 알려져 있다. 젊은 시절부터 태권도를 수련하여 현재 공인 9단인 그의 태권도에 대한 남다른 열정과 애정을 보여온 그는, 위촉식에서 "태권도는 국가의 자랑이자 미

래 세대의 희망"이라며 감격을 전했다. 이동섭 원장은 "김태연 회장님의 위촉은 태권도인의 자부심을 다시 세우는 상징적 사건"이라 강조했다. 태권도인이자 재미 무술영화감독인 권영문 대사범의 적극적인 협조와 도움으로 이루어진 이 위촉은 국기원의 역사와 전통을 지켜내는 든든한 버팀목이 되었다.

특히 "He can do, she can do, why not me!"를 자신의 비즈니스 포켓에 넣고 손수 실

천하여 세계에서 가장 치열한 경쟁구도를 형성하고 있는 미국 캘리포니아 실리콘밸리에서 성공한 CEO가 되기까지 숱한 난관을 극복하는 데 '할 수 있다'는 "Can do!" 마인드콘트롤 이노베이션(Mind control innovation)으로 유명한 성공자가 되었다.

김 총재의 이런 성공은 미국 경제 전문지 월스트리트 저널(The Wall Street Journal)이 주목한 회사로서 TYK 패션회사, 경영인 리더십 및 코칭, 등 TYK그룹을 미국의 100대 유망 기업에 선정할 정도로 독보적인 성공 신화로 꼽힌다.

또한, 김태연 총재는 지난 2021년 8월 중순을 전후하여 태권도의 미래 비전을 위하여 국기원에 2억 원의 후원금을 기탁했다. 그리고 "국기원 홍보대사로서 국기원 발전과 태권도의 도약을 위한 노력을 아끼지 않겠다"는 각오를 표명했다. 이에 대하여 이동섭 국기원장은 미국에서 성공한 한국인 태권도인이 국기원 발전을 위하여 물심양면으로 적극 나선 것에 대하여 감사하며, 홍보대사 위촉식에서 고마움을 전했다.

LA 무술영화감독 기업가 권영문 회장 (2021년 7월 6일 위촉)

"글로벌 경영인의 태권도 철학"

권영문 회장은 기업 경영의 현장에 태권도의 인내·절제·예의를 접목해 온 리더다. 위촉식에서 그는 "태권도의 훈련 원리는 곧 경영의 본질"이라며, 국기원 홍보대사로서 스포츠를 넘어 문화와 산업을 잇는 가교 역할을 약속했다. 이동섭 원장은 "권 회장의 경영 철학은 태권도의 가치와 맞닿아 있으며, 경제계와의 전략적 협력을 확대하는 데 큰 힘이 될 것"이라고 평가했다.

재미(在美) 무술영화감독이자 경영인으로서 권 회장은 LA를 기반으로 태권도·합기도·검도·종합무술·킥복싱·쿵푸 등 다양한 무술 수련과 창작 활동을 병행해 왔다. 1970년 미국 진출 이후 100여 편의 무술영화 출연·제작에 참여했고, 남우주연상·무술감독상 등의 수상 경력을 갖고 있다. 현재는 종합무술·댄스스포츠 관련 국제 단체의 운영과 교육 프로그램을 이끌며, 무술의 미학을 대중문화와 교육 산업으로 확장하는 데 집중하고 있다.

국기원 홍보대사로서 그의 합류는 두 가지 축에서 의미가 크다. 첫째, 경제·산업 네트워크와의 연결이다. 기업 파트너십, 스폰서십, 사회공헌 연계 프로그램을 통해 국기원 브랜드를 글로벌 시장에서 지속 가능하게 성장시키는 기반을 마련한다. 둘째, 콘텐츠와 교육의 확장이다. 시범단·한마당 등 대표 프로그램을 영화·디지털 콘텐츠·현지 페스티벌과 결합해 태권도의 대중 접점을 넓히고, 학교·커뮤니티와 연계한 교육형 프로젝트를 활성화한다.

기업가 이영준 이사장 (2024년 3월 6일 창립총회)

"스포츠 행정의 전문성으로 태권도를 지원하다"

체육 행정과 스포츠 경영 분야에서 활약해온 이영준 이사장은 세계태권도청소년마약예방위원 창립멤버로 창립총회에 참석, 태권도의 제도적 뒷받침에 나섰다.

세계태권도청소년마약예방위원회(WT-YAD. World Taekwondo Youth Anti-Drug Committee)는 전 세계 청소년 태권도수련생들에게 마약 예방에 대한 중요성을 알리고, 태권도를 통해 건강하고 긍정적인 가치를 심어줘 미래를 이끌어가는 주역으로 성장할 수 있도록 설립되었다.

태권도를 활용해 자기통제, 균형 잡힌 삶의 중요성, 건강한 습관 등을 위한 활동프로그램을 개발해 학교와 체육관, 지역사회 등에 제공하는 한편 마약 예방을 위한 홍보, 국내외 태권도 협회 등 네트워킹 구축 등에 나설 계획이다.

그는 "태권도의 세계화를 위해 행정과 제도적 기반이 중요하다"는 뜻을 밝혔고, 이에 이동섭 원장은 "이영준 이사장의 전문성이 국기원의 글로벌 전략에 큰 힘이 될 것"이라며 감사의 메시지를 전했다. 이는 태권도가 사회에 선한 영향력과 책임감을 확장하는 기회가 되었다.

배우 이유리 (2024년 12월 18일 위촉)

"태권도를 만난 국민 배우의 따뜻한 메시지"

드라마와 예능을 통해 대중의 사랑을 받아온 배우 이유리는 국기원 홍보대사로서의 활동고 기대된다.

"태권도가 재밌어서 수련한것 뿐인데 이렇게 국기원 홍보대사까지 맡게 되어 영광스럽고 기쁘게 생각한다. 그동안의 경험을 바탕으로 많은 성인들이 태권도를 시작할 수 있도록 힘을 보태겠다"고 위촉 소감을 밝혔다.

배우 이유리는 액션 연기에 도전하고 싶어 준비하는 과정에서 태권도를 배우게 되면서 꾸준히 수련한 결과 2022년에는 태권도 공인 1단 유단자가 되었다. 특히 '실전 태권도 호신술'에 대한 남다른 관심과 열정으로 2024년 7월 문경에서 열린 '2024 세계태권도 한마당'에서 개인전과 단체전 2개 부분의 금메달을 획득하기도 했다. '실전 태권도 호신술'은 2024년 한마당부터 추가된 시범종목으로 이유리 씨의 참가로 긍정적인 관심을 높인 것은 물론 태권도인들에게 수련 동기를 제공하는 계기가 되었다.

그녀의 따뜻한 이미지와 진정성은 태권도의 대중적 확산에 큰 울림을 주었다. 이동섭 원장은 "앞으로 태권도 수련에 더욱 매진하고, 국기원과 태권도를 위한 많은 활동을 이어나갈 수 있기를 기대한다.

이유리 배우의 진심 어린 메시지가 국민과 세계인에게 태권도의 가치를 더욱 친근하게 전달될 것을 기대하며, 그녀를 통해 태권도가 한국의 소중한 문화유산이자 한류의 원조임을 알리게 될 것이다. 그리고 더 많은 사람들이 태권도를 수련하도록 장려할 것이라고 밝혔다. 이유리 배우의 위촉은 더 많은 사람들이 태권도를 수련하도록 동기부여가 될 것이며 문화와 무도가 만나는 소중한 자리였다.

가수 김태연 (2024년 12월 26일 위촉)

"한국의 소리를 태권도의 울림과 잇다"

국기원은 국악과 트로트를 넘나들며 독창적인 무대를 만들어 온 '국악 신동' 김태연 가수를 홍보대사로 위촉했다. 어린 나이에도 불구하고 수많은 대회에서 수상하며 두각을 나타낸 그녀는, 미국 카네기홀 무대에 올라 한국의 전통 소리를 세계에 알린 주인공이다.

가수 김태연은 평소 태권도에도 남다른 관심을 가져왔다. 2023년 광화문에서 열린 '국기 태권도 한마음 대축제'에서 식전 공연을 맡아 태권도인 앞에 선 이후, 꾸준히 태권도와 관련된 행보를 이어왔다. 같은 해 성남에서 개최된 '세계태권도한마당' 개회식에서는 판소리를 접목한 애국가를 불러 국내외 수많은 태권도인에게 깊은 울림을 선사했다. 이어 12월에는 태권도 1품 심사에 직접 응시해 합격, 정식 유단자가 되는 기쁨도 맛보았다.

위촉 소감에서 김태연 홍보대사는 "국기원 홍보대사로 활동할 기회를 주셔서 감사하다. 제가 가진 재능을 통해 국기원을 알리고, 태권도의 가치를 조금이나마 전할 수 있도록 노력하겠다"고 다짐했다.

이동섭 국기원장은 "국악과 태권도는 모두 한국의 뿌리 깊은 전통 속에서 자라난 문화이며, 서로 닮은 점이 많다. 김태연 홍보대사의 합류로 국악과 태권도가 긍정적인 영향을 주고받으며, 국기원의 가치가 전 세계로 더 확산되길 기대한다"고 밝혔다.

가수 김태연의 홍보대사 위촉은 단순히 홍보대사의 추가가 아니라, 전통과 청소년 세대, 그리고 국악과 태권도의 만남이라는 특별한 의미를 갖는다. 그녀가 보여줄 무대와 활동은, 국기원이 미래 세대와 더욱 가깝게 연결되는 다리 역할을 할 것이다.

배우 이동준 (2025년 1월 14일 위촉)

"액션과 태권도의 만남"

오랜 시간 영화와 드라마에서 강인한 캐릭터를 연기해온 배우 이동준은 태권도의 저력을 몸으로 보여준 대표적 배우다. 그리고 태권도 국가대표 선수 출신으로 세계태권도선수권대회(1983년, 1985년)와 아시아태권도선수권대회(1984년) 미들급 3연패를 달성한 금메달리스트로 화려한 발차기 기술과 박진감 넘치는 경기 운영으로 태권도계에서 명성을 떨친 이 홍보대사는 은퇴 후 1989년 영화 서울 무지개로 대종상 영화제 신인남우상을 받는 등 영화와 드라마에서 배우로 이름을 알렸다. 최근에는 트로트 가수에 도전, 방송인으로서 다양한 분야에서 활동을 이어오고 있다.

국기원에서 이동섭 원장으로부터 위촉장을 받은 그는 "세계태권도본부 국기원의 홍보대사로 위촉되어 영광스럽게 생각한다. 태권도는 내 인생의 일부이자 배우로서의 힘을 준 원천이기 때문에 더불어 책임감과 자부심을 갖고 열심히 뛰겠다"라며 벅찬 소감을 밝혔다. 이동섭 원장은 "이동준 배우의 진정성과 투혼은 태권도의 정신과 맞닿아 있다. 홍보대사로서 경험과 열정이 태권도와 국기원 발전에 도움이 될 것으로 믿는다. 앞으로 국기원의 긍정적인 가치를 높이는 데 함께 해주길 바란다"고 전했다. 그의 위촉은 태권도의 스크린 재현과 문화적 확산의 상징이었다.

가수 김다현 (2025년 3월 6일 위촉)
"국악의 울림과 태권도의 호흡"

청학동 김봉곤 훈장의 딸, 국악 트로트 가수 김다현은 어린 나이에도 불구하고 국악의 깊이와 트로트의 대중성을 동시에 품은 목소리로 사랑받고 있다. 그녀가 국기원 홍보대사로 위촉된 날, 이동섭 원장은 "전통과 현대를 잇는 김다현의 무대는 태권도의 뿌리와도 닮았다"고 말했다. 김다현은 "태권도의 힘은 음악처럼 국경을 초월한다"며, 국악의 맑은 소리로 태권도의 아름다움을 전하겠다고 다짐했다. 어린 소녀가 국악과 태권도를 잇는 가교로 서는 순간, 국기원은 미래 세대와 더 가까워졌다.

배우 정일우 (2025년 4월 2일 위촉)
"한류 배우의 책임감"

드라마와 영화를 통해 아시아 전역에서 팬덤을 형성한 배우 정일우는, 국기원 홍보대사 위촉식에서 "우리의 소중한 문화유산인 태권도를 널리 알리는 것이 배우로서 또 하나의 사명이라 생각한다"고 소감을 전했다. 그는 실제로 해외 활동 중 여러 나라에서 태권도를 접한 경험을 공유하며, 태권도의 가치가 한국을 넘어 세계인의 정신적 유산임을 강조했다. 이동섭 원장은 "정일우 배우의 선한 영향력이 태권도의 세계화를 가속할 것"이라며 기대를 밝혔다. 한류와 태권도의 결합은 국기원의 글로벌 브랜드 확산에 큰 울림을 더했다.

소프라노 조수미 (2025년 4월 18일 위촉)

"세계 무대에서 다시 만난 태권도의 기억"

세계적인 소프라노 조수미는 '축복받은 목소리'라는 평가와 함께 30여 년 간 세계 정상급 무대를 누비며 수많은 클래식 팬들의 사랑을 받아온 인물이다. 라스칼라, 메트로폴리탄, 빈슈타츠오퍼, 런던코벤트가든, 파리바스티유 오페라 등 세계 5대 오페라 하우스에 동양인 최초로 주역 데뷔한 것은 물론, 1993년 그래미 어워드 수상, 프랑스 정부 예술문화훈장, 대한민국 금관문화훈장 등을 수상하며 음악계에서 전설로 통한다.조수미 홍보대사는 위촉식에서 자신의 초등학교 시절을 회상했다. "태권도를 배우며 무대에 설 용기를 얻었다. 태권도를 수련하며 얻은 자신감과 용기가 오늘의 저를 만들었다"는 고백은, 국기원장과 현장에 있

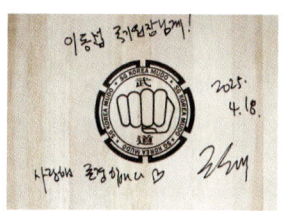

〈조수미 홍보대사가 시범단의 격파
송판에 사인(2025. 4. 18.)〉
"이동섭 국기원장님께!"라는 문구와 태
권도에 대한 응원 메시지 "
사랑하고 존경합니다"를 직접 남겼다.

던 모든 이들의 마음을 울렸다. 동양인 최초로 세계 오페라 무대의 프리마돈나가 된 그녀가 다시 태권도와 연결되는 순간은 상징적이었다. 이동섭 원장은 "세계적인 목소리와 세계적인 무도가 만났다"며 조수미 위촉의 의미를 강조했다. 이는 태권도의 문화 외교적 가치가 음악처럼 세계 어디서든 울려 퍼질 수 있음을 보여주는 장면이었다. "국기원 홍보대사로서 태권도의 가치를 세계에 널리 알리는 데 더욱 힘을 보태겠다"고 말했다.

특히 이날 국기원 시범단의 역동적인 고난도 기술 시범과 절도 있는 품새가 펼쳐지는 순간마다 조수미는 숨을 죽이며 집중했고, 연이은 격파 시범에선 탄성을 터뜨리며 기립박수를 보냈다. 공연 후에는 시범단과 따뜻한 인사를 나누며 "이 무대는 단순한 시범이 아니라 감동의 예술 공연이었다"고 찬사를 보냈다.

이동섭 원장은 "명불허전 조수미 씨를 홍보대사로 모시게 되어 국기원에 큰 영광"이라며 "예술과 무예, 세계 무대를 넘나드는 두 분야의 거장이 만나 국기원의 세계화에 더 큰 시너지를 낼 것으로 기대한다"고 밝혔다.

국기원은 이번 조수미 홍보대사 위촉을 계기로 문화예술과 무예가 만나는 새로운 협력 모델을 제시하며, 그녀와 함께 태권도의 국제적 위상을 높이기 위한 다양한 국내외 홍보 활동 전개를 기대했다.

가수 설운도 (2025년 4월 22일 위촉)
"트로트와 태권도의 리듬"

〈설운도 홍보대사가 시범단의 격파 송판에 사인(2025. 4. 22.)〉 "국기원, 무궁한 영광을 위하여!" - 직접 응원 메시지와 캐리커처를 그렸다.

가수 설운도는 데뷔 이후 '다함께 차차차', '사랑의 트위스트' 등 수많은 히트곡으로 전 세대를 아우르는 트로트 가수다. 국기원은 태권도의 긍정적 이미지 제고는 물론 주요 정책과 사업을 널리 알리기 위해 가수 설운도를 홍보대사로 위촉했다. 대중가요계에서 오랜 시간 국민의 사랑을 받아온 가수 설운도는, 위촉식에서 "태권도와 음악은 리듬으로 일맥상통하는 부분이 있다. 노래 하나에도 정성과 혼을 담아야 감동을 줄 수 있듯 태권도도 마찬가지다. 국기원 홍보대사라는 큰 역할을 맡아 막중한 책임감을 느낀다. 대한민국의 대표 브랜드인 태권도와 국기원을 위해 작은 힘이라도 보태고 싶다"고 말했다.

그의 말처럼 태권도의 동작은 음악의 박자와 어우러져 시범단 공연에서도 하나의 무대 예술로 완성된다. 실제로 위촉식 당일, 국기원 시범단의 힘찬 발차기와 격파에 감탄한 그는 박수를 멈추지 못했다. 국기원은 가수 설운도의 대중적 신뢰와 친근한 이미지가 태권도의 긍정적 가치를 생활 속으로 확산시킬 수 있는 매개체가 될 것이라 기대했다.

박물관장 김민선 (2025년 4월 29일 위촉)
"태권도로 잇는 한·미─국기원 명예 7단과 백악관 태권도 페스티벌 홍보대사"

4월, 김민선 미주한인 이민사 박물관장은 이동섭 원장의 초청으로 세계 태권도본부 국기원을 방문했다. 국기원 태권도시범단의 환영 속에 본관 귀빈실에서 환담을 나눈 뒤, 김 관장은 국기원으로부터 태권도 명예 7단증을 수여받았다. 이어 15분간 진행된 축하 시범 공연이 펼쳐졌고, 문화외교가로 서 한미동맹에 각별히 신경을 쓰는 이동섭 원장은 미국의 정치인사들과 교류하는 김 관장을 미국 백악관 태권도 페스티벌의 홍보대사로 공식 위촉했다. 원장은 "미국 현지에서 태권도의 저변 확대와 발전에 실질적 도움이 되도록 협조해 달라"며 국기원의 문화외교 파

트너로서 역할을 당부했다.

이번 위촉은 김운용 총재의 며느리인 김민선 관장이 한국과 미주를 잇는 문화 네트워크의 접점에서 태권도의 공공외교를 지원한다는 의미를 지닌다. 국기원의 전통과 정체성을 상징하는 명예단증 수여가 이루어지고, 곧바로 미국 백악관 무대와 연결되는 홍보대사 임명이 이어짐으로써, 국기원의 브랜드 메시지-태권도로 하나 되는 세상-이 현지 사회와 정책 무대까지 확장될 수 있는 교량이 마련되었다.

이번 위촉과 명예단증 수여는 의전적 상징을 넘어, 국기원이 지향해 온 문화외교 전략의 작동 방식을 미국 현장에서 구체화한 사건이었다. 김운용 리더십의 유산과 현재 국기원의 비전이 김민선 관장이라는 인물의 네트워크를 매개로 연결되면서, 태권도라는 콘텐츠가 재외동포 커뮤니티와 미국의 공공영역(백악관·주정부·교육·문화기관)으로 동시에 확장될 수 있는 통로가 열렸다. 국기원 시범단

의 축하시범과 명예단증 수여가 같은 날 같은 공간에서 이어진 구성은, 전통과 품격(명예단)·대중성과 현장성(시범)·정책 무대(백악관)라는 세 축을 하나의 내러티브로 엮어내며 국기원의 브랜드 메시지를 분명하게 각인시켰다.

기대 효과 역시 분명하다. 단기적으로는 백악관 페스티벌이라는 상징성 높은 무대를 통해 태권도와 국기원의 인지도를 대폭 확장하고, 미국 주류 미디어 및 문화기관의 관심을 유도함으로써 향후 공동기획·교육 프로그램·도장 네트워크 연계로 이어질 수 있는 파이프라인을 확보한다.

중기적으로는 미주한인 커뮤니티와 미국 공공기관·박물관·학교를 잇는 협력 모델을 정례화하여, 국기원 시범단 순회공연, K-12 학교 연계 태권도 인성교육, 뮤지엄형 전시·아카이브 프로젝트 같은 다층 프로그램을 구축할 수 있다.

장기적으로는 미국 내 도장 생태계의 질적 성장(심사·연수 표준 정착), 스폰서십과 기부 채널 확대, 국제행사 공동 유치 등으로 국기원의 지속 가능한 거버넌스를 강화하게 된다. 이 과정에서 국기원은 '태권도로 하나 되는 세상'이라는 기치를, 단발성 이벤트가 아닌 교육-공연-외교가 결합된 통합 플랫폼으로 실천하는 기관으로 자리매김하게 될 것이다.

가수 진미령 (2025년 5월 7일 위촉)

"따뜻한 목소리로 전하는 태권도의 품격"

가수이자 방송인으로 오랜 세월 사랑받아온 진미령은 1970년대 데뷔 이후 '소녀와 가로등', '하얀 민들레', '사랑은 아무나 하나' 등 다수의 히트곡으로 대한민국 대표 여성 가수로서 활동해 왔다. 최근에는 방송 활동과 사회공헌 활동을 통해 폭넓은 세대와 소통하며 긍정적인 이미지를 구축해 왔다. 국기원은 진미령의 따뜻한 대중성과

꾸준한 사회적 기여를 높이 평가하여, 태권도의 문화적 가치와 국기원의 비전을 널리 알릴 수 있는 적임자로 판단했다.

진미령은 위촉 소감을 통해 "태권도는 한국인의 자존심이며 세계인이 함께하는 글로벌 스포츠, 홍보대사로서 태권도의 아름다움과 국기원의 사명을 널리 알리는 데 최선을 다하겠다"라고 강조했다. 그녀는 무대 밖에서도 늘 따뜻함과 헌신으로 사회적 활동을 이어왔으며, 이번 위촉을 통해 태권도의 문화적 가치를 전하는 또 하나의 사명을 더하게 되었다. 이동섭 원장은 "진미령님의 진정성 있는 활동은 국기원의 메시지를 더욱 친근하게 전할 수 있을 것"이라며 환영의 뜻을 밝혔다.

국기원

KUKKIWON
WORLD TAEKWONDO HEADQUARTERS

국기원, 시간의 벽을 넘어

2025년 을사년(乙巳年) 이동섭원장은…

2025년 을사년(乙巳年), 이동섭 원장은 자신의 임기 마지막 해를 맞이하며 새해 첫날부터 묵직한 다짐을 내비쳤다. "순간순간의 성과에 안주하지 않고, 태권도의 희망찬 미래를 위해 걸음을 멈추지 않겠다."는 말은 단순한 신년사의 한 구절이 아니라, 그의 리더십을 압축적으로 보여주는 선언이었다.

새해 벽두, 그는 태권도 가족에게 푸른 뱀의 기운처럼 희망과 용기를 전하며, 특히 그늘진 곳과 어려운 이웃을 잊지 않겠다는 메시지를 전했다. 이는 국기원의 수장으로서의 책무를 넘어서, 사회적 지도자로서 태권도의 가치를 어떻게 확장해야 하는지를 보여주는 철학적 발언이었다.

2024년은 국기원 시범단 창단 50주년이라는 역사적 의미를 가진 해였다. 반세기 동안 전 세계를 누비며 '언어보다 강한 울림'으로 대한민국을 알린 시범단은, 그 자체로 문화외교 사절단이자 태권도의 상징이었다. 원장은 이 성취를 단순히 과거의 기념비로 남기지 않고, 태권도의 새로운 100년을 준비하는 발판으로 삼았다.

또한 그는 해외 조직 기반 확대를 위해 숨 가쁘게 뛰었다. 그 결과 100여 개 국가에 국기원 사무소를 설치하고, 이를 거점으로 국제교류와 협력의 틀을 넓혀나갔다. 이는 태권도의 국제 제도화를 위한 본격적인 토대였으며, 태권도를 세계 속에서 '공유되는 문화유산'으로 만드는 중요한 전환점이었다.

임기 마지막 해에 이르러 그는 또 하나의 굵직한 성과를 남겼다. 바로 국기원의 역사를 담은 귀중한 기록물 전산화 사업이었다. 1962년 대한태수도협회 초단증서발부대장 제1권을 비롯하여 1985년까지 수기로 작성된 품·단증 발급대장, 명예단증 대장, 사범 자격증 대장 등 총 518권, 27만여 쪽에 달하는 방대한 자료가 디지털화되었다. 그리고 국기원 50년사로 발간되었다. 이 사업은 단순히 문서를 스캔해 보관하는 차원을 넘어, 훼손된 자료를 복구하고 탈산 처리와 보존 상자 보관을 통해 미래 세대가 언제든 안전하게 접근할 수 있도록 한 국가적 아카이빙 작업이었다. 나아가 이를 국기원 정보관리시스템 '티콘(TCON)'과 연동시킴으로써, 행정의 효율성과 투명성을 크게 높였다. 과거에는 담당자가 낡은 문서철을 일일이 넘겨 확인해야 했던 품·단증 기록을 이제는 몇 초 만에 검색할 수 있게 된 것이다.

이 모든 과정은 태권도의 과거를 보존하고 현재를 혁신하며 미래를 준비하는, 삼중적 리더십의 구현이었다. 세계를 향해 뻗어나가는 국제외교의 현장에서, 그리고 국기원의 서고 깊숙이 잠들어 있던 기록의 보존 현장에서, 그는 똑같이 '태권도의 미래를 위해 오늘 해야 할 일'을 실천했다.

2025년, 임기의 끝자락에서 이동섭 원장이 보여준 다짐과 행보는 단순히 한 명의 원장의 임기 마무리가 아니었다. "끝맺음이 곧 시작이다" 그것은 태권도의 어제와 오늘, 그리고 내일을 잇는 거대한 다리였으며, 새로운 100년의 역사를 만들어갈 태권도를 국가와 세계가 함께 지켜야 할 인류 문화유산으로 확고히 세우려는 의지의 기록이었다.

태권도 외교의 최전선
"국기원 시범단의
글로벌 메시지"

태권도는 도장에서만 피어나는 기술이 아니다. 한 번의 품새, 한 번의 격파 속에는 수련인의 정신과 문화가 고스란히 담겨 있다. 국기원 시범단은 그 정신을 무대 위에서 풀어내는 사절단이자, 세계를 향한 대한민국의 문화 메신저다.

그들의 여정은 대한민국의 일상적인 공간에서 시작된다. 시민들이 자유롭게 찾는 광장과 공원에서, 태권도 의 힘과 아름다움을 몸소 전하며 사람들의 호응을 이끌어냈다.

이후 그 무대는 국가의 상징 공간으로 옮겨갔다. 청와대, 국회, 국가 기념행사 같은 장면 속에서 시범단은 단순한 공연을 넘어 '국기를 지키는 상징'이 되었고, 국격을 높이는 역할을 맡았다.

그리고 마침내, 그 발걸음은 지구 곳곳으로 뻗어 나갔다. 몽골의 나담축제, 미국 주정부 기념행사, 유럽의 역사 도시에서 울려 퍼진 태권도의 함성은 언어의 장벽을 넘어선 울림이 되었고, 세계인들의 기억 속에 대한민국의 이미지를 깊이 새겼다.

국기원 시범단이 걸어온 발자취는 국내 대표 공간에서 출발해 국가 상징 무대, 그리고 세계 무대까지 확장해 나간 흐름 속에서 그 여정을 이야기해 나간다.

언어보다 강한 울림-
태권도로 말하다-
세계를 움직이다-

태권도는 이제 단지 수련과 겨루기의 기술을 넘어, 평화를 전하는 메시지이자 한국의 정신을 세계에 전달하는 상징이 되었다. 그 중심에는 말보다 강한 울림으로 세계인을 감동시키는 국기원 시범단이 있다.

[전 세계를 향한 태권도 퍼포먼스, 국기원 시범단의 위용]

2007년 미국 시카고에서 열린 '미주 태권도 로드쇼'에서 국기원 태권도시범단이 시카고 파이어 경기장을 가득 메운 2만여 명의 관객 앞에서 웅장한 시범을 펼치고 있다.

[50년의 발자취, 미래를 향한 다짐]

2024년 9월 9일 국기원 중앙수련장에서 열린 '국기원 태권도시범단 창단 50주년 기념행사'에서 시범단이 기념 퍼포먼스를 선보이고 있다. 음악과 기술, 예술이 융합된 무대는 태권도 시범의 진화를 보여주었다.

[50년의 발자취, 미래를 향한 다짐]

기념행사에서 이동섭 국기원장이 시범단의 초석을 다진 김영작 초대 단장을 비롯한 12명의 주요 공헌자들에게 공포패를 수여하고 있다. 이는 국기원 시범단의 지난 50년을 조명하고, 다음 100년을 준비하는 공식적인 현정의 순간이었다.

"태권도 시범단 창단 50년, 세계로 향한 울림의 반세기"

1974년 9월, 국기원은 하나의 상징적인 조직을 세상에 내놓았다.태권도의 본질과 정신을 담아낸 '국기원 태권도 시범단'의 창단이었다. 이는 단순한 시범조직이 아닌, 무도를 예술로, 기술을 메시지로, 움직임을 외교로 승화시키는 특별한 여정의 시작이었다.그로부터 정확히 반세기, 2024년 9월 9일 서울 강남 소재의 국기원에서 '창단 50주년 기념식'이 성대히 개최되었다.

이날 행사에는 김영작 초대 시범단장을 비롯해 국내외 태권도 원로와 시범단 출신 인사, 그리고 이동섭 국기원장을 포함한 국기원 관계자와 각계 주요 인사 등 250여 명이 함께하여, 지난 50년의 성과를 되돌아보고 미래 100년의 비전을 함께 공유했다.

국기원 시범단은 1974년 창단 이후 지금까지 100여 개국 이상을 방문하며 수천 회에 달하는 국제 시범 공연을 펼쳐왔다. 그들은 국제 스포츠 대회 개막식은 물론, 외교 사절단 환영 행사, 대통령 순방 문화행사, UN과 같은 국제기구 행사에 이르기까지, 대한민국의 국기를 대표하는 문화사절단으로 활동해왔다.

특히 국기원 시범단은 단순히 시각적 흥미를 유도하는 퍼포먼스 수준에 머무르지 않았다. 그들은 '무도'의 본질, 곧 절제와 균형, 심신의 일치, 기술과 정신의 통합을 시범 동작 하나하나에 녹여냈다.무대를 화려하게 만드는 기술이 아닌, 태권도 고유의 호흡과 기합, 묵직한 동작이 만들어내는 '울림'을 통해, 관객의 눈뿐 아니라 가슴까지 움직이는 무대를 선보여 왔다.

이동섭 국기원장은 기념식에서 이렇게 말했다."국기원 시범단의 공연은 전 세계 태권도 가족들에게 가장 큰 환영을 받고 깊은 인상을 남기는 문화 외교의 정점입니다. 앞으로도 시범단이 태권도의 무예성과 본질을 잃지 않고 당당하게 세계를 누빌 수 있도록 국기원은 전폭적인 지원을 아끼지 않겠습니다."

국기원 시범단의 50년은 단지 과거의 기록이 아니다.그들이 걸어온 길은 태권도의 외교적 가치와 문화적 파급력을 증명하는 이정표였으며,앞으로 태권도 세계화를 넘어 문화 강국으로 도약할 대한민국의 미래를 설계하는 청사진이다.

"1974, 위대한 태동 – 국기원 시범단의 시작"

국기원 태권도 시범단의 창단은 대한민국 태권도 외교사의 찬란한 시작이자, 문화 외교를 향한 국가적 비전의 결정체였다.1974년 9월 6일, 국기원을 기반으로 '상설 대표 시범단'이 공식 창단되었고, 이는 세계인을 향한 태권도 정신의 첫 외침이었다. 그러나 이 위대한 시작은 하루아침에 이루어진 것이 아니었다.시간을 되돌려보면, 1973년 4월 5일 국기원에서는 '상설 연무시범단원 선발대회'가 처음 열렸다.이 대회는 국기원 내부에서 "태권도의 정수를 세상에 알릴 공식 시범단을 구성하자"는 태권도인들의 염원이 제도화되기 위한 첫걸음이었다.전 세계에 파견될 태권도 외교사절단, 즉 태권도의 얼굴이자 한국 무도 정신의 대표 브랜드를 세우기 위한 움직임이었다. 1년간의 준비 끝에, 국기원은 '상설 대표 시범단'이라는 명칭으로 정식 창단을 선언했다.이후 국기원 시범단은 단순한 기술 시연을 넘어서, 태권도의 무예성·예술성·철학을 전달하는 상징적 기구로 자리매김하며 전 세계에 한국의 정신을 전파하는 데 핵심 역할을 하게 된다.

1981년은 국기원 시범단이 '조직'에서 '시스템'으로 전환되는 중요한 분기점이 되었다.이 시기 국기원은 기술심의회 산하에 '시범분과위원회'를 신설하고, 초대 위원장으로 김영작 교수를 임명하였다. 김 위원장은 시범단 초대 단장을 겸임하며 지금까지도 유지되고 있는 시범단 운영의 핵심 체계를 설계했다. '훈련과 시범의 구성', '기술표준화', '공연 구성 방식' 등 모든 요소가 그 틀 안에서 정비되었다.

한편, 국기원은 태권도 저변 확대와 차세대 육성을 위해 어린이 시범단 창단에도 착수하였다.당시 이규형 감독이 초대 지휘를 맡아 어린이 시범단을 지도했고, 1982년 3월 23일에는 성인 시범단과 어린이 시범단의 통합 운영이 결정되며, 국기원 시범단의 운영 구조는 하나의 전문 조직으로 완성되었다.

이렇듯 국기원 시범단은 단순한 창단을 넘어, 시대적 요청과 무도 철학을 담아낸 체계적인 시스템으로 진화했다. 그 시작은 작았지만, 그 울림은 반세기를 지나 오늘날까지도 세계를 움직이고 있다.

"해외로 뻗어 나가다 – 시범단, 문화외교의 최전선이 되다"

창단 초기, 국기원 시범단의 주된 활동 무대는 국내 주요 태권도 대회의 개막행사였다.시범단은 단순한 공연을 넘어 행사의 품격을 높이고, 태권도의 정신과 기술을 대중과 관계자에게 각인시키는 역할을 해냈다. 하지만 곧 그들의 무대는 국경을 넘어 확장되었다.

해외 정상급 인사들이 대한민국을 국빈 방문할 때면, 빠지지 않고 국기원에서 마련된 공식 일정 중 하나가 바로 시범단의 태권도 공연이었다. 정치, 경제, 사회, 문화 각계의 거물급 인사들은 공연을 보는 내내 태권도의 절도 있는 동작과 철학적 깊이를 담은 시연 앞에서 찬사를 아끼지 않았다.

국제올림픽위원회(IOC) 위원장을 비롯한 세계 체육계의 주요 인사들이 국기원을 방한할 때에도 시범단은 가장 각광받는 환영 콘텐츠로 활용되었다.

〈예술의 거리에서 울려 퍼진 태권도의 기합〉
2011년 영국 런던 내셔널 갤러리 앞에서 국기원 태권도시범단이 퍼포먼스를 펼치고 있다. 클래식한 건축물과 조화를 이루는 동작은 태권도가 문화 외교의 한 축임을 증명한 순간이었다.

〈세계에 솟은 태권도의 비상〉
2024년 우루과이에서 열린 한국-우루과이 수교 60주년 기념행사에서 국기원 태권도시범단이 고난도 공중격파 시범을 선보이며 문화외교의 정수를 보여주고 있다.

이처럼 국기원 시범단이 외교 무대의 공식 의전 콘텐츠로 자리 잡을 수 있었던 배경에는, 국기원과 세계태권도연맹(WT)의 전략적 연대가 있었다. 태권도를 올림픽 정식 종목에 포함시키기 위한 중장기 계획 아래, 국기원은 시범단을 '정책적 설득의 수단'이자 '문화외교의 선봉'으로 운용하기 시작한 것이다. 정부 또한 이 계획에 적극적으로 호응하며, 국기원 시범단의 공연 기회를 외교적 의전의 핵심축으로 삼았다.

태권도 시범을 접한 각국의 고위 인사들과 관계자들은 그 놀라운 기술성과 예술성에 경탄을 금치 못했다.특히, 시범단의 절제된 무예성과 정서적인 울림은 단순한 퍼포먼스를 넘어 하나의 문화 콘텐츠로 받아들여졌고, 자연스럽게 세계 각국에서 시범단 초청 요청이 쇄도하기 시작했다.

결국 국기원은 전략의 방향을 바꾸었다.국내로 방문하는 외국 귀빈들에게만 태권도를 보여주는 소극적 방식에서 벗어나, 직접 해외를 찾아가 태권도의 가치를 전파하는 '공세적 문화외교'로 전환하게 된 것이다.

이와 같은 변화는 단지 공연의 지리적 확장을 넘어, 국기원 시범단이 국가 브랜드를 대표하는 실질적 외교 사절단으로 자리잡는 계기가 되었다. 그들은 더 이상 태권도를 보여주는 시연단이 아니라, 대한민국의 철학과 정신, 그리고 문화의 깊이를 전달하는 움직이는 무대가 되었다.

"올림픽 정식 종목을 향한 전략적 여정"

국기원 시범단의 해외 활동은 단순한 무대 확장을 넘어, 분명한 국가 전략의 일환으로 출발했다.그 전략의 핵심은 태권도를 올림픽 정식 종목으로 채택시키는 것이었다. 국기원과 세계태권도연맹은 이 목표 달성을 위해 태권도의 우수성과 철학을 국제 사회에 각인시킬 필요성을 절감했고, 그 해답이 바로 시범단에 있었다.

특히 해외 공연 프로그램은 국제올림픽위원회(IOC) 위원을 보유한 국가를 우선순위로 삼는 철저한 전략 하에 운영되었다. 단순한 문화 교류가 아닌, 외교적 목적을 지닌 문화외교 수단으로 시범단이 배치된 것이다.

국기원이 처음으로 파견한 공식 해외 시범단은 놀랍게도 어린이들로 구성된 '남대문초등학교 어린이 시범단'이었다.1978년 1월 24일, 이들은 독일, 오스트리아, 네덜란드 등 유럽 3개국에서 태권도의 절도 있는 동작과 한국 무예의 정신을 알렸다. 전통 무예에 대한 높은 관심을 지닌 유럽 관객들은 어린이 시범단의 공연에 열광했고, 이는 태권도에 대한 국제적 호감도를 증폭시키는 계기가 되었다.

성인 시범단의 첫 해외 파견은 그보다 다소 늦은 1985년으로, 미얀마가 그 출발점이었다.이때 국기원 시범단은 미얀마 체육국장, 치안국장, 보건부 차관, 무술협회장 등 주요 결정권자들 앞에서 태권도 공연을 선보였다. 당시 현지 반응은 뜨거웠고, 이는 태권도 보급과 제도권 진입에 중요한 촉진제가 되었다.

이후 국기원은 태권도 외교의 물꼬를 본격적으로 트기 시작했다.태국, 인도, 인도네시아, 일본, 베트남, 홍콩 등 아시아 각국으로부터 시범단 공연 요청이 줄을 이었고, 국기원은 이를 기반으로 아시아 무대에서의 입지를 강화했다.한편 이러한 성과를 발판 삼아 시범단 파견 지역은 아시아를 넘어 아프리카, 유럽, 미주 대륙으로 급속히 확대되었다.

이집트, 우간다, 나이지리아, 가나, 가봉 등 아프리카 국가들은 태권도를 통한 청소년 교육과 사회 치유의 가능성에 주목했고, 스위스, 오스트리아, 스페인 등 유럽권에서는 올림픽 종목 채택과 무예 문화의 다양성 차원에서 큰 관심을 보였다.미국, 멕시코, 페루, 아르헨티나 등 아메리카 대륙에서도 태권도는 빠르게 뿌리내렸고, 그 중심에는 늘 국기원 시범단의 감동적인 공연이 있었다.

이처럼 시범단의 무대는 국가 간 외교 관계의 접점이자, 문화의 경계를 허무는 열쇠였다. 그들은 단지 무대를 누비는 퍼포머가 아니라, 대한민국의 브랜드와 철학, 태권도의 정체성을 세계 무대에 증명해낸 '이동하는 외교관'이었다.그 중심에는, 시대를 읽고 전략을 설계한 국기원의 정책 리더십이 있었다.

"국가브랜드를 앞세운 조용한 외교혁명"

국기원 시범단의 활동은 단순한 스포츠 시연이나 무예 공연을 넘어, 국가 간 단절된 외교의 장벽을 허무는 문화 교류의 첨병 역할을 수행했다. 특히 냉전의 종식과 함께 국제 질서가 재편되던 1990년대, 태권도는 이념의 장벽을 넘는 새로운 외교 수단으로 자리매김했다.그 중심에는 국기원 시범단이 있었다.

당시 사회주의 체제를 유지하던 국가들 중 하나였던 러시아는, 대한민국과 아직 수교가 체결되지 않은 시점에 태권도를 처음으로 받아들였다.그 출발점은 시범단장이던 이규형 감독이 현지에서 직접 개최한 태권도 세미나였다. 시범단은 전통적인 외교 채널을 대신해 태권도를 앞세워 낯설고 경직된 체제의 문을 열었다.이는 단순한 시범 공연이 아니라, 무예를 매개로 국가 간 신뢰의 틈을 만든, 상징적이고도 전략적인 문화적 돌파구였다.

당시 세계태권도연맹 총재였던 김운용 IOC 위원이 러시아 소속 IOC 위원에게 "태권도를 직접 경험해보라"고 권유한 일화는 문화와 스포츠를 통한 외교의 선례로 오랫동안 회자된다.이 제안이 실현되면서 러시아에서의 시범단 공연이 성사되었고, 이는 곧 양국 간 문화 교류의 단초가 되었으며, 수교 이전의 민간외교 차원에서 중요한 분기점을 마련했다. 러시아 사례는 빙산의 일각에 불과했다.국기원 시범단은 이집트, 쿠바, 중국, 베트남 등 수교 이전 또는 직후의 민감한 외교 환경 속에서도 무대를 통해 국가 간 신뢰를 형성하고, 태권도를 통해 한국의 문화를 가장 먼저 알리는 역할을 해왔다.당시 시범단의 공연을 관람한 많은 외국인들은 "태권도는 단순한 무술이 아니라 한국이라는 나라의 철학과 정신을 담고 있다"고 평가했다.

이처럼 국기원 시범단은 세계 무대에서 태권도를 앞세워 한국의 정체성과 철학을 전달해온 선봉장이었다.그리고 그들이 뿌린 문화 외교의 씨앗은 훗날 K-POP, K-드라마, K-푸드로 이어지는 세계 한류 확산의 기반이 되었다.즉, 오늘날 한류의 전성기를 만든 문화적 토양 위에는 수십 년 전부터 활동해온 시범단의 땀과 울림이 켜켜이 쌓여 있었다. 이 모든 과정은 단순한 '무대 위의 공연'을 넘어, 문화가 국가를 대표하고 사람의 마음을 움직이는 시대, 국기원이 문화외교의 가장 강력한 브랜드 자산임을 보여준 상징적인 사례라 할 수 있다. 국기원 시범단은 곧 대한민국의 얼굴이자, 태권도를 넘어선 세계 평화의 사절단이었다.

"패러다임을 창조한 시범단, 태권도의 무대를 바꾸다"

오늘날 전 세계 곳곳에서 태권도 시범단이 활동하고 있으며, 국내외 태권도 단체, 학교, 심지어는 상업 공연을 목적으로 하는 민간 시범단도 활발히 운영되고 있다. 그러나 이 다양한 흐름 속에서도 국기원 시범단이 '시범 문화의 표준'이자 '군계일학'으로 자리매김할 수 있었던 이유는 단 하나, 반세기에 걸쳐 태권도 시범의 형식과 철학, 기술과 미학의 패러다임을 선도해 왔기 때문이다.

국기원 시범단이 만들어내는 동작 하나, 무대 구성 하나는 단순한 공연을 넘어 '새로운 태권도'의 방향성을 제시하는 이정표로 여겨졌다. 매년 세계 태권도인들의 축제인 '세계태권도한마당' 개회식에서 시범단이 선보이는 퍼포먼스는 기술적 완성도와 미적 감각 모두에서 세계의 이목을 집중시켰으며, 글로벌 태권도계가 참고하는 기준이 되었다.

또한 시범단은 태권도 시범 자체의 가치를 '기예'와 '무예'를 넘어서 '문화'와 '관광'의 영역으로 확장시켰다. 2007년 서울 경희궁 숭정문 앞마당에서 진행한 정기 문화공연은 국내외 관람객의 뜨거운 반응을 이끌어내며, 태권도 시범을 하나의 문화관광 콘텐츠로 전환시키는 역사적 전환점이 되었다.

이 흐름은 2008년부터 남산골 한옥마을에서 정기 공연으로 이어지며 시민과 외국인 관광객 모두에게 태권도의 예술성과 정신성을 체험할 수 있는 문화 플랫폼으로 자리 잡았다.

2015년에는 국기원 최초의 상설 공연인 '위대한 태권도(Great Taekwondo)'가 공개되었고, 이는 태권도 시범을 하나의 공연 장르로 확장시키는 대표 사례로 평가받았다. 이 공연의 지속적인 성공은 2018년 '시범단 상근화' 정책으로 이어지는 계기가 되었고, 이를 통해 국기원은 시범단 운영의 제도적 기반을 공고히 다지는 동시에, 전문성과 지속 가능성을 확보하는 진일보한 전기를 마련했다.

국기원 시범단은 단순한 공연 집단이 아니라 태권도 문화를 만들어내는 창조적 실천자들이며, 전통과 혁신을 잇는 살아 있는 교본이다. 이들의 존재는 태권도가 살아 움직이는 대한민국의 대표 문화 브랜드임을 보여주는 가장 상징적인 사례이자 증거다.

〈무대 위의 세계정상, 태권도의 품격〉 2019년 3월, 국기원 태권도시범단이 미국 CBS의 글로벌 경연 프로그램 '더 월드 베스트(The World's Best)'에 출연해 준우승을 차지하며 태권도의 예술성과 기량을 세계 무대에 각인시켰다.

"상식을 넘어, 한계를 돌파하다 – 디지털 시대의 무예 퍼포먼스 혁신"

태권도 시범은 오랫동안 '현장에서 직접 관람해야 감동이 전해지는 공연'이라는 인식이 굳건했다. 그러나 국기원 시범단은 이와 같은 상식의 벽을 스스로 허물며, 태권도 공연의 새로운 미래를 열었다.

2020년, 전 세계를 강타한 코로나19 팬데믹은 모든 문화예술계에 정지를 강요했다. 그러나 국기원 시범단은 멈추지 않았다. 팬데믹 상황에서도 전 지구적 가족에게 희망과 응원의 메시지를 전하고자, 온라인이라는 새로운 무대로 시선을 돌렸다. 그 결과물은 바로 비대면 공연으로 선보인 〈위대한 태권도: 하이킥(Great Taekwondo: Hi Kick)〉이었다.

이 작품은 태권도 공연이 디지털 매체를 통해 전파될 수 있음을 증명한 첫 사례로, 세계 곳곳에서 감동의 메시지가 쏟아졌다.

〈화면 너머로 울려 퍼진 태권도 정신〉 2020년 5월, 국기원 태권도시범단이 코로나19 극복을 응원하며 온라인 공연 '위대한 태권도: 하이킥(Great Taekwondo: Hi Kick)'을 통해 전 세계에 희망의 메시지를 전달하고 있다.

이듬해인 2021년에는 두 번째 온라인 공연 〈약속〉이 발표되었다. 기존 태권도 시범이 동작 중심의 무언극이라면, 〈약속〉은 대사를 활용한 연극적 장치를 도입해 파격적인 시도를 선보였다. 시범단원들이 직접 목소리를 내며 이야기를 전개하는 이 공연은 마치 뮤지컬과도 같은 구조로 구성되었고, "무예와 문화의 경계를 뛰어넘는 신선한 실험"이라는 평단의 호평을 받았다. 이로써 국기원 시범단은 단순한 전통 계승을 넘어, 현대 문화와의 융합을 선도하는 창의적 리더로 자리매김하게 되었다.

국제무대에서도 국기원 시범단의 예술적 위상은 끊임없이 확장되었다. 2018년, 미국 CBS의 글로벌 경연 프로그램 〈더 월드 베스트(The World's Best)〉에 참가해 준우승을 차지한 시범단은, 태권도가 하나의 퍼포먼스 예술로서 전 세계인을 감동시킬 수 있음을 여실히 입증했다. 시범단이 무대에 오를 때마다 관객석은 환호로 가득 찼고, 국제 심사위원들은 "무예의 예술화"라는 평가를 아끼지 않았다.

국기원 시범단의 또 하나의 혁신은 '직업 시범단'이라는 새로운 시스템의 도입이다. 2018년 도입된 상근화 정책은 시범단원들에게 단순한 자원봉사의 의미를 넘어, 태권도 시범을 생업으로 삼을 수 있는 제도적 기반을 마련해 주었다. 국고 보조금이 지원되면서, 단원들은 안정적인 급여체계를 기반으로 고도화된 훈련에 집중할 수 있었고, 인사관리, 복지, 장비, 공연 물류 등도 전담 인력이 배치된 전문적 시스템으로 정비되었다. 이는 태권도 시범을 직업군으로 제도화한 세계 최초의 사례이자, 이후 글로벌 태권도계가 주목하는 운영 모델로 확산되었다.

국기원 시범단은 태권도의 미학을 전하는 데 그치지 않고, 시대의 변화에 기민하게 대응하며 새로운 가능성을 창출해 왔다. 무대의 경계를 허물고, 직업의 개념을 새롭게 쓰며, 태권도의 공연 예술화를 선도해온 이들의 여정은 바로 '태권도 미래 전략' 그 자체다. 이 모든 혁신의 중심에는 국기원장의 비전과, 시범단을 둘러싼 시스템의 진화가 있었다. 이는 국기원이 단순한 수련기관이 아닌, 살아 있는 문화생태계라는 사실을 다시 한 번 증명해준다.

"세계를 울린 무대, 1988서울올림픽의 별이 되다"

1988년 서울올림픽은 단순한 스포츠 축제를 넘어, 동서 냉전의 벽을 허문 역사적 전환점이었다. 그 한복판에서 국기원 시범단은 단순한 공연을 넘어, 하나의 메시지를 세계에 던졌다. 개막식 무대에 오른 시범단은 '벽을 넘어서'라는 주제 아래, 총 1008명의 단원이 만들어낸 압도적인 퍼포먼스로 전 세계 관중을 사로잡았다.

이 무대는 단순한 기술 시연이 아니었다. 시범단은 태권도를 통해 인종과 이념, 빈부, 국

〈전 인류가 목격한 태권도의 존재〉 1988년 서울올림픽 개막식, 수만 명의 태권도인이 동시에 펼친 압도적 시범이 세계인의 눈에 '대한민국 태권도'을 각인시켰다.

경, 고정관념 등 인류가 직면한 다양한 벽을 예술적 퍼포먼스로 표현하고 이를 허무는 과정을 연출했다. 파워풀한 동작과 유연함이 공존하는 절제된 움직임은, 태권도가 단순한 격투 기술이 아닌, 인간 내면의 균형과 조화를 추구하는 무예라는 점을 깊이 있게 전달했다. 국기원 시범단은 올림픽이라는 세계무대에서 '무예의 정신'을 예술로 풀어내며, 태권도의 철학적 깊이를 상징적으로 증명해냈다.

이 무대는 이후 태권도의 국제 위상을 끌어올리는 데 결정적 발판이 되었다. 그리고 정확히 12년 뒤, 2000년 시드니올림픽에서 태권도가 정식 종목으로 채택되면서, 시범단의 사명 역시 새로운 전환점을 맞이했다. 더 이상 '인정받기 위한 공연'이 아니라, '본질을 선명히 드러내는 무대'로 시선을 돌린 것이다.

그 상징적 무대 중 하나가 1999년 서울에서 열린 국제올림픽위원회(IOC) 제109차 정기총회였다. 이 자리에서 시범단은 단순한 화려함이 아닌, 태권도 고유의 미학과 철학을 담은 정제된 시범을 선보였다. 100여 명에 달하는 IOC 위원들 앞에서 펼쳐진 이 공연은, 유려하면서도 단호한 태권도 동작을 통해 '올림픽 무대에서의 태권도'가 어떤 메시지를 품고 있는지를 강렬하게 각인시켰다. 공연이 끝난 후, 장내에는 뜨거운 박수갈채가 이어졌고, 시범단은 다시 한 번 세계인의 마음을 움직였다.

이처럼 국기원 시범단은 단지 기술의 집합체가 아니라, 시대의 흐름 속에서 태권도의 본질을 예술로 번역해내는 대사(大使)의 역할을 해왔다. 올림픽이라는 인류 공동의 축제에서, 국기원 시범단은 한국의 정신을 담은 무예로 세계인과 소통했다. 그리고 그 역사는, 국기원이 만들어낸 글로벌 메시지의 가장 빛나는 순간으로 기록된다.

"먼 땅을 밝힌 태권도의 불꽃"

국기원 시범단의 도전에는 언제나 경계가 없었다. 태권도를 올림픽 종목으로 등재시키려는 국가적 염원이 깃든 여정이었지만, 그보다 더 깊은 층위에는 '태권도의 불꽃은 낯선 대지 위에서 희망의 빛으로 밝힌다.'는 책임이 있었다. 무예이자 스포츠로서 태권도가 가진 독자적 가치를 전 세계에 각인시키기 위한 시범단의 여정은 단지 공연을 넘어선 문화 개척의 길이었다.

1986년, 시범단은 태권도의 발길이 닿지 않았던 아프리카 대륙으로 향했다. 태권도 본연의 힘과 아름다움을 한 몸에 담아낸 시범은, 현지인들에게 한국이라는 이름조차 생소했던 땅에서 뜨거운 호응을 이끌어냈고, 태권도라는 불꽃이 어둠을 밝히는 희망의 시작이 되었다. 격파의 폭발적인 순간, 절도 있는 품새, 한 치의 오차 없는 단체 동작들은 아프리카의 거리와 광장을 울리는 새로운 리듬이 되었다.

1990년대 들어 국기원 시범단은 동유럽이라는 또 다른 장벽에 도전장을 내밀었다. 냉전의 잔재로 인해 폐쇄된 분위기가 감돌던 소련, 헝가리, 불가리아 등지에서 시범단의 함성과 동작은 새로운 언어였다. 언어로는 설명할 수 없는 신뢰와 존중, 그리고 감탄을 만들어냈다. 그 중에서도 2007년 세르비아 공연 직후, 현지 유력 일간지 〈폴리티카〉가 "태권도가 세르비아를 점령했다"는 헤드라인을 내걸었을 만큼, 그 울림은 전율로 남았다. 이는 단지 기술의 우월함 때문만이 아니었다. 무예의 깊이, 정신의 단단함, 태권도의 철학이 한 장의 퍼포먼스 안에 응축돼 있었기 때문이다.

또 하나의 중요한 장면은, 태권도가 낯설지 않은 지역, 즉 한인 디아스포라가 많은 미국 같은 나라에서 펼쳐진 공연들이었다. 2003년, 〈미주한인 이민 100주년〉을 맞아 조지 메이슨 대학교 콘서트홀에서 펼쳐진 시범단 공연은 단순한 무대 이상의 의미를 가졌다. 낯선 땅에서 정체성을 지키며 살아온 한인들에게 그 무대는 하나의 깃발이었다. 시범단의 기합 소리와 절도 있는 동작 하나하나는 '당신은 대한민국의 일원입니다'라는 목소리 없는 외침이었고, 뿌리를 잊지 말라는 문화적 선언이었다.

이처럼 국기원 시범단은 태권도의 전령사이자, 문화 외교의 선봉이었다. 세계 곳곳, 태권도가 생소하던 땅에 최초로 깃발을 세운 이들이 있었기에, 오늘날 210여 개국에 태권도의 기운이 살아 숨 쉬고 있는 것이다. 그들은 단지 기술을 전수한 것이 아니라, 무예의 정신을 심고, 문명의 벽을 넘어, 사람과 사람 사이의 연결을 창조해냈다. 그곳이 아무리 멀고 낯선 곳이라 해도, 국기원 시범단은 마치 약속이라도 한 듯, 태권도의 불꽃을 화려하게 밝히는 일을 결코 멈추지 않았다.

"다시 밝힌 불빛, 홍콩과 마카오를 물들이다"

국기원 시범단은 단순한 퍼포먼스 집단이 아니다. 그들은 태권도의 정수를 세계에 전하는 문화외교의 최전선이자, 대한민국을 대표하는 예술적 전령이다. 2023년, 시범단은 코로나19 이후 처음으로 다시 홍콩과 마카오를 찾아, 잠시 멈추었던 문화교류의 숨결을 재개했다.

4년 만에 다시 찾은 홍콩은 여전히 태권도를 향한 뜨거운 열정으로 가득 차 있었다. 마카오 타워(9월

〈국기원 시범단이 고도화된 격파 동작을 보이며 태권도 문화를 시연하는 모습〉
홍콩 이공대학교에서 개최된 문화교류 행사에서 체계적 퍼포먼스와 국제적 무대 참여를 보여주는 대표적 장면

12일)와 홍콩 이공대(9월 13일)에서 열린 공연에는 현지 태권도 수련생뿐 아니라 각국의 문화·체육 고위 인사들이 대거 참석해 태권도 본연의 아름다움과 힘을 직접 체험했다. 시범단이 선보인 정제된 품새와 절도 있는 격파는 단순한 공연을 넘어, 무예와 문화가 공존하는 깊은 메시지를 전달했다.

국기원 이동섭 원장과 명예 9단 마카오 이동섭 마스터

이 자리에는 홍콩 스포츠연맹 및 올림픽위원회 회장, 문화체육 담당 정부 고위 관료, 그리고 마카오·홍콩 태권도 협회 관계자들과 함께, 국기원 명예 9단인 이동섭 마스터(마카오), 우종필 마스터(홍콩) 등 지역 태권도 지도자들도 함께 자리했다. 이들은 국기원 시범단의 방문을 환영하며, 태권도의 세계적 위상을 현지에 널리 알릴 수 있는 기회로 평가했다.

공연 후 국기원은 지역 태권도 발전에 헌신한 인사들에게 감사의 마음을 전했다. 홍콩에서는 티모시 폭(Timothy Fok) 홍콩 스포츠연맹 회장과 빈센트 리우(Vincent Liu) 문화체육부 국장이 국기원 명예단증 7단과

6단을 각각 수여받았으며, 마카오에서는 협회 임원들에게 감사장과 표창장이 전달되었다.

이날 행사에 참석한 국기원 이사 임미화는 "코로나19 이후 처음 열린 문화행사로 국기원 시범단이 다시 첫 문을 연 것은 매우 상징적인 일"이라며, "홍콩과 마카오의 태권도 열기가 곧 평화의 메시지로 이어지길 바란다"고 소감을 밝혔다.

시범단의 공연은 단지 기술의 경연이 아니었다. 무대에 오른 순간, 그들은 '대한민국'이라는 이름으로 선 것이었고, 그 움직임 하나하나에는 태권도의 철학과 문화가 오롯이 담겨 있었다. 현지 수련생들과의 기념촬영, 남은 송판을 챙겨가는 관객들의 모습은 공연이 남긴 감동의 잔상을 여실히 보여주는 장면이었다.

대한민국 문화체육관광부 산하 한국문화원은 "이 행사는 단순한 무도 공연이 아니라, 국기 태권도가 세계인과 감정을 나누는 중요한 접점"이라며, "향후 광저우, 주하이, 심천 등지에서도 국기원 시범단 공연이 이어질 수 있도록 협력을 확대하겠다"고 밝혔다.

국기원 시범단은 한류의 전성기 이전부터 이미 세계를 누비며 '한국'이라는 이름을 각인시켜 왔다. 이번 홍콩과 마카오 공연은 그 역사가 현재에도 여전히 살아 숨 쉬며, 다음 세대의 태권도 정신을 밝히고 있음을 보여주는 또 하나의 증표였다.

"청와대에서 울려 퍼진 태권도의 힘과 아름다움"

2022년 7월 16일, 국기원 태권도시범단은 청와대 본관 앞 대정원에서 첫 상설 시범공연의 막을 올렸다. 이 공연은 국가 상징 공간을 무대로 한 문화외교의 새로운 장이며, 8월 28일까지 매주 토요일과 일요일 오후 5시에 총 12회 진행되었다.

청와대 시범공연은 5월 2일 국기원과 서울특별시가 체결한 '국기(國技) 태권도 및 서울 관광 활성화를 위한 업무협약'의 결실이었다. 그 목적은 단순히 공연을 보여주는 데 그치지 않았다. 청와대를 찾는 하루 평균 2만4천 명의 국내외 관람객에게 품새와 격파를 통해

태권도의 품격과 예술성을 알리고, 이를 문화관광 콘텐츠로 발전시키려는 전략적 시도였다. 이 공연은 청와대 개방 이후 가장 주목받는 프로그램 중 하나로 기록되었으며, 국기원이 문화관광의 영역으로 외교 무대를 넓히는 첫 사례가 되었다.

품새의 정교한 흐름과 격파의 속도감 넘치는 장면이 어우러진 시범단의 공연은, 관람객들에게 태권도가 무예를 넘어 하나의 문화이자 예술임을 각인시켰다. 많은 이들이 모바일 카메라에 그 순간을 담으며, 태권도의 진수를 생생히 기록했다.

시범단은 청와대 공연을 마친 후 9월부터 광화문광장 등 서울의 주요 명소에서 상설 시범공연을 이어가며, 태권도의 매력을 대중 속으로 한 걸음 더 확장해 나갔다.

청와대라는 국가의 상징 공간에서 펼쳐진 이 시범공연은 국기원이 태권도를 국가 브랜드이자 세계인이 함께 즐기는 문화유산으로 자리매김시키기 위한 노력의 한 단면이었다.

"광화문광장, 시민과 관광객 속으로 들어가다"

광화문 광장에서 펼쳐진 '국기원 태권도시범단'의 화려한 공중 격파

광화문 광장에서 펼쳐진 '국기원 태권도시범단'의 화려한 공중 격파, 높이 솟구쳐오른 태권도의 기량과 예술성을 한 번에 보여주는 순간

청와대 공연이 남긴 여운은 그대로 광화문광장으로 이어졌다. 2022년 9월부터 시범단은 서울 한복판에서 상설 시범공연을 펼쳤다. 고궁과 현대 도시가 공존하는 광화문광장은 태권도를 '역사와 현대를 잇는 문화'로 표현하기에 최적의 공간이었다. 이곳에서는 외국인 관광객이 자연스럽게 발걸음을 멈추고, 시민들이 퇴근길에 서서 공연

을 감상했다. 시범단은 태권도의 정신과 기술을 접목해, 무술을 하나의 퍼포먼스 예술로 승화시켰다. 격파의 순간마다 관객의 환호가 터졌고, 어린이들은 시범단원을 따라 발차기를 흉내 내며 태권도의 매력에 빠져들었다.광화문 공연은 국기원이 추구하는 '시민 속으로 들어가는 태권도' 전략의 대표 사례로 기록된다.

"세계 무대, 문화외교의 전초기지가 되다"

국내에서의 성과는 곧바로 세계로 확장되었다. 시범단은 해외 초청 공연을 통해 각국의 문화축제와 국제 스포츠 행사에서 한국을 대표하는 무도 사절단으로 활약했다.미국에서는 대통령 순방 문화사절단으로 참여해 워싱턴과 뉴욕에서 공연을 펼쳤으며, 유럽의 주요 도시와 아시아 각국의 국제 행사에서도 무대를 장악했다. 특히 IOC(국제올림픽위원회) 공식 행사에서의 공연은 태권도가 올림픽 정식 종목으로 자리매김한 위상을 재확인시켰다.해외 공연은 기술 시연뿐만 아니라, 태권도의 철학-예의, 인내, 극기, 백절불굴-을 전 세계 관객에게 직접 체험시키는 순간이었다. 시범단의 발차기와 격파, 절도 있는 동작은 언어와 국경을 넘어서는 메시지를 전달했다. 그것은 곧 '태권도를 통한 세계 평화와 우호 증진'이라는 국기원의 사명과 맞닿아 있었다.

"몽골 나담축제, 초원의 하늘에 태권도를 그리다"

2023년 여름, 국기원 시범단은 초대형 국제 문화축제인 몽골 나담(Naadam)축제의 공식 초청을 받았다. 나담축제는 몽골 최대의 국가 행사이자 전통 스포츠 축제로, 전 세계 관광객과 언론의 주목을 받는 무대다.울란바토르 메인 스타디움에서 펼쳐진 시범단 공연은 수만 명의 관중과 전 세계 방송에 생중계됐다. 격파 시연이 이어질 때마다 관중석에서는 환호성이 터졌고, 품새 시연에서는 관객들이 숨죽이며 집중하는 것이 느껴졌다.특히 몽골의 전통 기마 공연과 이어진 태권도 시범은 '문화와 문화가 만나는 융합 무대'로 찬사를 받았다. 시범단은 단지 기술을 보여주는 것을 넘어, 태권도가 갖는 정신적 가치-절제, 예의, 평화-를 전달하며 양국 간 우호를 다졌다. 이 공연을 계기로 국기원은 몽골 국방부와 특수부대에 사범 파견을 추진하게 되었고, 태권도 외교의 새 지평을 열었다.

"유럽 투어, 한계를 넘어선 문화외교"

유럽 주요 도시 투어 공연은 태권도의 세계적 위상을 더욱 공고히 했다. 시범단은 프랑스 파리, 영국 런던, 독일 베를린 등 문화·정치 중심지에서 공연을 펼치며, 각국 정부 인사와 시민들에게 태권도의 가치와 한국 문화를 알렸다.특히 런던 공연에서는 현지 왕립군사학교 생도들과 합동 시범을 진행했고, 베를린에서는 분단과 통일의 역사를 공유하며 '한반도의 평화' 메시지를 담은 퍼포먼스를 선보였다.이러한 공연은 각국 언론에 대서특필되며 '스포츠를 넘어선 문화외교'로 평가했고, 태권도는 한국을 대표하는 국가 브랜드로서의 외교 자산임을 입증했다.

"태권도로 세계를 연결한 공공외교가"

정치는 사람을 연결하는 일이고, 외교는 마음을 여는 기술이다. 이동섭 원장은 태권도를 그 둘 사이에 세워, 세계와 소통하는 새로운 외교의 길을 만들었다. 그는 단순한 체육 외교인이 아니라, 태권도를 전략 자산으로 전환시킨 문화외교가였다.

국회의원 시절, 그는 리우 하계올림픽 국회대표로 각국 IOC 위원들과 접촉하며 스포츠 외교의 실무를 익혔고, 평창동계올림픽 특별위원회 간사를 맡아 국제 이벤트의 조직과 협력 구조를 체득했다. 이러한 현장 경험은 국기원장에 취임한 이후 본격적인 외교 전략으로 꽃피었다.

2022년 미국 백악관 앞에서 열린 태권도 대축제는 단순한 공연이 아니었다. 국기원 시범단이 워싱턴 한복판에서 선보인 품새와 격파는 한국의 정신을 알리는 문화외교 무대였고, 이 행사는 대한민국 국기원이라는 이름을 미국 주류사회에 직접 각인시키는 이정표가 되었다.그뿐만이 아니다. 주한미군 부대 내 태권도 교육 보급 사업은 무도의 교육적 가치를 넘어, 한미동맹의 문화적 연결고리를 확장하는 전략적 시도였다. '국방 외교'라는 이름으로도 불리는 이 프로젝트는 태권도가 단순히 스포츠가 아닌, 동맹 관계의 신뢰를 다지

는 무형의 외교 자산임을 증명해 보였다.

그는 늘 말하곤 했다. "태권도는 문화 외교 그 자체다." 이 말은 단지 수사적 표현이 아니라, 국기원이 직접 수행한 외교 프로젝트의 현장에서 검증된 신념이었다. 명예단증 수여를 통해 각국 정상과 외교 지도자들과의 교감을 이끌어내고, 해외 시범공연, 현지 교육센터 개소 등 다양한 방식으로 국기원이 세계 속에서 공공외교의 주체로 움직이도록 한 그의 리더십은 전례 없는 것이었다. 특히 국기원 시범단의 해외 활동은 단지 퍼포먼스를 넘어, 문화적 메시지를 전달하는 전략적 플랫폼으로 격상되었다.

이동섭 원장은 단순히 태권도를 세계로 알린 사람이 아니라, 태권도를 외교적 언어로 번역해낸 인물이었다. 그가 만들어낸 수많은 외교의 순간들은, 이제 국기원이 더 이상 내향적 행정기관이 아니라, 국가 브랜드의 외연을 담당하는 글로벌 문화외교 플랫폼으로 진화했음을 상징하고 있다.

〈문화로 한·미의 우정을 쌓는다, 한국문화축제 DC 2022 – 미국UCLA 국기원 태권도 시범단 특별공연〉

2022년 10월, 한·미 수교 140주년을 기념하여 국기원이 문화외교의 상징적인 무대를 펼쳤다. 미국 워싱턴 D.C.에서 개최된 「한국문화축제 DC 2022」는 문화체육관광부와 주미한국대사관이 공동으로 주최한 대규모 문화외교 행사였다. 이 축제의 개막 공연을 '국기원 태권도 시범단'이 장식하면서, 태권도는 단순한 무도 종목을 넘어 대한민국을 대표하는 공공외교 콘텐츠로서의 위상을 확인시켰다.

조지워싱턴대학교 특별 공연장 리스너 오디토리엄(Lisner Auditorium)에서 펼쳐진 본공연에서는 전통 북공연과 사물놀이, K-팝 무대와 더불어 국기원 태권도 시범단의 역동적이고 예술적인 퍼포먼스가 이어졌으며, 약 1,500석 규모의 공연장을 가득 메운 미국 현지 관람객들은 큰 환호로 응답했다. 특히 이번 공연은 케네디센터, 워싱턴발레단, 스미스소

〈한국문화축제 DC 2022 개막식 포스터〉
국기원 태권도 시범단 개막 공연 홍보 이미지, 'KUKKIWON TAEKWONDO DEMONSTRATION TEAM'이라는 문구와 함께 공연 일시(2022년 10월 10일, 오후 4시, Lisner Auditorium at GWU)가 명시

니언 등 양국의 대표 문화기관들이 함께한 공식 프로젝트의 일부로, 국기원이 문화행정과 외교 전략의 핵심 콘텐츠 파트너로 기능하고 있음을 보여주는 단적인 사례로 기록되었다.

이처럼 국기원은 중앙정부 부처와 협업하여 해외에서 개최되는 문화 축제에 적극적으로 참여하며, 대한민국의 문화적 위상을 높이는 데 실질적인 기여를 해오고 있다. 태권도를 기반으로 한 시범단 공연은 단순한 퍼포먼스를 넘어, 양국 간 우호 증진, 민간외교 촉진, 한류 확산의 중요한 매개체로 자리 잡고 있다. 이를 통해 국기원은 정부 주도의 대외 프로젝트에서 '정체성 있는 파트너'로서의 역할을 확고히 하며, 태권도의 브랜드 확장을 견인하고 있다.

2022년 10월 17일(월) 정오, 미국 로스앤젤레스의 명문 대학인 UCLA 캠퍼스 내 딕슨 코트 노스(Dickson Court North)에서는 특별한 문화 행사가 펼쳐졌다. 대한민국과 미국의 수교 140주년을 기념하여, 국기원 태권도 시범단이 UCLA 학생과 교수진, 현지 일반 대중 앞에서 태권도의 진면목을 선보이는 시범 공연을 진행한 것이다.

UCLA캠퍼스 내 딕슨 코트 노스에서 '국기원 태권도 시범단' 공연

이날 공연은 한국의 전통 무예인 태권도가 단순한 스포츠를 넘어 문화적 아이콘으로서 어떻게 세계 무대에서 기능하는지를 보여주는 상징적인 무대였다. 특히, 국기원 시범단은 NBC의 세계적 인기 오디션 프로그램 'America's Got Talent'에서 골든버저를 받고 결승에 진출하며 글로벌 대중문화 콘텐츠로서의 경쟁력을 입증한 바 있다.

공연에는 수백 명의 현지 관객이 모여들었으며, 고난이도 격파 시범과 창의적인 퍼포먼스를 통해 태권도의 예술성과 절도 있는 무도정신을 함께 전달했다. UCLA 한국학 연구소(Center for Korean Studies), 주LA한국문화원(KCCLA), 대한민국 문화체육관광부가 공동 주최한 이 행사는 국기원이 수행하는

문화외교 사절단의 대표 사례로 기록되었으며, 한미 우호 관계의 미래 100년을 향한 상징적 메시지를 전하는 자리로서 평가받았다.

"뿌리를 지키며 세계로: 시범단 정신의 계승과 진화"

국기원 시범단 50년의 산증인 남승현 단장은 "태권도 본연의 가치를 지키며 세계에 전하는 것"이 시범단의 사명이라고 말한다. 그는 시범단 창단 초기부터 국제무대에서 활동하며 태권도의 뿌리와 전통을 지키는 데 집중해왔다. 특히 "뿌리가 튼튼해야 가지를 넓힐 수 있다"는 철학 아래, 격파나 시범 동작의 화려함보다 본질과 정신을 잃지 않는 태권도의 정통 방식에 무게를 실었다.

그의 제자인 신동규 단원 역시 "세계인을 대상으로 태권도의 아름다움을 전하는 역할은 태권도인으로서 최고의 경험"이라며 "태권도 본연의 가치를 지켜가며 선보이기 때문에 자부심이 크다"고 전했다. 그는 10여 개국의 무대에서 태권도의 정신과 기술을 직접 전하며 국기원 시범단의 국제적 사명을 실감했다고 덧붙였다.

남 단장은 "시대가 흐르면 시범 방식이나 표현은 달라질 수 있지만, 태권도의 정신은 결코 훼손되어서는 안 된다"고 강조한다. "정통성을 지키되 새로운 형식 안에서 변화해야 한다"는 그의 말처럼, 국기원 시범단은 오늘도 '본질은 지키되, 멈추지 않는 진화'를 통해 세계 속 태권도의 얼굴로 살아 숨 쉬고 있다.

〈국기원 태권도시범단 역대 단장 기록〉

국기원 태권도시범단은 기술·예의·정신을 한 화면에 응축해 세계 앞에 내미는 국기원의 얼굴이다. 국가 행사와 국제무대, 도시의 광장과 학교 체육관 어디에서든 시범단이 서는 순간, 관객은 태권도를 통해 대한민국의 질서와 배려, 힘과 품격을 동시에 본다. 그래서 태권도 시범은 스포츠를 넘어선 문화외교이자, 국기 태권도 브랜드의 가장 강력한 인상을 남긴다.

이 중요한 사명을 완수하게 하는 축이 바로 단장이다. 단장은 예술감독이자 기술감독이며, 안전책임자이자 외교사절단장, 그리고 국기원 브랜드 매니저다. 하나의 발차기 각도와 구호의 호흡, 드론 카메라의 동선과 관객의 시선, 무대 뒤 안전 시나리오까지—수많은 요

〈국기원 태권도시범단의 계보, 그 시작과 현재〉
국기원 태권도시범단 초대 단원이자 전 단장인 남승현과 현재 시범단에서 활약 중인 심동휘 단원이 함께하며, 태권도의 뿌리와 미래를 잇는 상징적인 순간을 담고 있다.

소를 한 박자에 맞춰 '한마음'으로 엮어 내는 지휘자다.

뛰어난 단장은 전통을 해치지 않으면서도 공연 문법과 미디어 언어로 해석해 오늘의 관객에게 도달시키고, 다음 세대가 따라 설 수 있는 표준을 남긴다. 따라서 시범단을 잘 이끄는 단장의 리더십은 기록을 넘어 국격과 브랜드, 교육과 안전, 전통과 혁신을 동시에 관리하는 국기원의 핵심 역량이다. 한 번의 시범이 한 나라의 인상과 다음 세대의 꿈을 바꾼다는 사실-그 책임과 영예가 단장의 어깨 위에 있다.

국기원 태권도시범단은 '기술·예의·정신'을 한 무대로 응축해 보여 주는 국기 태권도의 얼굴이다. 각 단장의 리더십이 어떻게 시범의 문법을 만들고, 세계로 확장하고, 공연예술로 진화시켰는지에 초점을 맞추어 정리한 리더들의 기록이다.

초대 김영작이 표준을 세우고, 이규형이 세계로 확장했으며, 이춘우가 공연예술로 진화시켰고, 남승현이 현장에서 완성했다. 국기원 태권도시범단의 역사는 네 리더의 축적된 리더십이 만든 하나의 궤적이며, 앞으로도 그 유산을 현대적으로 계승·확장해야 한다.

1대 김영작 (1973-1988) - 원형을 세운 초대 단장

1965년 가좌체육관(현 남일체육관) 인가 이후 한 자리에서 도장을 운영하던 김영작 관장은 국기원 시범단의 초대 단장으로서 '태권도 시범'의 표준을 세웠다. 국기원 기술심의회 산하 시범분과위원회 제3대 위원장을 역임하며 기술·구성·안전의 기준을 제도권에 안착시켰고, 50여 년간의 도장 운영과 국제심판·시범 활동 속에서 축적한 문헌과 희귀 자료 7종 289점을 재단에 기증해 사료의 기반을 마련했다. 그의 리더십은 "도장에서 광장으로" 태권도의 공적 얼굴을 정립한 시발점이었다.

2대 이규형 (1989-2006) - 세계 무대로 확장한 거장

국가대표태권도(어린이)시범단과 국기원 시범단 감독을 거쳐 제2대 단장으로 부임한 이규형 단장은 '태권도 시범의 대부'라는 호칭에 걸맞게 세계화를 주도했다. 30여 년 동안 미국을 비롯한 145개국을 순회하며 태권도의 정신과 미학을 전했고, 아시안게임과 1988년 서울올림픽 개막식 시범, 영국 엘리자베스 2세 여왕·에딘버러 공 방한 시 시범, 수교 이전 구소련 올림픽조직위원회 초청 세미나 등 역사적 현장에 태권도의 존재감을 각인시켰다. 이후 계

명대 석좌교수로 활동하며 2013년 국기원장 직무대행, 같은 해 제2기 국기원장으로 선임되는 등 행정과 교육을 아우르는 리더십을 보여 주었다.

3대 이춘우 (2006-2021) – 공연 문법으로 진화시킨 창조자

이천 출생. 동양공업고 태권도 동아리에서 수련을 시작해 도장 보조사범, 국기원 공개심사 합격, 후보·부주장·주장·부단장을 거쳐 3대 단장에 올랐다. 2008년에는 KTA 국가대표 시범단을 정식 발족시키고, 태권도 기술에 공연 요소를 결합한 넌버벌 작품 **〈탈〉**을 선보였다. 이어 〈Kicks〉(2016), 〈Taekwon Alive〉(2018) 등을 잇달아 발표하며 전통·현대무용·비보잉·타악을 아우르는 무대 문법을 정착시켰다. 그의 시기는 "기술의 시범"을 넘어 "감동의 공연"으로 태권도 표현영역을 확장한 전환기였다.

4대 남승현 (2021-2025) – 현장에서 땀으로 이끈 실행형 리더

1987년 후보 단원으로 입문해 단원·주장·코치·감독을 거쳐 2021년 단장에 취임하기까지 38년간 시범단의 한복판을 지켜 온 인물. 단장으로서도 도복을 벗지 않고 단원들과 함께 수련하는 '현장형' 리더십으로 평가받는다. 세계태권도한마당 종합격파 3년 연속 왕중왕, '최고령 최고높이 고공발차기' 기네스북 등재 등 기록을 보유하고, 60여 개국에서 시범을 펼치며 대한민국 문화외교의 첨병 역할을 수행했다. 그의 리더십은 규범·기량·안전을 현장에서 끝까지 책임지는 운영 철학으로 요약된다.

이 말은 단순한 회복이 아닌, 새로운 도약의 선언이다.
태권도는 한때 세계로 뻗어나갔던 위상을 잃기도 했지만, 이제 국기원을 중심으로 제도와
상징, 외교와 콘텐츠를 아우르는새 시대의 리더십이 필요하다.
다음 100년, 태권도의 세계적 중심축을 다시 세우는 사명이 지금 시작된다.

This is not merely about recovery, but a declaration of a new leap forward.Though
Taekwondo once lost its global momentum,now it calls for leadership that integrates
systems, symbolism, diplomacy, and content—all centered on Kukkiwon.The next 100
years begin with the missionto reestablish Taekwondo's global epicenter.

다음 100년을
이끌 리더의 조건

"위기는 곧 기회다.
무너졌던 태권도의 중심을 다시 일으켜 세우는 것,
그것이 다음 시대의 사명이다."

"Crisis is an opportunity.
Rebuilding the core of Taekwondo—that is the mission of the next era."

세계태권도본부, 글로벌 리더십의 공간으로 거듭나다

국기 태권도의 상징, 미래 100년을 준비하는 국기원

이동섭 원장은 2023년 새해 초, 국기원의 오랜 숙원이었던 리모델링과 주변 정비에 본격적으로 착수했다. 1972년에 건립된 국기원은 반세기를 지나면서 곳곳의 시설이 노후화되었고, 그 심각성은 외부 시선보다 내부에서 더 크게 체감되고 있었다. 사무실과 복도의 천정에는 여전히 석면이 남아 있었고, 강남구청이 2020년과 2022년에 실시한 석면 실태조사에서도 그 문제가 확인됐다. 실제로 지난 10여 년 동안 국기원 직원 중 12%에 달하는 인원이 암 진단을 받은 사실은 시설 개선의 절박함을 웅변하고 있었다.

또한 국기원에는 장애인 시설이 전무해 누구도 편히 찾을 수 있는 공간이 되지 못했고, 일주문을 지나면 인도가 끊겨 사고 위험에 늘 노출되어 있었다. '세계태권도본부'라 불리면서도 접근성과 안전성에서 뒤처진 현실은 반드시 바로잡아야 할 과제였다.

이동섭 원장은 이러한 문제를 해결하기 위해 정치권과의 협력을 적극 추진했다. 2023년 1월 30일, 국기원 원장실에서 태영호 국회의원(강남구 갑), 김형재 서울시의원, 손민기·강을석 강남구의원과 간담회를

열었다. 1시간 30분에 걸쳐 진행된 대화에서 참석자들은 국기원 리모델링 사업 추진 상황과 서울시·강남구의 지원 가능성, 그리고 주변 환경 개선 방안에 대해 심도 있게 논의했다.

태영호 국회의원은 북측에서 태권도를 '민족의 얼'로 여기고 있다는 점을 강조하며, 대한민국에서도 국기원이 그 위상에 걸맞은 역할을 다할 수 있도록 적극 지원하겠다고 밝혔다. 김형재 시의원은 상반기 추경예산에 리모델링 검토 용역비를 편성하겠다고 약속했고, 손민기·강을석 구의원은 국기원 인근 도로 정비와 태권도 기념 조형물 설치 등 이미 추진된 성과들을 보고했다.

이 자리에서 이동섭 원장은 "태영호 국회의원을 비롯해 김형재 시의원, 손민기·강을석 강남구의원들의 적극적인 관심과 협조에 깊이 감사드린다"며, "국기 태권도의 성지인 국기원이 본연의 역할에 충실할 수 있도록 반드시 안전하고 현대적인 공간으로 바꾸어내겠다"고 강조했다.
정치권의 협조와 행정의 지원은 든든한 동력이었고, 이 과정을 통해 국기원의 리모델링은 단순한 건축공사가 아니라, 태권도의 미래를 위한 재도약의 선언으로 자리매김했다.

05 다음 100년을 이끌 리더의 조건

1. 국기원 미래의 발전 전략과 핵심과제 제시

1) 3개 추진전략과 6대 핵심과제

2021년 5월 1일, 국기원은 '제2건립 원년 선포 및 국기 게양식'에서 향후 50년을 준비하는 청사진을 내놓았다. 이 자리에서 이동섭 원장은 "세계태권도본부 국기원의 재도약"이라는 비전을 발표하며, 국기원의 위상 강화, 전문성 강화, 정체성 확립이라는 세 가지 추진목표와 이를 실현하기 위한 3대 추진전략, 6대 핵심과제를 제시했다.

(1) 3대 추진전략

첫째, '세계 속의 국기원'을 만들기 위해 국기원 글로벌 위원회를 신설하고, 품·단증 보급 국가의 협회장들을 당연직 위원으로 참여시켜 전 세계 네트워크를 구축한다. 이를 바탕으로 각국에 국기원 지부를 설립해 국제 영향력을 넓히겠다는 구상이다.

둘째, '변화하는 국기원'을 목표로, 낡고 협소한 현재 시설을 개선하고 국기원을 태권도 대표 명소이자 지역과 연계된 관광·문화 거점으로 만드는 사업을 추진한다. 동시에 글로벌 조직으로 도약하기 위해 합리적인 제도를 기반으로 조직 구조를 전면 재설계하고 내부 혁신을 가속화한다.

셋째, '함께하는 국기원'을 위해 태권도장 중심의 수련체계를 확립하고, 이를 뒷받침하는 표준 교육과정, 지도자 연수과정, 교재 등을 개발한다. 대면·비대면 심사제도, 표준 심사 예식, 4차 산업기술 기반 도장 지원 등 새로운 제도 개선도 포함됐다.

(2) 6대 핵심과제

이 전략들을 구체화한 6대 과제는 다음과 같다.

① 국기원 글로벌 위원회 구성

전 세계에서 태권도 품·단증을 보급하는 국가들의 협회장들이 참여하는 '국기원 글로벌 위원회'를 만든다. 이 위원회는 각국 태권도계의 대표들이 모여 국기원과 직접 협력하며, 세계 각지의 수련 환경과 제도 개선 방안을 공유하고 정책에 반영하는 역할을 한다. 쉽게 말해, 전 세계 태권도 지도자들의 '의견 창구'이자 '정책 파트너'가 되는 조직이다.

② 국기원 해외 지원·지부 설립 확대

국기원의 핵심 역할을 세계 곳곳에서 직접 수행할 수 있도록 주요 국가에 지부를 세운다.지부는 단순한 행정 거점이 아니라, 현지에서 심사·교육·홍보·외교를 모두 담당하는 '국기원의 현지 본부' 역할을 한다. 이를 통해 본부에서 직접 지원하지 않아도 각국 상황에 맞는 신속한 서비스와 태권도 확산이 가능해진다.

③ 국기원 명소화 사업 추진

지금의 협소하고 낡은 시설을 새롭게 단장해, 태권도의 상징적 장소이자 관광 명소로 만든다.예를 들어, 국기원 내부에 태권도 역사관·체험관·시범 공연장 등을 조성해 외국인 관광객이 반드시 들르는 '태권도 랜드마크'로 발전시키는 것이다. 동시에 지역 주민이 문화·생활 공간으로 활용할 수 있도록 개방성을 높인다.

④ 글로벌 조직화를 위한 내부 혁신

국제무대에서 경쟁력 있는 조직이 되기 위해 내부 구조를 새롭게 설계한다.단순히 부서 명칭을 바꾸는 수준이 아니라, 글로벌 사업팀·디지털 전략팀 등 국제·미래 지향형 부서를 신설하고, 의사결정 절차를 효율화하며, 인재 채용과 평가 방식도 선진화하는 것이다.

⑤ 태권도장 중심 표준 수련체계 개발

전 세계 모든 태권도장이 공통으로 참고할 수 있는 '표준 수련·교육과정'을 만든다.여기에는 기본 기술부터 품새, 겨루기, 심사 기준까지 포함되며, 지도자 연수 교재·영상·디지털 콘텐츠로 제작해 보급한다. 이를 통해 어느 나라, 어느 도장에서든 같은 품질의 태권도 교육이 가능해진다.

⑥ 세계태권도장을 위한 제도 개선

국제 환경과 기술 변화에 맞춰 도장 운영과 심사 제도를 개혁한다.예를 들어, 온라인 화상 심사, 태권도 기술 데이터 분석 시스템, 심사 절차 표준화, 4차 산업기술 기반의 지도자 지원 시스템 등을 도입해, 장소와 시간에 구애받지 않는 현대적 태권도 운영 환경을 만든다.

(3) 실행 방향과 의의

이동섭 원장은 이날 발표에서, 국기원이 세계 본부를 지향하면서도 그동안 해외 거점 조직이 전무했고, 도장 중심의 체계나 제도 개선도 부족했다고 지적했다. 그는 이를 개선하기 위해 기본에 충실하면서도 새로운 정책과 사업을 적극적으로 추진할 것을 약속했다. 비록 시행 과정에서 시행착오가 있을 수 있지만, 멈추지 않고 국기원의 독립성과 생존력을 확보하며 미래 50년의 기반을 다지겠다는 의지를 분명히 했다.

이 계획은 단순한 시설 확충을 넘어, 국기원을 국제적 외교 거점이자 문화·관광 자원으로 확장하고, 태권도의 본질과 미래 가치를 모두 담아내려는 종합 전략이라는 점에서 의미가 크다.

	3대 추진전략	6대 핵심과제
이동섭 원장 의지와 업적	세계 속의 국기원	– 국기원 글로벌 위원회 구성(태권도 품·단증 보급 국가 협회장 당연직 참여) – 국기원 해외 지부 설치 및 운영 지원
	변화하는 국기원	– 국기원 명소화 및 태권도 테마공원 조성 – 글로벌 조직에 맞춘 조직 구조 개편과 내부 혁신
	함께하는 국기원	– 태권도장 중심의 표준 수련체계 개발(표준 수련과정·교재 개발, 학술연구 결과 시각화, 겨루기 정체성 확립) – 세계태권도장을 위한 제도개선(대면·비대면 심사제도, 표준 심사예식, 4차 산업 기반 도장 지원)

2) 5대 전략과 10대 과제의 선언

2023년 1월, 국기원은 새로운 미래를 여는 청사진을 대내외에 공식적으로 발표했다. 이는 단순한 구호가 아니라, 국기원이 향후 10년을 향해 흔들림 없이 나아가기 위한 실제적 설계도였다. 바로 '5대 추진전략과 10대 핵심과제', 그리고 그것을 구현해갈 미래 전략 선언이었다.

신년사를 통해 이동섭 원장은 다음과 같이 선언했다. "국기원은 지금, 중요한 전환점 위에 서 있습니다. 더는 과거의 틀에 머물 수 없습니다. 해외 지원과 지부 설립, 제2 국기원 건립을 포함한 대전환의 해로 삼겠습니다. 우리의 비전을 실현하기 위한 전략을 설계하고, 태권도의 미래 경쟁력 확보를 위한 도전을 멈추지 않겠습니다."

이 결심은 선언으로 끝나지 않았다. 국기원은 어떤 기관으로 존재해야 하는지를 근본부터 다시 묻고, 그에 대한 해답을 실행 가능한 정책으로 구체화하기 시작했다. 그 첫 번째 작업이 바로 5대 전략의 수립이었다.

국기원 5대 전략과 10대 실천과제 로드맵

전략 하나. 국기원과 태권도 제도 개선

먼저, 국기원의 법적 지위와 제도 운영의 틀을 정비하는 것이 시급했다. 이동섭 원장은 오랜 기간 입법 현장을 경험한 인물로서, 제도 없는 운영이 공허하다는 사실을 누구보다 잘 알고 있었다. 이에 따라 법과 제도를 개선하고, 재정 확보를 통한 안정적 기반 마련을 첫 번째 전략으로 제시했다. 이는 곧 국기원이 '공공정책 수행기관'으로서 기능하기 위한 첫 단추였다.

① 국기원 특수법 개정 및 후속 제도 정비

-국기원의 법적 지위를 명확히 하고, 운영 규정을 국가 정책 체계와 연계.

-국회·정부와 협력하여 법령 개정, 시행령·시행규칙 반영.

② 안정적 재정 기반 확보

-중앙정부 지원 예산 확대, 지방자치단체 협력사업 발굴.

-민간 후원, 국제기구 협력펀드 등 다각적 재원 마련.

전략 둘. 제2 국기원 건립 추진

국기원 본관은 오랜 시간 동안 세계 태권도의 중심지 역할을 해왔지만, 그 공간은 더 이상 미래를 담기엔 너무 협소하고 노후했다. 이동섭 원장은 국기원 리모델링과 동시에 교육·연수·행정 기능이 분리된 제2 국기원 건립을 추진했다. 이것은 단순한 공간의 확장이 아니라, 국기원의 정체성을 확장하는 중요한 발걸음이었다.

③ 교육·연수·행정 기능 분리 공간 설계

-본관은 문화·홍보 거점, 제2 국기원은 교육·연수 및 연구 중심 시설로 특화.

④ 국기원 명소화 사업

-방문형 태권도 체험센터, 역사 전시관, 미디어 아트관 조성.

-관광 콘텐츠와 연계해 국기원을 글로벌 명소로 브랜드화.

전략 셋. 국기원의 국제적 위상 강화

태권도가 세계화되었음에도 불구하고, 국기원이 각국과 연결되는 체계는 부족했다. 이를 해결하기 위해 해외 지부 설치, 지부장 제도 정비, 표준화된 교육 시스템 구축 등을 통해 국기원이 각국 태권도 행정의 실질적 거점이 되도록 하는 전략을 마련했다. 이는 '태권도의 모국'이라는 수식어에 걸맞은 국제적 위상을 갖추기 위한 첫걸음이었다.

⑤ 국기원 글로벌 위원회 구성

-WT, KTA, TPF 등 유관기관 및 해외 지부장·국제사범 포함한 자문·의결기구 운영.

⑥ 국기원 지원·지부 설립 확대

-해외 대륙별 거점 지부 설치, 지부장 선발 기준 및 임기제 정비.

-해외 심사·교육·문화행사 표준화 및 품질 관리.

전략 넷. 태권도인 권익 향상

현장 사범, 지도자, 수련인들이 존중받지 못하는 구조에서는 태권도의 미래가 없다. 이동섭 원장은 사범 복지, 장학 제도 도입, 정부 지원 요청 등 현장 중심의 정책을 통해 태권도인의 생애주기를 책임지는 국기원을 만들고자 했다. 국가 지원에서 배제되어 왔던 태권도 사범들이 국가 체계 안으로 들어오는 것, 그것이 진정한 권익 향상의 시작이라는 신념이었다.

⑦태권도장 중심 표준 수련체계 개발

-연령·수준별 교육 커리큘럼, 심사·인증 절차 통합.

-디지털 플랫폼을 통한 온라인 수련·보수교육 지원.

⑧태권도 사범 복지 및 지원 제도 개선

-사범 자격 갱신 제도 개선, 복지·연금 제도 마련.

-장학금, 생활 안정 기금, 국제연수 기회 확대.

전략 다섯. 태권도 산업 활성화

태권도는 철저히 실천의 예술이자, 동시에 문화이고 콘텐츠다. 이동섭 원장은 관광과 방송을 접목한 콘텐츠 개발을 통해 태권도가 산업화의 길로 나아가야 한다고 선언했다. 단순한 경제적 수익을 넘어, 태권도가 일자리와 기회를 창출하는 구조를 만드는 것을 목표로 했다. 이 전략에는 미래 세대를 위한 태권도 산업 생태계 조성이라는 철학이 담겨 있었다.

⑨세계태권도장을 위한 제도 개선

-전 세계 태권도장의 법적 지위와 운영 표준화.

-상호 인증 제도 도입으로 국제 경쟁력 강화.

⑩태권도 문화·관광 산업화

-국제 대회·페스티벌·K-컬처 융합 콘텐츠 제작.

-방송·OTT·유튜브·메타버스를 통한 글로벌 확산 구조 구축.

이동섭 원장은 이 다섯 가지 전략을 단순한 비전이 아니라, 정책과 사업, 법과 제도로 연결되는 구조로 설계했다. 5대 전략과 그 안에 내재된 10개의 실천 과제는 국기원이 '과거의 심사기관'이라는 틀을 벗고, '글로벌 전략기관'으로 변화하는 출발점이었다. 이는 태권도의 심장에서 미래를 설계한 국기원장의 이야기이자, 그가 자리에서 실천으로 써 내려간 리더십의 기록이었다.

또한, 그는 태권도를 단순한 스포츠가 아닌 "문화 외교의 언어", "대한민국의 상징 콘텐츠"로 바라보며, 글로벌 외교 무대에서 국기원의 위상을 제고하고 한류 화 확산에 기여하는 다층적 외교 행보를 실현했다.

특히 이동섭 원장은 국회의원 시절부터 쌓아온 국제 인맥과 문화정책 경험을 바탕으로, 국기원장 재임 중 국가 차원의 외교 이벤트와 국기원의 글로벌 전략을 연결하는 데 집중했다. 태권도는 그 자체로도 세계 214개국 이상에서 수련되고 있는 세계적 콘텐츠이지만, 이를 대한민국의 국가브랜드로 재정의하려는 그의 접근은 전례 없는 실천형 외교 전략이었다.

3) 태권도 사범 해외파견 50주년 기념식

〈국기원 50주년 기념 'Dispatch-Master Program'〉 세계 태권도 사범단 발대의 순간

태권도가 전 세계적으로 사랑받는 무예가 된 이면에는 해외에서 태권도를 보급한 사범들이 노력이 있었다. 이동섭 원장은 2022년 11월 3 0일 태권도 사범 해외 파견 50주년 기념식을 개최하고 대륙별 주한대사에게 명예단을 수여하여 태권도 세계화의 기초를 다진 해외 사범들의 노고와 공적을 치하하고 각국 주한대사관들과의 문화적 유대관계 형성을 통해 민간 외교의 다리를 놓았고, 2024년 11월 4일에는 국기원 해외 파견 사범들이 활동하고 있는 국가의 주한 대사 12명을 비롯한 대사관 및 군경 관계자 등 주요 인사 100여 명을 초청하여 교류를 확대하고 글로벌 네트워크를 강화했다.

명예 단증 수여는 태권도를 통한 민간 외교로 국가 안보와 위상 강화, 태권도의 문화 가치 향상을 위해 전략적이고 지속적인 리더십을 발휘한다.

〈국제사범교육 & 품·단 심사위원 과정〉글로벌 태권도 리더들의 한 컷

4) 2025 자랑스러운 태권도인 상: 국기 태권도의 공공성과 세계화를 잇다

국기원은 2025년 8월 28일 목요일 오전 11시 30분, 중앙수련장에서 '자랑스러운 태권도인 상' 시상식을 거행했다. 전갑길 이사장, 이동섭 원장, 이승완 원로평의회 의장을 비롯해 유관단체 임직원, 원로, 시·도협회장, 지도자 등 150여 명이 참석했다. 2007년 제정되어 2015년 제도화된 이 상은 국기원이 주관하는 유일한 공식 포상으로, 올해는 13개 부문에서 14명이 수상했다. 국기 태권도의 공공성과 세계적 확장을 제도적으로 기록하고 다음 세대에 전승한다는 점에서 상징성이 크다.

태권도 대상: 세계화와 저변확장의 주역들

태권도 대상에는 김영태 국기원 기술심의회 기술고문, 임춘길 국기원 원로평의회 위원, 최응길 미국(버지니아) 지부장, 강신철 관장이 선정됐다. 김영태 고문은 1969년 코트디부아르 대통령경호실 사범로 활동을 시작해 세계태권도연맹 사무차장, 국기원장 직무대행 등을 역임하며 태권도의 국제무대 확장에 기여했다. 임춘길 위원은 서울특별시태권도협회 사무국장, 대한태권도협회 전무이사, 국기원 연수원장을 거치며 저변 확대와 교육 체계화를 이끌었다. 최응길 지부장은 버지니아주 협회장을 맡아 지역 생태계를 키웠고, 2025년 5월 '제72주년 한미동맹 태권도 페스티벌'을 주도해 문화외교의 폭을 넓혔다. 강신철 관장은 1985년 이란 파견사범을 시작으로 한·이란 간 문화·체육 교류를 잇는 가교 역할을 해왔다. 수상자에게는 훈장과 상금 300만 원, 순금 열쇠상패가 수여됐다.

현장과 분야를 잇는 다층 포상 체계

지도자·선수·심판·심사·교육·연구·경영·봉사·문화·특별 등 각 부문에서도 현장의 땀과 헌신이 확인되었다. 태국 국가대표팀을 이끄는 최영석 감독(지도자 부문), 신승한 사범(선수 부문), 전상호 아시아태권도연맹 심판위원장(심판 부문), 이자형 서울시태권도협회 회장(문화 부문), 김형재 서울시의원(특별 부문) 등이 대표적 사례다. 국기원은 이 포상을 통해 개인의 성취를 도장·지역·국가·세계로 연결되는 공동체 가치로 확장하고, 공적 기록을 꾸준히 축적하고 있다.

이사장 메시지: 공적 책임의 연속성

전갑길 이사장은 "태권도의 가치를 삶으로 실천한 분들께 감사드린다"며, 수상자들이 앞으로도 막중한 책임감을 가지고 모범을 보이길 당부했다. 그는 포상의 의미를 개인의 영예에 머물지 않고 공동체의 책임과 기준으로 확장했다.

국기원장 메시지와 비전: 시상에서 시스템으로

이동섭 원장은 "오늘 행사가 단순한 시상식이 아니라 태권도의 미래를 함께 다짐하는 자리"임을 강조했다. 그의 메시지는 임기 동안 추진해 온 국기 태권도의 방향성과 맞닿아 있다. 국기원을 중심으로 전통의 기록과 보호를 강화하고, 도장 교육의 표준과 포용성을 높이며, 디지털 아카이브와 글로벌 거버넌스를 통해 교육·심사·외교가 하나의 플랫폼으로 순환하는 구조를 굳히는 일이다.

임기 성과의 구조화: 기록·표준·파트너십·외교 국기원장 임기의 성과는 화려한 행사보다 시스템의 언어로 읽힌다. 공적 포상의 정례화, 도장·지도자 생태계와 문화외교 무대의 연결, 국내외 파트너십의 촘촘한 구축, 기록과 교육의 표준화는 다음 100년을 준비하는 기반이 되었다. 국기원은 이 상을 통해 "누가 빛났는가"를 넘어 "무엇을 남겼는가"를 묻는다. 개인의 영예는 공동체의 책임으로 확장되고, 오늘의 축복은 내일의 기준으로 제도화된다.

의미와 시사점: 세계 태권도의 심장으로

세계 태권도의 심장으로서 국기원은 기준을 세우고 갱신하는 기관이며, 국기원장의 비전은 그 기준을 미래로 운반하는 약속이다. 이번 시상식은 그 약속을 다시 확인한 날이었다. 국기원은 기록과 표준, 파트너십과 외교를 축으로 도장에서 세계로, 브랜드에서 유산으로 도약할 준비를 마쳤다.

2025 자랑스러운 태권도인 시상 부문과 기준

구 분	부 문	수상자	기 준
태권도대상 (3)	태권도 국기장	김영태	9단 이상의 유단자로서 국내외 태권도 발전과 위상 강화에 기여한 공적이 있고 태권도인으로부터 존경받는 인물
	태권도 진인장	임춘길, 최응길	태권도인으로서 태권도 발전에 기여한 공적이 뚜렷한 인물
	태권도 문화장	강신철	태권도인 및 비 태권도인으로서 국내외 태권도 발전에 이바지한 공적이 현저한 인물
태권도인상 (11)	심 사	이시용	심사위원으로서 활동 사항과 공정한 승품 - 단 심사에 공적이 뚜렷한 자
	교 육	신광철	학문적 가치, 교육정책의 창의성 등을 위해 끊임없이연구하고 정기적인 지도자 세미나 등을 통해 효율적인 인성교육 및 태권도 교육 발전에 크게 기여한 자
	연 구	강명희	태권도 기술 및 이론에 대한 연구 업적으로 태권도 발전에 크게 기여한 자
	지도자	최영석	우수선수의 발굴, 육성에 공헌이 크고 사명감이 투철한 지도자로서 선수 지도경력과 팀(선수)의 수상 경력이 뛰어난 자
	선 수	신승한	국제대회 또는 전국대회 이상 규모에서 활약이 뛰어난 자로 타 선수에게 귀감이 되는 자
	심 판	전상호	공정한 경기 판정으로 올바른 경기질서 확립에 공적이 있고 심판경력(국제 및 국내)이 우수한 자
	경 영	김태곤	태권도장 운영 경력 사항과 도장경영 프로그램 개발 및 보급에 힘쓰고 태권도 인구 저변 확대에 기여한 자
	창 조	없음	진취적인 기상으로 새로운 아이디어와 창의적인 사고를 통해 창조적인 발전은 물론 태권도의 새롭고 다양한 분야에 공로가 뚜렷한 자
	봉 사	김호진	봉사와 희생정신을 실천하여 사회봉사에 공로가 뚜렷하고 태권도 봉사를 통한 태권도 활성화 및 지역사회 발전에 기여한 자
	문 화	이자형	태권도 문화산업 콘텐츠 개발 및 문화사업 부흥에 기여한 자
	특 별	김형재	언론 및 스포츠 분야 등에서 헌신적인 노력으로 태권도 발전에 기여한 자

2. '국기 태권도'의 세계화 전략: 국기원장 해외순방과 MOU 사례

이동섭 원장은 태권도의 세계화 전략을 실현하기 위한 구체적 실천으로, 국기원장 최초의 다자간 해외순방 외교를 전개하였다. 과거 국기원장이 주로 국내 행정 및 시범 업무에 머물렀던 것과는 달리, 그는 태권도를 대한민국의 문화외교 자산으로 인식하고, 외교무대에서 직접 국기원의 위상과 철학을 설파하며 실질적인 성과를 도출하였다.

1) 스페인태권도협회와의 상호교류 네트워크 구축 – 알리칸테 사무소 MOU와 유럽 표준화의 출발점

국기원은 2024년 4월 11일 스페인 알리칸테에서 스페인태권도협회와 사무소 설치를 위한 업무협약을 체결했다. 협약식에는 이동섭 원장과 헤수스 카스테야노스 푸에블라스 협회장, 호세 마리아 푸자다스 페르난데스 사무총장이 참석해, 양 기관의 협력 체계를 상시

국기원 - 스페인태권도협회 알리칸테 사무소 설치 합의 MOU

네트워크로 격상시키는 데 합의했다. 핵심은 품 · 단의 단일 표준화다. 협회 주관 승품 · 단 심사 신청 시 국기원 1품 · 단증을 의무 발급 하고, 국기원 특별심사와 무도 태권도 대회를 정례 운영해 스페인 내 교육 – 심사– 대회가 하나의 규범으로 작동하도록 설계했다.

현장 기반의 공감대 형성도 병행되었다. 국기원 태권도시범단은 4월 3일 스페인에 도착해 '스페인 태권도 내셔널 어워드 갈라 쇼', 국제오픈태권도대회, 알리칸테 문화공 연 등 3차례 정통 시범을 선보였다. 갈라쇼 현장에서 이동섭 원장은 스페인 올림픽위원회 알레한드로 블랑코 위원장에게 국기원 명 예 7단증을 수여하며, 스포츠 외교 네트워크를 문화·교육 협력으로 확장했다. 시범과 수

알리칸테 '그란 익시비시온' 포스터, 라 누시아 체육관 시범 장면

여, 협약이 한 흐름으로 이어지며, 국기원의 메시지-기술의 표 준과 문화외교의 결합-이 스페인 대중과 체육계에 동시에 전 달되었다.

이 협약은 유럽 내 국기원 사무소 설치 전략(2022년부터 추 진)의 구체적 진전이라는 점에서도 의미가 크다. 국기원장은 "협회 자체 증서가 아닌 국기원 품 · 단증의 확대 보급이 가능 해졌다는 점이 고무적"이라고 평가하며, 스페인 전역의 도장 과 학교, 지역 축제를 연결하는 운영 표준 – 교육 콘텐츠 – 심 사 인증의 삼박자를 유럽 현장에 착지시키겠다고 밝혔다. 요 컨대 알리칸테의 이번 합의는 스페인을 거점으로 한 유럽 표준화와 상호교류 네트워크의 출발점이며, 국기원이 세계 어디서나 동일한 품격으로 체감되는 신뢰 인프라를 구축해 가 는 과정의 결정적 이정표로 기록된다.

스페인 현지 기관 회의실에서 열린 국기원 – 스페인태권도협회 협력 간담회 이후 기념 촬영 (중앙) 이동섭 원장 / 국기원 시범단과 함께 결의

2) 외교로 세운 표준: 국기원 – 필리핀태권도협회(PTA) 협력, 그리고 전략적 성과

2025년 8월 21일, 마닐라 체육관은 학내 리그의 열기와 응원으로 가득했다. 이동섭 원장은 필리핀태권도협회(PTA) 초청으로 National Interschool Taekwondo Championships 개회식에 참석해 축사를 전하고, 22일까지 이틀간 경기장을 돌며 선수와 지도자를 일일이 격려했다. 개막식에만 약 1,000명의 선수가 도복을 맞춰 입었고, 관중은 1,500여 명에 달했다.

그는 "태권도는 기술을 넘어 인내·절제·연대의 언어이며, 학교 현장에서 그 가치를 일상으로 확장할 때 비로소 완성된다"는 메시지로 현장을 뜨겁게 달궜다.

이번 방문의 핵심은 '행사 참석'을 넘어, 공공외교로서의 태권도를 실제 운영과 제도로 연결하는 일이었다. 원장은 경기 합판의 울림이 교실과 가정, 지역사회로 이어져야 한다고 강조하며, 품·단·교육·안전 기준을 학령기 프로그램에 이식하는 상호 협력의 필요성을 설명했다.

원장은 홍성천 전 이사장과 함께 PTA 회장단을 만나 공인 품·단 심사 공동 시행, 교사·코치 대상 지도자 연수, 학교용 커리큘럼(품새·호신·안전) 공동 개발, 심판·의무 안전 교육 정례화 등 협력 의제를 논의했다. 협회 임원진에게는 투명하고 예측 가능한 대회 운영을 위해 체크리스트형 매뉴얼 도입을 독려했고, 관계 개선과 현장 사기 진작을 위한 소통 채널도 재정비했다.

외교 채널의 정합성 역시 놓치지 않았다. 원장은 필리핀 대사관 관저를 방문해 대사와 환담하며, 학교 체육-지역 커뮤니티-지방정부를 잇는 공공 협력의 필요성과 지원을 요청했다. 외교와 시민사회, 스포츠 교육을 한 축으로 묶는 이 접점이야말로, 국기원이 국제 현장에서 수행해야 할 역할의 본질임을 분명히 한 행보다.

기록을 넘어 구조를 남기는 일, 그리고 그 구조를 다음 무대에서 재현 가능하게 만드는 일, 이것이 이동섭 원장이 실천한 태권도 공공외교의 방식이었다.

요컨대 마닐라 일정은 '현장 격려-정책 대화-공관 협력'으로 이어지는 삼박자를 통해서 필리핀을 국기원의 동남아 거점으로 키우는 일이야말로 국기원의 철학을 표준으로, 표준을 현장으로, 현장을 외교로 확장하는 것이 다음 100년을 여는 가장 단순하고 강력한 방법일 것이다.

"필리핀 태권도의 대부, 홍성천: 태권도 시스템 개척자-필리핀 태권도를 설계하다"

홍성천 전 필리핀태권도협회 회장은 1970년대 태권도의 불모지였던 필리핀에 첫발을 내딛으며, '도장을 늘리는 보급'이 아니라 '국가 단위의 네트워크를 설계한다'는 관점으로 접근했다. 즉, 필리핀 전역을 아우르는 거대한 태권도 공동체를 만드는 것이 그의 목표였다.

상류층 중심의 전략적 보급과 전국적 확산의 대중화

그는 보급 초기 군과 경찰, 상류층을 전략적 대상으로 삼아 태권도의 교육적·윤리적 가치를 상징화했고, 국방·정치 핵심 인사들이 수련에 참여하면서 태권도는 단순한 격투기가 아닌 인성·규범 교육의 수단으로 인식되기 시작했다. 이 상징 자본은 곧 대중 확산의 기폭제가 되었고, 수도 마닐라를 중심으로 각 지역 지부를 세우고 자격을 갖춘 지도자를 양성·

파견하는 체계가 빠르게 자리 잡았다.

필리핀 전역을 잇는 거미줄 같은 태권도 네트워크

그의 리더십 아래 필리핀태권도협회는 중앙의 기준과 지역의 자율이 조화를 이루는 운영 모델을 구축했다. 정기 승품·단 심사와 전국 규모의 대회, 지도자 교육이 정례화되며 기술·예절·운영 원칙의 일관성이 확보되었고, 초·중·고·대학교에 이르는 학교 클럽 확산은 차세대 수련 기반을 교육 현장에 심어 주었다. 이 유기적 순환 구조 속에서 전국 곳곳에 도장이 문을 열었고, 수련생은 백만 명을 훌쩍 넘어서는 저변을 이뤘다. 이는 개인의 열정만으로는 도달하기 어려운 성취였으며, 국가 단위 네트워크 모델의 실효성을 입증한 사례로 남았다.

국제적 위상 강화와 미래를 향한 투자

홍성천은 필리핀 내부의 조직화를 넘어 아시아태권도연맹 수석부회장, 세계태권도연맹 집행위원, 국기원 이사장 등 국제적 요직을 역임하며 필리핀 태권도의 존재감을 세계 무

경기장(선수가 예를 표하는 순간). ABS-CBN 스포츠 포토, 마스터에게 인사하는 장면

대에 각인시켰다. 폭넓은 국제 네트워크는 선수와 지도자들이 글로벌 무대에 진입하는 통로가 되었고, 국가 이미지 제고로 이어졌다. 그가 남긴 가장 큰 유산은 사람이나 시설이 아니라 시스템이었다. 자율성과 표준화가 균형을 이루는 조직 구조, 교육-심사-대회가 유

기적으로 순환하는 운영 모델, 학교·군경·지역사회로 파급되는 보급 전략은 오늘에도 필리핀 태권도 발전의 핵심 동력으로 작동한다.

국기원의 역사와 비전의 관점에서 보면, 그의 발자취가 제시하는 교훈은 분명하다. 초기 상징 자원의 전략적 활용으로 신뢰를 확보하고, 중앙 표준과 지역 자율을 결합해 지속 가능한 운영을 설계하며, 교육-심사-대회-국제교류로 이어지는 선순환을 현장에 정착시켜야 한다는 점이다. 반세기 동안 필리핀 전역을 잇는 태권도 공동체를 일군 그의 여정은 태권도가 한 개인의 수련을 넘어 사회와 국가를 변화시키는 문화 자산이 될 수 있음을 증명한다. 이 시스템 중심의 리더십은 앞으로도 필리핀 태권도의 굳건한 반석으로 남아, 국기 태권도의 세계적 확산을 고민하는 이들에게 현실적 지침이 될 것이다.

3) 세계로 향한 리더십: 태권도의 세계화와 교육의 힘

[교육과 외교, 두 날개로 확장된 태권도]

윤석준 총장은 태권도를 통해 글로벌 윤리교육의 모델을 실현하고자 했으며, 이동섭 원장은 이를 문화외교의 실천으로 이어갔다. 그 결과, 언더우드대학교는 태권도를 통해 미국 사회 내 청년들에게 절제와 존중, 품격의 가치를 전하는 캠퍼스로 성장 중이다.

(1) 언더우드대학교와의 결합-석좌교수 임명 배경과 과정

언더우드대학교와 국기원의 협력은 "태권도를 교육의 언어로 번역한다"는 공통의 인식에서 출발했다. 윤석준(Richard Yoon, JD) 총장은 태권도를 단순한 경기 기술이 아니라

이동섭 박사 , Hon.
태권도
언더우드대학교 박사 석좌교수

인성과 시민성을 기르는 도(道)의 교육으로 보았고, 이동섭 국기원장은 그 철학을 문화외교의 실천으로 확장할 로드맵을 제시했다.

두 기관은 2024년, 태권도의 예절·의식·전승 체계를 고등교육의 커리큘럼으로 정식 편

입하기로 합의하고 미국 대학으로는 드물게 '태권도학과(전공)'를 신설했다. 신입·편입생 전액 장학과 현장 연계가 결합된 이 설계는 태권도를 통해 청년들에게 절제·존중·품격을 가르치는 교육 모델을 캠퍼스에 심는 작업이었다.

같은 해 가을, 이동섭 원장이 석좌교수로 공식 위촉되면서 협력은 제도적 궤도에 올랐다. 그는 매년 캠퍼스를 방문해 특강과 워크숍을 맡고, 국기원의 표준·인증 체계와 지역 도장 네트워크, 시범단 및 지도자 양성 시스템을 학과와 연결하는 '브리지 역할'을 수행한다.

임명 배경에는 해외 각국에서 태권도 사범들이 군·경·사관학교·왕실 경호 등 공적 영역에서 신뢰를 쌓아 외교·경제 협력의 교두보가 되었던 축적된 사례, 그리고 국기원이 축적해 온 교육·심사·문화외교의 표준이 있었다. 윤 총장이 "태권도는 무도 이전에 사람을 사람답게 만드는 교육"이라 규정하고, 원장이 "태권도의 교육적 가치를 제도화하자"고 제안한 문제의식이 정확히 맞물린 결과였다.

윤석준 언더우드대학교 총장은 태권도의 교육적, 문화적, 그리고 영적 가치를 깊이 이해하고 이를 미국 고등교육과정에 본격적으로 도입한 인물이다. 특히 언더우드대학교는 신입생과 편입생에게 전액 장학금을 제공하며, 글로벌 리더 양성에 대한 강한 의지를 보였다. "교육적 가치는 태권도의 본질입니다."

(2) 교육이 만든 파급효과 – 도장에서 캠퍼스로, 캠퍼스에서 세계로

언더우드대학교 모델이 작동하기 시작하자 변화는 뚜렷했다.

첫째, 태권도의 예(禮)와 공동체 규범이 교과로 정교화되며 '규율 있는 자유'를 가르치는 윤리·시민교육의 틀이 세워졌다. 미국 사회 청년들이 도장과 강의실을 오가며 동일한 가치와 언어를 학습하게 되었고, 이는 지역 도장-대학-국기원의 삼각 연결로 이어져 지도자 양성의 질과 일관성을 높였다.

둘째, 태권도는 문화외교의 안정된 플랫폼으로 자리매김했다. 전·현직 국가 지도자들이 명예단증을 통해 확인해 온 태권도의 상징 자본이 대학이라는 공적 제도 속에서 지속적으로 재현되면서, 태권도를 경험한 세계 시민들이 한국 문화와 산업에 우호적 이미지를 갖게 되는 '교육 기반 브랜드 효과'가 구조화되었다.

셋째, 이 모델은 확장성을 얻었다. 학과 개설에 그치지 않고 커리큘럼-장학-현장 실습-국제 교류가 순환하는 구조를 갖추면서, 미국 내 다른 대학은 물론 유럽·아시아 교육기관과의 협력까지 검토 가능한 수준의 표준 패키지가 마련된 것이다.

〈언더우드대 – 국기원 환영 행사(조우/기념품 수여 컷)〉
스와니 본교에서 국기원장 일행을 맞이한 행사를 다룬 학교 공식 페이지에 수록된 사진

이동섭 원장이 국기원을 '국내 무도 본부'가 아닌 '세계 평화를 위한 문화 플랫폼'으로 재정의해 온 노력은 이 협력을 통해 교육 축에서 구체적 성과를 거두었다. 요컨대 언더우드대학교와의 동행은 태권도를 경기 중심의 스포츠가 아니라 생활 의식·공동체 예절·전승 체계를 갖춘 보편가치 교육으로 승인받게 하는 제도적 해법이며, 도장에서 캠퍼스로, 캠퍼스에서 세계로 이어지는 새로운 표준을 제시했다. 원장의 회고처럼 "태권도는 세계 지도자들이 국기원을 찾게 만드는 대한민국 정신문화의 정수"이고, 이번 프로젝트는 그 정수를 세계 교육무대 한가운데로 끌어올린 첫 걸음이었다.

(3) 태권도, 대통령도 주목한 가치

미국의 클린턴, 오바마, 트럼프, 레이건 등 전직 대통령들과 수많은 주지사 및 의원들이 태권도 명예단증을 수여받은 것은 단지 퍼포먼스에 그친 것이 아니다. 그들은 태권도가 담고 있는 예(禮)와 정신의 가치를 인정한 것이다.

또한 이동섭 원장은 "세계적으로 태권도를 배우지 않는 나라는 없다."고 단언하며, "태권도는 대한민국의 얼굴이자 품격이다." 태권도의 산업적 가치 또한 언급했다. 태권도를 배운 세계인들이 한국의 제품과 문화에 긍정적 이미지를 갖게 되며 이는 곧 국가 브랜드 향상과 경제적 효과로 연결된다는 분석이다.

세계 각국의 대통령과 국왕들이 국기원을 방문하는 것은 태권도가 단순한 스포츠가 아닌 정신적 성소로서의 위치에 올랐다는 반증이다. 이처럼 국기원과 언더우드대학교의 협력은 단지 학과 개설 이상의 의미를 지닌다.

그것은 바로, 미래 세대에게 올바른 정신과 인성을 길러주는 글로벌 교육의 시작점이며, 국기원이 단지 '도장'이 아닌 세계 평화를 위한 문화 플랫폼으로 재정의되는 첫걸음이다.

[언더우드대학교 윤석준 총장과의 태권도 교육 협력]

2024년, 국기원은 미국 고등교육기관 언더우드대학교와 손잡고 태권도의 교육적 확산에 나섰다. 미국 내 최초로 정규 '태권도학과'를 신설한 이 학교의 결정은 단지 학과 개설에 머무르지 않았다. 윤석준 총장은 태권도를 인류 보편 가치의 교육 콘텐츠로 인식하고, 국기원의 수장이자 문화외교의 실천자인 이동섭 원장을 석좌교수로 초청하였다.

"태권도는 도(道)를 가르치는 교육이다." – 윤석준, 언더우드대학교 총장

이동섭 원장은 다음과 같이 회고한다.

"태권도는 로마 교황청을 방문하듯 세계 지도자들이 국기원을 찾게 만든, 대한민국 정신문화의 정수입니다. 윤 총장과 함께한 이 프로젝트는 태권도를 세계 교육무대 중심으로 끌어올리는 첫 걸음이었습니다."

4) 국기원 설립 이래 첫 우즈베키스탄 순방: 중앙아시아에 세운 새로운 교두보

2025년 6월 9일, 국기원은 설립 이래 처음으로 원장 공식 순방단이 우즈베키스탄에 발을 디뎠다. 이동섭 원장과 국기원 태권도시범단이 동행한 이번 일정은 「2025 K-POP 월드페스티벌 & 국기원 태권도 시범공연」 행사 방문을 넘어, 중앙아시아에서 태권도 교육·외교 네트워크를 설계하는 출발점이 되었다. 이번 행사는 우즈베키스탄 대한민국 대사관이 주최하고, 국기원(KUKKIWON)과 현지 청소년들이 함께 꾸민 특별한 무대로, K-POP과 태권도의 매력을 한자리에서 선보이며 1,000여 명이 넘는 관객이 운집한 행사장에서 청소년들은 태권도와 한국문화의 힘을 체감했고, 현지 언론과 시민들의 호응은 태

권도가 중앙아시아 문화외교의 유력한 플랫폼임을 재확인시켰다.

첫 일정은 우즈베키스탄 한국문화원에서 열린 「국기원과 함께하는 한국문화 체험 한마당」이었다. 세계 최대 규모의 한국어·한국문화 교육 현장에서 청소년·대학생들과 직접 호흡하며, 태권도가 한국문화의 문과 예(禮)를 실천하는 교육 콘텐츠임을 체험형 프로그램으로 보여주었다.

타슈켄트 아리랑 요양원에서 이동섭 원장이 고려인 어르신들께 인사를 전하며 담소를 나누며, 이날 국기원 태권도시범단도 동행해 위문 공연을 펼쳤다.

이어 이동섭 원장은 우즈베키스탄 국립체육대학을 방문해 라시드 마트카리모프 총장과 회동했다. 양 기관은 〈태권도 공동 사업 추진〉, 〈합동·선수 교류 프로그램〉, 〈공동훈련 및 세미나 개최〉 등 실무 의제를 논의했고, 대학 측은 이동섭 원장에게 명예박사 학위를 수여했다.

국기원 태권도시범단의 공연은 학내 관계자와 학생들로부터 높은 평가를 받으며 교육 협력의 상징적 장면을 만들었다.

셋째 날, 이동섭 원장과 국기원 태권도시범단은 아리랑 요양원을 찾아 고려인 어르신들과 따뜻한 시간을 나누었다.

시범단은 감동적인 시범과 함께 '아리랑'을 합창해 큰 박수를 받았고, 이동섭 원장은 "우리 동포들의 든든한 쉼터가 되도록 관심과 지원을 이어가겠다"고 약속했다.

국기원 이동섭 원장 순방의 의미는 공적 일정 바깥에서도 확장되었다. 원장과 시범단은 고려인 동포 어르신들에게 위문 공연과 봉사를 직접했고, '아리랑' 합창으로 교민 사회와 마음을 나누었던 뜻깊은 시간이었다. 저녁에는 주우즈베키스탄 대한민국대사관이 주관한 「2025 K-POP 월드페스티벌 & 국기원 태권도 시범공연」에 참여해 호신술·격파 등 태권도의 매력을 K-POP과 결합된 무대 언어로 선보였다.

이번 순방은 세 가지 성과로 요약된다. 첫째, 고등교육기관과의 파트너십으로 태권도 교육의 제도권 진입을 앞당겼다(명예박사 수여 및 공동 프로그램 합의). 둘째, 한국문화 네트워크(문화원·대사관·교민사회)와 국기원의 시범·교육 역량을 연결해 '현장-정책-브랜드'가 순환하는 구조를 만들었다. 셋째, 청소년 대상 문화행사와 동포사회 위문을 통해 태권도의 공공성과 연대 가치를 실천했다.

이동섭 원장은 "우즈베키스탄은 중앙아시아에서 태권도 교육과 문화외교가 만나는 전략 거점"이라며, 대학 협력·연합 세미나·청소년 교류전을 정례화해 현장 효과를 제도화하겠다고 밝혔다.

국기원은 이번 성과를 바탕으로 〈국립체육대학과의 공동 커리큘럼 개발〉, 〈지도자 연수·심사 협력〉, 〈연례 합동 시범·캠프 개최〉를 추진, 중앙아시아에서 태권도의 교육 표준과 문화외교 모델을 동시에 확립해 나갈 것이다.

이러한 활동은 단순한 해외 순방이 아닌, 정책성과로 연결되는 실질적 외교 성과로 이어졌으며, 국기원을 '국제 태권도 외교 사령탑'으로 재정의하는 계기가 되었다.

5) 오스트리아에 뿌리내린 한 거인의 시간, 박중부 사범

2025년 8월 19일, 박중부 사범은 오스트리아 제자들과 함께 국기원을 찾았다. 오랜 세월 해외에서 도장을 일으키고 세대를 길러낸 스승이 본산을 찾은 이 날의 방문은 예우와 감사의 뜻을 전하는 '귀환'의 성격이었다. 이동섭 원장과의 환담에서 박 사범은 그라츠와 빈에서 쌓아 올린 전승의 경험을 공유했고, 국기원은 오스트리아 현지의 도장 네트워크와 연수·심사 지원, 청년 사범 교류 프로그램 등 실무 협력의 방향을 논의했다.

〈국기원장 집무실, 2025년 8월 19일〉
박중부 사범의 오스트리아 제자단과의 면담을 맞아 기념촬영. 왼쪽부터 이동섭 국기원장, 박중부 오스트리아 사범(이동섭 원장의 사부), 박중부 사범의 배우자, 송하칠 국기원 대변인

제자들은 국기원 내외부와 중앙도장의 시범단 훈련장을 둘러보며 국기 태권도의 역사와 표준을 직접 체감했고, 스승과 제자의 관계성이 본산으로 이어지는 전승의 사다리가 오늘의 현장 속에서 어떻게 살아 움직이는지 확인했다.

이동섭 원장은 스승에 대한 예우를 다하여 국기원을 방문한 제자단을 위해 국기원의 존재 이유를 소개를 했고, 박물관에 전시되어 있는 역사적인 현장에서 직접 감동을 전했다.

오늘의 예우 방문은, 국경을 넘어 이어진 태권도의 배움이 다시 국기원으로 되돌아와 다음 세대의 출발점이 되는 선순환을 상징했다.

1980년대 중반, 오스트리아 그라츠(Graz)에 한 한국인 사범이 도장을 열었다. '아시아 부도 그라츠(Asia Budo Graz)'라는 이름의 이 도장은 1985년 한국인 박중부(Großmeister Park Jung Boo)가 설립한 것으로 기록된다. 이후 도장은 지역 연맹에 편입되고(1999), 제자들의 운영 아래 오늘까지 이어진다.

〈국기원장 집무실, 2025년 8월 19일〉 박중부 사범의 오스트리아 제자단과 함께. 중앙에 이동섭 국기원장, 박중부 사범과 기념촬영

오스트리아 슈타이어마르크 주 태권도사에 그의 이름이 첫머리에 놓이는 이유다.

박중부는 그라츠를 넘어 빈(비엔나)에서도 한 세대 제자를 길렀다. 빈에서 그와 함께 한 제자들 가운데 에이코 아사프(Eiko Assaf)는 무려 10년간 박중부의 학교에서 수련·지도했고, 성인반을 5년 동안 맡아 운영했다.

훗날 박중부의 학교가 문을 닫고 그가 한국으로 완전히 귀국하자, 아사프는 2013년 스승의 전통을 잇는 새로운 도장 'KICK OFF Taekwondo Vienna'를 창립한다. 이 도장은 오스트리아태권도협회(ÖTDV)·ASVÖ·오스트리아 국기원 마스터스 협회(KMAA)에 가입해, 스승에게서 배운 전통성과 현대적 트레이닝의 접목을 팀의 정체성으로 삼고 있다. 제자가 스승의 빈(오스트리아) 유산을 제도권 속에 안착시킨 셈이다.

그의 공력은 단지 도장 하나의 흥망으로 설명되지 않는다. 9단(Großmeister)으로 호칭되는 그는 오스트리아에서 도장 설립-제자 양성-지역 연계로 이어지는 '전승의 사다리'를 세웠고, 그 구조가 그라츠와 빈을 잇는 지속 가능한 네트워크로 남았다.

〈국기원장 집무실, 2025년 8월 19일〉 이동섭 원장의 제창으로 '태권도 최고, 국기원 최고!'를 외치며 방문단이 함께한 환담 현장(왼쪽 이동섭 원장 제자 김은섭 총재와 박중부 사범 가족)

그 결과, 스승의 귀국 후에도 현지 제자들이 운영과 교육 표준을 유지하며 지역 연맹과 함께 도장을 키우는 선순환이 만들어졌다. 이러한 흐름은 "도장에서 세계로, 개인의 공력에서 지역의 문화자산으로" 확장되는 태권도의 전형을 보여준다.

국기원장 관점에서 보자면, 작은 거인 박중부의 궤적은 해외 사범 파견 1세대가 남긴 '생활·교육·공동체'의 흔적을 오스트리아라는 공간에 태권도를 각인시킨 사례이기에 스승이기 이전에 엄청난 공로를 인정해야 한다.

이동섭 원장은 스승 박중부 사범에게서 배운 "기본은 배신하지 않는다"는 철학이 자신의 리더십을 빚었다고 본다. 그러나 그는 이 감사와 배움을 개인의 추억으로 남기지 않겠다고 다짐했다. 스승에게서 익힌 교육적 가치와 문화외교의 정신을 국기원의 제도로 전환해 다음 세대에 전달하겠다는 것이다. 이를 위해 그는 스승과 함께 자리하며 멘토링·장학 프로그램, 해외 사범 네트워크 강화, 현장 사례를 표준화한 교재·아카이브 구축, 청년 국제 연수 프로그램 등을 촘촘히 연계하는 청사진을 제시하게 되었다.

해외 각지에서 대중 친화적 문화외교를 실천해 온 한국 사범들에 대해 그는 깊은 예우를 표하며, 그들의 경험을 표준과 기록으로 남겨 후배들이 따라 걸을 수 있는 길로 정비하겠다고 밝힌다.

이동섭 원장이 그리는 차세대 태권도인의 상(像)은 도장에서 기술을 익히고, 사회에서 예(禮)를 실천하며, 세계에서 문화를 잇는 시민, 국기원은 그 여정의 든든한 등대가 되어야 한다는 것이 스승을 향한 예우를 다음 세대의 유산으로 바꾸는 길임을 그는 분명히 하고 있기에 스승의 역사를 기록으로 남기고자 하는 이유이다.

오스트리아의 여러 도장과 지도자들이 자신들의 소개문에서 "Großmeister Park Jung Boo로부터 배웠다"는 계보를 밝히는 것은, 박중부 사범의 교육 유산이 여전히 현장에서 살아 움직이고 있음을 증명한다.

박중부는 오스트리아 태권도의 한 축을 '사람'과 '제도'로 동시에 세운 사범이었다. 그라츠에서 첫 도장을 일으킨 개척자였고, 빈에서 후학을 길러낸 스승이었으며, 귀국 후에도 현지 제자들의 자립으로 이어지는 구조를 남겼다. 그가 심어 놓은 질서는 지금도 오스트리아의 도장 현장에서, 그리고 제자들의 약력 속에서 조용히 증식하고 있다.

6) 세계화의 다음 발걸음: 모로코 왕립태권도연맹과 국기원의 전략적 파트너십

왼쪽이 Mr. Driss EL-HILALI 모로코 협회장, 중앙에는 이동섭 원장, 오른쪽이 Mr. Juan Manuel Lopez Delgado 팬아메리카 협회장

2025년 8월 27일, 드리스 엘 힐랄리 (Driss El Hilali) 모로코 왕립태권도연맹 회장(겸 아랍태권도연맹 회장)과 회장단이 국기원을 공식 방문했다. 방문단은 국기원장 집무실에서 이동섭 원장과 면담을 갖고, 북아프리카와 중동을 잇는 모로코의 지리·문화적 거점을 활용해 국기원식 교육-심사 표준을 확산하는 협력 구상을 논의했다. 양측은 먼저 모로코 현지에 국기원 연수원(WTA) 과정과 동일한 커리큘럼을 단계적으로 도입하고, 지도자·심판·사범 연수의 정례화를 통해 승품·단 심사의 공신력을 높이자는 데 뜻을 모았다. 또한 국기원 시범

단의 아프리카 순회공연, 한·모 청소년 합동캠프와 장학 프로그램, 세계태권도한마당 참가 확대 등 교육과 교류가 선순환하는 실무 과제를 함께 추진하기로 했다.

면담을 마친 뒤, 힐랄리 회장단은 김운용 초대 세계태권도연맹 총재 흉상 앞에서 예를 표하며 "선배 세대가 세운 국제 태권도의 유산을 교육과 품격으로 잇겠다"는 뜻을 전했다. 이어 국기원장과 회장단은 기념품을 교환하고, 국기원이 축적한 교육 자료와 아카이브를

공동 활용해 모로코를 '아프리카권 국기원 교육 허브'로 육성하는 중장기 비전을 확인했다. 힐랄리 회장은 "국기원의 표준과 정신을 현지 도장과 학교 체육에 심어, 태권도를 통해 청년에게 절제와 존중, 품격의 가치를 전하겠다"고 밝혔고, 이동섭 원장은 "모로코는 아프리카 태권도의 관문"이라며 "현장의 필요에 맞춘 연수·심사·시범·문화외교 프로그램을 패키지로 지원하겠다"고 답했다.

이번 방문은 단순한 의전 행사가 아니라, 국기원의 교육 철학을 아프리카 현장에 이식하는 실행형 파트너십의 출발점이었다. 국기원은 방문 직후 공동 작업반을 구성해 △국기원 연수과정의 모로코 현지화 〈승품·단 심사 운영 및 평가 표준 공유〉, 〈시범·캠프·한마당 연계 국제교류 프로그램 설계〉 등 세부 과제를 착수했다. 국기원장에게 이 날의 의미는 분명했다. 태권도를 '경기'가 아닌 '인성과 공동체를 세우는 교육'으로 확장해 온 국기원의 노력이, 모로코를 통해 아랍-아프리카 전역으로 이어질 제도적 기반을 확보했다는 점이다.

7) 스페인을 거점으로, 표준을 세계로: 국기원-스페인태권도협회 파트너십의 출발

8월 28일, 국기원 이동섭 원장 집무실에는 스페인태권도협회 회장과 사무국장이 찾아왔다. 스페인 내 국기원 표준을 본격 도입하기 위한 양해각서의 사전 협의차 이뤄진 방문이었다.

이날 자리에는 국기원의 원로 사범들이 함께했다. 세대와 국경이 한 프레임에 담긴 기념촬영은, 국기 태권도의 뿌리(本)와 흐름(脈)이 유럽의 관문인 스페인으로 이어지는 상징적 장면이 되었다.

대화의 초점은 스페인 도장들의 수련·심사·연수 체계를 국기원 기준으로 정렬하고, 지도자 교육과 심판 양성, 시범·문화 프로그램까지 하나의 순환 구조로 설계하는 문제를 놓고 의견을 맞췄다. 특히 스페인어권으로 확장되는 파급력을 고려해, 청소년 캠프와 연수원(온라인·오프라인) 연계, 공동 아카이브 구축 같은 '지속 가능한 협력 장치들'을 우선순위에 올렸다.

원로 사범들은 현장의 체험을 바탕으로 제도화의 방향을 조언했고, 방문단은 스페인에서 검증 가능한 실행 로드맵을 제시했다.

국기원 입장에서도 이날의 만남은 유럽 파트너십을 재정비하는 계기였다. 〈태권도의 기술과 예절〉, 〈공동체 문화를 표준 언어로 번역해 현지 교육 현장에 심는 일〉, 그 과정에서 〈원로의 경험과 젊은 사범의 실행력을 연결하는 일〉, 그리고 〈스페인을 거점으로 라틴문화권까지 잇는 다리를 놓는 일〉 등의 이야기로 한 자리에 세워 본 시간이었다. 사진 속 미소와 엄지손가락은 단순한 포즈가 아니라, 전승과 혁신을 함께 약속한 서명과도 같았다.

〈8월 28일 국기원-스페인 MOU를 마친 후 기념촬영〉
왼쪽부터 스페인태권도협회(Real Federación Española de Taekwondo, WT) 호세 사무총장, 김영태 고문, 김정록 고문, 조영기 원로고문, 이동섭 원장, 스페인태권도협회 헤수스 카스테야노스(Jesús Castellanos Pueblas)회장, 경북태권도 예조해 고문, 배성실 대사범, 강신철 대사부

8) 세계 속 태권도 리더십 사례, 민간외교의 살아있는 역사

"김문옥 단장: 한미문화외교의 연결자 – 국기 태권도를 세계에 알리다"

(1) 태권도로 시작된 한미동맹 문화교류의 장

태권도는 단지 무도의 범주에 머물지 않는다. 그것은 한국인의 예와 정신을 세계에 전달하는 문화적 상징이며, 평화와 우호를 증진시키는 외교 수단이기도 하다. 이 사명을 실천으로 보여준 인물이 바로 김문옥 단장이다.

〈2024 한미친선 전군 태권도 경연대회〉 주한미군 대회 개회식

김문옥 단장은 1980년부터 주한 미군과 함께한 45년간 태권도 지도사범으로 활동하며, 무도 사범을 넘어 한미문화교류의 민간외교사절 역할을 수행해왔다. 그의 활동은 태권도를 통해 한국의 정신, 예절, 전통을 자연스럽게 체득하게 함으로써 주한미군과 그 가족들에게 한국 문화를 알리는 데 크게 기여하며 한국 문화와 정신을 알리는 민간 외교의 실천이었다.

특히 2000년대 이후에는 주한미군과 그 가족, 외국인을 위한 다양한 태권도 경연대회를 기획하고, 외국인 대상의 문화 체험형 태권도 교육을 주도하면서 주한미군과 한국군 간의 상호 이해를 증진시키며 한미동맹을 강화하고 국기 태권도의 외연을 넓혀왔다.

김 단장은 '한미친선 전군 태권도 경연대회', '외국인 태권도 경연축제', '주한 외국인 태권도의 날'과 같은 대규모 문화행사를 직접 주관하며 수천 명의 외국인 수련자에게 태권도를 통한 평화, 화합, 존중의 메시지를 전달해왔다.

그가 지난 10년간 진행한 교육만 보아도, 총 교육시간 11만 4천여 시간, 총 1,600여 회, 수련 인원 약 160만 명에 달한다. 이러한 교육 누적 수치는 단순한 양적 기록을 넘어, 주

〈2024 한미친선 전군 태권도 경연대회〉
주한미군 대회 책임자 감사장 수여

2024 한미친선 전군 태권도 경연대회
김문옥단장 개회사

2024 한미친선 전군 태권도 경연대회
이동섭원장 환영사

한미군 장병 다수가 제대 후 미국 본토에서 태권도 지도자로 활동하는 결과로 이어졌다. 이는 곧 국기원이 태권도를 통한 글로벌 리더십 확산 전략에서 민간 사범의 역할이 얼마나 중요한지를 입증하는 사례이기도 하다.

김문옥 단장은 국기원의 명예단증을 통해 여러 주한미군 고위 지휘관들에게 직접 한국 전통문화를 선물하며, 국기원의 브랜드와 대한민국의 국가 이미지를 고양하는 활동에도 이바지해왔다. 주한 체코 대사를 포함한 여러 외국 고위 인사들도 그가 주관한 행사에서 명예단증을 받았고, 이는 태권도의 외교적 가치를 상징하는 상징적 장면이었다.

그는 말한다.

"태권도는 발차기 기술이 아니다. 대한민국의 예절, 인내, 정신이 녹아든 삶의 철학입니다. 나는 그 철학을 주한미군에게 전하고 싶었습니다."

김문옥 단장의 사례는, 국기원이 지향하는 문화외교형 태권도 보급의 대표 사례로 기록될 만하다. 그의 활동을 단순한 개인의 열정으로만 치부해서는 안 된다. 국기원 차원의 체계적 정책과 제도가 뒷받침된다면, 태권도는 유네스코 인류무형유산을 넘어 '인류 화합을 위한 문화 언어'로서 더 큰 울림을 줄 수 있을 것이다.

〈2024 외국인 태권도 경연축제〉 주한 체코대사관 대사 Ivan Jančárek 명예단증 수여

〈2024 외국인 태권도 경연축제〉 미7공군 참모장 대령 Vaira, Brady 명예단증 수여

〈2024 외국인 태권도 경연축제〉 미2사단 포병여단 대령 Putnam, Thomas 명예단증 수여

(2) 한미동맹 강화의 문화 사절단

김문옥 단장이 주도한 '한미 친선전군 태권도 경연대회'와 '외국인 태권도 경연축제'는 군사동맹을 넘어 문화동맹으로 확장된 상징적인 프로그램이다. 이들 행사는 한미 양국 군인 및 가족들이 함께 태권도 기술과 예를 겨루며, 상호 존중과 우애를 나누는 문화 플랫폼으로 자리 잡았다.

그가 주도한 주요 행사의 결과는 다음과 같다.

2025.7.26. 오산 주한미군 공군기지 체육관 '2025 한미 친선전군 태권도 경연대회'

2024.6.28. '한미 친선전군 태권도 경연대회'

2024.9.28. '외국인 태권도 경연축제'

2023.10.31. '주한 외국인 태권도의 날' 기념행사
2023.9.23. 전통문화 체험형 외국인 태권도 경연대회
2023.3.11~12. 국기원 주최 외국인 태권도 보급사업 연수
2022.5.13. 오산미공군 기지 주한미군 국기원 방문

〈민간외교의 살아있는 역사 – 국기원, 한미 문화외교의 전선을 넓히다〉

태권도는 전 세계를 잇는 문화외교의 중심 축으로 성장해왔는데 그 대표적인 사례가 바로 국기원이 추진해온 '한미 친선전군 태권도 경연대회'다. 2025년 7월 26일, 경기도 오산의 미 공군기지 내 체육관에서 열린 이번 대회는 총 700여 명(국군 및 주한미군 각 350명)의 장병들이 참여하여 우정을 다지고, 태권도를 매개로 한 화합의 가치를 몸소 실천했다.

'한미 친선전군 태권도 경연대회'는 2007년부터 시작된 '주한외국인 태권도 보급 사업'의 핵심 프로그램으로, 20년 가까운 세월 동안 국기원이 태권도를 통해 민간외교의 교량 역할을 수행해왔음을 상징하는 장이다. 2025년 현재, 이 프로그램은 단순한 무예 경연의

〈이동섭 원장과 김문욱 단장의 문화외교〉 태권도를 통한 한미 양국의 민관군 인사들이 함께 우정을 다지고 있다.

차원을 넘어, 주한미군 부대 21개소에서 정기적으로 시행되고 있는 태권도 교육으로 확대되었으며, 이는 한국과 미국 양국 간 안보 협력 이상의 문화적 동맹을 형성하는 데 기여하고 있다.

이번 대회에서는 〈전투태권도겨루기〉, 〈손날격파〉, 〈높이뛰어차기〉, 〈스피드발

〈한미 친선전군 태권도 경연대회 전투태권도겨루기 부문에서 장병들이 치열한 기량 대결〉 격전의 순간, 관중들의 열띤 응원 속에 태권도의 정신과 기술이 빛을 발하고 있다.

차기〉, 〈단체 호신술〉, 〈단체 품새〉 등 총 6개 종목이 진행되었으며, 개회식에서는 태권도 보급에 기여한 유공자들에게 국기원 표창장과 감사장이 수여되었다. 이처럼 국기원은 군사외교와 문화외교가 교차하는 최전선에서 '태권도'를 전략적 콘텐츠로 활용해 왔다.

이 일련의 프로그램을 설계하고 실현한 중심 인물 중 하나가 바로 김문옥 단장이다. 그는 '한미 문화외교의 연결자'로 불릴 만큼, 문화 교류의 실질적 브릿지 역할을 수행하며 국기 태권도의 가치를 세계에 각인시켰다. 태권도는 그의 손을 통해 미군 병영에 들어섰고, 이는 장병 개인의 정신교육은 물론, 한미 동맹의 문화적 결속을 심화시키는 데 일조했다.

김 단장의 전략은 '현장 중심, 지속 가능한 교류, 문화 일체감 구축'이라는 세 가지 키워드로 요약된다. 단발성 홍보가 아닌, 지속 가능한 태권도 교육 체계를 부대 단위로 구축했고, 양국 장병들이 동일한 규범과 예절 아래 호흡을 맞추는 심리적 공동체 형성에 집중했다. 특히 그는 "태권도를 통해 서로의 문화를 배우고, 존중하고, 함께 성장할 수 있다"는 철학을 실천해온 대표적 '문화외교 실천가'이자, 국기원 문화외교 전략의 산증인이라 할 수 있다.

국기원이 추진한 이 사업은 단지 태권도를 보급하는 것이 아닌, 한국의 문화와 정신을 이식하고, 미군 내부에서 'K-무예문화'가 자연스럽게 확산되도록 설계되었다. 이는 향후 태권도 기반의 문화관광 상품화, K-무예 산업의 국방 연계형 수출 전략 등과도 맞물리는 복합 전략으로 확장 가능하다.

이처럼 '한미 친선전군 태권도 경연대회'는 단순한 군 체육대회가 아니라, 국기원이 펼치는 민간외교의 전형이자, 태권도를 통한 평화외교의 실천적 모델이라 할 수 있다.

이동섭 원장은 "김문옥 단장이 몸소 보여준 실질적인 활동들은 국기원이 세계를 향해 나아가는 과정에서 매우 중요한 전략적 모델이 되기 때문에 확장해 나가야 한다."고 감사의 인사를 전했다. 그는 민간인 신분으로 태권도를 중심으로 한미 간 문화외교의 교두보 역할을 수행하며, 국가 이미지 제고와 군사 외교의 신뢰 기반 구축에 실질적인 기여를 해 왔다.

따라서 향후 국기원은 김문옥 단장의 사례를 바탕으로, 국기원 주도의 '문화외교형 태권도 사범 파견 프로그램'을 체계화하고, 주한미군을 포함한 외국군을 대상으로 한 태권도 기반 정규 프로그램을 정례화할 필요가 있다. 더불어, 국기원 명예단증 수여식의 제도화를 통해 태권도를 통한 외교적 성과를 공인하고, 해외사범 포럼을 정기적으로 개최해 세계 각국의 태권도 지도자들이 교류하고 협력할 수 있는 장을 마련함으로써, 문화외교로서의 태권도 위상을 보다 공고히 해야 할 것이다.

〈주한미군 포병여단/오산미공군〉 2022.5.13. 국기원 방문

〈주한외국인 태권도 보급사업 상반기 연수〉 2023.3.11-12 국기원

〈2023 주한 외국인 태권도의 날〉 2023.10.31. 한국과학기술회관

〈2024 한미친선 전군 태권도 경연대회〉 2024.6.28 주한미군 동두천기지

〈2023 외국인 태권도경연 및 한국전통문화
체험〉 2023.9.23. 국기원

주한미군 대대 PT

주한미군 전투태권도 지도

태권도 호신술 책 발간

이준구사범, 김문옥단장 한미연합사령관 장군 Laporte Leon

미8군 한미연합사 부사령관 중장 Vandal Thomas, 김문옥단장

이는 단순한 수련 인원 수치를 넘어, 한미 관계 속에 문화적 공감대를 형성하고, 수많은 주한미군이 제대 후 미국 본토에서 태권도 사범, 관장으로 활동함으로써 태권도의 세계적 저변 확대에 이바지한 결과이기도 하다.

〈단증에 담긴 국가 브랜드, 태권도 사범이 전하다〉

김문옥 단장은 다년간의 활동을 통해 태권도를 매개로 한 실질적인 외교적 가교 역할을 수행해 왔으며, 그에 대한 외교적 예우와 문화훈장을 수여하며 상징적 감사의 표시로 수많은 주한미군 및 외교 관계자들에게 국기원 명예단증을 수여해 왔다. 명예단증은 단순한 무도 수련의 인정 차원을 넘어, 태권도를 통한 한미 간 우호와 상호 신뢰의 상징으로 기능한다.

특히 김 단장은 '미8군 참모장', '미군 사단장', '미 공군 장성' 등 미군 주요 지휘관들에

〈국기원 명예단증 수여〉 주한 물자지원사령부
대령 Donahue, Brian Timothy

〈국기원 명예단증 수여〉
미51 전투비행단 사령부

〈국기원 명예단증 수여〉 미8군 작전부사령관
준장 Crokett, Sean

게 수십 차례 국기원 명예단증을 수여했으며, 2024년에는 '주한 체코 대사'에게도 명예단증을 전달하며 국기 태권도의 외교적 활용 가능성을 또 한 번 입증했다. 이 같은 사례는 태권도가 단순한 체육 활동을 넘어 문화외교의 실질적 수단으로 자리매김하고 있음을 보여주며, 향후 정부 차원의 문화훈장 수훈 검토와 제도적 예우가 뒷받침되어야 할 부분이다.

3. 한류와 태권도의 결합: 문화콘텐츠 협업

"태권도는 더 이상 혼자 걷는 길이 아니다. K-콘텐츠와의 동행이 태권도를 세계인의 문화로 만든다."

이동섭 원장은 태권도를 K-POP, K-드라마, K-영화 등 한류 콘텐츠와 전략적으로 결합하여, 태권도의 문화 브랜드화를 적극적으로 추진했다. 이는 태권도가 가진 전통성과 정신성에, 현대 대중문화의 감각과 전파력을 더함으로써 글로벌 대중성과 문화적 확장성을 확보하기 위한 시도였다.

가장 대표적인 성과는 우즈베키스탄 K-POP 페스티벌에서의 국기원 시범단 협업이었다. 이 공연은 단순한 축하 무대가 아닌, 문화외교 전략의 일환으로 기획되어, K-POP 콘서트의 오프닝 퍼포먼스를 국기원 시범단이 장식함으로써, 한류 팬들에게 태권도를 자연스럽게 각인시키는 계기가 되었다. 이를 통해 태권도는 "K-콘텐츠 속 상징적 오브제"로 작동하며, 비무도계 청중과의 접점을 크게 확장하는 데 성공하였다.

또한, 국기원은 다양한 한류 콘텐츠 제작사 및 연예기획사와 협력하여 웹예능·뮤직비디오·다큐멘터리 등에 태권도를 테마로 삽입하거나, 공동 캠페인을 기획하는 등의 다각적 시도를 이어갔다. 특히 '태권도는 평화다', '내 일상의 태권도' 등의 글로벌 SNS 챌린지는 아이돌 그룹과의 협업으로 확산되며, Z세대와의 문화적 소통 도구로도 자리 잡았다.

이외에도 국기원은 태권도 시범 콘텐츠를 미디어아트, 국악, 스트릿댄스 등과 융합하여 멀티장르형 공연 콘텐츠로 재구성함으로써, 공연산업 및 관광산업과의 연계 가능성을 보여주었다.

이동섭 원장의 문화콘텐츠 협업 전략은 태권도를 '경험하고 공유하는 문화'로 진화시키며, 향후 한류 문화 플랫폼의 핵심 자산으로 국기원을 포지셔닝한 대표적 사례로 평가된다.

태권도의 세계화를 "대중문화와의 결합"에서 찾아 문화는 대중과 떨어질 수 없고, 세계적 무도 스포츠로 성장한 태권도 역시 인기 있는 대중문화로 자리 잡아야 저변이 확장된다는 것이 그의 일관된 관점이었다.

20대 국회 문화체육관광위원으로 활동하던 그는 태권도 문화를 키우기 위한 입법·정책 기반을 모색하며, 한국어·한국문화를 보급하는 세종학당 네트워크를 태권도와 연계하는 전략을 제안했다. 해외 사범들이 도장에서 구호와 예절, 한국어 표현을 자연스레 가르치며 한국적 정서를 전파해 온 점에 주목해, 세종학당의 언어 교육을 태권도의 수련·시범·예절 교육과 융합하면 "제2의 태권도 세계화"를 이끌 수 있다고 본 것이다.

그의 전략 핵심은 고품질 문화콘텐츠 제작이었다. 영화·애니메이션·박람회·시범단 공연 등 다양한 포맷의 문화상품을 통해 태권도의 이야기를 확장하고, 아동·청소년·해외 대중이 직관적으로 공감할 수 있는 시각 언어를 개발하는 일에 방점을 찍었다. 이 일환으로 그는 국기원의 상징성과 친근성을 동시에 담아낼 캐릭터 IP의 필요성을 강조했고, 인바운드 관문인 인천공항 – 서울 올림픽대로 구간에 태권도 동상 건립을 제안해 "태권도의 나라"라는 이미지를 강화하는 도시 상징 전략도 병행했다.

콘텐츠와 IP의 결합은 2023년 가시화되었다. 국기원은 캐릭터 전문기업 ㈜씨엠지월드와 업무협약을 맺고 토끼를 모티브로 한 캐릭터 '태권 래빗'을 공개했다. 강인함뿐 아니라 부드럽고 친숙한 이미지를 강조해 어린이·해외 관객에게 다가가는 것이 목적이었다. 협약의 방향성은 명확했다. 캐릭터를 중심으로 교육, 공연, 굿즈, 디지털 콘텐츠까지 확장해 국기원 브랜드의 접점을 넓히고, 글로벌 라이선싱과 협업을 통해 태권도를 일상 문화로 스며들게 하는 것이다.

영상 콘텐츠는 국기원의 또 다른 돌파구였다. 개원 52주년 특집으로 공개된 예능형 시리즈 '격파왕'은 태권도의 위력격파를 전면에 내세워 수련법과 노하우를 스토리텔링으로 풀어냈다. 빠른 전개, 챌린지형 구성, 영어 자막 등 MZ세대와 해외 시청자를 겨냥한 제작 문법을 도입해 "겨루기·품새 못지않게 중요한 격파의 매력"을 재조명했다는 평가를 받았다. 국기원은 이어서 웹 다큐멘터리 '태권도를 멈추지 마세요' 캠페인, '태권도 품새 교육 영상', '태권도 소리를 찾아서' 등 시리즈형 유튜브 콘텐츠를 통해 교육·감동·오락을 아우르는 라인업을 구축해 나가고 있다.

이러한 노력은 단발성 홍보를 넘어, 한류와 태권도의 상호 증폭을 겨냥한 중장기 모델로 설계되었다. 국내·해외 도장과 세종학당, 지역 축제, 국제 박람회, OTT·SNS 플랫폼을 연결하는 분산형 배급망을 마련하고, 캐릭터·포맷·공연·교육 커리큘럼을 하나의 IP 생태계로 설계해 현장 도장 운영과 글로벌 팬덤 형성, 문화외교까지 연동시키는 구조다. 이동섭에게 태권도의 대중화는 곧 세계화를 견인하는 핵심 수단이며, 콘텐츠는 그 목표를 실현하는 가장 효과적인 언어였다. 국기원은 이 콘텐츠 전략을 통해 태권도의 힘을 일상으로 번역하고, 세계가 공유하는 문화 경험으로 확장하고자 한다.

국기원, 품격과 철학을 입다 – 태권도 최고 권위 의식 '9단 수여식의 품격 제고'와 '예복 개발·도입'

이동섭 원장은 국기원의 최고 권위 행사 중 하나인 태권도 9단 수여식의 품격을 한층 더 높이기 위해 '예복'을 개발·도입하였다. 이는 태권도의 최고 경지에 오른 고단자들에게 수여하는 의식을 단순한 절차가 아닌 격조 높은 문화적 의례로 승화시키려는 의도에서 비롯되었다.

예복은 2021년 10월 20일 국기원 중앙수련장에서 열린 '제2차 9단 수여식'에서 처음 선보이며 국기원의 정체성과 권위를 대외적으로 알리는 계기가 되었다.

"무도의 품격과 국기원의 권위: 예복 도입과 제도 혁신"

무도의 품격은 단순히 기술적 성취로만 드러나는 것이 아니다. 최고 권위를 상징하는

9단 수여식에 참여한 관계자들의 환영을 받으며 9단 승단식 예복을 입고 입장하는 이동섭 원장

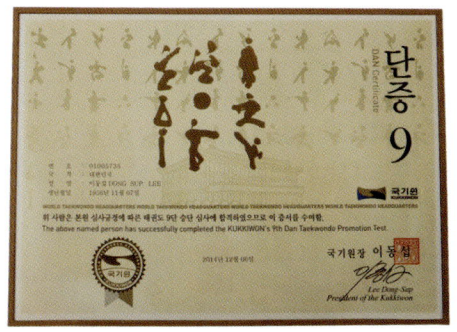

이동섭 원장 국기원 공식 9단 증서

단 수여식은 태권도의 정신성과 예법을 집약적으로 보여주는 자리이기에, 그 의례와 형식 자체가 태권도의 정체성을 드러내는 중요한 지점이었다. 이동섭 원장은 이러한 문제의식을 바탕으로 국기원이 무도성을 복원하는 구심점이 되어야 한다는 철학을 꾸준히 강조해왔다. 태권도가 올림픽 정식 종목으로 자리 잡으며 세계적 스포츠로 발전했지만, 무도적 가치는 점차 희석되는 경향을 보였고, 그는 이를 다시 회복하고 확장하는 것이 국기원의 소명이라고 보았다.

그 일환으로 추진된 것이 바로 '9단 수여식 예복'의 개발이었다. 2021년 10월 20일 국기원 중앙수련장에서 열린 제2차 9단 수여식에서 처음 선보인 예복은 한국 전통 사상인 음양오행의 색채와 조화를 담아낸 작품이었다. 세계적 한복 디자이너 '목은정'이 제작한 이 예복은 국기원장용, 부원장(연수원장)용, 승단자용 등 3종으로 구분하여 개발되었다.

색상은 음양오행의 조화가 담긴 오방정색과 오방간색을 활용하고, 디자인에는 태극 문양과 전통 문양, 태권도 동작을 형상화한 픽토그램, 국기원 CI 등이 함께 반영되어 한국적

미학과 태권도의 상징성을 동시에 표현했다. 이는 태권도의 철학과 한국 전통미를 함께 담아낸 상징적 성과였다. 이로써 국기원의 9단 수여식은 단순한 절차를 넘어, 권위와 품격을 갖춘 의례로 거듭나게 되었다.

결국, 예복의 도입과 제도 개선은 국기원의 권위를 높였을 뿐 아니라, 태권도가 단순한 스포츠가 아닌 무도이자 문화임을 전 세계에 다시금 각인시키는 계기가 되었다.

2021년 10월 20일, 국기원 중앙 수련장에서 열린 「제2차 9단 수여식 및 제3차 9단 승단심사」에서
새롭게 도입된 예복을 착용한 승단자들이 단증을 들고 기념촬영

〈8·9단 심사 제도 개선〉

이와 함께 이동섭 원장은 형식적 요소의 격상에 그치지 않고, 8·9단 심사 제도 자체를
심화·개편하여 태권도 최고 단계를 향한 심사의 내실화와 교육 강화에도 집중하였다. 국
기원은 2009년부터 여러 차례 연구를 시도했지만 미뤄졌던 과제를 이번에 본격적으로 실
행에 옮겼다. 특히 8·9단 응시자들이 기존 당일 교육 중심의 방식에서 벗어나, 단순히 시
험 당일에 치르는 심사 방식이 아닌 사전 교육을 이틀간 이수하도록 제도를 개편하였다.
응시자는 반드시 이틀 동안 품새 6시간, 호신술 2시간, 무도철학 2시간 등 총 10시간의
심화 교육을 이수해야만 심사에 응시할 수 있도록 제도를 개선 하였으며, 이는 2021년 10
월 '제3차 고단자 승단 심사'부터 적용되었다. 국기원은 이 제도를 차후 8단 심사에도 확
대 적용하며, 태권도의 질적 성장을 도모했다.

이는 단순히 고단자의 기술적 완성도를 검증하는 차원을 넘어, 무도 철학과 태권도 정신
을 겸비한 지도자를 길러내려는 국기원의 의지를 반영한 것이었다.

〈TF 구성과 제도적 혁신〉

이를 위해 이동섭 원장은 같은 해 5월 '태권도 8·9단 심사 개선 특별팀(TF)'을 구성하여
심사제도 전반의 혁신을 추진했다. 예복 도입, 응시자 교육 강화, 단증 수여식 절차 개선

등은 모두 TF 논의를 통해 체계적으로 마련된 것이다. 그 결과, 국기원의 고단자 심사는 형식적 절차가 아닌 철학·기술·예의가 결합된 의례로 거듭났으며, 태권도의 권위를 세계적으로 높이는 기반이 되었다.

"자랑스러운 7인, 세계가 증명한 9단의 품격"

2025년 3월 12일(수) 오후 2시, 국기원 중앙수련장은 고요하면서도 팽팽한 긴장으로 가득했다. 2024년도 제4차 고단자 심사에 합격한 해외 거주 최고 유단자 7인(일본 거주 이광호 9단 포함)이 한 사람씩 단상에 올랐고, 오랜 수련의 결실을 상징하는 9단 단증이 차례로 전달되었다. 의전은 엄정했고, 호명과 수여, 경례의 호흡은 국기원의 표준을 온전히 드러냈다.

이날 자리에는 이동섭 원장을 비롯해 김중영·김영태 기술고문, 박광일 기술심의회 의장, 임임환 심사집행위원장이 함께했다. 해외심사평가를 맡아온 박현섭 해외심사위원장과 황영갑·김춘근·권오민 심사위원도 참석해, 심사와 수여의 전 과정을 끝까지 지켜보며 축하를 보냈다. 국기원은 "세계 202개국과 교류하며, 정해진 절차와 기준을 통과한 수련자에게만 단증을 발급한다"는 원칙을 재확인했고, 이동섭 원장은 "전 세계 2억 명이 수련하는 태권도가 올림픽 정식 종목으로 자리 잡은 오늘, 무도 태권도의 위상 역시 꾸준히 확장되고 있다"고 강조했다.

수여자들의 이력은 대륙과 시간을 건넌 서사였다. 각국에서 도장을 지키고 후학을 길러 온 그들은 "어려운 고비마다 태권도의 예와 절제가 길을 밝혀 주었다"고 소감을 전했다. 국기원 9단은 기술의 정점이자 지도자의 무게를 의미한다. 오늘 건네진 단증은 개인의 영예를 넘어, 지역 사회와 제자, 동료들과 함께 쌓아 올린 공동의 성취로 기록되었다.

수여식이 끝난 뒤, 새롭게 9단에 오른 이들은 본관과 수련장, 역사관 등 국기원 시설을 둘러보며 사진을 남겼다. 환한 표정 속에서도 자세는 흐트러지지 않았다. 그들은 단지 최고의 단을 획득한 수여자가 아니라, 국기원의 철학을 다음 세대에 번역해 전해야 하는 책임의 출발선에 선 동력임을 알고 있었다. 국기원은 이날의 수여를 계기로 고단자 재교육과 윤리·안전·아동보호 모듈을 더욱 정교하게 운영해, 9단의 역량을 공동체의 자산으로 확장해 나갈 계획이다.

"2025년도 제1차 9단 수여식 – 표준과 품격으로 세운 최고단의 위상"

2025년 6월 20일 오전 10시 30분, 국기원은 '2025년도 제1차 9단 수여식'을 열고 고단자들에게 단증을 수여했다. 이번 수여식은 '2024년도 제4차 고단자 심사' 합격자를 대상으로 진행되었으며, 김현남·박재완·박승엽·백성경·정윤기·하진호·송이섭·김일환·이창민·김수철·최규환·홍용식·김용귀·최지운과 함께 GALIP Z. YALCINKAYA, M. MOUTARAZAK, GUY FRIESS, KYEONG SUK BYEON, TULSI KUMAR GURUNG, 오경란 등 총 20명이 9단에 올랐다. 국내외 수련인들이 한자리에 모여 고단의 무게를 나누는 순간이었다.

국기원 9단은 수련의 정점이자 책임의 시작, 태권도인의 기술·예의·공헌을 종합적으로 인정받았을 때 부여되는 최상위급 고단이다. 품새·겨루기·호신 등 기술 역량뿐 아니라, 도장 운영·지도자 양성·지역사회 기여 등 현장의 공적(功績)이 함께 평가된다. 이날 단증은 개인의 영예를 넘어, 제자·도장·지역 공동체가 함께 쌓아 올린 결과물로 소개되었다.

국기원은 태권도의 기술 수준과 수련 경지를 측정해 자격을 부여하는 승품·단 심사를 시행하고, 전 세계에서 유일하게 통용되는 국기원 품·단증을 발급한다. 이는 국가·언어·문화가 다른 환경에서도 동일한 기준으로 지도자와 심판, 코치를 양성할 수 있게 하는 글로벌 표준 인프라다. 이번 수여식 역시 심사-검증-발급 절차와 규정에 따라 진행하여 국기원이 지켜 온 공정성·일관성·투명성의 원칙을 재확인했다.

수여자 명단에는 한국과 더불어 다양한 국가의 이름이 나란히 올랐다. 이는 국기원 품·단증이 단지 한국의 자격증을 넘어, 세계 태권도 생태계의 공용 언어로 기능하고 있음을 보여 준다. 수여식에 참석한 지도자들은 9단 승단을 책임의 출발점으로 받아들이며, 태권도의 가치를 다음 세대에 전하겠다는 각오를 다졌다.

국기원은 이번 수여식을 계기로 앞으로의 과제는 지도자 재교육(리프레셔) 프로그램의 정례화, 윤리·안전·아동보호 교육의 의무화, 디지털 심사 데이터의 아카이빙을 통해 고단자 역량을 사회적 자산으로 확장할 계획이다. 9단은 끝이 아니라 표준을 지키고 나누는 역할의 시작이라는 메시지가 수여식의 마지막까지 일관되게 강조되었다.

4. 태권도 세계화를 이끈 '한 사람의 힘'

리더십 유형 분석: 카리스마형 vs 제도형

태권도의 세계화와 국기원의 성장 과정에서, 각 시대의 원장들은 시대적 과제와 환경에 따라 상이한 리더십을 발휘해왔다. 전통적으로 태권도계는 창시자적 권위와 상징성을 기반으로 한 '카리스마형 리더십'에 익숙했지만, 국기원의 법적, 환경적 정비와 정책적 연계가 요구되는 현재는 실용적이고 구조화된 '제도형 리더십'이 그 중요성을 더해가고 있다.

태권도가 전 세계 214개국에서 사랑받는 스포츠이자 문화 콘텐츠로 성장할 수 있었던 배경에는 김운용이라는 한 인물의 리더십을 승계하여 현재의 이동섭이 있었다.

그리고 '한 사람의 힘'은 조직이 아닌 개인의 카리스마로 국제 외교 무대에 태권도를 밀어 넣었고, 그것은 전 세계 스포츠사에 유례없는 일이었다. 김운용 초대 국기원장의 리더십 유형을 '카리스마형 리더십(Charismatic Leadership)'로 분석하며, 그 특성과 성과, 그리고 시대적 한계를 짚어 새로운 시대를 이어간다.

또 '한 사람의 힘'은 '법 위에 인물 없다'는 원칙으로부터 "법이 있어야 권위가 선다"는 정치적·행정적 신념 아래, 태권도계에 존재하던 '사람 중심' 문화와 임의적 운영 방식을 제도화와 시스템화로 전환하고자 했다.

이는 김운용 초대 원장의 카리스마형 리더십과 대비되는 이동섭 원장의 '제도형 리더십(Structural Leadership)'으로, 공공성, 투명성, 지속가능성에 기반을 둔 새로운 국기원 운영 철학을 대변한다.

"카리스마형 리더십_김운용 초대 국기원장"

1) 카리스마형 리더십의 핵심 요소

① 비전과 자기 확신

김운용은 태권도의 올림픽 정식 종목 채택이라는 뚜렷한 비전을 갖고 일생을 헌신했다. 누구도 가지 않은 길을 '된다'고 믿고 전진하는 그의 자기 확신은 주변 사람들을 설득하고 열광하게 만들었다.

② 결정력과 추진력

김운용은 중장기 계획보다는 현장 중심의 전략적 판단과 신속한 결정력을 중시했다. 이는 국제기구나 IOC에서 실시간 변화하는 환경 속에서 유연하게 대응할 수 있는 힘이 되었다. 예컨대, 태권도가 올림픽 정식 종목으로 채택되기까지 여러 국제정치적 변수에도 불구하고 그는 단판 승부의 리더십으로 그 벽을 돌파했다.

2) 카리스마형 리더십의 특성과 한계

① 전설적 설득력과 비공식적 인적 네트워크를 기반으로 세계화 주도(비공식성의 양날의 검)

김운용 원장은 태권도와 WT를 IOC의 공식 스포츠로 등극시키는 외교적 카리스마를 발휘했다. 그의 인적 네트워크, 담판식 외교, 강력한 추진력은 세계 태권도의 문을 열었다. 쿠바, 이란, 러시아 등 태권도 비우호국에서도 WT의 입지를 확보하였다.

하지만 비공식적 인맥에 의존한 의사결정은 단기적 성과에는 유리하지만, 제도적 지속 가능성을 담보하지 못했다. 김운용 사후, 일부 국제기구 내 영향력 저하나 후계 체계 혼선 등은 이 리더십의 한계를 보여준다.

② 개인 중심의 전략으로 운영되는 시스템

개인의 강력한 의지와 행동력에 기대다 보니, 조직적 매뉴얼과 분권화된 운영 시스템의 부재로 이어졌다. 이는 '포스트 김운용' 시대의 위기관리능력 저하를 불러온 원인 중 하나였다.태권도의 규범, 조직운영, 글로벌 정책 대부분이 개인의 결단과 권위에 의해 좌우되었고, 이는 초기 성장에는 효과적이었으나 제도적 연속성에는 취약점을 드러냈다.

③ 위계 중심의 리더십 구조로 인한 갈등 발생

후속 리더십이 동일한 카리스마를 유지하지 못할 경우, 조직의 불안정성과 정체성 혼란이 발생하기 쉬운 구조였다. 따라서 카리스마형 리더십은 후속 세대 육성의 부재로 이어지기 쉽다. 김운용의 장기 집권 이후, 태권도계는 새로운 리더십 발굴과 세대교체에 어려움을 겪었다.

3) 대표적 성과: 글로벌 스포츠 외교의 전설

① 태권도의 올림픽 정식 종목 채택 (2000년 시드니)

단일 무예로서는 유일하게 IOC의 정식 종목으로 채택된 사례로, 김운용의 정치 외교력과 브랜드 조율 능력이 결정적이었다.

② 세계태권도연맹(WT)과 국기원의 이원화 정착

기술-행정의 분리 체계를 만든 구조는 국제 스포츠 표준에 부합하면서도, 태권도의 세계화를 가능케 한 전략적 분기점이었다.

③ IOC 부위원장 및 국제스포츠계 위상 확보

태권도를 넘어 대한민국 스포츠 외교사에 있어서도 상징적 존재로 부상, 이는 국가 브랜드에도 직결되는 성과였다.

4) 전설에서 시스템으로: 리더십의 전환 과제

김운용 리더십은 세계 태권도 외교의 초석을 놓은 창세기적 리더십이었다. 그러나 현대의 태권도는 이제 개인이 아닌 조직 시스템, 투명한 거버넌스, 공정한 리더십 구조로 재편되어야 한다. 그의 리더십은 분명 시대를 연 리더십이지만, 다음 시대를 준비한 리더십은 아니었다.

5) 한 사람이 바꾼 세계, 그러나 조직이 미래를 만든다

김운용 초대 원장은 개인의 신념과 능력으로 '불가능'을 현실로 바꾼 인물이었다. 그는 태권도를 세계화한 사람이자, 국기원의 정체성을 만든 상징적인 존재이다. 그러나 그가 남긴 가장 큰 유산은 '인물'이 아니라, 태권도의 세계적 위상과 브랜드이다. 이제 그 유산을 계승하고 발전시키기 위한 리더십은 협업, 분산, 투명성, 지속가능성으로 채워져야 한다.

"제도형 리더십-이동섭 원장"

1) 제도형 리더십의 핵심 요소

이동섭 원장이 실현하고자 한 '제도형 리더십'은 기존의 카리스마 중심 리더십과는 뚜렷하게 구분되는 새로운 운영철학이자 전략적 리더십 모델이었다. 그 핵심은 다음 두 축에 기반한다.

① 행정의 투명성과 규범의 강화다.

이 원장은 국기원의 정관을 개정하고, 조직 운영에 필요한 명문화된 매뉴얼을 구축함으로써 제도적 기반을 마련했다. 또한 이사 선출과 임명 절차를 객관적 기준에 따라 정비하고, 예산 운영 전반에 걸쳐 공개적이고 투명한 구조를 도입함으로써 국기원의 거버넌스를 혁신했다. 이는 단순한 절차의 정비를 넘어, 국기원이 공공성과 신뢰성을 갖춘 국제적 기관으로서 기능하기 위한 필수조건이었다.

② 정치적 설득력과 제도 설계 능력의 결합이다.

국회의원으로서의 입법 경험과 행정 감각, 그리고 국제 외교 무대에서의 역량을 지닌 그는, 이 세 영역을 유기적으로 결합시켜 태권도 조직 전반에 적용했다. 이를 통해 태권도를 국가 브랜드이자 교육 정책의 구성 요소, 나아가 스포츠 외교의 전략 자산으로 확장시킬 수 있는 제도적 기반을 구축했다. 이 같은 시도는 태권도의 정체성과 기능을 21세기 글로벌 문화체제 속에서 재정립하는 데 기여한 중요한 리더십 실천이었다.

2) 제도형 리더십의 특성과 확장 가능성

① 법과 정책을 통해 리더십을 제도화

이동섭 원장은 태권도계의 지속 가능한 발전과 태권도인의 권리 보호를 위해, 법과 제도를 리더십의 핵심 동력으로 삼았다. "법이 있어야 권위가 선다"는 그의 일관된 철학은 태권도를 국가 제도 내 자산으로 자리매김하게 만든 근본적인 원칙이었다.

그는 2011년, 국회 문화체육관광방송통신위원으로서 「태권도진흥법」 제정을 주도해 태권도 전담 기관과 진흥 재단 설립의 법적 근거를 마련했다. 이는 태권도 행정의 독립성과 정체성을 보장하는 결정적 전환점이 되었다. 이후 2018년에는 「국기 태권도 지정법」

의 통과를 이끌어내며 태권도를 대한민국의 상징적 무예로 법률에 명시하는 데 성공했다. 이로써 태권도는 법적으로도 '국기'(國技)의 지위를 획득하였고, 국가 브랜드로서의 위상 또한 공고해졌다.

뿐만 아니라, 그는 국기원이 단순한 민간 재단이 아닌, 공공성과 공신력을 갖춘 국제기관으로서 기능하기 위해 2024년부터 국기원의 공공기관화 추진에 박차를 가하고 있다. 이를 통해 국기원의 운영 안정성과 국제적 책임성을 동시에 강화하고자 한다.

이러한 법제화와 제도 구축은 이동섭 리더십의 핵심적 성과로, 정책 기반의 리더십이 태권도의 미래를 담보하는 구조를 만들 수 있음을 보여준 대표적 사례라 할 수 있다.

② 개인 카리스마가 아닌 시스템 기반의 국기원 운영

이동섭 원장이 제시한 국기원 운영 철학은 개인의 리더십에 의존하는 방식에서 탈피해, 시스템과 제도 중심의 운영 체계로의 전환을 핵심으로 삼았다.그는 국기원의 모든 행정과 정책 결정 과정을 정관과 규칙, 실행 매뉴얼로 문서화함으로써 조직 운영의 예측 가능성과 공정성을 확보했다. 특히 이사회의 운영, 인사 관리, 예산 편성 등 민감한 사안에 대해 절차 중심의 거버넌스를 도입하여, 국기원 내·외부 갈등을 제도적으로 조정할 수 있는 기반을 마련했다.

또한, 외부와의 협력 역시 개별 인맥이나 사적인 접촉에 의존하지 않고, 기관 대 기관 간의 협약, 정책 연계, 조직 간 역할 분담 체계로 구조화함으로써 국기원의 대외 협력 관계를 장기적으로 지속 가능하게 만들었다. 이처럼 시스템에 의한 리더십 체계는 향후 어떤 리더가 국기원을 이끌더라도 일관성과 연속성을 유지할 수 있는 조직 운영의 틀을 마련한 실천이었다.

③ 다양한 파트너십 기반의 외연 확장 가능

이동섭 원장의 리더십은 정치, 외교, 문화 콘텐츠, 교육계 등 다양한 분야와의 제도적 협력을 통해 태권도의 공공성 강화와 글로벌 확산 기반을 구축하였다.그는 태권도를 체육 진흥 정책의 중심 콘텐츠, 학교 교육과정과 연계된 인성 교육 수단, 한류 문화와 결합한 문화 브랜드, 그리고 해외 공공외교의 핵심 자산으로 다층적 재정의하고, 이를 실행 가능한 정책 플랫폼으로 구체화하였다.

실제로 그는 국회 재임 시절부터 '태권도진흥법', '국기 지정법' 등을 추진하며 다부처 협업이 가능한 법제도 인프라를 구축해왔으며, 국기원장 취임 이후에는 교육부, 외교부, 문체부 등 여러 정부 부처와의 협력을 통해 태권도의 정책 활용 범위를 넓혔다.그 결과 태권도는 단순한 경기 종목을 넘어, 문화외교, 지역경제, 교육정책, 청소년 진로사업 등 다양한 공공정책에 적용 가능한 콘텐츠 자산으로서의 가치를 인정받기 시작했다.

이러한 외연 확장 전략은 '태권도=국가 브랜드'라는 등식을 가능하게 만들었으며, 국기원이 단일 단체가 아닌, 글로벌 협력 네트워크의 거점 기관으로서 역할을 할 수 있는 기반을 마련하게 했다.

④ 모범 사례로의 확산성

제도형 리더십은 다른 무예단체, 스포츠단체, 국제기구 등에도 정책 복제 가능성을 갖는다. '국기원형 시스템'은 향후 대한체육회·문화체육관광부·유네스코 협업 모델로 발전할 수 있다.

이동섭 원장의 리더십은 태권도를 스포츠의 범주를 넘어, 국가 시스템 자산으로 기능하도록 재정의하려는 시도였다. 그의 철학은 법과 제도를 통해 조직의 정체성과 권위를 공고히 하고, 공공성 기반의 운영을 통해 태권도의 미래를 보다 안정적이고 확장 가능하게 만드는 데 있었다. 이러한 접근은 다음 네 가지 전략적 가치로 요약될 수 있다.

〈Branding – 태권도를 '무예 브랜드'에서 '국가 시스템 자산'으로〉

이동섭 원장은 태권도를 스포츠 브랜드 뿐만 아니라 대한민국의 헌법적 가치를 담은 국가 시스템 자산으로 끌어올리고자 했다. 이를 위해 국기 태권도 지정, 법률 제정, 공공기관화 추진 등 정체성과 법적 지위를 명문화하는 작업을 꾸준히 추진하였다.그 결과 태권도는 개인이 수련하는 기술이자 경기를 넘어서, 대한민국의 문화 외교 자산이자 교육 정책의 일부, 그리고 국제적 공공재로서의 상징성을 갖추게 되었다.

〈Governance – 투명하고 설명 가능한 조직 운영 체계 구축〉

과거 태권도계는 특정 인물 중심의 위계적 운영과 비공식적 관례에 의존해 왔다. 이동섭 원장은 이러한 구조를 전환하기 위해, 정관 정비, 이사회 개편, 예산 운영의 공개화 등 제도 기반의 투명한 거버넌스를 수립하였다.이는 단지 절차의 개편이 아닌, 조직에 대한 국내외 신뢰를 회복하고 유지하는 핵심 인프라로 작용하게 되었다. '설명 가능한 조직', '책임지는 운영'이라는 원칙이 국기원의 새로운 리더십 지향점으로 자리잡기 시작한 것이다.

〈Diplomacy – '카리스마 외교'에서 '정책 외교'로의 전환〉

김운용 원장이 보여준 '인맥 중심의 외교'는 시대적 과제로서 큰 의미를 지녔으나, 지속 가능성과 제도적 신뢰 측면에서 한계도 함께 존재했다. 이동섭 원장은 외교 방식을 개인 네트워크 중심에서, 제도 기반의 국가 간 협력 모델로 전환하고자 했다.이를 통해 태권도를 단순한 시범이나 교류 수단이 아닌, 정책 기반의 국제 문화 외교 플랫폼으로 확장시켰으며, 외교의 지속성과 대외 공신력을 강화하는 방향으로 나아가고 있다.

〈Education – 지도자 양성과 문화 콘텐츠 육성을 통한 확장〉

제도형 리더십의 궁극적 목적은 사람이 아닌 구조가 인재를 키우는 시스템을 만드는 것이다. 이동섭 원장은 태권도 지도자의 전문성 강화, 교육과정의 표준화, 글로벌 콘텐츠화 전략을 통해 차세대 리더를 체계적으로 육성하는 기반을 마련했다.이는 단순히 승단 심사나 기술 교육에 그치지 않고, 태권도 교육의 정책 참여, 문화 창작, 지역사회 공헌까지 아우르는 새로운 역할 모델을 제시하는 계기가 되었다.

이동섭 원장의 지속 가능한 태권도 리더십, 이동섭 모델의 제도화 실험은 태권도계에 던진 하나의 선언이었다."강한 사람의 시대에서, 강력한 시스템의 시대로 나아가야 한다." 그는 단기 성과보다 지속 가능한 구조를 만들고자 했고, 리더십의 본질을 개인이 아닌 공공의 규범과 제도로 이양하려는 실험을 시도했다. 이 실험은 아직 진행 중이며, 그 성과는 향후 태권도계의 제도화 수준과 국제적 위상, 그리고 무엇보다 후속 리더십의 질과 연계되어 결정될 것이다.

〈두 리더십의 비교 및 교차점〉

항목	카리스마형 리더십 (김운용 중심)	제도형 리더십 (이동섭 중심)
추진 방식	개인 네트워크 기반 전략	법과 제도 기반 전략
운영 특징	상징적 위상, 집중형 운영	분산형 시스템 구축
글로벌 전략	외교 중심 한류 확산	콘텐츠+외교 융합 전략
한계	계승·지속성 부족	초기 성과 가시화까지 시간 필요
강점	강력한 상징 리더십	체계적 정책 실행 가능

김운용 원장의 카리스마형 리더십은 태권도의 초창기 확산에 기여했으나, 지속가능성과 제도화 측면에서는 한계가 존재했다. 반면, 이동섭 원장이 보여준 제도형 리더십은 국기원을 '법적·정책적 공공 플랫폼'으로 전환시키며 태권도 외교와 문화 전략을 구조화한 실천형 모델로 평가받는다.

이 분석은 차기 국기원 리더십의 방향성을 고민하는 데 있어, 어떤 리더십이 다음 100년의 태권도를 설계할 수 있는가에 대한 중요한 시사점을 제공한다.

이를 바탕으로 차기 국기원 리더십이 나아가야 할 방향성과 비전을 제언한다면 과거 '창시자형 리더십'과 최근 '제도형 리더십'의 장단점을 바탕으로, "복합형 글로벌 리더십"으로의 진화가 요구된 다.

5. 차세대 국기원장을 위한 제언

"태권도는 단순한 무도가 아닙니다. 그것은 철학이며, 문화이고, 국가의 얼굴입니다. 다음 국기원장은 태권도를 통해 세계를 움직일 수 있는 사람이어야 합니다."- 이동섭 원장, 미래비전 인터뷰 중

"리더십은 계승되어야 하며, 태권도의 미래는 어떤 국기원장을 만나는가에 달려 있다." 차세대 국기원장에게 요구되는 리더십은 더 이상 '관리자'만의 영역에 머무를 수 없다. 태권도는 무도를 넘어 외교, 문화, 교육, 산업을 포괄하는 글로벌 전략 자산이 되었으며, 이를 이끌 차세대 리더에게는 다음과 같은 자질과 비전이 필요하다.

첫째, '정체성의 계승자'로서의 리더십이다. 태권도의 정신과 철학, 국기원의 상징성과 역사적 유산을 존중하고 계승할 수 있어야 하며, 기존 제도와 정통성을 기반으로 새로운 도약을 준비해야 한다. 단순한 변화가 아니라, '가치를 이어가는 변화'가 핵심이다.

둘째, '세계관을 가진 문화외교가'여야 한다. 국기원은 이제 하나의 수련기관이 아니라, 대한민국 문화를 대표하는 외교 플랫폼이다. 따라서 세계 각국의 문화와 정책, 외교 언어를 이해하며 태권도의 가치를 '글로벌 언어'로 해석하고 소통할 수 있는 외교관의 역할과 능력이 필수적이다.

셋째, '융합적 사고를 갖춘 기획형 리더'여야 한다. 전통에 기반하되, 디지털 전환과 인공지능, 메타버스와 같은 21세기 기술 생태계와 결합할 수 있는 기획력과 통찰력이 요구된다. 태권도의 산업화·교육 콘텐츠화·디지털화는 향후 리더가 반드시 주도해야 할 핵심 과제다.

넷째, '제도와 조직을 설계할 수 있는 행정형 역량'이다. 국기원의 특수법 안정화, 교육 커리큘럼 국제화, 사범 자격 제도 개편, 해외 지부 법인화 등 구체적 제도 운영에 대한 실무 능력과 거버넌스 운영 경험이 중요하다. 리더는 태권도를 둘러싼 정책과 법률, 예산과 조직에 대한 이해를 바탕으로 실행력을 발휘해야 한다.

마지막으로, '미래 세대를 키우는 교육자형 리더십'이 필요하다.

국기원의 존재 이유는 미래를 위한 태권도 인재 양성에 있다. 차세대 국기원장은 청소년, 유소년, 그리고 세계 각국에서 태권도를 배우고자 하는 이들에게 꿈을 제시하고, 그 꿈이 제도와 교육 속에서 실현되도록 안내하는 리더가 되어야 한다.

국기원의 미래는 누가 리더십을 맡느냐에 따라 방향이 갈린다. 단순한 기술적 우위나 행정력만으로는 21세기형 문화외교 플랫폼으로의 전환을 이끌 수 없다. 이동섭 원장은 자신

의 리더십을 통해 제도적 기반을 마련하고 국기원의 외교력과 브랜드 가치를 확장해왔다. 이제 그 뒤를 이을 차세대 국기원장에게 요구되는 것은 단순한 관리자형 인물이 아닌, '문화전략가이자 외교가'로서의 자질이다.

국기원이 지속 가능하고 포용적인 세계 플랫폼으로 자리 잡기 위해서는, 아래와 같은 다섯 가지 핵심 자질을 갖춘 리더가 필요하다.

리더십 자질	내 용
정체성의 계승자	태권도의 철학과 역사적 정통성을 존중하고 계승할 수 있는 통찰력
세계관을 가진 문화 외교가	글로벌 외교 감각과 문화적 소통 능력을 갖춘 전략적 커뮤니케이터
융합적 사고를 갖춘 기획형 리더	디지털 전환, 기술 융합, 콘텐츠화를 선도하는 창의적 전략가
제도와 조직을 설계할 수 있는 행정형 역량	국기원 제도 운영 및 법률, 정책 이해 기반의 실행력 있는 행정가
미래 세대를 키우는 교육자형 리더십	청소년과 유소년을 위한 교육 비전과 육성 시스템을 설계할 수 있는 역량

이동섭 원장이 던진 질문 — "다음 국기원장은 문화외교가가 되어야 한다"는 말은 단순한 수사가 아니다. 이는 태권도의 다음 100년을 설계할 '국기원장'이라는 자리가 어떠한 사명과 자질을 요구하는지를 명확히 보여주는 선언이다. 태권도의 위상을 결정짓는 것은, 결국 국기원을 이끄는 사람의 방향성과 태도다.

차세대 리더는 더 큰 국기원, 더 넓은 태권도의 무대를 만들어낼 준비가 되어 있어야 한다. 이것이 바로, 지금 우리가 국기원의 미래를 이야기하며 반드시 함께 논의해야 할 질문이다.

핵심 역량	역량의 정의	평가 요소
1. 제도적 리더십	국기원 법적·제도적 기반을 이해하고, 정책과 제도를 운용할 수 있는 능력	태권도법 및 관련 제도 이해도- 정책 기획·추진 경험 - 정부 및 공공기관 협업 능력
2. 글로벌 전략 수립 능력	세계 정세와 문화외교 감각을 바탕으로 글로벌 네트워크를 구축·운영하는 역량	영어 및 제2외국어 능력- 국제회의·외교무대 발언 경험- 해외지부 운영 경험 UN, IOC, 각국 대사관과 연계하여 국제 전략을 수립
3. 통합과 협치 역량과 실행할 수 있는 추진력	국내외 태권도계의 분열을 통합으로 이끌 수 있는 조직 조정 및 협치 역량	갈등 조정 경험- 유관 단체 및 내부 조율력- 비전 공유 능력
4. 브랜드/콘텐츠 기획력	국기원의 철학과 역사적 정체성을 대중적으로 전달할 수 있는 문화콘텐츠 감성과 기획력	브랜드 리디자인 참여 경험- 대중소통 캠페인 기획- 시각언어·콘텐츠 기획 능력
5. 인문학적 통찰과 미래 비전 설계 능력	디지털 시대, 지속가능한 미래를 설계할 수 있는 전략 기획 및 실행력	메타버스, AI 등 기술 이해도- 청소년·차세대 인재 육성 전략- ESG·지속가능 경영 감각

"차기 국기원 리더십의 방향성"

1) 제도 기반 + 콘텐츠 중심의 리더십

차기 국기원의 리더십은 단순히 조직을 운영하는 행정가의 역할을 넘어, 제도적 기반 위에 문화와 콘텐츠를 꽃피우고 이를 세계로 확산시키는 전략적 리더십이어야 한다. 법적 정비와 공공성 유지는 국기원의 지속 가능성을 위한 최소한의 조건이다. 국기원 특수법과 관련 시행령·시행규칙을 완성도 높게 정비하고, 재정·인사·사업 운영에서 투명성과 책임성을 확보함으로써 국내외에서 법적 정체성을 더욱 공고히 해야 한다. 정치나 사회의 변화에도 흔들리지 않는 운영 체계와 정책의 일관성을 유지하는 것이 중요하다.

그러나 제도만으로는 국기원의 미래를 담보할 수 없다. 제도는 뿌리이고, 콘텐츠는 꽃이다. 태권도의 역사와 철학을 현대적으로 재해석한 전시, 공연, 영상, 게임 같은 문화콘텐츠가 필요하다. 또한 Global Kukkiwon Academy 설립, 태권도 호신술 자격제, 다국어 온라인 강좌 등과 같은 표준화된 교육 콘텐츠를 개발하여 전 세계 태권도 교육의 수준을 끌어올려야 한다. 더 나아가 글로벌 방송, SNS, 메타버스와 같은 미디어 플랫폼을 적극 활용해 젊은 세대와 비태권도인까지 아우르는 확장 전략이 요구된다.

이 모든 과정에서 차기 리더는 국기원을 '문화외교의 사령탑'으로 이끌 수 있어야 한다. 외교부, 문화체육관광부, 유네스코, IOC 등과의 긴밀한 협력망을 구축하고, 'K-태권도 데이'와 같은 국제 행사나 평화 캠페인, 다문화 교류 프로그램을 통해 태권도를 대한민국 문화외교의 핵심 아이콘으로 자리매김시켜야 한다.

궁극적으로 차기 국기원장은 제도, 콘텐츠, 외교를 통합적으로 설계하고 운영할 수 있는 전략가여야 한다. 법과 교육, 산업, 문화, 외교를 아우르는 중·장기 로드맵을 설계하고, 이를 실질적 성과로 연결시키는 추진력을 발휘하며, 기술 변화와 사회 요구에 빠르게 대응하는 혁신 마인드를 갖춘 리더가 필요하다.

결국, 차기 리더십의 핵심은 한 문장으로 이렇게 표현할 수 있다.제도는 뿌리, 콘텐츠는 꽃이며, 그 꽃을 세계로 퍼뜨리는 것은 문화외교다.

2) 국제외교와 네트워크 외연 확장의 능력

차기 국기원장은 단순히 행정 관리와 심사 제도를 운영하는 수준을 넘어, 복합적인 국제 네트워크를 설계하고 운용할 수 있는 국제형 리더여야 한다.

국기원은 세계태권도연맹(WT), 대한태권도협회(KTA), 태권도진흥재단(TPF) 등 핵심 유관기관과의 전략적 협업을 바탕으로, UN·IOC·한류 문화기관·교육외교 네트워크 등 다양한 글로벌 파트너와의 연계를 확장해왔다. 이는 국기원이 세계 속에서 단지 '수련과 심사'만을 담당하는 무도 본부가 아니라, 대한민국 국가 브랜드를 대표하는 문화외교 거점임을 알리는 과정이었다.

체육외교 측면에서 국기원은 WT와의 긴밀한 정책 공조와 IOC 무대를 활용한 국제 스포츠 외교를 강화했다. 평창 동계올림픽, 도쿄 올림픽 등 국제 행사에서 국기원 시범단이 펼친 무대는 전 세계 관객에게 국기 태권도의 품격과 매력을 각인시켰다. 문화외교 분야에서는 한류 기관과의 공동 프로젝트를 통해 태권도를 K-팝, 드라마, 전통문화와 결합시켜, 한국 문화를 입체적으로 경험하게 했다. 공공외교 부문에서는 재외공관과 협력해 현지 태권도 교육 프로그램을 지원하고, 지역사회 문화행사에 태권도를 접목해 현지인과의 교류를 넓혔다.

중앙정부와의 연계도 활발했다. 문화체육관광부는 국기원 시범단의 해외 문화홍보 활동을 지원했고, 외교부는 재외공관을 통해 해외 태권도 사범 파견과 지부 설립을 뒷받침했다. 교육부와의 협력으로는 해외 한국학교와 현지 교육청에 태권도 정규 교과를 도입하는 성과도 있었다.

또한, 국기원은 브랜드 시너지 확장에도 주력했다. K-POP 콘서트, 드라마 페스티벌 등 한류 이벤트에 태권도 공연과 체험 부스를 운영하며 젊은 세대와의 접점을 넓혔다. 지자체와의 MOU를 통해 지역 축제와 태권도 행사를 결합, 지역 경제 활성화와 관광객 유치에도 기여했다. 이러한 전략적 네트워크 확장과 외교 활동은 국기원이 다음 100년 동안 세계 속에서 지속 가능한 영향력을 발휘하기 위한 핵심 자산이자, 차기 국기원장이 반드시 이어가야 할 리더십 과제이다.

3) 청년세대와 Z세대를 향한 디지털 커뮤니케이션 역량

청년세대와 Z세대를 향한 디지털 커뮤니케이션 역량은 앞으로의 국기원 리더십에서 선택이 아니라 필수 과제이다.태권도의 전통성과 무도 철학을 지키면서도, 디지털 네이티브 세대가 태권도를 '보고, 참여하고, 공유'할 수 있는 환경을 만드는 것이 핵심이다. 과거에는 도장에서 사범과 제자가 직접 마주하는 대면 수련이 중심이었지만, 이제는 유튜브와 SNS에서 태권도의 첫인상이 형성되고, 숏폼 콘텐츠를 통해 관심이 촉발되는 시대이기 때문이다.

이 세대와의 소통은 단순 홍보가 아니라 '참여형 경험'을 제공하는 방향으로 전환되어야 한다. 글로벌 챌린지, 해시태그 이벤트, 인터랙티브 라이브 방송 등 참여를 유도하는 포맷을 적극 도입해야 하며, K-POP·게임·웹툰 등 청년문화와의 융합 프로젝트를 통해 태권도를 하나의 트렌드 콘텐츠로 자리매김시킬 필요가 있다. 예를 들어, 인기 아이돌과의 협업 시범 영상, e-스포츠 스타일의 태권도 경기 생중계, AR·VR 기반의 가상 태권도 체험관 등이 효과적입니다.

궁극적으로 디지털 공간은 태권도의 '제2의 도장'이 되어야 합니다. 오프라인 수련에서 배운 기술과 정신을 온라인 콘텐츠로 확장해, 도장에서의 땀방울이 유튜브 영상과 SNS 피드 속에서 살아 숨 쉬도록 해야 한다. "태권도의 미래는 도장에서 유튜브로, 경기장에서 SNS로 확장된다"는 메시지는 단순한 구호가 아니라, 앞으로 국기원이 선택해야 할 전략적 방향성을 함축하고 있다.

4) 디지털 전환 시대의 국기원 과제

4차 산업혁명과 팬데믹 이후 가속화된 디지털 환경 변화는 국기원에도 새로운 도전과 기회를 동시에 가져왔다. 이동섭 원장은 이러한 시대적 흐름에 대응하여, 국기원의 디지털 역량을 강화하고 태권도 교육, 인증, 행정 전반에 걸쳐 혁신을 꾀하는 전략을 본격화하였다. 이는 단순한 디지털화 수준을 넘어서, '디지털 기반 글로벌 플랫폼'으로서의 국기원 재정립을 목표로 한다.

국기원의 단증을 받는 국가가 전세계 214개 국가이고 수련인구가 약 2억 명을 넘어서는 세계 태권도인들을 위해 다각도로 변화를 이끌어 나가야 한다.

우선, 국기원 디지털 인증 시스템 구축이 대표적인 사례이다. 기존의 오프라인 중심 단증·자격 발급 체계를 전면 개편하여, 블록체인 기반의 인증서 발급 시스템을 도입하였다. 이를 통해 세계 어디서든 단증의 위·변조를 막고, 태권도인의 이력과 자격을 신속히 확인할 수 있는 신뢰 기반을 마련하였다. 이 시스템은 특히 해외 사범과 교육기관에게 높은 신뢰도를 제공하며, 국기원의 공신력을 크게 제고시켰다.

또한 'KUKKIWON E-플랫폼' 구축 사업도 함께 추진되었다. 이 플랫폼은 온라인 품새 지도, 실기 시험 영상 업로드, 심사위원 평가 시스템, 태권도 교본 e-러닝 콘텐츠 등을 포함하는 디지털 종합 허브로 개발되었다. 이로써 전 세계 태권도 수련생들이 시간과 장소에 구애받지 않고 국기원의 표준화된 교육 콘텐츠에 접근할 수 있게 되었으며, 국기원은 글로벌 교육기관으로서의 역할을 강화하였다.

아울러 SNS와 연동된 태권도 숏폼 콘텐츠 제작도 확대되었다. 이는 Z세대와 디지털 네이티브 세대와의 소통을 강화하기 위한 전략으로, '품새 챌린지', '격파 릴레이', '태권 브이와 함께하는 생활 태권도' 등 다양한 주제로 콘텐츠를 확산시켰다. 유튜브, 틱톡, 인스타그램 등에서 높은 조회수를 기록한 이 콘텐츠들은 국기원의 대중적 인지도 상승에 크게 기여했다.

행정 운영에서도 디지털 전환이 이루어졌다. AI 기반 민원 시스템 도입, 화상회의를 통한 해외 지부 운영 점검, 온라인 설문 및 통계 기반 정책 피드백 체계 등이 운영되며, 국기원은 점차 데이터 기반 행정 조직으로 진화하고 있다.

이동섭 원장의 디지털 전환 리더십은 단지 기술 수용에 그치지 않고, 국기원의 미래 경쟁력을 확보하는 구조적 전략으로 평가된다. 디지털 기술을 통해 국기원의 글로벌 통합 관리 역량을 높이는 동시에, 태권도의 정체성과 철학을 디지털 콘텐츠로 세계에 확산시키는 데 있어 중요한 전환점을 마련한 것이다. 이 과제는 향후 국기원이 지속 가능하고 포용적인 글로벌 문화 플랫폼으로 거듭나는 데 필수적인 방향성을 제시하고 있다.

이 과제가 제시하는 향후 국기원의 방향성은 단순한 디지털화나 행정 효율을 넘어, 글로벌 문화 플랫폼으로서의 정체성과 지속 가능성을 전략적으로 강화하는 데 있다. 구체적으로 다음과 같은 다섯 가지 방향성을 제안할 수 있겠다.

1) 글로벌 통합 교육 플랫폼으로의 진화

세계태권도본부 국기원은 전 세계 태권도 수련자, 사범, 지도자들을 대상으로 한 온라인 통합 교육 시스템을 구축해야 한다. 이는 국기원의 교육 철학과 품새 기준, 지도자 자질, 윤리교육 등을 전 세계 어디서나 동일한 품질로 제공할 수 있게 하는 기반을 만드는 것이다.

국기원은 전 세계 태권도인을 위한 표준화된 온라인 교육 플랫폼을 운영하여, 국경을 초월한 교육 시스템을 확립해야 한다.

콘텐츠 현지화, 다국어 지원, 수련 단계별 커리큘럼 제공 등으로 국제 인증기관의 역할을 강화할 수 있다.

첫째, 다국어 교육 콘텐츠 개발이 필수적이다. 영어, 스페인어, 프랑스어를 비롯해 아랍어, 중국어 등 주요 언어로 커리큘럼을 번역·현지화함으로써, 언어 장벽 없이 전 세계 수련인들이 학습할 수 있는 환경을 마련한다. 이를 위해 각 언어권 전문 사범과 협력하여, 단순 번역을 넘어 문화적 맥락까지 반영한 콘텐츠 제작이 이루어져야 한다.

둘째, 수련 단계별 모듈화된 커리큘럼을 제공한다. 입문·중급·고급·지도자 과정으로 단계별 학습 체계를 세분화하고, 품새·겨루기·호신술·태권도 철학 등 분야별로 모듈을 구성해 학습자가 자신의 수준과 목표에 맞춰 선택적으로 학습할 수 있도록 한다.

셋째, e-러닝 인증제도와 디지털 수료증 발급을 도입한다. 학습자가 온라인 과정을 이수하면 국기원 명의의 전자 수료증과 성적 인증서를 발급받을 수 있도록 하여, 해당 교육의 공신력과 활용도를 높인다. 이러한 디지털 인증서는 국제 대회 참가, 사범 자격 심사, 승단 심사 등에 공식적으로 활용될 수 있다.

넷째, 온·오프라인 하이브리드 모델 운영을 통해 학습 효과를 극대화한다. 온라인으로 이론과 기본기를 학습한 뒤, 현지 인증 사범 또는 국기원 파트너 도장에서 실습·평가를 진행하도록 하여 교육 품질을 균일하게 유지한다. 이를 통해, 국기원은 글로벌 태권도 네트워크의 허브로서 각국 현장과 긴밀히 연결될 수 있다.

이와 같은 플랫폼은 국기원이 국제 교육 인증기관으로서의 위상을 확립하는 데 기여할 것이며, 전 세계 태권도인의 평생 교육과 지도자 양성에 중추적 역할을 하는 디지털 전환 모델이 될 것이다.

2) 블록체인 기반 자격 인증의 국제 표준화

국기원은 전 세계 태권도인을 대상으로 한 표준화된 온라인 교육 플랫폼을 구축·운영함으로써, 시공간의 제약 없이 동일한 품질의 교육을 제공하는 국제 교육 생태계를 조성해야 한다. 이 플랫폼은 국기원이 글로벌 교육 인증기관으로 자리매김할 수 있는 핵심 인프라가 될 것이다.

국기원은 단증, 심사 결과, 자격증 발급 전 과정을 블록체인 기반의 디지털 인증 체계로 전환하여, 위·변조를 원천적으로 방지하고 국제적 공신력을 확보하는 혁신적 시스템 구축에 주력하고 있다.

첫째, 디지털 단증(Digital Dan Certificate) 발급 시스템을 도입한다. 종이 단증 발급에서 발생할 수 있는 위조·분실 위험을 제거하고, 전 세계 어디서나 온라인을 통해 단증 발급·조회가 가능하도록 한다. 발급된 디지털 단증에는 고유의 블록체인 해시값이 부여되어, 누구나 진위 여부를 즉시 검증할 수 있다.

둘째, 블록체인 기반의 영구 인증 기록 저장소를 구축한다. 국기원에서 발급된 모든 단증, 심사 기록, 자격 인증 정보는 블록체인에 영구 저장되며, 수정·삭제가 불가능해 국제적으로도 신뢰받는 데이터베이스가 된다. 이를 통해 국기원은 태권도 단증 발급의 글로벌 표준을 선도하게 된다.

셋째, 국가별 스포츠기구 및 교육기관과의 상호 인증 협정을 체결한다. 예를 들어, 각국의 태권도 협회, 스포츠부, 교육부와 협력해 국기원 디지털 단증이 국가 자격증이나 학위 과정의 일부로 인정받을 수 있도록 제도적 연계를 마련한다.

넷째, QR코드·AI 기반 이력 관리 시스템을 도입한다. 각 단증과 자격증에는 QR코드를 부착하여, 스캔 시 발급자 정보·심사 이력·승단 내역·교육 이수 기록 등을 확인할 수 있도록 한다. 또한 AI 기술을 활용해, 해당 단증을 '디지털 자산' 형태로 소유·거래·양도 가능하게 하여, 차세대 인증 생태계를 선도한다.

이 시스템이 완성되면, 국기원은 전 세계 태권도 단증 발급의 불변성과 투명성, 그리고 국제적 호환성을 동시에 갖춘 최초의 무도 인증기관이 될 것이다.

이를 통해 국기원의 심사와 자격 제도는 국제스포츠 생태계와 더욱 밀접히 연결될 수 있으며, 태권도의 신뢰성과 투명성을 동시에 확보할 수 있을 것이다.

3) 문화 콘텐츠와 브랜드 메시지의 디지털화

국기원은 태권도의 핵심 철학과 정신적 가치, 즉 인내·예의·평화와 같은 보편적 덕목을 현대적인 감성 기반 디지털 콘텐츠로 재해석해 대중과 소통하고자 한다. 특히 디지털 친화적 환경에서 성장한 Z세대와 알파세대에게 태권도의 철학을 보다 직관적이고 친근하게 전달하기 위해, 감성적 스토리텔링을 중심으로 한 다양한 콘텐츠 전략을 추진하여 브랜드 자산을 구축해야 한다.

이 과정에서 태권도의 브랜드 가치, 예를 들어 정신수양·평화·인권과 같은 주제를 짧고 임팩트 있는 숏폼 영상, 웹툰, 애니메이션 등 다양한 형식으로 구현한다. 이를 통해 청소년 세대가 스스로 공감하고 참여할 수 있는 디지털 환경을 조성하는 것이 목표다. 예를 들어 TikTok과 YouTube Shorts 플랫폼을 활용해 '태권도 철학'을 주제로 한 짧은 영상 시리즈를 제작하고, 태권도의 캐릭터를 마스코트화하여 웹툰이나 애니메이션 IP로 발전시키는 방안을 추진한다.

이러한 전략은 브랜드 인지도를 높이고 국기원을 글로벌 문화 브랜드 허브로 태권도의 철학을 디지털 세대의 언어로 번역해 전 세계적으로 확산시키는 중요한 문화외교 자산이 될 것이다.

4) 글로벌 데이터 기반 거버넌스 체계 구축

국기원은 전 세계에 흩어져 있는 수천 개의 태권도장과 수련생, 사범, 그리고 각국 지부의 운영 현황을 하나의 체계로 연결하는 글로벌 거버넌스 데이터 시스템을 구축해야 한다. 이 시스템은 단순한 명단 관리 수준을 넘어, 각국 지부의 연간 교육 현황, 심사·연수 통계, 인증 절차를 실시간으로 추적·관리하여 국기원의 행정력과 정책 집행력을 획기적으로 강화할 수 있다.

이를 위해 클라우드 기반의 통합 데이터 플랫폼을 마련하여 전 세계 국기원 공인도장 정보를 표준화된 형식으로 통합 관리하고, 국가별·지부별 운영 현황을 한눈에 파악할 수 있도록 한다. 예를 들어 지부별 활동 보고 시스템을 통해 매년 교육 프로그램 이수율, 심사 건수, 지도자 연수 참가 현황 등의 데이터를 자동 수집·분석함으로써, 지원금 배분이나 교육 품질 관리에서 데이터 기반 의사결정을 가능하게 한다.

또한 AI 기반 교육 품질 모니터링 기능을 도입하여 수련 커리큘럼, 지도 방법, 심사 절차의 표준 준수 여부를 실시간으로 점검하고, 문제가 발견될 경우 경보를 발령하는 '이슈 알림 시스템'을 운영할 수 있다. 이를 통해 현장에서 발생할 수 있는 품질 저하나 규정 위반을 사전에 예방한다.

최종적으로, 수집된 모든 데이터를 시각화 대시보드로 제공하여 국기원 내부의 정책 결정자들이 각국의 상황을 직관적으로 파악하고, 장기 전략 수립에 활용할 수 있도록 한다. 이와 같은 통합 데이터 거버넌스 체계는 국기원의 글로벌 네트워크를 한 단계 업그레이드하고, 세계 태권도 교육과 운영의 표준을 주도하는 핵심 인프라가 될 것이다.

이를 통해 국기원은 전 세계 태권도 네트워크를 '감시'가 아닌 '지원'의 관점에서 관리하며, 공공성과 효율성의 균형을 이루게 된다.

5) 국제 문화외교 플랫폼으로서의 디지털 확장

태권도를 통한 문화외교는 이제 단순한 오프라인 행사와 대면 교류를 넘어, 온라인 글로벌 문화외교 허브로서의 역할을 확장해야 한다. 국기원은 전 세계 어디서든 접속 가능한 디지털 플랫폼을 통해 태권도와 대한민국 문화를 동시에 경험하게 함으로써, 물리적 거리와 시간의 제약을 뛰어넘는 문화외교 네트워크를 구축할 수 있다.

이를 위해 외교 행사, 국제 회의, K-컬처 행사와 연계한 국기원 디지털 브랜드존(Brand Zone)을 운영하여, 세계 각국의 시민과 외교 관계자가 태권도의 역사·철학·기술뿐만 아니라 한국의 전통문화와 현대 문화를 동시에 체험하도록 한다. 브랜드존은 단순 홍보관이 아니라, 참여형·체험형 콘텐츠를 갖춘 '온라인 외교 거점' 역할을 하게 된다.

특히 '디지털 국기원관'을 구축하여, 태권도 역사적 기록인 기원과 발전사를 보여주는 온라인 전시관, 세계 주요 대회와 시범 영상이 포함된 가상 시범 콘텐츠, 그리고 태권도의 철학과 기술을 배우는 온라인 교육관을 포함한다. 이를 통해 국기원은 디지털 공간에서 사실상 '태권도 대사관'과 같은 위상을 갖게 된다.

또한 국가별 문화원과 대사관, 해외 태권도 협회와 연계한 맞춤형 디지털 태권도 캠페인을 운영하여, 각국의 문화와 언어에 맞는 메시지를 전파한다. 예를 들어, 평화·인권·청소년 육성 등 보편적 가치를 태권도 철학과 결합한 디지털 캠페인을 SNS와 유튜브, 현지 미디어를 통해 전개함으로써, 해당 국가 국민이 공감하고 참여할 수 있는 환경을 만든다. 마지막으로 외교부, 유네스코, 국제체육기구와 협력해 공동 디지털 프로젝트를 발굴·운영한다. 예를 들어, '세계 평화를 위한 태권도 디지털 페스티벌'이나 '유네스코 세계문화유산 태권도 디지털 아카이브'와 같은 국제 공동사업을 추진함으로써, 국기원의 글로벌 브랜드 가치를 한층 강화할 수 있다.

이와 같은 디지털 문화외교 전략은 국기원이 국제사회에서 단순한 무도기관을 넘어, 대한민국의 문화외교 선도 플랫폼으로 자리매김하는 기반이 될 것이다.

이러한 방향성은 단순히 디지털화를 넘어서, 국기원이 디지털 전환 시대에 지속가능하고 포용적인 국제 조직으로 도약하는 데 실행해야 할 핵심적인 전략 기반이 될 것이다. 또한 국기원은 한국의 문화와 정신을 디지털을 통해 확산시키는 21세기형 '문화외교 사절단'으로 자리매김할 수 있는 것이다.

6. 글로벌 태권도 미래전략 로드맵

"태권도의 다음 100년, 이제는 전략으로 설계할 때다"

이동섭 원장의 국기원은 글로벌 문화전략 자산이자 21세기형 융합 콘텐츠 산업의 핵심 축으로 발전해야 한다는 인식 아래, 「글로벌 태권도 미래전략 로드맵 2050」을 구상하고 추진했다. 이 로드맵은 태권도의 지속가능성, 정체성, 세계화를 종합적으로 담은 미래지향적 전략 기획으로, 국기원이 글로벌 거버넌스의 중심 플랫폼으로 자리매김하도록 구조화된 계획이다.

1) 비전 2050 수립

이동섭 원장은 태권도의 미래를 단기적 성과 중심이 아닌, 지속가능하고 구조화된 세계 전략으로 설계하고자 하였다. 이를 위해 국기원은 'Global Taekwondo 2050: 평화·공존·융합의 시대, 태권도가 답하다'라는 통합 비전을 수립하였다. 이 슬로건은 태권도가 인류 공동체가 직면한 평화·다문화 공존·미래형 융합사회에 대응하는 인문사회적 해답이자 문화 콘텐츠의 원천임을 선언하는 의미를 담고 있다.

이 비전은 단기(2025), 중기(2035), 장기(2050)의 세 시기로 나뉜 실행 시나리오를 제시하여 지속 가능성을 확보 하였다.

〈단기(2025): 제도 안정기 및 플랫폼 기반 구축〉

2025년은 국기원이 미래 전략을 본격적으로 가동하기 위한 '제도 안정기'이자, 글로벌 경쟁력을 뒷받침할 플랫폼 기반 구축의 원년이다.우선, 국기원 특수법의 안정적 안착이 핵심 과제다. 이는 단순한 법률 집행의 문제가 아니라, 국기원의 법적 지위와 역할을 제도적으로 확정짓고, 정부·지자체·국제기구와의 정책 연계를 원활히 하는 토대가 된다. 동시에 국내외 지부 인증 체계를 정비·확립한다. 해외 지부와 국내외 협력 도장을 대상으로 표준 심사·교육·행정 프로토콜을 부여해 '국기원 인증'이 글로벌 품질보증 역할을 수행하도록 만든다.

브랜드 측면에서는 국기원 BI 및 시각 정체성 재정비를 통해, 모든 홍보물·디지털 플랫폼·국제행사에서 일관된 이미지와 메시지를 제공한다. 이를 통해 '세계태권도본부'라는 위상을 시각적으로 각인시키고, 글로벌 태권도 커뮤니티 내 인지도와 신뢰도를 강화한다. 또한, 4차 산업혁명 기술을 활용한 '디지털 심사 시스템' 시범 운영을 개시한다. 이는 전 세계 어디서든 동일한 기준으로 승단 심사를 진행할 수 있게 하여, 시간·공간의 제약을 넘어서는 혁신을 가능하게 한다.

마지막으로, 태권도 호신술 자격 신설과 교본 개정을 통해 콘텐츠 기반을 재정비한다. 이는 단순한 기술 교육을 넘어, 안전·자위·공공안전과 연결되는 현대적 가치 확산의 기반이 되며, 교육과정의 다양성과 국제적 수요에 대응하는 핵심 콘텐츠가 된다.

〈중기(2035): 글로벌 교육·외교·산업 연계 플랫폼화〉

2035년은 국기원이 세계 태권도 거버넌스의 중심에서 교육·외교·산업이 유기적으로 연결된 글로벌 플랫폼으로 완성되는 시기다.우선, Global Kukkiwon Academy의 설립과 운영이 핵심이다. 이 아카데미는 세계 각국의 지도자, 사범, 행정가, 그리고 정책 담당자까지 아우르는 국제 교육기관으로, 표준화된 커리큘럼과 다국어 교육 시스템을 갖추어 전 세계 태권도 인재를 양성한다.

이어 글로벌 지도자 인증제도를 정착시켜, 각국에서 배출된 지도자들이 국기원의 공인 자격을 가지고 자국의 공공교육·체육 시스템과 연계될 수 있도록 한다. 이를 통해 국기원 인증이 곧 국제적으로 통용되는 교육 품질 보증이 되도록 만든다. 외교적 차원에서는 유엔(UN), IOC 등 국제기구와의 공동 캠페인을 적극 추진한다. 예를 들어 '태권도 평화 캠페인'과 같은 글로벌 프로젝트를 통해, 분쟁지역 평화 교육, 난민 청소년 체육 프로그램, 다문화 사회 통합 프로그램 등 인류 공동 가치 실현에 직접 기여한다.

산업 측면에서는 태권도 융합 콘텐츠 산업화 기반을 조성한다. 이는 단순한 스포츠 산업을 넘어 관광, 게임, e스포츠, 헬스케어, 피트니스, 라이프스타일 브랜드 등과 결합하여 '태권도 산업 생태계'를 확장하는 전략이다. 이를 통해 태권도가 새로운 일자리, 창업 기회, 문화산업 수익 구조를 창출하는 글로벌 비즈니스 플랫폼으로 자리매김하게 된다.

〈장기(2050): 문화 전략 자산으로서의 세계 거버넌스 확보〉

2050년의 국기원은 단순한 태권도 본부를 넘어, 글로벌 문화 전략 자산으로서 세계 거버넌스를 주도하는 위치에 오른다. 우선, '세계태권도 헌장'을 제정하고, 이를 유엔(UN), IOC, UNESCO 등 주요 국제기구와 공동 채택하는 것을 목표로 한다. 이 헌장은 태권도의 평화·존엄·상생 가치를 명문화한 국제 규범으로서, 각국의 스포츠·문화 정책에 반영되도록 한다.

또한 Kukkiwon 브랜드를 중심으로 한 글로벌 문화외교 플랫폼을 완성한다. 이를 통해 국제 정상회담, 문화 교류 행사, 인권·환경 관련 글로벌 캠페인에서 태권도가 국가 간 신뢰를 구축하는 전략 도구로 활용되도록 만든다.

기술적 측면에서는 인공지능(AI)·로보틱스 기반의 태권도 수련/교육 시스템을 글로벌 표준화한다. 예를 들어, AI 심사관·가상 시범단·로봇 코치 등을 활용한 스마트 도장 운영, 전 세계 어디서든 동일한 수준의 교육과 심사가 가능한 초연결 교육망을 구현한다.

마지막으로, 각국 수도권에 Kukkiwon Global Branch를 설립·운영한다. 이는 단순한 체육관이 아닌 '문화원 형태'로, 태권도 교육뿐 아니라 한국어·음악·미술 등 다양한 문화 프로그램을 제공하며, 현지 시민사회와 긴밀히 연결되는 거점 역할을 한다. 이를 통해 태권도는 각국 수도에서 '문화와 스포츠가 결합된 평화의 상징'으로 자리매김하게 된다.

이처럼 「비전 2050」은 국기원의 기능을 단순한 심사 기관에서 벗어나, 교육-외교-산업-문화 거버넌스를 모두 아우르는 통합 전략 기지로 재편하고자 하는 계획으로, 국기원이 '다음 100년'을 이끌 글로벌 문화전략 허브가 되기 위한 초석으로 평가된다.

7. 국기원을 '닫힌 조직'에서 '열린 플랫폼'으로: 현장을 움직이는 설득의 리더십

국기원은 오랫동안 행정 중심의 닫힌 구조 속에 머물러 있었다. 한정된 예산, 반복되는 내부 행정, 고립된 조직 구조는 국기원을 세계 속 공공 브랜드로 확장하는 데 걸림돌이었다. 이동섭 원장은 이러한 한계를 정면으로 돌파한 리더였다. 그는 국기원을 하나의 '기관'이 아닌, 세계와 연결된 '열린 플랫폼'으로 재정의했다.

가장 먼저 그는 외부와의 연결망을 넓히는 데 집중했다. 문화체육관광부, 국회, 서울시,

강남구 등 정부와 지자체를 넘어서, 교계, 예술계, 외교 네트워크, 글로벌 NGO 등 다양한 영역과의 접점을 만들었다. 이는 단순한 협조 요청 수준이 아니라, 공공 협력 기반의 전략적 파트너십 구축이었다.그 결과, 국기원은 점차 '혼자 있는 조직'에서 '연결된 조직', 그리고 궁극적으로는 '열린 브랜드'로의 체질 변화를 시작할 수 있었다.

국회 내 태권도연맹 창립 역시 그의 주도로 이루어졌다. 정치권 내 태권도인의 집단적 목소리를 제도화함으로써, 국기원 정책이 실질적 영향력을 확보할 수 있는 입법 기반이 마련되었다. 더 나아가, 태권도 선교협회 조직을 활성화하며 종교계와의 협력 모델을 만들었고, 각국 태권도협회와의 유기적 파트너십을 통해 국기원 글로벌 지부 확대 정책도 실현되었다.

이동섭 원장은 이 모든 연결 구조를 단순한 조직 확장이 아닌, '가치 연대(Value Coalition)'라고 불렀다. 국기원의 철학과 태권도의 정신에 공감하는 다양한 주체들과의 동맹은 단순한 협력 그 이상이었다.

그가 강조한 '브랜드 동맹'은 명분 없는 확장이 아니라, 정체성과 비전이 공유되는 연대였다. 이를 통해 국기원은 그 자체로 하나의 철학 있는 공공 브랜드로 자리 잡기 시작했다.

그의 리더십 아래 국기원은 더 이상 태권도인만의 기관이 아니었다. 그것은 정부와 종교, 예술과 외교, 그리고 전 세계 태권도인들이 함께 기여하고 공감하는 '대한민국 정신의 열린 플랫폼'으로 거듭나고 있었다.

1) 국기원 재건축, 서울시와 함께 여는 글로벌 태권도 시대

국기원은 2022년 5월 2일 오후 2시, 서울특별시청 영상회의실에서 서울특별시와 국기원 이전 건립 및 국기(國技) 태권도 진흥을 위한 업무협약을 체결했다. 이번 협약은 국기원 역사상 중요한 전환점으로, 노후화된 현 건물의 한계를 극복하고, 태권도의 성지로서 새로운 50년을 향해 도약을 준비하는 계기가 됐다.

국기원 이동섭 원장(왼쪽)과 오세훈 서울시장이 2022년 5월 2일 서울시청 영상회의실에서 국기 태권도 진흥과 서울 관광 활성화를 위한 업무협약서에 서명한 뒤 기념촬영

협약식에는 이동섭 원장을 비롯해 김무천 행정부원장, 윤웅석 연수원장 등 국기원 주요 관계자들이 참석했으며, 서울특별시에서는 오세훈 시장, 최경주 관광체육국장, 윤희천 관광정책과장 등이 함께해 두 기관의

긴밀한 협력 의지를 확인했다.

이번 업무협약을 통해 양 기관은 〈국기원 이전 건립 관련 협업체계 구축〉, 〈국기 태권도 진흥 및 보급을 위한 상호 협력〉, 〈서울 관광 프로그램 공동 개발 및 협력〉 등 구체적인 공동사업을 추진하기로 합의했다. 이는 단순한 건축 프로젝트를 넘어, 태권도를 세계인이 찾는 한류 관광콘텐츠로 발전시키기 위한 전략적 파트너십이라 할 수 있다.

협약서 서명에 앞서 이동섭 원장은 "한류의 원조라 할 수 있는 태권도의 구심점인 국기원 건물이 노후화되면서 다양한 문제가 발생하고 있다"며 "오세훈 시장님께서 이러한 상황에 깊이 공감해주셔서 오늘의 자리가 마련됐다. 올해 개원 50주년을 맞이한 만큼, 재건축을 통해 국기원의 위상을 공고히 하겠다"고 밝혔다.

오세훈 시장은 "국기(國技) 태권도 진흥과 서울 관광산업 발전을 위해 업무협약을 체결하게 되어 기쁘다"며 "태권도의 성지인 국기원의 이전 건립을 통해 국기원을 새롭게 활성화시키고, 나아가 태권도를 한류 관광의 대표 콘텐츠로 발전시켜 나가겠다"고 소감을 전했다.

국기원은 이번 협약을 발판으로 '국기원 명소화 사업 추진위원회(가칭)'를 발족해 이전 건립을 위한 세부 계획을 본격적으로 추진할 예정이다. 이 과정에서 단순한 시설 이전을 넘어, 태권도의 역사·문화·교육 기능을 강화한 복합문화공간으로의 변화를 모색하며, 세계 태권도 본부로서의 상징성과 역할을 한층 높여갈 전망이다.

"국기원과 서울시, 제2국기원 건립 위한 신속한 합의 도출"

강남구 역삼동에 위치한 국기원 전경

세계태권도본부 국기원과 서울시가 제2국기원 건립을 위한 후보지 선정 절차에 속도를 내기로 합의했다.

2023년 1월 11일, 서울시청에서 열린 회동에서 이동섭 원장은 오세훈 서울시장을 만나 국기원과 서울시가 각각 제시한 후보지를 중심으로 본격적인 실무 검토에 착수하기로 뜻을 모았다. 양측은 지난해 5월 '국기원 서울시 이전 건립'과 '태권도 및 서울 관광 활성화'를 위한 업무협약(MOU)을 체결한 이후, 지속적인 협의를 이어왔다.

〈2023년 1월 12일 열린 '국기원 신년 언론간담회'〉 이동섭 원장은 제2국기원 건립 추진 현황과 함께 2023년 주요 사업 계획을 언론에 설명

서울 강남구에 위치한 국기원은 지난 50여 년 동안 전 세계 태권도인의 성지로 자리매김하며 대한민국의 문화 외교와 K컬처 확산의 전초기지 역할을 해왔다. 그러나 시설 노후화와 안전 문제가 점차 부각됐다. 특히 2020년 강남구청의 석면 실태조사에서 건물 내 석면이 발견되었고, 이는 호흡기를 통해 흡입 시 인체에 치명적인 암을 유발할 수 있는 물질로 세계적으로 사용이 금지된 바 있다.

또한 편의시설 부족, 태풍·장마 등 자연재해로 인한 누수와 누전, 정전 문제, 화재 위험 등이 꾸준히 지적됐다.

그럼에도 불구하고 국기원은 엘리자베스 2세 영국 여왕, 필립 벨기에 국왕 등 세계 정상급 인사들을 포함해 총 3,527명의 국빈과 저명인사에게 명예단증을 수여하며 세계적인 위상을 유지해왔다.

이동섭 원장은 "오세훈 시장이 제2국기원 건립에 적극적인 의지를 보여준 덕분에 MOU 체결 후 1년이 채 지나지 않아 구체적인 성과를 앞두게 됐다"며 "2023년은 국기 태권도의 위상을 강화하고 세계화를 한층 더 굳건히 다지는 의미 있는 해가 될 것"이라고 강조했다.

〈엘리자베스 영국 여왕 방한〉 1999년 방한한 엘리자베스 2세 여왕이 서울 미동초등학교에서 태권도 시범을 보고 이규형(당시 시범단장) 전 국기원 원장과 이야기를 나누고 있다.

〈필립 벨기에 국왕, 국기원 방문〉 2019년 3월 27일 국기원을 방문한 필립 벨기에 국왕이 시범단과 겨루기를 하고 있다.

서울시 미래유산으로 지정된 현 '국기원'은 리모델링을 통해 교육, 연수, 훈련, 관광상품 개발 등 다목적 활용 방안을 병행 추진할 계획이다.

한편, 국기원은 1월 11일과 12일 중앙언론 및 태권도 전문지 기자들을 대상으로 언론간담회를 개최, 제2국기원 건립 계획과 함께 올해 주요 사업으로 〈국기 태권도 지정 5주년 기념행사〉, 〈해외 지원·지부 확대〉, 〈계간지 복간〉 등을 소개했다. 특히 2018년 국기 태권도 지정의 역사적 의미를 기리기 위해 2023년 3월 25일 서울 광화문에서 '국기지정 5주년 기념행사'를 개최한다.

이날 행사에는 도복을 착용한 1만여 명의 태권도인이 참여해 태극 1장 단체 시범을 펼칠 예정이며, 대회장은 이동섭 원장이, 명예대회장은 오세훈 서울시장이 맡는다.

2) 국기원 시설 현대화와 도시문화 협력 시동 – 100억 리뉴얼 프로젝트

〈관련 사업에 대한 논의를 마치고 다함께 기념 사진 촬영(좌로부터 정현우 주무관, 이정용팀장, 이동섭원장, 하종식과장, 방일길팀장, 장현규 주무관)〉
〈국기원 이동섭 원장이 강남구청 관계자들에게 감사의 뜻을 전하는 감사패 전달(좌로부터 공원녹지과 이정용팀장, 방일길 팀장, 하종식과장)〉

이동섭 원장 재임기의 대표적 성과 가운데 하나는 국기원의 시설 현대화와 도시문화 환경 개선을 동시에 추진한 약 100억 원 규모의 리뉴얼 사업이었다. 그는 서울특별시와 강남구청, 그리고 민간 기부자들과의 긴밀한 협력을 통해 외부 재원을 확보하고, 국기원 역사상 전례 없는 대규모 개보수와 공간 재정비를 실행에 옮겼다.

특히 서울시는 국기원 관련 업무를 기존 공원조성과에서 체육정책과로 이관하고, '태권도 진흥 및 지원 조례'를 개정하여 국기원의 시설 개·보수 예산을 지원할 수 있는 법적 근거를 마련했다. 이러한 행정적 기반은 향후 국기원의 안정적인 지원 체계를 확보하는 중요한 전환점이 되었으며, 국기원이 단순한 훈련장이 아니라 국가 문화유산이자 관광 자원으로 자리매김할 수 있도록 했다.

이 사업은 단순히 노후 시설의 보수에 그치지 않았다. 국기원은 중앙도장 옥상 방수 공사와 냉난방기 신규 설치 및 사무실 공간의 노후된 냉난방기 교체, 보일러 교체, 전선·배관 정비 등 수련 환경의 근본적 개선을 추진하는 한편, 태권도의 상징성을 강화하기 위해 테헤란로와 국기원길에 태권도 조형물을 설치하고, 국기원로와 돌담길을 시민 친화적으로 정비하였다. 역삼문화공원과 국기원 정원도 새롭게 단장 및 상징 조형물 설치, 시민과 외국인 방문객들이 태권도를 문화적으로 체험할 수 있는 공공 공간으로 변모했다.

더 나아가 국기원 일대를 서울시 관광특구로 지정하는 정책적 논의도 병행되었다. 이는 해외 태권도 수련인과 관광객의 접근성을 높이고, 국기원이 세계 태권도의 성지이자 글로벌 관광 거점으로 도약하는 데 기여하는 결정적 기반이 되었다.

이동섭 원장은 이번 사업을 단순한 리모델링이 아닌, "국기원의 위상을 회복하고 미래 100년을 위한 기반을 다지는 전환점"으로 규정했다. 그의 리더십 아래 추진된 국기원 리뉴얼 프로젝트는 국기원이 태권도 수련 공간을 넘어, 세계인이 찾는 문화·관광 명소이자 공공외교의 장으로 확장되는 상징적 사건으로 기록되었다.

(1) 강남구와 함께하는 미래의 기반, 국기원 주변 환경 개선

〈국기원로 미끄럼 방지 공사(열선 및 염수 시설 포함)〉

겨울철 빙판길로 인한 사고 위험을 줄이고 방문객의 안전을 보장하기 위해 국기원로 전 구간에 미끄럼 방지 시설이 설치되었다. 열선과 염수 장치를 도입함으로써 계절적 불편을 해소하고, 시민과 수련생, 해외 방문객들이 사계절 내내 안전하게 국기원을 오갈 수 있는 기반을 마련하였다. 이는 국기원이 국제적인 시설로서 세심한 배려와 안전 기준을 갖추고 있음을 보여주는 대표적 사례가 되었다.

〈역삼문화공원 내 국기원 정원 조성 사업〉

　국기원과 인접한 역삼문화공원은 오랜 기간 시민들의 휴식 공간이었으나, 부속 시설은 노후화로 인해 활용도가 떨어져 있었다. 이동섭 원장은 공원의 국기원 부속 시설을 개선하여 공원 전체가 태권도 문화와 연결되는 공간으로 재탄생하도록 했다. 이를 통해 국기원은 단순한 수련 공간을 넘어, 시민이 자연스럽게 태권도를 접하고 체험할 수 있는 생활 속 문화공간으로 확장되었다.

국기원 상징 조형물 설치 위치를 확인하는 이동섭 원장. 또한 시민들의 휴식 공간으로 재탄생 된 문화공간에서 이동섭 원장이 직원들과 담소를 나누고 있다.

　국기원 내부에 조성된 정원은 시민과 방문객들이 편안히 머물며 태권도의 정신을 음미할 수 있는 휴식 공간으로 마련되었다. 정원은 단순한 녹지 조성이 아니라, 국기원이 추구하는 '조화와 평화의 정신'을 공간적으로 구현한 사례다. 이는 국기원을 찾는 이들에게 수련의 장을 넘어 사색과 교류의 장을 제공하며, 국기원의 위상을 한층 더 높이는 계기가 되었다.

국기원 앞 공원 시설을 개선하기 위해 공사중인 모습

〈국기원 현관 '유단자 길' 포장 공사〉

　국기원 현관 앞마당에 위치한 '유단자 길'은 전 세계 태권도 유단자들의 상징적 자부심을 담는 공간이다. 그동안 노후화로 손상이 심했던 이 구간을 새롭게 포장하여, 국기원을 방문하는 유단자들이 자신들의 위상을 느낄 수 있도록 했다. '유단자 길' 정비는 국기원의 정체성을 더욱 공고히 하였고, 수련인들에게는 명예로운 기억의 장소로 자리매김하게 되었다.

〈국기원 입구 인도(돌담길) 조성〉

　국기원 입구에 새롭게 조성된 돌담길은 단순한 보행로를 넘어, 국기원을 향해 걸어 들어가는 길 자체를 상징적 경험으로 만들었다. 방문객들은 이 길을 따라 걸으며 국기원의 위엄과 역사성을 체감할 수 있게 되었고, 돌담길은 국기원을 찾는 이들의 기억에 남는 독특한 접근로가 되었다. 이는 태권도의 정통성과 한국적 미감을 동시에 표현한 공간으로 평가받는다.

국기원 입구 인도와 돌담길이 조성되기 전의 모습

국국기원 입구 인도와 돌담길이 조성된 모습

〈중앙도장 냉난방 시스템 신규설치와 사무실 공간 냉난방기 교체〉

　국기원의 상징이자 태권도 수련의 중심 공간인 중앙도장은 오랫동안 냉난방 시설이 없어 수련생과 방문객들의 불편이 컸다. 이동섭 원장은 국기원의 핵심 시설인 중앙도장에 역사상 처음으로 냉난방 시스템을 설치하고, 사무실 공간의 노후 냉난방기를 교체하여 쾌적한 환경을 마련했다.

　특히 중앙도장의 냉난방 시스템은 국기원 설립 50년 만에 처음으로 2025년 7월 말일경에 가동되며, 국기원의 현대화 과정에서 상징적인 전환점을 이루었다. 이는 국기원이 세계적인 태권도 본부로서 수련 환경의 질을 국제적 수준으로 끌어올린 결정적 조치였다.

〈테헤란로 및 국기원길 태권도 상징 조형물 설치〉

국기원을 찾는 첫 관문인 테헤란로와 국기원길에 태권도의 상징 조형물을 설치하여, 국

〈국기원 사거리 대로변 위치에 태권도 상징 조형물 설친 전 모습〉

〈서울 강남구 테헤란로 국기원 입구 사거리, 태권도 동작을 형상화한 조형물〉 야간 조명과 함께 빛나는 태권도 상징물

기원의 정체성을 시각적으로 드러내는 작업이 추진되었다. 이 조형물들은 단순한 장식물이 아니라, 태권도의 정신과 역사, 그리고 국기원의 위상을 알리는 상징물로 자리 잡았다.

이를 통해 국기원 일대는 도시의 흐름 속에서도 태권도의 중심지임을 각인시키는 '랜드마크 거리'로 변모하였다.

"국기원은 대한민국의 자부심이자, 서울 강남구를 대표하는 상징적 자산이다." 이동섭 원장은 국내외에서 국기원을 찾는 방문객들에게 이 말을 늘 강조하며, 국기원이 지닌 국가적·지역적 위상을 알리고 있다.

세계태권도본부로서의 위상을 지켜온 국기원은 그 존재만으로도 국가 브랜드를 대표하는 문화 거점이며, 강남구와의 협력은 미래 100년을 준비하는 중요한 전략적 선택이 된다.

강남구는 국기원 주변 환경 정비와 경관 개선을 위해 적극적으로 나섰다. 2023년 11월까지 진행된 '역삼문화공원' 경관디자인 개선사업을 비롯해 산책로 조성과 조명 설치 등 약 5억 7천만 원이 투입되었다. 그 결과, 국기원 일주문에서 본관으로 이어지는 길목에 보행로와 데크길이 마련되어 수많은 수련자와 방문객들이 보다 안전하고 쾌적하게 국기원을 찾을 수 있게 되었다. 이는 단순한 편의 시설 확충을 넘어, 국기원이 세계인에게 안전

〈역삼문화공원 정비사업 종합계획도〉 국기원 일주문 양옆으로 왼편에는 데크길, 오른편에는 보행로가 새롭게 조성

한 문화 공간으로 자리 잡는 기반이 되었다.

또한 강남구는 테헤란로 일대를 '태권도의 거리'로 조성하는 데 총 4억 3천만 원을 투자했다. 국기원 입구 사거리 중앙녹지대에 설치된 11개의 대형 태권도 조형물은 발차기와 막기, 돌개차기 등 역동적인 동작을 형상화하여 낮에는 강남의 도시경관을, 밤에는 빛을 활용한 문화예술의 명소로 탈바꿈시켰다. 이 상징물들은 국기원이 세계태권도 성지임을 시각적으로 드러내며, 강남의 대표적 문화 자산으로 자리매김했다.

국기원의 리모델링과 강남구의 협력은 단순히 건물을 새롭게 하는 차원을 넘어, 국기원의 미래 100년을 준비하는 중요한 선언이다. 도시와 함께 성장하며, 대한민국의 문화정책 및 관광자원과 결합해 '국기 태권도'를 국가 브랜드로 확장하는 전략적 기초가 마련된 것이다.

국기원은 앞으로도 강남구와의 긴밀한 협력을 통해, 태권도의 본산으로서 전 세계인이 찾는 문화외교의 중심지로 자리매김할 것이다. 이는 태권도인만을 위한 공간이 아니라, 대한민국의 문화적 자부심을 세계와 공유하는 플랫폼으로서 국기원의 새로운 미래를 여는 첫걸음이다.

〈국기원 정문 리모델링으로 변화된 전과 후의 모습〉

국기원 남쪽 공원 조성 리모델링하는 모습

〈국기원의 또다른 변화의 기록, 개혁의 얼굴〉

인도가 생긴 국기원 정문(일주문)의 전경

〈항공에서 본 국기원 전경〉 태권도인의 길, 국기 게양대와 9개관 기념비 상징물이 세워지기 전과 후의 남쪽공원에서 바라본 모습

국기원 심볼 사이니지와 9개관 기념비 상징물 전경

세계 각국의 깃발 아래, 대회·심사·연수가 열리는 태권도의 심장

〈국기원 정문에 설치된 전통기와형 안내판〉설립 취지와 연혁 안내

〈국기게양대 명판〉국기원 50주년을 기념해 조성된 '국기게양대'의 취지를 새긴 금속 안내판. 태극기와 태권도의 상징성을 선포하며, 2021년 5월 1일 '국기원 혁신선언식'과 함께 제막(국기원장 이동섭 명의)

〈국기원 '태권도인의 길'〉 태극의 청·홍 바닥과 양측에 도열한 세계 각국의 깃발이 방문객을 본관으로 이끈다. 오른편의 '국기태권도' 석비와 끝단의 전통기와 정자인 '윤곡정'이 국기원의 정체성과 예의를 상징한다.

국기 게양대 앞, 글로벌 네트워크 확장의 의지를 드러내는 제스처를 하고 있는 이동섭 원장

공사 전: 준비의 시간–정비 중인 길과 비어 있는 깃대 / 공사 후: 환대의 무대–삼색 보행로와 깃발 행렬이 만든 명예의 거리

(2) 누구에게나 열린 국기원 – 강남역 12번 출입구 접근성 혁신

〈강남역 12번 출입구의 변화〉 국기원 방향으로 나오는 에스컬레이터 공사 전과 후

강남역 12번 출입구 에스컬레이터 설치는 국기원을 찾는 국내외 방문객의 첫 인상을 바꾸는 접근성 개선 사업이었다. 이동섭 원장은 취임 이후 국기원 일대 보행 약자의 이동 불편을 지속적으로 제기하며, 서울시·강남구·시의회와의 협의 창구를 열어 사업 추진 필요성을 설명했다. 그 과정에서 서울특별시의회 김형재 의원이 2024년 예산 확보를 주도했고, 공사 착공 전 상권의 우려를 조정하는 데에도 협력이 이어졌다.

〈강남역 12번 출입구 에스컬레이터 개통식〉 축사를 하고 있는 서울특별시의회 김형재 의원

이러한 행정·정치·현장 간의 조율 끝에 강남역 12번 출입구에서 국기원 방향으로 나오는 에스컬레이터 공사가 착공되었고, 2025년 6월 정식 운행을 목표로 하여 완공되었다.

이 사업은 단순한 편의시설 설치를 넘어, 국기원을 향한 도시 동선의 품질을 끌어올린

국기원 방향으로 나가는 에스컬레이터를 시승하고 있는 이동섭 원장

사례의 성공 전략이었다. 국기원을 찾는 국제·국내 대회 참가자와 관광객은 물론, 장애인·고령자·임산부·영유아 동반 방문객까지 이동 장벽이 크게 낮아졌다. 국기원은 이를 통해 '누구에게나 열려 있는 세계태권도본부'라는 브랜드 메시지를 도시공간에서 실감나게 구현하게 되었다. 특히 지방정부와 의

회, 지역 상권과의 협력 모델을 만들어, 사안의 공공성·경제성·접근성을 균형 있게 조정한 점이 의미로 남는다.

　강남역 12번 출입구 접근성 개선은 이동섭 원장이 제기한 이용자 경험 개선 의제와, 시의회의 예산 확보, 행정과 지역사회의 조율이 맞물려 완성된 결과다. 국기원 방문 길의 체감 품질을 높인 이 변화는 앞으로 국제행사 유치와 지역관광 활성화, 보행 약자 친화 공간 조성으로 이어질 기반이 되었다.

〈강남역 12번 출입구 에스컬레이터 설치전 모습〉 국기원 방향으로 나가는 계단

〈강남역 12번 출입구 리모델링 된 후 현대화된 모습〉 국기원 방향의 출입구 에스컬레이터 앞에서 기념 촬영하는 이동섭 원장

〈강남역 12번 출입구 리모델링 된 후 현대화된 모습〉 국기원 방향의 출입구 에스컬레이터 앞에서 기념 촬영하는 이동섭 원장

3) 전국 지방자치단체와의 전략적 네트워크 – 공동 프로젝트 추진 'MOU 체결'

국기원은 단지 중앙정부와의 협업에 그치지 않고, 전국 각지의 지방자치단체와도 전략적인 협력 네트워크를 구축해왔다. 이동섭 원장은 국기원을 지역사회에 접목시켜 태권도를 지역문화자산으로 확장하는 방안을 구체적으로 실천에 옮겼다. 이는 태권도가 단지 경기와 수련에 머무르지 않고, 지역정책 및 지역브랜드와 결합하는 '문화 융합형 플랫폼'으로 진화할 수 있음을 보여주는 사례였다.

특히 서울특별시, 전주시, 청주시, 광주광역시 등 주요 광역·기초자치단체들과 업무협약(MOU)을 체결하고, 지역문화 진흥과 태권도 활성화를 연계한 공동 프로젝트를 기획하였다. 예를 들어, 전주는 국기원의 유소년 수련프로그램과 지역 축제를 연계하는 방식을 채택하였고, 청주는 시립 체육시설 내 태권도 콘텐츠 활용 방안을 모색하는 등, 각 도시의 특성과 수요에 맞춘 맞춤형 협력이 이루어졌다.

이러한 협업 모델은 단지 지역 행정의 지원을 이끌어내는 데 그치지 않고, 국기원과 해당 지자체가 공동으로 주최하거나 후원하는 국제 대회, 시범 공연, 교육 캠프, 체험 프로그램 등을 통해 지역 브랜드 강화와 태권도 대중화라는 상호 목적을 동시에 달성하도록 설계되었다.

이동섭 원장은 "국기원이 있어야 할 곳은 서울 강남뿐만이 아니라, 전국 방방곡곡, 더 나아가 세계의 현장"이라는 철학 아래, 지자체와의 협약을 단순한 형식이 아닌 지역문화와 세계 태권도의 가교 역할로 삼았다. 그 결과, 국기원은 점차적으로 '전국과 세계를 연결하는 브랜드 허브'로서의 정체성을 강화하게 되었다.

(1) 지역 축제 및 교육 프로그램 연계

이동섭 원장은 국기원이 단지 중앙기관에 머무르지 않고, 지역 문화와 생활 현장으로 뻗어나가는 브랜드가 되어야 한다는 방향성을 갖고 실질적인 지자체 연계 프로젝트를 추진했다. 특히 전국 지방자치단체들과의 업무협약(MOU) 체결을 통해 지역의 문화자원 및 교육 플랫폼과 국기원의 콘텐츠를 융합하는 전략을 실현해왔다.

국기원은 서울특별시, 전주시, 청주시, 광주광역시 등과 MOU를 체결하고, 지역별 특색 있는 문화행사 및 공공 프로그램에 태권도를 적극 접목하였다. 지역 전통 축제, 청소년 주간, 문화의 날, 안전체험 행사 등에 국기원 시범단의 공연을 비롯해 호신술 체험, 인성교육 교본 콘텐츠 등을 결합함으로써, 태권도의 대중적 접근성과 공공성을 크게 확장시켰다.

이러한 프로젝트는 단순한 일회성 이벤트가 아닌, 지방분권적 문화 확산 모델로서 기능했다. 즉, 각 지역 주민들이 태권도를 생활 속에서 접하며 국기원 브랜드를 '중앙의 엘리트 문화'가 아닌 '우리 동네 공공 콘텐츠'로 체감하게 만드는 전략적 접점이었다. 국기원은 이를 통해 지역 거점 기반의 수련 체계 확산, 도장 인증제 지역화, 지방 교육청 연계 프로그램 운영 등 다양한 정책으로의 확장을 준비할 수 있었다.

이처럼 이동섭 원장은 국기원을 전국 단위 문화 기반시설로 확장시키는 브랜드 마케팅 관점에서 지자체 협력 프로젝트를 구상했으며, 이는 태권도를 통한 지역 균형발전 및 문화 분산의 실질적 사례로 평가받고 있다.

"이천 쌀 지원 MOU협약 – 태권도의 식탁까지 잇는 공공브랜딩"

국기원은 태권도의 정통성과 권위를 지키면서도 대중의 일상과 더 깊이 연결되어야 했다. 그 해답 가운데 하나가 지역의 대표 식문화와 손을 잡는 일이 될 것이다. 2025년 7월 10일 오전 10시 30분, 국기원 귀빈실에서 열린 이천시와의 업무협약(MOU)은 바로 그 방향을 명확히 보여 준 장면이었다.

　이동섭 원장을 비롯한 국기원 임직원과 김경희 이천시장, 박명서 시의회 의장, 김현수 농협중앙회 이천시지부장, 이태영 이천시 농업기술센터 소장, 홍광표 임금님표이천브랜드본부장 등 관계자들이 한자리에 모여, 태권도의 발전과 번영을 위한 지속협력 체계를 공식화했다.

　협약의 골자는 단순한 상호 홍보를 넘어 자원과 경험의 교환에 있다. 이천시는 국기원이 주관하는 각종 행사와 사업에서 '임금님표 이천쌀'과 관련 제품을 알리고, 국기원은 자사의 상징물(CI) 사용을 허용해 공동 브랜딩의 통로를 열었다. 나아가 이천시가 제공하는 쌀과 이천쌀 가공상품을 일선 태권도장의 지도자·수련생에게 지원해 도장의 일상 속으로 '건강한 한국의 식탁'을 전달한다. 한쪽은 품격 있는 무도의 가치를, 다른 한쪽은 정직한 식문화의 가치를 나누며 도장과 식탁, 광장과 시장이 서로 연결되는 구조가 마련된 것이다.

　양 기관은 도시 축제와 공공행사에서도 발을 맞춘다. 이천시가 주관하는 행사에 국기원 태권도시범단이 참여해 태권도의 역동성과 예의를 직접 선보이고, 이천시는 지역의 브랜드 자산을 더 많은 시민과 방문객에게 전한다. 이날 체결식 역시 시범단의 힘찬 공연으로 문을 열고, 인사말과 협약서 서명, 기념촬영으로 이어지며 문화·스포츠·지역경제가 만나는 협력 모델의 출발을 알렸다.

　이동섭 원장은 태권도가 이끄는 한류의 파장에 K-푸드의 매력이 함께할 때 '사람이 체감하는 국기 태권도'가 완성된다고 강조했다.

　김경희 시장 역시 태권도의 건강한 이미지가 젊은 세대에게 쌀의 가치를 새롭게 인식시키는 계기가 될 것이라 내다봤다.

결과적으로 이번 협약은 국기원의 브랜드를 경기장 밖 생활권으로 확장하고, 이천시는 전통 농산물의 신뢰를 세계태권도본부의 공공성과 접목하는 윈-윈 전략이다. 도복의 예의와 식탁의 정직함이 한 몸처럼 움직일 때, 태권도는 더 넓은 세계로, 이천의 쌀은 더 깊은 일상으로 스며든다.

(2) 70억 예산, 국회 설득, 그리고 태권도 외교의 결실

"태권도원 상징지구, 불가능을 가능으로 바꾸다"

2016년 말, 전북 무주군의 태권도원은 여전히 미완의 상태였다. 종주국 태권도의 성지를 표방하며 개원한 지 몇 해가 지났지만, 최상단부에 계획된 '상징지구'-태권전과 명인관-은 공사가 중단된 채 방치되고 있었다. 이 공간은 태권도의 정신과 철학을 형상화한 핵심 시설로, 완공 여부가 태권도원의 위상을 좌우할 사안이었다.

태권도진흥재단은 당초 전 세계 7천만 태권도인에게 1달러씩 기부를 받아 176억 원의 예산을 조성하려 했다. 계산상으로는 가능했지만, 실제 모금액은 26억 원에 불과했고, 이마저도 상당 부분이 은행권 후원금이었다. 더 큰 문제는 '기부금품 모집 및 사용에 관한 법률'이었다. 국가나 지자체가 출연한 기관은 기부금 모집이 금지되어 있었고, 개정 시도도 번번이 무산돼 더 이상의 모금이 불가능했다. 결국 국기원, 대한태권도협회, 지자체가 힘을 모아 80억 원을 마련했지만, 완공에는 여전히 부족했다.

문화체육관광부와 태권도진흥재단은 부족분 70억 원을 국민체육기금에서 지원받고자 했으나, 기획재정부는 "처음 계획대로 진행하라"며 지원을 거부했다. 그러나 이미 세계태권도선수권대회를 태권도원에서 개최하기로 한 상황에서, 상징지구 없이 대회를 치르는 것은 종주국의 체면을 스스로 깎는 일이었다.

이동섭 원장은 정치인 출신의 경력과 국회 네트워크를 총동원했다. 그는 상징지구 사업을 단순한 건설이 아니라 '국가 브랜드 프로젝트'로 규정하고, 국회와 정부를 오가며 설득에 나섰다. 태권도 외교의 상징 공간이 갖는 국제적 의미, 이를 통한 대한민국 이미지 제고 효과를 수치와 사례로 제시하며 명분을 쌓았다.

전라북도 무주군 '태권도원'의 상징지구 조감도 (WTU)

그 결과, 2016년 12월 국회 본회의에서 정부예산 70억 원 지원안이 통과됐다. 정치적 설득, 정책 논리, 국제적 공감대라는 세 축이 만들어낸 결실이었다. 이 예산을 기반으로 2019년 7월, 총면적 1,455㎡ 규모의 한옥 단지로 태권도원 상징지구가 상량식을 올렸다. 태권전은 고단자와 일반인의 교류와 수련의 장이 되었고, 명인관은 '태권도를 빛낸 사람들'을 기리는 전시와 고단자 커뮤니티의 중심지로 자리 잡았다.

태권도원 상징지구 완공 과정은 건축 이상의 의미를 지녔다. 법과 제도의 장벽을 넘고, 정치적 설득으로 예산을 확보하며, 태권도 외교로 국제적 정당성을 쌓아 올린 종합적 성취였다. 오늘날 이 공간은 종주국 태권도의 위상과 국가 브랜드를 상징하는 기념비로 남아 있다.

"도심형 태권도 거점 모델 발굴"

이동섭 원장은 국기원이 보유한 태권도 콘텐츠를 단순한 체육활동의 범주를 넘어, 도시재생과 문화관광을 연계한 공공 인프라로 발전시킬 수 있다고 보았다. 이에 따라 일부 지자체와 협력하여 '도심형 태권도 문화체험관' 설립과 '태권도길' 조성 프로젝트를 기획하였다.

이들 사업은 지역 내 유휴 공간, 공공 문화시설, 전통시장 인근 등을 활용하여 태권도 콘텐츠를 일상 속 문화체험 자원으로 전환하는 전략이다. 특히 '태권도길'은 해당 지역의 역사·문화·교육 공간을 따라 시범 동작 체험존, 인성교육 전시존, VR 호신술 체험존 등을 구성함으로써 국내외 관광객 유입과 지역민 참여를 동시에 유도하는 복합문화플랫폼으로 구상되었다.

이러한 도심형 거점은 〈지역 청소년 대상 방과후 교육〉, 〈안전체험형 가족 프로그램〉, 〈외국인 대상 태권도 관광 콘텐츠〉 등으로 확장 가능하며, '도시의 일상에 녹아든 태권도'라는 비전 아래 국기원 브랜드의 공공성과 문화적 지속 가능성을 함께 실현할 수 있는 모델로 자리잡고 있다.

이동섭 원장은 국기원을 정치·행정 시스템과의 긴밀한 파트너십을 통해 정책·문화·교육의 전략 거점으로 탈바꿈시켰다.이를 통해 국기원은 법적 기반 확보, 지역 콘텐츠 확산, 국가전략과의 연계, 한류 문화외교의 브랜드 확장을 실현하였다. 그의 리더십은 "태권도를 제도화하고 국가전략에 내재화시킨 실천적 외교"라는 점에서 차기 리더십의 전략적 모델로 평가받을 수 있다.

4) 국방과 안보를 지탱하는 태권도 – 군(軍) 태권도 발전 위한 심층 의견 교환

군(軍)과 태권도의 전통적 연계는 대한민국 군대에서 단순한 무도가 아니라 국가 안보를 지탱하는 실질적 훈련 체계로 자리 잡아왔다. 군은 태권도를 통해 장병들의 강인한 체력과 투철한 군인 정신을 함양해 왔으며, 이는 전장에서의 생존력과 전투력을 보장하는 핵심 요소였다. 1960년대 이후 태권도가 군사 훈련 프로그램에 도입되면서, 군은 태권도 확산의 중요한 진원지가 되었고, 제대 장병들이 지도자로 활동하면서 태권도의 대중화와 세계화가 촉진되었다.

2021년 2월 17일, 이동섭 원장은 국기원을 찾은 군 관계자들과 함께 군 태권도의 미래를 논의했다. 김인수 수도군단 부군단장(준장)과 신호균 지상작전사령부 태권도시범단 감독(원사) 등이 참석한 이 자리에서, 그는 군 태권도의 발전 전략 방향을 명확히 제시했다.

이 자리에서 그는 "군 장병의 체력 강화와 정신 무장에는 태권도만큼 효과적인 무도가 없다"며 태권도의 본질적 가치를 강조했다. 나아가 실제 전투 현장에서 적용 가능한 '실전형 전투 태권도'의 필요성을 제기하며, 이를 위한 별도의 위원회 구성을 공식적으로 약속했다. 이는 단순한 수련 차원을 넘어, 군 전력 강화라는 실질적 목표와 연결되는 정책적 구상이었다.

결과적으로 이 논의는 군과 국기원, 그리고 태권도가 앞으로 나아가야 할 길을 새롭게 제시한 중요한 계기가 되었다.

〈2021년 2월 17일, 국기원 이동섭 원장 집무실〉 김인수 수도군단 부군단장(준장), 신호균 지상작전사령부, 선수단 감독(원사) 등 군 관계자들과 만나 군 태권도 발전 방안을 논의

〈군 태권도 발전을 위한 위원회 구성 의지〉

8. 유네스코 인류무형유산 등재 추진 배경

"태권도는 전 세계 2억 명이 수련하는 대한민국의 문화 유산이자, 인류가 함께 지켜야 할 정신 자산입니다."

이동섭 원장 체제의 국기원은 태권도의 문화적 정체성과 무형유산적 가치를 국제적으로 공인받기 위한 전략적 프로젝트로, 유네스코 인류무형유산 등재 추진을 본격화했다. 이는 단순한 명예가 아닌, 태권도의 본질을 '무예'를 넘어선 정신문화·철학·공동체 유산으로 규정하고, 전 세계적 보호와 계승 체계를 확보하려는 노력의 일환이었다.

유네스코 등재 추진은 세 가지 방향으로 전개되었다.

첫째, 국기원은 문화재청, 외교부, 태권도진흥재단 등 유관 부처 및 기관과의 범정부 협업 체계를 구성하고, 정식 등재 추진 계획을 수립하였다. 이를 통해 국내 전승체계와 기록물, 세계 각국에서의 수련·교육 사례 등을 정리하고, 이를 기반으로 한 등재 신청서 초안 작업에 돌입했다.

둘째, 국제 공감대 형성을 위한 외교적 활동을 확대하였다. 특히 불가리아, 프랑스, 이란, 우즈베키스탄 등 태권도 수련 인프라가 강한 국가들과의 문화교류 협약(MOU)을 통해 다국적 지지 기반을 확보했으며, 다자외교 채널을 통한 공동 등재국 후보국 협의를 이어갔다.

셋째, 등재 추진의 핵심 메시지를 "태권도는 몸을 쓰는 무예가 아니라, 마음을 가꾸는 인류의 공동 자산"으로 설정하고, 정신성·공동체성·계승성이라는 유네스코 기준에 부합하는 철학적·문화적 논리를 체계화했다.

이러한 등재 추진은 국기원의 외교, 교육, 산업화 전략을 아우르는 "문화 정체성 고도화 프로젝트"로서, 향후 10년을 내다보는 국기원의 중장기 글로벌 전략의 핵심 축으로 자리매김하고 있다.

1) 태권도 유네스코 등재 추진: 3대 과제의 완결과 국기원장의 제언

이동섭 원장은 20대 국회 입성 직후 태권도 발전을 위한 3대 과제를 분명히 했다. 첫째 국기 지정, 둘째 태권도 명인 지정, 셋째 태권도의 유네스코 인류무형문화유산 등재다. 그는 2016년 국정감사에서 이 과제를 공식화했고, 이후 입법과 정책 질의로 실행을 이끌었다. 그 결과 2018년 3월 30일 태권도 국기 지정이 국회 본회의를 통과했고, 2019년 10월 31일 태권도대사범 지정법도 본회의를 통과했다. 이제 남은 마지막 고리는 태권도의 유네스코 등재다.

"왜 유네스코 무형문화유산인가"는 공동체가 자신들의 문화유산으로 인식하는 관습, 표현, 지식 및 기술을 보호하기 위한 국제 협약에 근거한다. 구전 전통과 표현(언어 포함), 공연 예술, 사회적 관습·의식·축제, 자연과 우주에 대한 지식과 관습, 전통 공예 기술이 주요 범주다. 등재 신청에는 문화다양성과 인류 창의성에 대한 기여, 구체적 보호 조치, 공동체의 자유로운 동의와 폭넓은 참여, 당사국의 무형유산 분류목록(inventory) 등재가 필수 요건으로 요구된다.

태권도는 국기이자 전 세계가 수련하는 생활문화로서 예의와 의식, 도장 공동체, 품새·겨루기·시범 공연, 스승과 제자의 전승 체계 등 무형문화유산의 속성을 충족하며 이미 택견이 인류무형문화유산으로 등재되어 있고, 북한이 '무예도보통지'를 기록유산 체계에 등재한 사례도 존재한다. 태권도 등재는 한국 무예 문화의 연속성을 국제사회에 입증하고, 보호·전승을 위한 국제 협력을 제도화하는 길이다.

이동섭 원장은 2016년과 2017년 국정감사에서 문화체육관광부와 문화재청에 태권도의 유네스코 등재 추진을 거듭 요청한 배경이 있다. 그는 태권도가 국가 정체성과 공공외교의 매개이자, 세계시민 교육의 내용이 될 수 있음을 강조하며, 향후 등재가 가져올 가시성과 국제 협력, 연구·기술·재정 지원의 파급 효과를 제시했다. 2022년 1월 기준 한국은 종묘제례(악)·판소리·강릉단오제·강강술래·남사당·영산재·제주 칠머리당 영등굿·처용무·가곡·대목장·매사냥·줄타기·택견·한산모시짜기·아리랑·김장문화·농악·줄다리기·제주 해녀 문화·씨름·연등회 등 21건을 등재해 왔다. 태권도는 이 흐름의 연장선에서 충분한 요건과 국제적 공감대를 갖춘 후보군이라는 것이 그의 일관된 입장이다.

"향후 100년을 준비하는 국기원장의 제언"

태권도의 본질을 경기 규칙과 메달 중심의 스포츠가 아니라, 생활 의식과 공동체 예절, 사제 전승이 이어지는 문화유산으로 재정의한다. 이를 위해 국기원은 태권도의 의식·예절·도복과 띠의 상징성·도장 공동체의 규범·전승 방식 등을 항목화한 정의서와 표준 용어집을 만들고, 문화정책에서 활용 가능한 정책 문장으로 정리한 백서를 발간한다. 이 백서는 정부 부처, 지방자치단체, 학교 체육과 문화예술 행정에서 통일된 기준으로 쓰이도록 법·제도 용어까지 정교하게 다듬어 제공한다.

전 세계 어디서나 동일한 품질의 수련이 가능하도록 사범 양성 국가수준 표준을 구축하고, 도장 윤리 강령과 운영 가이드라인을 제정한다. 품새·시범의 기록 표준도 세분화해 촬영 각도, 프레임, 메타데이터, 구술 채록 양식을 통일한다. 특히 여성, 아동, 장애인의 참여와 성취를 전승의 핵심 지표로 설정해 사범 교육 과정과 도장 인증제에 반영하고, 이를 통과한 도장에 포용성 마크를 부여해 현장의 변화를 유도한다.

품새·시범·의식·언어·구술사를 통합해 저장·검색·활용이 가능한 오픈 아카이브를 구축한다. 해외 도장과 한민족 디아스포라도 쉽게 참여할 수 있도록 다언어 입력과 번역 지원, 저작권·초상권을 반영한 이용 허가 체계를 갖춘다. 연구자와 교육자를 위한 공개 API를 제공해 교재·다큐멘터리·전시로의 2차 창작을 장려하고, 등재 이후의 지속 보고에도 활용한다.

국기원을 허브로 세계태권도연맹(WT)·대한태권도협회(KTA)·대한태권도협회(KTA) 등 유관기관과 해외 단체와의 정례 협의체를 구성해 규범과 자료를 공동 생산한다. 유네스코 사무국 및 자문기구와는 연 1회 전략 미팅과 분기별 실무 웨비나를 제도화해 등재 준비와 사후 관리의 국제 표준을 상시 공유한다. 필요 시 학계·박물관·아카이브가 참여하는 주제별 워킹그룹을 가동해 과학적 근거와 비교문화 자료를 축적한다.

상업화가 본질을 훼손하지 않도록 상표·라이선스 가이드라인과 전통 요소의 사용 원칙을 명문화한다. 지역 학교, 청소년 시설, 교정시설, 군·경 등 공공영역과의 연계를 확대해 태권도의 교육·보호 기능을 사회 안전망에 접목한다. 도장과 지자체가 체결하는 지역 공익 기여 협약을 도입해 수련비 장학, 취약계층 프로그램 운영 등 사회 환원 모델을 확산한다.

공동체 참여율, 전승 프로그램 이수자 수, 기록물 생산·활용량, 포용성 지표, 국제 교류 건수 등 정량·정성 지표를 설정하고, 연 1회 '태권도 문화유산 보고서'를 발간한다. 데이터는 대시보드로 상시 공개하며, 외부 평가기관의 제3자 검증을 받아 공공성을 높인다. 우수 도장과 사범은 포상과 인증 갱신의 인센티브를 통해 선순환을 만든다.

가능하다면 남북 공동 서사와 학술 교류를 추진해 한반도 무예문화의 연속성을 복원하고, 장기적으로 공동 등재의 길도 열어 둔다. 세계 주요 도시와는 '태권도 주간'을 정례화해 시범·전시·학술행사·도장 교류를 묶은 공공외교 프로그램을 운영한다. 이 과정에서 국기원은 문화유산의 보전과 현대적 활용을 연결하는 플랫폼 리더로서, 태권도를 평화와 상생의 언어로 번역해 국제사회와 공유한다.

2) 5대 전략축 제안

국기원이 글로벌 문화전략 허브로 도약하기 위해 설정한 5대 전략축(Strategic Axes)은 제도·교육·디지털·외교·산업을 중심으로 한 통합적 로드맵이다. 각 전략축은 서로 연동되며, 지속가능한 조직 운영과 글로벌 확장성 확보를 동시에 추구한다. 이는 국기원 Vision 2050 실행을 위한 핵심 전략의 방향성을 제시하는 중요한 구조로, 각 축별 목표와 실행 의도, 기대 효과를 함께 담았습니다.

① 제도 안정화 및 글로벌 가시성 강화

국기원이 세계 태권도의 본부로서 지속 가능한 위상과 영향력을 확보하기 위해서는, 국내외에서 법적·제도적 기반을 견고히 다지는 작업이 선결 과제였다. 이동섭 원장은 「국기원 특수법」의 안정적 정착을 첫 번째 목표로 설정했다. 법 제정 이후에도 시행령과 시행 규칙 등 하위 법령을 정비하여, 국기원이 단순한 민간단체가 아니라 공공정책을 수행하는 국제적 기관임을 법적으로 분명히 했다.

이 전략은 해외로도 확장되었다. 미국, 유럽, 아시아 주요 거점 국가에 설치된 국기원 해외지부의 법인화와 제도화를 추진하여, 현지에서의 법적 지위와 행정 효력을 확보하도록 했다. 이를 통해 각 지부는 독립성과 신뢰도를 갖춘 현지 거점으로 기능하며, 국제 태권도 네트워크의 결속력을 강화했다.

또한 UN, IOC와의 협력 채널을 한층 고도화하였다. 기존의 문화교류나 행사 협력 차원을 넘어, 평화·인권·청소년 교육 등 국제 사회가 중점적으로 다루는 어젠다에 태권도의 가치를 접목시킨 공공외교 프로젝트를 공동 추진했다. 이로써 국기원은 스포츠를 넘어 국제 문제 해결에 기여하는 문화외교 플랫폼으로 자리매김하게 되었다.

이러한 노력의 결과, 국기원은 법적으로 안정된 운영 체계를 갖추고, 국제 사회에서의 가시성과 신뢰도를 크게 높였다. 이는 향후 모든 글로벌 전략 실행의 토대가 되며, 국기원의 미래 비전 2050을 뒷받침하는 핵심 기반이 되었다.

② 글로벌 교육 및 인재 생태계 구축

국기원이 세계 태권도의 허브로서 지속 가능한 영향력을 확보하기 위해서는, 지도자와 전문 인력의 양성이 무엇보다 중요했다. 이동섭 원장은 이를 위해 'Global Kukkiwon Academy' 설립을 핵심 전략으로 추진했다. 이 아카데미는 단순한 교육기관을 넘어, 각국의 문화와 언어를 반영한 다국어 교육 콘텐츠를 운영하며, 글로벌 인재가 동일한 수준의 교육 품질을 경험할 수 있도록 설계되었다.

그 과정에서 가장 중점을 둔 것은 태권도 교수법의 표준화였다. 기존에는 국가와 지역에 따라 교육 방식과 커리큘럼이 상이했으나, 국기원은 이를 통일된 매뉴얼로 정리하여 각국 교육기관과의 커리큘럼 연계를 추진했다. 이를 통해 세계 어디서나 국기원 인증 태권도 교육이 동일한 품질과 체계를 보장받을 수 있도록 했다.

또한 국제 자격 인증 체계를 새롭게 구축했다. 심사와 품새 지도뿐 아니라, 호신술, 문화

해설, 스포츠 과학 등 다양한 직무 영역을 세분화하여 전문 분야별 인증 제도를 마련했다. 이는 태권도인이 단순 지도자에 머무르지 않고, 스포츠 산업, 문화외교, 교육 콘텐츠 산업 등으로 진출할 수 있는 길을 열어주었다.

이 전략의 실행은 국기원이 글로벌 태권도 리더를 체계적으로 양성하고, 태권도 관련 직업군을 다변화하는 생태계를 확장하는 기반이 되었다. 결과적으로 국기원은 단순한 승단 심사기관을 넘어, 전 세계 태권도 인재와 콘텐츠를 연결하는 국제 교육 허브로 자리매김 하게 되었다.

③ 태권도 디지털 전환 전략 실행

국기원은 미래 기술 환경에 선제적으로 대응하기 위해 '태권도의 디지털 전환'을 본격 추진했다. 이동섭 원장은 태권도를 단순한 오프라인 무도 수련에 머무르지 않고, 메타버스·AI·VR·AR 등 첨단기술과 결합하여 '디지털 무도'의 국제 표준을 선점하는 것을 목표로 삼았다.

첫 번째 축은 메타버스 기반 수련 공간 구축이다. 이를 통해 전 세계 수련생이 물리적 공간 제약 없이 동일한 플랫폼에서 훈련하고, 국제 온라인 수련 인증을 받을 수 있는 체계를 마련했다. 이는 해외 거주 수련인과 이동이 어려운 환경에서도 국기원 표준 수련을 이어갈 수 있는 길을 열었다.

두 번째 축은 AI 기반 품새·격파 심사 시스템의 개발과 정식 적용이다. 인공지능을 활용해 심사의 객관성과 효율성을 높이고, 해당 기술을 오픈소스로 공개하여 전 세계 태권도 커뮤니티가 활용할 수 있도록 했다. 이로써 심사의 표준화와 접근성을 동시에 강화했다.

세 번째 축은 VR·AR 시범 콘텐츠 제작이다. 가상현실과 증강현실을 결합해 실감형 태권도 시범·체험 콘텐츠를 제작하고, 이를 국제 전시회·교육기관·관광산업과 연계해 확산시켰다. 이러한 시도는 Z세대와 디지털 네이티브 세대의 유입을 촉진하고, 태권도의 대중적 매력을 높였다.

이 전략을 통해 국기원은 비대면·디지털 시대에 적합한 수련 모델을 정립하고, 글로벌 시장에서 새로운 수익원과 참여 기반을 확대하는 첨단 무도 플랫폼으로 도약할 수 있는 발판을 마련했다.

④ 외교·문화 통합 플랫폼화

국기원은 태권도를 단순한 무도 종목이 아닌, 한국을 대표하는 문화외교 자산으로 재정립하고, 이를 통해 국제 외교와 문화정책의 실질적 집행 거점으로서 기능을 강화하고자 했다. 이를 위해 국기원은 '문화외교 사령탑'이라는 정체성을 분명히 하고, 외교부·문화체육관광부와의 전략적 공조 체계를 구축했다.

첫째, 정책 공조 및 제도 협력을 강화했다. 외교부와 문체부와 정기 협약을 체결해, 국기원이 주도하는 국제행사와 문화프로그램을 국가 차원에서 지원하도록 제도적 기반을 마련했다. 이를 통해 국기원은 태권도를 활용한 외교·문화 프로젝트를 안정적으로 추진할 수 있게 됐다.

둘째, 문화외교 전담 부서 설립을 추진했다. 전담 부서는 공공문화 프로그램을 공동 기획하고, 각국의 문화원 및 공관과 직접 협력하여 행사와 프로젝트를 운영하는 중심 역할을 수행한다. 특히, 세계 주요 도시에서 'K-태권도 데이'를 개최하여 태권도를 매개로 한국 문화와 가치를 전파하는 플랫폼으로 발전시켰다.

셋째, 국가 브랜드 연계 강화를 실현했다. 해외 문화원, 주재국 대사관, 국제기구와의 연계 프로그램을 통해 태권도가 단순한 스포츠를 넘어, 한국의 외교적 메시지와 문화를 전달하는 상징적 콘텐츠로 자리 잡게 했다.

이러한 전략은 국기원의 외교력을 강화하는 동시에, 태권도의 국가 브랜드화를 촉진하여 국기원을 글로벌 문화외교의 핵심 기관으로 확립하는 데 결정적 역할을 했다.

⑤ 산업화 연계 생태계 조성

국기원은 태권도를 산업화의 새로운 축으로 발전시키기 위해, 상품화·관광·민간협력 등 다양한 영역에서 생태계를 확장하는 전략을 추진했다. 이는 단순한 수익 창출을 넘어, 태권도와 관련된 청년 일자리 창출과 민간 산업과의 접점을 확대하는 데 목적이 있다.

첫째, 태권도 콘텐츠의 라이선싱 및 IP 상품화를 추진했다. 태권도의 상징과 이미지를 활용해 의류, 용품, 게임, 캐릭터, 굿즈 등 다양한 형태의 라이선싱 상품을 개발했다. 이를 통해 태권도의 가치가 수련장과 경기장을 넘어, 일상 속 생활문화와 상업 콘텐츠로 확산될 수 있는 기반을 마련했다.

둘째, 태권도 관광상품 개발에 나섰다. 국내외 관광객을 대상으로 한 '도장 체험 투어', '국기원 수련 캠프', '태권도 성지 명소화 프로젝트' 등을 기획하여 태권도 수련과 한국 문화를 함께 경험할 수 있는 복합관광 모델을 만들었다. 이는 지역경제 활성화와 글로벌 태권도 팬층 확대에도 기여했다.

셋째, 민간 기업 및 스타트업과의 산학협력 프로그램을 도입했다. ICT 기업, 디자인 스튜디오, 스포츠 용품 제조사, 관광·이벤트 기획사 등 다양한 산업 주체와 협력하여 태권도 관련 신사업을 발굴하고, 청년 창업 및 일자리 창출과 연계했다.

이러한 전략은 단발성 프로젝트가 아닌, 지속가능한 비즈니스 모델을 국기원 안에 심는 역할을 했다. 그 결과, 태권도는 문화·관광·산업·기술이 융합된 글로벌 산업 생태계의 한 축으로 자리매김하게 되었으며, 특히 젊은 세대에게 매력적인 직업군과 창업 기회를 제공하는 기반이 강화됐다.

이 5대 전략 축은 단기 실현 가능한 과제부터 장기적 구조 전환까지를 포함하는 다층적 계획으로, 태권도의 문화·교육·외교·산업 융합 모델을 구체화하는 핵심 프레임이다.

3) 후속 세대 리더십 양성 구조 및 싱크탱크 설립 기반 마련

이동섭 원장 체제의 국기원은 미래지향적 태권도 글로벌 전략 수립을 위해, 단순 행정 협의 수준을 넘어, 정책·문화·외교·산업·교육 등 다양한 분야의 글로벌 전문가 집단을 아우르는 종합 기획 기구로 설계되었으며, 국기원이 중심 축이 되어 실질적인 조정 및 집행 기능을 담당하도록 기획되었다.

또한 국기원은 국내외 태권도 석학, 문화외교 전략가, 스포츠 경영 전문가, UN 및 IOC 정책 연계 자문가, 신흥국가 도장 운영자 등을 포괄하는 Think-Tank 네트워크를 설계하였다. 이는 단기적으로는 정기 포럼과 정책 제안서 발간, 중장기적으로는 국제 표준안 개발, 미래형 수련모델 연구, 글로벌 규범 형성 등으로 확장될 수 있는 구조다.

이러한 글로벌 협의체 및 싱크탱크 기반은 태권도의 미래를 단일 기관이 아닌 국제 공동체의 논의와 실천을 통해 설계하는 첫 시도로, 국기원이 향후 문화외교 거버넌스의 중심 플랫폼으로 자리매김하는 데 결정적인 역할을 하게 될 것이다.

특히 이 전략은 태권도의 단체 간 이기주의를 넘어, 협력과 연대의 거버넌스 모델을 실현하는 데 중요한 초석이 되었으며, 'Global Taekwondo 2050' 비전의 실현을 위한 핵심 추진 축으로 주목받고 있다.

이동섭 원장은 국기원이 더 이상 단순한 태권도 심사 및 교육 기관에 머무르지 않고, 대한민국의 문화외교 전략을 실질적으로 기획하고 실행하는 '국가 문화전략 기획 플랫폼'으로 기능 전환을 선언하였다. 이동섭 원장 체제 하에서 국기원은 그 정체성을 재정립하며, 국기원의 역할을 정책, 외교, 교육, 산업, 브랜드 등 다섯 개 축으로 확장하는 비전을 제시하였다.

우선, 정책 중심 플랫폼으로서 국기원은 「태권도법」의 제정을 통해 국기원의 법적 지위를 확보했으며, 이에 따라 국내외 정책 조정 기능을 수행할 수 있는 제도적 기반을 갖추게 되었다. 향후에는 문화체육관광부, 외교부 등과 협력하여 국가 문화·체육 외교의 실무적 실행 거점으로서 역할을 강화하고자 한다.

이동섭 원장 체제의 국기원은 태권도의 지속 가능성과 글로벌 위상 유지를 위해, 차세대 태권도 리더를 체계적으로 발굴하고 육성하는 리더십 파이프라인 전략을 수립하고자 하였다. 이는 단순한 인재 양성을 넘어, 미래형 글로벌 지도자 양성 플랫폼으로 국기원의 기능을 확장시키는 장기적 전략이다.

첫 번째로, 'Young Kukki Leaders' 프로그램은 청소년 및 청년 태권도 수련생을 대상으로 한 국제 리더십 교육 프로젝트이다. 이 프로그램은 태권도의 철학, 문화외교, 글로벌 시민의식을 통합한 커리큘럼을 중심으로 구성되며, 영어 기반의 토론·기획·국제 시뮬레이션 등을 통해 세계 속에서 활동할 수 있는 글로벌형 태권도 리더로 성장하도록 설계된다. 특히 WT, TPF, 각국 대사관, 유네스코 협력 기관과 연계하여 현장 중심의 교육과 국제 교류 프로그램이 병행된다.

두 번째로, '글로벌 국기원장 후보군' 양성을 위한 장학생 제도가 추진된다. 이는 단기 수련 위주의 장학 지원에서 벗어나, 국가별 유망 태권도 지도자 후보를 장기적으로 육성하는 맞춤형 인재 육성 모델이다. 장학생은 국기원의 중장기 비전에 기반하여 교육, 외교, 정책 등 다분야의 리더십 역량을 고르게 갖출 수 있도록 다양한 교과과정을 이수하며, 국기원 내 실무 경험 기회도 병행한다. 나아가 이들은 향후 해외 지부장, 국제 심사관, 정책 고문단 등으로 연계될 수 있는 인재풀로 관리된다.

이러한 후속 세대 양성 전략은 단순한 '후계자 육성'의 차원을 넘어서, 글로벌 태권도 생태계의 인적 지속가능성을 확보하는 핵심 기반이며, 국기원이 세계무대에서 독립적 리더십을 갖춘 인재를 지속적으로 배출하는 정책형 교육기관으로 자리매김하게 만드는 토대가 된다.

이 전략은 태권도의 미래 가치를 제도적, 산업적, 외교적으로 설계하고자 하는 시도이며, 국기원이 '다음 100년'을 선도하는 전략센터로 기능하기 위한 토대를 마련한 성과로 평가된다.

그의 선택과 실행은 결국, '다음 100년을 이끌 리더의 조건'이 무엇인가에 대한 분명한 해답을 우리에게 던진다. 그것은 단지 유능함이나 경륜이 아니다. 시대를 관통하는 비전, 실천으로 옮기는 용기, 그리고 사람을 연결하는 철학. 이 세 가지가 오늘의 국기원을 만들었고, 앞으로의 태권도를 세계로 이끌어갈 토대가 될 것이다.

국기원 50주년, 미래 100년을 여는 선언

국기원은 개원 50주년을 맞아 중앙수련장에서 기념식과 제17대 이동섭 원장 취임식을 열었다. 전·현직 임직원, 태권도단체장과 원로 사범, 세계태권도 개척자 사범, 전국 시·도협회장, 체육인, 국회의원 등 400여 명이 참석해 '세계 태권도의 본산' 위상을 재확인했다.

50주년 기념 행사는 국기원 태권도시범단의 공연으로 시작해 개식선언, 50주년 기념영상, 국기원 다문화합창단 공연, 명예 단증 수여, 미래 비전 발표로 이어지며 10개국 17명으로 구성된 다문화합창단의 합창은 인종·종교·이념을 초월하는 태권도 정신을 상징적으로 드러냈다.

특히 2018년 '태권도를 국기로 지정하는 법' 개정안을 공동 발의한 국회의원 225명 중 현직 79명에 대한 명예 7단증 수여는, 국기 태권도의 공공성과 국민적 지지를 수치로 증명한 장면이었다. 동시에 국기원 50년사가 발간되어 국내외 유관단체에 배포되며, 반세기 기록을 제도화했다.

[임기 성과: 전통의 품격을 지키며 시스템을 세우다]

이동섭 원장은 제20대 국회의원 시절 태권도 국기 지정을 대표 발의해 법제화의 물꼬를 튼 주역이며, 원장 취임 후에는 국기원의 공적 책무를 구체 사업으로 연결했다. 50주년 기념사업의 체계적 운영, 해외파견 사범 50주년 기념식 개최, 명예단증 프로그램의 공적 의미 강화, 시범단·합창단 등 문화 프로그램의 브랜드화, 기록의 제도화(50년사) 등은 임기 동안 추진된 핵심 성과로 정리된다.

그는 행사성 치적을 넘어 도장 생태계와 국제 네트워크를 잇는 구조적 과제-표준화, 기록, 파트너십, 공공외교-를 국기원의 상시 기능으로 정착시키는 데 집중했다.

[비전: 도장에서 세계로, 브랜드에서 유산으로]

이날 발표된 '태권도의 미래 비전'은 국기원의 존재 이유를 세 문장으로 요약한다. 첫째, 국기 태권도의 본질을 경기 중심이 아닌 생활 의식·공동체 예절·전승 체계의 문화유산으로 재정의한다. 둘째, 도장 교육의 품질을 표준화하고 포용성 지표를 도입해 세계 어디서나 동일한 품격의 수련을 보장한다. 셋째, 디지털 아카이브와 글로벌 거버넌스를 통해 기록·교육·외교를 하나의 플랫폼으로 통합한다. 이 비전은 국기원이 다음 100년 동안 '세계 태권도의 심장'으로 기능하기 위한 실행 로드맵이자, 국가와 시민사회, 국제기구가 함께 참여할 개방형 과제다.

[국기원장 메시지: 임기를 마치며]

"국기원 50년은 한 세대의 시간입니다. 우리는 도장에서 시작해 세계 214개국을 잇는 네트워크로 성장했습니다. 오늘 저는 임기를 마치며 세 가지 약속을 남깁니다.

첫째, 전통을 기록하고 보호하겠습니다. 태권도의 의식과 예절, 스승과 제자의 전승, 도복과 띠의 상징, 시범과 품새의 원형을 데이터로 남기고, 누구나 접근할 수 있게 공개하겠습니다.

둘째, 현장을 표준으로 연결하겠습니다. 사범 양성과 도장 윤리를 국제 표준으로 정립하고, 여성·아동·장애인의 참여가 자연스러운 도장을 국기원이 직접 인증하겠습니다. 명예 단증은 공적 책임의 상징으로, 시범단과 합창단은 문화외교의 언어로 다듬겠습니다.

셋째, 세계와 대화하겠습니다. 유네스코 등재 추진을 통해 태권도를 스포츠를 넘어 인류의 무형유산으로 자리매김시키고, 도시·학교·공공영역과 연계해 일상의 문화로 확장하겠습니다. 남북이 공유하는 무예의 서사도 포기하지 않겠습니다.

국기원은 앞으로도 '첫 번째 태권도'라는 뿌리를 지키며, 세계가 신뢰하는 표준과 기록, 그리고 감동의 브랜드로 걸어가겠습니다. 태권도를 사랑하는 모든 분들과 함께 다음 100년을 설계하겠습니다. 감사합니다."

"이 메시지는 반세기를 넘어선 국기원의 정체성을 다시 세우고, 다음 세대를 위한 구체적 과제를 분명히 하는 임기 마감의 선언이다. 동시에 차기 국기원장에게 국기원이 지켜야 할 책무와 향후 방향을 전하는 제안이기도 하다. 이제 국기원은 기록과 표준, 파트너십과 외교라는 네 축을 바탕으로, 도장에서 세계로, 브랜드에서 유산으로 나아갈 준비를 마쳤다."

특별부록 국기원장 이동섭의 인생과 철학

"태권도로 일군 인생, 그리고 어머니"

MBN 〈현장르포-특종세상〉 방송으로 조명된 국기원장 이동섭의 인생 역전 스토리

2023년 1월, MBN 시사·교양 프로그램 '현장르포-특종세상'은 한 평범한 소년이 태권도를 통해 인생을 역전시킨 감동의 주인공으로 국기원장 이동섭의 삶을 조명하였다. 이 프로그램은 '태권도 그랜드 마스터(공인 9단)'로 불리는 이동섭 원장의 하루를 따라가며, 그가 단순히 행정가가 아닌 수련인으로서의 정체성을 끝까지 지켜나가고 있다는 점에 주목했다.

방송은 그가 국회의원 시절 태권도 도복을 입고 직접 국회 복도에서 태권도를 지도하며, 국회 내에 사설 도장을 만들어 의원들과 보좌진, 비서관들에게 수련의 장을 제공한 모습도 보여주었다. 이는 전 세계에서 유례없는 입법기관 내에 태권도를 전파한 이 독특한 사례로, 태권도가 정치 공간 안에서 화합과 수련의 매개체가 될 수 있음을 상징적으로 드러낸 '정책과 철학의 실천'이었다.

또한 방송에서는 이동섭 원장이 국기원장으로서 추진 중인 "태권도 호신술 교육" 현장도 집중 조명했다. 이동섭 원장은 학교폭력과 일상 속 위협 상황으로부터 청소년들을 보

호하기 위해, 실전형 호신술을 태권도 커리큘럼에 도입해야 한다는 철학을 밝혔다.

그는 일상 속에서도 수련을 게을리하지 않았다. 엘리베이터 대신 25층 계단을 뛰어오르고, 집에 도착하자마자 아내에게 태권도 예법으로 인사하는 장면은 그가 태권도를 '삶의 철학'으로 실천하며 '태권도를 생활화한 리더'의 진면목을 보여준다.

무엇보다 이 방송의 백미는, 이동섭 원장의 인생 뒤에 숨은 조력자로 등장한 '어머니'와 '아내'의 존재였다. 특히 어머니는 전형적인 한국의 어머니로서, 6.25 전쟁 직후의 폐허 속에서 가족을 지키기 위해 한평생을 헌신한 여성이다.

이동섭 원장이 태어난 해는 6.25전쟁이 끝난 후 불과 2년이 지나지 않은 1955년. 전남 고흥, 소록도 근처의 농촌에서 태어난 그는 어린 시절 보리밥, 고구마, 밀가루 죽으로 연명해야 할 만큼 어려운 환경에서 자라났다. 하지만 그의 부모는 결코 자식 교육을 포기하지 않았다. 아버지는 농촌지도의 공무원으로 헌신했고, 어머니는 텃밭을 가꾸며 가정을 일궜다.

넉넉지 않은 형편 속에서도 어머니는 맏아들인 그에게 비단을 손수 끊어 색동저고리를 지어 입히는 정성을 쏟았고, 그의 존재를 누구보다 자랑스러워 하며 동네에 데리고 다니셨다. 그것이 어머니가 아들에게 보여준 '자존심을 잃지 말 것'에 대한 첫 번째 교육이었다. 그러나 아버지는 가족을 뒷바라지하기보다 예술과 풍류에 빠져 살며, 어머니에게 많은 고생을 안겼다. 이동섭 원장은 그런 어머니를 위해 술과 담배조차 손대지 않았고, 지금도 어머니를 떠올리면 눈시울이 붉어진다고 말한다.

어머니는 1998년 아버지가 돌아가신 뒤에도 새벽마다 기도하며 자식들의 뒷모습을 묵묵히 지켰고, 결국 2021년 말 세상을 떠났다. 이동섭 원장이 오늘날 '국기원장'이라는 자리에 오르기까지의 여정에는, 세상에 알려지지 않은 한 여성의 눈물과 기도가 깃들어 있었다.

이처럼 '특종세상'은 이동섭 원장의 삶이 태권도를 통해 단련된 단단한 리더십일 뿐 아니라, 가정의 희생과 공동체적 가치 위에 세워진 인생임을 감동적으로 그려냈다. 방송은 그가 왜 태권도를 단지 무예로 보지 않고 삶의 철학으로 삼는지를 시청자들에게 깊이 있게 전달한 시간이었으며, 그가 말하는 "무도는 곧 인격"이라는 철학을 생생하게 체현한 장면들이었다.

"삶의 근본이 된 두 사람의 사랑과 헌신, 어머니와 아내 이야기"

1. "당신은 내 삶의 뿌리였습니다"

"나는 어머니의 아들이다." 이동섭 원장은 방송을 통해 자신의 삶을 지탱해준 숨은 조력자, 어머니와 아내에 대한 깊은 존경을 전했다.내가 어떤 삶을 살아왔든, 그 밑바탕에는 늘 어머니가 계셨다.

내가 태어난 1955년은 6·25 전쟁의 폐허가 채 가시지 않았던 시기였다. 어머니는 스무 살도 채 되지 않아 맏며느리가 되어 6남매를 키우고, 시부모를 봉양하며, 농촌공무원이었던 아버지를 내조하셨다.비록 가난했지만 어머니는 늘 당당했다. 어머니는 평생을 자식과 가족을 위해 살아오셨다. 아버지가 월급을 가져다주는 일이 드물었기에, 작은 텃밭을 일구고, 살림을 꾸리고, 자식들의 미래를 책임지셨다.그런 어머니가 2021년 겨울, 기도를 다녀오신 후 조용히 하늘나라로 가셨을 때, 나는 평생의 기둥 하나를 잃은 기분이었다.어머니가 내게 남긴 가장 큰 유산은, 절제와 사랑이었다. "어머니는 내 인생의 근본이자, 내가 술과 담배를 멀리한 이유", 그것이 내가 어머니를 기억하는 방식이자, 자식된 도리다.

2. "당신이 없었다면 오늘의 나도 없었을 겁니다"

아내를 처음 만난 건 군 복무 막바지였다. 1978년 5월, 김포공항 근처 공원에서 줄넘기

를 하던 그녀는 내게 엘리자베스 테일러처럼 아름답게 보였다.처음 본 순간, 나는 용기를 냈다."제 이상형이십니다. 한눈에 반했습니다. 저를 만나주시겠습니까?"

그 만남은 인생을 바꿔 놓았다. 3일 만에 청혼했고, 우리는 1980년 5월, 가난하지만 따뜻한 결혼식을 올렸다.신혼집은 14평 장안아파트. 거기서 14년간, 동생과 처제 등 총 9명의 식구들이 함께 살았다. 아내는 좁은 공간에서 이들을 먹이고 입히고 대학까지 보내며, 남편의 직장 동료들까지 집에 초대해 정을 나누었다.

'콩나물 아줌마'라는 별명처럼, 아내는 시장에 가면 항상 콩나물과 두부만 사 왔다. 음식점을 가면 꼭 남은 음식을 싸왔다. 자신의 옷은 언제나 3만 원 이하에서 해결하고, 화장은 스킨과 로션이면 족하다고 했다.절약은 그녀의 생활이자 신념이었다. 그녀 덕분에 나는 공무원이 되었고, 태권도인의 길을 갈 수 있었다. 아내가 없었다면 국회의원 이동섭도, 국기원장 이동섭도 없었을 것이다.

"두 사람, 내 인생의 절대 조력자"

어머니는 나를 세상에 꺼내주시고 품어주신 뿌리였다.
아내는 거친 세상 속에서 나를 지탱해 준 둥지였다.
두 사람 모두 말없이 나를 믿어주었고, 나보다 더 나를 위해 살아주었다.
국기원장으로서 내가 무도 정신을 지키고, 리더로서 도리를 다할 수 있었던 것은,
이 두 사람의 그림자 같은 헌신 덕분이었다.

"리더란 높은 곳에서 외치는 자가 아니라, 깊은 곳에서 받은 사랑을 기억하는 사람이다."
- 이동섭, 『국기원장』 부록 중에서

3. 태권도와 함께한 일생의 길

태권도는 이동섭 원장의 삶의 근간이었다. 그는 단지 운동이 아니라, 인간 수양과 정의 실현, 공동체 보호를 위한 수단으로서 태권도를 바라보았다. 국회의원이 된 이후에도, 국기원장으로 선출된 이후에도 그의 모든 정책과 실천은 태권도의 철학을 토대로 세워졌다. 한 지도자가 어떻게 '삶의 태도'로서 태권도를 구현해왔는지를 보여주는 인생의 족적이다. 이 기록은 국기원이 단지 무도 교육 기관을 넘어 문화와 철학의 중심임을 증명하는 한 페이지가 될 것이다.

■ 이동섭 원장의 태권도 철학과 핵심 가치

핵심 가치	내 용
수련의 일상화	엘리베이터 대신 계단 이용, 도복 생활화
공공성 강화	국회 내 도장 운영, 정책 입법 활동
호신술 보급	학생 보호 목적의 실전 호신술 도입
문화외교 실천	K-POP과 태권도 연계, 외교 메시지 발신
가족 중심 윤리	어머니의 희생과 기도로 인해 절제된 생활

〈특별한 만남, 태권도와 나〉

유년의 결정적 순간에서 시작된 태권도 인생

1. 아버지의 선택, 인생을 바꾼 첫걸음 (1968년)

1968년 봄, 중학교에 입학한 지 한 달쯤 되었을 무렵. 평소와 다름없이 학교를 마치고 돌아온 나를 아버지가 조용히 불렀다. "동섭아, 학교생활 재밌니?" 나는 대답하지 않았다. 말없이 앉아 있는 내게 아버지는 단호하게 말했다. "가자. 나랑 함께 갈 데가 있다."

그렇게 도착한 곳은 고흥 읍내에 위치한 '연무관 전남 본관'이었다. 아버지는 내가 학교에서 친구들에게 맞고 다닌다는 사실을 눈치채고, 내가 더 이상 당하지 않기를 바라는 마음으로 나를 도장에 데려다주었다. "이제부터 여기서 태권도를 배워라."

그 결과, 내가 태권도를 한다는 소문이 돌자 예전처럼 나를 괴롭히던 아이들은 더 이상 내게 다가오지 않았다. 싸우지 않고도 나 자신을 지킬 수 있다는 것은, 어린 나에게 깊은 자존감을 안겨주었다.

당시 연무관은 태권도계에서도 유서 깊은 도장이었다. 1946년 전상섭 관장이 설립한 조선연무관 권법부를 뿌리로 삼아, 전라도 지역에서 명성을 떨치던 곳이었다. 도복을 입은 사람들의 절도 있는 기합과 품새, 그리고 벽에 걸린 유단자들의 사진들 속에서, 나는 태권도라는 세계를 처음으로 목격했다. 그리고 그날이 바로, 나의 인생을 바꾼 운명과의 첫 만남이었다.

연무관, 나의 태권도 정신이 시작된 곳
〈연무관의 기억 - 고흥 태권도의 산실〉

고흥체육관(연무관) 모습

고흥 도심에서도 다소 떨어진 서문리의 뒷골목, 지금은 허름한 외관으로 남아 있지만, 한때 이곳은 고흥 지역에서 가장 크고 위엄 있던 건물이자 우리의 자부심이었던 〈연무관(이후 고흥체육관)〉이 자리하고 있었다.

이곳은 내가 처음으로 태권도를 제대로 배운 도장이자, 단순한 체육관이 아닌 수많은 젊은이들이 꿈을 키우고 인생의 방향을 잡았던 정신적 고향이었다. 지금도 마음속 깊이 자리하고 있는 도장, 그 이상의 의미인 특별한 장소다.

연무관은 1960년대 말, 고흥 태권도의 전설로 불리는 서윤남 대사범(독일 대한태권도 사범협회 고문)과, 당시 지역 유지이자 선각자였던 이성형 관장을 비롯한 여러 태권도인 들의 주도로, 수많은 사람들의 기부금에 힘입어 설립되었다.

서윤남 대사범은 여수 수산고와 부산 동아대를 거치며 전국적인 명성을 얻은 인물이었다. 이후 장수남, 박중부(전 오스트리아 태권도협회장), 황수남, 김정민, 김문규, 김원기, 한동주, 김문성 등 실력파 사범들이 연무관을 중심으로 모이면서, 이곳은 단순한 도장이 아니라 대단한 무도 결사체로 성장했다.

이들 사범의 지도는 말 그대로 '지옥훈련'이라 불릴 만큼 혹독했고, 그 덕분에 수련생들의 실력은 타의 추종을 불허했다. 광주에서 열리는 각종 대회에서는 고흥 예선이 따로 필요 없을 정도였다. 상대 도장의 수련생들과의 기량 차이가 압도적이었기 때문이다.

연무관에 들어서면 정면에는 큼지막하게 "극기, 인내, 예의, 염치"라는 관훈이 걸려 있었고, 매일 운동을 시작하기 전, 우리는 큰소리로 관원 선서를 외쳤다.

"우리들 관원은 조국과 정의를 사랑하고 태권도인으로서 자부심과 긍지를 가지며 유진무퇴의 정신으로 일격필살 한다. 아울러 예시 예

관원 선서

-. 우리들 관원은 조국과 정의를 사랑하고 심신을 수련한다.

-. 우리들 관원은 태권도 인으로서 자부심과 긍지를 갖는다.

-. 우리들 관원은 유진무퇴의 정신으로 일격필살 한다.

-. 우리들 관원은 예시예종하고 사범의 명령에 절대 복종한다.

관원들의 선서 내용 실제 사진

종하며, 사범의 명령에 절대 복종한다."

도장 정면에 걸려있던 관훈과 관원선서를 했던 그 목소리의 강인함은 지금도 귀에 선하게 들리는 듯하다.

체육관 오른쪽 벽면에는 커다란 나무 목총이 세워져 있었는데, 잘못하면 엉덩이에 불이 날 정도로 매서운 훈육이 이뤄지곤 했다. 그만큼 우리는 죽기 살기로 운동에 매달릴 수밖에 없었다.

특히 연무관은 겨루기를 중점적으로 지도하는 전통을 갖고 있었다. 물론 품새는 승급과 승단을 위해 반드시 익혀야 했지만, 실전 감각을 익히는 데 있어 대련은 가장 중요한 훈련이었다.

수련생은 수적으로도 매우 많았다.

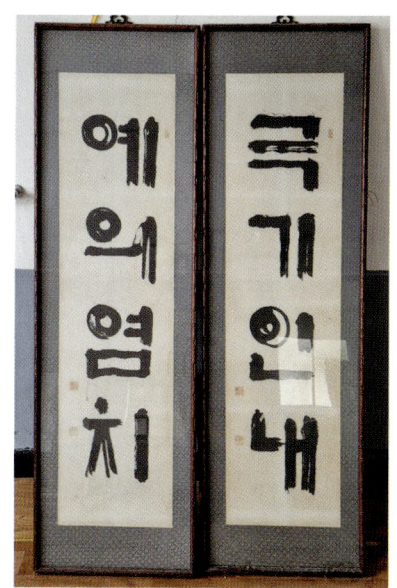

관훈 실제 표구된 모습

나를 포함 송하칠, 신선구, 신석호, 정종해, 서필현, 김건중, 한귀석, 박노양, 유점석, 진세현, 박성호, 유강석 등 지금도 이름을 모두 다 기억할 수 없을 만큼 많은 동료들이 함께 땀을 흘렸다.

당시 태권도를 배우는 것은 단순한 심신 수양을 넘어, 고등학교 졸업 이후 상급학교 진학을 위한 하나의 통로이기도 했다. 실제로 연무관의 많은 수련생들이 대학에 진학해 각자의 꿈을 펼쳤다.

당시의 시골은 법보다 주먹이 앞서는 어수선한 시대였기에, 자기 자신을 지키는 수단은 선택이 아닌 필수였다.

몸이 약했던 나 역시, 보신의 필요성과 부모님의 권유로 태권도를 시작하게 되었고, 그렇게 만난 연무관은 오늘의 나의 인생관을 만들어 준 시작점이 되었다.

〈나의 스승, 서윤남 대사범〉

서윤남 대사범(태권도 국기원 9단)은 단지 고흥 출신의 명인이 아니라, 유럽 전역은 물론 세계 무대에서 한국 태권도의 위상을 높인 거장이었다.

1939년 고흥 수덕산 자락의 작은 마을에서 태어난 그는, 여수 수산고 시절 태권도에 입문한 뒤 부산 동아대에서 실력을 갈고닦으며 최고의 기량에 도달했다.

그의 기술은 당시 모든 태권도인들의 선망의 대상이었다. 특히 고축(높이차기)은 마치 예술작품처럼 우아하면서도 위력적이었다.

고흥에서 태권도를 보급하던 초기, 그는 자신의 집 근처인 행정리 유치원 공터에서 후진을 양성하기 시작했고, 1960년대 말에는 뜻을 함께한 동지들과 함께 〈연무관(고흥체육관)〉을 설립했다.

그 정신은 지금도 지역 태권도계의 근간이 되고 있다.

2024년 10월 국기원 방문_
이동섭 원장으로부터 공로패를 받은 서윤남 대사범

90세를 바라보는 현재에도, 그의 유연한 몸놀림은 젊은 세대조차 감탄할 정도다. 그 내공의 깊이는 지금도 수많은 제자들에게 귀감이 되고 있다.

– 용인에서 시작된 나의 학문 여정 –

〈배움 앞에 늦은 때는 없다〉

1. 전국체전 우승, 체대 진학까지

뮌헨올림픽 태권도 시범대회(1972.8.16.~17)를
열어 태권도의 우수성을 세계 체육인들에게
선보인 서윤남 대사범

고등학생이 된 나는 점차 태권도에 대한 자신감과 열정을 키워갔다. 단순히 운동이 아닌, 나를 증명하는 도구가 되어 있었다. 사범님은 대회 출전을 권유하셨고, 나는 이를 기꺼이 수락했다.

1974년, 고등학교 3학년 때 열린 전국체전 전남 예선에 미들급 선수로 출전해 당당히 우승을 차지했다. 이 트로피는 내 인생의 또 다른 전환점이 되었다. 그 결과, 나는 체육 명문으로 꼽히던 인천체대에 진학할 수 있었다.

"마흔 이후, 나는 또다시 학생이 되었다."

내 인생에서 가장 아름답고 의미 깊었던 시기를 꼽자면, '용인'이라는 지명을 빼놓을 수 없다. 체육인으로, 정치인으로, 그리고 태권도 지도자로서 내 걸음을 다시금 새롭게 만들어준 곳. 바로 용인대학교와 명지대학교라는 두 교육기관에서 나의 새로운 삶이 시작되었다.

인천체대에서 이어진 배움의 갈증

나는 인천체대 77학번이다. 체육에 대한 열정만큼은 누구보다 앞섰지만, 2년제 학제였던 탓에 학문적 갈증이 늘 남아 있었다. "언젠가는, 다시 대학에 가야겠다." 그 다짐은 시간이 흘러 가정과 직장이 어느 정도 안정을 찾은 후에야 실현되었다.

그리하여 1994년, 나는 용인대학교 체육학과 94학번으로 입학했다. 20대 청춘들과 어깨를 나란히 하며 4년간 학사 과정을 마쳤고, 이어 석사 과정까지 진학하며 '체육학 석사'의 꿈도 이루었다.

용인대학교에서 배운 것들

용인대학교는 무도정신과 체육 철학이 살아 있는 교육기관이었다. 대한유도학교를 전신으로 하는 이 학교는 1984년 LA올림픽 유도 금메달리스트 안병근 선수의 배출로도 유명하며, 내가 태권도인으로서 걸어온 길과도 맞닿아 있었다.

이곳은 단순한 체육인의 양성소가 아니었다. 실용음악, 문화재학과 등 문화와 예술의 가치를 품은 복합 교육기관이었다. 나는 체육의 뿌리뿐만 아니라, 문화를 매개로 세상을 변화시키는 공공 리더십의 가능성 또한 이곳에서 배웠다.

또 한 번의 도전, 명지대 정치외교학과 신입생이 되다

그러나 체육학만으로는 해결할 수 없는 갈증이 있었다. 공직자로 일하면서 마주한 사회 제도와 현실의 벽은 '정치'라는 언어 없이는 이해하기 어려운 것이었다. 그래서 나는 다시 정치외교학과 새내기가 되었다. 내 나이 마흔이 넘어서였다.

낯선 강의실, 익숙하지 않은 전공 용어들, 그리고 성적의 압박. 모든 것이 녹록지 않았지만, 나는 '학생'이라는 신분을 누구보다도 자랑스럽게 여겼다.

"이 나이에 뭘 더 하겠어?"라는 말은 나에게 통하지 않았다

명지대학교의 교수님들은 나의 열정을 진심으로 응원해주셨다.

나는 빠지지 않고 출석했고, 리포트도 성실하게 제출했다. 동기 학생들과도 함께 어울려 공부하고, 식사도 같이하며 세대 차이를 넘어선 우정을 쌓았다. 그들이 나를 외면하지 않았기에, 나는 더 자주 밥을 사고, 더 진지하게 토론에 참여했다.

학문은 지위가 아니라, 태도로 완성된다

이후 나는 용인대학교에서 명예박사학위를 받게 되었고, 이 모든 학문 여정은 내가 정치인으로서, 그리고 국기원장으로서 더 깊이 있고, 사람을 이해하는 리더십을 키울 수 있게 했다.

"내가 늦은 나이에 다시 배움을 시작할 수 있었던 이유는 단 하나,세상을 바꾸고 싶은 간절함이 있었기 때문이다."

이 이야기는 태권도만이 아닌, 리더로 성장해온 한 사람의 인생 철학을 보여주는 장면이다.공직과 학문, 그리고 현실과 이상 사이에서 내가 택한 건 늘 배움과 변화의 길이었다.지금 이 책을 읽는 당신에게도, 그 길을 권하고 싶다.

2. 한 소년의 성장기, 태권도가 만든 인생 역전

돌이켜보면, 아버지의 단호한 결단으로 시작된 태권도와의 인연은 단순한 운동 이상의 것이었다. 그것은 나의 인생을 바꾸어준 스승이자 친구였고, 오늘의 나를 만든 핵심 자산이었다.

하얀 도복에 새겨진 땀과 인내, 그리고 스스로를 지킬 수 있다는 믿음은 지금도 나를 이끌어주는 힘이다. 국기원장으로서 태권도를 전 세계에 알리는 지금도, 그날의 연무관 도장 바닥 냄새와 초심을 나는 잊지 않는다.

국기원 2단증과 연무관 3단증을 취득한 내가 태권도 동작과 기술을 하고 있다.

– 인생과 철학 –

〈군복무 시절, 태권도로 싸우고 지켜낸 명예〉

"그때 나는 병사가 아니라 태권도인이었다"

1. 논산 30연대, 훈련병에서 챔피언으로

1975년 가을, 나는 논산훈련소 30연대에 배속되었다. 전국체전 전남 예선에서 우승한 이력이 있었지만, 본선 탈락의 아쉬움과 진로에 대한 갈피를 잡지 못한 채 입대한 군대. 얼차려와 굶주림이 일상이던 혹독한 훈련소에서, 나는 다시 한번 태권도와 마주하게 되었다.

30연대 전체를 대상으로 개최된 무도 대회. 이른바 규칙 없는 격투 리그전이었다. 결승까지 치러진 후, 나는 전혀 예상치 못한 시점에 손을 번쩍 들고 말했다. "교관님, 저도 챔피언과 한 판 붙겠습니다."

주변의 웃음과 우려를 뒤로하고 나는 결승전의 패턴을 분석해, 한순간의 빈틈을 파고들었다. 2라운드 후반, 돌려차기와 뒤차기로 상대를 쓰러뜨렸다. 운동장에는 외마디 환호가 울렸다. "이동섭! 이동섭! 이동섭!"

그날의 승리는 단순한 경기의 승리가 아니었다. 그것은 태권도의 명예였고, 군 속에서도 한국 무도가 지닌 위력을 증명한 상징적인 승리였다.

2. '향도' 임명, 태권도는 권위가 되다

이 대회에서의 승리 덕분에 나는 신병교육대에서 신병 중의 최고 리더인 '향도'로 임명되었다. 즉, 훈련병이 아닌 관리자급(중대장 격) 지위를 누리며 남은 기간을 보내게 된 것이다. 이후 김포공항 전경대에 차출된 나는 전 대원을 상대로 태권도를 지도하는 교관 임무를 맡았다. 태권도는 군에서도 나를 한 사람의 지도자로 만들어주었다.

4. 공수특전단과의 정면대결

1978년 초, 외박 중 튀김집에서 벌어진 공수특전단 장병들의 성추행 장면을 목격했다. 나는 분노를 참지 못하고 정면으로 항의했다. 전투는 피할 수 없었다. 3명이 6명을 상대한 격돌이 벌어졌고, 나는 태권도로 그들을 제압했다. 이후 발생한 부대 간 갈등 역시 침착하게 대응하며 무사히 넘어갈 수 있었다.

5. 전설로 남은 병장 이동섭

34개월 간의 군 복무 동안, 나는 단 한 번의 징계 없이 오히려 '정의로운 태권도 교관'으로 불렸다. 1978년 9월 13일, 나는 병장이 되어 전역했다. 군 생활속에서의 태권도는 단순한 기술만이 아니라, 위기 상황에서 나를 지켜준 인생의 철학이자 행동이었다. 더불어 군대는 많은 경험을 제공해 주었고 사회생활의 귀감이 될 수 있는 토대가 되었다.

군대, 그 안에서 피어난 무도인의 품격

군복무 시절, 나는 태권도를 통해 단지 병사로서가 아닌 인간으로서의 존엄을 지킬 수 있었다. 명예를 지키기 위해 싸우는 방법을 배웠고, 정의를 외면하지 않는 용기를 실천했다. 그 모든 경험은 훗날 국기원장으로서 글로벌 태권도 리더십을 실천하는 밑거름이 되었다.

〈명예로운 공직과 결단의 순간 리더의 책임감〉 - 국민을 위한 협상 테이블의 리더십 -
"정의를 향한 신념, 그리고 정치의 길을 향해-"

1. 형사에서 검찰 수사관까지, 20년의 수사 외길

내 첫 사회생활은 1978년, 서울경찰청 형사기동대에서 시작되었다. 청량리경찰서와 중랑경찰서 등지에서 형사로 활동했고, 곧 능력을 인정받아 서울중앙지검 특수부로 파견되었다.경찰 7년, 검찰 수사관 13년. 나는 총 20년간 공무원으로 재직하며 주로 강력범죄, 조직폭력, 지능범죄 등을 전담했다.

그 시절 나는 '끝장을 보는 수사관'이었다. 별명은 '장군의 아들 김두한'. 범죄를 보면 끝까지 물고 늘어졌고, 실적은 매번 검찰 공보에 이름을 올릴 정도로 뛰어났다.

그러나 한계도 뚜렷했다. 나는 사법기관의 내부 모순을 뼈저리게 느끼고 있었다."왜 가진 자에게만 관대한가?""왜 호남 출신이라는 이유로 승진에서 배제되는가?"

공정이 무너진 조직에서는, 열심히 일하는 것만으로는 미래를 담보할 수 없었다.

2. 조직의 벽 앞에서 마주한 냉혹한 현실

검찰 특수부에서 근무할 당시, 나는 노모 경정과 한 팀이었다. 노 경정은 국내 최고 수준의 특수 수사 전문가였고, 나는 강력 사건을 전담했다. 우리는 명실상부 최강의 수사 콤비였다. 하지만 새로운 특수부장이 부임하면서 상황은 달라졌다. 호남 출신이라는 이유로 지속적으로 무시당하고, 수사 지시가 이유 없이 지연되었다. 심지어 승진 탈락의 이유가 "출신 지역"이라는 말까지 들었다. 회식 자리에서 나는 참지 못하고 항의했다. "사람 너무 괄시하지 마십시오!"

그리고, 다음 날. 나는 사표를 특수부장 책상에 올려놓았다.

3. 사표 이후의 결단, 그리고 인생의 전환

사직서를 낸 날, 나는 하루 종일 집에 머물렀다.곁에서 자고 있는 10살, 7살, 5살 된 아이들을 보며 자책했다."내가 참았어야 했던 걸까?"

그때 우연히 한양대 동기이자 국회의원 보좌관이 보내준 국회의원 명단 수첩을 받았다.수첩을 보며 나는 다짐했다.

"이제는 입법으로 이 구조를 바꾸자. 지역차별 없는 세상을 만들자."

정치에 발을 들이기로 결심한 순간부터, 나는 다시 공직에 복귀했고, 낮에는 일하고 밤에는 공부했다.주말에는 지역 조직을 돌보며 정치활동을 병행했다.

4. 그리고 25년 후, 정치의 중심에서 경찰을 바라보다

명예롭게 공직을 떠나 정치를 시작한 뒤, 나의 삶은 근본적으로 바뀌었다.법·제도·사회·문화 전반에 대한 시각이 열렸고, 정당한 세상을 향한 신념은 더 단단해졌다.

25년이 지난 2019년, 나는 국회의원이 되어 중앙경찰학교 제296기 졸업식에 참석했다.경찰청장, 경찰 간부, 국회의원들과 함께 새내기 경찰관들에게 축사를 전하며 마음속으로 되뇌었다.

"이제는 너희가 정의를 지켜라. 나는, 다시 태어나도 형사로 살 것이다."

리더십의 근원: 소신 있는 결단과 헌신

구 분	내 용
주요 경력	서울경찰청 형사 → 중앙지검 특수·강력부 수사관 (20년)
대표 별명	장군의 아들 김두한 – 강직함과 완벽주의의 상징
갈등의 전환점	지역차별과 불공정 승진제도에 항의, 자발적 사표
전환의 계기	국회의원 수첩을 통해 입법 활동 결심
정치 진입 후 변화	법제·사법개혁에 관심 집중, 공정사회 구현 의지 강화
명예로운 회귀	중앙경찰학교 졸업식에 국회의원으로 참석

2019년, 국회의원이 되어 중앙경찰학교 신임 경찰 제296기 졸업식에 참석했다.

"검경수사권 조정, 국민 앞에서 합리적 해법을 이끌다"

| 싸움보다 협치를, 정치보다 민생을 우선한 국회의 태도 전환을 만들다 |

20대 국회의 뜨거운 이슈 중 하나였던 '검경 수사권 조정 법안'. 사법 개혁의 한 축으로 자리 잡은 이 법안은 검찰과 경찰 간의 권한 재배분이라는 민감한 주제를 다뤘기에 여야 간 극심한 이견과 대치가 불가피한 상황이었다.

"이동섭의 국회 정치: 중재자에서 조율자로"

이 시기, 바른미래당 원내대표 권한대행으로서 국회 중심에서 중재자 역할을 맡고 있었던 이동섭 의원은 법안 통과를 위한 실질적인 소통과 협의에 앞장섰다. 특히 문희상 국회의장이 교섭단체 3당의 원내대표를 소집해 본회의 의사 일정을 조율할 당시, 이동섭 권한대행은 야당 대표로서 유일하게 회동에 참여해, 검경 수사권 조정 법안의 처리 필요성과 민생법안의 통과 필요성을 강력히 설파했다.

"이제는 서로 싸웠던 과거를 불식시키고, 국민 앞에서 웃는 얼굴로 마지막 민생법안과 수사권 조정 법안을 함께 통과시키자고 의견을 모았습니다."

이러한 발언은 단순한 정치적 수사가 아니었다. 실제로 그는 민주당 이인영 원내대표,

한국당 심재철 원내대표와도 사전에 비공식 접촉을 이어가며 본회의 일정과 법안 통과에 대한 공감대를 이끌어냈다. "국민들이 피로해 있는 정치에 더는 실망하지 않도록 해야 한다"는 그의 말처럼, 그는 각 당의 사정을 존중하면서도 끝내 '합리적 협의'를 통해 국회 운영의 실마리를 찾고자 했다.

그는 정치적 셈법보다 '국민 눈높이'를 우선으로 삼았다. 당리당략을 넘어 마지막 정기국회를 생산적으로 마무리해야 한다는 사명감으로, 그는 민생법안의 통과와 수사권 조정이라는 양대 과제를 동시에 성사시키기 위한 정치적 조율의 중심에 있었다.

국기원장으로서의 리더십 이전에, 그는 국회의원이자 조정자, 그리고 책임 있는 정치인이었다. 태권도의 정신처럼 '예(禮)'와 '의(義)'를 갖춘 정치를 위해, 그는 싸움보다 대화의 장을, 고집보다 협력의 가치를 실천해냈다.

– 미래를 위한 준비 –

〈국회의원으로서, 태권도인으로서 걸어온 길〉

"용인의 미래와 국기의 위상을 함께 세우다"

20대 국회에서 국회의원으로 활동하며, 나는 태권도와 지역 발전이라는 두 축을 중심으로 다양한 입법·정책 활동을 펼쳐왔다. 국회의원 태권도연맹 총재로서 태권도의 위상 제

〈원삼면 현장 점검〉 용인 원삼면 SK반도체 클러스터 유치 추진을 위한 현장 점검. 중앙정부·지자체·국회 실무진이 함께 입지 타당성과 주변 인프라를 확인했다

〈용인 반도체 클러스터 추진 상황 점검 현장〉 관계기관 실무진과 지역 인사들이 함께했다

고에 힘쓰는 한편, 용인시의 숙원사업인 SK반도체 클러스터 유치 및 광역교통망 확충을 위한 기반 마련에도 주력하였다.

21일 SK하이닉스 특수목적회사(SPC) ㈜용인일반산업단지가 용인시에 투자의향서를 제출하면서, 120조 원 대규모 프로젝트 반도체 클러스터 조성지로 용인시가 사실상 확정되었다.특히 용인시 처인구 원삼면에 SK반도체 클러스터 유치를 확정지은 것은 용인시 발전을 위한 핵심적 전환점이 되었다. 이를 위해 나는 당시 백군기 용인시장과 함께 지역의 필요성과 국가적 중요성을 강조하며 문재인 대통령, 이낙연 국무총리, 성윤모 산업통상자원부 장관, 김현미 국토교통부 장관 등을 직접 만나 설득하고 협의했다. 사업의 입지 타당성과 지역 경쟁력을 강조한 노력 끝에 최종 유치 확정에 기여할 수 있었다.

용인시의 역사문화 자원을 보존하고 계승하는 일에도 깊은 관심을 기울였다. 처인성 국가지정문화재 승격 및 복원화 사업은 그 일환이었다. 이곳은 고려시대 승장 김윤호가 몽골 장수 살리타를 전사시켜 고려 대몽항쟁의 전기를 만든 역사적 장소로, 용인의 정체성과 자긍심을 상징하는 유적이다. 이와 함께 은이성지 순례길 조성, 서리고려백자요지 복원 등 용인을 역사와 문화, 관광의 도시로 탈바꿈시키기 위한 다양한 문화 프로젝트도 추진하였다.

"백군기 시장님과 공직자, 시민 여러분이 함께 이뤄낸 성과입니다. 우리 지역의 백년 먹거리가 열린 이 순간, 지역위원장으로서 벅찬 감동을 느낍니다."

용인갑 지역 당협위원장으로 활동하는 동안에는 교육 인프라 확충을 위해 특별교부세 14억 원을 비롯한 다양한 예산을 확보하는 데 힘썼다. 전국적으로 유일하게 인구가 증가하고 있는 도시로서, 미래세대인 아이들을 위한 교육 환경 마련은 무엇보다 중요한 과제였다. 학교 신설과 안전 사각지대 해소를 위한 사회 안전망 구축도 주요한 정책적 과제로 삼아 노력하였다.

교통 인프라 개선 또한 중점 과제였다. 국가철도망 용인 연장 및 신규 노선 신설 등 교통망 확충을 위해 김현미 국토부 장관을 만나 '제4차 국가철도망 구축계획'에 용인 지역의 반영을 요청하였고, 국토부 철도국장 및 정책과장과의 실무 논의를 통해 경강선 연장, 분당선 연장, 동탄-부발선 신설 등 구체적 방안을 모색했다. 용인을 광역 철도망의 중심지로 만들기 위한 노력은 지금도 계속되고 있다.

무엇보다 내 삶과 정치 활동의 중심에는 늘 '태권도'가 있었다. 나는 국회의원 300명 중 유일한 태권도 공인 9단으로서, 태권도의 법제화를 이뤄냈고, 국기(國技)로서의 위상을 공고히 하는 데 앞장섰다. 국회의원태권도연맹 총재로서 228명의 국회의원들과 뜻을 모아 '태권도 대사범 지정제도'를 도입하여, 전통 계승의 토대를 마련했다. 또한 8,212명이 참여한 '태권도 평화의 함성' 행사를 통해 단일 품새 시연 부문에서 기네스 기록을 달성하고, 백두산과 독도에서 품새를 선보이며 태권도의 문화적 가치를 세계에 알렸다.

정치와 체육의 분리를 위한 '지자체장 체육단체장 겸직금지법'을 발의·통과시키고, 무예진흥법, 서예진흥법, 바둑진흥법 제정에도 기여함으로써 체육 및 전통문화 진흥에도 의미 있는 족적을 남겼다.

2017년 9월 1일 고 김운용 국기원 초대원장의 생전 국회에서 함께 테이프커팅식에 참여

나는 스포츠 외교의 중요성을 누구보다 절감하고 있다.

세계 체육계의 수장들인 IOC 위원들, 특히 토마스 바흐 IOC 위원장을 비롯한 40여 명의 국제 스포츠 리더들과도 긴밀한 교류를 이어오고 있다. 이러한 국제적 네트워크를 통해 태권도가 세계 무대에서 지속적으로 성장할 수 있도록 후원하고 있다.

이러한 활동의 공로를 인정받아, 미국 US태권도 위원회로부터 '살아있는 전설상(Living Legend)'을 수상한 바 있으며, 이는 고 김운용 IOC 수석부위원장에 이어 역대 두 번째 수상이라는 점에서 큰 의미가 있다.

태권도와 지역사회, 그리고 국가의 미래를 위해 나는 앞으로도 내 모든 역량을 다할 것이다. 태권도가 품은 철학과 정신이 전 세계에 울려 퍼지기를 바라며, 국기의 사명을 다하는 길을 끝까지 걸어갈 것이다.

– 세계 태권도선교협회의 창설, 비전과 실행 –

〈국기 태권도, 복음의 통로가 되다〉

"발차기 하나가 나라를 잇고, 마음을 잇다"

나는 독실한 크리스천이다. 열 살 무렵, 아버지가 목사이던 반 친구의 초대로 처음 교회에 갔다. 한국전쟁 직후라 모두가 궁핍하던 시절이었다. 공직에 계셨던 아버지 덕에 비교적 넉넉했지만, "교회에 가면 따뜻한 먹을거리가 있다"는 친구의 권유를 따라간 것이 자연스럽게 예수 그리스도를 믿게 된 출발점이 되었다. 그날 이후 나는 꾸준히 신앙생활을 이어 왔다.

사회 활동의 폭이 넓어지면서 나는 하나님이 우리 민족에게 주신 최고의 선물인 태권도를 복음과 연결해 보고자 했다. 문화와 풍습, 종교와 인종이 다른 나라에서도 태권도를 선교와 전도의 도구로 적극 활용하자는 것이 나의 소신이었다. 정치 활동을 하던 시기에도 이 생각은 변함이 없었고, 실행으로 옮길 기회를 모색했다.

2000년, 나는 순복음노원교회 유재필 담임목사님을 찾아가 이렇게 말씀드렸다. "목사님, 지금 전 세계에서 태권도에 대한 관심이 어느 때보다 높습니다. 올림픽에 태권도 선교단을 파송할 수 있도록 허락해 주십시오." 목사님은 흔쾌히 동의해 주셨고, 나는 박백희 장로, 조영배 부회장, 김희도 사무총장 등과 함께 태권도 선교팀을 꾸려 태권도가 올림픽 무대에 데뷔한 시드니로 향했다. 우리는 각국에서 온 관광객과 선수들 앞에서 태권도 시범을 선보이며 선교활동을 펼쳤고, 반응은 예상보다 뜨거웠다. 귀국하자마자 나는 다시 유목사님을 찾아가 말했다. "목사님, 세계태권도선교협회가 지속적이고 활발하게 활동하려면 사단법인으로 체계를 갖춰야 합니다. 그래야 정부와 태권도계, 교계의 공신력 있는 인정을 받을 수 있습니다."

그렇게 (사)세계태권도선교협회가 태동했다. 여의도순복음교회 조용기 원로목사님을 명예총재로 모셨고, 나의 영적 스승이신 유재필 목사님을 총재로 추대했다. 협회 운영에는 박백희 운영회장, 김윤철 부회장, 최복성 미국태권도협회장, 김희도 사무총장, 조영배 부회장이 뜻을 함께했다. 태권도를 통해 세계와 소통하고 복음을 전하고자 했던 나의 꿈은 이렇게 제도적 기반을 갖추며 현실이 되었다.

나는 상임회장으로서 16개 시도협회를 조직하고 시·군·구 단위까지 지회를 세웠다. 이 탄탄한 조직을 기반으로 초기에 세계 39개국에 63명의 태권도 선교사를 파송했다. 현장 경험을 축적한 뒤에는 파송의 질을 높이기 위해 전도사, 목사, 평신도를 체계적으로 교육하는 훈련 시스템을 마련했다. 이제는 누구든 준비된 사람이라면 태권도를 매개로 선교 현장에서 사역을 펼칠 수 있도록 단계별 교육과정을 운영하고 있다.

아내와 함께 외국에서 선교활동

무슬림 지역에서의 성과는 특히 두드러졌다. 현실적으로 이슬람권에서는 선교사가 1년 동안 한 명을 전도하기도 쉽지 않다. 그런데 중앙아시아 타지키스탄에 파송한 전정희 평신도 선교사, 태권도 7단인 그는 한 해에 1,500여 명을 개신교로 이끌었다. 그 과정에서 일부 무슬림들이 교회에 들어와 소란을 피우는 일도 겪었지만, 우리는 끝까지 법과 질서를 지키며 지역사회와의 신뢰를 쌓아 갔다. 태권도의 규율과 존중의 정신이야말로 갈등을 완화하고 대화를 여는 가장 강력한 언어였다.

태권도를 통한 선교가 외교적 예우로도 이어진 사례가 있다. 2023년 코트디부아르를 방문했을 때 대통령 경호실이 직접 나를 호위했다. 귀빈실로 들어서자 태권도 유단자인 농림부 장관과 여러 시장들이 예우를 다했다. 만찬에서 나는 "국기원장은 태권도 대통령입니다"라며 인사를 건넸고, 이어 기도를 올리자 참석자들이 한목소리로 "아멘"으로 화답했다. 이것이 태권도 선교가 만들어내는 역사라고 나는 믿는다. 해외를 방문할 때면 늘 현지의 한인 선교사들을 모아 식사를 대접한다. 작은 환대지만, 그들의 사역 기반을 다지는 데 힘이 되기를 바라는 마음에서다.

현재 세계태권도선교협회는 국내 19개 지부와 해외 47개국 지회를 중심으로 86명의 태권도 선교사를 파송해 활동하고 있다. 선교사들은 현지 주민과 군·경찰을 대상으로 태권도를 지도하며 사역을 원활히 펼치고, 각국 태권도 도장 운영을 지원받아 지속 가능한 선교 생태계를 구축하고 있다. 초기의 39개국 63명 파송에서 오늘의 47개국 86명 파송으로 이어진 확장은, 태권도가 단순한 스포츠를 넘어 믿음과 문화, 공동체를 잇는 다리로 자리 잡았음을 보여준다.

(사)세계태권도선교협회 47개국 해외 지회장

순번	국기	국 가 명	지 회 장	순번	국 기	국 가 명	지회장
1		미국	김성태	25		가나	김성태
2		영국	조선주	26		코소보	이성민
3		중국	김광일	27		마다가스카르	이사무엘
4		스페인	신승한	28		태국	이영진
5		아르헨티나	임형만	29		말레이시아	김성진
6		필리핀	조현묵	30		이스라엘	원동곤
7		캄보디아	김한주	31		브라질	유성규
8		타지키스탄	전정휘	32		요르단	정다윗
9		파키스탄	정진섭	33		마카오	김수철
10		튀르키예	진요한	34		프랑스	변경숙
11		키르키즈스탄	김양수	35		콩고	최관신
12		인도	이재구	36		인도네시아	권용준
13		방글라데시	박해근	37		홍콩	노 래

14		루마니아	김상민	38		아프가니스탄	임도마
15		멕시코	PARK	39		러시아	이형우
16		싱가폴	송정호	40		캐나다	김성문
17		몽골	윤요셉	41		바누아투공화국	김재화
18		마이크로네시아	황재중	42		뉴질랜드	전청운
19		도미니카공화국	노승춘	43		독일	문인오
20		티벳	윤호영	44		라오스	정재형
21		튀니지	김창호	45		에스와티니	조근로
22		베트남	이용진	46		과테말라	유승호
23		네팔	박한철	47		미얀마	이준석
24		탄자니아	최명철				

"태권도 단증의 위상과 설득의 힘, 문화유산을 넘어 선교로—"

세계태권도선교협회는 산하에 기술심의회를 두어 매년 자체 대회를 꾸준히 열고 있다. '미션컵 태권도대회'는 한국을 비롯해 미국, 중국, 인도, 필리핀, 베트남, 캄보디아, 태국 등 국내외 여러 지역에서 20년 넘게 이어지고 있다.

우리는 미션시범단을 통해 교회와 기도원, 학교, 야외 노방 전도 현장에서 시범으로 복음을 전한다. 비전팀 품새선수단은 선교 사범들을 체계적으로 지도해 해외 선교 현장에서 바로 활용될 수 있는 기술과 예절, 프로그램 운영 능력을 갖추도록 돕고 있다.

나는 열 살, 코흘리개였던 시절에 하나님을 만났다. 세월이 흘러 이제는 장로로서 하나님을 섬긴 지도 20년이 되었다. 이사야 60장 1절의 "일어나라 빛을 발하라"는 말씀이 내 걸음의 기준이 되었다. 작은 시골 교회에서 순박하게 시작한 신앙이 오늘, 태권도를 통해 세계 곳곳에 선한 영향력을 전하게 된 것은 전적으로 하나님의 은혜라 믿는다.

2024년 정론타임즈와의 인터뷰에서 나는 태권도 선교의 의미를 이렇게 말했다. "어느 나라에서는 왕에게 기사작위를 받는 일조차 영광이지만, 실제로는 태권도 단증을 더 자랑스럽게 여기는 국가 원수들도 많습니다. 태권도가 스포츠를 넘어 우리의 자랑스러운 문화유산이자 힘이라는 증거입니다. 태권도 선교는 그 힘을 사랑으로 실천하는 일입니다. 몸을 건강하게 하고 자신을 지킬 수 있게 하며, 동시에 이웃을 사랑하는 기본 정신을 지켜 나갈 때, 태권도를 기반으로 선교하는 분들은 삶 전체로 모범을 보이게 됩니다. 그러면 많은 이들이 태권도에 호감을 갖고, 그분들이 믿는 신앙에 대해서도 마음이 열리게 됩니다."(정론타임즈, 2024년 8월 30일)

나는 국기원장이라는 직함 이전에, 기독교인이고 장로이기에 하나님의 종이다. 태권도 선교사들이 해외에 나가 하나님을 알리고 사랑을 전하는 일은 기독교의 영성과 깊이 맞닿아 있다. 특히 어려운 나라를 도우며 태권도와 함께 하나님의 사랑을 전할 때 그 의미는 더 커진다.

2025년 2월, 나는 한국대학생선교회(CCC)의 '국제스포츠 선교사 파송 훈련과정'에 참여해 태권도를 도구로 복음을 전하려는 이들을 격려했다. Level 2 과정에는 세계 21개국에서 모인 55명이 함께했고, 태권도를 포함한 다양한 스포츠 선교 전략이 12주 커리큘럼에 집약되어 있었다. 이 과정을 마치면 누구나, 어느 곳에서든 태권도 선교를 실천할 수 있도록 설계되어 있다.

국기원에서 열린 수료식에서 나는 훈련생들에게 국제스포츠 선교사 훈련증서를 수여하며 이렇게 당부했다. "태권도는 하나님이 인류와 우리나라에게 주신 큰 기쁨입니다. 각자의 나라로 돌아가 복음을 전하는 길이 쉽지 않을 수 있습니다. 그러나 이웃을 사랑하는 태권도의 정신을 기억하고, 힘과 용기를 내어 앞으로 나아가십시오."

"20년의 꾸준한 축적 세계태권도선교협회-미션컵 세계태권도대회"

2002년에 시작된 미션컵 세계태권도대회는 세계태권도선교협회가 매년 이어오던 전통의 대회다. 코로나19 팬데믹으로 잠시 중단되었으나, 6년 만인 2025년에 재개되어 다시

도장에서 세계로 뻗는 선교와 교육의 플랫폼을 복원
했다. 이번 대회는 국기원의 냉난방 리모델링 공사가
7월 말 완료됨에 따라, 개선된 시설 환경 속에서 치
러진다는 점에서 의미가 더욱 크다.주최는 사단법인
세계태권도선교협회(총재 유재필 목사), 후원은 순복
음노원교회가 맡았다. 명예대회장으로 여의도순복
음교회 이영훈 목사가 참석할 예정이며, 협회 부총재
인 서울제일교회 심원보 원로목사, 협회 대표회장인
이상용 목사도 함께한다. 협회는 현재 47개국에 91
명의 태권도 선교사범을 파송해 태권도 보급과 국위

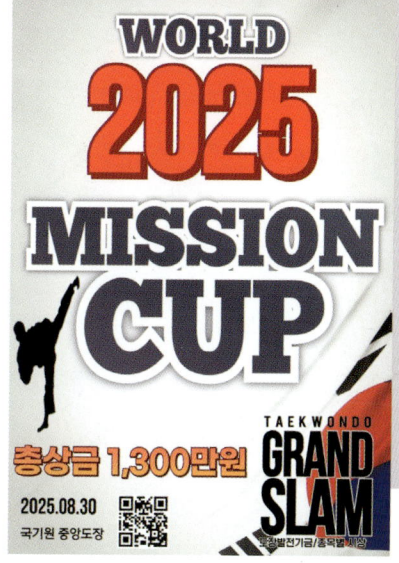

선양, 현지 선교활동을 병행하고 있다.

이번 대회의 기획 의도는 분명하다. 전국 약 1만여 개 태권도장의 수련 생태계를 활성화하고, 품새 기술 향상과 건전한 경쟁을 통해 도장 교육의 수준을 끌어올리며, 태권도가 이미 214개국에 보급된 글로벌 무도이자 문화 자산임을 재확인하는 것이다. 나아가 태권도의 예의와 인성 교육을 선교의 언어로 번역해, 지구촌 복음화 운동에 앞장서는 실천적 무대로 삼는다.

경기 구성은 품새 개인·복식·단체전, 태권체조, 종합격파로 이루어지며 컷오프와 토너먼트 방식이 병행된다. 대회 성과를 현장 도장까지 환류하기 위해 상금 체계를 명확히 했다. 종합우승 500만원, 종합준우승 300만원, 종합 3위 200만원, 종합 4위 100만원, 각 종목별 우수상 10만원으로 총 1,300만원의 장학금이 수여된다. 이는 선수와 지도자, 도장의 동기 부여를 위한 실질적 장치다.

김희도 사무총장은 미션컵의 본질을 자비량 선교와 제자훈련 가능성에서 찾는다. 태권도는 누구와도 쉽게 접촉할 수 있고, 시범을 통한 노방전도에 즉시 적용 가능하며, 엄격한 정신교육과 규범이 현지의 청소년 교육과 공동체 신뢰에 기여한다. 이러한 특성은 도장 운영과 선교 사역을 결합한 지속 가능한 모델로 확장되고 있다.

국기원의 역할 역시 분명하다. 개선된 경기장 인프라를 기반으로 세계 태권도 본부의 품격을 보여주고, 협회가 구축해 온 글로벌 선교 네트워크와 국내 도장 생태계를 연결하는 허브로 기능한다. 국기원장은 공공외교와 스포츠 미션을 잇는 상징적 리더로서, 태권도의 교육·심사·외교 기능을 대회 경험 속에 응축시키고, 그 성과를 도장 표준화와 국제 교류 프로그램으로 재가공해 확산시키는 임무를 수행한다.

미션컵은 단순한 대회가 아니라, 국기원이 지향하는 가치 사슬을 현장에서 검증하는 거

대한 파일럿이다. 도장 교육의 수준을 끌어올리고, 선수·지도자·선교 네트워크를 촘촘히 연결하며, 태권도의 예의와 인성 교육을 세계 시민의 언어로 번역한다. 국기원장이 이 플랫폼을 통해 보여주는 리더십은 태권도의 공공성, 교육성, 영성의 균형 위에 구축된 브랜드 리더십으로, 국기 태권도의 미래 전략을 현실로

전환하는 실행력의 증거가 된다.

"2025 미션컵 세계태권도대회, 국기원 중앙도장에서 다시 뛰다-"

2025년 8월 30일 토요일, 태권도의 본산 국기원 중앙도장에서 미션컵 세계태권도대회가 열렸다. 품새·격파·태권체조로 구성된 이번 대회는 태권도의 본질을 되새기고, 다음 세대의 도전 정신을 키우자는 취지로 대회는 유치부부터 성인부까지 세대를 아우르는 무대였다. 품새는 태린이부·우수부·선수부 등 수준별로 나뉘어 개인·단체전이 치러졌고, 자유구성 격파와 태권체조가 열기를 더했다.

시상 체계는 메달 점수 합산 방식으로 종합 순위가 결정되었고, 종합 1위 팀에는 발전기금이 주어졌다.

최다 참가팀 지도자와 우수 지도자에게는 국기원장 표창이 수여되어 태권도 현장을 이끄는 지도자들의 헌신을 공식적으로 격려했다.

조직위원회는 KTA 등록 선수가 우수부에 부정 출전할 경우 시상과 등위에서 제외하겠다고 명확히 밝혀, 정도의 태권도를 실천하겠다는 원칙을 분명히 했다.

선교협회는 도장의 울타리를 넘어 지역사회와 세계 현장으로 태권도의 가치를 확장해 왔고, 무엇보다 이 대회는 국기원 중앙도장에서 열렸다는 상징성으로 특별했다. 태권도의 뿌리인 국기원에서, 태권도의 미래 세대가 도전과 성장을 약속한 날이었다.

미션컵은 그러한 노력의 연장선에서, 실력과 인성을 함께 기르는 태권도의 정도를 실제 경기 운영과 시상원칙으로 보여 준 자리였다.

이번 대회는 나에게도 각별한 의미였다. 국기원장으로서 리모델링과 제도 정비로 새롭게 단장한 국기원에서 열리는 만큼, 모든 태권도인이 불편 없이 공간을 활용하고 각종 대회가 매끄럽게 운영되길 바랐다. 아울러 원장으로서 공공외교와 교육 생태계의 재정렬을 추진해 태권도의 위상을 다시 세우는 데 꾸준히 힘을 기울여 왔다.

국기에서 문화로, 문화에서 세계 시민교육으로 확장되는 태권도의 미래를 생각하며, 이로써 국기원장의 자리에서 유종의 미를 거두고자 했다. 대회가 끝난 뒤 남은 것은 환호성뿐이 아니었다.

태권도를 통해 사람을 세우고, 공동체를 엮어 내겠다는 약속, 그리고 다음 20년을 향한 숙연한 다짐이었다.

국기원장으로서 마지막으로 미션컵을 마치며 유종의 미를 기원했다. 공정한 규칙 아래 세대가 함께 호흡하는 경기를 보며, 태권도가 사람을 세우는 교육이자 문화임을 다시 확인했다. 이제 세계태권도선교협회 상임회장으로서 다음 20년을 준비한다. 국기원의 이름으로 품었던 사명은, 선교협회의 네트워크 속에서 세계 시민의 성장으로 이어질 것이다.

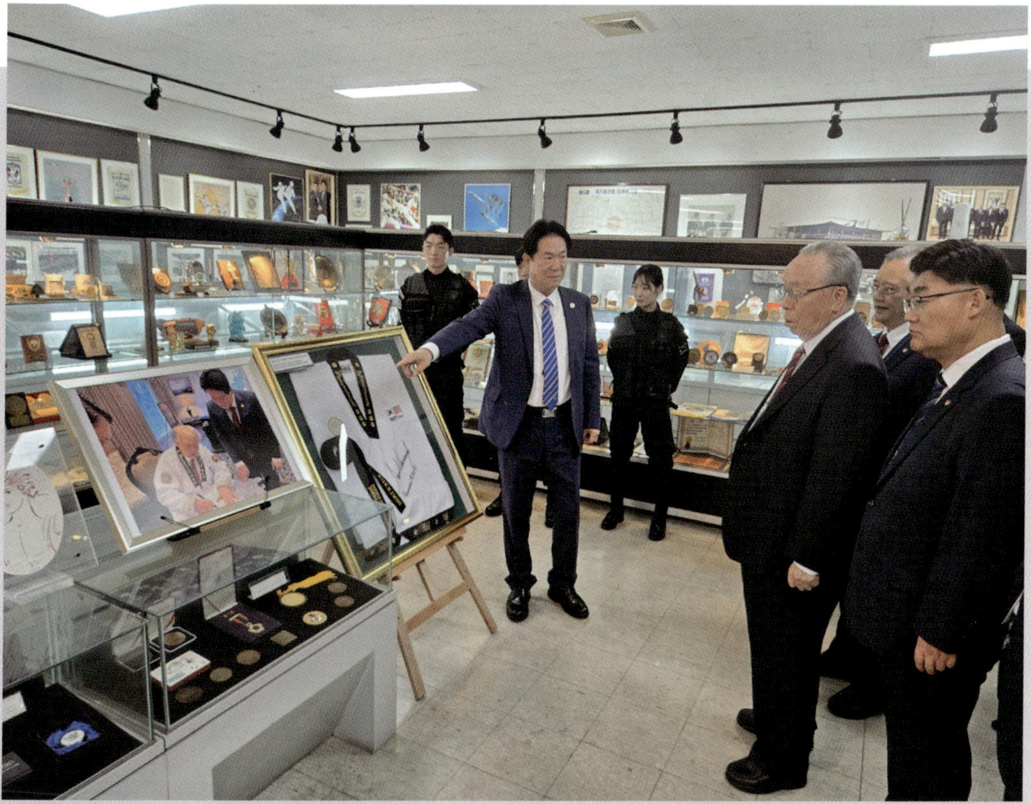

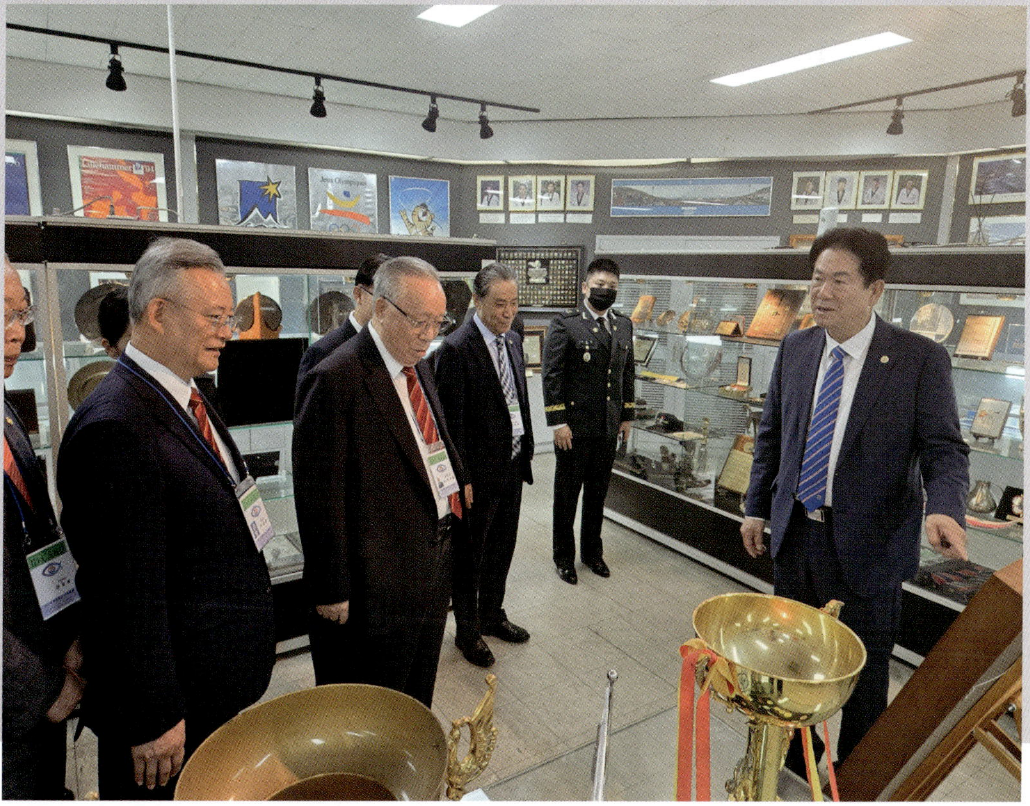

　나는 재임 기간 동안 국기원 리모델링과 제도 정비, 공공외교 강화, 교육 생태계의 재정렬에 힘써 태권도의 위상을 되돌리고자 했다.

　미션컵은 그 노력의 연장선에 있었다. 실력과 인성을 함께 길러야 한다는 태권도의 정도를 경기 운영과 시상 원칙으로 구현해 보였다. 공정한 규칙 아래 세대가 함께 호흡하는 모습을 보며, 태권도가 기술을 넘어 사람을 세우는 교육이자 문화임을 다시 확인했다.

국기원장 이동섭과 함께한 사람들

국기원 부서	직　위	직　책	이　름
행정	행정부원장		김무천, 노순명
연수처	연수원장		윤웅석, 김세혁
비서실	사무처장		김수민, 한선재, 강재원, 김민태
연구소	연구소장		박종범, 이충영, 김희도
심사팀	기심회의장		이고범, 이백운, 박광일
비서실	대변인		송하칠, 준리
시설	민원실장		황종철
특별보좌위원회	특보단장		조근형, 진장환
시범단	시범단장		안학선, 남승현
비서실	비서실장		조영배
기획처	상벌위원장		남궁숙, 이철희, 감용규
법인정책팀	홍보실장		계은영
비서실	공보관		박종미
연구소	연구원		이미연
연구소	연구원	국장/수석연구원/실장 직무대행	남상석
기획처	부장	처장	고광문
법인국	부장	국장/수석연구원/실장	김홍철
법인정책팀	과장		한선옥
법인정책팀	대리		이동진
법인정책팀	대리		박영준
법인정책팀	대리		정경훈
법인정책팀	주임		성민진
법무감사팀	차장		홍정연
법무감사팀	과장		최명기
경영지원국	부장	국장/수석연구원/실장	이용희
경영지원팀	차장		최용준
경영지원팀	과장		곽환희

경영지원팀	주임		최다인
경영지원팀	주임		김소연
경영지원팀	차장	팀장	박은미
국내사업국	부장	국장/수석연구원/실장	최희진
사업팀	국장		강재원
사업팀	과장		김성신
사업팀	차장	팀장/책임연구원/비서실장	안미애
심사팀	과장		전은정
심사팀	과장	팀장 직무대행	김현영
심사팀	대리		강유연
심사팀	사원		김민섭
심사팀	국장		이경숙
경영정보팀	부장	팀장	조민호
경영정보팀	차장		김영록
경영정보팀	주임		송진수
국제국	부장	국장/수석연구원/실장	나영집
국제전략팀	과장		김종국
국제전략팀	대리		이윤우
국제전략팀	과장		김정수
국제전략팀	대리		엄초롱
국제심사팀	대리		강태욱
국제심사팀	사원		윤세리
국제심사팀	차장	팀장/책임연구원/비서실장	성수현
연수처	국장	사무처장/연수처장/협력처장	서진교
교육행정국	부장	국장/수석연구원/실장	허정행
교육연수팀	대리		권대현
교육연수팀	차장		황보선
교육연수팀	사원		차준규
교육연수팀	국장	처장	김순이
교육개발팀	대리		홍미애
교육개발팀	사원		권나경

참고문헌 및 출처 References and Sources

▶ 국기원 자료

·국기원 공식 홈페이지(접근 2025). https://www.kukkiwon.or.kr 연혁·공지 아카이브. 보도자료 게시판. 국기원.

·국기원 연수원(접근 2025). 해외 사범 보수교육·연수 사업 보고서. 국기원 연수원.

·국기원 기술심의회(접근 2025). 태권도 승단 심사 기준 매뉴얼. 국기원.

·국기원(2021). 태권도의 이해: 태권도 교본 제1권. 국기원.

·국기원 태권도연구소(2023). 국기태권도의 위상과 비전. 국기원 태권도연구소.

·국기원(2022). 국기원 50년사. 국기원.

·국기원·Google Arts & Culture(접근 2025). 국기원 50주년 디지털 아카이브.

·국기원(2024). 국기원 사보 Vol.5. 국기원.

·TCON 운영팀(접근 2025). https://www.tkdcon.net TCON 사용자 매뉴얼·공지. TCON.

▶ 저서·학술·보고서

·김용옥(2007). 태권도 철학의 구성원리. 통나무.

·허인욱(2006). 관을 중심으로 살펴본 태권도 형성사. 한국학술정보.

·정순천(2021). 국기 태권도의 유래와 뒤늦은 법제화. 무크/칼럼.

·서성원(2025). 태권도 역사와 문화의 이해. 애니빅.

·이동섭(2022). 인생 에세이 태권V 이동섭. 느티나무.

·이동섭(2019). 국기태권도. 영진문화사.

·김운용(2004). 태권도, 세계를 품다. 국기원 출판부.

·김정하(2020). 태권도를 통한 문화외교의 전략적 가치. 태권도학회지.

·이동섭(2020). 문화체육관광위원회 활동보고서. 국회자료실.

·문화체육관광부(2022). 2020 스포츠산업 백서. 문화체육관광부.

·세계태권도연맹 WT(접근 2025). 공식 연감·연례보고서. 세계태권도연맹.

·대한태권도협회 KTA(접근 2025). 소식지·기관지. 대한태권도협회.

·태권도진흥재단(접근 2025). 연차보고서: 태권도 세계화 전략. 태권도진흥재단.

▶ 법령·공공기록·국제기구

·대한민국 국회(2018). 태권도진흥법 일부개정법률안(본회의 통과 2018-03-30). 국회 의안정보시스템.

·이동섭 의원실(2018). 태권도, 대한민국 국기로 법제화되다(보도자료). 국회.

·법제처(접근 2025). 국가법령정보센터: 태권도 관련 법령. 국가법령정보센터.

·대한민국(접근 2025). 태권도 진흥 및 태권도공원 조성 등에 관한 법률. 국가법령정보센터.

·서울특별시(접근 2025). 서울특별시 태권도 진흥 및 지원 조례안. 서울시(의회)·국가법령정보센터.

·IOC(1994). 제103차 총회: 시드니 2000 올림픽 정식종목 채택. International Olympic Committee.

·IOC(접근 2025). Seoul 1988 개회식 아카이브. International Olympic Committee.

·국가기록원(접근 2025). 제1회 세계·아시아태권도선수권대회 사진 기록. 국가기록원.

·가기록원·대한뉴스(1994). 김영삼 대통령 '94 KBS배 국제태권도대회 참석 사진(1994-12-10). eHistory 국가기록원.

▶ 기관·단체·행사 아카이브

·서울특별시체육회(2019). 제9회 서울 글로벌 태권도 지도자 포럼: 콘텐츠가 바꾸는 태권도의 미래. 서울특별시체육회.

·Korean Cultural Center Washington D.C.(2022). Kukkiwon Demonstration Team Opening Performance(Oct 10, 2022). KCCDC.

·UCLA 한국학연구소(접근 2025). 한국학센터 행사 페이지. UCLA CKS.

·LA한국문화원(접근 2025). 행사·이미지 제공 자료. KCCLA.

·언더우드대학교(접근 2025). 공식 웹사이트. Underwood University.

·w-taekwondo.com(2009). 제1회 2009 서울세계태권도지도자포럼 개최 기사. w-taekwondo.com.

·Asia Budo Graz(접근 2025). 단체 웹페이지. Asia Budo Graz.

·Kick Off Taekwondo(접근 2025). 단체 웹페이지. Kick Off Taekwondo.

▶ 언론·방송·통신

·국민일보(2016). 관련 보도. 국민일보.

·매일경제(2025). 관련 보도. 매일경제.

·MBN(2025). 관련 보도. MBN 뉴스.

·머니투데이(2016). 관련 보도. 머니투데이.

·서울일보(2021). 관련 보도. 서울일보.

·중앙일보(2025). 관련 보도. 중앙일보.

·연합뉴스(2021). 트럼프 대통령, 태권도 명예 9단 받아. 연합뉴스.

·조선일보(2013). 러 푸틴 대통령, 태권도 명예 9단증 받아. 조선일보.

·조선일보(접근 2025). 서울세계태권도지도자포럼 참가자 수 관련 보도. 조선일보.

·KBS·MBC·SBS(접근 2025). 방송 아카이브: 대규모 시범 1008명 보도. 각사 아카이브.

·GTN-TV(2025). 2025 MISSIONCUP 세계태권도대회 개요·장소·운영원칙. GTN-TV.

·나눔일보(접근 2025). 법률소비자연맹 헌정대상 수상 보도. 나눔일보.

·데일리모닝·서울투데이(접근 2025). 국정감사 우수의원상·국리민복상 수상 보도. 데일리모닝·서울투데이.

·쿠키뉴스(2018). 2018 국감 우수의원 선정 보도. 쿠키뉴스.

·Korea TKD News(접근 2025). 관련 기사. Korea TKD News.

·무카스미디어(접근 2025). 관련 기사(예: 뉴스 No.18653). 무카스.

·태권박스미디어(접근 2025). 관련 기사·칼럼. 태권도박스.

·태권도신문(접근 2025). 관련 기사. 태권도신문.

·도움뉴스(접근 2025). 관련 기사. 도움뉴스.

· HK+ 무예세계뉴스(접근 2025). 관련 기사. HK+ 무예세계뉴스.

·인간신문(접근 2025). 관련 기사. 인간신문.

·무예신문(접근 2025). 관련 기사. 무예신문.

·FN뉴스(접근 2025). 관련 기사. FN뉴스.

·주간 HK(접근 2025). 관련 기사. 주간 HK.

·Global Korea News(접근 2025). 관련 기사. Global Korea News.

·Herald Journal(접근 2025). 관련 기사. Herald Journal.

▶ 백과·위키·커뮤니티·SNS

·위키백과 한국어(접근 2025). 1973년 세계 태권도 선수권 대회. 위키백과.

·한국민족문화대백과사전(접근 2025). 세계태권도선수권대회. 한국민족문화대백과사전.

·태권마루 블로그(접근 2025). 1973년 제1회 세계태권도선수권대회. 태권마루.

·국기원 공식 페이스북(접근 2025). 제1회 세계태권도선수권대회 관련 게시물. 페이스북.

▶ 미 연방하원의원 프로필(공식 기록)

·U.S. Congress Biographical Directory·Congress.gov·House History, Art & Archives(접근 2025). Dennis A. Ross, Betsy Markey, Brenda L. Lawrence, Earl Pomeroy, Greg Walden, Steve Stivers, Ann Marie Buerkle, John Katko, John P. Sarbanes, Kwanza Hall, Vicky Jo Hartzler 공식 약력. 미 하원.

팥죽 한 그릇에 담긴 사랑
국기원장의 마지막 고백

"어머니, 내 삶의 기록을 바칩니다"

병원 복도는 늘 그렇듯 고요했고, 의사는 담담했다. "폐암 4기"
짧은 문장이 공기보다 무겁게 내려앉았다.
어머니는 "괜찮다"를 여러 번 말씀하셨다. 위로가 아니라 다짐처럼 들렸다.
병을 받아들이기보다, 먼저 나를 안심시키려는 오래된 습관이었다.
그날 저녁, 어머니는 부엌으로 먼저 걸어가셨다.
의자에 앉으시라 모셔도 조용히 고개를 저으셨다.
내가 좋아하던 팥죽을 끓이시겠다며 냄비에 불을 올리셨다.
그릇 하나의 따뜻함이 사람을 살릴 때가 있다고 믿던 분이었다.
내가 가장 좋아하던 산낙지를 넣어 끓인 어머니의 특별한 팥죽,
팔꿈치를 세워 천천히 저으시며 "조금만 기다려라" 하시던 목소리는,
의사의 진단보다 단단했다.

팥죽이 그릇에 담기고 김이 조용히 피어올랐다.
한 숟가락을 들어 올리던 그때,
어머니의 몸이 바닥으로 스르르 기울었다.
숟가락을 놓고 달려가 안았다.
뜨겁던 그릇의 온기,

내 품에 힘없이 기대신 어머니의 체온이 한꺼번에 전해졌다.

병보다 앞서는 사랑이 있다는 것을,

나는 그날 배웠다.

사랑은 큰 약속이나 거창한 희생으로만 증명되지 않는다.

아픈 몸을 뒤로하고도 끝까지 누군가의 배를 먼저 채우는 선택,

그것이 어머니의 방식이었다.

그 모습을 보며 태권도의 기본기를 다시 생각했다.

예의, 인내, 극기라는 말은 기술이 아니라 삶의 태도였다.

먼저 상대를 보고, 먼저 인사하고, 먼저 배려하는 일.

어머니의 부엌은 그런 기본기가 매일 훈련되던 도장이었다.

국기원장으로 사람과 조직 앞에 서야 했던 날들마다,

결정이 막힐 때면 기준을 다시 세웠다.

무엇이 옳은가보다, 누구에게 먼저 필요한가.

성과보다 사람, 결과보다 과정, 명분보다 돌봄.

어머니의 삶의 방식은 정책이 되었고, 리더십의 언어가 되었으며,

내 삶의 호흡이 되었다.

한 그릇의 팥죽은 밥상이자 약이었다.

동시에 나에게는 평생의 과제가 되었다.

내가 맡은 자리에서 매일 한 사람의 허기를 먼저 살피는 일,

공동체의 빈 그릇을 먼저 채우는 일,

약한 이가 뒤처지지 않도록 팔꿈치를 세워 계속 저어주는 일.

어머니가 해오신 그 단순하고도 어려운 일을, 나는 끝까지 배우고 실천하겠다.

어머니, 당신은 아픈 몸을 뒤로하고도 내 그릇을 먼저 채워주셨습니다.

그 한 숟가락의 따뜻함으로 버틴 하루들이 쌓여 이 책이 되었습니다.

이 기록은 내 삶의 보고서이자, 당신 사랑의 증거입니다.

나는 내가 살아온 모든 삶의 이 기록을 어머니께 바칩니다.

부엌의 불빛처럼, 당신의 사랑이 이 책의 마지막 페이지까지 따뜻하게 비추기를…